普通高等教育精品教材
普通高等教育"十一五"国家级规划教材

隧道工程

(第四版)

朱永全　宋玉香　主编
景诗庭　主审

中国铁道出版社有限公司

2024年·北京

内 容 简 介

本书为国家级精品课的主干教材，同时也是普通高等教育精品教材。本书全面介绍了铁路和公路隧道工程的勘测、构造、设计、施工及运营养护的相关知识。按照当前隧道建设事业的新发展，增加了高速铁路、高速公路隧道构造，不良地质隧道施工，隧道运营养护以及一些新技术、新方法和新工艺等相关内容。书中理论与实践并重，并结合工程实例介绍了各种理论和知识的应用。

本书为高等学校土木工程、交通工程等专业的教学用书，也可供研究生和有关工程技术人员参考。

图书在版编目(CIP)数据

隧道工程/朱永全，宋玉香主编. —4 版. —北京：中国铁道出版社有限公司，2021.12(2024.6 重印)

普通高等教育精品教材 普通高等教育“十一五”国家级规划教材

ISBN 978-7-113-28421-3

Ⅰ.①隧… Ⅱ.①朱… ②宋… Ⅲ.①隧道工程-高等学校-教材 Ⅳ.①U45

中国版本图书馆 CIP 数据核字(2021)第 196354 号

书　名：**隧道工程**
作　者：朱永全　宋玉香

责任编辑：李露露　**编辑部电话**：(010) 51873240　**电子邮箱**：790970739@qq.com
封面设计：薛小卉　高博越
责任校对：孙　玫
责任印制：高春晓

出版发行：中国铁道出版社有限公司（100054，北京市西城区右安门西街 8 号）
网　址：http://www.tdpress.com
印　刷：三河市宏盛印务有限公司
版　次：2005 年 9 月第 1 版　2021 年 12 月第 4 版　2024 年 6 月第 4 次印刷
开　本：787 mm×1 092 mm 1/16　**印张**：24.25　**字数**：610 千
书　号：ISBN 978-7-113-28421-3
定　价：65.00 元

第一版前言

本教材是在石家庄铁道学院本科教学培养方向调整的形势下，面对铁路、公路和市政等隧道工程建设人才培养的新需要，以我院编写的《隧道工程》(1995 年版)和《铁路隧道设计》(1998 年版)教材为基础，吸收了高速铁路、公路隧道建设新方法、新技术以及我院“隧道工程”建设新成果(2003 年被评为河北省精品课程，2004 年被评为国家级精品课程)改编而成的。在编写过程中参考了最新发布的《铁路隧道设计规范》(TB 10003—2005)。

本教材以铁路隧道、公路隧道为主，从隧道的概念、种类出发，介绍了交通类隧道的构造；阐述围岩工程特性、隧道支护、衬砌结构设计原理和方法；不仅介绍传统矿山法和现代新奥法的施工方法及工艺，还结合目前隧道工程建设的发展，介绍不良地质隧道施工、隧道掘进施工等新技术；也介绍了隧道施工必备的风、水、电等辅助施工作业以及隧道运营及养护。

本教材理论与实践并重，经典理论、方法与现代新技术、新方法相结合，引导学生掌握理论知识，注重解决实际工程技术问题能力的培养。教材内容丰富，信息量大，知识结构系统。

本教材的编写人员都具有丰富的教学经验，参加编写的有朱永全(第一、七章)、宋玉香(第二、五章)、张素敏(第三章)、孙星亮(第四章)、刘勇(第六章第一～八节)、李宏建(第六章第九～十一节)、贾晓云(第八章)、孙明磊(第九章)、刘志春(第十章)、李文江(第十一章)。本书由朱永全负责统稿和审定。

本教材在编写过程中，得到了景诗庭教授的悉心指导，林宝龙、刘建海、丁祥、庞山、王利伟、李军省等同志给予了文字支持与校核，在此深表感谢。

由于水平有限，时间仓促，本书难免有错误和不足之处，恳请专家和读者批评指正。

编　者

2005 年 6 月

目　录

第一章 绪论

第一节 隧道的概念及种类

一、隧道的概念

隧道是埋置于地层中的工程建筑物，是人类利用地下空间的一种形式。1970 年国际经济合作与发展组织召开的隧道会议综合了各种因素，对隧道所下的定义为："以某种用途、在地面下用任何方法按规定形状和尺寸修筑的断面积大于 2 m^2 的洞室。"

二、隧道的分类

隧道的种类繁多，从不同的角度来区分，就有不同的分类方法。从隧道所处的地质条件来分，可以分为土质隧道和石质隧道；从埋置的深度来分，可以分为浅埋隧道和深埋隧道；从隧道所在的位置来分，可以分为山岭隧道、水底隧道和城市隧道。但分类比较明确的还是按照隧道的用途来划分，可以有以下几种：

（一）交通隧道

这是隧道中为数最多的一种，它们的作用是提供运输的地下通道。

1. 铁路隧道

我国是个多山国家，山地、丘陵、高原等山区面积约占全国面积的 2/3。铁路穿越这些地区时，往往会遇到山岭障碍。而铁路限坡平缓，常难上升到越岭所需要的高度。同时，铁路还有最小曲线半径限制，常限于山岳地形无法绕过，需要修建隧道以克服高程或平面障碍。在沿着河谷修建铁路时，遇到河道弯曲、两岸横坡陡峻、地质不良等现象，常修建隧道使线路从山里通过。隧道既可使线路顺直，线路缩短，又可以减小坡度，还可躲开各种不良地质条件，从而提高牵引定数，多拉快跑，使运营条件得以改善。所以，在山区铁路线上修建隧道的范例是很多的。川黔线凉风垭隧道、成昆线沙木拉达隧道、大秦线军都山隧道、西康线秦岭隧道、朔黄线长梁山隧道以及兰新复线乌鞘岭隧道等都是著名的越岭隧道，而成昆线关村坝隧道、衡广复线大瑶山隧道等都是河谷地段截弯取直的良好范例。宝成线宝鸡至秦岭一段 45 km 线路上就设有 48 座隧道，蜿蜒盘旋于秦岭崇山峻岭之中。

高速铁路是铁路现代化的重要标志。国际上目前将列车最高运行速度不小于 200 km/h 的铁路称为高速铁路，我国把新建设计平行 250 km/h（含预留）及以上动车组，初期运营速度不小于 200 km/h 的客运专线铁路称为高速铁路。高速铁路行车速度高，对基础设施要求高，线路最小曲线半径较大，所以高速铁路上必然会出现大量的隧道工程。高速铁路隧道与一般铁路隧道相比有较多的不同，主要与列车空气动力学相关。高速行驶的列车前方的空气受到压缩，而列车后方的空气则形成一定负压，产生一系列复杂的空气动力学效应。高速铁路隧道设计涉及洞口形式、隧道及列车断面、隧道结构耐久性、洞内设施及轨道类型等一系列问题。

2. 公路隧道

公路的限制坡度和限制最小曲线半径都没有铁路那样严格，过去在山区修建公路时为节省工程造价，常常是宁愿绕行，也不愿修建费用昂贵的隧道。因此，过去公路隧道为数不多。但是，随着社会生产的发展，高速公路逐渐出现，它要求线路顺直、平缓、路面宽敞，于是在穿越山区时，也常采用隧道方案。此外，在城市附近，为避免平面交叉，利于高速行车，也常采用隧道方式通过。目前，公路隧道逐渐多起来。

3. 水底隧道

当交通线需要横跨河道时，一般可以架桥或轮渡通过。但是，如果在城市区域以内，河道通航需要较高的净空，而桥梁两端引道常需占用宝贵的城市用地或修建结构复杂的很长的引桥，此时采用水底隧道，既不影响河道通航，也避免了恶劣天气轮渡中断的情况，而且在战时不致暴露交通设施的目标，防护层厚，是国防上的较好选择。为横跨黄浦江，上海已修建了多座水底隧道，广州地铁穿越珠江、武汉地铁穿越长江都修建了水底隧道。

4. 地下铁道

地下铁道是解决大城市交通拥挤、车辆堵塞等问题，且能大量快速运送乘客的一种城市交通设施。它可以使很大一部分地面客流转入地下，可以高速行车，且可缩短车次间隔时间，节省了乘车时间，便利了乘客的活动。在战时，还可以起到人防的功能。

5. 航运隧道

当运河需要越过分水岭时，克服高程障碍成为十分困难的问题，一般需要绕行很长的距离。如果层层设立船闸则建设投资很大，运转和维修的费用也很高，而且过往船只延误时间很多。如果修建航运隧道，把分水岭两边的河道沟通起来，既可以缩短航程，又可以省掉船闸的费用，船只可迅速而顺直地驶过，航运条件大为改善。

6. 人行地道

城市闹市区行人众多，而且与车辆混行，偶有不慎便会发生交通事故。在横跨十字路口处，即使有指示灯和人行横道线，但快速的机动车也不得不频频减速，甚至要停车避让。为了提高交通运送能力及减少交通事故，除架设过街天桥以外，也可以修建人行地道和地下立交车道。这样可以缓解地面交通的压力，也大大减少了交通事故。

(二)水工隧道

水工隧道(也称为隧洞)是水利枢纽的一个重要组成部分，根据其用途又可分为如下几种。

1. 引水隧洞

它把水引入水电站的发电机组，产生动力资源。引水隧洞有的全部充水因而内壁承压，有的只是部分过水因而内部承受大气压力和部分水压，分别称之为有压隧洞和无压隧洞。

2. 尾水隧洞

它是发电机组的排水通道。

3. 导流隧洞或泄洪隧洞

它是水利工程中的一个重要组成部分，可起疏导水流或水库容量超限后的泄洪通道。

4. 排沙隧洞

它可用来冲刷水库中淤积的泥沙，把泥沙裹带送出水库。有时也用来放空水库里的水，以便进行库身检查或修理建筑物。

5. 输水隧道

它是水利工程中的一个区域江河引水灌溉渠道重要组成部分。

（三）市政隧道

市政隧道是城市中为安置各种不同市政设施而修建的地下孔道。由于城市不断发展，工商业日趋繁荣，人民生活水平逐步提高，对公用事业的要求也越来越高。许多城市不得不利用地下空间，把市政设施安置在地下，既可不占用地面面积，又不至扰乱高空位置和影响市容。按市政隧道的用途，可有如下几种分类。

1. 给水隧道

城市自来水管网遍布市区，必须有地下孔道来容纳安置这些管道，它既不占用地面，也可避免遭受人为的损坏。

2. 污水隧道

城市污水需要引入到污水处理厂以净化返用，条件不充分时仍有部分污水还要排放到城市以外。这都需要有地下的排污隧道。这种隧道可能是本身导流排送，此时隧道的形状多采用圆形；也可能是在孔道中安放排污管，由管道排污。一般排污隧道的进口处，多设有拦渣隔栅，把漂浮的杂物拦在隧道之外，不致涌入造成堵塞。

3. 管路隧道

城市所供煤气、暖气、热水等，一般都是把管路放置在地下的孔道中。经过防漏及保温措施，把这些能源送到居民家中。

4. 线路隧道

城市中，输送电力以及通信的电缆多安置在地下孔道中，既可以保证不为人们的活动所损伤或破坏，又免得悬挂高空，有碍市容观瞻。这些地下孔道多半是沿着街道两侧敷设的。

实践中，也可将以上四种隧道合建成一个大隧道，称之为“共同管沟或管廊”。

5. 人防隧道

为了战时的防空目的，城市中需要建造人防工程。在受到空袭威胁时，市民可以进入安全的庇护所。人防工程除应设有排水、通风、照明和通信设备外，在洞口处还需设置各种防爆装置，以阻止冲击波的侵入。同时，要做到多口联通、互相贯穿，在紧急时刻，可以随时找到出口。

（四）矿山隧道

在矿山开采中，常设一些隧道（也称为巷道），从山体以外通向矿床。

1. 运输巷道

向山体开凿隧道通到矿床，并逐步开辟巷道，通往各个开采面。前者称为主巷道，是地下矿区的主要出入口和主要的运输干道。后者分布如树枝状，分向各个采掘面。此种巷道多用临时支撑，仅供作业人员进行开采工作的需要。

2. 给水巷道

送入清洁水为采掘机械使用，并将废水及积水通过泵抽，排出洞外。

3. 通风巷道

矿山地下巷道穿过许多地层，将会有多种地下气体涌入巷道中来，再加上采掘机械不断排出废气，还有工作人员呼出气体，使得巷道内空气变得污浊。如果地下气体含有瓦斯，在含量达到一定浓度后，将会发生危险，轻则致人窒息，重则引起爆炸。必须及时把有害气体排除出，因此需要设置通风巷道，用通风机把污浊空气抽出去，并把新鲜空气补进来。

第二节 隧道工程的历史及发展现状简况

一、隧道工程的历史

我国最早有文字记载的地下人工建筑物,出现在东周初期(约公元前七百年)。《左传》中有“……阙地及泉,遂而相见……”的记载。最早用于交通的隧道为“石门”隧道,位于今陕西省汉中市褒谷口内,建于东汉明帝永平九年(公元 66 年)。用作通道的还有安徽亳县城内的古地下道,建于宋末元初(约 13 世纪),是我国最早的城市地下通道。

在其他古代文明地区有很多著名的古隧道,如公元前 2180～2160 年前后,在古巴比伦城幼发拉底河下修筑的人行隧道,是迄今已知的最早用于交通的隧道,为砖砌构造物。古代最大的隧道建筑物可能是那不勒斯与普佐利(今意大利境内)之间的婆西里勃隧道,完成于公元前 36 年,至今仍可使用,它是在凝灰岩中凿成的垂直边墙无衬砌隧道。

约于公元 7 世纪,我国隋末唐初时的孙思邈在《丹经》一书中记载了黑火药的制法。1225 年以后传入伊斯兰国家,13 世纪后期传到欧洲,17 世纪初(1627 年),奥地利的工业家首先将火药用于开矿。1866 年瑞典人诺贝尔发明黄色炸药达纳马特,为开凿坚硬岩石提供了条件。

近代隧道兴起于运河时代,从 17 世纪起,欧洲陆续修建了许多运河隧道。其中法国的马尔派司(Malpas)运河隧道,建于 1678—1681 年,长 157 m,它可能是最早用火药开凿的航运隧道。1820 年以后,铁路成为新的运输手段,1827 年在英国、1837 年在法国先后开始修建铁路隧道。随着铁路运输事业的发展,隧道也越来越多,先从当时经济比较发达的欧洲各国开始,然后是美国和明治维新后的日本。我国第一条铁路隧道是 1890 年建成的台湾狮球岭隧道,1903 年建成第一座长度超过 3 km 的兴安岭隧道。1895—1906 年已出现了长 19.73 km 穿越阿尔卑斯山的最长铁路隧道。目前最长的瑞士圣哥达基线铁路隧道已达 53.85 km。第一座用于现代交通的水底隧道是 1807 年开工的伦敦泰晤士河下公路隧道,施工过程中该隧道因水患而停工,1823 年由法国工程师勃吕奈尔接手,历时 18 年用盾构完成。我国第一条水底公路隧道是 1970 年建成的上海黄浦江水底隧道。较为完善的水底道路隧道建成于 1927 年,位于纽约哈德逊河底的荷兰(Holland)隧道。19 世纪初,欧洲的法国、意大利、瑞士等国就已在山区修建公路隧道。2001 年初投入运营的挪威西部的拉达尔隧道长 24.5 km,是目前世界最长的公路隧道。

隧道工程的施工条件极其恶劣,体力劳动强度和施工难度都相当大。为减轻劳动强度,人们一直在做不懈的努力。古代一直使用“火焚法”和铁锤钢钎等原始工具进行开挖,直到 20 世纪才开始采用钻爆作业,至今大约有一百多年的历史。在此期间发明了凿岩机,经过将近一个世纪的努力,发展成为今天的高效率大型多头摇臂钻机,工人们已经从繁重的体力劳动中解放出来。爆破技术也在不断发展,从早期的导火索、火雷管引爆,发展到电雷管毫秒引爆和导爆管非电雷管起爆等,为减少对围岩的扰动,已实现光面爆破、预裂爆破等。和钻爆开挖法完全不同的还有两种机械开挖法:一种是用于软土地层的盾构机,发明于 1823 年,经过一个半世纪的不断改进,已经从手工开挖式盾构,发展到半机械化乃至全机械化盾构,能广泛用于各种复杂的软土地层的掘进。另一种是用于中等和坚硬岩石地层的岩石隧道掘进机。1881～1883 年隧道掘进机首次试掘成功。目前已经发展成大断面(直径 10 m 以上)的带有激光导向和随机支护装置的先进的掘进机,机械化程度大大提高,加上辅助的通风除尘装置,使工作环境得到很大改善。

二、隧道设计与计算理论的发展

修建隧道之前要进行设计。隧道设计包括隧道位置设计以及隧道支护结构和附属设施设计两大部分。

隧道位置设计包括选定隧道的穿山高程和洞口位置，确定隧道线路的平、纵剖面及横断面形状等。通常是根据铁路或公路的等级和运营要求，结合山岭地形和地质条件，通过技术和经济比较，在线路勘测设计中一并完成。较早时期，由于施工技术的限制，修建长隧道比较困难，所以越岭隧道位置常较高，隧道较短，两端展线也较长；沿河展线也只能修建若干短隧道，这都限制了道路的通过能力。高等级铁路和公路要求较小的限坡和较大的曲线半径，这要修建较长的隧道才能满足要求。诸多隧道施工技术相继采用，使修建长隧道更易实现，长隧道的兴建又使道路的运营条件更为改善。日本铁路上越线 20 世纪 20 年代修建的清水隧道长 9.7 km，铁路在两端都有展线才得以穿越山岭；60 年代修建了新清水隧道，越岭高程降低，隧道长达 13.4 km，两端仍有展线；到 70 年代修建上越新干线时，一举修成 22.22 km 的大清水隧道，两端展线都去掉了。过去沿河展线的铁路，为适应弯曲河道和沟谷切割陡峻的山坡地形，常修建一串串短而半径小的隧道。在以后的线路改造和新建铁路上，常用一条深入山体内的长大隧道代替这些短隧道。这都代表了隧道线路设计的新趋势。过去常将每米隧道与每米路堑造价相等处定为洞门位置。由于隧道造价比路堑高许多，形成的高边坡、高仰坡、深路堑在运营中常出现大量病害。我国在 20 世纪 60 年代中即总结了这些教训，提出“早进晚出”的方针。隧道适当加长就可避免很多运营病害。这一方针为世界隧道设计提供了重要经验。

在地层中开挖出所需的隧道断面后，需要修建支护结构来防止地层坍塌或风化，并保持隧道的稳定和运营需要的安全净空。支护结构系统包括开挖后的临时支护和永久衬砌，它们功能有所不同，构造和材料也有所差别。根据运营需要还要在隧道中修建通风、排水、照明、安全避让、防灾等设施，这些都要预先设计出来。支护结构设计是隧道设计的重要组成部分，多年来，隧道支护系统设计经历了结构从单一到多样，计算由简到繁，从经验设计逐渐上升到理论分析等阶段。

1. 支护系统的组成和类型随着经济建设的发展不断扩大和完善

1681 年修成的第一条航运隧道是在凝质岩中修成的，但是没有衬砌。经过十年的运营才加修衬砌以防止岩层风化掉块。以后随着修建隧道的地层范围不断扩大，人们认识到修建初期支护和永久衬砌是保证施工和运营期间安全的重要技术措施。在隧道洞口要修建洞门以防止边坡和仰坡坍塌，为防止以后在运营中边坡落石，又出现了明洞。

施工期间的临时支护在 20 世纪中叶以前大量使用木支撑，导坑用梁、柱门架，扩大用扇形支撑，西方国家在 19 世纪中叶曾采用过铸铁支撑，将它和砌筑圬工砌块的拱架组合在一起，后来发觉它太笨重且不易随压力变化而调整，故未能代替木支撑。1919 年孔兹(Kunz)发明的槽钢和钢轨组合能随着断面形状和地压力的变化而进行调整。进一步的简化是将型钢弯成的拱架直接或通过楔子与地层紧密接触，主要承受地层压力，在美国甚至用钢拱架支撑到全隧打通才作衬砌。我国由于早年钢材缺乏，直到 20 世纪中叶仍用木支撑。喷锚支护出现于 20 世纪 50 年代前，新奥法(NATM)将喷锚支护的作用提高到一个新的理论高度，并迅速在各项地下工程中广泛采用。我国在 20 世纪 60 年代中期开始采用锚喷支护以后，逐渐取代了耗费大量木材的木支撑。日本在松散地层中用型钢拱加喷混凝土作为初期支护效果很好，我国也在 70

年代末开始用格栅或钢拱支撑加喷混凝土以提高支护的强度和刚度。随着不良地层施工技术的发展,小导管注浆等超前预支护和地层加固技术已广泛应用。意大利、日本等国把管棚、旋喷拱、切槽预支护称作先进的预支护技术。管棚在我国已成功推广,旋喷拱已开始应用,切槽预支护正在研究试验。

随着我国大规模高速铁路建设,隧道数量、规模越来越大,其断面也比普速铁路隧道大很多,软弱围岩及不良地质隧道规模巨大;同时城市地下铁道规模大,穿越松散地层情况多,对超前支护的长度、刚度要求越来越高。为保证隧道施工安全和节省投资,根据地质条件和隧道断面大小,多采用小导管、大管棚、旋喷、注浆等单一形式或组合形式的超前支护。

根据地质条件和断面大小,锚喷支护通常采用喷混凝土、锚杆、钢筋网、钢架等单一形式或组合形式,锚喷支护不仅作为临时支护,还可作为永久支护的一部分,与二次衬砌一起共同承担围岩荷载。

作为永久性支护结构的衬砌,其类型也在不断发展,150 年前的隧道多按照地层性质采用天然石块砌筑衬砌,边墙圬工砌筑与岩石紧密接触。也用过陶土砖作拱圈,超挖部分用石块填筑。有意思的是当混凝土在地面建筑中使用后,一些隧道工作者曾经反对采用模筑混凝土作衬砌,因为它凝固较慢,不能立即承受地层压力,所以宁可先作成混凝土砌块再砌筑衬砌。以后由于环状拱架特别是钢拱架的采用和混凝土工艺的改进,到现在模筑混凝土已经成为隧道衬砌的主要材料。在松软不稳定地层,素混凝土不能提供足够的抗弯强度时,才在衬砌中加钢筋,或将钢拱支撑灌注在混凝土中。“新奥法”推广以后,由喷锚初期支护加模筑混凝土内衬组成的复合衬砌大量采用。北欧国家多为花岗岩等坚硬地层,自稳性能较好,20 世纪形成的“挪威法”只用喷锚作永久衬砌。为了增加喷层的抗弯强度,在喷混凝土中加入钢纤维或有机复合纤维等。

隧道断面形式早期几乎都是直墙加半圆形拱圈,经过一段时间使用以后,逐渐知道对于侧压力较大的软弱地层要做成曲墙。有底鼓的地层还要做仰拱。30 多年来,对软地层衬砌工作状况认识逐渐加深,仰拱的作用日渐突出,在软弱地层多主张设计成环状封闭结构。拱轴线形状也经历了半圆、三心圆、多心圆及尖拱、平拱的改变,主要是适应不同的地层压力分布情况。隧道断面的大小也是随运输事业的发展和施工技术的提高而在增加,早期的铁路隧道多是单线,只在地层较好的石质隧道中才修双线。300 多年前修成的第一条航运隧道宽 6.9 m,高 8.4 m,断面面积大于 50 m^2,但它是在坚固的凝灰岩中建成的。早期的航运隧道大都只提供单船航行。很长时期铁路隧道都以单线居多,双线次之。在山区需要将车站修到洞里时,出现三线隧道或四线隧道,后者则作成双线连拱式。公路隧道前期也多是双车道或三车道,高速铁路和高等级公路对隧道断面的要求也日渐增大。公路隧道常修成各自单向行车的两座单洞以增加车道数量,或将隧道修成双连拱大断面隧道,用中隔墙将上下行车道分开。高速铁路对净空要求更大,我国目前规定对 250 km/h 高速铁路双线隧道的有效净空面积为 92 m^2,350 km/h 高速铁路隧道有效净空面积为 100 m^2,在一些不良地质地层中最大开挖面积可达 130～160 m^2。

隧道洞口一般都要修建洞门以支撑隧道顶上的仰坡和两侧边坡。对于长大隧道的洞门更要加以适当艺术造型以求美观。较早出现的端墙式、翼墙式洞门现在仍在使用。为了适应洞口不同地形及地质条件,柱式、台阶式等洞门相继出现,特殊条件下还采用过斜交、半斜交、钢筋混凝土悬臂及连拱式洞门等。值得一提的是,一些公路隧道采用的顺着山坡地形斜截的环框式洞门(削竹式洞门),既朴素大方、简洁明快,又可尽量少挖动山坡;高速铁路隧道空气动力学要求,隧道洞口应顺着山坡地形做成斜截或“帽檐”式洞门。

洞内附属建筑物，铁路早期只有排水沟和避车洞。电气化铁路长隧道中一定距离要修建下锚段衬砌。为提高通信质量，洞内设电缆槽、无人增音站、信号继电器箱等。高等级公路隧道附属建筑物则更多，要求更高。通风、照明、排水设施都要配置完善，长隧道还要有防火、防灾和安全避让等设施。

2. 支护系统的设计计算理论随着对隧道作用机理认识的深化和岩土力学等学科的进展而不断发展

在一个多世纪以前，当各种地面土木工程的结构形式和尺寸都能通过详细的静力计算来决定时，许多隧道建筑师大都认为隧道不需进行静力计算，甚至不适宜进行这种计算，而一般都宁愿依靠实际经验和已成的先进工程实例来做设计。这主要是认为隧道所受的外力变化太大，影响因素太多，实在难以正确估计。这种经验设计和工程类比方法，至今仍在沿用。20 世纪前半期，一些西方教科书和土木工程师手册还在引用石质隧道拱圈厚度大致等于其断面最大宽度的 1/12 这一经验数据。早年的欧洲发达国家，如德国、意大利、法国等工程管理部门组织有经验的隧道建筑师制定出一些隧道衬砌标准断面，鼓励工程师根据经验和对具体工点隧道受力的估计来选用这些标准断面。由于标准断面有较大的适应性，往往采用较大的尺寸和很高的安全度。

在进行经验设计的同时，很多隧道建筑师和学者一直在研究对支护结构的受力分析，并且随着对地层认识的不断深化。早期的实践就认识到只有浅埋隧道才承受上部覆土重量，到一定深度后只承受比覆土重量小的"松动压力"，学者们先后提出了各种松动压力计算方法。19 世纪及以前隧道衬砌多由石料及砖砌成，尺寸都较大，当时把衬砌作为刚性块体组成的拱圈，破坏时形成三铰拱，用压力线假设进行设计。

19 世纪后期，衬砌材料大量采用混凝土后，衬砌具有较好的整体性，开始引用拱桥设计思路，把衬砌作为弹性连续拱用超静定结构力学方法计算内力。20 世纪 90 年代，德国人和英国人编写的隧道书上都还详细介绍求土压力、水压力和自重作用力的压力线方法，开始时还没有考虑地层对结构产生的弹性反力。

20 世纪初就有学者提出地层对衬砌变形有约束作用，从而存在弹性反力。由于弹性反力与形变有关，开始只能对分布情况做些假定。苏联的学者于 20 世纪 30 年代先后提出曲墙式衬砌按半月形分布，直墙视作弹性地基梁，分别用局部变形和共同变形理论计算弹性反力的方法。不用假定反力分布图形而用弹性链杆表示抗力的方法至今还在使用。

20 世纪中叶新奥法提出并推广后，人们认识到支护结构与围岩是一个共同受力整体，连续介质力学计算理论也相应发展。研究的主要问题已不限于支护本身的强度和稳定，还要充分发挥围岩的"自持"作用。随着岩石力学研究广泛深入，弹塑性、黏弹塑性等岩土本构关系提出，引申了支护与围岩共同作用的视野。用连续力学解析法分析仅对圆形洞室弹塑性和黏弹塑性有解。地下结构用数值法分析则有很大发展，有限元分析已比较普及，边界元与有限元耦合法也有不少成果，用于块体或碎块围岩的"块体理论"或离散元也已有不少应用。

由于监控量测技术的发展和该项要求日益受到重视，根据支护系统位移状况判别坑道稳定性的技术也有很大发展，继"允许相对位移"判别标准之后，"极限相对位移"也已用到我国铁路设计、施工规范中。用位移量测结果反演推算围岩各种物性指标和初始应力的反分析法近年来也已有一些实用程序。

3. 支护系统承载能力及安全度评定随着结构设计理论的发展而不断完善

隧道衬砌的工作状态相当于受到约束的拱圈，能和周围地层共同工作。它的承载能力与拱形结构受力破坏分析密切相关。早期衬砌多用砖、石材料,以后大量采用混凝土和钢筋混凝土,衬砌承载力分析必然引用砖、石和混凝土结构设计理论的诸多成果。衬砌承载能力的检算也和整个建筑结构设计理论的发展同步。

早期也是采用允许应力法,用压力线方法静力平衡求出衬砌各截面的内力后,要求截面上的最大应力不超过材料的允许应力。衬砌的稳定性则以最大横推力与最小横推力的比值来判定,由于压力线与实际常有差异,所设计的衬砌都很保守。

结构分析方法进展到了按破损阶段设计法,考虑材料的塑性性质以计算截面的承载能力。衬砌截面按偏心受压构件处理,混凝土结构偏压构件承载能力计算方法被引用到衬砌设计中,只是将一些地下结构独有的因素考虑进去。苏联 20 世纪中期的隧道衬砌设计规范,按大小偏心分别以"等效平均应力"和"力矩守恒"等关系计算衬砌截面破损时的内力。此法在我国沿用到 20 世纪 70 年代中期,此后我国的隧道工作者综合国内外的若干试验研究成果,将衬砌截面偏心受压承载能力统一成为一个计算公式,以偏心受压影响系数表达不同偏心矩对构件承载能力的影响。20 世纪 80 年代中期,美国土木工程师协会批准出版了《隧道衬砌设计指南》,该书附录中推荐了弯矩—轴力相互作用曲线,在作图时将承载能力降低,使其具有一定安全系数。通过此曲线可判定分析所得各截面弯矩、轴力组合是否安全。

概率极限状态可靠度设计在地面结构中成功地应用,早就引起各国隧道界的关注。我国 20 世纪 80 年代中期开始将可靠度方法引入隧道设计的研究。到 20 世纪 90 年代末,以"荷载—结构"模式为主体的整体式衬砌和浅埋、偏压、明洞等结构的可靠度设计方法已达实用程度。21 世纪初我国修订发布的《铁路隧道设计规范》(TB 10003—2005)已有"概率极限状态设计"一节。随着隧道建设投资的增大,对隧道使用期限和工程质量的要求也日益提高,隧道结构耐久性设计也已提到日程上来。

4. 随着计算技术的发展和现代化设计手段的应用,支护系统设计周期大大缩短,计算精度大大提高,设计内容更加全面

早期按刚性结构设计衬砌,在图纸上画出多边形及压力曲线,用比例尺量出偏心矩,其精度较低。

按弹性结构假定抗力分布或按弹性地基梁计算的超静定拱形结构,最少包括 3 个及以上未知数和相应方程组,计算尺难以满足闭合精度要求,采用机械式或电动式计算器(机)。断面轴线坐标也需正确计算,设计计算一个衬砌断面有时需要几天,若用链杆法则时间更长。

随着电子计算机的应用,线性代数及计算技术等数学工具的发展,隧道支护系统设计计算进入新的阶段。计算时间大大缩短,精度大大提高,考虑的因素也相应增加。目前,按"荷载—结构"模式用链杆法对衬砌进行矩阵分析已是轻而易举。支护系统有限元、边界元、离散元分析,弹塑性、黏弹塑性和几何、物理双非线性等模型的采用和通用程序相继编出,能在较短的时间计算出成果。各种反分析和重复百万次运算的随机分析也能在较短的时间完成。目前有关设计院已拥有各种隧道支护系统设计、计算、绘图连续完成的 CAD 软件及勘测、设计、施工图一体化的软件,支护系统设计已进入智能化设计阶段。

5. 由于地层情况十分复杂,人们对它的认识还不充分,支护系统的设计计算模型还处于以经验类比为主,其他几种模型共存的状况

多年的实践使很多隧道工作者认识到支护系统设计不能完全依赖计算,但对计算模型的研究一直没有停顿,并力图将各种计算模型用于实际设计中,支护衬砌系统的理论计算仍然受到重视。国际隧协(ITA)结构设计模型研究组于 1981 年提出的报告中归纳了四种类型,即以

工程类比为依据的经验法；以测试为依据的实用法如收敛—约束法；作用—反作用模型；连续介质模型等目前都在采用。

三、我国隧道工程的发展现状

1. 交通隧道

据统计，截至2020年底，中国铁路营业里程达14.63万km，其中投入运营的铁路隧道共16 798座，总长约19 630 km。2020年新增开通运营铁路隧道714座，总长约1 589 km，其中特长隧道39座，总长约498 km；在建铁路隧道2 746座，总长约6 083 km；规划铁路隧道6 354座，总长约16 255 km。

截至2020年底，中国已投入运营的特长铁路隧道共209座，总长2 811 km。其中，长度20 km以上的特长铁路隧道11座，总长262 km，见表1-2-1。

表1-2-1 中国已投入运营的长度20 km以上的特长铁路隧道

隧道名称	隧道长度(m)	线别	建设方案	设计速度(km/h)	设计单位	投入运营时间	施工单位
新关角隧道	32 690	西格线(西宁至格尔木铁路)	双洞单线	160	铁一院	2014年	中铁隧道局、中铁十六局
中天山隧道	22 449	南疆铁路	双洞单线	160	铁一院	2015年	中铁隧道局、中铁十八局
乌鞘岭隧道	20 050	兰武线(兰新铁路兰州西至武威南段)	双洞单线	160	铁一院	2006年	中铁一局、中铁二局、中铁五局、中铁十二局、中铁十六局、中铁十七局、中铁十八局、中铁隧道局
西秦岭隧道	28 236	兰渝线(兰州至重庆铁路)	双洞单线	200	铁一院	2016年	中铁隧道局、中铁十八局
当金山隧道	20 100	敦格线(敦煌至格尔木铁路)	单洞单线(单线铁路)	120	铁一院	2019年	中铁十七局、中铁十九局
太行山隧道	27 839	石太客专(石家庄至太原铁路)	双洞单线	250	中国铁设(原铁三院)	2009年	中铁十二局、中铁十六局、中铁十七局、中铁五局、中铁隧道局
吕梁山隧道	20 785	太中银线(太原至中卫至银川铁路)	双洞单线	160(预留200)	中国铁设(原铁三院)	2011年	中铁三局、中铁十二局
燕山隧道	21 153	张唐线(张家口至唐山铁路)	双洞单线	120	中国铁设(原铁三院)	2015年	中铁隧道局
青云山隧道	22 175	向莆线(向塘至莆田铁路)	双洞单线	200	铁四院	2013年	中铁二十三局
崤山隧道	22 751	浩吉线(浩勒报吉至吉安铁路)	双洞单线	120	铁四院	2019年	中铁十六局
南吕梁山隧道	23 443	瓦日线(吕梁至日照铁路)	双洞单线	120	铁六院	2014年	中铁隧道局、中铁十一局

在建特长铁路隧道116座，总长1 675 km。其中，长度20 km以上的特长铁路隧道10座，总长276 km。

规划特长铁路隧道 338 座,总长 5 054 km。其中,长度 20 km 以上的特长铁路隧道 37 座,总长 999 km。

截至 2020 年底,我国高速铁路运营里程达 3.79 万 km,投入运营的高速铁路隧道共 3 631 座,总长约 6 003 km,其中特长隧道 87 座,总长约 1 096 km。从 2008 年第 1 条有隧道的高速铁路合宁铁路(南京南至合肥南)起至 2020 年底,每年建成投入运营的高速铁路隧道隧道长度柱状图如图 1-2-1 所示。

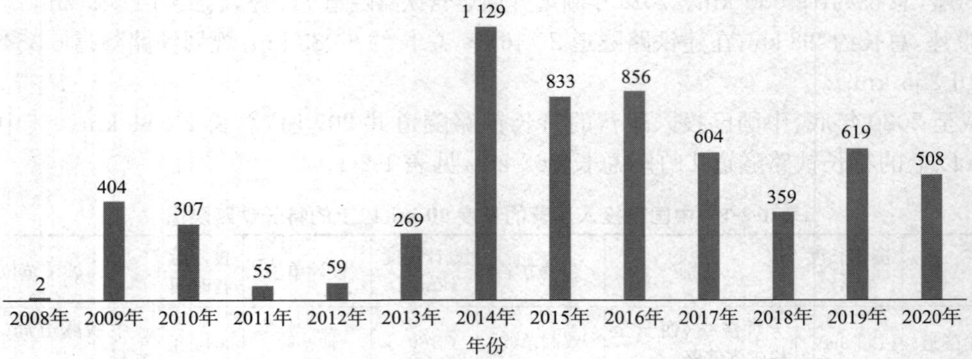

图 1-2-1　2008—2020 年中国建成投入运营的高速铁路隧道长度柱状图(单位:km)

我国高速铁路隧道分布在东北、华北、华东、中南、东南沿海及中西部地区,所通过的地形及地质情况异常复杂,尤其是武广客运专线隧道通过岩溶地区,郑西、石太客运专线部分隧道通过黄土地区,有下穿高速公路和既有建筑物的隧道,有位于自然保护区的隧道,有穿越珠江狮子洋水域的水下隧道,有穿越浏阳河和长沙市区的浏阳河隧道,有下穿天津市的海河隧道,还有通过采空区的山岭隧道等。总之,建设环境和地质情况复杂。

截至 2020 年 12 月 31 日,我国城市轨道交通总里程约 7 655 km,通车城市 43 个,通车线路共 245 条。2020 年新增天水、三亚、太原 3 个城市开通轨道交通。各城市共新增开通 55 条(段)线路,新增运营线路里程约 1 226 km(包括有轨电车约 48 km)。

在 7 655 km 的运营线路中,有北京、上海、广州和深圳等 38 个城市,开通地铁 6 483 km;天津、武汉、长春和大连 4 个城市开通轻轨 253.5 km;重庆开通单轨 97.5 km;南京、西安和温州 3 个城市开通市域快轨 283.6 km;大连、长春、天津和上海等 18 个城市开通有轨电车 486.5 km;上海、长沙和北京 3 个城市开通磁悬浮交通 58.6 km。

截至 2020 年底,中国有 57 个城市(个别由地方政府批复项目未纳入统计)在建线路总规模 6 797.5 km(含个别 2020 年当年仍有建设进展和投资发生的已运营项目和 2020 当年新投运的项目),在建线路 297 条(段)。其中,有 31 个城市在建线路为 3 条及以上,如再加上已运营线路,共有 34 个城市在建和运营线路超过 3 条。在建线路长度超过 100 km 的有 23 个城市。

上海黄浦江下已建成多条水底隧道将浦东浦西连接起来,广州的珠江、宁波的甬江下都已建成水底地铁和公路隧道。武汉过长江、青岛黄岛海底隧道和厦门岛与大陆的水下通道都已建成通车。

我国公路隧道在 20 世纪 80 年代前,因公路等级较低,同时限于设计、施工及短期投资大等多种原因,很少设计长大隧道,且数量(总长度)上也不多,但改革开放以后,为了实现截弯、降坡、提速、提高运营安全及实现长期运营收益等,相继修建了一批长大公路隧道。近年来,随着我国高速公路建设的大规模展开和设计、施工总体水平的提高，公路隧道工程在总量、单体长度上有了突飞猛进的发展。截至 2019 年底中国已建公路隧道累计 19 067 座，总里程 18 966.6 km，与 2009 年底的总里程相比，增长了 381.14%；其中长公路隧道 4 784 座，总里程 8 263.1 座，特长公路隧道 1 175 座，总里程 5 217.5 km，且公路隧道的增长主要是高速公路隧道。截至 2020 年底，中国公路隧道总数量 21 316 座，特长隧道数量 1 394 座。

2. 水底隧道

我国自 20 世纪 70 年代中期以后，先后建成了一大批著名的水电工程，如二滩、黄河小浪底、葛洲坝等，还有世界最大的水电工程长江三峡工程。在水利水电系统的地下工程和隧道建设中一个明显特点是工程规模不断大型化，具体体现为：引水隧洞埋深增加，导流、泄洪洞断面增大、跨度增大、边墙增高，隧洞承压水头增大。如锦屏二级引水隧洞埋深达 2 600 m（与目前世界上最大埋深的法国谢栏引水隧洞埋深 2 620 m 相近），二滩电站导流洞断面达 403 m^2，已建成的天湖抽水蓄能电站的水头则高达 1 074 m。在长度方面，已建成的太平驿引水隧洞就达 10 km 长，辽宁省大伙房引水隧洞全长 85 km。

1965—2000 年开工了 13 条水下隧道，主要穿越香港维多利亚港、黄浦江、珠江，采用的施工方法主要为沉管法和盾构法，多为公路隧道。2001—2010 年开工了 77 条水下隧道，主要穿越黄浦江、珠江、长江，采用的施工方法主要为盾构法，主要是公路隧道和地铁隧道。2011—2020 年开工了 154 条水下隧道，主要穿越长江、黄浦江、钱塘江，采用的施工方法主要为盾构法，主要是公路隧道和地铁隧道。

3. 城市地下工程

随着现代化城市的高密度化，生活水准的高标准化，各种供给设施（如电信、电气、煤气、上下水等）的需求量将会急剧增加，需要改造和增设的供管线愈来愈多，解决这一问题的最好对策是修建统一规划与管理的城市地下共同沟（城市地下公用事业综合隧道），1994 年上海浦东建成了我国第一条规模较大的张扬路共同沟。

城市地下空间开发利用，目前较广泛的有高层建筑物地下室，平战结合的人防工程，如上海人民广场地下商场，哈尔滨、长春、石家庄等地下商业街。

利用地下工程恒温恒湿，受地面干扰小，防灾抗灾能力强等特点，我国修建了许多地下储库，如地下粮库、油库、金库等。

随着我国经济和科技的发展，地下工程的应用领域和应用深度将不断拓展。

四、我国隧道的发展前景

1. 高海拔、高烈度地震区、大埋深超长铁路隧道大规模建设

随着中国经济的发展，西部地区铁路建设规模逐年加大，高海拔、高烈度地震区、大埋深超长铁路隧道将越来越多，特别是刚刚开工建设的川藏铁路雅安至林芝段，分布有 72 座隧道，隧道总长约 840 km，其中长度 20 km 以上的隧道有 16 座，长度 30 km 以上的隧道有 6 座，最长隧道超过 40 km；埋深超过 1 000 m 的隧道段长 610 km，且处于印度板块与欧亚板块强烈积压的“喜马拉雅东构造带”，新构造运动强烈，穿越新构造板块活动强烈的横断山区，地质条件极端复杂，隧道建设将要面临的硬岩岩爆、软岩大变形、高地温、活动断裂、超高压富水断裂等不良地质问题十分突出。

2. 隧道智能建造技术发展迅速

近年来，随着劳动力成本的不断提高，隧道现场施工技术人员数量逐年减少，隧道工程建

设“以机代人”成为现实需求,少人化(甚至无人化)是未来隧道工程建设发展的必然趋势。在机械化与信息化高度融合的基础上,发展具有自感知、自学习、自决策、自实施功能的机器人,进行隧道建造主要工序的智能化作业,对提高施工效率、保障施工安全、提高施工质量具有重要意义。目前,郑万高铁在隧道机械化大断面快速建造技术的基础上,初步构建了高速铁路隧道智能化建造体系,并成功进行了工点试验。

3. 超长深水跨海铁路隧道修建技术研究逐步深入

随着珠江口水底隧道、汕头湾海底隧道、甬舟海底隧道的开工建设,以及琼州海峡、渤海海峡、台湾海峡跨海通道规划研究的逐步深入,超长深水跨海铁路隧道的建造技术亟须取得突破。包括超长海底隧道空气动力学效应及缓解措施、高水压隧道衬砌结构防水技术、超长海底隧道长期运营温升工程对策、深海大断面隧道超长距离施工与接合技术等。

4. 隧道智能运维技术亟须发展

随着隧道与地下工程规模的逐年增加,隧道运营维养需求远超现有维养能力,研发基于物联网技术的隧道状态智能监测、运维和病害整治技术非常有必要。包括研发适用于隧道与地下工程的结构健康智能检测监测系统、基于大数据的隧道状态评估智能决策系统、高效率的隧道与地下工程维护技术及智能化装备等。

5. 城市地下空间建设加快

随着党的十九大报告提出“建设生态文明是中华民族永续发展的千年大计,应坚持最严格的资源保护制度”,“生态可持续”“高质量发展”逐渐成为城市发展的关键词。超大城市作为人口规模最大、城市功能聚集度最高的地区,生态环境面临的压力更大、空间资源紧张度更高,而科学适度地利用地下空间资源,促进城市空间从平面发展到竖向分层发展转变,是保障超大城市生态地质环境安全、促进城市空间资源可持续利用的重要途径。

第三节　大力推进中国隧道建设技术创新发展

中国已成为名副其实的隧道大国,在以往的工程实践中,积累了丰富的隧道建设经验,但在工程质量和技术水平上,仍与世界先进水平存在差距,我们要在未来的工程实践中,不断探索,开拓创新,积极学习、吸取国外隧道建设的先进技术。具体指导思想是:坚持科学发展观,树立服务运输和以人为本的设计理念,以加大科技创新、技术创新和引进吸收再创新为指导,大力推进我国隧道技术的进步。

第一,推进城市隧道和水下隧道技术的发展。

采用隧道下穿城市区域,具有可大量减少城市拆迁,减少对既有建筑物的影响,大大降低铁路噪声,促进铁路与城市和谐发展等诸多优越性。铁路和公路采用隧道方案穿越江河、海湾,在不影响河道的环境、通航和保证列车的全天候运营等方面具有明显优势。在未来的道路建设中,应大力推进城市隧道和水下隧道技术的发展。

第二,提高隧道机械化施工水平,减轻劳动强度。

隧道工程的现代化,必须实现主要工序施工的机械化,要研究开发适合中国隧道作业的专用设备,以先进的机械设备代替大量的人工作业,减轻施工人员的劳动强度,改善隧道工程的施工作业环境,实现文明施工和快速施工,从而保证工程施工的安全和质量。

第三,提高隧道防排水技术,减少隧道病害。

应进行合理的防排水系统设计,严把防排水材料质量关,进一步提高防排水系统施工工艺，积极推广应用可维护防排水系统，确保隧道不渗水、不漏水，减少隧道病害。

第四，推进隧道信息化施工，发展隧道的超前地质预报技术，加强现场动态设计与科学的施工管理。

隧道工程的特点是修建环境和地质条件等不确定因素较多，需要在施工过程中不断优化调整，所以应综合利用超前地质预报技术，加强现场的完善设计与科学管理，推进信息化施工。

第五，隧道防灾救援措施系统化。

目前，我国铁路隧道的运营防灾系统还不完善，随着高速铁路隧道和更多长或特长隧道的建设，我们应加强铁路隧道防灾技术的研究，使隧道的防灾救援措施系统化。

第六，做好隧道洞口的景观设计。

隧道的建设应尽量减少对周围环境的影响，减少洞口边、仰坡的开挖，保护洞口的植被和生态，并选择简洁的洞口结构形式，做好洞口与周围景观协调的设计。

复习思考题

1. 简述隧道的定义。
2. 隧道的种类有哪些？

第二章

隧道工程地质环境及围岩分级

隧道是埋置在地层中的工程建筑物，地层情况变化万千、错综复杂，隧道工作者的任务就是要针对不同的地质条件采取相应的措施建成隧道。所以，安全、优质、快速、不留后患地修建隧道的前提是要摸清和预知隧道周围的水文地质和工程地质条件。只有地质情况清楚，工程措施才能对路和奏效。我国20世纪60年代初就从过去在西部地区兴建隧道的经验教训中总结出“一个隧道工程师至少应是半个地质工程师”的名言。如果隧道工作者不掌握工程地质这门科学，就不算完整的隧道工作者。为此，针对隧道设计与施工的需要，进一步介绍一些隧道地质勘测、施工地质预报的基本内容；为了解隧道建筑物的工作环境，介绍岩体的基本工程性质；为工程类比和确定设计、技术参数，进行标准设计等的需要，特介绍有关围岩分级的知识。

第一节　隧道工程地质调查与勘测

一、工程地质调查测绘

隧道通过地段的地质调查测绘是隧道工程地质勘测的核心工作。

1. 铁路工程地质技术规范的总要求

(1)查明隧道通过地段的地形、地貌、地层、岩性、构造。岩质隧道应着重查明岩层层理、片理、节理等软弱结构面的产状及组合形式，断层、褶皱的性质、产状、宽度及破碎程度；土质隧道应着重查明土的成因类型、结构、物质成分、密实程度、潮湿程度等。

傍山隧道，当外侧洞壁较薄时，应预测偏压带来的各种危害。

(2)查明隧道是否通过煤层、膨胀性地层及有害矿体等。对含有这些地层的地段，应预测地层膨胀对洞身的影响，并对有害气体或放射性物质的含量等作出评价。

(3)查明不良地质、特殊地质对隧道通过的影响，特别是对洞口位置及边坡、仰坡的影响，提出工程措施意见。

(4)查明隧道附近井、泉的分布情况，分析隧道地区的水文地质条件，判明地下水的类型、水质及补给来源，预测地下水的侵蚀性和洞身分段涌水量。在岩溶地区，应分析涌水及填充物是否有突然涌出的危险。并充分估计隧道开挖引起地表塌陷及地表水漏失的问题，提出相应的工程措施意见。

(5)对于深埋隧道，应作隧道地温升温预测。对岩层坚硬、致密、性脆、构造应力集中的地段，应考虑发生岩爆的可能性。

(6)综合分析岩性、构造、地下水等有关地质测绘、勘探、测试成果，分段确定隧道围岩级别。

(7)在隧道洞口需要接长明洞的地段，应查明明洞基底的工程地质条件。

(8)查明横洞、平行导坑、斜井、竖井等的工程地质条件。

2. 地形地貌调查

主要是查明隧道通过地段的山体的自然情况，其中包括山坡的形态和坡度、河流两岸阶地对称情况、山体垭口和鞍部的分水岭的分布。分析上述自然情况与河流切割、地质构造、岩层分布的关系。

3. 地层、岩性调查

要查明隧道通过地段的地层时代、地层程序、地层岩性及岩性变化，查明地层接触关系。要特别注意查明岩层的顺序和厚度、岩性特征和物理力学性质以及岩石的风化程度(表 2-1-1)。

表 2-1-1　岩石风化程度分级

风化程度分级	鉴定标准		
	岩矿颜色	岩石结构	破碎程度
未风化	所有矿物及其胶结物的颜色都是新鲜颜色	原有结构	全部为构造裂隙，无风化裂隙
微风化	颜色暗淡，节理面附近矿物变色	原有结构未变，沿节理面稍有风化痕迹，如水锈	只有少数风化裂隙，但不易与新鲜岩石区分
中风化	矿物失去光泽，部分矿物改变颜色，如长石、黄铁矿、橄榄石等，黑云母失去弹性，并变为黑褐色	岩石原结构已遭破坏，裂隙面可有风化夹层；块状或球状结构	风化裂隙发育，岩石完整性较差
强风化	岩石及大部分矿物变色，如黑云母变成棕红色	大部分原结构已破坏，有些矿物在风化作用下转化为次生矿物，如长石风化成高岭土；球状结构的球心仍是新鲜的	松散破碎，完整性很差
全风化	岩石和矿物已完全变色，黑云母不仅变色，而且变成蛭石	岩石原结构全部被破坏，仅外观仍保留岩石状态；矿物间联结很差，大部分矿物变成次生矿物，如长石蜕变成高岭土、叶蜡石或绢云母，角闪石蜕变成绿泥石，石英变成松散的沙粒	可用手捏碎

调查中，要特别注意软弱岩层和特殊岩层的分布和厚度，如泥岩、煤层、盐类地层、膨胀性地层和含大量黄铁矿的地层等，因为它们是隧道隧洞围岩中的不稳定岩层。在岩溶发育地区，还要特别注意可溶性岩层与不透水岩层接触界面的分布，因为它们是岩溶发育的有利场所。

4. 地质构造调查

地质构造与隧道围岩稳定性和施工地质灾害关系最密切，所以它是隧道工程地质勘测的核心工作。调查的重点是褶皱、断层、节理、侵入体或岩脉等。

褶皱调查的主要内容包括：褶皱的基本类型、形态类型、两翼的地层时代和岩性、褶皱核部的位置、褶皱轴线走向、轴面产状等。

断层调查的主要内容包括：断层的存在和证据，断层的位置和产状，断层的破碎带宽度和物质组成，断层的力学性质等。

节理调查的主要内容包括:节理的组数和发育程度,主要节理的产状(特别是节理走向)和力学性质,风化裂隙的影响范围和深度等。

5. 水文地质调查

地下水增加了隧道施工的难度,隧道的开挖又常常引起地下水的流失,影响隧道所在地段的居民用水。地下水与地表水文地质有密切关系,所以隧道工程地质勘测要进行水文地质调查。水文地质调查的主要内容包括:隧道所在地段及其附近的井泉点分布、泉水类型及其与地质构造的关系,主要含水层和隔水层的岩性及其分布,河流、小溪,甚至湖泊、水库的分布及其对地下水的影响;在岩溶发育地区,还要调查岩溶漏斗、暗河的进口及其出口等。

6. 滑坡、落石、岩堆、泥石流和岩溶地质调查

主要查明这些不良地质是否存在及其性质,存在的位置及其范围,不良地质的规模及其对隧道施工和隧道本身的影响。

7. 地温测定

地温对隧道施工,特别是对深埋隧道施工有很大影响。因为,在地壳恒温层(距地表 10～35 m)以下,深度每增加 100 m,温度将增加 3℃,当温度超过 38℃时,在潮湿的隧道内施工将有很大困难,所以隧道工程地质勘测要进行地温测试,为施工单位提供地温资料。

二、勘探、测试工作要求

勘探测试工作是隧道工程地质勘测的重要内容,特别是对复杂地质、复杂地形条件下施工的长大、重点隧道更是如此。

(1)钻孔位置和数量。洞门附近覆土较厚时,应布置勘探孔;地质复杂,长度大于 1 000 m 的隧道,洞身应按不同地貌及地质单元,合理布置勘探孔查明地质条件;主要的地质线、重要的不良地质、特殊岩土地段等处应有钻孔控制;洞身地段的钻孔位置宜布置在隧道中线外 8～10 m。

(2)钻探深度应至隧底以下 3～5 m,遇溶洞、暗河及其他不良地质量,应适当加深至溶洞及暗河底、不良地质体以下 5 m。

(3)埋深小于 100 m 的较浅隧道或洞身段沟谷较发育的隧道,勘探点间距不宜大于 500 m;埋深较大隧道勘探点的布置应根据地质调查及物探成果研究确定。

(4)区域性断层和重大物探异常点应布设控制性勘探点。

(5)钻探过程中遇到地下水,应做好水位记录和观测工作,探明含水层的位置和厚度,并取样作水质分析,判明对混凝土的侵蚀性。水文地质条件复杂的隧道,应进行提水或抽水等试验,测定岩土的渗透性,计算涌水量,必要时应进行地下水动态观测。

(6)为了解隧道通过的岩、土的物理力学性质,应取代表性样品进行试验。对膨胀性岩、土,应加做矿物含量的分析及膨胀试验。

(7)对有害矿体和气体,应取样作定性、定量分析。

第二节 岩体的基本工程性质

隧道是在岩体中开挖的洞室,再加以一定的支护结构形成的。岩体的工程性质对隧道的工作情况有重大影响。岩体是在长期自然地质条件下形成的,它与某些人为的建筑材料有许多根本不同的特性。这些地质特性可以归纳为几个方面:即岩体是处于一定天然应力环境中

的地质体；岩体由各种裂面或软弱结构面所分割；岩体由于形成时的结构构造特征而往往具有各向异性；由于物质来源和形成环境的复杂性导致岩体的不均匀性；岩体由于自然地质因素的影响而具有可变性等。

一、岩体处于一定的天然应力作用之下

自然界中的岩体是处于天然应力环境中的地质体。任何物体均受着地心引力的作用，因而处于受力状态之中。对于地壳岩体来说，它经历了长期的地壳运动，自然处于更为复杂的受力状态。这种应力状态是指岩体在天然状态下所具有的内在应力，可称之为岩体的初始应力，也有人称它为地应力。

岩体的初始应力，主要是由于岩体的自重和地质构造作用和地质地温作用引起的。而地温一般在深部岩体中作用才明显。

1. 重力应力场

研究岩体由于自重形成的应力场，大都是建立在假定岩体是均一连续介质这一基础上的，采用连续介质的理论来分析。

设岩体为半无限体，地面为水平。距离地表深度为 y 处取出一单元体，其上作用的应力有 σ_x、σ_y、σ_z。为计算简单，地质岩体在自重作用下初始应力状态的一般表达式为

$$\begin{aligned}\sigma_z&=\gamma y\\ \sigma_x&=\sigma_y=\lambda\sigma_z\\ \tau_{xy}&=0\end{aligned}\tag{2-2-1}$$

式中，$\lambda=\dfrac{\mu}{1-\mu}$，为侧压力系数，$\mu$ 为泊松比。

2. 构造应力场

天然的地下岩体，经历过长期而多次的地壳运动，受到了相当大的外力作用。例如向斜和背斜等褶曲构造是在相当大的水平压力作用下，岩层产生大的塑性变形，失去稳定后形成的。由于这种构造运动的作用，使得岩体内积存了一定的应力，称它为构造应力。当岩体再次受到新的破坏性扰动时，构造应力可能一部分或全部地释放出来，或者由于岩体的流变性质，在相当长的时间内，也会部分地把积存的能量释放出来。这时，构造应力就指残余应力而言。

构造应力的产生，可以用地壳运动处于相对静止状态所存储的能量来说明。设单位体积的应变能增量为

$$\mathrm{d}u=\sigma\mathrm{d}\varepsilon$$

则单位体积内的全部变形能为

$$u=\int_0^{\varepsilon}\sigma\mathrm{d}\varepsilon$$

在弹性极限内的变形能为

$$U_{\mathrm{e}}=\frac{1}{2}\sigma\varepsilon_{\mathrm{e}}=\frac{\sigma^2}{2E_{\mathrm{e}}}\tag{2-2-2}$$

由此可见，岩体中储存的能量是通过弹性变形而获得的。若岩体中的应力达到弹性极限，则岩体开始破坏。这时岩体除仍保存一部分残余变形外，岩体中所储存的能量将部分地或全部地释放出来。或者是岩体中的应力显然尚未达到弹性极限，但由于流变性质，在长时期中也会使岩体中的能量释放，甚至使岩体中的构造应力消失为零或仅剩下残余构造应力。

由于地壳运动历时长久，情况错综复杂，岩体的构造应力目前还不能以数学、力学的方法

进行分析计算,而只能采取现场应力量测的方法来求得。在工程中常常凭借现场量测的结果,作为工程设计的依据。

某些现场实测指出,岩体的构造应力往往与埋深密切相关,它随着深度的增加而增加。构造应力一般来讲,其水平应力大于垂直应力。

在坚硬脆性的岩体中,往往会积聚大量的能量,从而形成很高的内应力,这是深埋地下工程开挖过程中产生岩爆现象的主要原因。

二、岩体物理力学性质的不均匀性

相同的天然岩体其物理力学性质随在岩体中所测点的空间位置不同而有差异,呈现出岩体的不均匀性。

由于生成岩体的物质来源、生成原因、周围的环境以及生成后的构造作用极其复杂,所形成岩体内部物质成分的分布和结构特征,都不可能是均匀一致的。即使由结构面所切割出的岩石块体中也往往不像某些人为材料那样均匀一致。如巨大的侵入岩体还有深成岩与浅成岩之差别,中间相的岩体与边缘相的岩体也不相同;巨厚的沉积岩由于沉积韵律的关系,沉积时气候环境的变化,必然使得在同一岩层中的岩性有所差异;变质岩由于原岩的不均匀性,再加上在形成过程中,各处温度、压力以及活动性流体等的作用,不可能处处都是均匀一致的。即使生成时比较均匀的岩体,但由于后期的构造作用,使岩石内部产生微裂隙,矿物晶格产生错位,矿物成分发生蚀变等情况,岩体仍不可能是均匀的。所以就构成岩体的岩块性质不均匀是绝对的,均匀是相对的。

三、岩体是由结构面分割的多裂隙体

岩体与一般材料的差别在于它是由结构面纵横切割的多裂隙体。所谓结构面是指岩体中具有一定方向、力学强度相对较低的地质界面(或带)。结构面的存在,决定着岩体的完整程度,关系着岩体的力学介质属性,即控制着岩体的强度、变形和破坏特征。

岩体中的结构面按成因类型可分为三类:

(1)原生结构面。指岩体形成过程中形成的结构面和构造面。如岩浆岩体冷却收缩时形成的原生节理面、流动构造面,与早期岩体接触的各种接触面(沉积岩体内的层理面、平行不整合面);变质岩体内的片理、片麻理构造面等。

没有经过后期变动的原生结构面,通常没有擦痕及位移形迹存在。这类结构面多为非开裂式的,结构面间有连接力,其强度一般较高。

(2)构造结构面。岩体形成后,由于地壳构造运动在岩体中产生的各种断裂面,如断层面、节理面、层间错动面和劈理面等。这种结构面无论是沿走向或倾向,其方位的稳定性都比较好。这类结构面一般强度较低。有的还可能有松散的充填物质,如碎石或黏土等。

(3)次生结构面。指在外力作用下产生的风化裂隙面及卸荷裂隙面等。这种结构面多为张裂隙,结构面不平坦。风化裂隙产状很不规则,方向紊乱,连续性差,但发育深度不大;卸荷裂隙面则基本平行于岩体的卸荷自由面,有的延伸较大,对边坡稳定有着很大的影响。

由此可见,不论哪一种岩体,在它的生成和改造过程中,都会在岩体中形成某些结构面,而这些结构面的存在必然会对岩体的力学特性产生很大的影响。

四、岩体具有各向异性

岩体中由于岩石的结构、构造具有方向性,使岩体强度、变形,甚至渗透等性质在不同方向上显示出差异，称为岩体的各向异性。这主要是由于沉积岩中的层理、变质岩中的片理、片麻理，以及定向的节理裂隙、劈理、断裂和夹层等存在引起的。另外如岩浆岩中的流动构造、变质岩中的带状构造，以及肉眼不易察觉的微层理、微裂隙等也能导致岩体的各向异性。通常在各类沉积岩中，变质岩的片岩、片麻岩中，其强度、变形、渗透、弹性波的传导等性质，都表现出较显著的各向异性。

五、岩体具有可变性

一般来说，较完整的岩体是比较坚固的，对于许多岩体来说，作为工程建筑物的地基、介质或建筑材料，能满足要求。但是坚硬、完整的岩体并不是绝对不变的。从地质观点来看，地壳总是处在不停地运动和变化之中，岩体必然也是在各种地质作用下不断变化的。而我们所要研究的是在工程使用年限内由于风化作用和地下水作用所引起岩体完整性、强度等性质的变化。

自然界中，风化作用是普遍存在的，岩体出露的地区，总会遭受到不同程度的风化作用，从而改变了岩石的矿物组成和结构构造。不同风化程度岩体的物理力学性质是不同的。一般来说，风化作用会降低矿物晶粒或颗粒间的连接力，使岩体的完整性遭到破坏，变形增大，强度降低。

风化作用是随着深度逐渐减弱的，因此同一岩体处在不同深度时，其风化程度是不相同的。岩性不同，对其风化的难易程度也有所不同，因而风化壳的厚度有很大差别。

风化岩石按风化剧烈的程度分成若干级(或带)：全风化带(W_4)、强风化带(W_3)、中风化带(W_2)、弱风化带(W_1)和微风化带(新鲜)五带。

岩体的风化程度、风化深度和风化速度与岩体的工程性质直接相关。

地下水在岩体中的存在使岩体中的可溶性盐溶解，胶体水解，使矿物颗粒间的联结力减弱。含有石膏的岩体，因硬石膏($CaSO_4$)遇水变成石膏($CaSO_4 \cdot 2H_2O$)，体积膨胀，产生膨胀压力，致使岩体发生破坏。不少岩石在水的作用下强度会下降。

一般岩石的强度随着含水量增大的不同其降低的程度也不同。这主要取决于岩石中亲水矿物和易溶性矿物的含量以及裂隙发育情况。亲水性矿物和易溶性矿物含量愈多，开口裂隙愈发育，岩石强度随含水量增加而降低的愈多。造岩矿物中绝大部分是亲水的，而黏土类矿物亲水性最强，所以很多黏土岩饱水后强度降低的很多。通常用软化系数来表示岩石的软化性，即

$$\text{软化系数}=\frac{\text{饱水岩石抗压强度}}{\text{干燥岩石抗压强度}} \tag{2-2-3}$$

一般规定软化系数小于 0.75 的岩石为软化岩石。

岩体中水对岩石的软化作用不仅表现在强度上，也表现在使岩石变形增大。此外，当岩体中存在着承压水时，由于孔隙压力作用，抵消外界的正压力而使岩石抗剪强度降低。

六、单向应力状态下岩石的变形特征

1. 单轴压缩时应力—应变曲线

由单轴压缩试验测得的应力—应变全曲线，如图 2-2-1 所示。*OA* 段为裂隙压密阶段；*AB* 为直线段，表示线弹性的特征；*BC* 段为曲线段，表示弹塑性的特征；*CD* 为软化曲线段，表示岩石峰值后的特征。岩石种类不同，上述曲线有些区段不出现或不显著。

2. 弹性模量

对于应力—应变曲线为非线性的岩石，由于它的弹性模量各点不同，在实际工作中，一般取它的弹性模量为：初始切线模量、平均切线模量和割线模量。它们的含义如图 2-2-2 所示。图中 OB 是曲线在原点 O 的切线，它的斜率表示初始切线模量；CD 是 A 点的切线，它的斜率表示 A 点的切线模量 E_e；割线 OA 的斜率表示割线模量或者平均割线模量 E_s。A 点所对应的应力 σ_1 等于抗压强度 σ_c 的一半，这三种模量的表示形式在工程中都有所采用，常用的是平均割线模量 E_s。

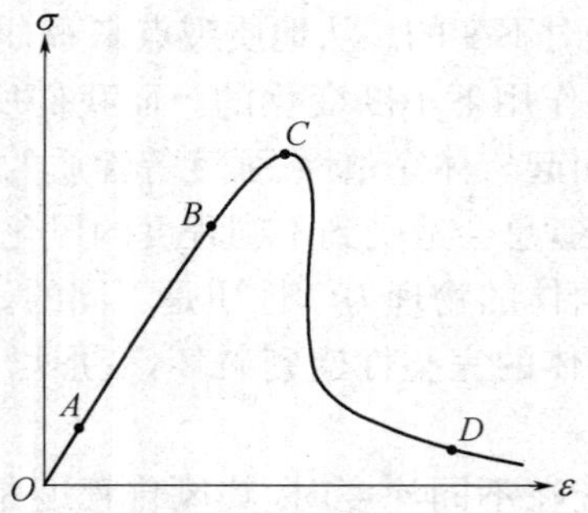

图 2-2-1　应力—应变曲线

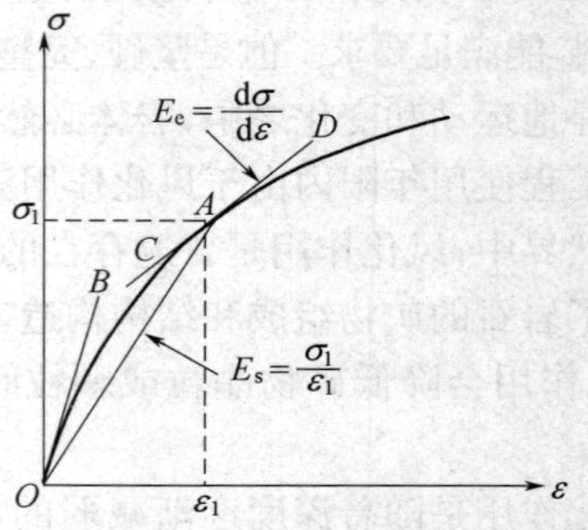

图 2-2-2　岩石材料模量

七、三轴压缩下岩石的强度及变形特性

天然岩体多处于三向受力状态，因而三向应力状态下的岩石力学特性，与岩石地基承载力的确定、岩层褶曲与断裂的研究，以及深孔钻探、边坡稳定和地下工程岩体受力状态的研究都有密切的关系。

三轴压缩试验，根据在试件中产生的三个主应力 σ_1、σ_2 和 σ_3 间的关系不同，可分为两种试验方式：主应力 $\sigma_1>\sigma_2=\sigma_3$ 的情况，称为常规三轴试验或称为假三轴试验；$\sigma_1>\sigma_2>\sigma_3$ 的情况称为真三轴试验。这里只介绍目前普遍采用的常规三轴试验。

目前，在国内作常规三轴试验是在三轴试验机上进行。侧向围压介质一般用机油。轴向、侧向加压各有一个控制台，轴向应变可用千分表或电阻应变片量测，环向应变可用电阻应变片量测。试件用 ϕ50～90 mm，h=100～200 mm 的圆柱体试件或相应尺寸的棱柱体试件。试验时，岩石试件用橡胶膜套住，使压力油不致渗入试件内。

岩石的三轴压缩强度，通常是轴压与围压按同一比例连续施加，当到达预定的围压值后，维持围压不变，轴向继续按同一比例加载至破坏。破坏时的岩石三轴压缩强度为

$$\sigma_1=\frac{P_m}{A} \tag{2-2-4}$$

$$\sigma_2=\sigma_3=\sigma_m$$

式中，σ_1、σ_2、σ_3 为岩石三轴压缩强度；P_m 为试件在围压 σ_m 作用下的极限轴向压力；A 为试件初始横截面积。

当用不同的 σ_3，可得到不同的 σ_1，而用多组 σ_1 和 σ_3，则可绘制出莫尔圆和莫尔包络线，如图 2-2-3 所示。

根据岩石的莫尔包络线可以确定岩石的 c、φ 值。岩石的莫尔包络线根据试件种类的不

同而有所差异。通常岩石莫尔包络线为一曲线，这表明 c、φ 值随破坏面上的 σ 值而变化。

图 2-2-4 所示为在不同围压下，简易刚性试验机对中粒石英砂岩的试验结果，从图中可看出，随着围压值的增高，峰值强度及其所对应的位移量均增大。残余强度及其所对应的位移量也提高，且使峰值强度后区曲线变得平缓。

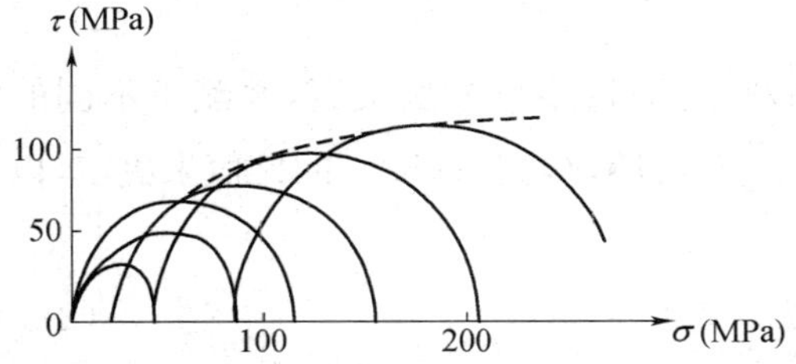

图 2-2-3　莫尔圆和莫尔包络线

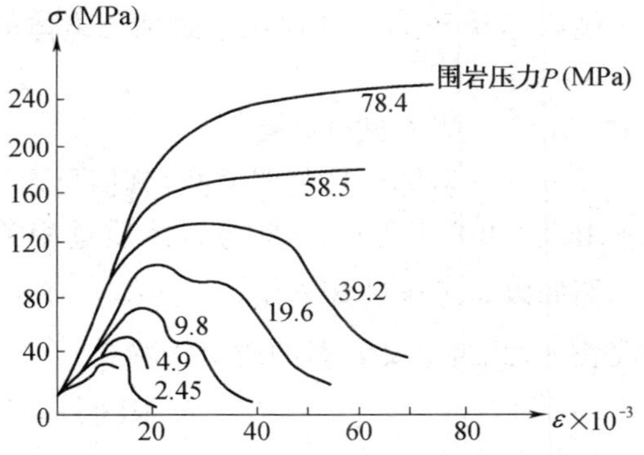

图 2-2-4　不同围岩压力时应力—应变曲线

在一定侧限压力下，岩石的应力—应变全过程曲线，与单轴压力下应力—应变全过程曲线相似，即也可分为压密阶段、弹性阶段、塑性(扩容)阶段和后区阶段，相应地有压密强度、屈服强度、峰值强度和残余强度。

岩石在一定侧限压力下，呈现出后区下降曲线和残余强度，其破坏为塑性破坏。当超过某侧限压力时，岩石强度随变形增大而增大，图 2-2-4 所示的是围岩压力为 58.5 MPa 和 78.4 MPa 时的曲线，呈现明显的塑性强化变形和塑性变形破坏。出现这种脆性到延性转变的围压值随岩石试件的不同而不同。对于软岩其脆性到延性转变的围压值较小，而对坚硬岩石则相当高。岩石试件在高围压下表现出塑性(或延性)变形的原因是：①附加压力往往使应力状态发生改变。在一定的三向压力作用下，试件中斜面上的主应力值变为压缩应力而不是拉伸应力，试件不可能发生微裂隙，因而促使塑性变形的增加。②在高围压下，使得早就存在的微裂隙密合。③在高围压下会改变发生在变形过程中的物理性质，而这些性质的改变，都是发生塑性变形的基础。

八、裂隙岩体的强度性质

裂隙岩体的变形及强度性质的研究是目前岩体力学研究的重大课题之一。迄今为止，各国都对此进行了大量的试验研究和理论分析，但还没有得到完善的解决。

试验研究结果表明，裂隙岩体的强度随着裂隙组数的增加明显减小，但当裂隙组数增加到一定程度之后，强度不再继续降低，而接近岩石的残余强度，具体见表 2-2-1。

表 2-2-1　裂隙组数对岩体强度影响的试验结果

裂隙组数	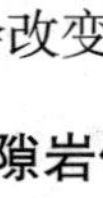	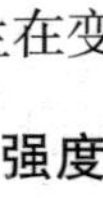	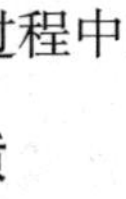	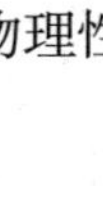	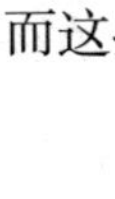	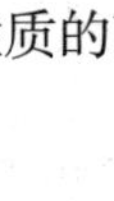	说　明
试验值	1.0	0.72	0.47	0.31	0.14	0.16	试件尺寸(cm)：15×15×30 试件强度(MPa)：32.8～34.6 结构面强度：c=0.11 MPa；φ=38°
建议值	>0.9	0.7	0.5	0.30	<0.15		

注：表中数值为试件强度与岩石试件强度的比值。

裂隙岩体的强度理论预估也表明,随着岩体中不连续面的增加,岩体的强度性态有逐渐变为各向同性的趋势。因此,在地下工程设计中,把含有4条或4条以上不连续面的岩体当作各向同性体看待是合理的。

影响岩体强度的因素很复杂,以致目前还很难用一个公认的函数式加以表达。因此根据岩体的状态用经验的方法加以估计,有时是可取的。

例如苏联 Вними 建议用下式估计岩体的强度:

$$R_{cs}=R_c\eta \tag{2-2-5}$$

式中 R_c——岩石试件强度;

η——岩体构造削弱系数,其值见表 2-2-2。

由表 2-2-2 中可见,η 是与岩体质量相关的系数,可通过多种方法决定,并赋予不同的定义。例如以岩芯未破坏岩块(大于 10 cm)的总长 $\sum l_i$ 与所取岩芯总长 L 的比值来决定,以百分数表示,此时定义岩石的质量指标:

$$\text{RQD}=\sum l_i/L\times 100\% \tag{2-2-6}$$

将 RQD 代入式(2-2-5)得

$$R_{cs}=R_c\cdot \text{RQD} \tag{2-2-7}$$

表 2-2-2 岩体构造对强度的削弱系数 η

岩 体 状 态	η 的建议值
层厚大于 1.0 m,有 1 组裂隙,间距大于 1.5 m	0.9
层厚在 0.5~1.0 m 之间,不超过 2 组裂隙,间距在 1~1.5 m 之间	0.7
层厚在 0.5~1.0 m 之间,不超过 3、4 组裂隙,间距在 0.5~1.0 m 之间	0.5
层厚小于 0.5 m,裂隙少于 6 组,间距小于 0.5 m	0.3
层厚小于 0.3 m,裂隙少于 6 组,间距小于 0.3 m	0.1~0.2

岩体完整性指数定义为用现场测定的岩体弹性波速度 v 的平方与同种岩石试件弹性波速度 v_0 的平方的比值,即

$$K_v=\frac{v^2}{v_0^2} \tag{2-2-8}$$

在石质围岩中,当裂隙间没有黏土充填时,K_v 可按下列经验式估算:

$$K_v=\frac{1}{100}(115-3.3J_v)$$

式中 J_v——每 1 m³ 的裂隙数($J_v\leqslant 4.5$ 时,$K_v=1$)。

将 K_v 代入式(2-2-5)得

$$R_{cs}=K_vR_c=(v^2/v_0^2)R_c \tag{2-2-9}$$

日本曾用砂质黏板岩进行一系列试验,在试验中依其裂隙状态将岩体分为4类,并研究了岩体抗压强度与弹性波速度之间的关系,列于表 2-2-3。从表中可以看出,通过裂隙系数换算 R_{cs} 与试验值极为接近,这为用弹性波法确定岩体强度提供了一条途径。

表 2-2-3 岩体抗压强度与弹性波速度之间的关系

类别	岩体弹性波速度 v(km/s)	岩石弹性波速度 v_0(km/s)	完整性系数 $K_v=v^2/v_0^2$	岩体强度(MPa) $R_{cs}=K_vR_c$	含有裂隙的试件强度 R_{cs}(试验值)(MPa)
A	1.4~2.3	5.14	0.06~0.17	8.1~21.8	10.0~30.0

续上表

类别	岩体弹性波速度 v(km/s)	岩石弹性波速度 v_0(km/s)	完整性系数 $K_v=v^2/v_0^2$	岩体强度(MPa) $R_{cs}=K_vR_c$	含有裂隙的试件强度 R_{cs}(试验值)(MPa)
B	3.0～3.6	5.38	0.29～0.39	37.2～50.7	40.0～60.0
C	4.0～4.5	5.53	0.51～0.65	66.0～83.8	70.0～90.0
D	4.8～5.2	5.61	0.73～0.83	95.0～112.0	90.0～115.0

注:R_c=130 MPa。

上述几个系数实质上是用以综合评定岩体质量的,把它们用于决定岩体强度只能认为是近似的,但由于它结合了地质的构造因素并与地质勘探技术相适应,故得到了较多的应用。

可以这样认为,只有当岩体结构面的规模较小且结合力很强时,岩体强度才能与岩石强度接近。一般情况下,岩体的抗压强度只有岩石的70%～80%;结构面发育的岩体,仅为5%～10%。和抗压强度一样,岩体的抗剪强度主要也是取决于岩体内结构面的性态,包括它的力学性质、充填情况、产状、分布和规模等;同时还受剪切破坏方式所制约。当沿结构面滑移时,多属于塑性破坏,峰值剪切强度较低,其强度参数φ(内摩擦角)一般变化于10°～45°之间;c(黏聚力)变化于0～0.3 MPa之间,残余强度和峰值强度比较接近。当岩石被剪断时的破坏属于脆性破坏,剪断时的峰值强度较上述高得多时,其φ值一般变化于30°～60°之间,c值有时高达几十兆帕,残余强度和峰值强度之比随峰值强度的增大而减小,变化在0.3～0.8之间。当受结构面影响而沿岩石剪断时,其强度介于上述两者之间。

第三节 围岩分级

一、概　　述

围岩是指隧道开挖后其周围产生应力重分布范围内的岩体,或指隧道开挖后对其稳定性产生影响的那部分岩体(这里所指的岩体是土体与岩体的总称)。

修建隧道所遇到的地质条件从松散的流砂到坚硬的岩石,从完整的岩体到极破碎的断裂构造带等,其变化幅度大。在不同的岩体条件中开挖隧道后岩体所表现出的性态是不同的,可归纳为充分稳定、基本稳定、暂时稳定和不稳定四种。

由于隧道工程所处的地质环境十分复杂,人们对它的认识还远不够完善。根据长期的工程实践,工程师们认识到各种围岩的物理性质之间存在一定的内在联系和规律,依照这些联系和规律,可将围岩划分为若干级,这就是围岩分级。围岩分级的目的是:作为选择施工方法的依据;进行科学管理及正确评价经济效益;确定结构上的荷载(松散荷载);给出衬砌结构的类型及其尺寸;制定劳动定额、材料消耗标准的基础等等。

围岩分级在当前以经验判断为主的技术水平的情况下,显得尤为重要。因此各国都研究实施了众多的分级方法,人们从使用的角度,要求比较理想的分级方法是:①准确客观,有定量指标,尽量减少因人而异的随机性;②便于操作使用,适于一般勘测单位所具备的技术装备水平;③最好在挖开地层前得到结论。

二、围岩的分级方法

围岩分级的方法有多种,它是在人们的不断实践和对围岩的地质条件逐渐加深了解的基础上发展起来的,不同的国家,不同的行业都根据各自的工程特点和目的提出了各自的围岩分级方法。现行的许多围岩分级方法中,作为分级的基本要素大致有以下三大类:

第Ⅰ类:与岩性有关的要素,例如分为硬岩、软岩、膨胀性岩类等。其分级指标是岩石强度和变形性质等。例如岩石的单轴抗压强度、岩石的变形模量或弹性波速度等。

第Ⅱ类:与地质构造有关的要素,如软弱结构面的分布与性态、风化程度等。其分级指标采用诸如岩石的质量指标、地质因素评分法等等。这些指标实质上是对岩体完整性或结构状态的评价。这类指标在划分围岩的级别中一般占有重要的地位。

第Ⅲ类:与地质构造和岩性综合,即上述第Ⅰ和Ⅱ类的综合因素。

目前国内外围岩的分级方法,考虑上述三大基本要素,按其性质主要分为如下几种。

(一)以岩石强度或岩石的物性指标为代表的分级方法

1. 以岩石强度为基础的分级方法

这种围岩分级方法,单纯以岩石的强度为依据。例如中华人民共和国成立前及成立初期(如修成渝线时)的土石分级法,即把岩石分为坚石、次坚石、松石及土 4 类,并设计出相应的 4 种隧道衬砌结构类型。在国外,如日本初期采用的"国铁铁石分级法"。

这种分级方法认为坑道开挖后,它的稳定性主要取决于岩石的强度。岩石愈坚硬,坑道愈稳定;反之,岩石愈松软,坑道的稳定性就愈差。实践证明,这种认识是不全面的。例如我国陕北的老黄土,无水时直立性很强,稳定性相当高,在无支护条件下可维持十几年、几十年之久,但其单轴抗压强度却很低;又如在江西、福建一带的红砂岩,整体性好,坑道开挖后稳定性较好,但其强度却不高。因此单纯以岩石强度为基础的分级方法需要改进完善。

2. 以岩石的物性指标为基础的分级方法

在这类分级方法中具有代表性的是苏联普洛托奇雅柯诺夫教授提出的"岩石坚固性系数"分级法(或谓之"f"值分级法,或叫普氏分级法),把围岩分成 10 类。这种分级法曾在我国的隧道工程中得到广泛的应用。"f"值是一个综合的物性指标值,它表示岩石在采矿中各个方面的相对坚固性,如岩石的抗钻性、抗爆性、强度等。但以往人们确定"f"值主要采用强度试验方法,再兼顾其他指标,即用 $f_{岩石}=\frac{1}{100}R_c\sim\frac{1}{150}R_c$($R_c$ 为岩石饱和单轴极限抗压强度)表示,它仍是岩石强度指标的反映。

我国把"f"值应用到隧道工程的设计、施工时,考虑了地质条件的影响,即考虑了围岩的节理、裂隙、风化等条件,实质上是把由强度决定的"f"值适当降低,即 $f_{岩体}=K\cdot f_{岩石}$(K 为地质条件折减系数)。

(二)以岩体构造、岩性特征为代表的分级方法

1. 泰沙基分级法

这种分级法是在早期提出的,限于当时条件,仅把不同岩性、不同构造条件的围岩分成九类,每类都有一个相应的地压范围值和支护措施建议。在分级时是以坑道有水的条件为基础的,当确认无水时,4~7 类围岩的地压值应降低 50%。这一分级方法曾长期被各国采用,至今仍有广泛的影响。

2. 以岩体综合物性为指标的分级方法

20 世纪 60 年代我国在积累大量铁路隧道修建经验的基础上,提出了以岩体综合物性指标为基础的"岩体综合分级法",并于 1975 年经修正后正式作为铁路隧道围岩分级方法,后经多次修订列入我国现行的《铁路隧道设计规范》(见后详述)。

(三)与地质勘探手段相联系的分级方法

1. 按弹性波(纵波)速度的分级方法

随着工程地质勘探方法,尤其是物探方法的进展,1970 年前后,日本提出按围岩弹性波速度进行分级的方法。

围岩弹性波速度是判断岩性、岩体结构的综合指标,它既可反映岩石软硬,又可表达岩体结构的破碎程度。根据岩性、构造状况及土压状态,将围岩分成 7 类。我国从 1986 年起,也开始将围岩弹性波(纵波)速度引入到我国围岩分级法中。

2. 以岩石质量为指标的分级方法——RQD 方法

所谓岩石质量指标 RQD 是指钻探时岩芯复原率,或称岩芯采取率。岩芯复原率即单位长度钻孔中 10 cm 以上的岩芯占有的比例,可写为

$$\mathrm{RQD}=\frac{10\ \mathrm{cm}\ \text{以上岩芯累计长度}}{\text{单位钻孔长度}}\times 100\% \tag{2-3-1}$$

这个分级方法将围岩分成五类。

(四)组合多种因素的分级方法

比较完善的是 1974 年挪威地质学家巴顿等人提出的“岩体质量——Q”的分级方法。这个分级方法是把表明岩体质量的 6 个地质参数之间的关系表达为

$$Q=\frac{\mathrm{RQD}}{J_n}\cdot\frac{J_r}{J_a}\cdot\frac{J_w}{\mathrm{SRF}} \tag{2-3-2}$$

式中　RQD——岩石质量指标,取值方法见式(2-3-1);

J_n——节理组数目;

J_r——节理粗糙度;

J_a——节理蚀变值;

J_w——节理含水折减系数;

SRF——应力折减系数。

通过进一步的分析发现,RQD/J_n 表示岩块的大小;J_r/J_a 表示岩块间的抗剪强度;J_w/SRF表示作用应力。所以岩体质量值 Q 实质上是岩块尺寸、抗剪强度和作用力的复合指标。根据不同的 Q 值,将岩体质量评为 9 级。

综上所述,围岩分级是多种多样的,至今还没有一个统一的分级方法。但从发展趋势看,围岩的分级方法有以下几方面的发展趋势:

(1)分级应主要以岩体为对象。单一的岩石只是分级中的一个要素,岩体则包括岩块和各岩块之间的软弱结构面。因此分级的重点应放在岩体的研究上。

(2)分级宜与地质勘探手段有机地联系起来,这样才有一个方便而又较可靠的判断手段。随着地质勘探技术的发展,这将使分级指标更趋定量化。

(3)分级要有明确的工程对象和工程目的。目前多数的分级方法都与隧道支护相联系。隧道围岩的稳定性、隧道开挖后暂时稳定时间等与支护方法和类型密切相关。因而进行分级时以此来体现工程目的是不可缺少的。

(4)分级宜逐渐定量化。目前大多数的分级指标是经验或定性的,只有少数分级是半定量

化的。这是由于客观条件的地质体非常复杂。

值得注意的是,近年国内外有关学者提出采用模糊数学分级,根据坑道周边量测的收敛值分级,采用人工智能—专家系统分级等等的建议。这些设想都将使围岩分级方法日趋完善。

三、我国铁路隧道围岩分级方法

我国现行的《铁路隧道设计规范》(TB 10003—2016)中明确规定,目前铁路隧道围岩分级采用以围岩稳定性为基础的分级方法。

(一)围岩分级的基本因素

围岩基本分级应由岩石坚硬程度和岩体完整程度两个因素确定。岩石坚硬程度和岩体完整程度应采用定性划分和定量指标两种方法确定。

1. 岩石坚硬程度

将岩浆岩、沉积岩和变质岩三大岩类按岩性、物理力学参数、耐风化能力划分为硬质岩和软质岩两大类。然后根据单轴饱和极限抗压强度 R_c 再分为 5 级,即极硬岩、硬质岩、较软岩、软岩、极软岩,见表 2-3-1。这些量级的规定是与工程实践密切联系的,其中强度在 60 MPa 以上的围岩完整性较好,开挖后的洞室一般在较长时间内能稳定而不坍塌;而 30 MPa 的限界是岩石能否取之作为建筑材料的限界指标;5.0 MPa 是岩石能否成岩的限界。

2. 岩体的完整程度

这一指标所包含的内容十分丰富,其中主要是指围岩被各种结构面切割成单元体的特征及其被切割后的块度大小。它是评价围岩稳定程度最直接、最重要的指标。

表 2-3-1 岩石坚硬程度的划分

岩石类别		单轴饱和抗压强度 R_c(MPa)	定性鉴定	代表性岩石
硬质岩	极硬岩	$R_c>60$	锤击声清脆,有回弹,振手,难击碎; 浸水后,大多无吸水反应	未风化～微风化的 A 类岩石
	硬岩	$30<R_c\leqslant60$	锤击声较清脆,有轻微回弹,稍振手,较难击碎; 浸水后,有轻微吸水反应	微风化的 A 类岩石;未风化～微风化的 B、C 类岩石
软质岩	较软岩	$15<R_c\leqslant30$	锤击声不清脆,无回弹,较易击碎; 浸水后,指甲可刻出印痕	强风化的 A 类岩石;弱风化的 B、C 类岩石;未风化～微风化的 D 类岩石
	软岩	$5<R_c\leqslant15$	锤击声哑,无回弹,有凹痕,易击碎; 浸水后,手可掰开	强风化的 A 类岩石;弱风化～强风化的 B、C 类岩石;弱风化的 D 类岩石;未风化～微风化的 E 类岩石
	极软岩	$R_c\leqslant5$	锤击声哑,无回弹,有较深凹痕,手可捏碎; 浸水后,可捏成团	全风化的各类岩石和成岩作用差的岩石

注:当无条件取得单轴饱和抗压强度 R_c 实测值时,也可采用实测的岩石点荷载强度指数 $I_{s(50)}$ 的换算值,换算方法按现行国家标准《工程岩体分级标准》(GB/T 50218)执行。

此外,地质构造变动的特征(如性质、类型、规模、强弱和次数等),也控制着围岩的结构特征和完整状态,影响着围岩强度和稳定性。显然地质构造愈剧烈,规模愈大,次数愈多,则围岩的节理、裂隙、断裂、褶曲愈发育,围岩愈破碎,其稳定性也愈差。为了衡量围岩的完整程度,要考虑以下几方面的因素:

(1)对于受软弱面控制的岩体,按照软弱面的产状、贯通性以及充填物的情况,可将围岩分为:完整、较完整、较破碎、破碎、极破碎。

(2)由于围岩的完整性与其所受的地质构造变动的程度有关,因此,按照围岩受地质构造影响的程度,可将围岩分为构造变动轻微、较重、严重、很严重四个等级。

(3)由于围岩的完整性还与节理(裂隙)的发育程度有关,因此,按照节理(裂隙)发育程度的不同又分为节理不发育、节理较发育、节理发育及节理很发育四级来作为围岩完整性的定量指标。

(4)当风化作用使结构发生变化时,还应按照岩体风化程度的不同将围岩分为微风化、中风化、强风化、全风化四级。

对层状围岩,成层厚度对围岩的稳定有明显的影响,因此以厚层(厚度大于 0.5 m)、中层(厚度为 0.1～0.5 m)及薄层(厚度小于 0.1 m)来表示其定量化标准。岩体完整程度应按表 2-3-2划分。

表 2-3-2　岩体完整程度的划分

完整程度	结构面发育程度			主要结构面结合程度	主要结构面类型	相应结构类型	岩体完整性指数(K_v)	岩体体积节理数(条/m³)
	定性描述	组数	平均间距(m)					
完整	不发育	1～2	>1.0	结合好或一般	节理、裂隙、层面	整体状或巨厚层状结构	$K_v>0.75$	$J_v<3$
较完整		1～2	>1.0	结合差	节理、裂隙、层面	块状或厚层状结构	$0.75\geqslant K_v>0.55$	$3\leqslant J_v<10$
	较发育	2～3	1.0～0.4	结合好或一般		块状结构		
较破碎		2～3	1.0～0.4	结合差	节理、裂隙、劈理、层面、小断层	裂隙块状或中厚层状结构	$0.55\geqslant K_v>0.35$	$10\leqslant J_v<20$
	发育	≥3	0.4～0.2	结合好		镶嵌碎裂结构		
				结合一般		薄层状结构		
破碎		≥3	0.4～0.2	结合差	各种类型结构面	裂隙块状结构	$0.35\geqslant K_v>0.15$	$20\leqslant J_v<35$
	很发育	≥3	≤0.2	结合一般或差		碎裂结构		
极破碎	无序	—	—	结合很差		散体结构	$K_v\leqslant 0.15$	$J_v\geqslant 35$

注:平均间距指主要结构面间距的平均值。

(二)围岩基本分级及其修正

1.基本分级

根据以上分级的因素及指标,给出各类围岩的主要工程地质特征、结构特征和完整性及围岩弹性纵波速度等要素。《铁路隧道设计规范》(TB 10003—2016)将单、双线铁路隧道的围岩划分为 6 级,见表2-3-3。

表 2-3-3　铁路隧道围岩分级

级别	岩体特征	土体特征	围岩基本质量指标 BQ	围岩弹性纵波速度 v_p(km/s)
Ⅰ	极硬岩,岩体完整	—	>550	A:>5.3
Ⅱ	极硬岩,岩体较完整; 硬岩,岩体完整	—	550～451	A:4.5～5.3 B:>5.3 C:>5.0

续上表

级别	岩体特征	土体特征	围岩基本质量指标 BQ	围岩弹性纵波速度 v_p(km/s)
Ⅲ	极硬岩,岩体较破碎; 硬岩或软硬岩互层,岩体较完整; 较软岩,岩体完整	—	450~351	A:4.0~4.5 B:4.3~5.3 C:3.5~5.0 D:>4.0
Ⅳ	极硬岩,岩体破碎; 硬岩,岩体较破碎或破碎; 较软岩或软硬岩互层,且以软岩为主,岩体较完整或较破碎; 软岩,岩体完整或较完整	具压密或成岩作用的黏性土、粉土及砂类土,一般钙质、铁质胶结的粗角砾土、粗圆砾土、碎石土、卵石土、大块石土,黄土(Q_1、Q_2)	350~251	A:3.0~4.0 B:3.3~4.3 C:3.0~3.5 D:3.0~4.0 E:2.0~3.0
Ⅴ	较软岩,岩体破碎; 软岩,岩体较破碎至破碎; 全部极软岩及全部极破碎岩(包括受构造影响严重的破碎带)	一般第四系坚硬、硬塑黏性土,稍密及以上、稍湿或潮湿的碎石土、卵石土、圆砾土、角砾土、粉土及黄土(Q_3、Q_4)	≤250	A:2.0~3.0 B:2.0~3.3 C:2.0~3.0 D:1.5~3.0 E:1.0~2.0
Ⅵ	受构造影响严重呈碎石、角砾及粉末、泥土状的富水断层带,富水破碎的绿泥石或炭质千枚岩	软塑状黏性土,饱和的粉土、砂类土等,风积沙,严重湿陷性黄土	—	<1.0(饱和状态的土<1.5)

各级围岩的物理力学指标标准值应按试验资料确定,无试验资料时可按表 2-3-4 选用。

表 2-3-4 各级围岩的物理力学指标

围岩级别	容重 γ (kN/m³)	弹性反力系数 K(MPa/m)	变形模量 E (GPa)	泊松比 μ	内摩擦角 φ (°)	黏聚力 c (MPa)	计算摩擦角 φ_c (°)
Ⅰ	26~28	1 800~2 800	>33	<0.2	>60	>2.1	>78
Ⅱ	25~27	1 200~1 800	20~33	0.2~0.25	50~60	1.5~2.1	70~78
Ⅲ	23~25	500~1 200	6~20	0.25~0.3	39~50	0.7~1.5	60~70
Ⅳ	20~23	200~500	1.3~6	0.3~0.35	27~39	0.2~0.7	50~60
Ⅴ	17~20	100~200	1~2	0.35~0.45	20~27	0.05~0.2	40~50
Ⅵ	15~17	<100	<1	0.4~0.5	<22	<0.1	30~40

注:(1)本表数值不包括黄土地层及特殊围岩;
(2)选用计算摩擦角时,不再计内摩擦角和黏聚力。

2. 隧道级别的修正

围岩级别应在基本分级的基础上,结合隧道工程的特点,考虑地下水状态、初始地应力状态等必要的因素进行修正。

(1)地下水影响的修正

大量的施工实践表明,地下水是造成施工塌方,使隧道围岩丧失稳定的最重要因素之一,因此,在围岩分级中不能忽视地下水的影响。

地下水对围岩的影响主要表现在:

①软化围岩。使岩质软化、强度降低,对软岩尤其突出,对土体则可促使其液化或流动,但对坚硬致密的岩石则影响较小,故水的软化作用与岩石的性质有关。

②软化结构面。在有软弱结构面的岩体中，水会冲走充填物或使夹层软化，从而减少层间摩阻力，促使岩块滑动。

③承压水作用。承压水可增加围岩的滑动力，使围岩失稳。

根据单位时间的渗水量可将地下水状态分为3级，见表2-3-5。

表2-3-5　地下水状态分级

地下水出水状态	渗水量[L/(min·10 m)]
潮湿或点滴状出水	≤25
淋雨状或线流状出水	25～125
涌流状出水	>125

根据地下水状态对围岩级别的修正见表2-3-6。

表2-3-6　地下水影响的修正

地下水出水状态	围岩级别				
	Ⅰ	Ⅱ	Ⅲ	Ⅳ	Ⅴ
潮湿或点滴状出水	Ⅰ	Ⅱ	Ⅲ	Ⅳ	Ⅴ
淋雨状或线流状出水	Ⅰ	Ⅱ	Ⅲ或Ⅳ①	Ⅴ	Ⅵ
涌流状出水	Ⅱ	Ⅲ	Ⅳ	Ⅴ	Ⅵ

注：①围岩岩体为较完整的硬岩时定为Ⅲ级；其他情况定为Ⅳ级。

(2)围岩初始地应力状态修正

围岩初始地应力状态，当无实测资料时，可根据隧道工程埋深、地貌、地形、地质、构造运动史、主要构造线与开挖过程中出现的岩爆、岩芯饼化等特殊地质现象，按表2-3-7做出评估。

表2-3-7　初始地应力状态评估

初始地应力状态	主要现象	评估基准(R_c/σ_{max})
一般地应力	硬质岩：开挖过程中不会出现岩爆，新生裂缝较少，成洞性一般较好	>7
	软质岩：岩芯无或少有饼化现象，开挖过程中洞壁岩体有一定的位移，成洞性一般较好	
高地应力	硬质岩：开挖过程中可能出现岩爆，洞壁岩体有剥离和掉块现象，新生裂缝较多，成洞性较差	4～7
	软质岩：岩芯时有饼化现象，开挖过程中洞壁岩体位移显著，持续时间较长，成洞性差	
极高地应力	硬质岩：开挖过程中有岩爆发生，有岩块弹出，洞壁岩体发生剥离，新生裂缝多，成洞性差	<4
	软质岩：岩芯常有饼化现象，开挖过程中洞壁岩体有剥离，位移极为显著，甚至发生大位移，持续时间长，不易成洞	

注：表中R_c为岩石单轴饱和抗压强度(MPa)；σ_{max}为垂直洞轴线方向的最大初始地应力值(MPa)。

初始地应力对围岩级别的修正宜按表2-3-8进行。

(3)风化作用的影响

隧道洞深埋深较浅，应根据围岩受地表的影响情况进行围岩级别修正。当围岩为风化层时应按风化层的围岩基本分级考虑。围岩仅受地表影响时，应较相应围岩降低1～2级。

表 2-3-8 初始地应力影响的修正

初始地应力状态	围岩级别				
	Ⅰ	Ⅱ	Ⅲ	Ⅳ	Ⅴ
极高应力	Ⅰ	Ⅱ	Ⅲ或Ⅳ①	Ⅴ	Ⅵ
高应力	Ⅰ	Ⅱ	Ⅲ	Ⅳ或Ⅴ②	Ⅵ

注:(1)①围岩岩体为较破碎的极硬岩、较完整的硬岩时定为Ⅲ级;其他情况定为Ⅳ级。②围岩岩体为破碎的极硬岩、较破碎及破碎的硬岩时定为Ⅳ级;其他情况定为Ⅴ级。

(2)本表不适用于特殊围岩。

在隧道施工过程中,根据对隧道围岩的直接观察、量测和试验结果,可进一步核定岩层构造、岩性及地下水等情况,从而可以判断围岩的稳定程度。当发现设计文件与实际情况不相符合时,应及时修改围岩级别,并变更支护设计。

(三)铁路隧道围岩亚分级

(1)围岩亚级分级

我国铁路、公路隧道围岩分级方法都将围岩质量由好至坏共分为六级,然而在工程实践中发现,隧道开挖后的实际地质条件经判定经常处于两级围岩之间,这种现象在Ⅲ、Ⅳ、Ⅴ级围岩中尤为突出,现实中不得不按照较低围岩级别的方法进行处理,从而使隧道建设过于保守,造成浪费。为提高隧道支护的优化程度,有必要对稳定性较复杂,施工方法、支护结构参数等相对多样化的Ⅲ、Ⅳ、Ⅴ级围岩进行更加细致地级别划分,即进行围岩亚级分级。

在《铁路隧道设计规范》(TB 10003—2016)中,用岩石坚硬程度、岩体完整程度两指标组合表达各种围岩工况,根据不同组合工况下围岩自稳性特征结果,分别将Ⅲ、Ⅳ、Ⅴ级围岩划分为两个亚级,各亚级对应的指标组合情况即为亚级划分标准,最终确定各亚级围岩对应的 BQ 值范围,结果见表 2-3-9。

表 2-3-9 围岩亚分级

围岩级别		围岩主要工程地质条件		围岩基本质量指标 BQ
级别	亚级	主要工程地质特征	结构特征和完整状态	
Ⅲ	$Ⅲ_1$	极硬岩(R_c>60 MPa):岩体较破碎,结构面较发育、结合差	裂隙块状或中厚层状结构	450～391
		硬岩(R_c=30～60 MPa)或软硬岩互层以硬岩为主,岩体较完整,结构面不发育、结合差	块状或厚层状结构	
	$Ⅲ_2$	极硬岩(R_c>60 MPa),岩体较破碎,结构面发育、结合良好	镶嵌碎裂状或薄层状结构	390～351
		硬岩(R_c=30～60 MPa)或软硬岩互层以硬岩为主,岩体较完整,结构面较发育、结合良好	块状结构	
		较软岩(R_c=15～30 MPa),岩体完整,结构面不发育、结合良好	整体状或巨厚层状结构	

续上表

围岩级别		围岩主要工程地质条件		围岩基本质量指标BQ
级别	亚级	主要工程地质特征	结构特征和完整状态	
Ⅳ	Ⅳ1	极硬岩(R_c>60 MPa)，岩体破碎，结构面发育、结合差	裂隙块状结构	350～311
		硬岩(R_c=30～60 MPa)，岩体较破碎，结构面较发育、结合差或结构面发育、结合良好	裂隙块状或镶嵌碎裂状结构	
		较软岩(R_c=15～30 MPa)或软硬岩互层以软岩为主，岩体较完整，结构面较发育、结合良好	块状结构	
		软岩(R_c=5～15 MPa)，岩体完整，结构面不发育、结合良好	整体状或巨厚层状结构	
	Ⅳ2	极硬岩(R_c>60 MPa)，岩体破碎，结构面很发育、结合差	碎裂结构	310～251
		硬岩(R_c=30～60 MPa)，岩体破碎，结构面发育或很发育、结合差	裂隙块状或碎裂状结构	
		较软岩(R_c=15～30 MPa)或软硬岩互层以软岩为主，岩体较破碎，结构面发育、结合良好	镶嵌碎裂状或薄层状结构	
		软岩(R_c=5～15 MPa)，岩体较完整，结构面较发育、结合良好	块状结构	
		土体：1. 具压密或成岩作用的黏性土、粉土及砂类土；2. 黄土(Q_1、Q_2)；3. 一般钙质、铁质胶结的碎石土、卵石土、大块石土	1和2呈大块状压密结构，3呈巨块状整体结构	
Ⅴ	Ⅴ1	较软岩(R_c=15～30 MPa)，岩体破碎，结构面发育或很发育	裂隙块状或碎裂结构	250～211
		软岩(R_c=5～15 MPa)，岩体较破碎，结构面较发育、结合差或结构面发育、结合良好	裂隙块状或镶嵌碎裂结构	
		一般坚硬黏质土、较大天然密度硬塑状黏质土及一般硬塑状黏质土；压密状态稍湿至潮湿或胶结程度较好的砂类土；稍湿或潮湿的碎石土，卵石土、圆砾、角砾土及黄土(Q_3、Q_4)	非黏性土呈松散结构，黏性土及黄土呈松软结构	
	Ⅴ2	软岩、岩体破碎；全部极软岩及全部极破碎岩(包括受构造影响严重的破碎带)	呈角砾状松散结构	≤210
		一般硬塑状黏土及可塑状黏质土；密实以下但胶结程度较好的砂类土；稍湿或潮湿且较松散的碎石土，卵石土、圆砾、角砾土；一般或坚硬松散结构的新黄土	非黏性土呈松散结构，黏性土及黄土呈松软结构	

(2)围岩亚分级修正

结合隧道工程的特点考虑地下水出水状态、初始应力状态、主要结构面产状状态等因素进行修正；围岩亚分级修正宜采用定性修正与定量修正相结合的方法，综合分析确定围岩级别。

地下水对围岩亚级级别的修正宜按表 2-3-10 进行。

表 2-3-10　围岩亚级别地下水影响修正

地下水状态分级	围岩亚级别					
	Ⅲ		Ⅳ		Ⅴ	
	$Ⅲ_1$	$Ⅲ_2$	$Ⅳ_1$	$Ⅳ_2$	$Ⅴ_1$	$Ⅴ_2$
潮湿或点滴状出水	$Ⅲ_1$	$Ⅲ_2$	$Ⅳ_1$	$Ⅳ_2$	$Ⅴ_1$	$Ⅴ_2$
淋雨状或线流状出水	$Ⅲ_2$	$Ⅳ_1$	$Ⅴ_1$	$Ⅴ_2$	Ⅵ	Ⅵ
涌流状出水	$Ⅳ_1$	$Ⅳ_2$	$Ⅴ_1$	$Ⅴ_2$	Ⅵ	Ⅵ

围岩初始地应力状态，当无实测资料时，可根据隧道工程埋深、地貌、地形、地质、构造运动史、主要构造线与开挖过程中出现的岩爆、岩芯饼化等特殊地质现象评估。初始地应力对围岩亚级级别的修正宜按表 2-3-11 进行。

表 2-3-11　初始地应力影响的修正

初始地应力状态	围岩亚级别					
	Ⅲ		Ⅳ		Ⅴ	
	$Ⅲ_1$	$Ⅲ_2$	$Ⅳ_1$	$Ⅳ_2$	$Ⅴ_1$	$Ⅴ_2$
极高应力	$Ⅲ_2$	$Ⅳ_1$	$Ⅴ_1$	$Ⅴ_2$	Ⅵ	Ⅵ
高应力	$Ⅲ_1$	$Ⅲ_2$	$Ⅳ_2$	$Ⅴ_1$	Ⅵ	Ⅵ

注：本表不适用于特殊围岩。

主要结构面产状状态对围岩亚分级的修正，应考虑主要结构面产状与洞轴线的组合关系，并结合结构面工程特性、富水情况等因素综合分析确定。主要结构面是指对围岩稳定性起主要影响的结构面，如层状岩体的泥化层面，一组很发育的裂隙，次生泥化夹层，含断层泥、糜棱岩的小断层等。

围岩亚级分级定量修正应采用围岩基本质量指标修正值[BQ]，并根据修正后的围岩基本质量指标[BQ]，依据表 2-3-9 重新确定围岩级别。

（四）掌子面围岩稳定性评价方法

(1)掌子面稳定性级别划分

基于大量的隧道掌子面发生破坏时情况的资料调研，可确定掌子面稳定或失稳的情况有三种，基于此，建立了三种掌子面围岩稳定性模式，即 A 整体稳定、B 暂时稳定、C 全断面不稳定，具体见表 2-3-12。

表 2-3-12　掌子面稳定性级别划分

掌子面围岩稳定性模式	掌子面稳定或失稳的情况	图　示
A	掌子面整体稳定	

续上表

掌子面围岩稳定性模式	掌子面稳定或失稳的情况	图　示
B	掌子面暂时稳定，正面鼓胀、挤出、局部掉块	
C	掌子面全断面不稳定，出现上半断面塌方、正面挤出失稳或整体塌方	

(2)掌子面稳定性分级指标体系

根据国内外围岩分级所考虑的影响因素统计分析可知，影响围岩稳定性的因素主要包括岩石坚硬程度、岩体完整程度、地下水状态、结构面状态及初始地应力状态等。岩石坚硬程度、岩体完整程度和地下水状态为围岩分级中使用率最高的三个指标，而且远高于其他参数的使用率。关宝树教授研究认为：一般岩质围岩施工阶段，围岩分级指标除了包括岩石坚硬程度、岩体完整程度的基本指标外，修正指标中影响较大的为地下水状态。同时考虑到应用于现场施工时应尽量简便，故仅选取岩石坚硬程度、岩体完整程度和地下水状态三个指标作为分级指标。基于此，运用数量化理论，结合相关资料，提出基于岩石坚硬程度、岩体完整程度、地下水三项指标的掌子面稳定性综合分级方法，见表 2-3-13。

表 2-3-13　掌子面稳定性分级

围岩级别	稳定性级别		
	A	B	C
Ⅰ	完整、坚硬岩、无水或滴水； 完整、坚硬岩、线状或股状		
Ⅱ	完整、较坚硬岩、无水或滴水； 完整、较坚硬岩、线状或股状； 较完整、坚硬岩、无水或滴水； 较完整、坚硬岩、线状或股状		
Ⅲ	完整、较软岩、无水或滴水； 较完整、较坚硬岩、无水或滴水； 较破碎、坚硬岩、无水或滴水； 较完整、较坚硬岩、线状或股状		

续上表

围岩级别	稳定性级别		
	A	B	C
Ⅳ	完整、软岩、无水或滴水;较完整、较软岩、无水或滴水;较完整、软岩、无水或滴水	较破碎、较软岩、无水或滴水;较破碎、较坚硬岩、无水或滴水;破碎、较软岩、无水或滴水;破碎、较坚硬岩、无水或滴水;较破碎、坚硬岩、线状或股状;完整、较软岩、线状或股状;完整、软岩、线状或股状;较完整、较软岩、线状或股状;较完整、软岩、线状或股状;较破碎、较软岩、线状或股状;较破碎、较坚硬岩、线状或股状;破碎、较软岩、线状或股状;破碎、较坚硬岩、线状或股状	
Ⅴ		较破碎、软岩、无水或滴水;破碎、较软岩、无水或滴水;破碎、软岩、无水或滴水;较破碎、软岩、线状或股状;破碎、较软岩、线状或股状	破碎、软岩、线状或股状;岩体极破碎,无水或滴水;岩体极破碎,线状或股状

四、我国公路隧道围岩分级标准

我国现行《公路隧道设计规范》中围岩分级的思路、方法和分级指标均与国标《工程岩体分级标准》完全相同,只是分级的对象范围更广,包括了土体。

1. 隧道围岩分级综合评判

隧道围岩分级综合评判方法宜采用两步分级,并按以下顺序进行:

(1)根据岩石的坚硬程度和岩体完整程度两个基本因素的定性特征和定量的岩体基本质量指标 BQ,综合进行初步分级。

(2)对围岩进行详细定级时,应在岩体基本质量分级基础上考虑修正因素的影响,修正岩体基本质量指标值。

(3)按修正后的岩体基本质量指标(BQ),结合岩体的定性特征综合评判、确定围岩详细分级。

2. 岩石坚硬程度、岩体完整程度的划分

围岩分级中岩石坚硬程度、岩体完整程度两个基本因素的定性划分和定量指标及其对应关系应符合下列规定:

(1)岩石坚硬程度可按表 2-3-14 定性划分。

(2)岩石坚硬程度定量指标用岩石单轴饱和抗压强度 R_c 表达。R_c 一般采用实测值,若无实测值时,可采用实测的岩石点荷载强度指数 $I_{s(50)}$ 的换算值,即按下式计算:

$$R_c = 22.82 I_{s(50)}^{0.75}$$

(3) R_c 与岩石坚硬程度定性划分的关系可按表 2-3-15 确定。

表 2-3-14 岩石坚硬程度的定性划分

名称		定性鉴定	代表性岩石
硬质岩	坚硬岩	锤击声清脆,有回弹,震手,难击碎;浸水后大多无吸水反应	未风化～微风化的花岗岩、正长岩、闪长岩、辉绿岩、玄武岩、安山岩、片麻岩、石英片岩、硅质板岩、石英岩、硅质胶结的砾岩、石英砂岩、硅质石灰岩等
	较坚硬岩	锤击声较清脆,有轻微回弹,稍震手,较难击碎;浸水后有轻微吸水反应	(1)弱风化的坚硬岩; (2)未风化～微风化的熔结凝灰岩、大理岩、板岩、白云岩、石灰岩、钙质胶结的砂页岩等

续上表

名称		定性鉴定	代表性岩石
软质岩	较软岩	锤击声不清脆，无回弹，轻易击碎，浸水后指甲可刻出印痕	(1)强风化的坚硬岩； (2)弱风化的较坚硬岩； (3)未风化～微风化的凝灰岩、千枚岩、砂质泥岩、泥灰岩、泥质砂岩、粉砂岩、页岩等
	软岩	锤击声哑，无回弹，有凹痕，易击碎；浸水后手可掰开	(1)强风化的坚硬岩； (2)弱风化～强风化的较坚硬岩； (3)弱风化的较软岩； (4)未风化的泥岩等
	极软岩	锤击声哑，无回弹，有较深凹痕，手可捏碎；浸水后可捏成团	(1)全风化的各种岩石； (2)各种半成岩

表 2-3-15　R_c与岩石坚硬程度定性划分的关系

R_c(MPa)	＞60	60～30	30～15	15～5	＜5
坚硬程度	坚硬岩	较坚硬岩	较软岩	软岩	极软岩

(4)岩体完整程度可按表 2-3-16 定性划分。

表 2-3-16　岩体完整程度的定性划分

名　称	结构面发育程度		主要结构面的结合程度	主要结构面类型	相应结构类型
	组数	平均间距(m)			
完整	1～2	＞1.0	好或一般	节理、裂隙、层面	整体状或巨厚层结构
较完整	1～2	＞1.0	差	节理、裂隙、层面	块状或厚层状结构
	2～3	1.0～0.4	好或一般		块状结构
较破碎	2～3	1.0～0.4	差	节理、裂隙、层面、小断层	裂隙块状或中厚层结构
	＞3	0.4～0.2	好		镶嵌碎裂结构
			一般		中、薄层状结构
破碎	＞3	0.4～0.2	差	各种类型结构面	裂隙块状结构
		＜0.2	一般或差		碎裂状结构
极破碎	无序		很差		散体状结构

注：平均间距指主要结构面(1～2 组)间距的平均值。

(5)岩体完整程度的定量指标用岩体完整性系数 K_v表达。K_v一般用弹性波探测值，若无探测值时，可根据岩体体积节理数 J_v按表 2-3-17 确定对应的 K_v值。

①岩体完整性指标(K_v)，应针对不同的工程地质岩组或岩性段，选择有代表性的点、段，测试岩体弹性纵波速度，并应在同一岩体上取样测定岩石纵波速度，按下式计算：

$$K_v=(v_{pm}/v_{pr})^2$$

式中　v_{pm}——岩体弹性纵波速度(km/s)；

v_{pr}——岩石弹性纵波速度(km/s)。

②岩体体积节理数[J_v(条/m^3)]，应针对不同的工程地质岩组或岩性段，选择有代表性的露头或开挖壁面进行节理(结构面)统计。除成组节理外，对延伸长度大于 1 m 的分散节理亦应予以统计。已为硅质、铁质、钙质充填再胶结的节理不予统计。

每一测点的统计面积不应小于 2 m×5 m。岩体 J_v 值应根据节理统计结果按下式计算:

$$J_v = S_1 + S_2 + \cdots + S_n + S_k$$

式中 S_n——第 n 组节理每米长测线上的条数;

S_k——每立方米岩体非成组节理条数(条/m³)。

表 2-3-17 J_v 与 K_v 对照表

J_v(条/m³)	<3	3~10	10~20	20~35	>35
K_v	>0.75	0.75~0.55	0.55~0.35	0.35~0.15	<0.15

(6) K_v 与定性划分的岩体完整程度的对应关系可按表 2-3-18 确定。

表 2-3-18 K_v 与定性划分的岩体完整程度的对应关系

K_v	>0.75	0.75~0.55	0.55~0.35	0.35~0.15	<0.15
完整程度	完整	较完整	较破碎	破碎	极破碎

3. 围岩基本质量指标 BQ

围岩基本质量指标 BQ 应根据分级因素的定量指标值 R_c 和 K_v 值按下式计算:

$$BQ = 100 + 3R_c + 250K_v$$

上式的限制条件为:

(1)当 $R_c > 90K_v + 30$ 时,应以 $R_c = 90K_v + 30$ 和 K_v 代入计算 BQ 值;

(2)当 $K_v > 0.04R_c + 0.4$ 时,应以 $K_v = 0.04R_c + 0.4$ 和 R_c 代入计算 BQ 值。

4. 遇地下水、软弱结构面及高初始应力的修正

围岩初步分级后,如遇地下水、软弱结构面及高初始应力时,应对岩体基本质量指标 BQ 进行修正。围岩基本质量指标修正值[BQ]可按下式计算:

$$[BQ] = BQ - 100(K_1 + K_2 + K_3)$$

式中 [BQ]——围岩基本质量指标修正值;

BQ——围岩基本质量指标;

K_1——地下水影响修正系数;

K_2——主要软弱结构面产状影响修正系数;

K_3——初始地应力状态影响修正系数。

K_1、K_2、K_3 值可分别按表 2-3-19~表 2-3-21 确定。

表 2-3-19 地下水影响修正系数 K_1

地下水出水状态	BQ				
	>550	550~451	450~351	350~251	≤250
潮湿或点滴状出水	0	0	0~0.1	0.2~0.3	0.4~0.6
淋雨状或线流状出水	0~0.1	0.1~0.2	0.2~0.3	0.4~0.6	0.7~0.9
涌流状出水	0.1~0.2	0.2~0.3	0.4~0.6	0.7~0.9	1.0

表 2-3-20 主要软弱结构面产状影响修正系数 K_2

结构面产状及其与洞轴线的组合关系	结构面走向与洞轴线夹角<30°,结构面倾角 30°~75°	结构面走向与洞轴线夹角>60°,结构面倾角>75°	其他组合
K_2	0.4~0.6	0~0.2	0.2~0.4

表 2-3-21　初始地应力状态影响修正系数 K_3

初始地应力状态	BQ				
	>550	550～451	450～351	350～251	≤250
极高应力区	1.0	1.0	1.0～1.5	1.0～1.5	1.0
高应力区	0.5	0.5	0.5	0.5～1.0	0.5～1.0

5. 根据调查、试验资料确定围岩级别

根据调查、勘探、试验等资料，如岩石隧道的围岩定性特征，围岩基本质量指标 BQ 或修正的围岩质量指标[BQ]值，土体隧道中的土体类型、密实状态等定性特征，按表 2-3-22 确定围岩级别。

表 2-3-22　公路隧道岩质围岩的基本质量分级

围岩基本质量分级		围岩的定性特征	围岩基本质量指标 BQ
基本级别	亚级		
Ⅰ	—	坚硬岩，岩体完整，整体状或巨厚层状结构	≥551
Ⅱ	—	坚硬岩，岩体较完整，块状或厚层状结构； 较坚硬岩，岩体完整，块状结构或整体状结构	550～451
Ⅲ	Ⅲ₁	坚硬岩，较破碎（K_v＝0.4～0.55），结构面较发育、结合差，裂隙块状或中厚层状结构； 较坚硬岩（R_b＝45～60 MPa），岩体较完整，结构面较发育、结合好、块状结构； 较坚硬岩（R_b＝30～45 MPa），岩体完整，整体状或巨厚层状结构	450～401
	Ⅲ₂	坚硬岩，较破碎（K_v＝0.35～0.4），结构面发育、结合好，镶嵌破裂结构或裂隙块状结构； 较坚硬岩（R_b＝45～60 MPa），岩体较破碎，结构面较发育、结合好、块状结构； 较坚硬岩，岩体较完整（R_b＝30～45 MPa），整体状或巨厚层状结构； 较软岩，岩体完整，结构面不发育、结合好或一般，整体状或巨厚层状结构	400～351
Ⅳ	Ⅳ₁	坚硬岩，岩体破碎（K_v＝0.28～0.35），结构面极发育、结合一般或差，碎裂状结构； 较坚硬岩，岩体破碎～较破碎（R_b＝45～60 MPa），结构面发育、结合一般，碎裂状结构； 较坚硬岩，较破碎（R_b＝30～45 MPa），结构面发育、结合好，镶嵌碎裂结构； 较软岩，岩体较完整（R_b＝20～30 MPa），结构面较发育、结合好或一般，块状结构； 较软岩，岩体完整（R_b＝15～20 MPa），结构面不发育、结合好或一般，整体状或巨厚层状结构； 软岩，岩体完整（R_b＝10～15 MPa），结构面不发育、结合好或一般，整体状或巨厚层状结构	350～316
	Ⅳ₂	坚硬岩，岩体破碎（K_v＝0.2～0.28），结构面极发育、结合一般或差，碎裂状结构； 较坚硬岩，岩体破碎（R_b＝45～60 MPa），结构面发育、结合一般，碎裂状结构； 较坚硬岩，较破碎（R_b＝30～45 MPa），结构面发育、结合好，镶嵌碎裂结构； 较软岩，岩体较完整（R_b＝20～30 MPa），结构面较发育、结合好或一般，块状结构； 较软岩或以软岩为主的软硬岩互层，较破碎，结构面发育、结合一般，中、薄层状结构； 软岩，岩体完整（R_b＝7.5～10 MPa），结构面不发育、结合好或一般，整体状或巨厚层状结构	315～285

续上表

围岩基本质量分级		围岩的定性特征	围岩基本质量指标 BQ
基本级别	亚级		
Ⅳ	Ⅳ$_3$	坚硬岩,岩体破碎(K_v=0.15～0.2),结构面极发育、结合一般或差,碎裂状结构; 较坚硬岩,岩体破碎,结构面发育、结合一般,破碎状结构; 较软岩,岩体较破碎,结构面较发育、结合好或一般,块状结构; 软岩,岩体完整(R_b=5～7.5 MPa),结构面不发育、结合好或一般,整体状或巨厚层状结构	284～251
Ⅴ	Ⅴ$_1$	坚硬岩及较坚硬岩,岩体极破碎(K_v=0.06～0.15); 较软岩,破碎(R_b=20～30 MPa),结构面发育或极发育; 较软岩,较破碎(R_b=15～20 MPa),结构面发育、结合一般或破碎; 软岩,较破碎,结构面发育、结合一般,碎裂状结构; 极软岩(R_b=2～5 MPa),较完整～完整,结构面不发育或结构面较发育但结合较好	250～211
	Ⅴ$_2$	坚硬岩及较坚硬岩,岩体极破碎(K_v=0～0.06); 较软岩,岩体极破碎,碎裂状结构或散体状结构; 软岩,岩体破碎,结构面极发育、结合一般或差,碎裂状结构; 极软岩(R_b<2 MPa),较破碎～完整	210～150

注:本表不适用于特殊条件的围岩分级,如膨胀性围岩、多年冻土等。

当根据岩体基本质量定性划分与[BQ]值确定的级别不一致时,应重新审查定性特征和定量指标计算参数的可靠性,并对它们重新观察、测试。

在工程可行性研究和初步勘测阶段,可采用定性划分的方法或工程类比的方法进行围岩级别划分。

6. 各级围岩的物理力学参数及结构面抗剪强度

各级围岩的物理力学参数及结构面抗剪强度,应通过室内或现场试验获得。如无实测数据时,可按《公路隧道设计规范　第一册　土建工程》(JTG 3370.1—2018)表 A.0.7-1 选用。

复习思考题

1. 简述隧道工程地质调查与勘测内容。
2. 简述围岩和围岩分级的定义。
3. 简述我国铁路隧道围岩分级的方法。

第三章 隧道线路及断面设计

第一节 隧道位置的选择

铁路、公路隧道是山区线路穿越山岭时用来克服高程障碍的一种建筑物，是整条线路的组成部分。同迂回绕线的方法相比，往往可以缩短线路长度、改善线路的平纵断面以及日后的运营条件，但它相对路基建筑物而言，造价比较高，施工难度大，施工进度也比较慢。

隧道的位置与线路是互为相关的。在一般情况下，当一段线路的方案比选一旦确定以后，区段上隧道的位置就只能依从于线路的位置大体决定，最多是在上、下、左、右很小幅度内做些小的移动。但是，如果隧道很长、工程规模很大、技术上也有一定困难、属于本区段的重点控制工程，那么这一区段的线路就得依从于隧道所选定的最优位置，然后线路以相应的引线凑到隧道的位置上来。所以，隧道位置的选定与线路的选定是同时考虑的，不可分开。隧道具体位置的选择与区域工程地质条件、水文地质条件、地形地貌条件、工程难易程度、投资的数额、工期的要求，以及现有的施工技术水平和今后运营条件等因素有关。

一、越岭线上隧道位置的选择

当交通路线需要从一个水系过渡到另一个水系时，必须跨越高程很大的分水岭，这段线路称之为越岭线。选择越岭隧道的位置时，应在附近较大范围内，对各个垭口进行全面调查，弄清各个垭口的高程和垭口处的地质与水文地质条件，还要对垭口两侧的沟谷地势、山体厚薄、山坡台地的分布情况，作出详细的调查。然后选择哪一个垭口最恰当和把隧道定在哪一个高程上最为适宜。

为此，选择越岭隧道的位置主要以选择垭口和确定隧道高程两大因素为依据。

1. 选择垭口

当线路跨越分水岭时，分水岭的山脊线上总会有高程低处，称之为垭口。一般的情况，常常有若干个垭口可以通过。此时，就要分析比较，选定最为理想的垭口。

从平面上考虑，当然是与连接两端控制点的航空直线方向越靠近越好，这样线路距离最短。但是天然的地形往往做不到完全符合航空直线，只能是尽可能靠近它，使线路略微短一些。除了考虑平面位置外，还要考虑垭口两端沟谷的分布情况和台地的开敞程度，主沟高程是否相差不大和沟谷是否靠近，以便设计必要的展线。

例如，成昆线乃托至泸沽一段，当中有明显的分水岭把两地隔开。分水岭与乌斯河一侧的高差达 1 600 m，分水岭与泸沽一侧高差也有 620 m。线路要跨越，必须以隧道通过。由于工程较大，需要慎重比选，于是在小相岭纵横几十千米范围内进行了大面积的测绘及调查，得知这一地区是个横断山脉，小相岭的脊线是明显的分水岭。所有可跨越的垭口都在 2 500 m 高程以上，其中以沙木拉达垭口最低，而其两侧沟谷较长，地势开阔，线路沿沟谷台地有展线的条件。经过技术和经济的比较，最后选定了沙木拉达隧道方案，如图 3-1-1 所示。事实证明，这一方案是比较切合当时具体情况和工期要求的。

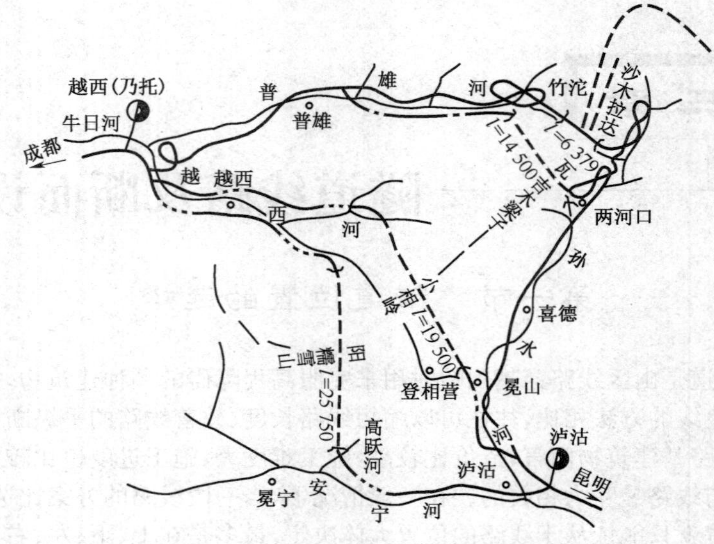

图 3-1-1 成昆线乃托—泸沽段隧道方案

2. 选定高程

分水岭的山体，一般是上部比较陡峭而下部比较平缓。隧道位置定得越高山体越薄，隧道越短，工程可以小一些。但是，两端的引线却要迂回盘绕以凑必要的高程。这样，就使得线路坡陡弯多，技术条件恶化。反之，隧道位置定得越低，隧道将越长，工程规模要大一些，但是，它无须太多的引线，线路顺直平缓，技术条件好，对今后运行有利。在选定隧道高程时，务必全面衡量，从技术和经济两方面，尤其在今后长远运营条件上，做出综合的比较，决定取舍。

二、河谷线上隧道位置的选择

线路沿河傍山时称为河谷线。这种线路平面受到山坡和河谷的制约，高低受到标高和限制坡度的控制，比选方案时，可能移动的幅度不大。但是，虽然摆动的幅度很有限，可对工程的难易、大小都有关系。

河谷地段往往山坡险峻，岩体风化破碎，河道蜿蜒，线路势必随之弯转。走行在凹岸时，更有可能受到河水的冲刷，必须设置防护建筑物，并且常伴随着地质不良现象。设计线路位置时，如果稍偏河流一侧，则线路位置恰恰落在山体的风化表层内，极易引起坍方落石；如果稍偏靠山一侧，形成浅埋，洞顶覆盖太薄，将受到山体的偏侧压力，对施工和结构的受力状态十分不利，有时会导致施工困难和结构的不安全。例如，京广铁路衡阳至广州复线工程大瑶山隧道(1981—1987 年)位于广东省坪石至乐昌之间，全长 14.295 km。原既有铁路(1936 年建成通车)顺武水河左岸，依山傍水，蜿蜒曲折，线路平面曲线多、半径小，曲线间夹直线及缓和曲线长度短，既有线路多为半填半挖，填方坡脚侵占武水河道，洪水时期水流淘冲路基坡脚，运能严重不足，成为京广铁路运能卡脖子地段，危及行车安全。挖方边坡陡、堑坡高，雨季多出现滑塌。复线建设中，武水峡谷段的线位选择，初期共有东岸并行、两岸单绕和西岸双绕 3 个方案。由于规划在峡谷修建乐昌峡水库，经比选上述方案并结合预留乐昌峡谷修坝建库的规划要求，后期补充西岸取直大瑶山长隧道、西岸双绕抬高和西岸双绕岐门跨武水越岭 3 个方案，经过上述方案比选，为保留乐昌峡水库，并遵循铁路选线基本原则“裁弯取直”，最终选择取直大瑶山长隧道方案，修建长 14.295 km 的大瑶山隧道，如图 3-1-2 所示。线路设计时，位置靠外，隧道洞

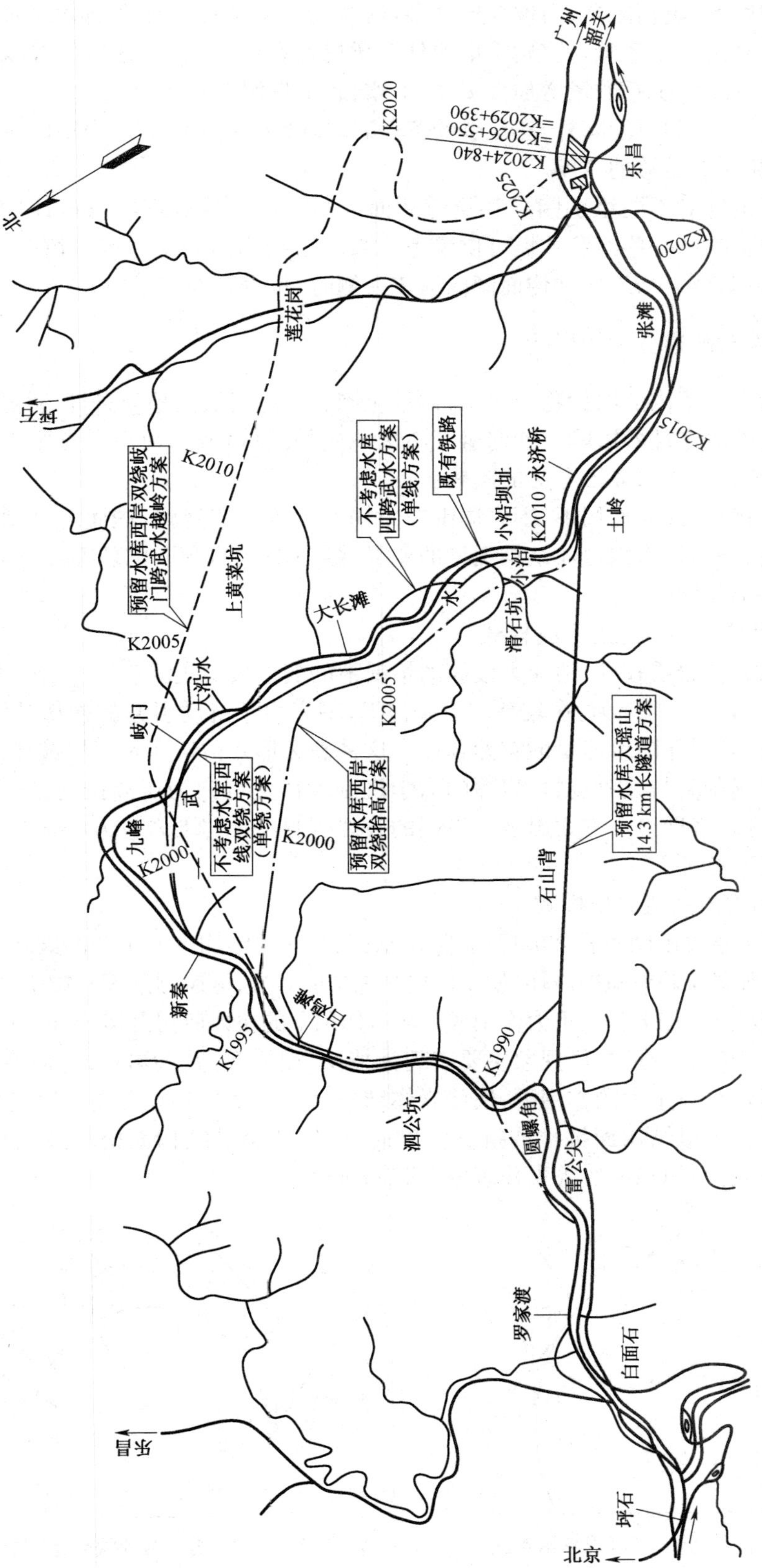

图 3-1-2　衡广复线坪石至乐昌预留水库线路方案示意图

壁过薄,施工时常发生坍顶露空,山坡变形开裂,给施工带来极大困难,给国家造成不应有的损失。多年实践总结出一条经验,就是“宁里勿外”,意思是在河谷线上,隧道位置以稍向内靠为好。当然,过分内靠,使土石方量增加太多,隧道增长,也是没有必要的。

为了使隧道顶上(洞口段除外)有足够的覆盖岩体,隧道结构不致受到侧压,还能形成自然拱,洞顶以上外侧应有足够的厚度。

隧道设计规范针对不同级别围岩和隧道断面大小,对傍山隧道最小覆盖厚度有所规定。各种设计手册也会列举一些经验数据可供参考。当岩层结构面倾向山体一侧时,岩层比较稳定,覆盖厚度可以酌减。当岩层结构面倾向河流一侧时,覆盖厚度宜予加大。

三、地质条件对隧道位置的影响

隧道是埋置在岩层内的结构物,它受岩体的包围。周围岩层的地质条件,对隧道结构形式和施工方法都有着决定性的影响。如何避开不良地质的区域,或如何拟定克服不良地质的措施,是选择隧道位置时必须谨慎考虑的问题。

在隧道开挖扰动、卸荷作用下,围岩周围应力场发生重分布变化,进而对其围岩变形和失稳过程产生影响。同时,也因岩体结构类型的差异,隧道围岩的变形机理存在显著差异,相应的失稳模式也各不相同。

1. 整体块状结构围岩隧道失稳模式

整体块状围岩在岩质较硬、地应力较高的情况下的变形失稳主要表现为岩爆和劈裂剥落,如图 3-1-3 所示,其基本机理为:在较高应力条件下,围岩由于扰动引起的损伤破坏加剧,会发生围岩的突然破坏,并伴随着能量的突然释放。这种破坏形式被认为是岩爆破坏,具有很大的杀伤力。根据现场调研与试验资料,岩爆的力学机制大体上可归为压致拉裂、压致剪切破裂、弯折鼓起等,也可以多种组合方式出现。不同的破裂机制不仅与围岩应力状态有关,也与岩体的性能和结构特征有关。

2. 块状结构围岩隧道失稳模式

块状结构围岩主要由硬质岩被节理、裂隙切割而成,此类结构围岩主要的破坏包括:压应力高度集中引发的压致拉裂等脆性破坏(如整体块状围岩的岩爆、劈裂剥落等)、拉应力集中导致的张裂破坏(如张裂掉块、塌方等)、重力作用或压应力作用下的块体剪切滑移、倒转和破碎等。

一般块状结构围岩变形失稳现象主要表现为掉块、塌方等,其基本机理为:在隧道开挖后的卸荷作用及岩块自身重力的作用下,块状岩体结构面上产生拉张应力或剪切应力集中,当拉张应力或剪切应力超过结构面抗拉或抗剪强度时,块体便会沿结构面松动、断裂直至分离掉落,发生指向洞内的坍塌和掉块等失稳现象(图 3-1-4)。

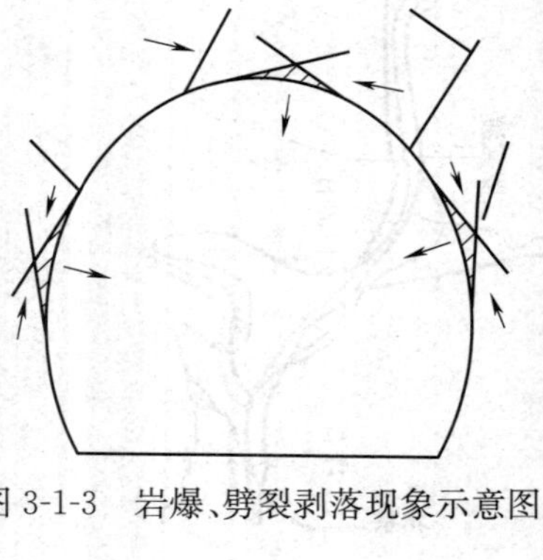

图 3-1-3 岩爆、劈裂剥落现象示意图

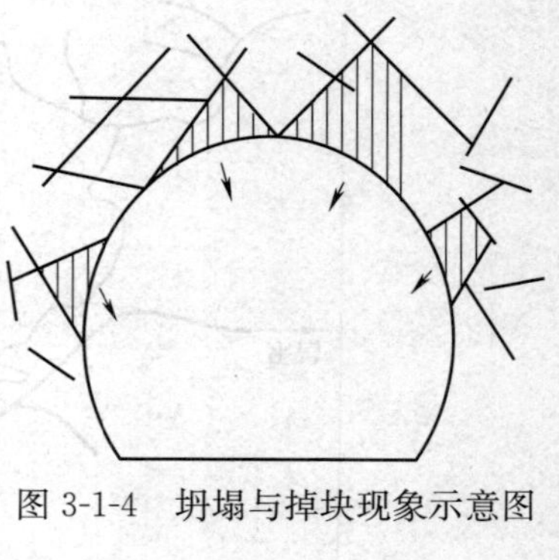

图 3-1-4 坍塌与掉块现象示意图

3. 层状结构围岩隧道失稳模式

层状结构岩体的变形主要有层面弯折和顺层滑移两种，有的是单一的弯折或滑移变形，有的是层面分离、弯折的同时兼有层面的滑移变形。层状围岩失稳现象的力学本质是：受隧道开挖的影响，岩层产生向隧道内的变形，在没有有效约束的情况下，层间节理首先破坏，受层间节理破坏的影响，岩层变形增大，导致岩层最终受剪切力作用而破坏。

(1)层面弯折变形：一般发生在岩质较软、弹性模量较低的薄层和极薄层状结构岩体中。其主要变形机制可表述为：隧道开挖后，应力重分布使得层状结构岩体出现结构性力学失衡，当指向临空面正方向的应变能释放超过岩层层面间的内聚能时，层面分离，然后单层岩层在平行于层面的压力作用下产生弯折或溃曲。层面弯折的力学本质是：应变能释放产生的指向隧道内的拉张应力超过岩层层面间的胶结力，由于岩石材料刚度与岩层层面刚度存在差异，岩层弯折变形逐步增大，进而演化成岩层层面的断裂、分离，当弯折变形量超过单层岩层的最大变形挠度时，便发生岩层折断、溃曲。

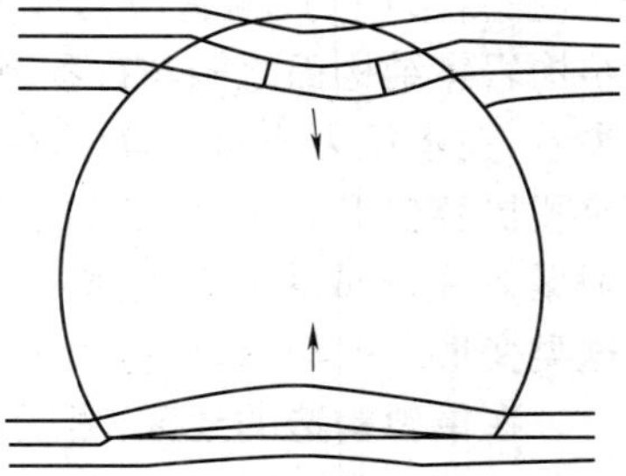
图 3-1-5　水平(缓倾)层状围岩隧道的拱顶下沉、底鼓、弯折变形破坏

弯折变形机制又可以细分为纵弯机制和横弯机制，前者是垂直于层面的力占主导作用时的弯折变形，而后者则是平行于层面的力占主导作用时的弯折变形。特别是一些层片状软岩，常出现结构性弱化。弱化机制为：开挖后在应力扰动和水的“力学—化学”耦合作用下，层片裂解与弯折变形，岩体强度出现整体弱化，自稳能力变差(图 3-1-5)。

(2)顺层滑移变形：一般发生在岩质较硬、弹性模量较大的中厚层和厚层状结构岩体中，此变形模式受岩层产状、洞轴向及临空面正方向之间关系的影响。其主要变形机制可以表述为：隧道开挖后，岩层在隧道某些部位的临空面上表现为指向临空面正方向(隧道内)的顺倾模式，进而在隧道三维应力场的综合作用下产生层面剪切应力集中，当层面剪切应力超过岩层层面的抗剪强度时，便发生指向隧道内的顺层滑移变形(图 3-1-6)。图中倾斜岩层情况下，拱顶、右拱肩及右侧壁围岩向洞内顺层滑移，而左拱肩围岩发生塑性弯折变形；直立岩层中拱顶部位围岩易顺层向下滑移变形；两侧壁围岩向内弯折、溃曲变形。

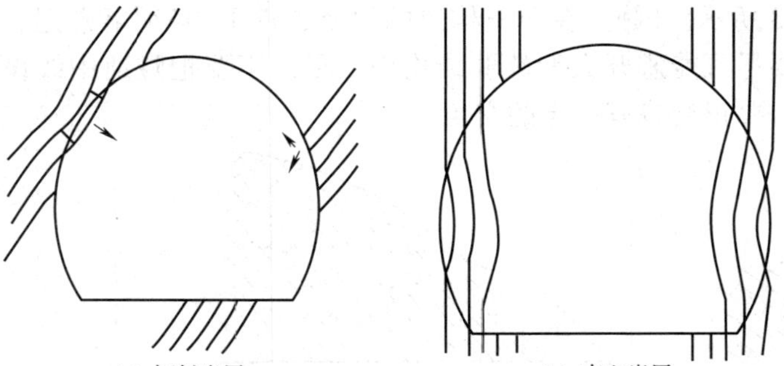
(a) 倾斜岩层　　(b) 直立岩层

图 3-1-6　层状围岩失稳模式

4. 碎裂结构围岩隧道失稳模式

碎裂结构型的围岩岩体变形受围岩应力环境的明显控制，隧道开挖前围岩处在高围压状态时尚具有较高的强度和稳定性，当围压降低、围岩应力差增大时，结构面张开或滑移，围岩整体强度和模量降低，表现出显著的结构流变特点。

碎裂结构围岩主要是由于节理、裂隙等结构面较密集而导致岩体形成较破碎的结构特征，结构面之间的胶结弱，开挖扰动产生临空面，掌子面附近岩体在临空面部位产生应力集中。其中，拉应力集中导致围岩沿弱结构面分离并在重力作用下坍塌，压应力集中导致围岩剪切松动或挤出变形。一般碎裂结构围岩出现在强风化区或构造作用强烈的地区(如断层破碎带的断层角砾岩),或存在于浅埋风化、破碎地层段,在地表径流及地下水丰富的地区往往具有较高的裂隙水含水率,此时的岩体结构面基本丧失强度和刚度,碎裂结构围岩的变形表现出流塑特征。

5. 散体结构围岩隧道失稳模式

散体结构围岩(如砂土液化、泥化、大变形、坍塌等)的变形模式较为复杂。其变形机理可归结为:此类围岩本身岩体结构面之间及矿物颗粒间的胶结强度较弱,在隧道开挖后产生临空面,必然使指向临空面的水力梯度增大,所产生的动水压力差使得结构面及矿物颗粒间的胶结强度进一步弱化,在自重应力、构造应力或侧向压力作用下,散体结构岩体结构面之间与矿物颗粒间的胶结作用基本失效,在水压力或水化学(对黏土矿物)作用下出现流塑扩容变形。于是,诸如砂土液化、泥化、大变形、坍塌等变形或失稳现象均有可能发生(图 3-1-7)。这类变形一般与水、地应力等环境因素关系密切。

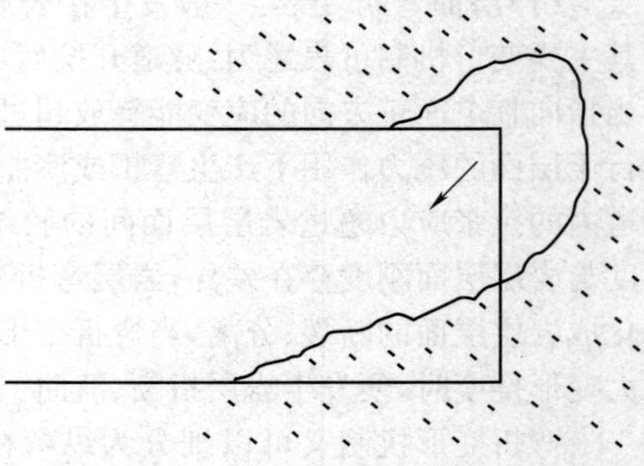
图 3-1-7 拱顶冒落、掌子面坍塌

在单斜构造的地区,岩层各层面间有紧密的,也有张开的;有胶结的,也有无胶结的;有充填的,也有无充填的。不管是哪一种情况,层间接触面比之岩层实体总是较为薄弱的。从力学观点来看,一种岩体的强度常常不是由岩石本身的强度来控制,而是由它的软弱结构面的强度来控制的。

单斜构造的层面大体平行而有同一倾角,当层间的抗剪强度不足时,岩层在外力作用下将会发生层间相对错动。如果隧道的位置恰在层间软弱面上,岩层滑动将使隧道结构受到很大的剪力,以致把结构物损坏。如果隧道恰在层间软弱面上方,岩层滑动会使隧道的某一段发生横向推移,而导致断开错位,如图 3-1-8 所示。因此,在单斜构造的地质条件下,必须事先把岩层的构造和倾角大小调查清楚,一定要尽可能避开大型软弱结构面。尽量不要把隧道中线设计成与软弱结构面的走向一致或平行,要正交或有一定的交角。

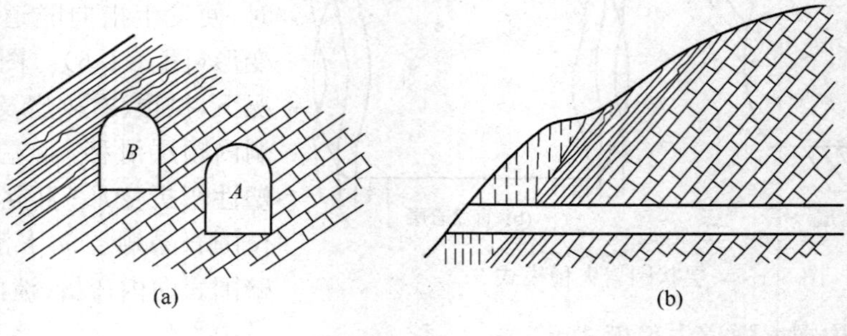

图 3-1-8 隧道位置与地层软弱面的关系

在褶曲构造的地区,岩层一部分向上弯曲翘起成为向斜,另一部分向下弯曲成为背斜。背斜的岩层受弯而在上面出现节理、裂隙,切割岩体成为上大下小的楔块,楔块受到两侧邻块的挟制,使得楔块的重量由邻块分担,因而只产生小于原重的压力。与此相反,向斜地层受弯而在下面开裂,切割岩体成为上小下大的楔块,这种楔块在重力作用下,极易脱离母岩而坠落,于是产生较大的压力,也就是给结构物以较大的荷载,而且在施工时,极易发生掉块或坍方,对工程产生不利影响。所以，隧道穿过褶曲构造时，选在背斜中要比在向斜中有利。如果恰在褶曲的两翼，将受到偏侧压力，结构需加强，如图 3-1-9 所示。

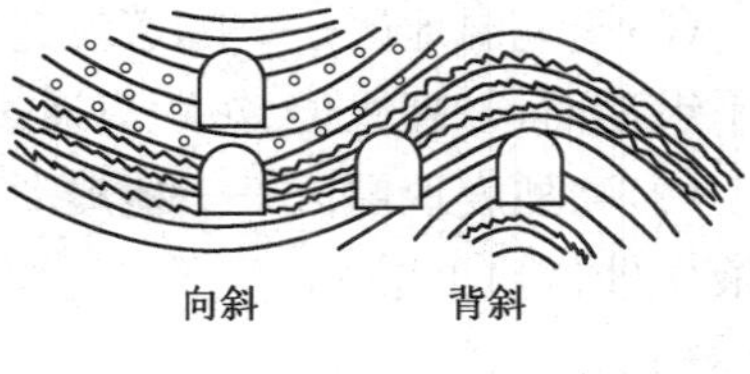

图 3-1-9　褶曲构造地带隧道位置选择

在断层构造的地区，断层带中的岩体呈破碎状态，称为断层碎裂体；当严重揉挤时可成为泥状。断层带的强度很低，而且往往是地下水的通道。施工时，遇到这种地质条件，十分困难。选择隧道位置时，应尽可能避开。不得已时，隧道走向要与断层走向隔开足够的安全距离，或隧道走向与断层走向正交或斜交跨过。施工时，还应做好各种支护及防水措施。

根据地质条件进行隧道位置选择时，最重要的影响因素是不良地质。不良地质是指滑坡、崩塌、岩堆、泥石流、溶洞和含瓦斯地区等。它们各有其特点，也各有其影响。

(1)滑坡地区——山坡地区，由于地下水的活动，或是河流冲刷坡脚，以及人为切坡等原因，山坡土体在重力作用下，沿某一软弱面有整体下滑的趋势，形成了滑坡。隧道通过这种地段时，将会受到突然的土体推力，有时会把结构物挤压破坏，或是剪切断开。如果对滑坡面的位置已经了解清楚，可以把隧道置于滑坡面以下的稳定岩体中。如果确知滑坡是多年静止了的滑坡或古滑坡，则在不得已时，也可以把隧道置于滑坡体之内，但要在上部减载和加强排水。

(2)崩塌地区——山坡陡峻的地段，山体裂隙受风化而崩解，脱离母岩，成块地从斜坡翻滚坠落。它的出现是突然的，冲击力很大，不易防范。选择隧道位置时，最好不要沿这类山坡通过。不得已时，应当尽可能地把隧道置于山体之中，穿过稳定的岩层。岩体崩塌的情形不太严重，而洞口又必须落在崩塌地区时，则可设置一段明洞来解决。

(3)岩堆地区——岩石经过风化作用，分解和剥离成为大小不一的块体，从山坡上方滚下，或冲刷夹持而堆积在山坡较平缓处或坡脚处，形成无黏结力的堆积体。隧道通过这类地区时，开挖极易发生坍方，给施工带来极大困难。这时，宜把隧道位置放在岩堆以下的稳定岩体之中。

(4)泥石流——山顶积聚的土壤和各种砾石、岩块受到洪水的浸融成为流体，顺山沟或峡谷而下，来势凶猛，破坏力极大。有时可能摧毁铁路路基，甚至掩埋铁路，堵塞隧道。因此，在选择隧道位置时，务必躲开泥石流泛滥区，如躲避不开，也应选在泥石流下切深度以下的基岩中。要查明泥石流洪积扇范围，不可把洞口放在洪积扇范围以内。

(5)溶洞地区——碳酸盐类岩石(如灰岩、白云岩)、可溶类岩石在水力和水的化学作用下溶蚀而形成各种岩溶现象，溶洞就是其中之一。溶洞可分为无水或有水，无填充或有填充溶洞。选择隧道位置时，应尽可能避开。如无法避开时，应探明溶洞的规模、性质和与隧道的位置关系，采取相应的设计、施工措施。

(6)瓦斯地区——在煤系地层中，蕴藏着甲烷(CH_4)和 CO_2 等有害气体。隧道开挖时，有害气体逸出，轻则致人窒息，重则引起爆炸，危害甚大。选择隧道位置时，应尽量避开。

(7)地下水——地下水多是由地表水的渗透或地下水源补给的。例如岩层裂隙中的裂隙水，或溶洞中储藏的岩溶水，它们有时是流动的，有时是静止的，有时还有压力水头。它们的存在，使岩石软化、强度降低，层间夹层软化或稀释，促成了层间的滑动。裂隙中的水在开挖时涌入坑道，使施工发生困难，给以后养护也带来无休止的灾害。选择隧道位置时，最好不从富水区经过。

(8)高地温地区——隧道应选在地温相对较低的地层;当通过较高地温地区时,应优化线路平纵断面,以高线位、短距离通过;沟谷地区线路宜选在傍山靠河侧,以缩短辅助坑道长度。

(9)高烈度地震区——地震动峰值加速度在 $0.1g$ 以上地区,隧道不宜穿越活动断层带和易液化砂(粉)土层。

第二节 隧道洞口位置的选择

1.洞口位置选择

隧道位置选定以后,隧道长度由它的两端洞口位置确定(即隧道长度为其进出口洞门墙外表面与线路内轨顶面标高线交点之间的距离)。

洞口是隧道进出的咽喉,又是隧道施工中的主要通道。洞口位置选择是否合理,将对隧道的施工工期、造价、运营安全等产生重大的影响。所以在隧道线路设计中,洞口位置的选择是一项很重要的工作。

隧道的进出口是隧道建筑物唯一的暴露部分,也是整个隧道的薄弱环节。由于洞口处地质条件差,多为严重风化的堆积体;覆盖层厚度较薄,若地形倾斜又易造成浅埋侧压;还受地表水的冲刷,加上隧道一旦开挖,山体受扰动等原因,容易造成山体失稳,产生滑动和坍塌。如洞口位置选择不当,可能导致洞口坍方而无法进洞,或病害整治工程量过大,甚至遗留后患。对此,在以往的隧道工程中有过不少教训。

根据我国多年实践经验,总结出"早进晚出"的原则。即在决定隧道洞口位置时,为了确保施工、运营的安全,宁可早一点进洞,晚一点出洞,这样做,虽然隧道修长了一些,却较安全可靠。当然,并不意味着进洞越早越好,出洞越晚越好,而是应当从安全等多方面比较确定。

理想的洞口位置应选择地质条件良好,地势开阔,施工方便,技术、经济合理之处。在选择隧道洞口位置时应把握以下几个原则:

(1)洞口不宜设在垭口沟谷的中心或沟底低洼处(图 3-2-1 中的 A 线),在一般情况下,垭口沟谷在地质构造上是最薄弱的环节,常会遇到断层带、古坍方、冲积土等不良地质。此外,地表流水都汇集在沟底,再加上洞口路堑开挖,破坏了山体原有的平衡,更容易引起坍方,甚至不能进洞。所以,洞口最好选在沟谷一侧(图 3-2-1 中的 B 线)。

(2)洞口应避开不良地质地段,如断层、滑坡、岩堆、岩溶、流砂、泥石流、盐岩、多年冻土、雪崩、冰川等,以及避开地表水汇集处。

(3)当隧道线路通过岩壁陡立,基岩裸露处时,最好不刷动或少刷动原生地表,以保持山体的天然平衡。此时,洞口位置应根据具体情况,采取贴壁进洞(图 3-2-2)或设置一段明洞(当山坡上有落石、掉块而难以清除时)(图3-2-3);或修建特殊结构洞门,如悬臂式洞门、钢筋混凝土锚杆洞门、洞门桥台联合结构、悬臂式托盘基础洞门或长腿式洞门等。

(4)减少洞口路堑段长度,延长隧道,提前进洞。对处于漫坡地形的隧道,其洞口位置变动范围较大,一般应采取延长隧道的办法,以解决路堑弃土及排水的困难。

(5)洞口线路宜与等高线正交。使隧道正面进入山体(图 3-2-4),洞口结构物不致受到偏侧压力。对于傍山隧道因限于地形,有时无法与等高线正交,只能斜交进洞时,其交角不应太小(不小于 45°),并根据具体情况,采取斜交洞门、台阶式正交洞门或修建一段明洞。

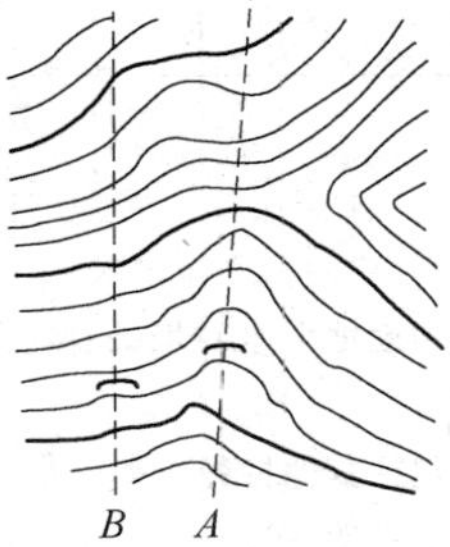

图 3-2-1　沟底附近洞口平面位置示意图

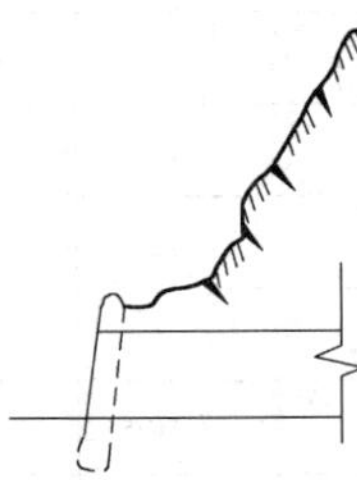

图 3-2-2　贴壁进洞时洞口纵断面示意图

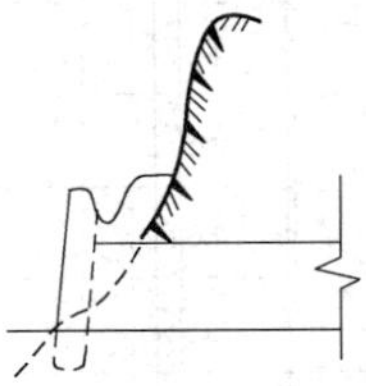

图 3-2-3　陡壁下接长明洞时纵断面示意图

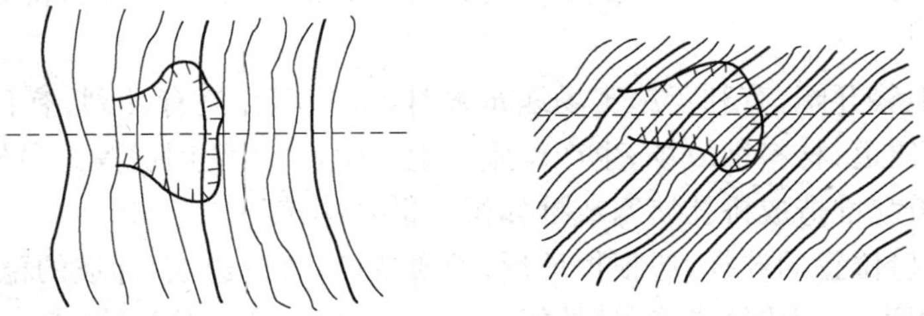

(a)正交洞门　(b)斜交洞门

图 3-2-4　洞门平面示意图

(6)当洞口位于有可能被水淹没的河滩或水库回水影响范围以内时，其路肩高程应高出设计水位加波浪侵袭高度和壅水高度不小于 0.5 m，以防洪水灌入隧道。

(7)位于城市地区的隧道，当采用“V”形纵坡时，其洞口及敞开段边墙顶高程应高出内涝水位 0.5 m。

(8)为了确保洞口的稳定和安全，边坡及仰坡均不宜开挖过高。过去，从单纯的经济观点出发，把隧道洞口位置选定在所谓隧道与明挖的等价点上，即开挖每米路堑的造价和每延米隧道的造价相等的“经济洞口”位置上。此时，往往隧道定得偏短，路堑挖得过深，边、仰坡很高。这样，不仅施工时容易发生坍方，行车后边坡也常滚石掉块、失稳，危及行车安全，最后不得不再修建明洞接长隧道。这不但增加了投资，还对施工和运营造成后患，教训十分深刻。例如，宝天段隧道共 123 座，修建明洞接长隧道的有 59 座，占隧道总数的 48%；天兰段隧道共 43 座，修建明洞接长隧道的有 18 座，占隧道总数的 42%；川黔线隧道共 66 座，修建明洞接长隧道的有 27 座，占隧道总数的 41%。所以，应根据开挖控制高度及坡度(参考表 3-2-1)来决定洞口位置。

表 3-2-1　隧道洞口边仰坡的允许开挖高度及坡率

围岩分级		边仰坡坡率	边仰坡开挖最大高度(m)	说　明
Ⅰ		1∶0.3	20	1. 边仰坡开挖最大高度，指洞口的垂直等高线的控制断面。 2. 软岩坡面宜加设防护。
Ⅱ	硬岩	1∶0.3～1∶0.5	18～20	
	软岩	1∶0.5～1∶0.75	16～18	

续上表

围岩分级		边仰坡坡率	边仰坡开挖最大高度(m)	说　明
Ⅲ	硬岩	1∶0.5～1∶0.75	16	3. 本表未考虑地下水对坡面稳定的影响因素。 4. 本表不包括其他特种土类
	软岩	1∶0.75～1∶1	14～16	
Ⅳ	硬岩	1∶0.75～1∶1	12～14	
	软岩	1∶1～1∶1.25	12	
	土质	1∶1～1∶1.25	10～12	
Ⅴ		1∶1.25～1∶1.5	10	
Ⅵ		<1∶1.5	<10	

(9)当洞口附近遇有水沟或水渠横跨线路时，可设置拉槽开沟的桥梁或涵洞，以排泄水流。

(10)当洞口地势开阔，有利于施工场地布置时，可利用弃渣有计划、有目的地改造洞口场地，以便布置运输便道、材料堆放场、生产设施用地及生产、生活用房等。另外，在桥隧相连时，应注意防止因弃渣乱堆造成桥孔堵塞或推坏桥梁墩台建筑物。

总之，隧道洞口位置的选择，应根据地形、地质条件，考虑边坡、仰坡的稳定，结合洞外有关工程及施工难易程度，本着“早进晚出”的指导思想，全面综合地分析确定。

2. 洞口边仰坡防护措施

隧道洞口边仰坡防护常用的方法有喷锚网防护、表层注浆加固、骨架护坡和锚杆(索)框架梁防护。从防护(加固)深度方面分类，可将其分为浅层坡面防护和深层坡面防护：浅层坡面防护主要有喷锚网防护、骨架护坡和锚杆(索)框架梁防护，深层坡面防护主要有锚索框架梁防护、独立锚索防护。

(1)喷锚网防护

喷锚网防护是目前高陡边坡防护工程中采用较多的一种防护方式，它是喷射混凝土、锚杆、钢筋网联合防护的简称，是一种先进的加固防护技术。喷锚网防护是通过在岩体内施工一定长度和分布的锚杆，与岩体共同作用形成复合体，弥补岩体强度不足并发挥锚拉作用，使岩体自身结构强度潜力得到充分发挥，保证坡面的稳定。坡面设置钢筋网喷射混凝土，起到约束坡面变形的作用，使整个坡面形成一个整体。因喷射混凝土存在耐久性方面的缺陷，该防护措施一般多用于开挖坡面的临时防护工程。

(2)骨架护坡

在边坡、刷坡坡面上或在填筑的坡面上使用混凝土形成框架式构筑物，框架中间直接植草或铺设空心砖后植草防护，以防止坡面溜坍和冲刷，是工程中坡面防护和水土保持的主要措施之一。骨架护坡一般用于土质坡面，属于绿色生态防护，较为美观，但其对坡面坡率的采用有一定的要求，一般应采用小于 1∶1.25 坡面坡率。采用较陡的坡率，当受地表水和地下水渗出冲刷影响后，易出现局部溜塌的病害；在洞口附近的回填土坡面上使用时，易因夯填碾压不到位造成基础不密实，会因沉降不均造成框架构筑物悬空而断裂，从而引起局部溜塌病害。当洞口回填土受地形限制不能采用较缓的回填仰坡时，不建议使用该防护形式，可用组合式洞门(增设端墙)取而代之。

(3)锚杆(索)框架梁防护

在刷坡坡面上现浇钢筋混凝土框架或者将预制好的钢筋混凝土构件铺设在坡面上以形成框架,根据实际需要,框架的节点处选用锚杆或预应力锚索来固定。这种锚固框架既能固定客土和浅层岩体,又对深层岩体有加固作用。在框架内铺填客土,然后采用常规的铺草皮、挖沟植草、液压喷播方法进行植被。采用这种绿化方法,陡坡上浅层土壤内的水分难以长期保持,故应选用保水性好的客土和耐旱的植物。

锚杆框架梁防护可适用于边、仰坡率 1∶0.5～1∶1.0 的、整体稳定性好、局部易剥落的岩质坡面的一般性加固防护;当坡面岩体节理发育、地质顺层、坡体自稳性差时,可采用锚索并施加预应力加强坡面防护,即锚索框架梁。

(4)独立锚索防护

当在原始坡面上需要特殊加固处治时,因坡面起伏较大,又不宜过度清刷时,可将框架梁改为十字板或独立锚墩,即独立锚索。

第三节　隧道平、纵断面设计

隧道内线路设计时,首先应满足整体线路规定的各种技术指标。而隧道内的环境条件比较差,无论是车辆运行,还是维修养护,都处于不利的条件下。所以,在设计隧道内线路时,还要附上为适应隧道特点的一些技术要求。

一、隧道平面设计

1. 铁路隧道

一般情况下隧道内的线路最好采用直线,但是,如受到某些地形的限制,或是地质原因往往不得不采用曲线时,应采用较大的曲线半径。例如,当线路绕行于山嘴时,为了避免直穿隧道太长,或是为了便于开辟辅助性的横洞,有时也会有意识地设置与地形等高线相接近的曲线隧道。

当隧道越岭时,线路常常是沿着垭口的一侧山谷转入山体后,又沿垭口另一侧山谷转出。这样可以使隧道较长的中段放在直线上,但两端为了转向都要落在曲线上。如果垭口两侧沟谷地势开阔,则可将曲线放在洞口以外。

有时,隧道已经施工,在开挖前进中发现前方有不良地质,不宜穿过。此时,不得不临时改线绕行,于是出现曲线,而且将是左转与右转两个曲线,才能回到原线上来。

上述情况在山区的线路中是常遇到的。设计时,应尽可能采用较短的曲线,或是半径较大的曲线,使它的影响小一些。铁路隧道在曲线两端设缓和曲线时,最好不使洞口恰恰落在缓和曲线上。缓和曲线在平面上半径总在改变,竖向的外轨超高也在变化,这样,在双重变化下,列车行驶不平稳。所以,应尽可能将缓和曲线设在洞外一个适当距离以外,圆曲线的长度也不应短于一节车厢的长度。在一座隧道内最好不设一个以上的曲线。尤其是不宜设置反向曲线或复合曲线。列车同时跨在两个曲线上时,行驶很不稳当。所以,两曲线间应有足够长的夹直线,一般要求在 3 倍车辆长度以上。

2. 公路隧道

公路隧道设计规范规定,应根据地质、地形、路线的走向、通风等因素确定隧道的平、曲线线形。当设为曲线时,不宜采用设超高的平曲线,并不应采用设加宽的平曲线。隧道不设超高的圆曲线最小半径应符合表 3-3-1 的规定。隧道的停车视距与会车视距应符合表 3-3-2的规定。

表 3-3-1　不设超高的圆曲线最小半径(m)

路拱	设计速度(km/h)						
	120	100	80	60	40	30	20
≤2.0%	5 500	4 000	2 500	1 500	600	350	150
>2.0%	7 500	5 250	3 350	1 900	800	450	200

表 3-3-2　公路停车视距与会车视距

公路等级	高速公路、一级公路				二、三、四级公路				
设计速度(km/h)	120	100	80	60	80	60	40	30	20
停车视距(m)	210	160	110	75	110	75	40	30	20
会车视距(m)	—	—	—	—	220	150	80	60	40

公路隧道设计规范规定,高速公路、一级公路的隧道应设计为上、下行分离的独立双洞。分离式独立双洞的最小净距,按对两洞结构彼此不产生有害影响的原则,结合隧道平面线形、围岩地质条件、断面形状和尺寸、施工方法等因素确定,一般情况可按表 3-3-3 取值。

表 3-3-3　分离式独立双洞间最小净距

围岩类别	Ⅰ	Ⅱ	Ⅲ	Ⅳ	Ⅴ	Ⅵ
最小净距	$1.0B$	$1.5B$	$2.0B$	$2.5B$	$3.5B$	$4.0B$

注:B 为隧道开挖断面的宽度。

分离式双洞有利于运营通风与防灾,也有利于隧道施工。但双洞断面积比单洞断面积大,洞口展线长。在受洞口地形限制,围岩条件较好时,也可以选用大断面的连拱式单洞隧道。目前,在公路隧道中出现了数量不少的大断面的连拱隧道形式。

二、隧道纵断面设计

隧道内线路纵断面设计就是要选定隧道内线路的坡道形式、坡度大小、坡段长度和坡段间的衔接等。

(一)铁路隧道

1. 坡道形式

隧道处于岩层之中,除了地质有变化以外,线路走向不受任何限制,不必采用复杂多变的形式。一般可采用单面坡[图 3-3-1(a)]或人字坡[图 3-3-1(b)]。

单面坡多用于线路的紧坡地段或是展线的地区,因为单面坡可以争取高程,拔起或降落一定的高度。单面坡隧道两洞口的高程差较大,由此而产生的气压差和热位差也大,能促进洞内的自然通风。它的缺点是:在施工阶段,对于下坡开挖,洞内的水自然地流向开挖工作面,使开挖工作受到干扰,需要随时抽水外排。此外,运渣时,空车下坡重车上坡,运输

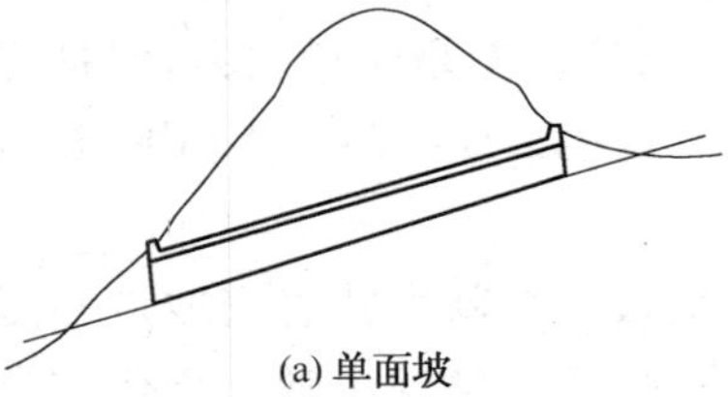

(a) 单面坡

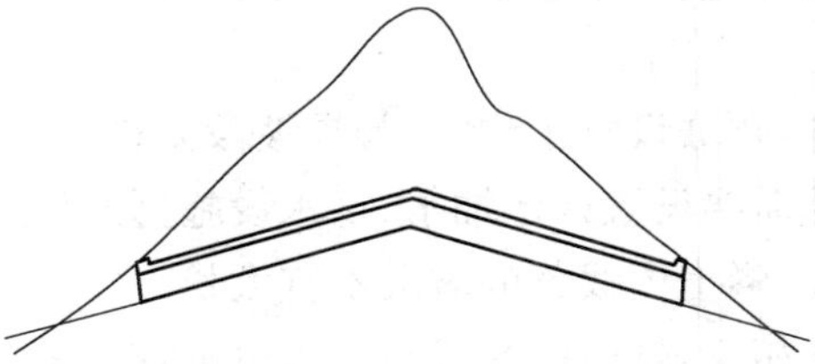

(b) 人字坡

图 3-3-1 坡道形式示意图

效率低。

人字形坡道多用于长隧道，尤其是越岭隧道。因为越岭无须争取高程，而垭口两端都是沟谷地带，同是向下的人字形坡道，正好符合地形条件。人字坡的优点是：施工时水自然流向洞外，排水措施相应地简化，而且重车下坡，空车上坡，运输效率高。它的缺点是：列车通过时排出的有害气体聚集在两坡间的顶峰处，尽管用机械通风，有时也排除不干净，长时间积累，浓度渐渐增大，使司机以及洞内维修人员的健康受到影响。

两种不同的坡型适用于不同的隧道。对位于紧坡地段，要争取高程的区段上的隧道、位于越岭隧道两端展线上的隧道、地下水不大的隧道，或是可以单口掘进的短隧道，可以采用单面坡型。对于长大隧道、越岭隧道、地下水丰富而抽水设备不足的隧道，宜采用人字坡形。

2. 坡度大小

铁路隧道对于行车来说线路的坡度以平坡为最好。但是，天然地形是起伏不定的，为了能适应天然地形的形状以减少工程数量，只好随着地形的变化设置与之相适应的线路坡度。但依据地形设计坡度时，注意应不超过限制坡度，如果在平面上有曲线，还需为克服曲线的阻力，再减去一个曲线当量坡度，即

$$i_{允}=i_{限}-i_{曲}$$

式中 $i_{允}$——设计中允许采用的最大坡度(‰)；

$i_{限}$——按照线路等级规定的限制最大坡度(‰)；

$i_{曲}$——曲线阻力折算的坡度当量(‰)。

隧道内行车条件要比明线差，对线路最大限制坡度的要求更为严格。因此，过去隧道内线路的最大允许坡度要在明线最大限制坡度上乘以一个折减系数。但随着高速铁路线路高标准的出现，普速铁路线路标准和机车车辆能力与质量的不断提高，隧道内最大限坡可与明线最大限坡一致。

除了最大坡度的限制以外，还要限制最小坡度。因为隧道内的水全靠排水沟向外流出。《铁路隧道设计规范》规定，隧道内线路不得设置平坡，最小的允许坡度不宜小于 3‰。在最冷月平均气温低于−3℃的地区，宜适当加大坡度，以利排水。

3. 坡段长度

铁路隧道内线路的坡型单一，但不宜把坡段定得太长，尤其是单坡隧道。如果是一路大上坡，列车就必须用尽机车的全部潜在能力，持续奋进。这样，会越爬越慢，以至有停车的可能或出现车轮打滑的情况，容易发生事故。在下坡时，由于坡段太长，制动时间过久，机车闸瓦摩擦发热，将使燃油失效，以致刹不住车，发生溜车事故。所以，在限坡地段，坡段不宜太长。如果

隧道很长,坡度又不想变动,为了不使机车爬长坡,可以设缓坡段,使机车有一个喘息和缓和的时间。

此外,顺坡设排水沟时,如果坡段太长,水沟就难以布置。不是流量太大,就是沟槽太深,有时为此需要设置许多抽水、扬水设施,分级分段排水。这也给今后的运营和维修增加了工作量。所以,隧道内线路的坡段不宜太长。

与此相反,隧道内的线路坡段也不宜太短。因为,坡段太短就意味着变坡点多而密集,列车行驶就不平稳,司机操纵要随时调整。列车过变坡点时,受力情况也随之变化,车辆间会发生相互的冲撞,车钩产生附加的应力。如果坡段过短,一列车在行驶中,同时跨越两个变坡点,车体、车钩都在同时受到不利的影响,有时会因此发生事故。实践指出,坡段长度最好不小于列车的长度。考虑到长远的发展,坡段长度最好不小于远期到发线的长度。

4. 坡段连接

对于铁路隧道来说,为了行车平顺,两个相邻坡段坡度的代数差值不宜太大,否则会引起车辆之间仰俯不一,车钩受到扭力,容易发生断钩。因此,在设计坡度时,坡间的代数差要有一定的限制。从安全的观点出发,两坡段间的代数差值 Δi 不应大于重车方向的限坡值 i。《铁路隧道设计规范》规定,旅客列车设计行车速度小于 160 km/h 的铁路段,相邻坡段的坡度差大于 3‰时,应以圆曲线形竖曲线连接,竖曲线的半径应采用 10 000 m;旅客列车设计行车速度等于或大于 160 km/h 的铁路段,相邻坡段的坡度差大于 1‰时,应以圆曲线形竖曲线连接,竖曲线的半径应采用 15 000 m,竖曲线不宜与平面圆曲线重叠设置,困难条件下,竖曲线可与半径不小于2 500 m的圆曲线重叠设置;特殊困难条件下,经技术经济比较,竖曲线可与半径小于 1 600 m 的圆曲线重叠设置。

隧道内线路坡度不但要考虑上述因素,还要检算列车在相应坡段上的行车速度。因为列车上坡需要有一定的速度,才能将动能转为势能。如果列车开始上坡时,还有足够的前进能力,行至中途机车的效能就会有所降低,逐渐衰减以至趋近于不能前进而出现打滑、停车,以致倒退等危险情况。即使能勉强爬上,缓缓而过,洞内行车时间过长,发出的污浊空气会使机车乘务人员以及旅客感到非常不舒服,甚至酿成窒息、晕倒等事故。

(二)公路隧道

公路隧道的坡道形式也分为单面坡和人字坡,纵坡坡度以不妨碍排水的缓坡为宜。在变坡点应放入足够的竖曲线。隧道纵坡过大,不论是在汽车的行驶还是在施工及养护管理上都不利,公路隧道控制坡度的主要因素是通风问题,汽车排出的有害物质随着坡度的增大而急剧增多,一般把纵坡保持在 2%以下比较好,超过 2%时有害物质的排出量迅速增加;纵坡大于 3%是不可取的。不存在通风问题的隧道,可以按普通公路设置纵坡。对于单向通行的隧道,或设计成下坡的隧道,因为两端洞口高差是决定自然通风效果的重要因素之一,所以坡度和断面都应适当加大。

从施工中和竣工后的排水需要考虑,在隧道内不应采用平坡。在施工时,为了使隧道涌水和施工用水能在坑道内的施工排水侧沟中流出,需要 0.3%的坡度。如果预计涌水量相当大,则需采用 0.5%的坡度。竣工后的排水,包括涌水、漏水、清洗隧道用水、消防用水等,如果能满足施工排水的需要,其最小坡度不宜小于 0.2%。在高寒地区,为了减少冬季排水沟产生冻害,适当加大纵坡,使水流动能增加,对排水有利。采用"人"字坡从两个洞口开挖隧道时，施工涌水容易排出；采用单坡从两个洞口开挖隧道时，处于高位的洞口，涌水不能自然向外流出，设计时应综合考虑这些问题。陡坡隧道且涌水量又大时，应考虑减缓坡度。

第四节　隧道横断面设计

在地层中修成的隧道，必须要有足够的净空满足运营安全的要求。不同用途的隧道，净空大小也不一样。目前，隧道断面大小的划分采用国际隧道协会建议的标准，见表 3-4-1。

一、铁路隧道

表 3-4-1　国际隧道协会建议的隧道断面划分标准

断面划分	净空断面积(m^2)
超小断面	<3.0
小断面	3.0～10.0
中等断面	10.0～50.0
大断面	50.0～100.0
超大断面	>100.0

(一)直线隧道净空

隧道净空是指隧道衬砌的内轮廓线所包围的空间。铁路隧道净空是根据“隧道建筑限界”确定的，而“隧道建筑限界”是根据“基本建筑限界”制定的，“基本建筑限界”又是根据“机车车辆限界”制定的。

“限界”是一种规定的轮廓线，这种轮廓线以内的空间是保证列车安全运行所必需的。“建筑限界”是建筑物不得侵入的一种限界。

1. 机车车辆限界

它是指机车车辆最外轮廓的限界尺寸。要求所有在线路上行驶的机车车辆停在平坡直线上时，沿车体所有部分都必须容纳在此限界范围内而不得超越。

2. 基本建筑限界

它是指线路上各种建筑物和设备均不得侵入的轮廓线。它的用途是保证机车车辆的安全运行及建筑物和设备不受损害。

3. 隧道建筑限界

它是指包围“基本建筑限界”外部的轮廓线，即要比“基本建筑限界”大一些，留出少许空间，用于安装通信信号、照明、电力等设备。

根据《标准轨距铁路限界　第 2 部分：建筑限界》(GB/T 146.2—2020)，$v \leqslant 160$ km/h 客货共线铁路建筑限界：内燃牵引区段隧道建筑限界如图 3-4-1 所示，电力牵引区段隧道建筑限界如图 3-4-2 所示。$v > 160$ km/h 的电力牵引客货共线铁路建筑限界如图 3-4-3 所示。

我国 200 km/h 及以上铁路隧道建筑限界分为 200 km/h 客货共线、200 km/h 及以上客运专线、200 km/h 客货共线双层集装箱运输三种，如图 3-4-4～图 3-4-6 所示。

4. 直线隧道净空

“直线隧道净空”要比“隧道建筑限界”稍大一些，除了满足限界要求外，考虑避让等安全空间、救援通道及技术作业空间，还考虑了在不同的围岩压力作用下，衬砌结构的合理受力形状(拱部采用三心圆，边墙采用直墙式或曲墙式)以及施工方便等因素。图 3-4-7 及图 3-4-8 为时速 120 km 单线及双线电力牵引铁路隧道衬砌内轮廓。

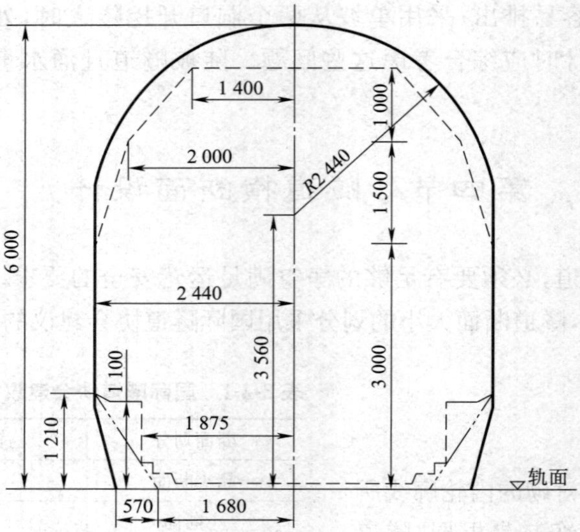

说明：
———— 隧道建筑限界。
– – – – – – 基本建筑限界。
——·—— 适用于新建铁路的隧道建筑限界。
在基本建筑限界与隧道建筑限界之间可以装设照明、通信、警告信号及色灯信号等设备。

图 3-4-1 隧限-1(单位:mm)

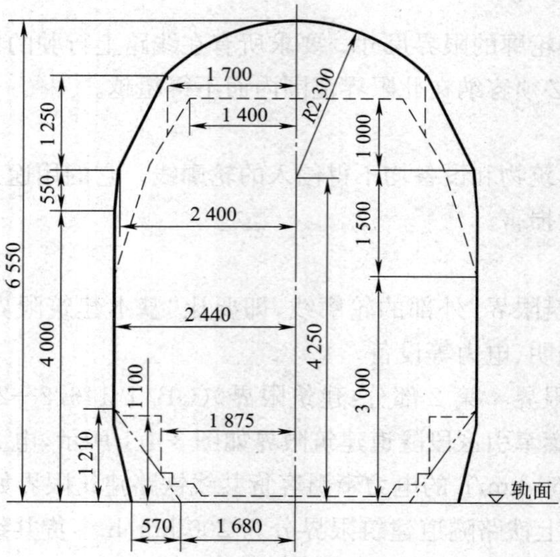

说明：
———— 隧道建筑限界。最大高度根据接触网结构高度计算确定，最小不应小于6 550 mm。
– – – – – – 基本建筑限界。
——·—— 适用于新建铁路的隧道建筑限界。
在基本建筑限界与隧道建筑限界之间可以装设照明、通信、警告信号及色灯信号等设备。

图 3-4-2 隧限-2(单位:mm)

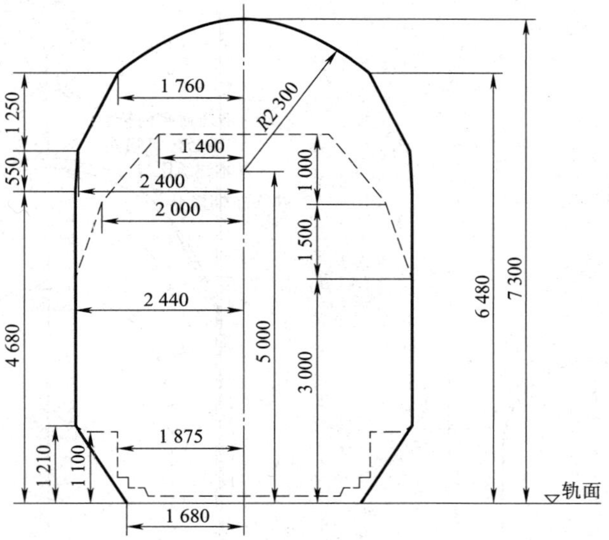

说明：

———— 桥隧建筑限界。

－－－－－－－ 基本建筑限界。

在基本建筑限界与桥隧建筑限界之间可以装设照明、通信、警告信号及色灯信号等设备。

图 3-4-3　桥隧限-1(单位：mm)

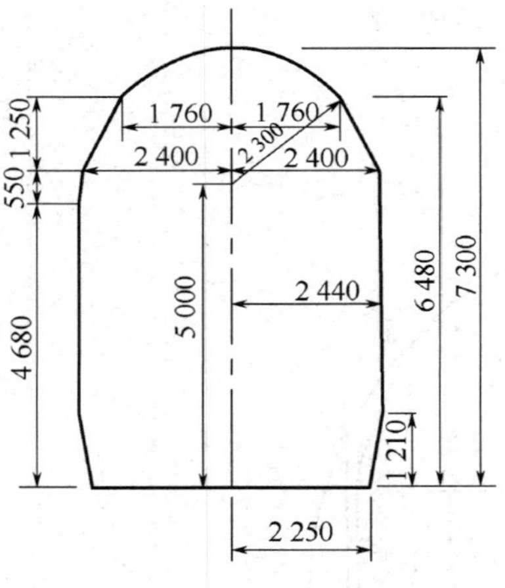

图 3-4-4　200 km/h 客货共线电力牵引铁路 KH-200 桥隧建筑限界(单位：mm)

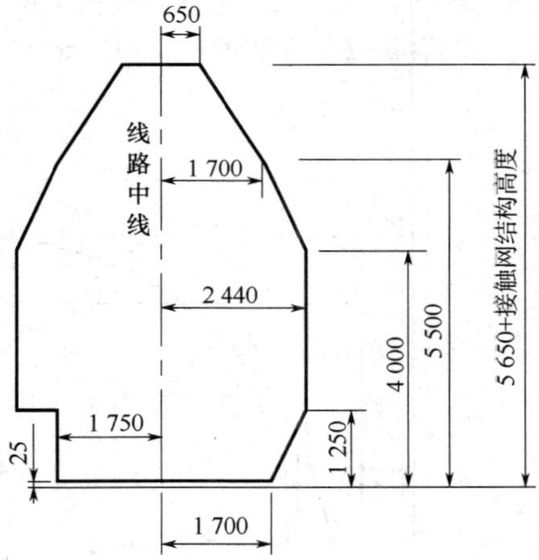

图 3-4-5　200 km/h 及以上客运专线铁路建筑限界(单位：mm)

我国统一制定了 200 km/h、250 km/h、350 km/h 不同行车速度条件下的隧道衬砌内轮廓。200 km/h 铁路隧道衬砌内轮廓，有客货共线铁路单、双线隧道衬砌内轮廓和客货共线铁路兼顾双层集装箱运输的单、双线隧道衬砌内轮廓两类。客货共线铁路单线隧道衬砌内轮廓如图 3-4-9 所示，双线隧道衬砌内轮廓如图 3-4-10 所示。客货共线铁路兼顾双层集装箱运输的隧道衬砌内轮廓如图 3-4-11 和图 3-4-12 所示。250 km/h 隧道衬砌内轮廓如图 3-4-13 和图3-4-14所示。由于 350 km/h 单线隧道衬砌内轮廓净空有效面积达到 100 m^2，救援通道及技术作业空间的布置相当自由，隧道两侧均可设置宽为 1.5 m 的救援通道，双线隧道衬砌内轮廓如图 3-4-15 所示。

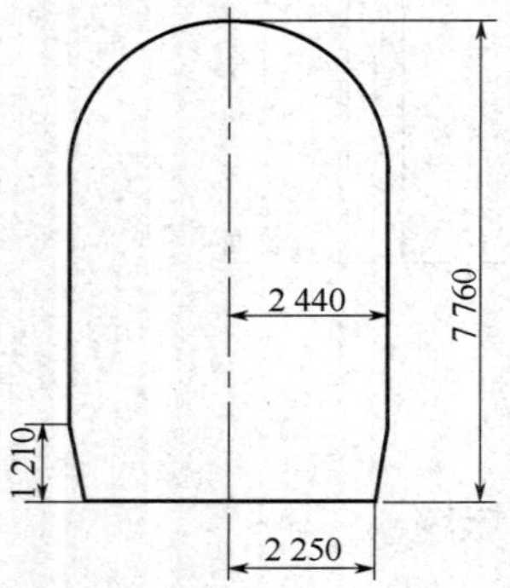

图 3-4-6 200 km/h 客货共线电力牵引铁路双层集装箱运输隧道建筑限界(单位:mm)

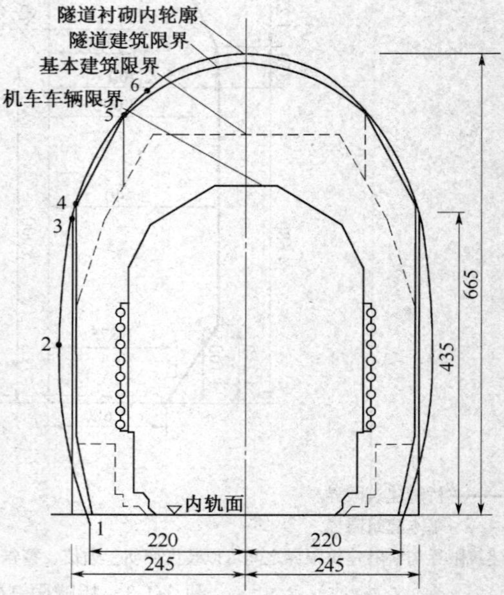

图 3-4-7 单线电力牵引铁路隧道衬砌内轮廓图(单位:cm)

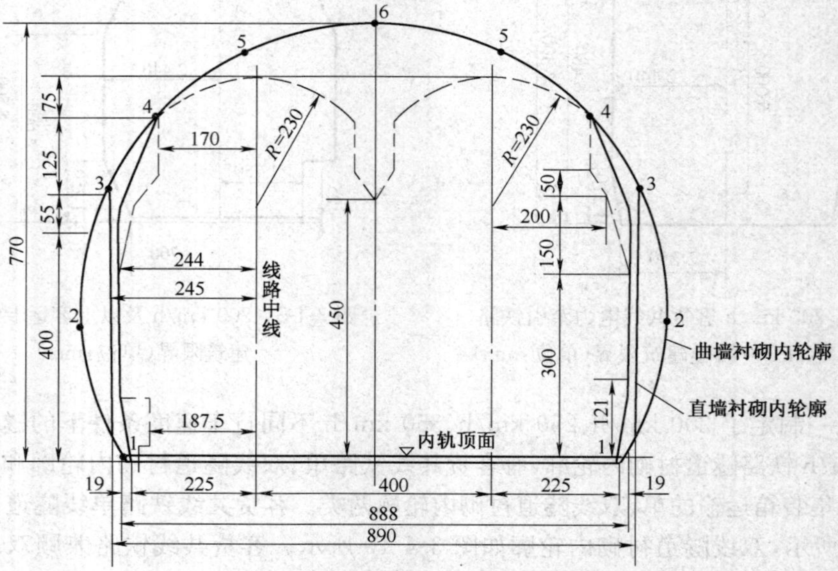

图 3-4-8 双线电力牵引铁路隧道衬砌内轮廓图(单位:cm)

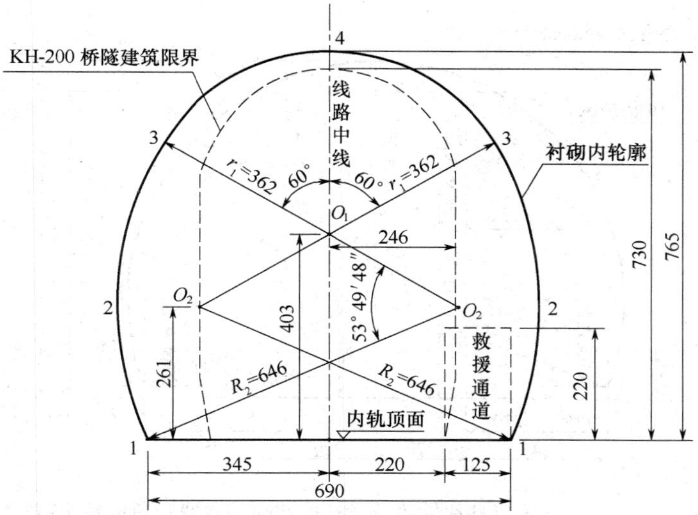

图 3-4-9 200 km/h 客货共线铁路单线隧道内轮廓(单位:cm)

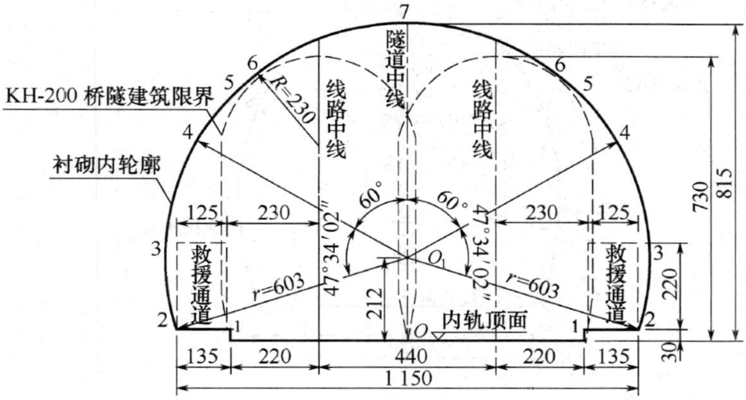

图 3-4-10 200 km/h 客货共线铁路双线隧道内轮廓(单位:cm)

图 3-4-11 200 km/h 客货共线铁路兼顾双箱运输的单线隧道内轮廓(单位:cm)

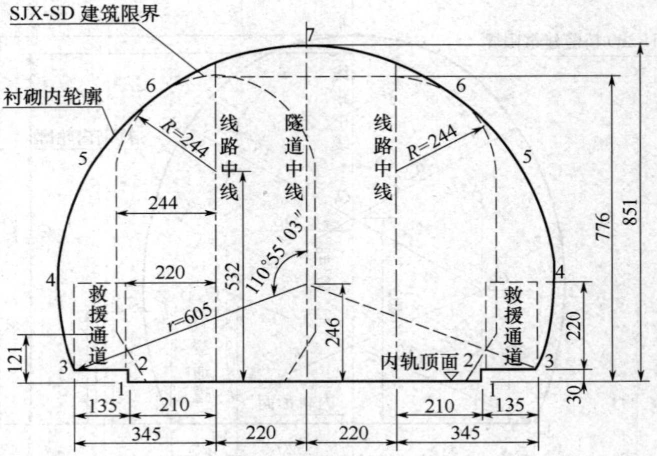

图 3-4-12　200 km/h 客货共线铁路兼顾双箱运输的双线隧道内轮廓(单位:cm)

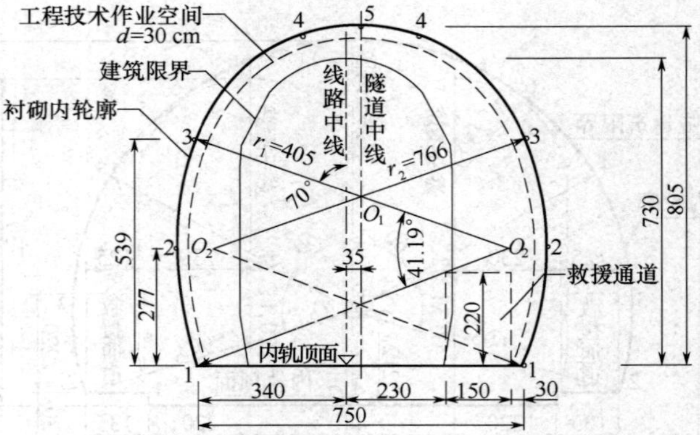

图 3-4-13　250 km/h 客运专线铁路单线隧道建筑限界及内轮廓(单位:cm)

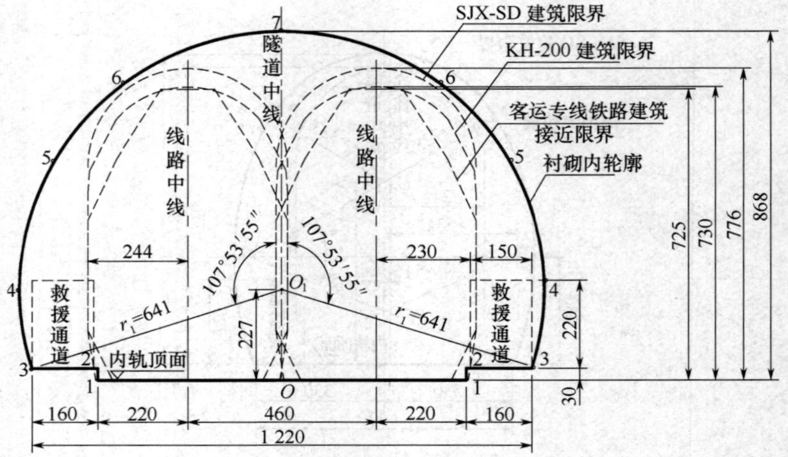

图 3-4-14　250 km/h 客运专线铁路双线隧道建筑限界及内轮廓(单位:cm)

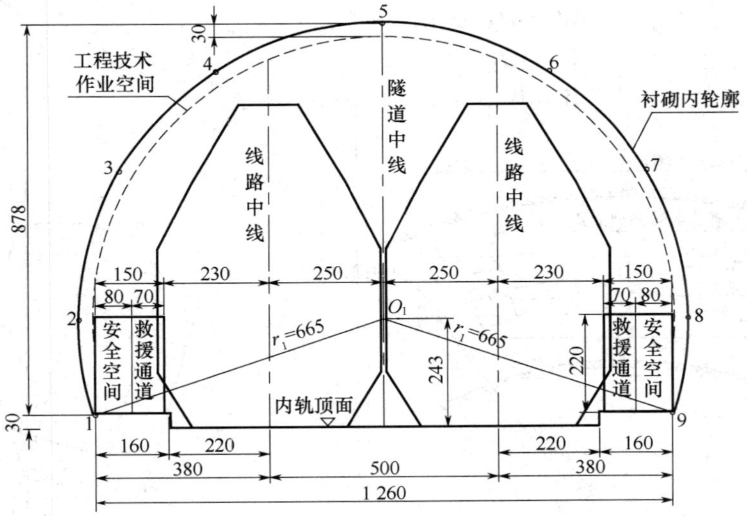

图 3-4-15　350 km/h 客运专线铁路双线隧道建筑限界及内轮廓(单位:cm)

(二)曲线隧道净空加宽

1. 铁路线间距

直线部分铁路线间距见表 3-4-2。

表 3-4-2　铁路线间距

序号	名　称		线间最小距离(mm)
1	区间双线	v≤120 km/h	4 000
		120 km/h<v≤160 km/h	4 200
		160 km/h<v≤200 km/h	4 400
		200 km/h<v≤250 km/h	4 600
		250 km/h<v≤300 km/h	4 800
		300 km/h<v≤350 km/h	5 000
2	三线及四线区间的第二线与第三线		5 300
3	站内正线	v≤250 km/h	4 600
		250 km/h<v≤300 km/h	4 800
		300 km/h<v≤350 km/h	5 000
4	站内正线与相邻到发线		5 000
5	到发线与相邻到发线		5 000
6	安全线与其他线路		5 000

注:线间有建(构)筑物或有影响限界的设施,最小线间距按建筑限界计算确定。

2. 加宽原因

(1)车辆通过曲线时,转向架中心点沿线路运行,而车辆本身却不能随线路弯曲,仍保持其矩形形状,故其两端向曲线外侧偏移($d_{外}$),中间向曲线内侧偏移($d_{内1}$),如图 3-4-16 所示。

(2)由于曲线外轨超高,车辆向曲线内侧倾斜,使车辆限界上的控制点在水平方向上向内移动了一个距离 $d_{内2}$,如图 3-4-17 所示。据此,曲线隧道净空的加宽值为

内侧加宽：$W_1 = d_{内1} + d_{内2}$

外侧加宽：$W_2 = d_{外}$

总加宽：$W = W_1 + W_2 = d_{内1} + d_{内2} + d_{外}$

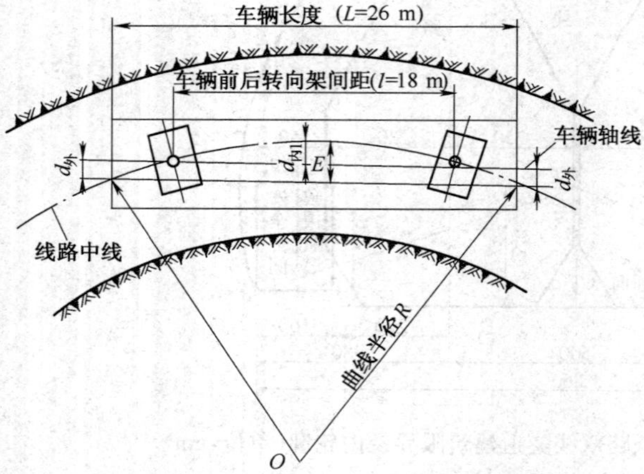

图 3-4-16 曲线隧道净空加宽平面示意图

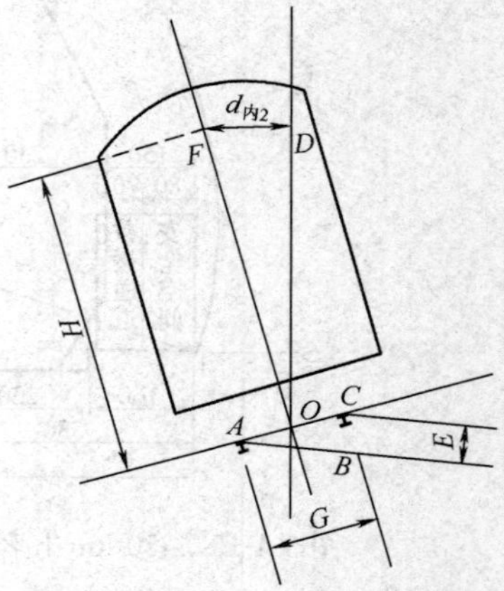

图 3-4-17 曲线隧道净空加宽断面示意图

3. 加宽值的计算

在曲线上建筑限界加宽量按式(3-4-1)、式(3-4-2)、式(3-4-3)计算：

曲线内侧加宽量 W_1：

$$W_1 = \frac{40\ 500}{R} + \frac{H}{1\ 500}h \tag{3-4-1}$$

曲线外侧加宽量 W_2：

$$W_2 = \frac{44\ 000}{R} \tag{3-4-2}$$

曲线内外侧加宽共计 W：

$$W = W_1 + W_2 = \frac{84\ 500}{R} + \frac{H}{1\ 500}h \tag{3-4-3}$$

式中 W_1——曲线内侧加宽量的数值(mm)；

R——曲线半径的数值(m)；

H——计算点自轨面算起的高度的数值(mm)；

h——外轨超高的数值(mm)；

W_2——曲线外侧加宽量的数值(mm)；

W——曲线区段建筑限界加宽量的数值(mm)。

$\frac{H}{1\ 500}h$ 的值也可以用内侧轨顶为轴，将有关限界旋转 θ 角$\left(\theta = \arctan\frac{h}{1\ 500}\right)$求得，高速铁路曲线隧道加宽仅需考虑 $d_{内2}$。加宽范围应包括全部圆曲线、缓和曲线和直缓点(缓直点)外 22 m 直线。

(三)曲线隧道与直线隧道衬砌的衔接方法

根据《铁路隧道设计规范》规定，位于曲线地段的隧道，断面加宽除圆曲线部分按上述计算值予以加宽外，缓和曲线部分可分两段加宽，即自圆曲线至缓和曲线中点，并向直线方向延长 13 m，采用圆曲线加宽断面(按 W 值加宽)；其余缓和曲线，并自直缓分界点向直线段延长 22 m，采用缓和曲线中点加宽断面，其加宽值取圆曲线之半(即按 $W/2$ 加宽)(图 3-4-18)。

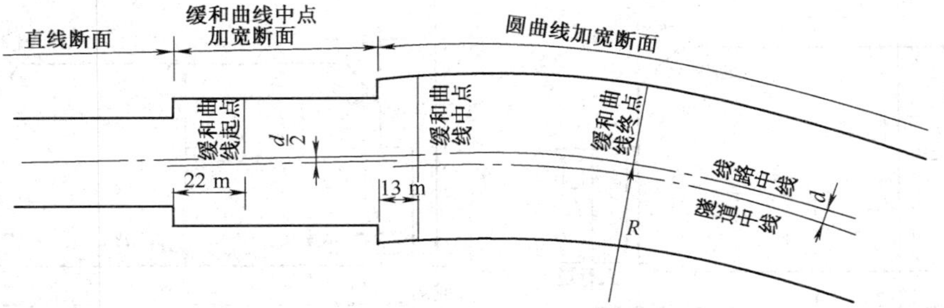

图 3-4-18　曲线隧道与直线隧道衔接方法平面示意图

上述分别延长 22 m 和 13 m 的理由是：当列车由直线进入曲线，车辆前面的转向架进到缓和曲线起点后，由于缓和曲线外轨设有超高，故车辆开始向内侧倾斜，车辆的后端点亦已偏离线路中心，所以从车辆的前转向架到车辆后端点的范围内应按圆曲线加宽值的一半($W/2$)加宽，此段长度为两转向架间距离 18 m 加转向架中心到车辆后端点距离 4 m 共 22 m。当车辆的一半进入缓和曲线中点时，其车辆后端偏离中线值应根据前面的转向架所在曲线的半径及超高值决定。此时，前面转向架已接近圆曲线，故车辆后段(按切线支距法原理推算，近似取车长之半 26/2＝13 m)应按圆曲线加宽值(W)加宽。

位于曲线车站上的隧道，断面加宽应根据站场线路具体要求计算确定。

当隧道位于反向曲线上且其间夹直线长度小于 44 m 时，重叠部分按两端不同的曲线半径分别计算内外侧加宽值，取其中较大者。

隧道衬砌施工中，对不同宽度衬砌断面的衔接，可采用在衬砌断面变化点错成直角台阶的错台法及自加宽断面终点向不加宽断面延伸 1 m 范围内逐渐过渡的顺坡法。

二、公路隧道

公路隧道净空包括公路建筑限界[图 3-4-19(a)]、通风及其他所需的断面积。断面形状和尺寸应根据围岩压力求得最经济值。公路隧道的建筑限界[图 3-4-19(b)]包括车道、路肩、路缘带、人行道等的宽度，以及车道、人行道的净高。公路隧道的净空除包括公路建筑限界以外，还包括通风管道、照明设备、防灾设备、监控设备、运行管理设备等附属设备所需要的空间以及富余量和施工允许误差等，如图 3-4-20 所示。公路隧道设计规范规定的建筑限界高度：高速公路、一级公路、二级公路取 5.0 m，三、四级公路取 4.5 m。各级公路隧道建筑限界基本宽度应按表 3-4-3 执行。

“隧道行车限界”指为了保证行车安全，在一定宽度、高度的空间范围内任何物件不得侵入的限界。隧道中的照明灯具、通风设备(如射流风机)、交通信号灯、运行管理专用设施如电视摄像机等都应安装在限界以外。

各级公路行车道的宽度，均按“限界”的规定设置，隧道内的车道宽度原则上应与前后道路一致，一般应避免产生“瓶颈”，并在车道两侧设置足够富余量。隧道墙壁往往给驾驶员以危险感，唯恐与之冲撞，行驶的车辆多向左侧偏离，无形中减少了车道的有效宽度，从而导致隧道中交通容量的降低，这种现象称为墙效应。因此，在道路隧道中，应在车道两侧留有足够的侧向净宽，以消除或减小墙效应的不良影响。

公路隧道中的基本组成部分是专供车辆通行使用的车行隧道。在每个车行隧道中，原则

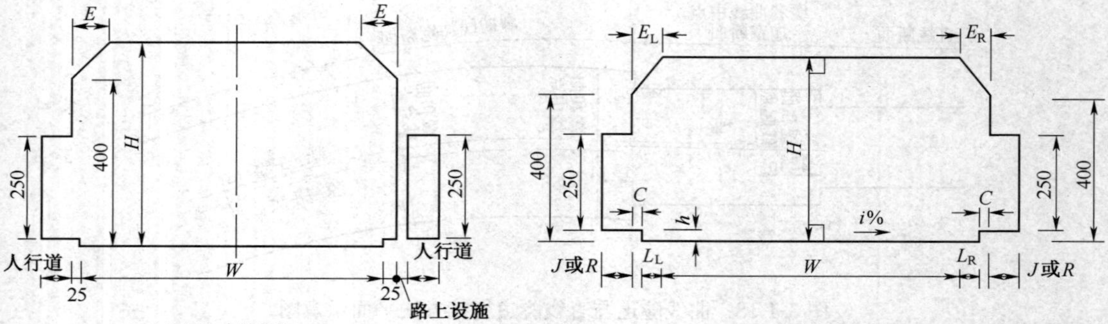

(a)公路建筑限界　(b)公路隧道建筑限界

图 3-4-19　公路限界(单位:cm)

H—建筑限界高度;W—行车道宽度;L_L—左侧向宽度;L_R—右侧向宽度;C—余宽;J—检修道宽度;R—人行道宽度;h—检修道或人行道的高度;E_L—建筑限界左顶角宽度;$E_L=L_L$;E_R—建筑限界右顶角宽度,当 $L_R \leqslant 1$ m 时,$E_R=L_R$,$L_R>1$ m 时,$E_R=1$ m。

上规定采用对向交通的最小单位为 2 车道。如果交通量超过对向 2 车道的容量,则应设置两条各为单向交通的 2 车道,即合计 4 车道的隧道。从交通安全上考虑,不应设置对向交通的 3 车道隧道。大于 4 车道时,原则上隧道也应修成两条以上的 2 车道。隧道前后公路若为 6 车道时,有修成 3 条 2 车道隧道的先例(如纽约的林肯隧道和汉堡的易北河隧道等),但这对交通有很大不便。这种情况下,如有可能,应修成两条单向 3 车道隧道。

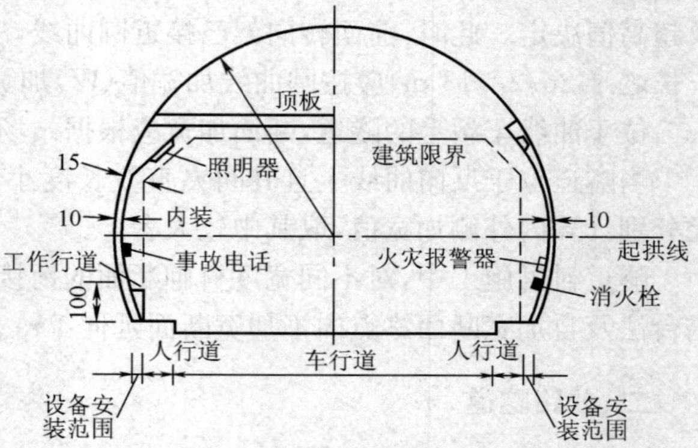

图 3-4-20　公路隧道横断面(单位:cm)

表 3-4-3　公路隧道建筑界限横断面组成最小宽度(单位:m)

公路等级	设计速度(km/h)	车道宽度 W	侧向宽度 L 左侧 L_L	侧向宽度 L 右侧 L_R	余宽 C	人行道 R	检修道 J 左侧	检修道 J 右侧	隧道建筑限界净宽 设检修道	隧道建筑限界净宽 设人行道	隧道建筑限界净宽 不设检修道人行道
高速公路 一级公路	120	3.75×2	0.75	1.25			0.75	0.75	11.00		
	100	3.75×2	0.50	1.00			0.75	0.75	10.50		
	80	3.75×2	0.50	0.75			0.75	0.75	10.25		
	60	3.50×2	0.50	0.75			0.75	0.75	9.75		
二级公路 三级公路 四级公路	80	3.75×2	0.75	0.75		1.00				11.00	
	60	3.50×2	0.50	0.50		1.00				10.00	
	40	3.50×2	0.25	0.25		0.75				9.00	
	30	3.25×2	0.25	0.25	0.25						7.50
	20	3.00×2	0.25	0.25	0.25						7.00

单车道隧道，为保证错车和安全运输，长隧道时，应设错车道(最好能供汽车调头)，短隧道在进口能观察到出口引道时，洞内可不设错车道，但应在洞口外两端设错车道。

超过 2 km 的长隧道，各国都在 150～750 m 的间隔上设加宽带，PIARC 隧道委员会推荐设宽 2.5 m，长 25 m 以上的加宽带。超过 10 km 的特长隧道，还应设置可供大型车辆使用的 U 形回车场。交通量大的城市隧道，考虑到故障车的停车，路面宽度最小推荐为 8～8.5 m。

一般公路隧道，特别是 1 km 以下的隧道，都考虑自行车和行人的通过。但是隧道附近有迂回道路时，为安全起见，自行车和行人不应通过隧道。一个自行车道的宽度为 1.0 m，自行车道数应根据交通量确定。人行道的宽度为 0.75 m 或 1 m，大于 1 m 时按 0.5 的倍数增加。在城市道路隧道中，在行人和自行车非常多的情况下，因修很宽的人行道而加大隧道断面，需要的通风设备也相应增大，这时人和自行车与车辆分开，修建小断面的人行隧管。人行隧管与车行隧管分开，对安全也极有利，在火灾时可以作为避难、救护伤员使用，平时亦可兼作管理人员用的通道。需通行自行车时，应另设自行车道，自行车不应混杂在行人中穿行。在山岭地区修建长大隧道时，专为行人需要加大通风设施及其功率是不经济的，应另寻其他途径解决行人问题。人行道、自行车道或自行车人行道与车行道在同一隧道中时，为保证安全，应使其比车行道高出 25 cm。为了彻底解决安全问题，或者对汽车速度严加管制，或者把人行道等与车行道用护栏隔开或者把设在路肩上的人行道等置于 1 m 以上的台阶上并加设护栏，如图 3-4-21 所示。

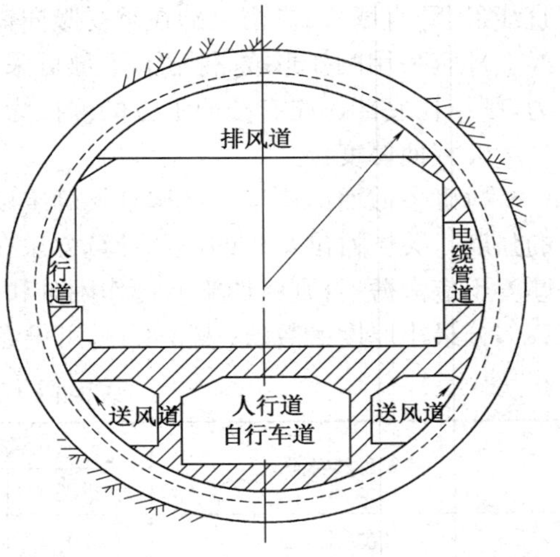

图 3-4-21　隧道断面范例

车行道的净高，通常由汽车载货限制高度和富余量决定。另外，由于隧道内的路面全部更换很困难，一般应估计到将来可能进行罩面，其厚度通常按 20 cm 预留。还应估计冬季积雪等可能减少净高。对不能满足净高要求的路段，应设标志牌，标明该处净高，并指明迂回道路。人行道、自行车道及自行车人行道的净高为 2.5 m。隧道的内轮廓线在施工中不可避免地要产生凸凹不平，一般还应考虑 5 cm 的误差。

隧道的净空断面受通风方式影响很大。自然通风的隧道，断面应适当大些。假如采用射流通风机进行纵向通风时，应考虑射流通风机本身的直径、悬吊架的高度和富余量，总计约为 1.5 m 的高度。长大隧道的通风管道断面积、通风区段的长度、通风竖井或斜井的长度和数量、设备费和长期运营费等应综合考虑。重要的长大隧道，防灾设备(如火灾传感器、监视电视摄像机等)也要占有空间。维修时往往是在不进行交通管制的条件下工作，还有管理人员的通道，根据实际需要可能设置在隧道的一侧或两侧等，都要根据实际隧道具体确定。

三、隧道衬砌断面的初步拟定

隧道的净空限界确定以后，就可以据此进行隧道衬砌断面的初步拟定。

初步拟定结构形状和尺寸可采取经验类比的方法。拟定衬砌结构尺寸，需考虑三个方面因素。

1. 内轮廓

衬砌的内轮廓必须符合前述的隧道建筑净空限界。结构的任何部位都不应侵入限界以内,同时又应尽量减小坑道的断面积,使土石开挖量和圬工砌筑量最少。因此,内轮廓线总是紧贴着限界的,但又不能随着限界曲折,而是平顺圆滑,使结构受力合理。

2. 结构轴线

以混凝土为材料的隧道衬砌是一种受压结构,结构的轴线应尽可能地符合荷载作用下的压力线。若是两线重合,结构的各个截面都只承受单纯的压力而无拉力,当然最为理想。但事实上很难做到。一般总是使结构的轴线接近于压力线,使大部分区域上主要承受压力,而部分区域断面承受很小的拉力,从而充分地利用混凝土材料的性能。

从理论和实践得出,当衬砌承受径向分布的静水压力时,结构轴线以圆形最合适。当衬砌主要承受竖向荷载和不大的水平荷载时,结构轴线上部宜采用圆弧形或尖拱形,下部可以做成直线形(即直墙式)。当衬砌在承受竖向荷载的同时,又承受较大的水平荷载时,衬砌结构的轴线上部宜采用圆弧形或平拱形,下部可采用凸向外方的圆弧形(即曲墙式)。如果还有底鼓压力,则结构底部还应有凸向下方的仰拱为宜。

3. 截面厚度

衬砌各截面的厚度是结构轴线确定以后的重点设计内容,要求设计的截面厚度具有足够的强度。关于衬砌结构的设计计算方法在后面章节中将予以详述。从施工角度出发,截面的厚度不应太薄,否则将使施工操作困难和质量不易保证。《铁路隧道设计规范》中,规定了衬砌各部分最小厚度的数值(表 3-4-4),可供参考。

表 3-4-4 圬工截面最小厚度(cm)

建筑材料种类	隧道衬砌和明洞			洞门端墙翼墙和洞门
	拱圈	边墙	仰拱	挡土墙
混凝土	20	20	20	30
片石混凝土	—	—	—	50
浆砌粗料石	—	—	—	30
浆砌片石	—	50	—	50

第五节 高速铁路隧道单洞双线和双洞单线方案选择

高速铁路均设计为双线,隧道工程设计需作设一座双线隧道(单洞双线)和设两座单线隧道(双洞单线)的比较。

在单洞双线和双洞单线方案比较中,采用一座双线隧道的横断面积要比两座单线隧道横断面积总和小,经济性较好。这是日本新干线隧道采用一座双线隧道方案的主要原因。在欧洲,当隧道长度大于 20 km 时,考虑防灾救援等因素,一般采用两座单线隧道方案,其线间距一般为 30～50 m,按 250～400 m 距离设置横通道用作救援通道。

一般地说,在满足空气动力学要求的前提下,双线断面要比单线断面更有利一些。法国的比较结果是:在列车速度为 300 km/h 的情况下,两座单线隧道的总断面积为 140 m^2,一座双线隧道的断面积为 100 m^2;在列车速度为 250 km/h 的情况下,相应的断面积分别为 100 m^2 和 72 m^2。

在特长隧道方案设计时,选择两座单线隧道方案还是选择一座双线隧道方案,应从地质条件、建设工期、施工难度和方法、运营通风、防灾救援和人员疏散、工程投资等多方面综合考虑,对高速铁路隧道还要考虑列车在隧道内运行的空气动力学效应。

采用单洞双线方案和采用双洞单线隧道方案各有其优缺点。对高速铁路隧道而言，采用单洞双线隧道方案，阻塞比较小，在满足洞内会车最不利的前提下，可有效地提高乘车舒适度；而采用双洞单线隧道方案十分有利于防灾救援，当一座隧道出现重大事故时，另一座可正常运营，且可利用其进行救援和旅客的疏散。

从地质条件看，在软弱破碎围岩地段，考虑施工难度和风险，宜选用跨度较小的双洞单线隧道方案，当地质条件好时，可选用单洞双线隧道方案。从施工方法看，当采用 TBM 或盾构施工时，考虑施工风险，采用直径较小的双洞单线隧道方案较为稳妥，施工风险相对较小。从运营通风看，双洞单线隧道方案可以充分利用列车活塞风改善隧道内的环境条件，而单洞双线隧道方案利用活塞风效果较差。就工程投资而言，双洞单线隧道方案通常较单洞双线隧道方案造价高 20%～40%，特别在硬岩地段，单洞双线隧道方案具有明显的价格优势。故在确定隧道方案时，应结合线路的隧道分布和隧道两端引线等相关工程的具体情况，综合考虑。

单洞双线隧道方案和双洞单线隧道方案的大致比较列于表 3-5-1。

表 3-5-1　单洞双线和双洞单线隧道方案比较

比较项目	单洞双线隧道方案	双洞单线隧道方案
施工难度及风险	断面大，在软弱围岩中发生坍塌的机会较多，容易发生变形，风险较大	断面较小，发生坍塌、变形的机会相对较少，风险较小
运营通风	难以利用活塞风	可以充分利用活塞风
防灾救援	当隧道内发生火灾时，消防灭火与救援难度大，线路将中断运营	当一座隧道内发生火灾时，可通过另一座隧道帮助灭火，并利用横通道紧急疏散人员，仅中断一条线路运营
空气动力学影响	相对小	相对大
环境影响	相对小	相对大
工程投资	较　低	较大，较单洞双线方案多 20%～40%

我国高速铁路隧道设计时是选择“单洞双线隧道方案”还是选择“双洞单线隧道方案”，通常可遵循下列原则：

(1)当隧道长度小于 10 km 时，一般采用单洞双线方案，可利用施工时的辅助坑道作为防灾救援和人员疏散的紧急出口，如郑西客运专线函谷关隧道(长 7 851 m)、秦东隧道(长 7 684 m)等。

(2)当隧道长度为 10～20 km 时，应结合隧道两端引线、车站布点等相关工程情况进行系统的经济技术比选，也可结合防灾救援及养护维修考虑，采用双线隧道加贯通平导的方案进行比较。如霞浦隧道(长 13 099 m)采用双线隧道加贯通平导的设计方案，贯通平导对养护维修非常方便；武广客运专线大瑶山隧道群之大瑶山一号隧道(长 10 081 m)为全线最长的山岭隧道，主要考虑隧道群及两端引线相关工程情况并结合空气动力学因素的影响，也设计为双线隧道，断面净空有效面积为 100 m^2。

(3)当隧道长度大于 20 km 时，从防灾救援方面考虑，一般采用双洞单线隧道方案，如已竣工通车的兰武二线乌鞘岭隧道(长 20 050 m)和石太客运专线太行山隧道(长 27 839 m)等。

复习思考题

1. 简述隧道平面位置和洞口位置选择的影响因素和选择原则。
2. 简述隧道纵、横断面设计的原则。
3. 简述隧道进洞里程及洞口边、仰坡开挖线的确定方法。
4. 曲线隧道为什么要进行加宽?怎样进行加宽?
5. 隧道衬砌断面设计的原则是什么?

第四章

隧道结构构造

隧道建筑可分为主体建筑物和附属建筑物。前者是为了保持隧道的稳定,保证隧道正常使用而修建的,由洞身结构及洞门组成。后者指保证隧道正常使用所需的各种辅助设施,例如铁路隧道供过往行人及维修人员避让列车而设的避车洞,长大隧道中为加强洞内外空气更换而设的机械通风设施以及必要的消防、报警装置等等。

第一节　衬砌构造

开挖后的隧道,为了保持围岩的稳定性,一般需要进行支护和衬砌。支护的主要方式有:锚杆、钢架、钢筋网、喷射混凝土及其他组合。衬砌的主要方式有:整体式混凝土衬砌、拼装式衬砌、喷射混凝土衬砌和复合式衬砌等。

一、整体式混凝土衬砌

隧道开挖后,以较大厚度和刚度的整体模筑混凝土作为隧道的结构。为防止围岩掉块、坍塌,采用支撑或临时支护(传统上为各类支撑,如木支撑、钢支撑等),随着喷锚技术的应用现多改为喷锚支护。但这种支撑或支护多作临时支护,而不作为结构的组成部分。

整体式衬砌按照工程类比、不同的围岩类别采用不同的衬砌厚度,其形式有直墙式和曲墙式两种,而曲墙式又分为有仰拱和无仰拱两种。当有较大的偏压、冻胀力、倾斜的滑动推力或施工中出现大量坍方以及处于7度以上地震区等情况时,则应根据荷载特点进行个别设计。

1. 直墙式衬砌

这种类型的衬砌适用于地质条件比较好,以垂直围岩压力为主而水平围岩压力较小的情况。主要适用于Ⅰ～Ⅲ级围岩,直墙式衬砌由上部拱圈、两侧竖直边墙和下部铺底三部分组合而成。图4-1-1为时速160 km及以下铁路隧道Ⅲ级围岩直墙式衬砌标准设计图,拱部内轮廓线系由三心圆曲线组成。

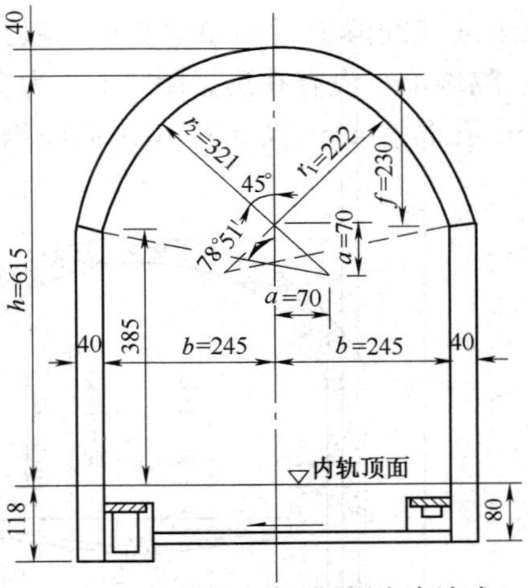

图 4-1-1　铁路隧道Ⅲ级围岩直墙式衬砌标准图(单位:cm)

2. 曲墙式衬砌

曲墙式衬砌适用于地质较差,有较大水平围岩压力的情况。主要适用于Ⅳ级及以上的围岩,或Ⅲ级围岩双线。多线隧道也采用曲墙有仰拱的衬砌。曲墙式衬砌由顶部拱圈、侧面曲边墙和底板(或铺底)组成。除在Ⅳ级围岩无地下水,且基础不产生沉降的情况下可不设仰拱,只做平铺底外,一般均设仰拱,以抵御底部的围岩压力和防止衬砌沉降，并使衬砌形成一个环状的封闭整体结构，以提高衬砌的承载能力，图 4-1-2 为时速 160 km 及以下铁路隧道Ⅴ级围岩整体曲墙式衬砌标准图，其内部轮廓线由五心圆曲线组成。

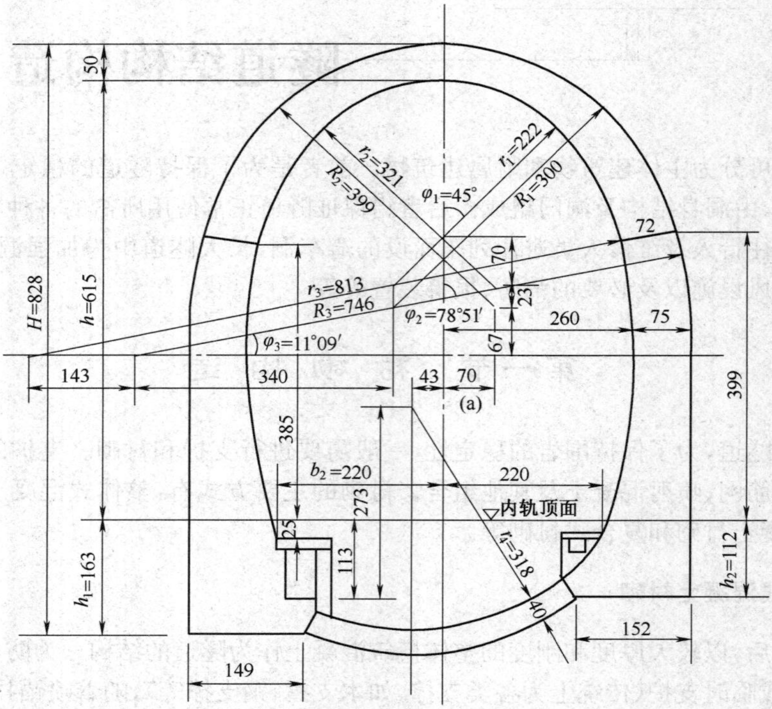

图 4-1-2　铁路隧道Ⅴ级围岩整体曲墙式衬砌标准图(单位:cm)

双线或三线隧道的洞身衬砌，可采取单孔式，四线隧道可采取双孔式。单孔式衬砌应满足双线或三线隧道衬砌净空要求。双孔式衬砌系有两个双线隧道组成，中间设隔墙，为节省圬工，隔墙上可设有孔洞。图 4-1-3 为贵昆线上某四线铁路隧道的衬砌断面图，其隔墙厚度为 3 m，孔洞宽 4 m，高 3.6 m，纵向间隔为 2.6 m。

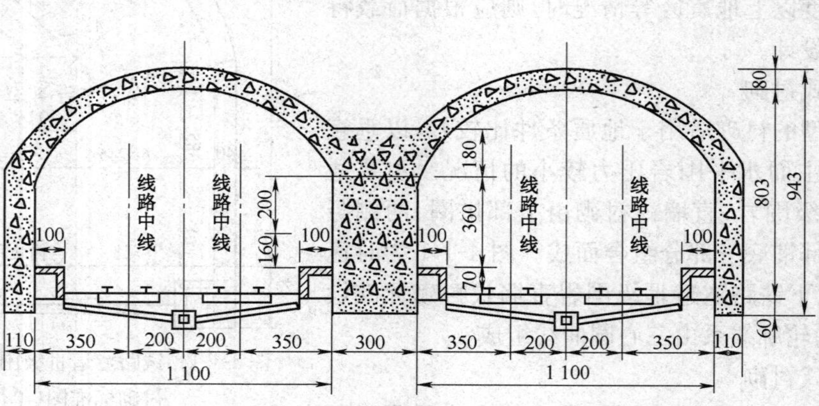

图 4-1-3　四线铁路隧道衬砌断面图(单位:cm)

二、装配式衬砌

装配式衬砌是将衬砌分成若干块构件，这些构件在现场或工厂预制，然后运到隧道内用机械将它们拼装成一环接着一环的衬砌。这种衬砌的特点是：拼装成环后立即受力，便于机械化施工，改善劳动条件，节省劳力。目前多在使用盾构法施工的城市地下铁道和水底隧道中采用。在铁路、公路隧道中由于装配式衬砌要求有一定的机械化设备，施工工艺复杂，衬砌的整体性及抗渗性差而未能推广使用。

三、锚喷式衬砌

锚喷式衬砌是指锚喷结构既作为隧道临时支护，又作为隧道永久结构的形式。它具有隧道开挖后衬砌及时、施工方便和经济的显著特点，特别是纤维喷射混凝土技术显著改善了喷混凝土的性能，在围岩整体性较好的军事工程、各类用途的使用期较短及重要性较低的隧道中广泛使用。在公路、铁路隧道设计规范中，都有根据隧道围岩地质条件、施工条件和使用要求可采用锚喷衬砌的规定。铁路隧道设计规范中规定，锚喷衬砌设计应符合下列要求：

(1)锚喷衬砌内轮廓线应比整体式衬砌适当加大，除考虑施工误差和位移量外，应再预留10 cm 作为必要时补强用。

(2)遇到下列情况时不应采用锚喷衬砌：地下水发育或大面积淋水地段；能造成衬砌腐蚀或特殊膨胀性围岩地段；最冷月平均气温低于－5℃地区的冻害地段；有其他要求的隧道。

四、复合式衬砌

复合式衬砌是指把衬砌分成两层或两层以上，可以是同一种形式、方法和材料施作的，也可以是不同形式、方法、时间和材料施作的。目前大都采用内外两层衬砌。按内外衬砌的组合情况可分为锚喷支护与混凝土衬砌。根据围岩条件不同分别采用不同的断面形式和支护、衬砌参数。如图 4-1-4 所示为时速 160 km 及以下铁路隧道Ⅳ级围岩复合式衬砌标准图，图4-1-5

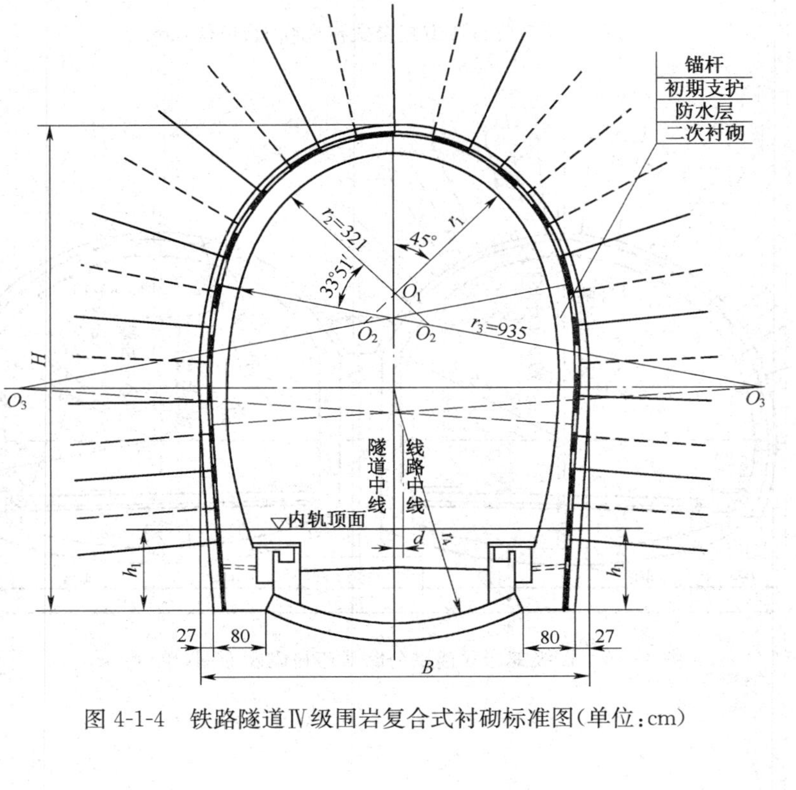

图 4-1-4　铁路隧道Ⅳ级围岩复合式衬砌标准图(单位：cm)

为公路隧道Ⅱ级围岩复合式衬砌断面,图 4-1-6 为公路隧道Ⅳ级围岩双连拱隧道衬砌断面。2016 年的《铁路隧道设计规范》曾规定,在旅客列车设计行车速度等于或小于 160 km/h 时,隧道优先采用曲墙复合式衬砌,其中单线Ⅲ级、双线Ⅳ级及以上地段均应设置仰拱。单线和双线隧道复合式衬砌的设计参数分别见表 4-1-1 及表 4-1-2。

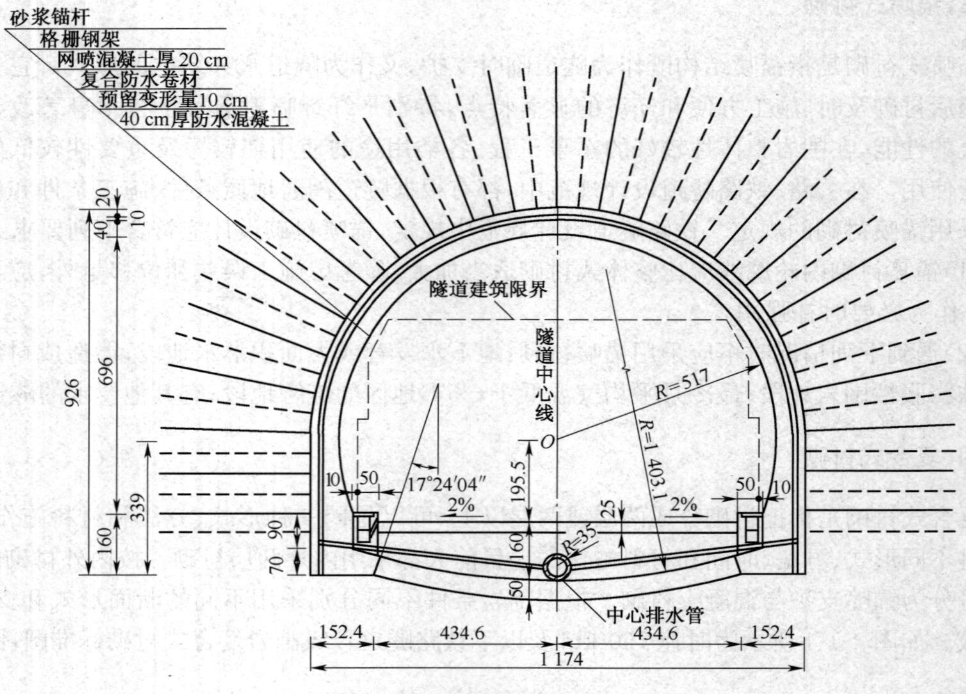

图 4-1-5 公路隧道复合式衬砌断面(单位:cm)

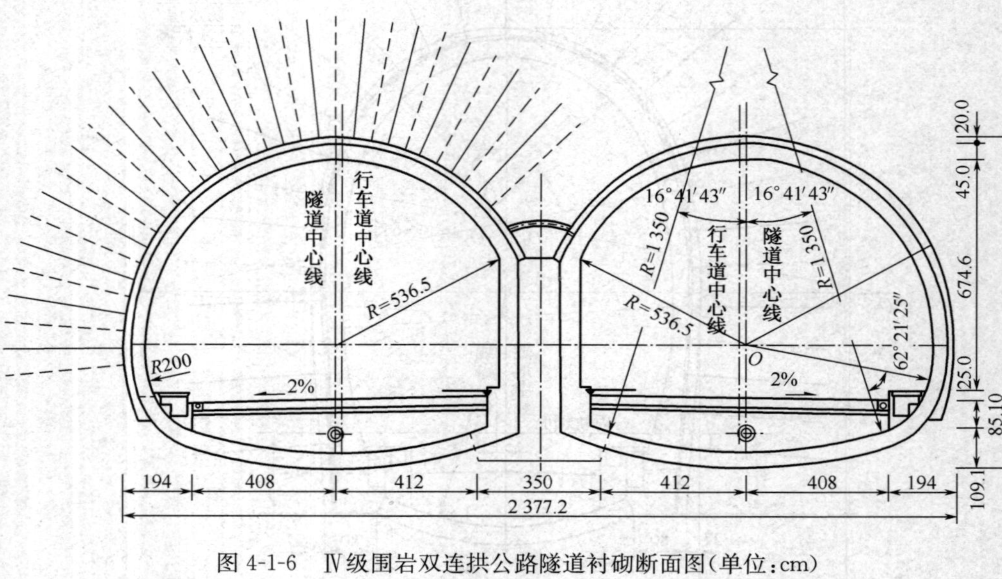

图 4-1-6 Ⅳ级围岩双连拱公路隧道衬砌断面图(单位:cm)

表 4-1-1 单线铁路隧道复合式衬砌的设计参数表

围岩级别	初期支护							二次衬砌厚度(cm)	
	喷射混凝土厚度(cm)		锚杆			钢筋网(cm×cm)	钢架	拱墙	仰拱
	拱墙	仰拱	位置	长度(m)	间距(m)				
Ⅱ	5							25	
Ⅲ	7		局部设置	2.0	1.2～1.5			25	
Ⅳ	10		拱、墙	2.0～2.5	1.0～1.5	必要时设置@25×25		30	40
Ⅴ	15～22	15～22	拱、墙	2.5～3.0	0.8～1.0	拱墙、仰拱@20×20	必要时设置	35	40
Ⅵ	通过试验确定								

注:《铁路隧道设计规范》(TB 10003—2016),160 km/h 速度。

表 4-1-2 双线铁路隧道复合式衬砌的设计参数表

围岩级别	初期支护							二次衬砌厚度(cm)	
	喷射混凝土厚度(cm)		锚杆			钢筋网	钢架(cm×cm)	拱墙	仰拱
	拱墙	仰拱	位置	长度(m)	间距(m)				
Ⅱ	5～8		局部设置	2.0～2.5	1.5			30	
Ⅲ	8～10		拱、墙	2.0～2.5	1.2～1.5	必要时设置	必要时设置@25×25	35	45
Ⅳ	15～22	15～22	拱、墙	2.5～3.0	1.0～1.2	拱墙、仰拱	拱墙、仰拱@25×25	40	45
Ⅴ	20～25	20～25	拱、墙	3.0～3.5	0.8～1.0	拱墙、仰拱	拱墙、仰拱@20×20	45	45
Ⅵ	通过试验确定								

注:《铁路隧道设计规范》(TB 10003—2016),160 km/h 速度。

目前复合式衬砌已成为世界各国及地区高速铁路山岭隧道衬砌结构的主流。我国客运专线铁路隧道衬砌结构类型选择中,在围岩稳定性差、地下水发育地段,推荐采用复合式衬砌。时速350 km 双线铁路隧道排水型复合式衬砌设计参数见表 4-1-3,代表性衬砌结构断面见图 4-1-7 和图 4-1-8。时速 250～300 km 双线铁路隧道排水型复合式衬砌设计参数见表 4-1-4。设计参数拟定的原则是:初期支护承担施工阶段全部荷载,二次衬砌承担由于初期支护可能劣化而作用于二次衬砌上的荷载或由于软岩蠕变、环境条件变化等引起的附加荷载,以及作为安全储备。

复合式衬砌是先在开挖好的洞壁表面喷射一层早强的混凝土(有时也同时施作锚杆),凝固后形成薄层柔性支护结构(称初期支护)。它既能容许围岩有一定的变形,又能限制围岩产生有害变形,其厚度多在 5～20 cm 之间。一般待初期支护与围岩变形基本稳定后再施作内衬。为了防止地下水流入或渗入隧道内,可以在外衬和内衬之间设防水层,其材料可采用软聚氯乙烯薄膜、聚异丁烯片、聚乙烯等防水卷材,或用喷涂防水涂料等。

关于复合式衬砌内外层结构受力状态,一种看法认为:围岩中因围岩具有自承能力,它与初期支护组合在一起能起到永久建筑物的作用,故二次衬砌只是用来提高安全度的;另一种看法则认为,二次衬砌的承载作用是主要的,它不仅稳定围岩的变形且在整个衬砌结构中占有主导地位;还有一种看法认为内、外衬砌是共同承载受力的。根据模型试验和理论分析的结果表明:复合式衬砌的极限承载能力比同等厚度的单层模筑混凝土衬砌可提高15%～25%,如能调整好内衬的施作时间,还可以改善结构的受力条件。

表 4-1-3　时速 350 km 双线铁路隧道排水型复合式衬砌设计参数

衬砌类型	初期支护							二次衬砌		预留变形量(cm)
	喷混凝土	钢筋网(ϕ8 mm)		锚杆		钢架		拱墙(cm)	仰拱/底板(cm)	
	部位/厚度(cm)	网格间距(cm)	设置部位	长度(m)	间距(m)(环×纵)	规格	间距(m)			
Ⅱ(无仰拱)	拱墙/8	—	—	2.5	局部	—	—	35	/30*	3～5
Ⅱ(有仰拱)	拱墙/10	—	—	2.5	1.5×1	—	—	35	35/	3～5
Ⅲ	拱墙/15	25×25	拱部	3.0	1.2×1	—	—	40	55/	5～8
Ⅲ偏压	拱墙/18	20×20	拱部	3.0	1.2×1	型钢	1.0(拱墙)	40*	55*/	5～8
Ⅳ	拱墙/25 仰拱/15	20×20	拱墙	3.5	1.0×1	格栅	1.0(拱墙)	45*	55*/	8～10
Ⅳ加强	全环/25	20×20	拱墙	3.5	1.0×1	格栅或型钢	1.0(全环)	45*	55*/	8～10
Ⅳ偏压	全环/25	20×20	拱墙	3.5	1.0×1	型钢	0.8(全环)	50*	60*/	8～10
Ⅴ	全环/28	20×20	拱墙	4.0	1.0×0.8	格栅或型钢	0.6～0.8(全环)	50*	60*/	10～15
Ⅴ加强	全环/28	20×20	拱墙	4.0	0.80×1.0	型钢	0.6(全环)	50*	60*/	10～15
Ⅴ偏压	全环/28	20×20	拱墙	4.0	0.80×1.0	型钢	0.5(全环)	55*	65*/	10～15

注:(1)表中带*者为钢筋混凝土;

(2)所有拱墙喷射混凝土中均掺加合成纤维;

(3)加强衬砌用于浅埋隧道段;

(4)喷射混凝土强度等级为C25,素混凝土强度等级为C30,钢筋混凝土强度等级为C35。

表 4-1-4　时速 250～300 km 双线铁路隧道排水型复合式衬砌设计参数

衬砌类型	初期支护							二次衬砌		预留变形量(cm)
	喷混凝土	钢筋网(ϕ8 mm)		锚杆		钢架		拱墙(cm)	仰拱/底板(cm)	
	部位/厚度(cm)	网格间距(cm)	设置部位	长度(m)	间距(m)(环×纵)	规格	间距(m)			
Ⅱ(无仰拱)	拱墙/5	—	—	2.5	局部	—	—	35	/30*	3～5
Ⅲ	拱墙/15	25×25	拱部	3.0	1.2×1	—	—	40	55/	5～8
Ⅲ偏压	拱墙/18	20×20	拱部	3.0	1.2×1	型钢	1.0(拱墙)	40*	55*/	5～8
Ⅳ	拱墙/25 仰拱/10	20×20	拱墙	3.5	1.0×1	格栅	1.0(拱墙)	45*	55*/	8～10
Ⅳ加强	全环/25	20×20	拱墙	3.5	1.0×1	格栅或型钢	1.0(全环)	45*	55*/	8～10
Ⅳ偏压	全环/25	20×20	拱墙	3.5	1.0×1	型钢	0.8(全环)	50*	60*/	8～10
Ⅴ	全环/28	20×20	拱墙	4.0	1.0×0.8	格栅或型钢	0.6～0.8(全环)	50*	60*/	10～15
Ⅴ加强	全环/28	20×20	拱墙	4.0	0.80×1.0	型钢	0.6(全环)	50*	60*/	10～15
Ⅴ偏压	全环/28	20×20	拱墙	4.0	0.80×1.0	型钢	0.5(全环)	55*	65*/	10～15

注:(1)表中带*者为钢筋混凝土;

(2)所有拱墙喷射混凝土中均掺加合成纤维;

(3)加强衬砌用于浅埋隧道段;

(4)喷射混凝土强度等级为C25,素混凝土强度等级为C25,钢筋混凝土强度等级为C30。

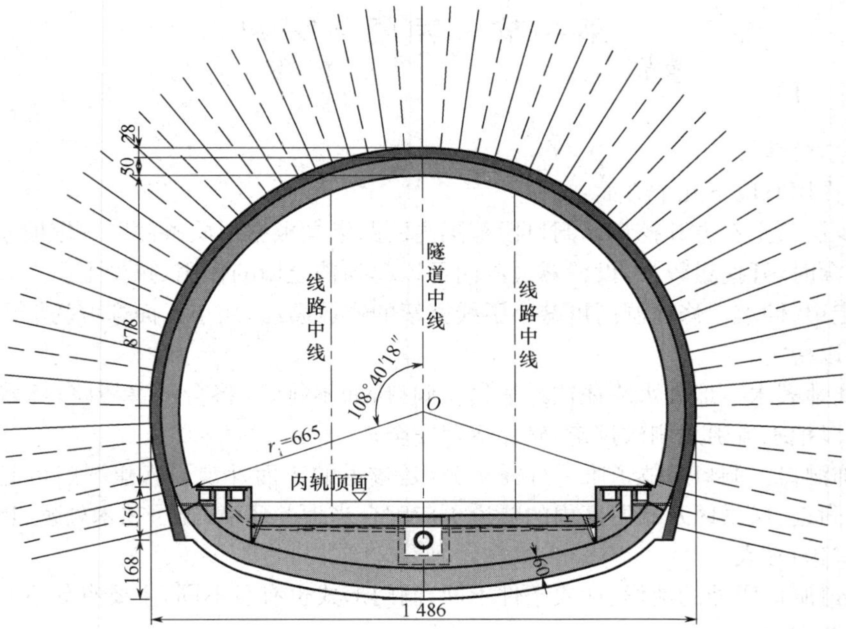

图 4-1-7　时速 350 km 双线铁路隧道代表性衬砌结构断面(Ⅴ级围岩)(单位:cm)

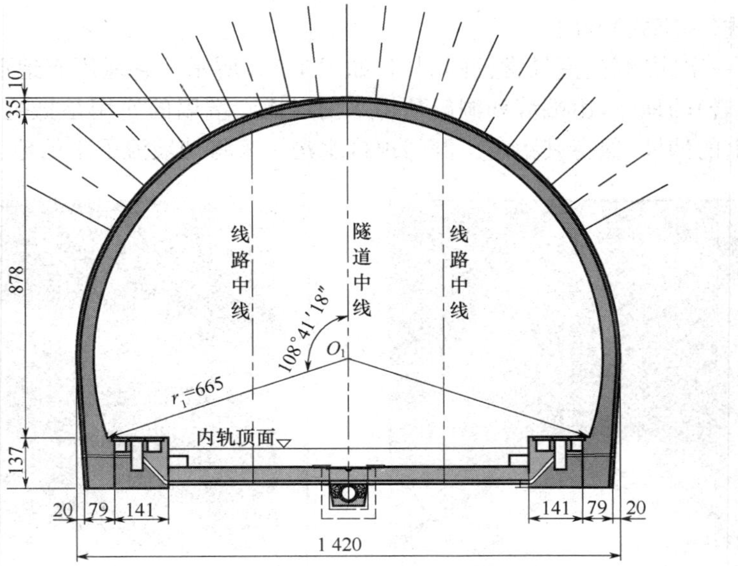

图 4-1-8　时速 350 km 双线铁路隧道代表性衬砌结构断面(Ⅱ级围岩)(单位:cm)

总之,复合式衬砌可以满足初期支护施作及时、刚度小、易变形的要求,且与围岩密贴,从而能保护和加固围岩,充分发挥围岩的自承作用。二次衬砌后,衬砌内表面光滑平整,可以防止外层风化,装饰内壁,增强安全感,是一种合理的结构形式,是目前公路、铁路隧道主要的结构形式。

第二节　洞门与明洞

一、洞　　门

(一)洞门的作用

洞门的作用有以下几个方面：

(1)减少洞口土石方开挖量。洞口段范围内的路堑是根据地质条件以一定坡率开挖的，当隧道埋置较深时，开挖量较大，设置隧道洞门可以起到挡土墙的作用，减少土石方开挖量。

(2)稳定边、仰坡。修建洞门可减小引线路堑的边坡高度，缩小正面仰坡的坡面长度，使边坡及仰坡得以稳定。

(3)引离地表水。地表水流往往易汇集在洞口，如不排除，将会浸害线路，妨碍行车安全。修建洞门可以把水流引入侧沟排走，确保运营安全。

(4)装饰洞口。洞口是隧道唯一外露部分，是隧道的正面外观。修建洞门可起装饰作用，特别在城市附近、风景区及旅游区内的隧道更应配合当地的环境，给予艺术处理，进行美化。

(二)洞门的形式

由于隧道洞口所处的地形、地质条件不同，洞门形式也有所不同，主要有如下几种：

1. 环框式洞门

当洞口石质坚硬稳定(Ⅰ～Ⅱ级围岩)，且地形陡峻无排水要求时，可仅修建洞口环框(图 4-2-1)，以起到加固洞口和减少洞口雨后滴水的作用。

2. 端墙式(一字式)洞门

端墙式(一字式)洞门是最常见的洞门，如图 4-2-2 所示。它适用于地形开阔、石质较稳定(Ⅱ～Ⅲ级围岩)的地区，由端墙和洞门顶排水沟组成。端墙的作用是抵抗山体纵向推力及支持洞口正面上的仰坡，保持其稳定。洞门顶排水沟用来将仰坡流下来的地表水汇集后排走。

图 4-2-1　环框式洞门

图 4-2-2　端墙式洞门

3. 翼墙式(八字式)洞门

当洞口地质较差(Ⅳ级及以上围岩)，山体纵向推力较大时，可以在端墙式洞门的单侧或双侧设置翼墙，如图 4-2-3 所示。翼墙在正面起到抵抗山体纵向推力，增加洞门的抗滑及抗倾覆能力的作用。两侧面保护路堑边坡，起挡土墙作用。翼墙顶面与仰坡的延长面相一致，其上设置水沟，将洞门顶水沟汇集的地表水引至路堑侧沟内排走。

4. 柱式洞门

当地形较陡(Ⅳ级围岩)，仰坡有下滑的可能性，又受地形或地质条件限制，不能设置翼墙时，可在端墙中部设置 2 个(或 4 个)断面较大的柱墩，以增加端墙的稳定性，如图 4-2-4 所示。柱式洞门比较美观，适用于城市附近、风景区或长大隧道的洞口。

图 4-2-3　翼墙式洞门

图 4-2-4　柱式洞门

5. 台阶式洞门

当洞门位于傍山侧坡地区，洞门一侧边仰坡较高时，为了提高靠山侧仰坡起坡点，减少仰坡高度，将端墙顶部改为逐级升高的台阶形式，以适应地形的特点，减少洞门圬工及仰坡开挖数量，也能起到一定的美化作用，如图 4-2-5 所示。

6. 斜交式洞门

当隧道洞口线路与地面等高线斜交时，为了缩短隧道长度，减少挖方数量，可采用平行于等高线而与线路呈斜交的洞口(洞门与线路中线的交角不应小于 45°)。一般斜交式洞门与衬砌斜口段应整体灌注。由于斜交式洞门及衬砌斜口段的受力复杂，施工也不方便，所以只有在十分必要时才采用它。

7. 喇叭口式洞门

高速铁路隧道，为减缓高速列车的空气动力学效应，对单线隧道，一般设喇叭口洞口缓冲段，同时兼作隧道洞门，如图 4-2-6 所示。

图 4-2-5　台阶式洞门

图 4-2-6　喇叭式洞门

由于隧道洞口段受力复杂，除了受有横向的垂直及水平荷载外，还受有纵向的推力，所以《铁路隧道设计规范》规定：单线铁路隧道洞口应设置不小于 5 m 长的模筑混凝土加强衬砌，双线和多线隧道应适当加长。洞门宜与洞身整体砌筑。

综上所述,洞门的形式较多,选择洞门形式应根据洞口的地形、地质条件、隧道长度和所处的位置等确定,特别要注意洞口施工后地形改变的特点。

二、明　　洞

明洞是隧道的一种变化形式,它用明挖法修筑。所谓明挖是指把岩体挖开,在露天修筑衬砌,然后回填土石。这样修筑的构筑物,外形几乎与隧道无异,有拱圈、边墙和底板,净空与隧道相同,和地表相连处,也设有洞门、排水设施等。

明洞一般修筑在隧道的进出口处,当遇到地质差且洞顶覆盖层较薄,用暗挖法难以进洞时,或洞口路堑边坡上有落石而危及行车安全时,或铁路、公路、河渠必须在铁路上方通过,且不宜做立交桥或涵渠时,均需要修建明洞。它是隧道洞口或线路上起防护作用的重要建筑物,在铁路线上使用的较多。

明洞的结构类型常因地形、地质和危害程度的不同,有多种形式,采用最多的为拱式明洞和棚式明洞两种。

(一)拱式明洞

拱式明洞由拱圈、边墙和仰拱(或铺底)组成,它的内轮廓与隧道相一致,但结构截面的厚度要比隧道大一些,可分为如下几种。

1. 路堑式对称型

它适用于路堑边坡处于对称或接近对称,边坡岩层基本稳定,仅防止边坡有少量坍塌、落石,或用于隧道洞口岩层破碎,覆盖层较薄而难以用暗挖法修建隧道时,如图 4-2-7 所示。

此种明洞承受对称荷载,拱、墙均为等截面,边墙为直墙式。洞顶做防水层,上面夯填土石后,覆盖防水黏土层,并在其上做纵向水沟,以排除地表流水。

2. 路堑式偏压型

这种明洞适用于两侧边坡高差较大的不对称路堑。它承受不对称荷载,拱圈为等截面,边墙为直墙式,外侧边墙厚度大于内侧边墙的厚度,如图 4-2-8 所示。

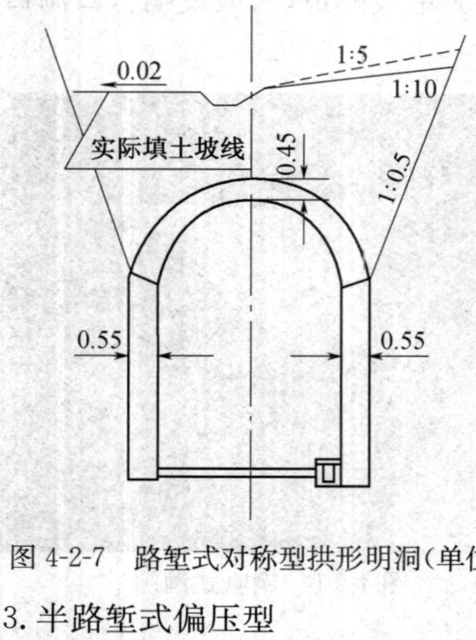

图 4-2-7　路堑式对称型拱形明洞(单位:m)

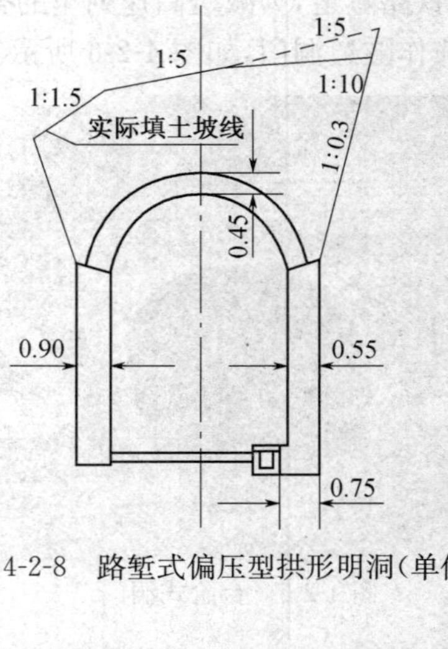

图 4-2-8　路堑式偏压型拱形明洞(单位:m)

3. 半路堑式偏压型

它适用于地形倾斜,低侧处路堑外侧有较宽敞的地面供回填土石,以增加明洞抵抗侧向压力的能力。此种明洞承受偏压荷载，拱圈等厚，内侧边墙为等厚直墙式，外侧边墙为不等厚斜墙式，如图 4-2-9 所示。

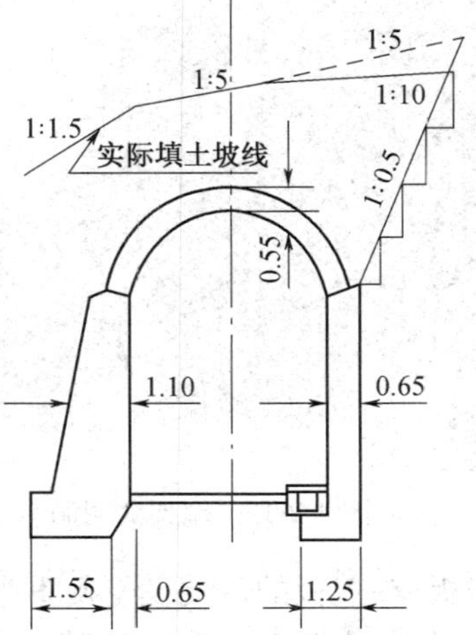

图 4-2-9　半路堑式偏压型拱形明洞（单位：m）

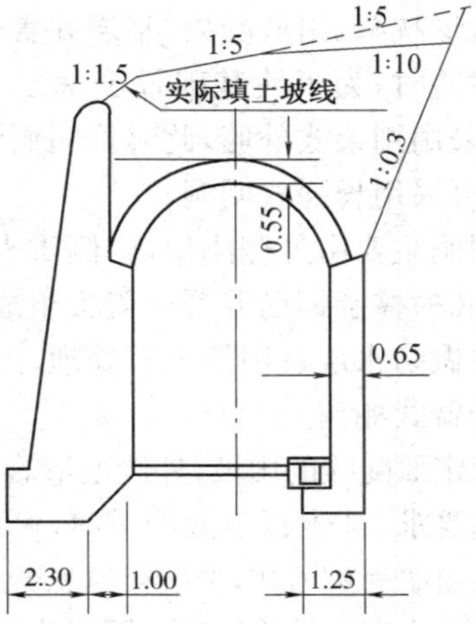

图 4-2-10　半路堑式单压型拱形明洞（单位：m）

4. 半路堑式单压型

它适用于傍山隧道洞口或傍山线路上的半路堑地段。因外侧地形狭小，地面陡峻，无法回填土石以平衡内侧压力。此种明洞荷载不对称，承受偏侧压力，拱圈等截面（有时也可能采用变截面），内侧边墙为等厚直墙，外侧边墙为设有耳墙的不等厚斜墙，如图 4-2-10 所示。另外，要注意处理好外墙基础，以防因外墙下沉而使结构开裂。

（二）棚式明洞（简称棚洞）

有些傍山隧道，地形的自然横坡比较陡，外侧没有足够的场地设置外墙及基础或确保其稳定，这时可考虑采用另一种建筑物——棚式明洞。

棚式明洞常见的结构形式有盖板式、刚架式和悬臂式三种。

1. 盖板式明洞

盖板式明洞由内墙、外墙及钢筋混凝土盖板组成简支结构。其上回填土石，以保护盖板不受山体落石的冲击。这种明洞的内侧应置于基岩或稳定的地基上，一般为重力式墩台结构，厚度较大，以抵抗山体的侧向压力，如图 4-2-11 所示。当基岩层完整，坡面较陡，地面水不大，采用重力式内墙开挖量较大时，可采用钢

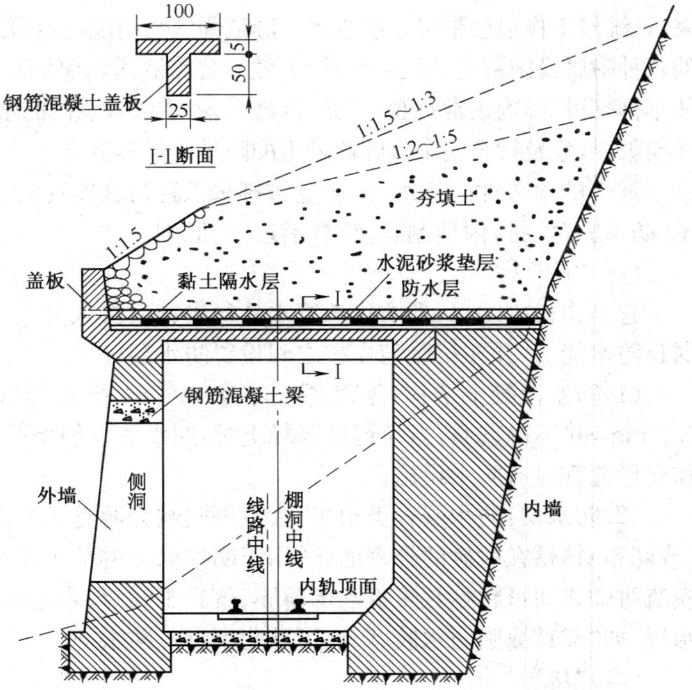

图 4-2-11　盖板式明洞

筋混凝土锚杆式内墙。外墙只承受由盖板传来的垂直压力,厚度较薄,要求的地基承载力较小。外墙也可做成梁式(即中间留有侧洞)以适应地形和节省圬工。

2. 刚架式明洞

当地形狭窄,山坡陡峻,基岩埋置较深而上部地基稳定性差时,为了使基础置于基岩上且减小基础工程,可采用刚架式外墙,此时称明洞为刚架式明洞(有时也可采用长腿式明洞)。

该明洞主要由外侧刚架,内侧重力式墩台结构、横顶梁、底横撑及钢筋混凝土盖板组成,如图 4-2-12 所示。并做防水层及回填土石处理。

图 4-2-12 刚架式明洞

3. 悬臂式棚洞

对稳定而陡峻的山坡,外侧地形难以满足一般棚洞的地基要求,且落石不太严重时,可修建悬臂式棚洞。它的内墙为重力式,上端接筑悬臂式横梁,其上铺以盖板,在盖板的内端设平衡重来维持结构受外荷载作用下的稳定性。同时为了保证棚洞的稳定性,要求悬臂必须伸入稳定的基岩内。

第三节 附属建筑物

为了使隧道正常使用,保证列车安全运营,除上述主体建筑物外,还要修筑一些附属建筑物。其中包括防排水设施、电力及通信信号的安放设施及运营通风设施等。

一、防排水设施

保持隧道干燥是使其能够正常运营的重要条件之一。但隧道内经常有一些地下水渗漏进来,且维修工作也会带来一些废水。隧道漏水易引起漏电事故和造成金属的电蚀现象,使隧道内的各种附属设施霉烂、锈蚀、变质、失效。公路隧道内路面积水将改变路面反光条件,引起眩光,使车辆打滑,影响正常行驶。在严寒地区,冬季渗入洞内的水结成冰凌,倒挂在衬砌拱顶上,侵入净空限界,危及行车安全。因此隧道的防排水是隧道设计、施工和运营中的一个重要问题。

隧道的永久性防排水,是通过防排水工程措施实现的。经过理论和实践经验的总结,提出了“防、堵、截、排,因地制宜,综合治理”的原则。

(一)“防”

它是指衬砌防水,即防止地下水从衬砌背后渗入隧道内。其办法是充分利用混凝土结构的自防水能力,并在衬砌与支护之间设置防水层。

(1)防水混凝土结构:厚度不应小于 30 cm,抗渗等级不得低于 P8,裂缝宽度不得大于 0.2 mm,并不得贯通;当为钢筋混凝土时,迎水面主筋保护层厚度不应小于 5 cm;结构施工缝和变形缝都应有防水设施。

(2)防水层:防水层种类很多,大致可归纳为两类。一类为粘贴式防水层,如用沥青将油毡(或麻布)粘贴在衬砌的外表面(适用于明挖修建的地下工程),复合式衬砌在初期支护与二次模筑衬砌之间可粘贴软聚氯乙烯薄膜、聚异丁烯片、聚乙烯片等防水卷材。另一类为喷涂式防水层,如“881”涂膜防水胶、阳离子乳化沥青等防水剂。

(二)“堵”

向支护背后压注水泥砂浆,用以充填支护与围岩之间的空隙,以堵住地下水的通路,并使支护与围岩形成整体，改善支护受力条件。采用压浆分段堵水，使地下水集中在一处或几处后再引入隧道内排出，此法可收到良好的防水效果。

（三）“截”

它是指截断地表水和地下水流入隧道的通路。为了防止地表水渗入地层内，主要采取以下措施：

（1）在洞口仰坡外缘 5 m 以外，设置天沟，并加以铺砌。当岩石外露，地面坡度较陡时可不设天沟。仰坡上可种植草皮、喷抹灰浆或加以铺砌。

（2）对洞顶天然沟槽加以整治，使山洪宣泄畅通。

（3）对洞顶地表的陷穴、深坑加以回填，对裂缝进行堵塞。处理隧道地表水时，要有全局观点，不应妨害当地农田水利规划，做到因地制宜，一改多利，各方满意。

（四）“排”

它是将地下水排入隧道内，再经由洞内排水沟排走。隧道内设置的排水建筑物有排水沟和盲沟。

1. 排水沟

除了长度在 100 m 以下，且常年干燥无水的隧道以外，一般的隧道都应设置排水沟，使渗漏到洞内的和从道床涌出的地下水，沿着带有流水坡的排水沟，顺着线路方向引出洞外。排水沟的断面按排水量计算确定，但一般沟底宽不应小于 40 cm，沟深不应小于 35 cm。沟底纵坡宜与线路纵坡一致。水沟上面应设有预制的钢筋混凝土盖板，其顶面应与避车洞底面齐平。排水沟在一定长度上应设检查井，以便随时清理残渣。

排水沟有两种形式：一种是侧式水沟，这种形式的水沟设在线路的两侧或一侧，视水流量大小而定。当为一侧时，应设在来水的一侧；如为曲线隧道，则应设在曲线内侧。双侧水沟隔一定距离应设一横向联络沟，以平衡不均匀的水流量。另一种是中心式水沟，隧道采用整体式道床时，水沟设在线路中线的下方，或设在双线隧道两线路之间。

在严寒地区，为了不使流水冻结而堵死水沟，应采取防寒措施。一般可修筑浅埋保温水沟，即将水沟沟身加深，用轻质混凝土做成上、下两层，各自设钢筋混凝土盖板。两层盖板之间用保

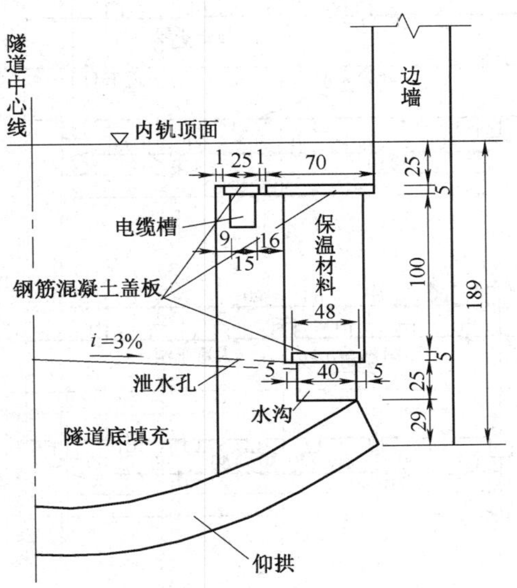

图 4-3-1　侧式保温水沟（单位：cm）

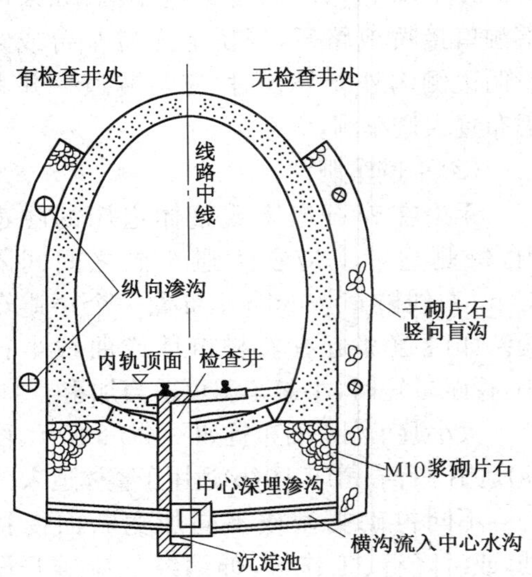

图 4-3-2　中心深埋水沟

温材料填充密实,其厚度不小于 70 cm,如图 4-3-1 所示。但当浅埋保温水沟不足以防止冻害时,可设置中心深埋渗水沟,如图 4-3-2 所示,即利用地温本身的作用,达到保温防冻害之目的。当隧道内冻结深度较深,用明挖法会影响边墙稳定时,可采用暗挖法修筑泄水洞。

2. 盲沟

在衬砌背后,用片石或埋管设置环向或竖向盲沟,以汇集衬砌周围的地下水,并通过盲沟底部泄水孔(或预埋管)引入隧道侧沟排出。

二、铁路隧道附属建筑物

对于重载铁路隧道,设计速度小于或等于 160 km/h 的客货共线铁路隧道,应设置大、小避车洞。对于全封闭运营管理和实施大机养护的隧道及特殊衬砌结构的隧道,可不设置小避车洞,但仍要设置放置综合设备的专用洞室,其位置和尺寸与大避车洞相同。

(一)避 车 洞

当列车通过隧道时,为了保证洞内行人、维修人员及维修设备(小车、料具)的安全,在隧道两侧边墙上交错均匀修建的人员躲避及放置车辆、料具的洞室叫避车洞。时速 200 km 以上的高速铁路隧道,避车洞的设置将从空气力学上影响高速运行的列车,而高速运行的列车将产生强烈的列车风。采用较大的隧道内净空面积后,在隧道内净空轮廓范围内设置宽 1.2 m 的人员待避区时,不再设置避车洞,或从维修管理模式上改变行车及行车间隔时间内不进洞维修。每天集中在"天窗"(停止行车,进行线路、电网、信号等设备检查与维修)时段进行综合检查与维修时,可不设人员待避区或避车洞。

1. 避车洞的布置

避车洞根据其断面尺寸的大小分为大避车洞及小避车洞两种。

(1)大避车洞(专用洞室)

在碎石道床的隧道内,每侧相隔 300 m 布置一个避车洞,在整体道床的隧道内,因人员行车待避较方便,且线路维修工作量较小,为此,每侧相隔 420 m 布置一个大避车洞。

当隧道长度在 300～400 m 时,可在隧道中间布置一个大避车洞;隧道长度在 300 m以下时,可不布置大避车洞;如果两端洞口接桥或路堑,当桥上无避车台或路堑两边侧沟外无平台时,应与隧道一并考虑布置大避车洞。

(2)小避车洞

无论在碎石道床或整体道床的隧道内,每侧边墙上应在大避车洞之间间隔 60 m(双线隧道按 30 m)布置一个小避车洞。如隧道邻近有农村市镇或曲线半径小,视距较短时,小避车洞可适当加密。

大小避车洞平面布置如图 4-3-3 所示,图(a)适用于碎石道床,图(b)适用于整体道床。

不同衬砌类型或不同加宽断面衔接处,或沉降缝、工作缝、伸缩缝处应避开设置避车洞。

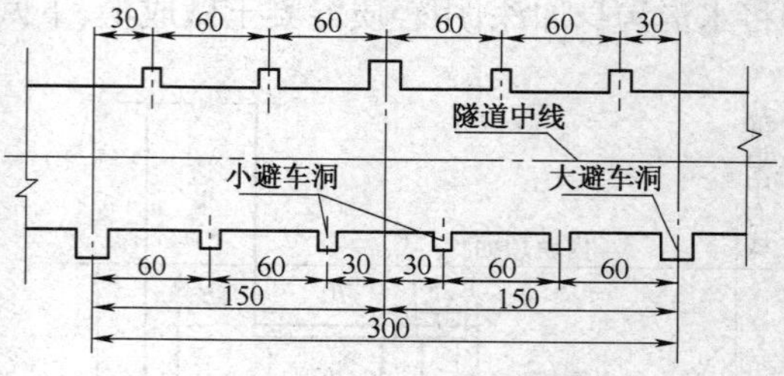

(a)

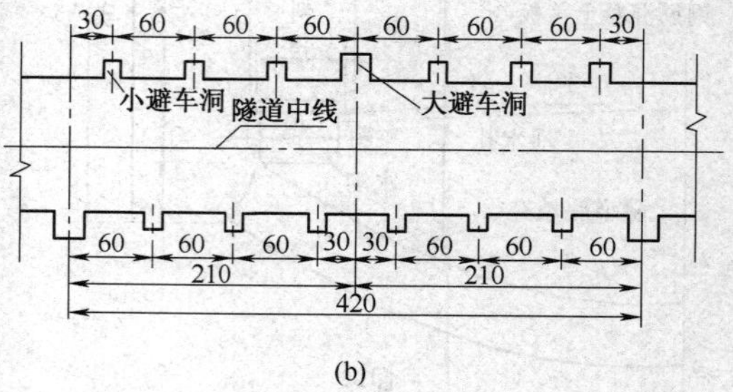

(b)

图 4-3-3　避车洞平面布置图(单位:m)

(3)避车洞底部标高

当避车洞位于直线上且隧道内有人行道时，避车洞底面应与人行道顶面齐平，无人行道时，避车洞的底面应与道砟顶面(或侧沟盖板顶面)齐平；隧道内采用整体道床时，应与道床面齐平。

当避车洞位于曲线上时，因受曲线外轨超高的影响，碎石道床隧道内，在各种不同的超高值 E 时，线路内侧和外侧轨枕端头道床面(即避车洞底面)低于内轨顶面的高度分别为 h_1 及 h_2，如图 4-3-4 所示，其值为

内侧：　$h_1=25+0.33E$　(cm)

外侧：　$h_2=25-1.33E$　(cm)　(4-3-1)

式中　E——曲线外轨超高值(cm)。

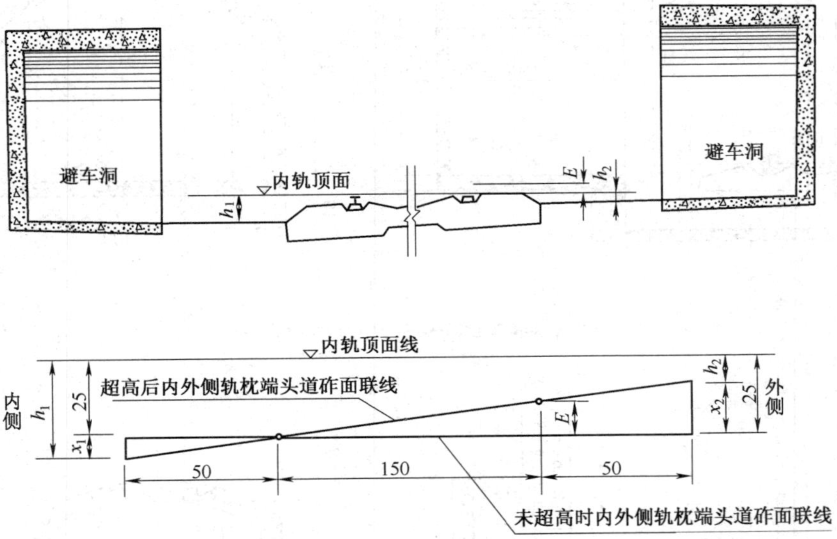

图 4-3-4　避车洞底部标高(单位：cm)

25 cm 为隧道内线路采用钢筋混凝土轨枕未加超高时，内轨顶面到轨枕端头道床面(避车洞底面)的高度。当线路为整体道床时，应根据钢轨、扣件的类型，道床结构形式、尺寸等另行确定。

为了使避车洞的位置明显，应将洞内全部及洞周边 30 cm 刷成白色。在洞的两侧各 10 m 处的边墙上标一白色箭头指向避车洞，如图 4-3-5 所示。

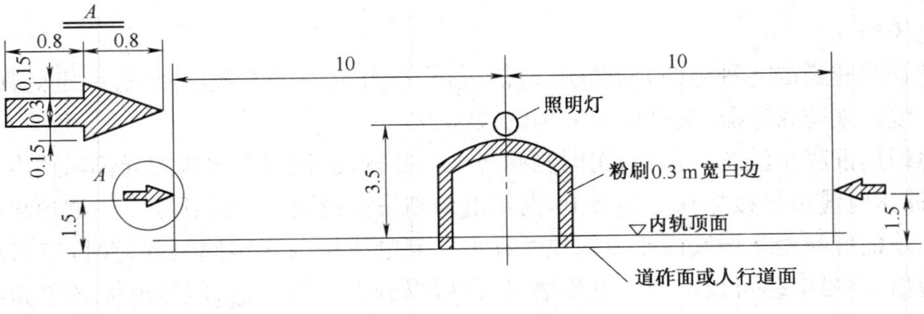

图 4-3-5　避车洞周边粉刷(单位：m)

2.避车洞的净空尺寸及衬砌类型

大避车洞的净空尺寸为4.0 m(宽)×2.5 m(深)×2.8 m(中心高),如图4-3-6所示。小避车洞的净空尺寸为2.0 m(宽)×1.0 m(深)×2.2 m(中心高),如图4-3-7所示。

避车洞的衬砌类型应和隧道衬砌类型相适应。

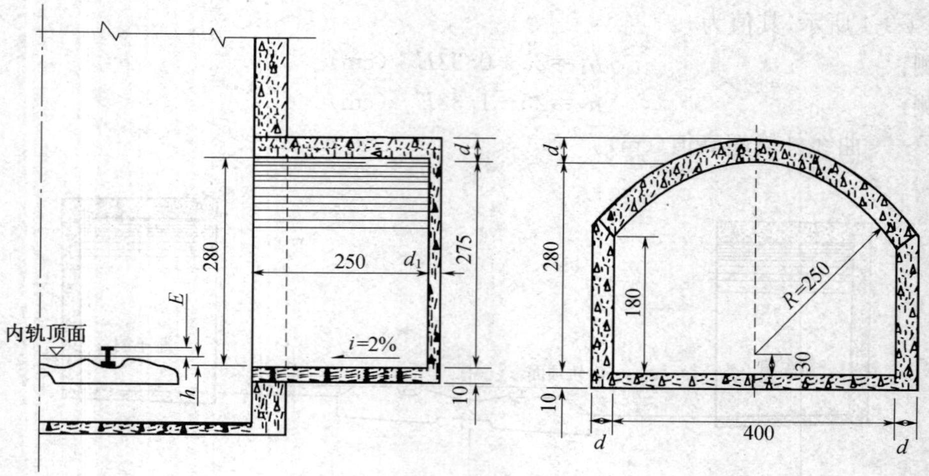

图4-3-6 大避车洞尺寸(单位:cm)

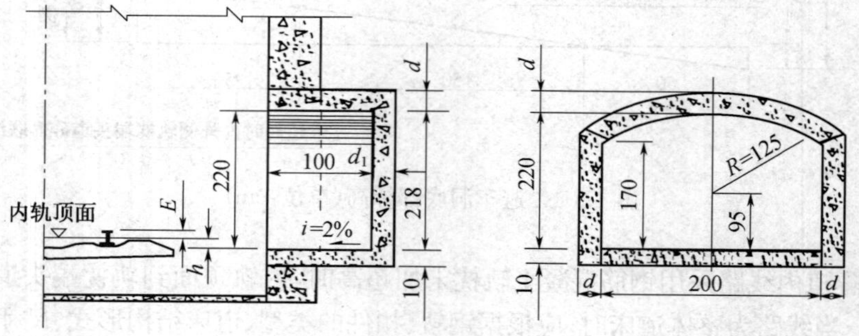

图4-3-7 小避车洞尺寸(单位:cm)

(二)电力及通信设施

1.电缆槽

穿越铁路隧道的各种电缆,如照明、通信、信号以及电力等电缆,必须有一定的保护措施,即设置电缆槽来防止潮湿、腐烂以及人为的破坏。

电缆槽用混凝土浇筑,可与水沟同侧并与水沟并行,或设置在水沟的异侧。槽内铺以细砂做垫层,低压电缆可直接放在垫层面上,高压电缆则吊在槽边预埋的托架上。槽顶设有盖板防护。盖板顶面应与避车洞底面或道床顶面齐平。当电缆槽与水沟同侧并行时,应与水沟盖板齐平。通信、信号电缆可设在一个电缆槽内,也可以分设。但通信、信号电缆必须和电力电缆分槽设置。

电缆槽在转折处,应以不小于1.2 m的半径曲线连接,以免电缆弯曲而折断。

隧道长度大于 500 m 时，需在设有电缆槽的同侧大避车洞内设置余长电缆槽；隧道长度在 500～1 000 m 时，需在隧道中间设置一处；1 000 m 以上的隧道则每隔 500 m 增设一处。

2. 信号继电器箱和无人增音站洞

隧道内如需设置信号继电器箱时，则应在电缆槽同侧设置信号继电器箱洞，其宽度为 2 m，深度为2 m，中心宽度为 2.2 m。

根据电信传输衰耗和通信设计要求，在隧道内设置无人增音站时，其位置可根据通信要求确定，亦可与大避车洞结合使用，如不能结合时，则另行修建，其尺寸同大避车洞。

电力牵引的长隧道，如需设置存放维修接触网的绝缘梯车洞时，宜利用施工辅助坑道或避车洞修建，其间距约 500 m。

三、公路隧道附属建筑物

（一）内装、顶棚、路面

1. 内装

为了确保行车安全，在公路隧道中必须采取措施使墙面亮度在长期的运营中保持在必要的水平以上，墙面须用适当的材料加以内装处理。内装可以改善隧道内的环境，主要是提高能见度，其次是吸收噪声。

提高墙面的反射率，可以增加照明效果。因此内装材料表面应当是光洁的，颜色应当是明亮的。人眼对波长 555 nm 的黄绿光最为敏感，所以内装材料应当是淡黄和浅绿色。作为背景的墙面，应能衬托出障碍物的轮廓，这就需要使墙面具有良好的反射率。为了减少眩光，希望这种反射是漫反射。

未经内装的混凝土衬砌表面，容易吸附引擎排出的废气中的黏稠油分，可与烟雾、尘埃一起沾在表面上。在隧道内潮湿、漏水的情况下，污染过程很快，能使墙面的反光率降低。

经过内装的墙面，污染仍然是不可避免的，但要求墙面具有不易污染、容易清洗、耐冲刷、耐酸碱、耐腐蚀、耐高温等特点，表面应该光滑、平整、明亮。内装可以起到美观作用，使隧道漏水不露出墙面；各种管线都能隐藏在内装材料的后面，但管线的维修应该方便。内装材料应该具有吸收噪声的作用。消除隧道内的噪声是极其困难的课题之一。隧道内噪声源主要来自两方面：通风机产生的噪声和汽车行驶时引擎发出的噪声。

声波在三维空间中传播时，与光波一样可以屏蔽、聚焦和定向。在均匀截面的管道中行进的波，常常是平面波，这种波从波源出发，在无阻碍地进行很长一段距离后，仍近似地为平面波，平面波的衰减很慢。由于管径与铺贴吸声材料的吸声效果成倒数关系，在大管道中铺贴吸声材料几乎无效，所以内装材料的消声效果很不理想。

通常用于隧道的粘贴内装材料有：

（1）块状混凝土材料：表面粗糙，容易污染且不好清洗，但衬砌表面不需特殊处理。

（2）饰面板、镶板等质地致密材料：不容易污染，清洗效果好，洗净率高，板背后的渗漏水隐蔽，各种管线容易在板背后隐蔽设置，板背后的空间有利于吸收噪声。

（3）瓷砖镶面材料：表面光滑，最容易洗净，且效果良好；要求衬砌平整，以便镶砌整齐；隧道漏水部位可用排水管道疏导；镶面后可埋设小管线；但这种材料没有任何吸声作用。

（4）油漆材料：比块状混凝土材料容易清洗，但不及其他两种材料，对衬砌表面要求很高，需要压光、平整；隧道不能有漏水现象，否则浸湿的油漆损坏很快。这种材料也没有吸声作用。

随着建筑材料工业技术的发展,新材料相继出现,许多新型材料都可以使用于隧道内装。但用于内装的新材料应该具有:耐火性,在高温条件下仍能维持原状,不燃烧、不分解有害成分等;耐腐蚀性,长期在油垢及有害气体作用下不变质,在洗涤剂等化学物质作用下不被侵蚀;不怕水,大多数隧道都存在漏水问题,在水的浸泡下,在潮湿环境中不变质、不霉烂;材料来源广泛,价格相对便宜,隧道是大型构造物,用材量很大,价格高昂的材料不适于作隧道内装。

2. 顶棚

顶棚的反射率对提高照明效果有利,经过顶棚的反射光使路面产生二次反射,能增加路面亮度。顶棚用漫反射材料可以避免产生眩光。其颜色的明亮程度直接影响到路面亮度,所以应该是浅色的,但是又应有别于墙面,在色调和饱和度上可以有所不同。

顶棚是背景的一部分,特别是在有坡度处和变坡点附近对识别障碍物和察觉隧道内异常现象颇有帮助。顶棚可以美化隧道,特别是与整齐排列的灯具相互衬托,更可以起到美化的效果,并有明显的诱导作用。

根据实际需要可以把顶棚做成平顶或拱顶。在自然通风或诱导通风时,可以用拱顶。在半横向或横向通风时可以用平顶。顶棚以上部分可作为通风道和供管理人员使用的通道。

3. 路面

隧道内的路面需具有足够的强度和耐久性,有以下几点特殊要求:

路面材料应具有抵御水冲刷和含有化学物质的水侵蚀的能力,路面的坡度应能迅速排除清洗用水;因为车辆在隧道内的减速及制动次数较多,横向抗滑要求高,故路面需能保证车体横向稳定;容易修补;路面漫反射率高,颜色明亮,才能获得良好的照明效果,路面作为发现障碍物的背景,比墙面和顶棚更重要。

路面材料主要有两种,即混凝土和沥青混凝土。由于混凝土的反射率较沥青混凝土路面高,横向抗滑性好,是过去广泛使用的材料。其最大缺点是产生裂缝时不容易修补,更换时要停止交通。在高寒地区还要受到防滑链的损害,必须考虑设置磨耗层。沥青路面的反射率较低,为了改善路面亮度,需要在面层加入石英和铝的混合物。有的加入浅色石子和氧化钛做填充料。

路面与车道分隔线等交通标志之间应保证有明显的亮度对比和鲜明的颜色对比。

隧道内的路基应具有足够的承载力,尤其是在有丰富地下水的条件下也能满足要求,这就要求有良好的排水设施。衬砌背后应设置盲沟和导水管,在车道板下面铺设透水性好的路基材料,必要时设置仰拱。在确定隧道纵坡时应保证排水沟排水顺畅,保证路面有1%~1.5%的横坡等。

4. 噪声的消减

隧道内的混响时间(噪声源发音瞬间的声能衰减到$1/10^6$时所需的时间,即衰减 60 dB 所需的时间)为洞外的数千倍,在噪声级相当高的隧道内,震耳欲聋,难以忍受。对于交通量大的重要隧道,往往需要设置应急电话等安全设施,这种隧道噪声至少应当控制在可以用电话与管理所通话的程度。从表 4-3-1 可知,噪声超过 65 dB 时,已经很难利用电话通话,从使用电话的角度看,噪声水平应保持在60 dB以下。

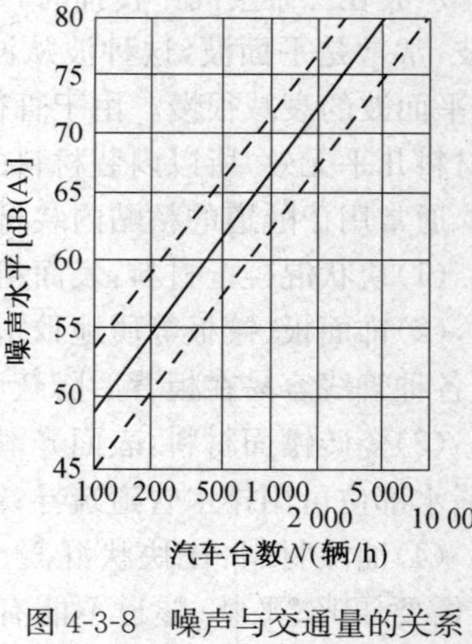

图 4-3-8 噪声与交通量的关系

表 4-3-1　隧道内噪声水平与状况

噪声水平[dB(A)]	状　况	噪声水平[dB(A)]	状　况
40	极安静	55	电话有时困难，2 m 可对话，4 m 大声讲话
45	安静，10 m 距离可以对话	60	电话少许困难，2 m 大声讲话
50	电话无困难，4 m 距离可对话	65	电话很困难

噪声水平(SL)与汽车交通量(N)之间的关系可按下式计算：

$$SL = 18\lg N + 13 \quad (\mathrm{dB}) \tag{4-3-2}$$

式中　N——小时交通量(辆/h)。

汽车数量与噪声水平关系曲线可用图 4-3-8 表示。

噪声水平也可以从表 4-3-1 中查得。噪声水平除了受车速与车流组成影响外，还受交通量、坡度和车辆技术状态的好坏等影响。各种类别车辆可以达到的噪声级见表 4-3-2。车速与车流组成不同时，其噪声级可参考表 4-3-3。交通量的噪声量修正值见表 4-3-4。

表 4-3-2　车辆类型可产生的噪声量

车 辆 类 别	噪声级[dB(A)]	车 辆 类 别	噪声级[dB(A)]
大载重量柴油机卡车	92～100	摩托车	88～98
汽油机卡车	82～86	无轨电车	76～90
柴油机公共汽车	90～96	轻型汽车	75～85
汽油机公共汽车	80～86	轻便摩托车	84～102

表 4-3-3　车速和车流构成可产生的噪声量

平均车速(km/h)	车流组成中，卡车及公共汽车数量(%)								
	100	90	80	70	60	50	40	30	20
30	80.5	79.5	78.5	77.5	76.5	75.5	74.5	73.5	72.5
40	82.0	81.0	80.0	79.0	78.0	77.0	76.0	75.0	74.0
50	83.5	82.5	81.5	80.5	79.5	78.5	77.5	76.5	75.5
60	85.0	84.0	83.0	82.0	81.0	80.0	79.0	78.0	77.0
70	86.5	85.5	84.5	83.5	82.5	81.5	80.5	79.5	78.5
80	88.0	87.0	86.0	85.0	84.0	83.0	82.0	81.0	80.0
90	89.5	88.5	87.5	86.5	85.5	84.5	83.5	82.5	81.5
100	91.0	90.0	89.0	88.0	87.0	86.0	85.0	84.0	83.0
110	92.5	91.5	90.5	89.5	88.5	87.5	86.5	85.5	84.5

表 4-3-4　交通量的噪声量修正

交通量(辆/h)	100	200	300	500	700	1 000	2 000	3 000	4 000
修正值	−10	−7.5	−5.5	−3.0	−1.5	±0	+1.5	+2.0	+2.5

从以上图表中的曲线和数据可知,在隧道内可以使用电话的标准是很高的。由于隧道是封闭结构,声能在横向无法扩散,只能沿纵轴经进出洞口向外扩散。在隧道内设置吸声材料时,在横向只能有限度地吸收一小部分,减少反射的次数。所以,把噪声级减缓至 60 dB(A)左右,是相当困难的。

目前吸声材料较多,吸声材料兼有内装作用。可以使用的材料有:①多孔吸声材料。它是应用最广的基本吸声材料,种类很多,如玻璃棉、矿棉、无机纤维材料及其成型板材等。②利用吸声结构吸声的有:膜共振吸声结构、板共振吸声结构、腔共振吸声结构、穿孔板式共振吸声结构等。吸声材料应当具有内装材料特性,吸声结构应与内装相结合。任何吸声材料和结构形式对沿隧道轴线传播的平面声波作用都不大,这是在隧道中吸声效果差的原因之一。

吸声板在隧道中所起的作用,可以从图 4-3-9 中的两例中得到一些数据对比,但其价格较贵。

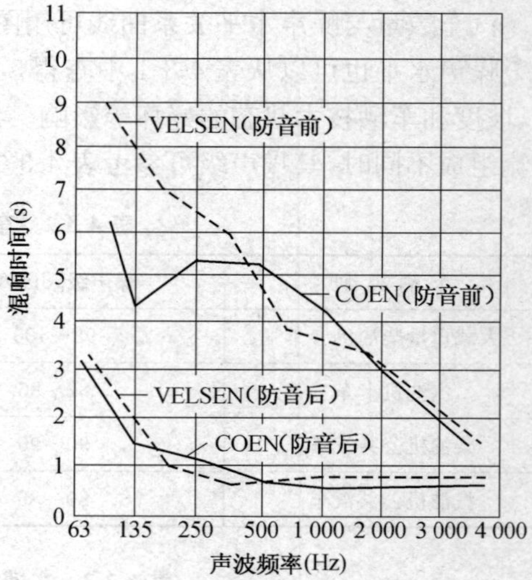

图 4-3-9 设置吸声板前后隧道内混响时间的比较

(二)其他附属设施

公路隧道的其他附属设施包括通风设施、照明设施、安全设施、应急设施以及公用设施。由于这些设施的专业性强,在后面将有论述,这里仅介绍一些与结构有关的附属设施。

紧急停车带是为故障车辆离开干道进行避让,以免发生交通事故,引起混乱,影响通行能力而专供紧急停车使用的停车位置。尤其在长大隧道中,故障车必须尽快离开干道,否则会引起阻塞,甚至导致交通事故。为使车辆能在发生火灾时避难和退避还应设置方向转换场。

紧急停车带的间隔,主要根据故障车的可能滑行距离和人力可能推动距离确定。如小车较卡车滑行距离长,人力推动也较省力;下坡较上坡滑行距离长,推动也省力。紧急停车带间隔一般取 500～800 m。汽车专用隧道取 500 m,隧道长度大于 600 m 时即应在中间设置一处。混合交通隧道取 800 m,隧道长度大于 900 m 时即应在中间设置一处。

紧急停车带的有效长度,应满足停放车辆进入所需的长度,一般全挂车可以进入需 20 m,最低值为 15 m,宽度一般为 3.0 m。隧道内的缓和路段施工复杂,所以通常是将停车带两端各延长 5 m 左右。参见图 4-3-10。

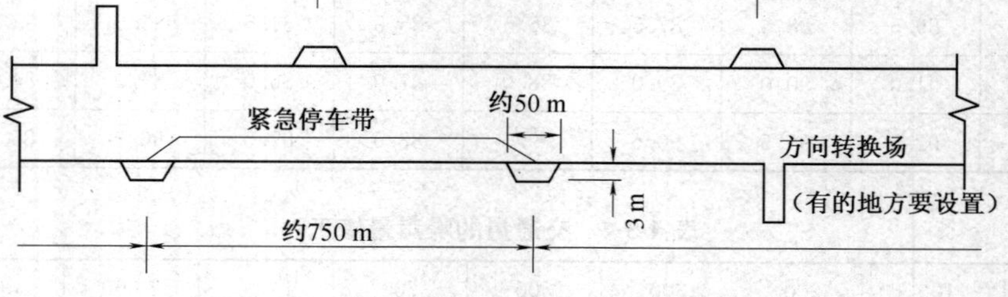

图 4-3-10 紧急停车带及方向转换场的设置实例

第四节 高速铁路隧道空气动力学问题及工程措施

一、列车进入隧道诱发的空气动力学效应

当高速列车进入隧道时，原来占据着空间的空气被排开。空气的黏性以及隧道壁面和列车表面的摩阻作用使得被排开的空气不能像在隧道外那样及时、顺畅地沿列车两侧和上部形成绕流。于是，列车前方的空气受到压缩，列车后方的空气则形成一定的负压。这就产生一个压力波动过程。这种压力波动又以声速传播至隧道口，形成反射波，回传，叠加，产生一系列复杂的空气动力学效应。这种压力波动过程引起一系列与隧道设计和运营密切相关的空气动力学效应，见表 4-4-1。

表 4-4-1 高速铁路隧道空气动力学效应

空气动力学效应		对隧道设计和运营的意义
瞬变压力	车内瞬变压力	旅客舒适度
	车上压力波动最大幅度	旅客和乘务员的健康
	隧道内压力峰值	衬砌和设施的气动荷载
	车内外压差	车辆结构的气动荷载
微气压波		隧道口环境
列车空气阻力	平均阻力	牵引计算
	阻力过程	限坡
空气流动	列车风	隧道中设备的安全
	空气动压	

因此，必须对上述现象和问题进行研究和分析，为高速铁路隧道的设计和运营提供技术决策的依据。

从理论和测试结果知，在短隧道中，微气压波最大值与 v 的 3 次方成正比例，与 r 成反比。考虑到隧道洞口地形的影响，微气压波可近似用下式求出：

$$p=\frac{Kv^3}{r}$$

式中 K——考虑地形影响的系数；

p——微气压波最大值(10 Pa)；

r——微气压波距隧道出口中心的距离(m)；

v——列车入洞速度(km/h)。

微气压波的发生实态与许多因素有关，其中主要有列车速度、列车横断面积、列车长度、列车头部形状、隧道横断面积、隧道长度、隧道内道床的类型等。

高速列车在隧道中运行时的舒适度与列车通过隧道时产生的压力波动有关，这也是高速列车通过隧道时产生的主要效应，而微气压波正是这种压力波向外产生的辐射，因此所有效应及危害的根源在于压力波动，特别是在极短时间内的压力突变(称为瞬变压力)传到人体时，会产生生理上的不适，从而大大降低乘车的舒适度。

从旅客乘车舒适度要求出发，最大瞬变压力临界值控制标准在一般情况下，可取为不大于 3.0 kPa/3 s，即每 3 s 内最大压力变化值在 3 kPa 以内，见表 4-4-2。

表 4-4-2 我国高速铁路隧道舒适度准则建议

铁路类型	隧道长度（占线路长度的比例）		关系	隧道密集程度（座/h）*	瞬变压力（kPa/3 s）
A(平原)	单线	<10%	而且	<4	2.0
B(平原)	双线	<10%	而且	<4	3.0
C(山丘)	单线	>25%	或者	>4	0.8
D(山丘)	双线	>25%	或者	>4	1.25

注：* 为列车每小时通过隧道的数量。

试验和分析研究表明，列车运行速度和阻塞比 β(β=隧道净空有效面积 A_v/列车截面积 A_t)对洞内瞬变压力变化率影响十分显著。列车车型、列车长度、列车表面摩擦系数、隧道长度、隧道壁面摩擦系数等也对瞬变压力产生影响。从各国的实践看，隧道横断面的决定主要是采用堵塞比，即采用列车横断面面积与隧道横断面面积的比值来决定。这里的隧道横断面积，通常指轨道面以上的断面积。我国高速铁路隧道堵塞比建议值为 0.1，并确定我国高速铁路隧道内净空面积见表 4-4-3。

表 4-4-3 我国高速铁路隧道内净空面积(m^2)

序号	类别标准	单线	双线
1	200 km/h 客专近期客货共线	53.06	83.7
2	200 km/h 客专近期双箱运输	56.2	89.64
3	250 km/h 近期客货共线	58	90.16
4	250 km/h 近期双箱运输	58.08	93.76
5	350 km/h 客运专线	70	100

合理设置辅助坑道(斜井、竖井和横洞)能缓解瞬变压力的波动程度。竖井位置对减压效果影响最大，可以根据压力波叠加情况，计算出竖井距洞口的最佳位置。竖井横断面积也存在最佳值，无故加大面积也起不到好效果。在两个单线隧道之间的隔墙上开设孔洞，也可缓解瞬变压力。

二、隧道口的微气压波和缓冲结构设计

1. 微气压波的传播

高速列车进入隧道，前方的空气受到挤压，这种挤压状态以声速传播至隧道出口，骤然膨胀，产生一个被称为微气压波的次生波。由于微气压波的产生伴有影响环境的爆破噪声，并会对邻近建筑物产生危害，因此，微气压波的控制与消减瞬变压力一样，成为高速铁路隧道设计中的重要课题。

在以上一系列空气动力学效应中，对隧道设计而言，微气压波问题与瞬变压力一样，是关注的重点，必须通过缓冲结构一类辅助结构物加以消减。研究表明，压缩波在隧道中的传播规律随道床有所差别。在碎石道床隧道中，不但“首波”峰值有较明显的衰减，而且压力变化梯度在传播过程中逐渐变得平缓。而对于板式轨道，当隧道长度增加时，压力梯度反而有一定程度的加大。日本新干线隧道的统计资料表明，碎石道床隧道微压波的最大值随隧道长度的增加而降低(“首波”峰值和梯度均有明显衰减)。相反，板式轨道隧道的微压波最大值随隧道长度的增加反而有所上升，直至隧道长度超过某一限度(6～8 km)，其值才随隧道长度的增加而降低(图 4-4-1)。

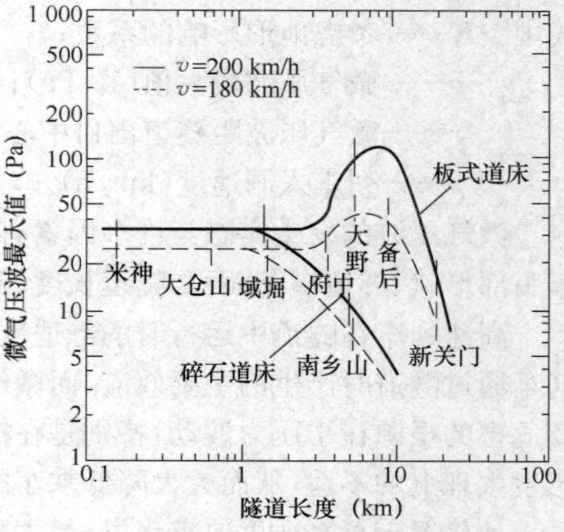

图 4-4-1 微气压波最大值与隧道长度的关系

在压缩波镶嵌传播的过程中，空气的密度和温度随之增加，引起声速的提高。压缩波的后部比前端传播得更快。板式轨道不能像碎石道床那样能有效地消除这种影响，因此，在压缩波传播的过程中，波前梯度会逐渐增加，波形变陡。当入口波梯度较大以及隧道较长时，这种效应会十分显著(图 4-4-2)。

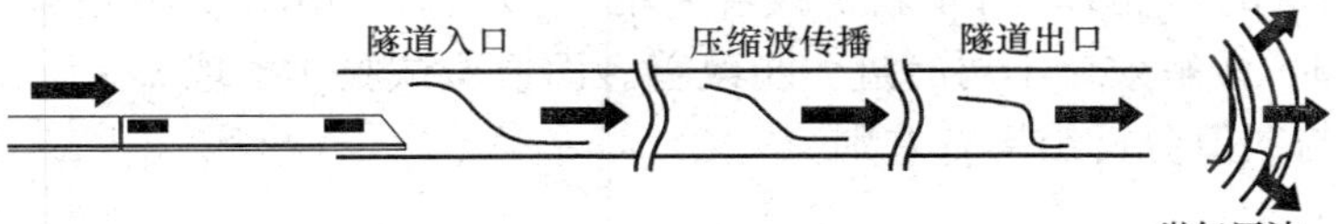

图 4-4-2　压缩波的传播和微气压波

板式轨道的计算结果均表明，微气压波峰值随隧道长度的增加而增加，和碎石道床的情况很不一样。因此，对设置板式轨道的隧道，在计算微气压波时，必须考虑这种特殊性。

2. 缓冲结构物的设计

在隧道入口设置净空断面积大于隧道有效净空面积的缓冲结构物(如棚洞)，是消减微压波的主要措施。可以通过数值计算和模型试验来探讨缓冲结构的合理参数和形式。

是否需要设置缓冲结构物，可根据洞口微压波峰值的大小来确定。缓冲结构物设置基准见表 4-4-4。

表 4-4-4　缓冲结构物设置基准

<table>
<tr><td colspan="2" rowspan="2">条　　件</td><td colspan="4">微压波峰值 $p_{\max}$</td></tr>
<tr><td>日　本</td><td>DB</td><td colspan="2">京沪暂规</td></tr>
<tr><td rowspan="2">洞口有建筑物</td><td>建筑物无特殊环境要求</td><td>建筑物处 $p_{\max}<20$ Pa</td><td rowspan="4">最近住宅处 $p_{\max}<20$ Pa
距洞口 50 m 处 $p_{\max}<20$ Pa</td><td colspan="2">建筑物处 $p_{\max}<20$ Pa</td></tr>
<tr><td>建筑物有特殊环境要求</td><td>按要求</td><td colspan="2">按要求</td></tr>
<tr><td colspan="2" rowspan="2">洞口无建筑物(或住宅距洞口大于 50 m)</td><td rowspan="2">距洞口 20 m 处 $p_{\max}<50$ Pa</td><td>建筑物有特殊环境要求</td><td>距洞口 20 m 处 $p_{\max}<50$ Pa</td></tr>
<tr><td>建筑物无特殊环境要求</td><td>不设</td></tr>
</table>

列车从无边界的空间骤然进入被隧道轮廓所限定的有限空间，致使前方空气受到挤压是产生微气压波的根本原因。设置净空断面积大于隧道净空断面积的缓冲棚，可以缓解列车运行空间条件骤变的程度，从而起到消减微气压波的作用。

缓冲结构的形式按断面变化的规律可分为两类：断面渐变的喇叭形以及断面突变的阶梯形。从理论上说，断面渐变的喇叭形缓冲结构应该具有较好的效果。

然而，三维数值分析和模型试验表明，与阶梯形缓冲结构相比，喇叭形缓冲结构的优越性并不明显。三维数值分析的结果还表明，不同形状的缓冲结构对缓解微压波的效果差别不显著；在缓冲结构上开口能显著改善或缓解微压波的作用。图 4-4-3 所示为 $\beta=0.2$ 时不同形状缓冲结构的模拟试验效果。从图中可知，当 $L_h=2d$ 时，喇叭形缓冲结构的减压效果与圆柱形(阶梯形)相差无几；当 $L_h=d$ 时，喇叭形的不如圆柱形。

因此，缓冲结构的形状对减压效果的影响不大。

当列车进入带阶梯式缓冲结构的隧道时,会经历周围空间状况的两次骤变,相应地会产生两个压力波峰值。日本模型试验表明,当缓冲结构断面 $A_h=1.55A_t$(隧道净空有效面积)时,两峰值相等。因此,对不开口的阶梯式缓冲结构取 $A_h=1.55A_t$ 为最佳值。三维数值仿真计算也表明 $A_h=1.6A_t$ 时为最佳;当 $A_h=1.3A_t$ 时,开窗的缓冲结构即有显著效果。

关于缓冲结构的长度 L_h,日本新干线曾采用 $d<L_h<50$ m(d 为隧道换算直径)。数值分析认为 $L_h>2d$ 时,缓解效果不再有进一步改善。而模型试验又出现 $L_h=d$、$2d$、$3d$ 时,减压效果不断改善,这与数值分析结果有差别。

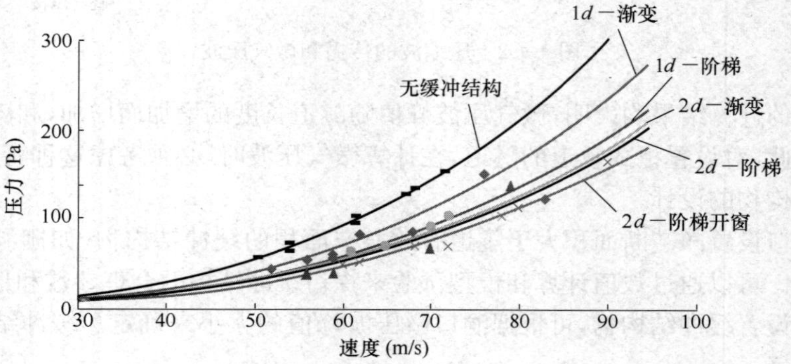

图 4-4-3 不同形式缓冲结构的减压效果

对于我国高速铁路的几种情况,提出缓冲结构的设计长度见表 4-4-5。

表 4-4-5 适用于碎石道床的缓冲结构长度

列车速度 v_0(km/h)	200		250		300		350	
隧道净空有效面积 A_t(m^2)	52	80	52	80	70	100	70	100
缓冲结构计算长度 L(m)	—	—	2.6	—	7.9	5.3	18	15
缓冲结构设计长度 L(m)	—	—	d	—	d	d	20	20

注:d 为隧道直径。

值得指出的是,上表仅适用于碎石道床的情况。对于板式轨道,要考虑隧道长度增加时对微气压波的激化作用。

3. 缓冲结构的形式

随着列车速度的提高,列车进出隧道所产生的车随气动效应的强度也会相应增强,主要体现在旅客及乘务人员耳膜不适、乘车舒适度降低、对司乘人员和列车产生危害,隧道出口能发出轰鸣声甚至强烈的爆破声影响附近居民正常生活。作为安全、环保、绿色交通设施的高速铁路,其隧道洞口微气压波问题必须得到妥善解决。微气压波的发生时态和大小与诸多因素有关,目前技术条件下,在隧道洞门上采取措施即设置缓冲结构,以减缓高速列车运行的负面影响,是最为行之有效的办法。各种洞门缓冲结构优缺点及适用条件见表 4-4-6。涉及其中详细的参数设置时,可根据隧道断面、速度目标值、车辆断面等通过数值计算选取断面比或开孔率。

表 4-4-6　洞门缓冲结构优缺点及适用条件

序号	洞门缓冲结构名称	优点	缺点	适用条件
1	扩大断面	可以有效降低压缩波的压力梯度	开挖等工程量大，增加施工风险和投资	适用于地形平缓的洞口
2	侧壁开孔	合理的开孔方案，可以较好地提高缓解微压波效果	用在深拉槽设置侧壁开孔时，边坡对气压波有反弹作用	适用于地形平缓、不需深拉槽延长洞口的地方
3	顶部开孔	可避免边坡对气压波的反弹作用，缓解气压波效果更好	对防治坡面危岩落石效果差	适用于地形平缓的洞口
4	组合斜切式洞门	增设的端墙可兼作仰坡坡脚的挡墙，为设置开孔争取空间	需设置挡墙，不能做到完全绿色防护	适用于地形较平缓、设置开孔长度不足的洞口
5	平导式缓冲结构	具有普遍适用性	工程投资较大	适用于洞口仰坡陡峭的洞口

关于洞口缓冲结构的具体形式，日本新干线修建较早，洞口采用传统形式，在洞口设置的缓冲结构如图 4-4-4 和图 4-4-5 所示。现在看来已不经济。新型缓冲结构可和洞门一起设计。

图 4-4-4　矩形缓冲结构

图 4-4-6 为中国台湾高速铁路上的某座隧道洞口，洞口的扩大口和洞口顶部的两个天窗起到了缓解空气动力学效应修建缓冲结构的作用，避免了旅客乘坐高速列车经过隧道时诱发的压力波动造成的耳膜不适。

图 4-4-5　拱形缓冲结构

图 4-4-6　台湾高速铁路某隧道洞口

图 4-4-7 和图 4-4-8 分别为韩国和德国的高速铁路隧道洞口，两者的洞口形式相似，都是在正切洞口的基础上加了帽檐的，帽檐的形式可以多种多样。

由于我国地域辽阔、地形复杂，一种洞口形式不能满足不同的需求，因此需要结合景观和缓解空气动力学效应的要求研究多种洞口建筑形式，以满足我国高速铁路隧道建设的需要，这是摆在隧道工作者面前的工作,也是应大力提倡研究的问题。

图 4-4-7　韩国高速铁路某隧道洞口

图 4-4-8　德国高速铁路某隧道洞口

复习思考题

1. 隧道衬砌及适用条件是什么?
2. 洞门的类型有哪些?各自的特点是什么?
3. 简述明洞的类型及特点。
4. 简述隧道附属建筑的种类及选型原则。
5. 简述高速铁路隧道横断面特点。

第五章

隧道支护结构设计计算方法

第一节 隧道设计计算理论的发展

隧道工程建筑物是埋置于地层中的结构物，它的受力和变形与围岩密切相关，支护结构与围岩作为一个统一的受力体系相互约束，共同工作。这种共同作用正是地下结构与地面结构的主要区别，所以如何恰当地反映支护结构与围岩相互作用的力学特征，正是支护结构设计计算理论需要解决的重要课题。隧道工程从开挖、支护，直到形成稳定的地下结构体系所经历的力学过程中，围岩的地质、施工过程等因素对围岩—结构体系状态的安全性影响极大。准确地将其反映到计算模型中，是十分困难的。

由此可见，地下结构的力学模型必须符合下述条件：

(1)与实际工作状态一致，能反映围岩的实际状态以及与支护结构的接触状态；

(2)荷载假定应与在修建洞室过程(各作业阶段)中荷载发生的情况一致；

(3)算出的应力状态要与经过长时间使用的结构所发生的应力变化和破坏现象一致；

(4)材料性质和数学表达要等价。

只要符合上述条件，任何计算方法都会获得合理的结果。

显然，隧道支护体系的力学模型是与所采用的支护结构的构造及其材料性质、岩体内发生的力学过程和现象以及支护结构与围岩相互作用的规律等有关。

地下工程支护结构理论的发展至今已有百余年的历史，它与岩土力学的发展有着密切关系。土力学的发展促使着松散地层围岩稳定和围岩压力理论的发展，而岩土力学的发展促使围岩压力和地下工程支护结构理论的进一步飞跃。随着新奥法施工技术的出现以及岩土力学、测试仪器、计算机技术和数值分析方法的发展，地下工程支护结构理论正在逐渐成为一门完善的科学。

地下工程支护结构理论的一个重要问题是如何确定作用在地下结构上的荷载以及如何考虑围岩的承载能力。从这方面讲，支护结构计算理论的发展大概可分为3个阶段。

一、刚性结构阶段

19世纪的地下建筑物大多数是以砖石材料砌筑的拱形圬工结构，这类建筑材料的抗拉强度很低，且结构物中存在有较多的接触缝，容易产生断裂。为了维护结构的稳定，当时的地下结构截面都拟定得很大，结构受力后产生的弹性变形较小，因而最先出现的计算理论是将地下结构视为刚性结构的压力线理论。

压力线理论认为，地下结构是由一些刚性块组成的拱形结构，所受的主动荷载是地层压力，当地下结构处于极限平衡状态时，它是由绝对刚体组成的三铰拱静定体系，铰的位置分别假设在墙底和拱顶,其内力可按静力学原理进行计算。

这种计算理论认为,作用在支护结构上的压力是其上覆岩层的重力,没有考虑围岩自身的承载能力。由于当时地下工程埋置深度不大,因而曾一度认为这些理论是正确的。压力线假设的计算方法缺乏理论依据,一般情况偏于保守,所设计的衬砌厚度将偏大很多。

二、弹性结构阶段

19 世纪后期,混凝土和钢筋混凝土材料陆续出现,并用于建造地下工程,使地下结构具有较好的整体性。从这时起,地下结构开始按弹性连续拱形框架用超静定结构力学方法计算结构内力。作用在结构上的荷载是主动的地层压力,并考虑了地层对结构产生的弹性反力的约束作用。由于有了比较可靠的力学原理为依据,故至今在设计地下结构时仍时有采用。

这类计算理论认为,当地下结构埋置深度较大时,作用在结构上的压力不是上覆岩层的重力,而只是围岩坍落体积内松动岩体的重力——松动压力。

松动压力理论是基于当时的支护技术发展起来的。由于当时的掘进和支护所需的时间较长,支护与围岩之间不能及时紧密相贴,致使围岩最终有一部分破坏、塌落,形成松动围岩压力。但当时并没有认识到这种塌落并不是形成围岩压力的唯一来源,也不是所有的情况都会发生塌落,更没有认识到通过稳定围岩,可以发挥围岩的自身承载能力。

对于围岩自身承载能力的认识又分为以下两个阶段。

1. 假定弹性反力阶段

地下结构衬砌是埋设在岩土内的结构物,它与周围岩体相互接触,因此衬砌在承受岩体所给的主动压力作用并产生弹性变形的同时,将受到地层对其变形的约束作用。地层对衬砌变形的约束作用力就称为弹性反力。这样计算理论便进入了假定弹性反力阶段。

弹性反力的分布是与衬砌的变形相对应的。20 世纪初期,康姆列尔(O. Kommerall)、约翰逊(Johason)等人提出弹性反力的分布图形为直线(三角形或梯形)。这种假定弹性反力法的缺点是过高估计了地层弹性反力的作用,使结构设计偏于不安全。为了弥补这一缺点,结构设计采用的安全系数常常被提高 3.5~4 以上。

1934 年,朱拉夫(Г. Гзуаобв)和布加耶娃(О. Е. Оукаева)对拱形结构按变形曲线假定了月牙形的弹性反力图形,并按局部变形理论认为弹性反力与结构周边地层的变形成正比。该法将拱形衬砌(曲墙式或直墙式)的拱圈与边墙整体考虑,视为一个直接支承在地层上的高拱,用结构力学原理计算其内力。由于该法按结构的变形曲线假定了地层弹性反力的分布图形,并由变形协调条件计算弹性反力的量值,因此比前一种假定弹性反力法更合理。

2. 弹性地基梁阶段

由于假定弹性反力法对其分布图形的假定有较大的任意性,人们开始研究将边墙视为弹性地基梁的结构计算理论,将隧道边墙视为支承在侧面和基底地层上的双向弹性地基梁,即可计算在主动荷载作用下拱圈和边墙的内力。

首先应用的弹性地基梁理论是局部变形理论。20 世纪 30 年代,苏联地下铁道设计事务所提出按圆环地基局部变形理论计算圆形隧道衬砌的方法,20 世纪 50 年代又将其发展为侧墙(指直边墙)按局部变形弹性地基梁理论计算拱形结构的方法。

共同变形弹性地基梁理论在稍后也被用于地下结构计算。1939 年和 1950 年,达维多夫先后发表了按共同变形弹性地基梁理论计算整体式地下结构的方法。1954 年,奥尔洛夫(C.

A. Орлов)用弹性理论进一步研究了按地层共同变形理论计算地下结构的方法。舒尔茨(S. Schuze)和杜德克(H. Dudek)在1964年分析圆形衬砌时,不但按共同变形理论考虑了径向变形的影响,而且还计入切向变形的影响。

按共同变形理论计算地下结构的优点,在于它以地层的物理力学特征为依据,并考虑各部分地层变形的相互影响,在理论上比局部变形理论有所进步。

三、连续介质阶段

由于人们认识到地下结构与地层是一个受力整体,20世纪中期以来,随着岩体力学开始形成一门独立的学科,用连续介质力学理论计算地下结构内力的方法也逐渐发展。围岩的弹性、弹塑性及黏弹性解答逐渐出现。

这种计算方法以岩体力学原理为基础,认为坑道开挖后向洞室内变形而释放的围岩压力将由支护结构与围岩组成的地下结构体系共同承受。一方面围岩本身由于支护结构提供了一定的支护阻力,从而引起它的应力调整,达到新的平衡;另一方面,由于支护结构阻止围岩变形,它必然要受到围岩给予的反作用力而发生变形。这种反作用力和围岩的松动压力极不相同,它是支护结构与围岩共同变形过程中对支护结构施加的压力,称为形变压力。

这种计算方法的重要特征是把支护结构与岩体作为一个统一的力学体系来考虑。两者之间的相互作用则与岩体的初始应力状态、岩体的特性、支护结构的特性、支护结构与围岩的接触条件以及参与工作的时间等一系列因素有关,其中也包括施工技术的影响。

20世纪60年代以来,随着计算机技术的推广和岩土介质本构关系研究的进步,地下结构的数值计算方法有了很大的发展。有限元法、边界元法及离散元法等数值解法迅速发展,模拟围岩弹塑性、黏弹塑性及岩体节理面等大型程序已经很多,使得连续介质力学的计算应用范围得到扩大。这些理论都是以支护与围岩共同作用和需得知地应力及施工条件为前提的,比较符合地下工程的力学原理。然而,计算参数还难以准确获得,如原始地应力、岩体力学参数及施工因素等。另外,人们对岩土材料的本构模型与围岩的破坏失稳准则还认识不足。因此,目前根据共同作用所得的计算结果,一般也只能作为设计参考依据。

与此同时,锚杆与喷射混凝土一类新型支护的出现和与此相应的一整套新奥地利隧道设计施工方法的兴起,终于形成了以岩体力学原理为基础的、考虑支护与围岩共同作用的地下工程现代支护理论。

现代支护理论的形成与发展,首先是由于锚喷支护结构的大量使用,它可在围岩松动之前及时加固围岩,其应用实践给人们积累了丰富的经验。新奥法是典型的代表,尤其是现场监控量测的应用。到20世纪80年代又将现场监控量测与理论分析结合起来,发展成为一种适应地下工程特点和当前施工技术水平的新设计方法——现场监控设计方法(也称信息化设计方法)。

目前,工程中主要使用的工程类比设计法,也正在向着定量化、精确化和科学化方向发展。地下工程支护结构理论的另一类内容,是岩体中由于节理裂隙切割而形成的不稳定块体失稳,一般应用工程地质和力学计算相结合的分析方法,即岩石块体极限平衡分析法。这种方法主要是在工程地质的基础上,根据极限平衡理论,研究岩块的形状和大小及其塌落条件,以确定支护参数。

与此同时,在地下工程支护结构设计中应用可靠性理论、推行概率极限状态设计研究等也取得了重要进展。采用动态可靠度分析法,即利用现场监测信息,从反馈信息的数据中预测地下工程的稳定可靠度，从而对支护结构进行优化设计，是改善地下工程支护结构设计的有效途径。考虑各主要影响因素及准则本身的随机性，可将判别方法引入可靠度范畴。

在计算分析方法研究方面，随机有限元(包括摄动法、纽曼法、最大熵法和响应面法等)、Monte—Carlo 模拟、随机块体理论和随机边界元法等一系列新的地下工程支护结构理论分析方法近年来都有了较大的发展。

地下工程支护结构理论正在不断发展，各种设计方法都需要不断提高和完善，尤其是能较好地反映地下工程特点的现场监控设计方法，更迫切需要在近期内形成比较完善的量测体系与计算体系。从发展趋势看，新奥法开创的理论—经验—量测相结合的"信息化设计"，体现了地下工程支护结构设计理论的发展方向。

应该指出，地下结构计算理论的上述几个发展阶段在时间上并没有截然的先后之分，后期提出的计算方法一般也并不否定前期的研究成果，鉴于岩土介质的复杂多变，这些计算方法都有其比较适用的一面，但又各自带有一定的局限性。但是，各种新方法的不断出现，意味着地下结构的计算理论将日益趋于完善。

四、隧道设计方法的发展

山岭隧道的设计方法，基本上分为预设计和施工设计两大类，其中预设计是指施工前根据有限的地质调查数据进行的设计(称为初步设计或施工图设计)；施工设计是指施工中根据揭露的围岩状况，修正、完善预设计的设计(或称为变更设计)。

在预设计中采用的主要设计方法如下：

- 标准设计方法；
- 类比设计方法；
- 解析设计方法。

上述方法中，采用最多的设计方法是各机构按不同围岩级别规定的标准设计方法。我国近 2 万 km 的铁路隧道是按标准设计修建的。1950—1953 年，我国新建铁路隧道集中在天兰、成渝或丰沙等线，衬砌结构采用铁道部 1951 年发布的标准图，分为坚石、次坚石、松石、土质 4 类，系参考民国时期遗留的资料编成。1954 年开始依据苏联隧道衬砌按普氏坚固性系数 f 值编制定型图，一直应用到 1960 年。此后随《隧道设计规范》的不断修正、完善，隧道衬砌标准设计也得到迅速发展，相继制定出一般地区衬砌、偏压衬砌、斜交洞口衬砌、拱形明洞衬砌等一系列标准设计图，基本上满足了隧道衬砌设计的需求。在隧道勘测设计中，标准设计图采用率高达 90%以上。

今后不断完善、提高标准设计的质量仍然是我们重要的研究课题。这方面的经验越来越丰富，标准化的内容也更加合理、适用。

在土砂围岩和膨胀性围岩等特殊围岩中，也有采用类比设计和解析设计方法的事例。但类比设计法和解析设计法的实例不多，具体的设计内容也没有明确的规定，其应用受到一定的限制。特别是在解析设计法中，物性值和模式化的评价，本构方程的设定等还要依赖有经验的专家予以判定。

在施工设计中，由于数值解析方法以及计算机的高性能化，解析方法获得一定的发展，用以核查围岩动态及验证支护效果等。

一般山岭隧道采用的主要解析设计方法有：

● 理论解析方法；

● FEM(Finite Element Method,有限单元法)解析方法；

● 构造解析方法。

对衬砌、明洞等结构来说，构造解析方法(包括 FEM)仍然是主要设计方法。

构造解析方法从发展角度看，已经从过去的容许应力法全面进入到概率极限状态设计法阶段。

所谓容许应力设计法是把作为构件的材料强度除以安全系数 γ_m，用容许应力确保安全度的方法，例如，安全系数对混凝土取 3～4，对钢筋取 1.7 左右，即使有荷载作用，因为材料中发生的应力均在容许值以下，材料处于弹性状态，而与屈服以后的动态无关。

此外，容许应力法没有考虑荷载的离散性，也没有考虑荷载的变动，这些离散性也包含在材料的安全系数内，实际上确保的安全度是不明确的。但此方法，概念明确，计算偏于安全，应用较多。

在容许应力设计法中，钢筋及混凝土均处于弹性状态，作为确认使用性的方法是有效果的，但不能研讨破坏时的动态。

从隧道衬砌设计方法看，容许应力法仍然是不可忽视的方法之一。

从 20 世纪 80 年代开始，美国、加拿大、欧洲等国开始采用极限状态设计法代替容许应力设计法。所谓极限状态是指：构造物或构造物一部分达到称为极限状态的状态后，使用性急剧降低，视情况，发生破坏。在此状态，构造物没有丧失其功能，但发生各种变异，不能满足要求性能。

极限状态设计法补充了容许应力法的不足，对材料及荷载分别规定了安全系数和修正系数。认识到构造物受到破坏和损伤不能使用的可能性，因此，尽可能地借助可靠性理论，把可能性抑制在一定基准(容许破坏概率)以下。目前极限状态设计法已被各国作为可以信赖的设计方法。

我国于 1999 年施行的《铁路隧道设计规范》(TB 10003—1999)开始采用以可靠性理论为基础的概率极限状态设计方法计算隧道衬砌。

不管是容许应力法，还是极限状态法，都是从力学角度解决隧道支护和衬砌结构的设计方法。但对隧道这样隐蔽性极强的地下结构，仅仅是结构设计(力学设计或强度设计)是不充分的，还必须对耐久性、使用性以及可维修性等性能要求进行设计。因此，以性能要求为核查对象的“性能核查型设计方法”，逐渐受到各国的关注。

所谓的性能核查型设计，是指如果设计的构造物能够满足要求性能，则可以采用任何的构造形式、构造材料、设计手法、工法。日本 2003 年公布了以盾构隧道为对象的性能核查型设计方法指南，2006 年又提出城市矿山法隧道衬砌设计向性能核查型设计过渡的指导建议。我们结合设计实践，也开始关注与构造性能有关的设计，例如对结构的耐久性能也制定了设计的基本规定，同时在隧道规范中也开始要求设计必须考虑可维修性的基本原则等。

新奥法的出现，为围岩—结构理论模式的应用增加了新的活力。以施工中的观察、量测、围岩探查技术取得的信息为基础的信息化施工设计方法得到进一步发展，这是目前设计变更采用的主要方法，其中包括围岩级别的变更、支护构造的变更、辅助工法的选定、最终位移的预测、支护效果的核查、反分析等方法。

第二节　围岩压力

一、围岩压力及其分类

(一)围岩压力

围岩压力是指引起地下开挖空间周围岩体和支护变形或破坏的作用力。它包括由地应力引起的围岩应力以及围岩变形受阻而作用在支护结构上的作用力。因此,从广义来理解,围岩压力既包括围岩有支护的情况,也包括围岩无支护的情况;既包括作用在普通的传统支护,如架设的支撑或施作的衬砌上所显示的力学性态,也包括在锚喷和压力灌浆等现代支护的方法中所显示的力学性态。从狭义来理解,围岩压力是指围岩作用在支护结构上的压力。在工程中一般研究狭义的围岩压力。

(二)围岩压力分类

围岩压力按作用力发生的形态,一般可分为如下几种类型:

1. 松动压力

由于开挖而松动或坍塌的岩体以重力形式直接作用在支护结构上的压力称为松动压力。松动压力按作用在支护上的力的位置不同,分为竖向压力和侧向压力。松动压力常通过下列三种情况发生:

(1)在整体稳定的岩体中,可能出现个别松动掉块的岩石;

(2)在松散软弱的岩体中,坑道顶部和两侧边帮冒落;

(3)在节理发育的裂隙岩体中,围岩某些部位沿软弱面发生剪切破坏或拉坏等局部塌落。

2. 形变压力

形变压力是由于围岩变形受到与之密贴的支护如锚喷支护等的抑制,而使围岩与支护结构在共同变形过程中,围岩对支护结构施加的接触压力。所以形变压力除与围岩应力状态有关外,还与支护时间和支护刚度有关。

3. 膨胀压力

当岩体具有吸水、应力解除等膨胀性特征时,由于围岩膨胀所引起的压力称为膨胀压力。它与形变压力的基本区别在于它是由吸水、应力解除等膨胀引起的。

4. 冲击压力

冲击压力是在围岩中积累了大量的弹性变形能以后,由于隧道的开挖,围岩的约束被解除,能量突然释放所产生的压力。

由于冲击压力是岩体能量的积累与释放问题,所以它与高地应力和完整硬岩直接相关。弹性模量较大的岩体,在高地应力作用下,易于积累大量的弹性变形能,一旦破坏原始平衡条件,它就会突然猛烈地大量释放。

二、影响围岩压力的因素

影响围岩压力的因素很多,通常可分为两大类:一类是地质因素,它包括初始应力状态、岩石力学性质、岩体结构面等;另一类是工程因素,它包括施工方法、支护设置时间、支护刚度、坑道形状等。

例如在隧道开挖过程中,由于受到开挖面的约束,使其附近的围岩不能立即释放全部瞬时弹性位移，这种现象称为开挖面的“空间效应”。如在“空间效应”范围(一般为1～1.5倍洞径)内，设置支护，就可减少支护前的围岩位移值。所以当采用紧跟开挖面支护的施工方法时，支护时间的迟早必然大大地影响围岩的稳定和围岩压力的数值。因此，一般宜尽快地施作支护，封闭岩层，待围岩变形基本稳定后再施作二次衬砌，减少二次衬砌的围岩压力。

三、围岩松动压力的形成和确定方法

(一)围岩松动压力的形成

开挖隧道所引起的围岩松动和破坏的范围有大有小，有的可达地表，有的则影响较小。对于一般裂隙岩体中的深埋隧道，其波及范围仅局限在隧道周围一定深度。所以作用在支护结构上的围岩松动压力远远小于其上覆岩层自重所造成的压力。这可以用围岩的“成拱作用”来解释。下面以水平岩层中开挖一个矩形坑道，来说明坑道开挖后围岩由形变到坍塌成拱的整个变形过程，如图5-2-1所示。

(1)隧道开挖后，在围岩应力重分布过程中，顶板开始沉陷，并出现拉断裂纹[图5-2-1(a)]，可视为变形阶段；

(2)顶板的裂纹继续发展并且张开，由于结构面切割等原因，逐渐转变为松动[图5-2-1(b)]，可视为松动阶段；

(3)顶板岩体视其强度的不同而逐步塌落[图5-2-1(c)]，可视为塌落阶段；

(4)顶板塌落停止，达到新的平衡，此时其界面形成一近似的拱形[图5-2-1(d)]，可视为成拱阶段。

实践证明，自然拱范围的大小除了受上述的围岩地质条件、支护结构架设时间、刚度以及它与围岩的接触状态等因素影响外，还取决于以下诸因素：

(1)隧道的形状和尺寸。隧道拱圈越平坦，跨度越大，则自然拱越高，围岩的松动压力也越大。

(2)隧道的埋深。人们从实践中得知，只有当隧道埋深超过某一临界值时，才有可能形成自然拱。习惯上，将这种隧道称为深埋隧道，否则称为浅埋隧道。由于浅埋隧道不能形成自然拱，所以，它的围岩压力的大小与埋置深度直接相关。

(3)施工因素。如爆破的影响，爆破所产生的震动常常是引起塌方的重要原因之一，造成围岩压力过大。又如分部开挖多次扰动围岩，也会引起围岩失稳，加大自然拱范围。

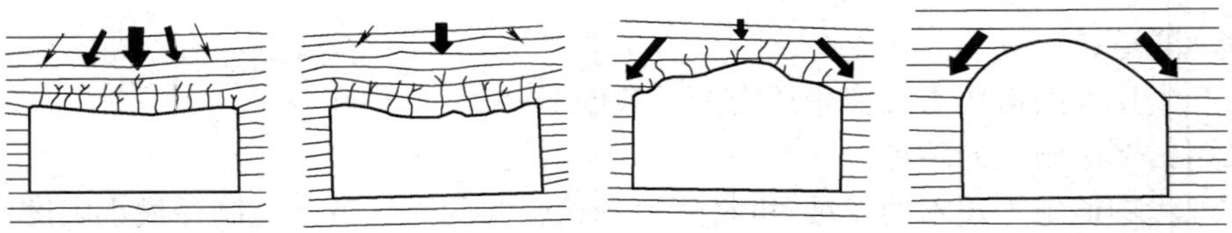

图5-2-1　松动压力的形成

(二)确定围岩松动压力的方法

确定围岩松动压力的方法有：现场实地量测；按理论公式计算确定；根据大量的实际资料，采用统计的方法分析确定。应该说，实地量测是今后的努力方向，但按目前的量测手段和技术水平来看，量测的结果尚不能充分反映真实情况。理论计算则由于围岩地质条件的千变万化，所用计算参数难以确切取值，目前也还没有一种能适合于各种客观实际情况的

统一理论。在大量施工坍方事件的统计基础上建立起来的统计方法,在一定程度上能反映围岩压力的真实情况。目前,采用几种方法相互验证参照取值是确定围岩压力较通用的方法。

1. 深埋隧道围岩松动压力的确定方法

当隧道的埋置深度超过一定限值后,由于围岩有"成拱作用",其松动压力仅是隧道周边某一破坏范围(自然拱)内岩体的重量,而与隧道埋置深度无关。故解决这一破坏范围的大小就成为问题的关键。

(1)我国《铁路隧道设计规范》所推荐的方法

确定围岩松动压力的关键是找出其破坏范围的规律性,而这种规律性只有通过大量的实际破坏形态的统计分析才能发现。

围岩破坏的直接表现形式是施工中产生的坍方。因此,根据大量隧道坍方资料的统计分析,可找出隧道围岩破坏范围形状和大小的规律性,从而得出计算围岩松动压力的统计公式。由于所统计的坍方资料有限,加上资料的相对可靠性,所以这种统计公式也只能在一定程度上反映围岩松动压力的真实情况。我国现行《铁路隧道设计规范》中推荐的计算围岩垂直均布松动压力 q 的公式,就是根据 1 000 多个坍方点的资料进行统计分析而拟定的。

单线铁路隧道按概率极限状态设计时的垂直压力公式为

$$q=\gamma\times h_q=0.41\times1.79^S\times\gamma \tag{5-2-1}$$

单线、双线及多线铁路隧道按破坏阶段设计时垂直压力公式为

$$q=\gamma\times h_q=0.45\times2^{S-1}\times\gamma w \tag{5-2-2}$$

式中 h_q——等效荷载高度值;

S——围岩级别,如Ⅲ级围岩 $S=3$;

γ——围岩的容重;

w——宽度影响系数,其值为

$$w=1+i(B-5)$$

其中 B——坑道宽度(m),

i——B 每增加 1 m 时,围岩压力的增减率(以 $B=5$ m 为基准),当 $B<5$ m 时取 $i=0.2$,$B>5$ m 时,取 $i=0.1$。

式(5-2-1)及式(5-2-2)的适用条件为:

①$H/B<1.7$(H 为坑道的高度);

②深埋隧道;

③不产生显著的偏压力及膨胀压力的一般围岩;

④采用钻爆法施工的隧道。

随着现代隧道施工技术的发展,可将隧道开挖引起的破坏范围控制在最小限度内,所以围岩松动压力的发展也将受到控制。

在上述产生垂直压力的同时,隧道也会有侧向压力出现,即围岩水平均布松动压力 e,e 可按表 5-2-1 中的经验公式计算(一般取平均值),其适用条件同式(5-2-1)及式(5-2-2)。

表 5-2-1 水平均布松动压力

围岩级别	Ⅰ～Ⅱ	Ⅲ	Ⅳ	Ⅴ	Ⅵ
水平均布压力	0	$<0.15q$	$(0.15\sim0.3)q$	$(0.3\sim0.5)q$	$(0.5\sim1.0)q$

除了确定压力的数值外，还要考虑压力的分布状态。根据我国隧道垂直围岩压力的一些量测资料表明，作用在支护结构上的荷载一般是不均匀的。这是因为岩体破坏范围的大小和形状，受岩体结构、施工方法等因素的影响极不规则。根据统计资料，围岩垂直松动压力的分布图大概可概括为如图 5-2-2 所示的四种图式。用等效荷载，即非均布压力的总和应与均布压力的总和相等的方法来确定各荷载图形的高度值。

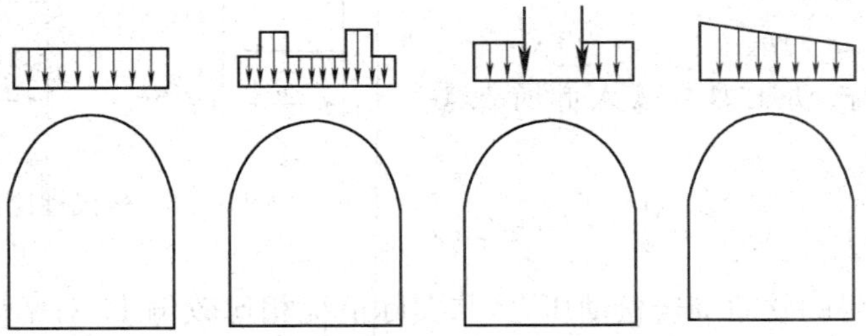

图 5-2-2　垂直松动压力的分布图

另外，还应考虑围岩水平松动压力非均匀分布的情况。

但上述压力分布图形只概括了一般情况，当地质、地形或其他原因可能产生特殊荷载时，围岩松动压力的大小和分布应根据实际情况分析确定。

(2)普氏理论

普氏认为，所有的岩体都不同程度被节理、裂隙所切割，因此可视为散粒体。但岩体又不同于一般的散粒体，其结构面上存在着不同程度的黏结力。基于这种认识，普氏提出了岩体的“坚固性系数”f(又称侧摩擦系数)的概念。

岩体的抗剪强度 $\tau=\sigma\tan\varphi+c$，现将岩体视为散粒体，但又要保证其抗剪强度不变，则 $\tau=\sigma f$。所以

$$f=\tau/\sigma=(\sigma\tan\varphi+c)/\sigma=\tan\varphi+c/\sigma=\tan\varphi_0 \tag{5-2-3}$$

式中　φ,φ_0——岩体的内摩擦角和似摩擦角；

τ,σ——岩体的抗剪强度和剪切破坏时的正应力；

c——岩体的黏结力。

由此可以看出，岩体的坚固性系数 f 是一个说明岩体特性(如强度、抗钻性、抗爆性、构造、地下水等)的综合指标。

为了确定围岩的松动压力，普氏进一步提出了基于“自然拱”概念的计算理论。他认为在具有一定黏结力的松散介质中开挖坑道后，其上方会形成一个抛物线形的自然拱，作用在支护结构上的围岩压力就是自然拱内松散岩体的重量。而自然拱的形状和尺寸(即它的高度 h_k 和跨度 $2b_t$)与岩体的坚固性系数 f 有关。具体表达式为

$$h_k=b_t/f \tag{5-2-4}$$

式中　h_k——自然拱高度；

b_t——自然拱的半跨度。

在坚硬的岩体中，坑道侧壁较稳定，自然拱的跨度即为坑道的跨度，如图 5-2-3(a)所示。在松散和破碎岩体中，坑道的侧壁受到扰动而产生滑移，自然拱的跨度也相应加大，如图 5-2-3(b)所示。此时的 b_t 值为

$$b_t=\frac{B}{2}+H_t\cdot\tan(45°-\varphi_0/2) \quad (5\text{-}2\text{-}5)$$

式中 B——坑道的净跨；

H_t——坑道的净高；

φ_0——岩体的似摩擦角，$\varphi_0=\arctan f$。

围岩垂直均布松动压力

$$q=\gamma h_k \quad (5\text{-}2\text{-}6)$$

围岩水平均布松动压力可按人们所熟悉的朗金公式计算

$$e=\left(q+\frac{1}{2}\gamma H_t\right)\tan^2\left(45°-\frac{\varphi_0}{2}\right) \quad (5\text{-}2\text{-}7)$$

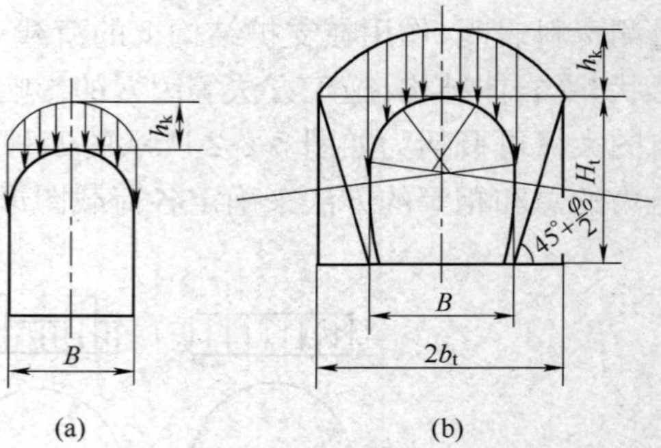

图 5-2-3　普氏理论自然拱形成

按普氏理论算得的软质围岩松动压力，与实际情况相比较偏小，对坚硬围岩则偏大，一般在松散、破碎围岩中较为适用。

(3)泰沙基理论

泰沙基也将岩体视为散粒体，他认为坑道开挖后，其上方的岩体因坑道的变形而下沉，并产生如图 5-2-4 所示的错动面 OAB。假定作用在任何水平面上的竖向压应力 σ_v 是均布的，相应的水平力 $\sigma_h=\lambda\sigma_v$(λ 为水平压力系数)。在地面深度为 h 处取出一厚度为 dh 的水平条带单元体，考虑其平衡条件 $\sum V=0$，得出

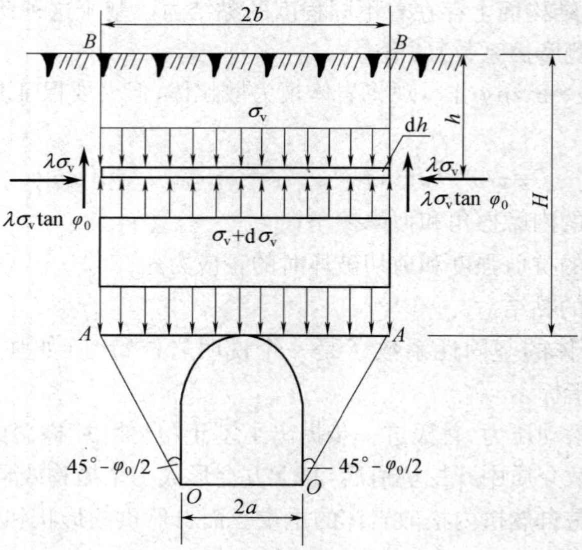

图 5-2-4　泰沙基理论围岩压力图示

$$2b(\sigma_v+d\sigma_v)-2b\cdot\sigma_v+2\lambda\sigma_v\tan\varphi_0\cdot dh-2b\gamma\cdot dh=0$$

展开后，得

$$\frac{d\sigma_v}{\gamma-\dfrac{\lambda\sigma_v\tan\varphi_0}{b}}-dh=0$$

解上述微分方程，并引进边界条件(当 $h=0$，$\sigma_v=0$)，得洞顶岩层中任意点的垂直压力为

$$\sigma_v=\frac{\gamma b}{\tan\varphi_0\cdot\lambda}\left(1-e^{-\lambda\tan\varphi_0\cdot\frac{h}{b}}\right) \tag{5-2-8}$$

随着坑道埋深 h 的加大，$e^{-\lambda\tan\varphi_0\cdot\frac{h}{b}}$ 趋近于零，则 σ_v 趋于某一个固定值，且

$$\sigma_v=\frac{\gamma b}{\tan\varphi_0\cdot\lambda} \tag{5-2-9}$$

泰沙基根据实验结果，得出 $\lambda=1\sim1.5$，取 $\lambda=1$，则

$$\sigma_v=\frac{\gamma b}{\tan\varphi_0} \tag{5-2-10}$$

如以 $\tan\varphi_0=f$ 代入，得

$$\sigma_v=\gamma b/f$$

式中，b、φ_0 意义同上。

此时便与普氏理论计算公式得到相同的结果。泰沙基认为当 $H\geqslant5b$ 时为深埋隧道。至于侧向均布压力则仍按朗金公式计算：

$$e=\left(\sigma_v+\frac{1}{2}\gamma H_t\right)\tan^2\left(45°-\frac{\varphi_0}{2}\right) \tag{5-2-11}$$

2. 浅埋隧道围岩松动压力的确定方法

(1)浅埋隧道围岩松动压力的确定方法(《铁路隧道设计规范》)

当隧道浅埋时，地层多为松散堆积物，“自然拱”无法形成，此时的围岩压力计算不能再引用上述深埋情况的计算公式，而应按浅埋情况进行分析计算。

前已述及当隧道埋深不大时，开挖的影响将波及到地表而不能形成“自然拱”。从施工过程中岩体(包括土体)的运动情况可以看到，隧道开挖后如不及时支撑，岩体即会大量坍落移动，这种移动会影响到地表并形成一个坍陷区域，此时岩体将会出现两个滑动面，如图 5-2-5 所示。对于这样的情况，可以采用松散介质极限平衡理论进行分析。当滑动岩体下滑时，受到两种阻力作用：一是滑面上阻止滑动岩体下滑的摩擦阻力；二是支护结构的反作用力，这种反作用力的数值应等于滑动岩体对支护结构施加的压力，也就是我们所要确定的围岩松动压力。根据受力的极限平衡条件：

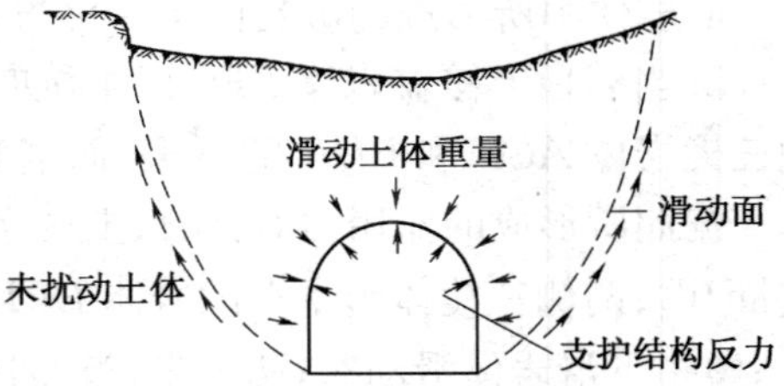

图 5-2-5　浅埋隧道上覆土体滑动图式

滑动岩体重量＝滑面上的阻力＋支护结构的反作用力(围岩松动压力)

则　　围岩松动压力＝滑动岩体重量－滑面上的阻力

计算浅埋隧道围岩松动压力分两种情况：

①我国《铁路隧道设计规范》推荐，当隧道埋深 h 小于或等于等效荷载高度 h_q(即 $h\leqslant h_q$)时，因上覆岩体很薄，滑动面上的阻力很小，为安全起见，计算时可忽略滑面上的摩擦阻力，则围岩垂直均布压力为

$$q=\gamma h \tag{5-2-12}$$

式中　γ——围岩容重；

h——隧道埋置深度。

围岩水平均布压力 e 按朗金公式计算

$$e=\left(q+\frac{1}{2}\gamma H_t\right)\tan^2\left(45°-\frac{\varphi_0}{2}\right) \tag{5-2-13}$$

式中符号同前。

②我国《铁路隧道设计规范》推荐，当隧道埋深 h 大于等效荷载高度 h_q（即 $h>h_q$）时，随着隧道埋置深度增加，上覆岩体逐渐增厚，滑面的阻力也随之增大。因此，在计算围岩压力时，必须考虑滑面上阻力的影响，可按下述方法计算：

施工中，上覆岩体的下沉和位移与许多因素有关，如支护是否及时，岩体的性质、坑道的尺寸及埋置深度的大小，施工方法是否合理等等。为方便计算，根据实践经验做如下简化假定，如图 5-2-6 所示。

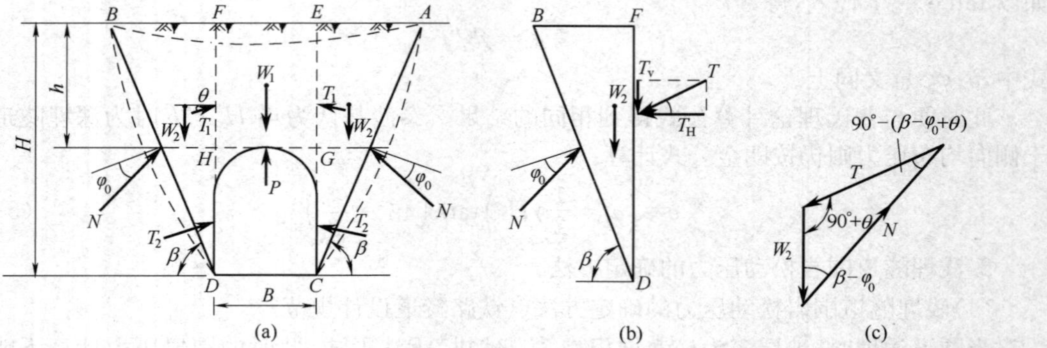

图 5-2-6　浅埋隧道谢家休理论围岩压力示意图

a. 岩体中所形成的破裂面是一个与水平面成 β 角的斜直面，如图 5-2-6(a)中的 AC、BD。

b. 当洞顶上覆盖岩体 $FEGH$ 下沉时受到两侧岩体的挟持，应当强调它反过来又带动了两侧三棱岩体 ACE 和 BDF 的下滑，而当整个下滑岩体 $ABDHGC$ 下滑时，又受阻于未扰动岩体。据此所形成的作用力有：洞顶上覆盖岩体 $EFHG$ 的重量 W_1；两侧三棱体 ACE、BDF 的重量 W_2；两侧三棱体给予下沉岩体 $EFDL$ 的阻力 T（对整个下滑岩体来说为内力），$T=T_1+T_2$；整个下滑岩体滑动时，两侧未扰动岩体给予的阻力 N。

c. 斜直面 AC、BD 是一个假定破裂滑面，该滑面的抗剪强度决定于滑面的摩擦角 φ 及黏结力 c，为简化计算采用岩体的似摩擦角 φ_0。应注意，洞顶岩体 $EFHG$ 与两侧三棱体之间的摩擦角 θ 与 φ_0 是不同的。因为 EG、FH 面上并没有发生破裂面，所以它介于零与岩体内摩擦角之间，即 $0<\theta<\varphi_0$。显然 θ 值与岩体的物理力学性质有着密切的关系。在计算时可以取一个经验数字，此处假定 θ 与 φ_0 有关(表 5-2-2)。表中所推荐的数值，是根据隧道的埋深情况和地质、地形资料，经验算一些发生地表沉陷和衬砌开裂的隧道以后提出的，可供实际工作时使用。还可以进一步把各类围岩具体的 θ 及 φ_0 计算值列入表中(表 5-2-3)供参考。

表 5-2-2　岩体两侧摩擦角 θ 与似摩擦角 φ_0 的关系

岩体似摩擦角 φ_0	θ	岩体似摩擦角 φ_0	θ
<20°	(0～0.1) φ_0	45°～50°	(0.5～0.6) φ_0
20°～30°	(0.1～0.2) φ_0	50°～55°	(0.6～0.7) φ_0
30°～35°	(0.2～0.3) φ_0	55°～60°	(0.7～0.8) φ_0
35°～40°	(0.3～0.4) φ_0	60°～65°	(0.8～0.9) φ_0
40°～45°	(0.4～0.5) φ_0	>65°	0.9 φ_0

表 5-2-3 各级围岩的 θ 及 φ_0 值

围岩级别	Ⅰ	Ⅱ	Ⅲ	Ⅳ	Ⅴ	Ⅵ
θ	$0.9\varphi_0$	$0.9\varphi_0$	$0.9\varphi_0$	$(0.7\sim0.9)\varphi_0$	$(0.5\sim0.7)\varphi_0$	$(0.3\sim0.5)\varphi_0$
φ_0	$>78°$	$70°\sim78°$	$60°\sim70°$	$50°\sim60°$	$40°\sim50°$	$30°\sim40°$

基于上述假定，按力的平衡条件，可求出作用在隧道支护结构上的围岩松动压力值。由图 5-2-6(a)可知，作用在支护结构上总的垂直压力 Q 为

$$Q=W_1-2T_1\sin\theta \tag{5-2-14}$$

式中，W_1 为已知的 $EFHG$ 的土体重，$T_1\sin\theta$ 为 $EFHG$ 土体下滑时受两侧土体挟制的摩擦力，其中 θ 已作假定可知，但 T_1 是未知的，必须先算出 T_1 值，才能求出 Q。

①求两侧三棱体对洞顶土体的挟制力 T_1。

取三棱体 BDF(或 ACE)作为脱离体分析，如图 5-2-6(b)所示，作用在其上的力有 W_2、T、F，其中 W_2 为 BDF 的土体自重，T 为隧道与上覆土体下沉而带动两侧 BDF 和 ACE 随着下滑时在 FD 面产生的带动下滑力，F 为 BD 面上的摩擦阻力。由图 5-2-6(a)可知 $T=T_1+T_2$，T_1、T_2 分别为上覆土体部分和衬砌部分带动 FD 和 EC 面下滑时的带动力，其方向如图所示。因此为了求出 T_1 必须先求 T。根据力的平衡条件，由图 5-2-6(c)所示的力三角形可求出 T 值。

三棱体重量 W_2 为

$$W_2=\frac{1}{2}\gamma\times\overline{BF}\times\overline{DF}=\frac{1}{2}\gamma H^2\frac{1}{\tan\beta} \tag{5-2-15}$$

式中，γ 为围岩容重；H、β 意义见图 5-2-6(a)。

按正弦定理，有

$$\frac{T}{\sin(\beta-\varphi_0)}=\frac{W_2}{\sin[90°-(\beta-\varphi_0+\theta)]}$$

将式(5-2-15)代入上式，化简后有

$$T=\frac{1}{2}\gamma H^2\frac{\tan\beta-\tan\varphi_0}{\tan\beta[1+\tan\beta(\tan\varphi_0-\tan\theta)+\tan\varphi_0\tan\theta]}\cdot\frac{1}{\cos\theta} \tag{5-2-16}$$

令

$$\lambda=\frac{\tan\beta-\tan\varphi_0}{\tan\beta[1+\tan\beta(\tan\varphi_0-\tan\theta)+\tan\varphi_0\tan\theta]} \tag{5-2-17}$$

则

$$T=\frac{1}{2}\gamma H^2\frac{\lambda}{\cos\theta} \tag{5-2-18}$$

分析式(5-2-18)的物理含义，从散体极限平衡理论可知，T 为 FD 面的带动下滑力，则 λ 即为 FD 面上侧压力系数，而 T 又为 T_1 和 T_2 之和，衬砌上覆土体下沉时受到两侧摩阻力为 T_1，这是我们所需要求的数值。T_1 值根据上述概念可直接写出，为

$$T_1=\frac{1}{2}\gamma h^2\frac{\lambda}{\cos\theta} \tag{5-2-19}$$

欲求 T_1 必须先求 λ。但是从式(5-2-17)中可以看出，λ 为 β、φ_0、θ 的函数。前面已说明，φ_0、θ 为已知，而 β 为 BD 与 AC 滑动面与隧道底部水平面的夹角，由于 BD 和 AC 滑动面并非极限状态下的自然破裂面，它是假定与土体 $EFHG$ 下滑带动力有关的，而其最可能的滑动面位置必然是 T 力为最大值时带动两侧土体 BFD 和 ECA 的位置。基于这一概念，应当利用求 T 的极值来求得 β 值。

ⅱ求破裂面 BD 的倾角 β

根据前述,令$\frac{d\lambda}{d\beta}=0$,经简化得

$$\tan\beta=\tan\varphi_0+\sqrt{\frac{(\tan^2\varphi_0+1)\tan\varphi_0}{\tan\varphi_0-\tan\theta}} \tag{5-2-20}$$

由上式知,在 T 极值条件下的 β 值仅与 φ_0、θ 有关,而 φ_0、θ 是随围岩级别而定的已知值。在求得 β 后则 T_1 亦可求得。

ⅲ求围岩总的垂直压力 Q

将求得的 T_1 值代入(5-2-14)式,得 Q 值为

$$Q=W_1-2\times\frac{1}{2}\gamma h^2\frac{\lambda}{\cos\theta}\sin\theta$$

而 $W_1=Bh\gamma$,则

$$Q=Bh\gamma-\gamma h^2\tan\theta\cdot\lambda$$

即

$$Q=\gamma h(B-h\lambda\tan\theta) \tag{5-2-21}$$

ⅳ求围岩垂直均布松动压力 q

$$q=\frac{Q}{B}=\gamma h\left(1-\frac{h\lambda\tan\theta}{B}\right)=\gamma hK \tag{5-2-22}$$

式中 K——压力缩减系数,其值为 $K=1-\frac{h}{B}\lambda\tan\theta$;

B——隧道开挖宽度;

h——洞顶岩体覆盖层厚度。

ⅴ求围岩水平均布松动压力

若水平压力按梯形分布,则作用在隧道顶部和底部的水平压力可直接写为

$$\left.\begin{aligned}e_1&=\gamma h\lambda\\ e_2&=\gamma H\lambda\end{aligned}\right\} \tag{5-2-23}$$

式中,λ 为侧压力系数,可由式(5-2-17)求得。

若为均布时,则

$$e=\frac{1}{2}(e_1+e_2) \tag{5-2-24}$$

对于傍山隧道,由于受有偏压,更易发生山体变形及滑动。当山体基岩稳定时,开挖隧道不至于发生滑动或坍塌,但会引起山体的沉陷变形。对于地面坡度陡斜的浅埋隧道,在围岩松动压力的计算公式中,应考虑地形的影响,公式推导方法与地表水平时的原则相同,在此不再推导,只将结果写出。但应当注意,由于地表的倾斜,隧道两侧土体破裂面倾角将为 β' 和 β,与之相对应的 λ' 和 λ、T' 和 T 也分别不同。在荷载作用下垂直压力 Q 可按式(5-2-25)计算,并假定偏压分布图形与地面坡一致(图 5-2-7)。

$$Q=\frac{\gamma}{2}[(h+h')B-(\lambda h^2+\lambda' h'^2)\tan\theta] \tag{5-2-25}$$

式中 h,h'——内、外侧由拱顶水平至地面的高度(m);

B——坑道跨度(m);

γ——围岩容重(kN/m³);

θ——顶板土柱两侧摩擦角(°),当无实测资料时,可参考表 5-2-3 选取。

$$\lambda=\frac{1}{\tan\beta-\tan\alpha}\times\frac{\tan\beta-\tan\varphi_0}{1+\tan\beta(\tan\varphi_0-\tan\theta)+\tan\varphi_0\tan\theta} \tag{5-2-26}$$

$$\lambda'=\frac{1}{\tan\beta'+\tan\alpha}\times\frac{\tan\beta'-\tan\varphi_0}{1+\tan\beta'(\tan\varphi_0-\tan\theta)+\tan\varphi_0\tan\theta} \tag{5-2-27}$$

$$\tan\beta=\tan\varphi_0+\sqrt{\frac{(\tan^2\varphi_0+1)(\tan\varphi_0-\tan\alpha)}{\tan\varphi_0-\tan\theta}} \tag{5-2-28}$$

$$\tan\beta'=\tan\varphi_0+\sqrt{\frac{(\tan^2\varphi_0+1)(\tan\varphi_0+\tan\alpha)}{\tan\varphi_0-\tan\theta}} \tag{5-2-29}$$

隧道水平压力强度为：

$$\left.\begin{aligned} e_1=\gamma h_1\lambda,\quad e_2=\gamma h\lambda \\ e_1'=\gamma h_1'\lambda',\quad e_2'=\gamma h'\lambda' \end{aligned}\right\} \tag{5-2-30}$$

(2)浅埋隧道围岩压力的其他公式

①比尔鲍曼公式

$$\sigma_v=\gamma h\left[1-\frac{h}{2a_1}K_1-\frac{c}{\gamma a_1}(1-2K_2)\right]$$

式中

$$a_1=\frac{B}{2}+H_t\tan\left(45°-\frac{\varphi}{2}\right)$$

$$K_1=\tan\varphi\ \tan^2\left(45°-\frac{\varphi}{2}\right)$$

$$K_2=\tan\varphi\ \tan\left(45°-\frac{\varphi}{2}\right)$$

H_t 为隧道高度，h 为隧道顶的覆土埋深，B 为隧道净跨，γ、c、φ 分别为地层的容重、内聚力和内摩擦角。

②泰沙基公式

同深埋公式(5-2-8)，它是欧洲、美国、日本等国常用于浅埋隧道的围岩压力表达式。

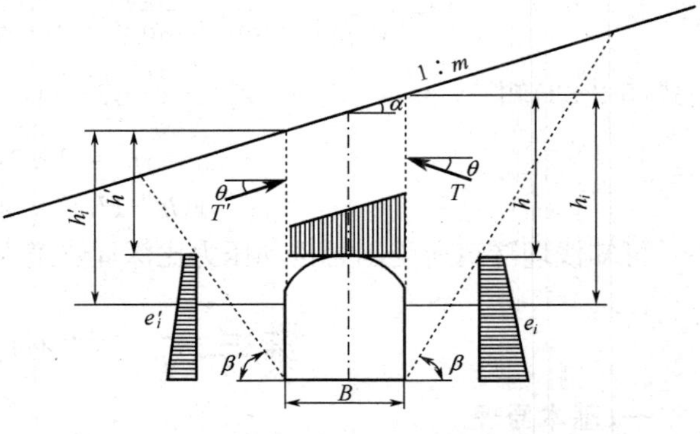

图 5-2-7　偏压隧道衬砌作用(荷载)计算图式

3. 深、浅埋隧道的判定原则

如上所述，隧道埋深不同，确定围岩压力的计算方法也应不同，因此有必要分清深埋与浅埋隧道的界限。一般情况下应以隧道顶部覆盖层能否形成“自然拱”为原则，但要确定出界限是困难的，因为它与许多因素有关，因此只能按经验做出概略的估算。深埋隧道围岩松动压力值是以施工坍方高度(等效荷载高度值)为根据，为了能形成此高度值，隧道上覆岩体就应有一定的厚度，否则坍方会扩展到地面。为此，深、浅埋隧道分界深度至少应大于坍方的平均高度且有一定余量。根据经验，这个深度通常为 2～2.5 倍的坍方平均高度值，即

$$H_p=(2\sim2.5)h_q \tag{5-2-31}$$

式中　H_p——深浅埋隧道分界的深度；

h_q——等效荷载高度值，见式(5-2-1)和式(5-2-2)。

系数 2～2.5 在松软的围岩中取高限，而在较坚硬围岩中取低限。对于某些情况，则应做具体分析后确定。

当隧道覆盖层厚度 $h\geqslant H_p$ 时为深埋，$h<H_p$ 时为浅埋。

深、浅埋分界的其他方法：前述比尔鲍曼公式中，当 h 增加到 σ_v 趋于常数时即为深埋；用泰沙基公式当 $h \geqslant 5b$ 时即为深埋。

4. 围岩压力计算实例

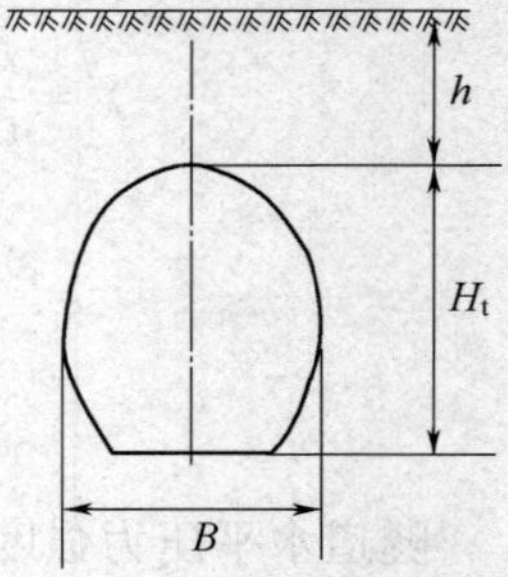

图 5-2-8 松动压力计算示例

如图 5-2-8 所示单线铁路隧道，处在Ⅳ级围岩中，埋深 $h=20$ m，$B=7.4$ m，$H_t=8.8$ m。围岩容重 $\gamma=21.5$ kN/m³，计算时纵向取单位长度。

由式(5-2-2)知

$$h_q=0.41\times1.79^S=0.41\times1.79^4=4.21\text{ m}$$

$$q=21.5\times4.21=90.5\text{ kN/m}$$

查表 5-2-1 知 $e=(0.15\sim0.3)q=13.5\sim27.15$ kN/m。

检算 $h=20\text{ m}>(2\sim2.5)h_q$，属深埋条件，正确。

如果 $h=8$ m，$h<2h_q$，隧道应为浅埋，按浅埋公式(5-2-22)计算。

查表 5-2-3 有：$\varphi_0=55°$，$\theta=44°$(取 $0.8\varphi_0$)，则 $\tan\varphi_0=1.428$，$\tan\theta=0.966$。

$$\tan\beta=\tan\varphi_0+\sqrt{\frac{\tan\varphi_0(\tan^2\varphi_0+1)}{\tan\varphi_0-\tan\theta}}$$

$$=1.428+\sqrt{\frac{1.428(1.428^2+1)}{1.428-0.966}}=4.493$$

$$\lambda=\frac{\tan\beta-\tan\varphi_0}{\tan\beta[1+\tan\beta(\tan\varphi_0-\tan\theta)+\tan\varphi_0\tan\theta]}=0.153$$

由式(5-2-22)知

$$q=\gamma\left(h-\frac{\lambda h^2\tan\theta}{B}\right)=144.52\text{ kN/m}$$

$$e_1=\gamma h\lambda=26.32\text{ kN/m}$$

$$e_2=\gamma(h+H_t)\lambda=55.26\text{ kN/m}$$

可知浅埋隧道所受围岩松动压力比深埋隧道大，因而靠近洞口段的洞身衬砌需要加强。

第三节 结构力学方法

一、基本原理

这种方法是将支护和围岩分开考虑，支护结构是承载主体，地层对结构的作用只是产生作用在地下结构上的荷载，以计算衬砌在荷载作用下产生的内力和变形的方法，也称为荷载—结构法。其设计原理是按围岩分级或由实用公式确定围岩压力，围岩对支护结构变形的约束作用是通过弹性支撑来体现的，而围岩的承载能力则在确定围岩压力和弹性支撑的约束能力时间接考虑。围岩的承载能力越高，它给予支护结构的压力越小，弹性支撑约束支护结构变形的弹性反力越大，相对来说，支护结构所起的作用就变小了。

结构力学方法是我国目前广泛采用的一种主要的地下结构计算方法，也称为"荷载—结构"模型。主要适用于围岩因过分变形而发生松弛和崩塌，以及支护结构主动承担围岩"松动"压力的情况。由于此类模型概念清晰，计算简便，易于被工程师们所接受，故至今仍很通用，尤其是对整体式混凝土衬砌。但它没有真实地反映出坑道开挖后围岩与支护结构的相互作用关系。

结构力学方法虽然都是以承受岩体松动、崩塌而产生的竖向和侧向主动压力为主要特征，但在围岩与支护结构相互作用的处理上却有几种不同的做法：

(1)主动荷载模式,如图 5-3-1(a)所示。此模式不考虑围岩与支护结构的相互作用,因此,支护结构在主动荷载作用下可以自由变形。它主要适用于围岩与支护结构的"刚度比"较小的情况,或软弱围岩对结构变形的约束能力较差,没有能力去约束衬砌变形的情况,如采用明挖法施工的城市地铁工程及明洞工程。

(2)主动荷载加被动荷载(弹性抗力)模式,如图 5-3-1(b)所示。此模式认为围岩不仅对支护结构施加主动荷载,而且由于围岩与支护结构的相互作用,还对支护结构施加被动的约束反力。为此,支护结构在主动荷载和约束反力同时作用下进行工作。这种模式能适用于各种类型的围岩,只是不同围岩所产生的弹性抗力大小不同而已,这种模式基本能反映出支护结构的实际受力状况。

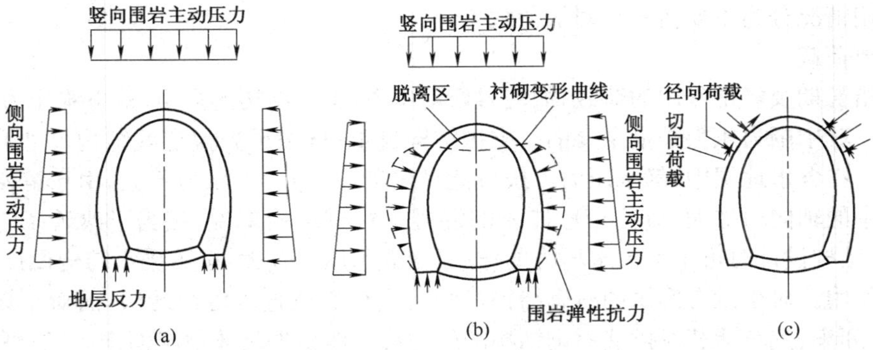

图 5-3-1　隧道结构荷载计算模式

(3)实际荷载模式。这是当前正在发展的一种模式,它采用量测仪器实地量测到作用在支护结构上的荷载值,这是围岩与支护结构相互作用的综合反映,既包含围岩的主动荷载,也含有弹性反力,如图 5-3-1(c)所示。在支护结构与围岩牢固接触时,不仅能量测到径向荷载,而且还能量测到切向荷载,切向荷载的存在可减少荷载分布的不均匀程度,从而改善结构的受力情况。结构与围岩松散接触时,就只有径向荷载。但应该指出,实际量测到的荷载值,除与围岩特性有关外,还取决于支护结构的刚度以及支护结构背后回填的质量。因此,某一种实地量测的荷载,只能适用于其相类似的情况。

二、隧道支护结构受力变形特点

隧道支护结构在主动荷载作用下要产生变形。如图 5-3-2 所示的曲墙式衬砌,在主动荷载(设围岩垂直压力大于侧向压力)作用下,结构产生的变形用虚线表示。在拱顶,其变形背向地层,不受围岩的约束而自由变形,这个区域称为"脱离区"。而在两侧及底部,结构产生朝向地层的变形,并受到围岩的约束阻止其变形,因而围岩对衬砌产生了弹性抗力,这个区称为"抗力区"。为此,围岩对衬砌变形起双重作用:围岩产生主动压力使衬砌变形,又产生被动压力阻止衬砌变形。这

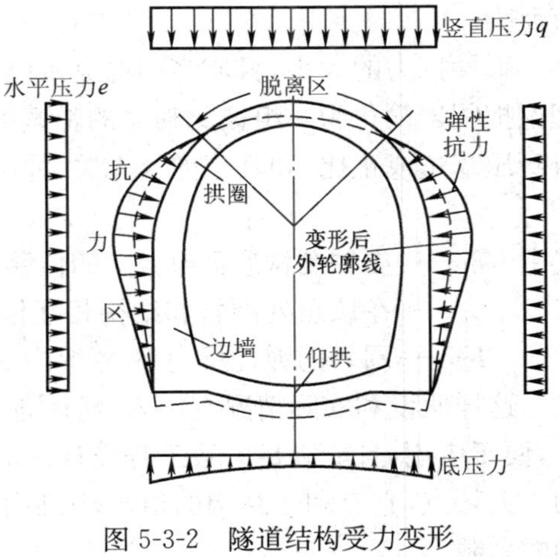

图 5-3-2　隧道结构受力变形

种效应的前提条件是围岩与衬砌必须全面地、紧密地接触。但实际的接触状态是相当复杂的。由于围岩的性质、施工方法、衬砌类型等因素的不同,致使围岩与衬砌可能是全面接触,也可能是局部接触,可能是面接触,也可能是点接触,有时是直接接触,有时通过回填物间接接触。为便于计算,一般将上述复杂情况予以理想化,即假定衬砌结构与围岩全面地、紧密地接触。因此,为了符合设计计算要求,施工中应严格按照施工规范要求进行施工。

三、隧道支护结构承受的荷载

以图 5-3-1(b)模式进行分析,作用在隧道支护结构上的荷载分为主动荷载和被动荷载两种。

(一)主动荷载

按作用情况分为主要荷载和附加荷载。

1. 主要荷载

它是指长期及经常作用的荷载,如围岩松动压力、支护结构的自重、地下水压力及列车、汽车活载等。其中围岩压力是最主要的。支护结构自重,可按预先拟定的结构尺寸和材料容重计算确定。在含水地层中,静水压力可按最低水位考虑,当静水压力不大,由于静水压力使衬砌结构物中的轴向力加大,对抗弯性能差的混凝土衬砌结构来说,相当于改善了它的受力状态,按排水结构设计时可不考虑水压力的作用;当静水压力较大,按不排水结构设计时,应考虑水压力的作用。对于没有仰拱的衬砌结构,列车、汽车活载直接传给地层,而对于设有仰拱的衬砌结构,列车、汽车活载对拱墙衬砌结构的受力影响应根据具体情况而定,一般可略去不计。

2. 附加荷载

它是指偶然的、非经常作用的荷载,如温差应力、施工荷载、灌浆压力、冻胀力及地震力等。其中主要的是地震力。

计算荷载应按上述两种荷载同时存在的情况进行组合。一般仅考虑主要荷载,只有在某些特殊情况时,如 7 级以上地震区,考虑地震荷载;最冷月平均气温低于 −15℃ 地区的隧道应考虑冻胀力;对稳定性有严格要求的刚架和截面厚度大、变形受约束的结构,应考虑温度变化和混凝土收缩徐变的影响;结构构件在就地建造和安装时,应考虑作用在构件上的施工荷载。

(二)被动荷载(即围岩的弹性抗力)

所谓弹性抗力就是指由于支护结构发生向围岩方向的变形而引起的围岩对支护结构的约束反力。

弹性抗力的大小,目前多用温克尔(Winkler)假定为基础的局部变形理论计算。局部变形理论把围岩简化为一组彼此独立的弹簧(弹性支承),某一弹簧受压缩时产生的反力值,只和其自身压缩量成正比,和其他弹簧无关,如图 5-3-3(a)所示。

$$\sigma_i = K\delta_i \qquad (5\text{-}3\text{-}1)$$

式中 δ_i——支护结构表面某点 i 的位移(即对应的围岩表面某点的压缩变形);

σ_i——在该点处围岩和结构相互作用的反力;

K——围岩的弹性反力系数。

这样假设和实际情况有出入,实际地层变形如图 5-3-3(b)所示,但局部变形理论简单明了,便于应用,且能满足一般工程设计的需要精度,故广为使用。围岩的约束作用是地下结构的一大特点,它有利于结构的稳定,限制了结构的变形,从而改善了结构的受力条件,提高了结构的承载力。

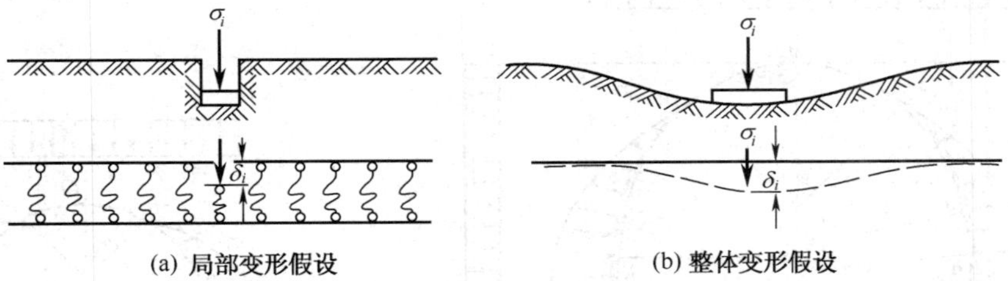

图 5-3-3　变形引起反力的计算

四、隧道支护结构的计算方法

隧道支护结构计算的主要内容有：按工程类比方法初步拟定断面的几何尺寸；确定作用在结构上的荷载，进行力学计算，求出截面的内力（弯矩 M 和轴向力 N）；检算截面的承载力。

由前述知，隧道支护结构计算采用荷载—结构模式，即在主动荷载及被动荷载（弹性抗力）共同作用下的拱式结构。衬砌结构在主动荷载作用产生的弹性抗力的大小和分布形态取决于衬砌结构的变形，而衬砌结构的变形又和弹性抗力有关，所以衬砌结构的计算是一个非线性问题，必须采用迭代解法或某些简化的假定，使问题得以解决。为此，由于对弹性抗力的处理方法不同，而有几种不同的计算方法，下面分别加以介绍。

1. 假定抗力区范围及抗力分布规律法（简称“假定抗力图形法”）

如果经过多次计算和经验积累，基本上掌握了某种断面形式的衬砌在某种荷载作用下的变形规律，以后再计算同类荷载作用下的同类衬砌结构时，就可假定衬砌结构周边抗力分布的范围及抗力区各点抗力变化的图形，只要知道某一特定点的弹性抗力，就可求出其他各点的弹性抗力值。这样，在求出作用在衬砌结构上的荷载后，其内力分析也就变成了通常的超静定结构问题。这种方法适用于曲墙式衬砌和直墙式衬砌的拱圈计算。图 5-3-4 为曲墙式衬砌结构采用“假定抗力图形法”求解衬砌截面内力的计算图式。它是一个在主动荷载（垂直荷载大于侧向荷载）及弹性抗力共同作用下，支承在弹性地基上的无铰高拱。拱两侧的弹性抗力按二次抛物线分布，只要知道特定点，即最大抗力点 h（最大跨度处）截面的弹性抗力值 σ_h，其他各截面的弹性抗力值可通过与 h 点弹性抗力值 σ_h 有关的函数关系式求出。因此解题关键在于不但要求结构内力，还要求 h 点的抗力值。但是 h 点的抗力按温氏假定与 h 点的衬砌变形有关，而该点的变形又是在外荷载和抗力共同作用下得到的，表面上看似乎问题很难求解，实际在解题时只是多出 h 点的一个未知的抗力值。其他问题与拱结构求解没有什么区别，而 h 点的抗力可以由该点的变形协调来求解，即 h 点的衬砌变形与该点的地层变形是一致的，故最大抗力点的未知数可以多列出一个方程来求解。

2. 弹性地基梁法

这种方法是将衬砌结构看成置于弹性地基上的曲梁或直梁。弹性地基上抗力按温克尔假定的局部变形理论求解。当曲墙的曲率是常数或为直墙时，可采用初参数法求解结构内力。一般直墙式衬砌的直边墙利用此法求解。

直墙式衬砌的拱圈和边墙分开计算。拱圈为一个弹性固定在边墙顶上的无铰平拱，边墙为一个置于弹性地基上的直梁，计算时先根据其换算长度，确定是长梁、短梁或刚性梁，然后按照初参数方法来计算墙顶截面的位移及边墙各截面的内力值。计算图式如图 5-3-5 所示。

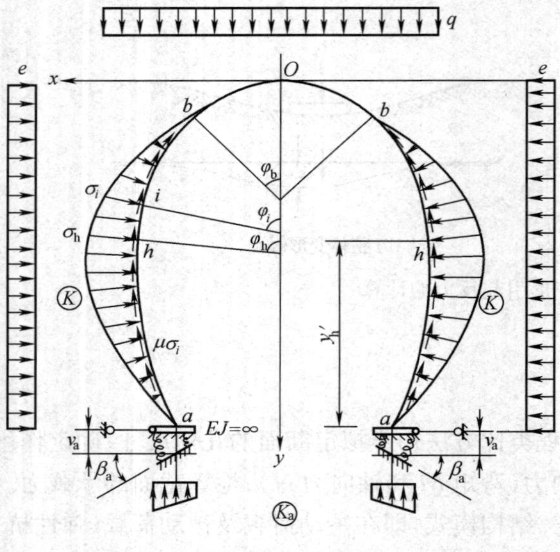

图 5-3-4　曲墙式围岩抗力及分布

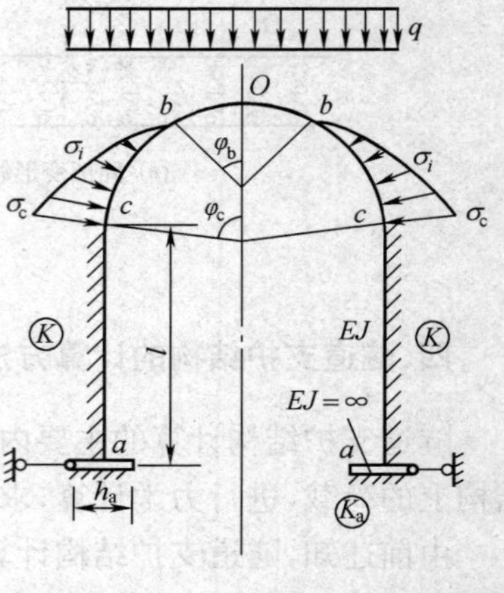

图 5-3-5　直墙式弹性地基梁计算图式

3. 弹性支承法

弹性支承法的基本特点是将衬砌结构离散为有限个杆系单元体，将弹性抗力作用范围内(一般先假定拱顶 90°～120°范围为脱离区)的连续围岩，离散成若干条彼此互不相关的矩形岩柱，矩形岩柱的一个边长是衬砌的纵向计算宽度，通常取为单位长度，另一边长是两个相邻的衬砌单元的长度之半的和。因岩柱的深度与传递轴力无关，故不予考虑。为了便于计算，用一些具有一定弹性的支承来代替岩柱，并以铰接的方式支承在衬砌单元之间的节点上，它不承受弯矩，只承受轴力。弹性支承的设置方向，当衬砌与围岩之间不仅能传递法向力且能传递剪切力时，则在法向和切向各设置一个弹性支承。如衬砌与围岩之间只能传递法向力时，则沿衬砌轴线设置一个法向弹性支承。但为了简化计算工作，可将弹性支承由法向设置改为水平方向设置。对于弹性固定的边墙底部可用一个既能约束水平位移，又能产生转动和垂直位移的弹性支座来模拟。图5-3-6为隧道衬砌结构内

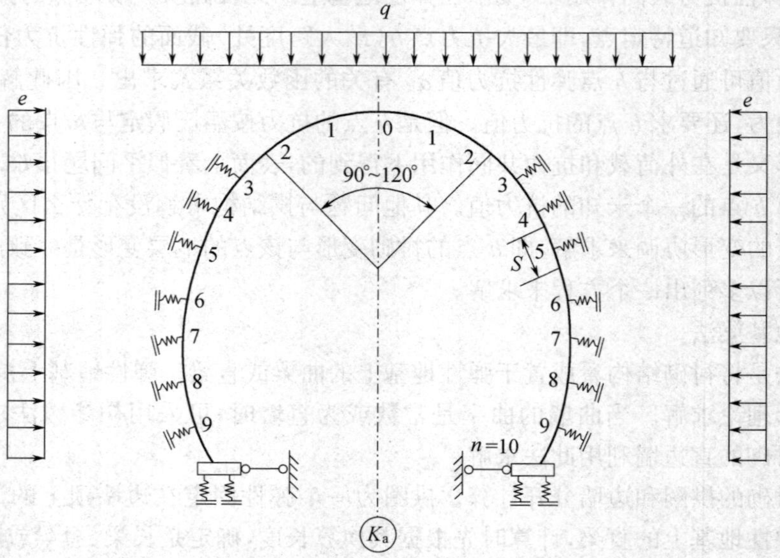

图 5-3-6　隧道“荷载—结构”模式计算模型

力分析的一般计算图式。将主动围岩压力简化为节点荷载，衬砌结构的内力计算可采用矩阵力法或矩阵位移法，编制程序进行分析计算。

五、衬砌截面强度检算

按荷载—结构模型进行设计时，最后要作截面检算。

支护结构内力计算结果，可得到衬砌任一截面所受弯矩、轴力及剪力(图 5-3-7)。其中弯矩和轴力是主要的，为一偏心受压杆件。如图 5-3-7 可知：

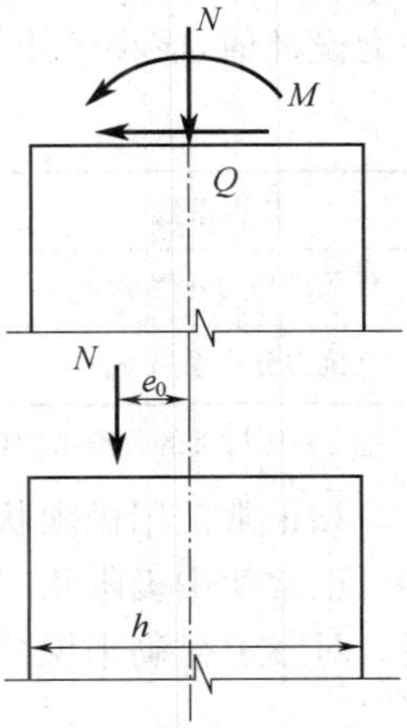

图 5-3-7　截面内力

$$e_0 = M/N$$

(一)按极限状态法设计的隧道结构截面检算

《铁路隧道极限状态法设计暂行规范》(Q/CR 9129—2015)和《铁路隧道设计规范》(TB 10003—2016)将隧道结构计算分为“概率极限状态法设计”和“破损阶段法和容许应力法设计”两种形式。应用可靠性理论和推行概率极限状态设计方法，制定相应的结构设计标准，是当今国内外工程结构设计发展的必然趋势。建筑结构、混凝土结构等按概率极限状态法设计规范已相继制定并发布施行，由于岩土工程和地下工程结构所处的环境条件较为复杂，其作用和抗力不甚明确，有些因素没有充分认识或对它的变异性缺乏统计资料，如双线铁路隧道坍方高度统计资料缺乏，难以形成双线隧道结构荷载的统计表达式等等。因此，对一般地区单线隧道整体式衬砌及洞门、单线隧道偏压衬砌及洞门等结构可采用概率极限状态法设计，也可以采用破损阶段法设计。其他隧道结构则要求采用破损阶段法或容许应力法设计。

按极限状态法设计结构应根据承载能力极限状态及正常使用极限状态的要求，分别按下列规定进行计算和验算。

(1)承载力及稳定：结构构件均应进行承载能力(包括压屈失稳)的计算，必要时应进行结构整体稳定性计算。

(2)变形：对使用上需控制变形值的结构构件，应进行变形验算。

(3)抗裂及裂缝宽度：对使用上要求不出现裂缝的混凝土构件，应进行混凝土抗裂验算；对钢筋混凝土构件，应验算其裂缝宽度。

隧道和明洞衬砌的混凝土偏心受压构件，除应按承载能力及正常使用极限状态验算外，其轴向力的偏心距不宜大于截面厚度的 0.45 倍。

1. 承载能力极限状态验算

$$\gamma_{sc} N_k \leqslant \varphi \alpha b h f_{ck} / \gamma_{Rc} \tag{5-3-2}$$

式中　N_k——轴力标准值(MN)，由各种作用标准值计算得到；

γ_{sc}——混凝土衬砌构件抗压检算时作用效应分项系数，按表 5-3-1 选用；

γ_{Rc}——混凝土衬砌构件抗压检算时抗力分项系数，按表 5-3-1 选用；

φ——构件纵向弯曲系数，对于隧道衬砌、明洞拱圈及回填紧密的边墙，可取 $\varphi=1.0$，对于其他构件，应根据其长细比查得；

f_{ck}——混凝土轴心抗压强度标准值(MPa)；

b——截面宽度；

h——截面厚度；

α——轴向力偏心影响系数,可由 e_0/h 值查得[《铁道隧道设计规范》(TB 10003—2005)中表 10.2.1-3]。

式(5-3-2)的物理意义是:在考虑各种因素的概率影响之后的作用效应下,构件将出现的轴力设计值,应小于或等于同样考虑相关概率影响之后求得的截面极限抗压能力。

表 5-3-1 混凝土衬砌构件抗压检算各分项系数

分项系数	单线深埋隧道衬砌	单线偏压隧道衬砌	单线明洞混凝土衬砌
作用效应分项系数 γ_{sc}	3.95	1.60	2.67
抗力分项系数 γ_{Rc}	1.85	1.83	1.35

注:偏压衬砌的分项系数仅适用于Ⅳ、Ⅴ级围岩。

2.正常使用极限状态验算

正常使用极限状态,即构件的变形(裂缝)、位移等,达到建筑物长期正常使用所规定的限值。对隧道衬砌来说,主要是不允许出现开裂。其检算公式如下:

$$\gamma_{st}N_k(6e_0-h)\leqslant 1.75\varphi bh^2\frac{f_{ctk}}{\gamma_{Rt}} \tag{5-3-3}$$

式中 N_k——轴力标准值(MN),由各种作用标准值计算得到;

γ_{st}——混凝土衬砌构件抗裂检算时的作用效应分项系数,由表 5-3-2 选用;

γ_{Rt}——混凝土衬砌抗裂检算时的抗力分项系数,由表 5-3-2 选用;

e_0——检算截面偏心距;

f_{ctk}——混凝土轴心抗拉强度标准值(MPa)。

其他符号同前。

表 5-3-2 混凝土衬砌构件抗裂检算各分项系数

分项系数	单线深埋隧道衬砌	单线偏压隧道衬砌	单线明洞混凝土衬砌
作用效应分项系数 γ_{st}	3.10	1.40	1.52
抗力分项系数 γ_{Rt}	1.45	2.51	2.70

注:①当 $e_0/h<1/6$ 时可不进行抗裂检算。②偏压衬砌的分项系数仅适用于Ⅳ、Ⅴ级围岩。

(二)按破损阶段法及允许应力法设计的隧道结构截面检算

隧道结构截面抗压强度按下式计算:

$$KN\leqslant\varphi\alpha R_a bh \tag{5-3-4}$$

式中 K——安全系数,可按表 5-3-3 取值;

N——轴向力(MN);

R_a——混凝土或砌体的抗压极限强度(MPa)。

其他符号同前。

从抗裂要求出发,混凝土矩形截面偏心受压构件的抗拉强度按下式计算:

$$KN\leqslant\varphi\frac{1.75R_l bh}{6e_0/h-1} \tag{5-3-5}$$

式中 R_l——混凝土的抗拉极限强度。

其他符号同前。

表 5-3-3　混凝土和砌体结构的强度安全系数

圬工种类		混凝土		砌体	
荷载组合		主要荷载	主要荷载加附加荷载	主要荷载	主要荷载加附加荷载
破坏原因	混凝土或砌体达到抗压极限强度	2.4	2.0	2.7	2.3
	混凝土达到抗拉极限强度	3.6	3.0	—	—

对混凝土矩形构件，按现行《铁路隧道设计规范》规定的安全系数及材料强度数值计算结果表明，当 $e_0 \leqslant 0.2h$ 时，由抗压强度控制承载能力，不必检算抗裂；当 $e_0 > 0.2h$ 时，由抗拉强度控制承载能力，不必检算抗压。

六、混凝土衬砌抗裂及抗压控制分界偏心

1. 分界偏心的意义及演变

20 世纪 70 年代以前的《铁路隧道设计规范》关于衬砌强度检算，引用了苏联的混凝土结构设计规范中关于大、小偏心的规定。认为当 $e_0 \geqslant 0.225h$ 时为大偏心，破坏从受拉区开始，按等效平均应力计算破损时的极限内力。当 $e_0 < 0.225h$ 时为小偏心，破坏先从受压区开始，按"力矩守恒"关系式求极限内力。以后的试验证明，"力矩守恒"并不符合实际，0.225h 是人为规定的分界，实际上在这前后一定范围（$0.50 < \dfrac{x}{h} < 0.65$，$x$ 为受压区高度）受压区先坏或受拉区先坏都有可能。

20 世纪 70 年代修订铁路隧道设计规范时，改用新的综合的偏心影响系数来体现不同偏心距时承载能力降低的程度。不管受拉区先坏或受压区先坏，都用一个公式求算偏心压坏时的极限内力，即 $N_p = \varphi\alpha bhR_a = K_a N_a$。这样就不再理会大、小偏心分界的问题。但是对于不允许出现开裂的衬砌还要检算抗裂强度，和以往一样，仍用下列公式：

$$N_p = \frac{1.75R_1bh}{\dfrac{6e_0}{h}-1} = k_1N_1$$

从理论上讲，所设计的偏压构件应同时满足抗压和抗裂两检算式的要求。进一步分析抗压和抗裂两式，分别画出 $N—e_0/h$ 曲线（图 5-3-8）后，发现在某一段偏心范围，抗压承载能力总是小于抗裂承载能力（$N_a < N_1$）；在另一偏心段，抗裂承载能力总小于抗压承载能力（$N_1 < N_a$）。两者的分界点就是抗裂控制和抗压控制的分界偏心。它的数值不是试验得到，而是计算出来。当 $K_1 = 3.6$，$K_a = 2.4$，混凝土强度等级为 C15，$R_1/R_a = 1/8.08$ 时，此分界偏心 $e_0/h = 0.201$，当混凝土强度等级为 C30，$R_1/R_a = 1/10$ 时，此分界偏心为 0.194。因此，这个分界偏心距不是固定的，它的数值随着安全系数 K 和材

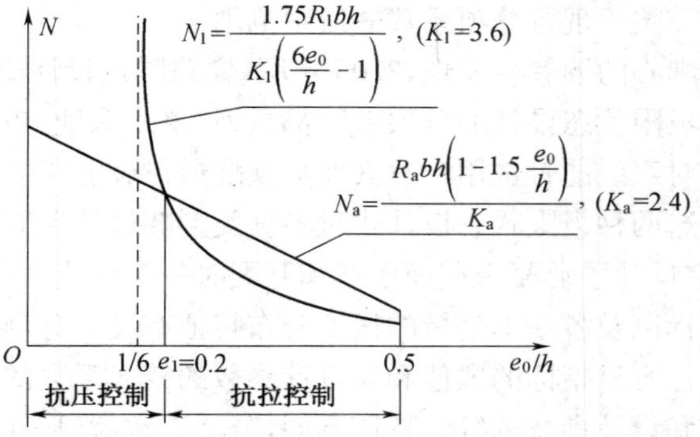

图 5-3-8　原规范的分界偏心

料强度比值而变化。它是在一定条件下,判别抗裂控制或抗压控制的分界偏心。这一性质在1974年和1985年公布的《铁路隧道设计规范》条文说明中都已讲清楚。但据接触到的一些同行人士仍把它当成受拉区先坏和受压区先坏的大、小偏心来看待,因此这里再次加以说明。

2. 现行分项系数条件下的压、裂控制分界偏心

设计理论进入到用分项系数检算的概率极限状态设计之后,原《铁路隧道设计规范》的控制分界偏心自然也不能再用。但是仍可用同样的方法找出新条件下的控制分界偏心(图5-3-9)。在用式(5-3-2)进行抗压检算,用式(5-3-3)进行抗裂检算,并分别选用现行分项系数的条件下,以轴力 N_k 和相对偏心 e_0/h 为变数,分别作出抗压和抗裂检算时的 $N_k—e_0/h$ 曲线。求出两条曲线的交点即为新条件下的控制分界偏心。

经实际计算,当混凝土为C20时,用现行的分项系数求得交点横坐标为0.276。这就是说,在现行的各参数统计特征和目标可靠指标条件下,用C20混凝土作衬砌,当偏心矩 $e_0 \leqslant 0.276h$ 时只需检算截面的抗压极限状态,抗裂可靠指标肯定高于抗压。当偏心矩 $0.276h < e_0 < 0.45h$ 时,只需检算抗裂,抗压可靠指标肯定高于抗裂。规范不允许 $e_0 \geqslant 0.45h$,此时应配筋或修改断面。同样,若各基本变量的统计特征和目标可靠指标有改变(分项系数相应改变)或者混凝土不是C20时,此抗裂和抗压控制的分界偏心也要改变。

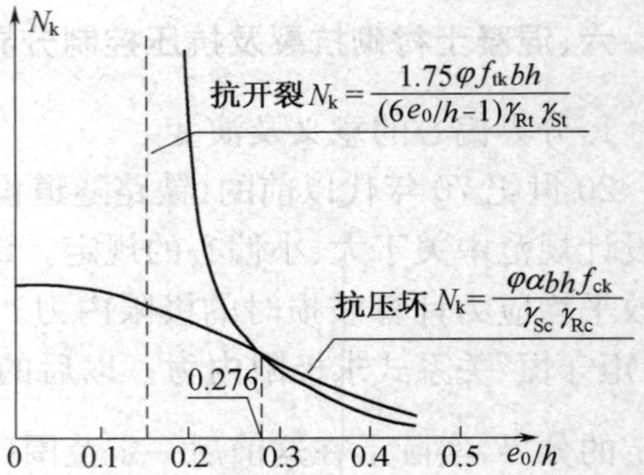

图5-3-9　现行分项系数条件下的控制分界偏心

七、极限状态设计法实用设计式的适用范围和尚需完善的问题

列出实用设计式和求出分项系数后,我国2005年版的《铁路隧道设计规范》列出了"概率极限状态设计"一章。它意味着我国的混凝土整体式衬砌的设计水平从半概率法进入到近似概率法,从水准Ⅰ提高到水准Ⅱ,与其他地面结构大致同步。这应该是我国隧道设计史上一个重要的里程碑。跨入这一步很不容易,是有关院校和设计院十多年来共同努力的结果。但还应该清醒地看到,这只是刚刚"转轨"。从荷载—结构模式来看,实现可靠度设计需要完善和补做的工作还很多。停滞不前虽不致前功尽弃,但会大大落后于其他行业。

1. 关于现行分项系数的适用范围

细心的读者会发现,2005年版《铁路隧道设计规范》"概率极限状态法设计"一章中抗压和抗裂极限状态设计的分项系数都只列"单线深埋、单线偏压和单线明洞"。这套设计式和分项系数对双线能否选用?对其他类型隧道衬砌能否适用?这是大家所关心的问题。

这两种极限状态设计式对各种类型隧道的混凝土矩形截面中心及偏心受压构件都是适用的,它反映了混凝土截面压坏和开裂时一般的应力分布状态。而分项系数的数值则和目标可靠指标以及各基本变量的概率分布特征有关。分项系数确定方法各有不同,但共同的依据都是目标可靠指标的数值和各设计参数的变异系数的大小和概率分布类型。所以只要目标可靠指标和设计参数的统计特征不同,分项系数就要修改,不能随意引用。

铁路隧道的目标可靠指标定为抗压4.2,抗裂2.5,自然是单线、双线和多线都适用的。这个数值是经过校准法校准并参照国内外同等重要性结构的要求和考虑铁路隧道实际工作情况

而定的，单、双线都已考虑在内。至于基本随机变量的统计特征，混凝土材料的偏压构件强度统计特征在常用的材料等级范围，无论单线、多线也都一样。衬砌几何尺寸统计特征也基本一样。差别在于荷载的统计特征，因整理出的塌方高度是从 1 046 个样本求出的，这些样本来源于铁路、公路、水工等隧道。但是这些样本的隧道开挖断面宽度 91.6%都在 5.0～10.0 m 范围内。对于开挖宽度大都在 10 m 以上的双线或多线隧道，由于数据较少，荷载统计特征是否有变化或如何变化，现在还难以下结论。旧《铁路隧道设计规范》有宽度调整系数，仅认为塌方高度的均值会随隧道宽度增加而加大，未涉及统计特征的变化。因此，为慎重起见，用现行塌方统计参数推算出的分项系数目前只限于单线铁路。对双线或多线能否选用，待再做些工作，对超过 10 m 宽度隧道的塌方高度做些统计论证后，就可确定。

至于其他类型的隧道，如公路、水工等，如果目标可靠指标也和铁路取得一致，开挖宽度在 10 m 以下的隧道整体式衬砌，也可用这一套分项系数进行设计。如果其他类型的隧道对抗裂要求比铁路隧道要高，抗裂目标可靠指标高于 2.5，则相应的 γ_{St}、γ_{Rt} 也要提高。

对于地铁区间隧道，当埋深较浅时一般都按上覆土重量计算地层压力。一般来说浅埋隧道地层压力的变异性应比深埋隧道地层压力的变异性要小。若考虑两侧地层的挟持作用时，可参考选用兰州交通大学关于浅埋隧道的分析结果。如果不考虑挟持作用，则要对土层厚度和土层容重的变异性再做分析。因此，本书介绍的分项系数尚不适于浅埋地铁区间隧道，深埋地铁区间隧道应能适用。

2. 按荷载—结构模型设计整体式衬砌在计算可靠度时尚需完善的问题

关于各种作用的统计特征，除大断面隧道塌方高度还需作进一步补充研究以外，竖直分布荷载沿隧道宽度方向的变化问题，一直就没有解决。目前规范仅考虑了匀布、小量偏压、马鞍形等荷载模式，尚应考虑其他荷载模式，这些都应在今后实地量测和试验基础上加以确定。侧压力系数和围岩弹性反力系数的变异性对作用效应的统计特征影响很大，目前也缺乏较细微的统计研究。设计时只好将规范的设计范围值加以概率变换。这样做虽然《铁路工程结构可靠度设计统一标准》也允许(规定“当缺乏足够的统计资料时，可根据现有资料结合有充分根据的工程经验作出规定”)，但这只是暂时的措施，从长远看是不够的。关于其他可变作用，虽然基本组合时不予考虑，但若在某些具体情况下需要考虑时，就拿不出统计特征。列车的各种荷载统计特征虽可从桥梁规范中移植过来，但作用在仰拱上和作用在桥梁上有何不同，也需进一步研究。关于灌浆力、冻胀力、温度变化对衬砌的作用，在定值设计时期就没有掌握得很清楚，进入概率设计就更为困难。几何尺寸的统计特征与隧道施工水平关系极大，施工时内轮廓尺寸一般都能保证，但厚度则受超挖及回填影响，目前按 0.10 或 0.15 的变异系数处理，能否全面反映实际，还需进一步论证。总之，岩土参数是隧道可靠度分析的难点和重点，荷载—结构模型把岩土参数作了简化，愈简化其统计特征愈不易全面反映实际，给可靠度分析带来先天性的缺陷。

隧道是复杂的多次超静定结构，荷载—结构模型目前都用矩阵分析。这些计算图式和公式的不确定性由于岩土自身及与衬砌相互作用的复杂性，远比地面结构要严重。如何比较出这些不确定性，目前还没有很好解决。

随机有限元分析方法目前在高等结构分析的专著和论文中已提出较多，但对基本参数变异性很大的隧道结构，目前还没有找到既能保证作用效应统计特征的精确度，又可减少计算过程的方法。蒙特卡洛的计算结果应该比较可信，但数万次的计算要花费较多的机时。响应面法在一定条件下能减少计算次数并基本保证结果的精度。

地下结构的设计目前还处于理论分析与工程经验类比相结合的阶段。经验类比还占很大分量。在目前通用的几种计算模型中,荷载—结构模型可以认为是简化程度最高,但又较易实际应用的模型。目前只做到在现有认识和现有假设的基础上,尽可能考虑各种参数变异性的影响,使衬砌结构的失效概率满足统一标准的要求。

第四节 岩体力学方法

由于现代隧道施工技术的发展,已有可能在隧道开挖后立即给围岩以必要的约束,抑制其变形,避免围岩产生过度变形而引起松动坍塌。此时,隧道开挖所引起的应力重分布,可由围岩和支护结构体系共同承受,从而达到新的应力平衡。

岩体力学方法主要是对锚喷支护进行预设计。这种方法的出发点是支护结构与围岩相互作用,组成一个共同承载体系,其中围岩为主要的承载结构,支护结构为镶嵌在围岩孔洞上的承载环,只是用来约束和限制围岩的变形,两者共同作用的结果是使支护结构体系达到平衡状态。它的计算模式为地层—结构模式,即处于无限或半无限介质中的结构和镶嵌在围岩孔洞上的支护结构(相当于加劲环)所组成的复合模式。它的特点是能反映出隧道开挖后的围岩应力状态。

目前对这种模式的求解方法主要有数值法、剪切滑移破坏法和特征曲线法。

一、用岩体力学进行分析的思路及基础知识

1. 分析思路

岩体力学方法系把围岩和支护结构看作一个支承体系,分析在洞室开挖以后,支护设置前后这个体系中的应力(相应的位移)变化情况,并据以判断是否稳定。

在洞室开挖以前,围岩处于初始应力状态,也称初始应力场$\{\sigma\}^0$,它通常总是稳定的。开挖以后,地应力自我调整,且出现相应位移,称二次应力场及位移场($\{\sigma\}^2$ 及$\{u\}^2$),这时,如果其应力水平及位移小于岩体的强度及位移允许值,那么岩体处于弹性状态,仍是稳定的。一般说,无须施作支护结构来增加整个体系的支撑能力。反之,围岩的一部分出现塑性以至松弛,就要适时修筑支护,给围岩以反力并约束其自由位移,这样两者结合成一个体系,应力再次调整,围岩出现三次应力场及位移场($\{\sigma\}^3$,$\{u\}^3$),支护结构中相应出现了内力及位移($\{F\}$,$\{\delta\}$),根据($\{F\}$,$\{\delta\}$),判断结构的安全状况。

利用岩体力学方法分析围岩和支护的流程如图 5-4-1 所示。

2. 弹性阶段围岩二次应力场及位移场的计算

由于围岩性质十分复杂多变,洞室开挖引起的应力调整也是十分复杂的,加上不同的洞室尺寸及开挖方法的影响,使得理论分析计算十分困难,不得不借助一些简化假设,虽然简化后和工程实际有所差异,但仍可定性地反映其变化规律,目前所用假设大多有:

(1)围岩为均质、各向同性的连续介质;

(2)只考虑自重形成的初始应力场;

(3)隧道形状以规则的圆形为主;

(4)隧道埋设于相当深度,可看作无限平面中的孔洞问题。

在这样假设下,计算模型如图 5-4-2 所示,这在弹性理论中有现成的解答,即基尔西(G. Kirsch)公式。

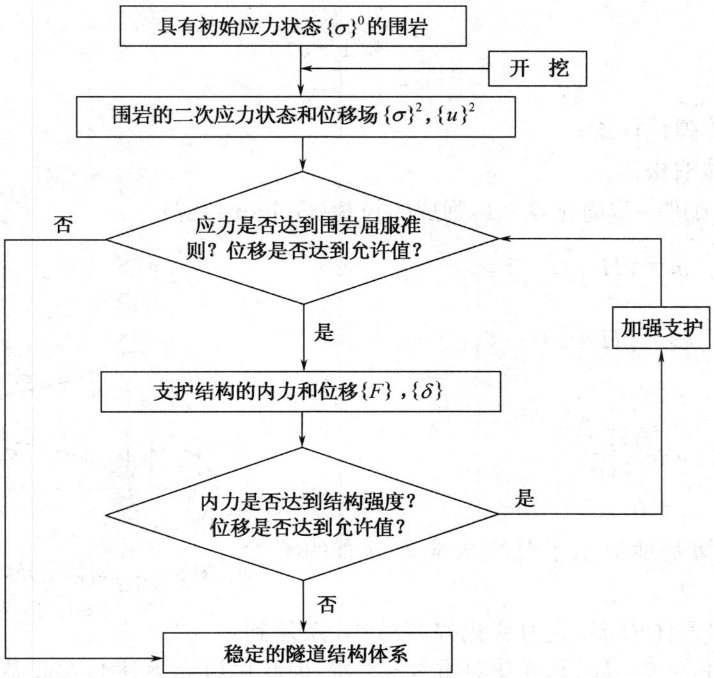

图 5-4-1　岩体力学方法分析流程

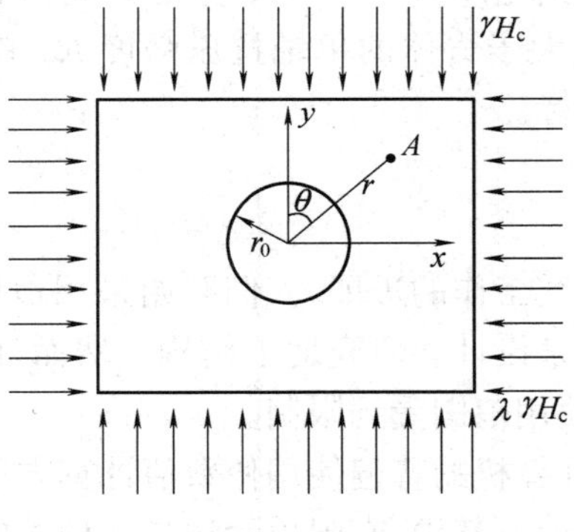

图 5-4-2　岩体力学方法的计算模型

$$
\left.\begin{aligned}
&\text{径向应力}\quad \sigma_{\mathrm{r}}=\frac{\gamma H_{\mathrm{c}}}{2}\left[(1+\lambda)\left(1-\frac{r_0^2}{r^2}\right)+(1-\lambda)\left(1-\frac{4r_0^2}{r^2}+\frac{3r_0^4}{r^4}\right)\cos 2\theta\right]\\
&\text{切向应力}\quad \sigma_{\theta}=\frac{\gamma H_{\mathrm{c}}}{2}\left[(1+\lambda)\left(1+\frac{r_0^2}{r^2}\right)-(1-\lambda)\left(1+\frac{3r_0^4}{r^4}\right)\cos 2\theta\right]\\
&\text{剪应力}\quad \tau_{\mathrm{r}\theta}=\frac{\gamma H_{\mathrm{c}}}{2}(1-\lambda)\left(1+\frac{2r_0^2}{r^2}-\frac{3r_0^4}{r^4}\right)\sin 2\theta\\
&\text{径向位移}\quad u=\frac{\gamma H_{\mathrm{c}}r_0^2}{4Gr}\left\{(1+\lambda)+(1-\lambda)\left[(K+1)-\frac{r_0^2}{r^2}\right]\cos 2\theta\right\}\\
&\text{切向位移}\quad v=\frac{\gamma H_{\mathrm{c}}r_0^2}{4Gr}(1-\lambda)\left[(K-1)+\frac{r_0^2}{r^2}\right]\sin 2\theta
\end{aligned}\right\}\qquad(5\text{-}4\text{-}1)
$$

式中符号意义如图 5-4-2 所示。

$$G=\frac{E}{2(1+\mu)}$$

$$K=3-4\mu$$

式中 E——岩体弹性模量;

μ——岩体泊松比。

如把初始应力进一步简化,$\lambda=1$,则成为拉梅(G. Lame)解:

$$\left.\begin{aligned}&\sigma_r=\gamma H_c\left(1-\frac{r_0^2}{r^2}\right)\\&\sigma_\theta=\gamma H_c\left(1+\frac{r_0^2}{r^2}\right)\\&\tau_{r\theta}=0\\&u=\frac{\gamma H_c r_0^2}{2Gr}\\&v=0\end{aligned}\right\}\tag{5-4-2}$$

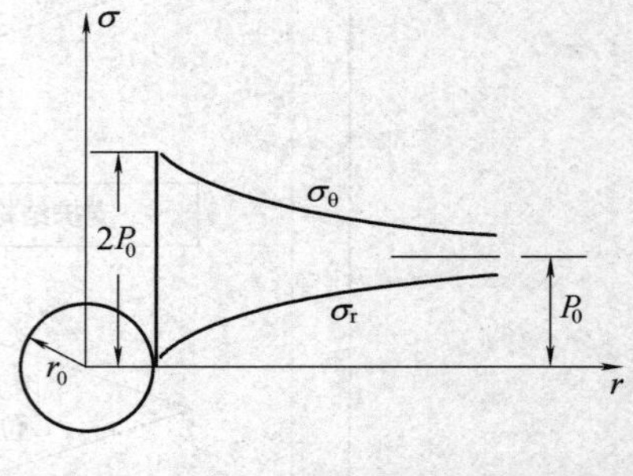

图 5-4-3 岩体挖开后的二次应力状态(图中 $P_0=\gamma H_c$)

公式及曲线清楚地显示了其二次应力分布的特性(图 5-4-3)。

(1)随着深向岩体内部,应力变化幅度减小,恢复到初始应力状态,如 $r=6r_0$ 处,其变化只有 3%左右,因此可以大致认为在此范围以外的岩体不受工程的影响。

(2)孔壁部位变化最大,法向正应力 σ_r 从 γH 变到 0,而切向正应力 σ_θ 从 γH_c 变到 $2\gamma H_c$,而且呈单向受压状态。当该值大于岩体的单轴抗压强度 R_c,就可能出现屈服破坏。$\gamma H_c/R_c$ 遂成为反映岩体状态的一个指标。

二、数 值 法

随着地下结构计算理论研究工作的进展,人们开始采用地层结构法和收敛限制法等这些以连续介质力学为基础的方法来设计和研究地下结构。然而,由于在以上领域已经取得解析解的成果不多,使这些方法的使用范围受到限制。

近三十多年来,大型电子计算机的普遍使用使数值计算方法有了很大的发展,大大深化和扩大了岩土工程问题的计算理论。其中,有限单元法是一种发展最快的数值方法。

有限单元法可用于处理很多复杂的岩土力学和工程问题,例如岩土介质和混凝土材料的非线性问题,岩土中节理、裂隙等不连续面对分析计算的影响,土体的固结和次固结,地层和地下结构的相互作用,洞室位移和应力随时间增长变化的黏性特征,分步开挖施工作业对围岩稳定性的影响,渗流场与初始地应力和开挖应力的耦合效应,以及地下结构的抗爆和抗震动力计算等等。这些问题的合理解决,对地下工程的优化设计和评价围岩与地层的稳定性就有了较为可靠的理论依据。

弹性力学平面问题的有限单元法已为广大读者所熟悉。本节主要介绍岩土工程材料非线性问题有限单元法,包括岩土地质材料和混凝土的非线性本构模型及弹塑性问题的求解方法,渗流场与地层变形的耦合效应计算,正交节理岩土中隧洞准平面问题的研究,初始地应力的反馈原理,以及地下结构静力分析的一般方法等等。

另一方面,电算程序编制的难易程度和上机操作耗用的时间也相当重要,本节对与之有关的问题也进行了扼要的讨论。

1. 基本概念

将岩土介质和衬砌结构离散为仅在节点相连的诸单元。荷载移至于节点，利用插值函数考虑连续条件，由矩阵力法或矩阵位移法方程组统一求解岩土介质和衬砌结构的应力场和位移场的方法称为有限单元法。

在平面问题中，离散岩土介质常用的单元有常应变三角形单元、六节点三角形单元、矩形单元和四边形等参数单元等等，这些单元各有优缺点，目前应用最广的是四边形等参数单元，因为它既具有较高的精度，又能灵活地适应复杂的边界形状。离散衬砌结构的常用单元一般是杆件单元。如结构厚度较大，也可采用上述的各种单元。

求解岩土工程问题采用的有限单元法一般是矩阵位移法，取用的基本未知数是单元节点的位移。为了在节点位移值与单元内任意点的位移值之间建立联系并保持元素之间的连续性，需要根据插值函数建立位移模式。位移模式的合理选择与单元的类型有关，将它们规定为坐标的函数。

弹性力学有限单元法的基本方程一般可以用能量泛函极值的方法得到。

将作用在弹性体节点上的外荷载记为 $\boldsymbol{R}$，弹性体节点的位移记为 $\boldsymbol{\delta}$，刚度记为 $\boldsymbol{K}$，则在外荷载作用下弹性体的变形能 U 为

$$U=\frac{1}{2}\boldsymbol{\delta}^{\mathrm{T}}\boldsymbol{K}\boldsymbol{\delta}$$

外荷载的势能 W 为

$$W=\boldsymbol{\delta}^{\mathrm{T}}\boldsymbol{R}$$

变形体的总势能 Π 为

$$\Pi=U-W=\frac{1}{2}\boldsymbol{\delta}^{\mathrm{T}}\boldsymbol{K}\boldsymbol{\delta}-\boldsymbol{\delta}^{\mathrm{T}}\boldsymbol{R}$$

根据最小势能原理，对能量泛函 Π 的变分取零，得

$$\boldsymbol{K}\boldsymbol{\delta}=\boldsymbol{R} \tag{5-4-3}$$

上式即为一组线性代数方程组，可用直接法或迭代法求解节点位移，从而进一步计算出岩土介质与衬砌结构的应力。

当岩体介质与衬砌结构材料的本构特征呈非线性关系时，刚度矩阵 $\boldsymbol{K}$ 与材料的变形情况有关，即此时 $\boldsymbol{K}$ 已不是常量矩阵，而是 $\boldsymbol{\delta}$ 的函数。处理非线性问题的一般方法是将本构关系曲线分段线性化，并将应力应变关系改用增量形式表达。显而易见，在每一分段的范围内，应力增量与应变增量之间的关系仍可简化为线性关系，故在一般岩土工程问题的分析计算中，式(5-4-3)仍为基本方程式。

图 5-4-4 中(a)是计算范围，(b)是大致单元划分，(c)是显示三角形单元节点处的内力、位移分量。要注意的是假设相邻单元互相铰接，因此不传递弯矩，也不出现转角位移。

2. 开挖效果模拟

岩体在开挖洞室之前都具有初始应力，开挖以后，在洞壁处应力解除。如果在开挖同时，设置一能与围岩密贴结合、共同作用的支护结构，那么这一结构可等同于那部分刚挖去的岩体，约束周围岩体因应力场调整而产生的位移，而自己也产生相应位移及应力。这种效果称为开挖效果，在作整体有限元分析时应反映出来。反映的方法常是在洞室支护结构周边各节点加上“等效释放荷载”。它是由地层初始应力产生的，经过推算，其值等于初始应力的合成(转置到各单元节点)，而方向则作用在支护结构上。

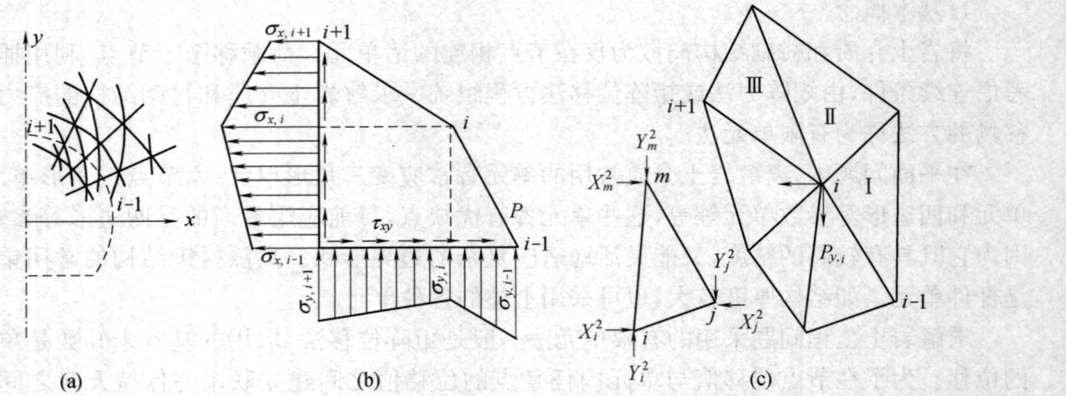

图 5-4-4　开挖过程中释放荷载假设

如果分部开挖，则要把前部开挖后的应力重分布状态作为初始应力，再用同样方法，计算后部开挖造成的"等效释放荷载"。

3. 岩体材料的非线性性质

通常计算中，我们都假设岩体是处于弹性状态，这时各单元的应力和应变呈直线关系。这样计算虽然比较简单，但在应力水平不高的情况下是接近实际的。当应力达到一定水平时，岩体会呈现出塑性，这个应力水平就是屈服准则。此时，弹性矩阵值将随应力变化而变化。此外，有的岩体还有明显的黏性，这又把时间因素引了进来。这些统称为非线性问题，如何恰当地考虑各种力学性质，使之在应力、应变关系中反映出来，即是岩体的非线性本构模型。各国学者针对不同岩体，提出了不少简繁不一的本构模型，这些非线性本构模型的计算当然比线性模型要复杂得多，但现今力学及计算工具是能够计算解决的。

在以上分析中我们一直把岩体作为连续介质，其实在节理发育的岩体中，介质具有各向异性及明显的软弱面，不能简单地使用连续介质条件下导出的公式。为了模拟这种节理分布状态，学者们提出了无拉应力本构模型、节理单元模型等，这样计算当然更复杂了，但都得到过良好的计算成果。

三、收敛—约束法

(一)圆形衬砌的弹—塑性计算理论

1. 围岩应力和塑性区

由于洞室开挖以前地层中存在初应力场，因而对洞室周围地层进行应力分析时必须考虑初始地应力场的作用。假设地层中存在的初始应力场仅是自重应力场，则在弹性受力阶段按平面应变问题进行圆形洞室周围地层的应力分析时，可取如图 5-4-5(a)所示的计算简图。

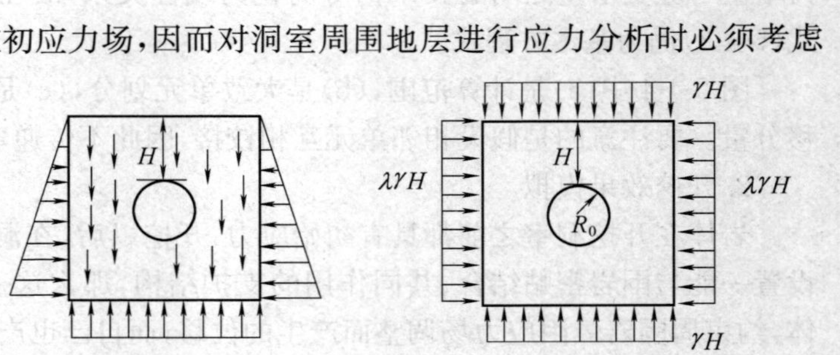

图 5-4-5　隧道开洞问题的计算模型

理论研究表明，如洞室埋深 H 为圆形衬砌半径 R_0 的 20 倍以上(即 $R_0/H\leqslant 1/20$)，则图5-4-5(a)可简化为图 5-4-5(b)。在工程设计实践中，一般认为洞室埋深为半径的 5 倍时即可按图 5-4-5(b)进行应力分析，该图也可用于分析存在构造应力的岩石地层中的圆形衬砌。对于浅埋隧道，按图 5-4-5(b)计算所得的结果也可供设计时参考。

处于弹性受力阶段的单孔圆形洞室在双向等压受力状态时的计算简图如图 5-4-6(a)所示，洞室周围地层的应力可采用以下的拉梅公式进行计算：

$$\left.\begin{aligned}\sigma_r&=P_0\left(1-\frac{R_0^2}{r^2}\right)+P_i\frac{R_0^2}{r^2}\\\sigma_\theta&=P_0\left(1+\frac{R_0^2}{r^2}\right)-P_i\frac{R_0^2}{r^2}\end{aligned}\right\}\tag{5-4-4}$$

式中 σ_r——洞室周围地层的径向应力；

σ_θ——洞室周围地层的切向应力；

P_0——作用在无穷远处的双向等压荷载；

R_0——圆形洞室的半径；

r——洞周地层任意点离洞室中心的距离；

P_i——在圆形洞室周边上作用的径向压力。

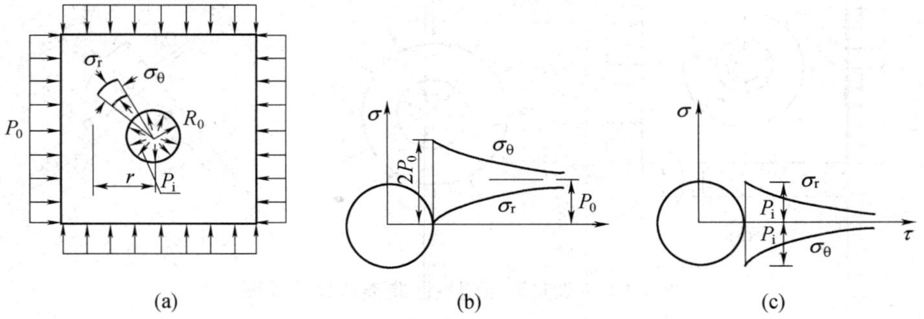

图 5-4-6 单孔圆形洞室双向等压围岩应力分布

图 5-4-6(b)即为当 $P_i=0$ 时按以上公式绘出的围岩应力分布图，图 5-4-6(c)为由 P_i 引起的($P_0=0$)围岩应力分布图。由图可见，当垂直荷载和水平荷载均为 P_0 时，地层的初始应力状态为 $\sigma_r=\sigma_\theta=P_0$，开挖洞室后孔周的 $\sigma_r=0$，$\sigma_\theta=2P_0$，相应于应力集中系数为 $K=2$。

地层的初始应力场一般为双向不等压的应力场。取图 5-4-7 作为计算简图，则由基尔西公式可写出洞周地层应力分量的表达式为

$$\left.\begin{aligned}\sigma_r&=\frac{1}{2}P_0(1+\lambda)\left(1-\frac{R_0^2}{r^2}\right)+\frac{1}{2}P_0(1-\lambda)\cdot\left(1-4\frac{R_0^2}{r^2}+3\frac{R_0^4}{r^4}\right)\cos2\theta\\\sigma_\theta&=\frac{1}{2}P_0(1+\lambda)\left(1+\frac{R_0^2}{r^2}\right)-\frac{1}{2}P_0(1-\lambda)\cdot\left(1+3\frac{R_0^4}{r^4}\right)\cos2\theta\\\tau_{r\theta}&=\frac{1}{2}P_0(1-\lambda)\cdot\left(1+2\frac{R_0^2}{r^2}-3\frac{R_0^4}{r^4}\right)\sin2\theta\end{aligned}\right\}\tag{5-4-5}$$

式中 λ——侧压力系数；

θ——洞室周围地层任意点和圆心的连线与水平轴的夹角；

$\tau_{r\theta}$——洞室周围地层任意点的径向和切向剪应力。

2.塑性区应力

在双向等压受力状态时,圆形衬砌周围地层塑性区的外形为圆形,如图 5-4-8(a)所示。

图 5-4-8(b)为塑性区的脱离体图。图中 σ_r 表示弹性区地层对塑性区地层的作用力,P_i 表示衬砌对塑性区地层的作用力。因结构及荷载均为轴对称,可知 σ_r、P_i 也为轴对称。图 5-4-8(c)为按极坐标体系在地层塑性区中取出的单元体。将塑性区的径向应力记为 σ_{rp},切向(即环向)应力记为 $\sigma_{\theta p}$,则由单元体静力平衡条件 $\sum r=0$ 可得方程式

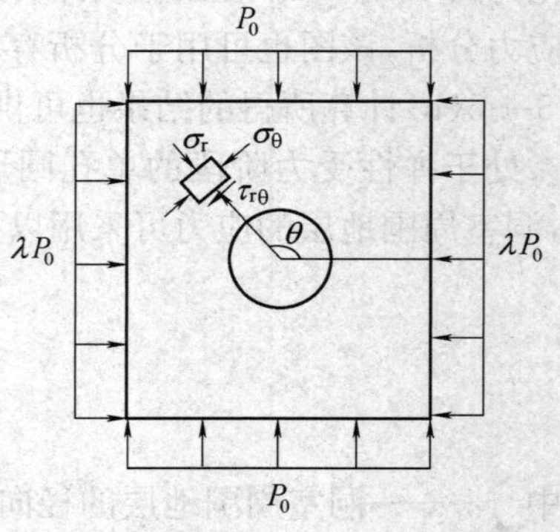

图 5-4-7 单孔圆形洞室双向不等压计算简图

$$r\frac{d\sigma_{rp}}{dr}+\sigma_{rp}-\sigma_{\theta p}=0 \tag{5-4-6}$$

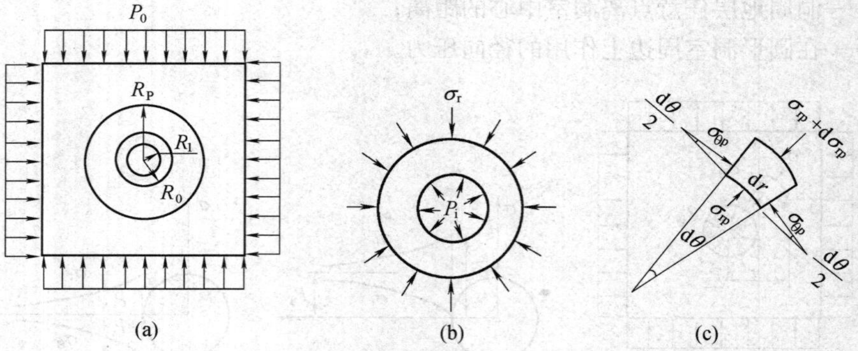

图 5-4-8 双向等压塑性区脱离体计算简图

以极坐标表示的莫尔—库仑准则可写为

$$\sigma_\theta=\frac{1+\sin\varphi}{1-\sin\varphi}\sigma_r+\frac{2c\cos\varphi}{1-\sin\varphi}$$

由此可知,在塑性区应力分量之间有关系式为

$$\sigma_{\theta p}=\frac{1+\sin\varphi}{1-\sin\varphi}\sigma_{rp}+\frac{2c\cdot\cos\varphi}{1-\sin\varphi} \tag{5-4-7}$$

将式(5-4-7)代入式(5-4-6),经整理及积分可得

$$\sigma_{rp}+c\cdot\cot\varphi=A\cdot r^{\frac{2\sin\varphi}{1-\sin\varphi}} \tag{5-4-8}$$

因有边界条件 $r=R_0$ 时,$\sigma_{rp}=P_i$,故有

$$A=\frac{P_i+c\cdot\cot\varphi}{R_0^{\frac{2\sin\varphi}{1-\sin\varphi}}} \tag{5-4-9}$$

将上式代入式(5-4-7)、式(5-4-8),整理即得地层塑性区内力的计算式为

$$\left.\begin{aligned}\sigma_{rp}&=c\cdot\cot\varphi\left[\left(\frac{r}{R_0}\right)^{\frac{2\sin\varphi}{1-\sin\varphi}}-1\right]+P_i\left(\frac{r}{R_0}\right)^{\frac{2\sin\varphi}{1-\sin\varphi}}\\\sigma_{\theta p}&=c\cdot\cot\varphi\left[\frac{1+\sin\varphi}{1-\sin\varphi}\left(\frac{r}{R_0}\right)^{\frac{2\sin\varphi}{1-\sin\varphi}}-1\right]+P_i\left(\frac{r}{R_0}\right)^{\frac{2\sin\varphi}{1-\sin\varphi}}\cdot\frac{1+\sin\varphi}{1-\sin\varphi}\end{aligned}\right\} \tag{5-4-10}$$

由上式可见，塑性区应力只与代表地层特性的常数 c、φ 及衬砌对地层塑性区的作用力有关，而与荷载 P_0 无关。

3. 弹性区应力

地层弹性区简化为如图 5-4-9 所示的脱离体，并将地层弹性区的径向应力和切向应力分别记为 σ_{rt} 和 $\sigma_{\theta t}$，则由弹性理论可写出

$$\sigma_{rt}=\frac{B}{r^2}+A,\quad \sigma_{\theta t}=-\frac{B}{r^2}+A$$

由边界条件 $r\to\infty$ 时 $\sigma_{rt}=P_0$，可得 $A=P_0$，由此可将上式改写为

$$\sigma_{rt}=P_0+\frac{B}{r^2},\quad \sigma_{\theta t}=P_0-\frac{B}{r^2}$$

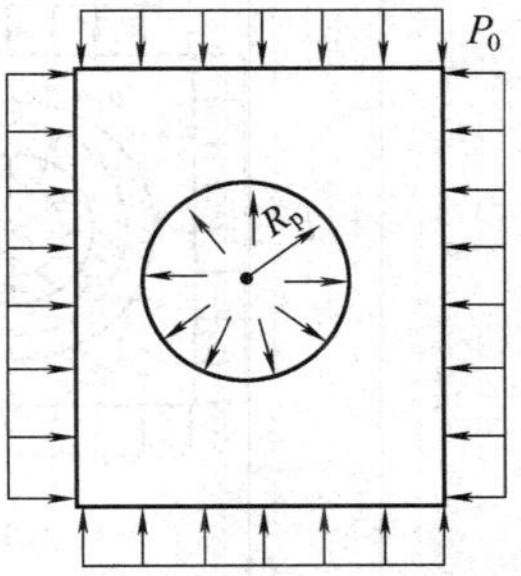

图 5-4-9　双向等压弹性区脱离体计算简图

由边界条件 $r=R_p$ 时 $\sigma_{rt}=\sigma_{rp}$，可得

$$B=c\cdot\cot\varphi\left[\left(\frac{R_p}{R_0}\right)^{\frac{2\sin\varphi}{1-\sin\varphi}}-1\right]R_p^2+P_i\left(\frac{R_p}{R_0}\right)^{\frac{2\sin\varphi}{1-\sin\varphi}}\cdot R_p^2-P_0R_p^2 \tag{5-4-11}$$

由此即得弹性区地层径向应力与切向应力的表达式分别为

$$\left.\begin{aligned}\sigma_{rt}&=c\cdot\cot\varphi\left[\left(\frac{R_p}{R_0}\right)^{\frac{2\sin\varphi}{1-\sin\varphi}}-1\right]\left(\frac{R_p}{r}\right)^2+P_i\left(\frac{R_p}{R_0}\right)^{\frac{2\sin\varphi}{1-\sin\varphi}}\left(\frac{R_p}{r}\right)^2+P_0\left(1-\frac{R_p^2}{r^2}\right)\\ \sigma_{\theta t}&=P_0\left(1+\frac{R_p^2}{r^2}\right)-c\cdot\cot\varphi\left[\left(\frac{R_p}{R_0}\right)^{\frac{2\sin\varphi}{1-\sin\varphi}}-1\right]\left(\frac{R_p}{r}\right)^2-P_i\left(\frac{R_p}{R_0}\right)^{\frac{2\sin\varphi}{1-\sin\varphi}}\left(\frac{R_p}{r}\right)^2\end{aligned}\right\} \tag{5-4-12}$$

由上式可见，地层弹性区的应力与地层特性常数 c、φ 及衬砌对塑性区地层的作用力有关。

4. 塑性区半径 R_p

由边界条件 $r=R_p$ 时 $\sigma_{\theta t}=\sigma_{\theta p}$，可写出

$$\begin{aligned}&c\cdot\cot\varphi\left[\frac{1+\sin\varphi}{1-\sin\varphi}\left(\frac{R_p}{R_0}\right)^{\frac{2\sin\varphi}{1-\sin\varphi}}-1\right]+P_i\left(\frac{R_p}{R_0}\right)^{\frac{2\sin\varphi}{1-\sin\varphi}}\cdot\frac{1+\sin\varphi}{1-\sin\varphi}\\ &=2P_0-c\cdot\cot\varphi\left[\left(\frac{R_p}{R_0}\right)^{\frac{2\sin\varphi}{1-\sin\varphi}}-1\right]-P_i\left(\frac{R_p}{R_0}\right)^{\frac{2\sin\varphi}{1-\sin\varphi}}\end{aligned}$$

由此可得塑性区半径 R_p 的计算式为

$$R_p=\left[\frac{(P_0+c\cdot\cot\varphi)(1-\sin\varphi)}{P_i+c\cdot\cot\varphi}\right]^{\frac{1-\sin\varphi}{2\sin\varphi}}R_0 \tag{5-4-13}$$

由上式可见，塑性区半径 R_p 不仅与地层特性常数 c、φ 及外荷载 P_0 有关，而且与衬砌对塑性区地层的作用力 P_i 有关，P_i 的值在 R_p 计算式的分母中出现，表示修筑衬砌可限制洞室周围地层塑性区的开展。

5. 洞周位移

设由开挖引起的洞周径向位移为 u_0，塑性区外缘（即弹性区内缘）的径向位移为 u_p，如图 5-4-10(a)所示。

由拉梅公式可写出在 P_0 作用下弹性区内缘的应力增量为

$$\Delta\sigma_\theta=P_0\left(1+\frac{R_p^2}{r^2}\right)-P_0=\frac{R_p^2}{r^2}P_0$$

$$\Delta\sigma_r=P_0\left(1-\frac{R_p^2}{r^2}\right)-P_0=-\frac{R_p^2}{r^2}P_0$$

因有

$$\varepsilon_\theta=\frac{1-\mu^2}{E}\left(\Delta\sigma_\theta-\frac{\mu}{1-\mu}\Delta\sigma_r\right)=\frac{u}{r}$$

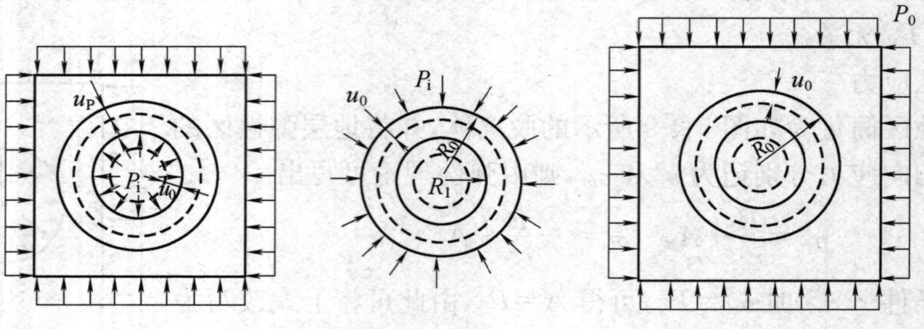

(a) (b) (c)

图 5-4-10 地层与结构之间的位移协调关系

可得由 P_0 引起的塑性区外缘的径向位移 u_p' 为

$$u_p' = \frac{1+\mu}{E} P_0 R_p \tag{5-4-14}$$

因地层塑性区对弹性区的径向作用力为 σ_{rp}，由拉梅公式也可写出 σ_{rp} 产生的弹性区的附加应力为

$$\sigma_r = \sigma_{rp}\frac{R_p^2}{r^2}, \quad \sigma_\theta = -\sigma_{rp}\frac{R_p^2}{r^2}$$

由此可得由 σ_{rp} 引起的塑性区外缘的径向位移 u_p'' 为

$$u_p'' = -\frac{1+\mu}{E}\sigma_{rp}R_p$$

将上式与式(5-4-14)相叠加，即得

$$u_p = \frac{1+\mu}{E}\left\{P_0 - c\cdot\cot\varphi\left[\left(\frac{R_p}{R_0}\right)^{\frac{2\sin\varphi}{1-\sin\varphi}} - 1\right] - P_i\left(\frac{R_p}{R_0}\right)^{\frac{2\sin\varphi}{1-\sin\varphi}}\right\}R_p \tag{5-4-15}$$

试验证明，岩土材料在发生塑性变形时仅发生形状变化，体积变形几乎为零，相应的泊松比接近于 0.5。假设塑性区体积在变形前后保持不变，可得

$$\pi(R_p^2 - R_0^2) = \pi[(R_p - u_p)^2 - (R_0 - u_0)^2] 2u_0R_0 - 2u_pR_p + u_p^2 + u_0^2 = 0$$

因 u_0^2、u_p^2 在式中为高阶小量，可以将其略去，故上式简化为

$$u_0 = u_p\cdot\frac{R_p}{R_0}$$

将式(5-4-15)代入上式，即得

$$u_0 = \frac{1+\mu}{E}\left\{P_0 - c\cdot\cot\varphi\left[\left(\frac{R_p}{R_0}\right)^{\frac{2\sin\varphi}{1-\sin\varphi}} - 1\right] - P_i\left(\frac{R_p}{R_0}\right)^{\frac{2\sin\varphi}{1-\sin\varphi}}\right\}\frac{R_p^2}{R_0} \tag{5-4-16}$$

6. 衬砌位移

如图 5-4-10(b)所示，作用在衬砌外缘的径向应力为 P_i。由厚壁筒原理可写出衬砌应力的计算式为

$$\sigma_r = \frac{P_i}{\left(\frac{1}{R_0^2} - \frac{1}{R_1^2}\right)r^2} - \frac{P_i}{\left(\frac{1}{R_0^2} - \frac{1}{R_1^2}\right)R^2}$$

$$\sigma_\theta = \frac{-P_i}{\left(\frac{1}{R_0^2} - \frac{1}{R_1^2}\right)r^2} - \frac{P_i}{\left(\frac{1}{R_0^2} - \frac{1}{R_1^2}\right)R^2}$$

由此可得

$$\begin{aligned}\varepsilon_0 &= \frac{1-\mu_1^2}{E_1}\left(\sigma_\theta - \frac{\mu_1}{1-\mu_1}\sigma_1\right)\\ &= \frac{1+\mu_1}{E_1}P_{\mathrm{i}}\left[\frac{R_0^2R_1^2}{(R_0^2-R_1^2)r^2}+\frac{(1-2\mu_1)R_0^2}{(R_0^2-R_1^2)}\right]\end{aligned}$$

$$u_0=\varepsilon_\theta R_0=\frac{1+\mu_1}{E_1}P_{\mathrm{i}}\left[\frac{R_1^2+(1-2\mu_1)R_0^2}{R_0^2-R_1^2}\right]R_0 \tag{5-4-17}$$

7. 地层和衬砌之间的位移协调条件

如图 5-4-10(c)所示，在洞周围岩位移与衬砌位移应相等，故由式(5-4-16)、式(5-4-17)可得

$$\frac{1+\mu}{E}\left\{P_0-c\cdot\cot\varphi\left[\left(\frac{R_{\mathrm{p}}}{R_0}\right)^{\frac{2\sin\varphi}{1-\sin\varphi}}-1\right]-P_{\mathrm{i}}\left(\frac{R_{\mathrm{p}}}{R_0}\right)^{\frac{2\sin\varphi}{1-\sin\varphi}}\right\}\frac{R_{\mathrm{p}}^2}{R_0}=\frac{1+\mu_1}{E_1}P_{\mathrm{i}}\left[\frac{R_1^2+(1-2\mu_1)R_0^2}{R_0^2-R_1^2}\right]R_0$$

式中　E,μ——洞室周围地层的弹性模量和泊松比；

E_1,μ_1——衬砌材料的弹性模量和泊松比。

上式即为表示地层和衬砌间位移协调条件的方程式。令

$$F=-\frac{2\sin\varphi}{1-\sin\varphi}$$

则上式可改写为

$$P_{\mathrm{i}}=\left\{P_0-c\cdot\cot\varphi\left[\left(\frac{R_{\mathrm{p}}}{R_0}\right)^{F}-1\right]\right\}\frac{R_{\mathrm{p}}^2}{R_0}\Big/\left[D+\left(\frac{R_{\mathrm{p}}}{R_0}\right)^{F+2}\cdot R_0\right] \tag{5-4-18}$$

$$D=\frac{E}{1+\mu}\cdot\frac{1+\mu_1}{E_1}\frac{R_1^2+(1-2\mu_1)R_0^2}{(R_0^2-R_1^2)}R_0$$

8. R_{p} 和 P_{i} 值的计算

将式(5-4-18)代入式(5-4-13)，化简可得

$$\begin{aligned}&(P_0+c\cdot\cot\varphi)\sin\varphi\, R_0\left(\frac{R_{\mathrm{p}}}{R_0}\right)^{F+2}+c\cdot\cot\varphi\cdot D\left(\frac{R_{\mathrm{p}}}{R_0}\right)^{F}\\ &=(P_0+c\cdot\cot\varphi)(1-\sin\varphi)D\end{aligned} \tag{5-4-19}$$

上式为关于未知量 R_0 的高次代数方程，可用牛顿迭代法求解。令该方程的未知数为 R_{p}/R_0，则牛顿迭代法的迭代格式可写为

$$\left(\frac{R_{\mathrm{p}}}{R_0}\right)_{K+1}=\left(\frac{R_{\mathrm{p}}}{R_0}\right)_K-\frac{f(R_{\mathrm{p}}/R_0)}{f'(R_{\mathrm{p}}/R_0)}$$

因为有式(5-4-19)，所以可得

$$f'\left(\frac{R_{\mathrm{p}}}{R_0}\right)=(P_0+c\cdot\cot\varphi)\sin\varphi\, R_0(F+2)\left(\frac{R_{\mathrm{p}}}{R_0}\right)^{F+1}+c\cdot\cot\varphi\cdot D\cdot F\left(\frac{R_{\mathrm{p}}}{R_0}\right)^{F-1}$$

故可写出

$$\begin{aligned}\left(\frac{R_{\mathrm{p}}}{R_0}\right)_{K+1}=&\left(\frac{R_{\mathrm{p}}}{R_0}\right)_K-\Bigg[(P_0+c\cdot\cot\varphi)\sin\varphi\cdot R_0\left(\frac{R_{\mathrm{p}}}{R_0}\right)_K^{F+2}+\\ &c\cdot\cot\varphi\cdot D\left(\frac{R_{\mathrm{p}}}{R_0}\right)_K^{F}-(P_0+c\cdot\cot\varphi)(1-\sin\varphi)\Bigg]\Bigg/\\ &\left[(P_0+c\cdot\cot\varphi)\sin\varphi\cdot R_0(F+2)\left(\frac{R_{\mathrm{p}}}{R_0}\right)_K^{F+1}+c\cdot\cot\varphi\cdot D\cdot F\left(\frac{R_{\mathrm{p}}}{R_0}\right)^{F-1}\right]_K\end{aligned} \tag{5-4-20}$$

求出 R_{p}/R_0 后即得 R_{p}，代入式(5-4-18)即可求得 P_{i}。

在双向不等压的受力状态下，因洞室周围地层在出现椭圆形塑性区时，塑性区外的地层内应力将趋于均匀，故对这种受力状态可采用折算 P 值计算塑性区的平均半径 R_p 和衬砌与地层间的平均相互作用力 P_i。令

$$P=\frac{(1+\lambda)}{2}P_0$$

即可由双向等压受力状态区的计算式求出塑性区平均半径 R_p 和地层与衬砌的平均相互作用力 P_i，并可据以近似设计衬砌断面。

(二)收敛—约束法原理

收敛—约束法又称特征法或变形法，它是一种以理论为基础、实测为依据、经验为参考的较为完善的隧道设计方法。该方法起源于法国，目前已引起国内外有关人员的广泛兴趣和注意，并在某些工程的设计中开始参考采用。

洞室开挖以后，洞周地层将产生变形。洞周地层的变形与外荷载、地层的性质及衬砌结构对洞周地层的支撑作用力等因素有关。将地层在洞周的变形 u 表示为衬砌对洞周地层的作用力 P_i 的函数，即可在以 u 为横坐标、P_i 为纵坐标的平面上绘出表示二者关系的曲线。因这类曲线表示洞室开挖后地层的受力变形特征，故可称为地层特征线或地层收敛线。

洞室地层对衬砌结构的作用力，即为衬砌结构受到的地层压力，其量值也为 P_i，衬砌结构的变形 u 也可表示为 P_i 的函数，并在以 u、P_i 为坐标轴的平面上绘出二者的关系曲线。这类曲线表示衬砌结构的受力变形特征，称为支护特征线。因衬砌结构发生变形的效果是对洞周地层的变形起限制作用，故支护特征线又可称为支护限制线。

在同一 u—P_i 坐标平面上同时绘出地层收敛线与支护限制线，则两条曲线交点的 u、P_i 值即可作为设计计算的依据。对于衬砌结构，这时的 P_i 值为它承受的地层压力，u 值即为它所产生的变形，如在 P_i 作用下结构产生位移 u 后能保持持续稳定，即可判定结构安全可靠。与此同时，也可判定这时地层处于稳定状态。如在 P_i 作用下结构产生位移 u 后将丧失稳定，则地层也不稳定。在这种情况下，应调整结构形状和厚度等参数，或调整施作衬砌的时间，重新进行设计计算。

如上所述，以地层收敛线与支护限制线相交于一点为依据的支护结构设计方法，称为收敛约束法。

图 5-4-11 为上述收敛约束法原理的示意图。图中纵坐标表示结构承受的地层压力，横坐标表示沿洞周径向位移，这些值一般都以拱顶为准测读计算。曲线①为地层特征线，曲线②为支护特征线。二条曲线交点的纵坐标即为作用在支护结构上的最终地层压力，交点的横坐标为衬砌的最终变形位移。

因洞室开挖成形后一般需要隔开一段时间才修筑衬砌，在这段时间内洞周地层将在不受衬砌约束的情况下产生自由变形。图 5-4-11 中的 u_0 值即为洞周地层(毛洞)在衬砌修筑前已经发生了的初始自由变形值。

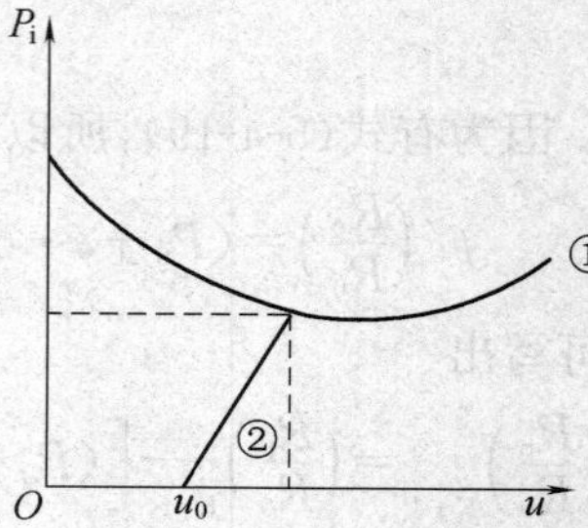

图 5-4-11　收敛约束法原理

(三)确定地层收敛线的方法

1. 塑性收敛线的确定

隧道埋深较大、周围地层较差或支护不及时，都可使洞周地层出现塑性区，相应的收敛线称为塑性收敛线。

在静水压力作用下圆形洞室周围地层塑性区的外形为圆形，由式(5-4-16)可得在双向相等的

外压 P_0 及均匀内压 P_i 作用下地层出现塑性区后洞周位移的表达式(即塑性收敛线方程)为

$$u=\frac{1+\mu}{E}\left\{P_0-c\cdot\cot\varphi\left[\left(\frac{R_p}{R_0}\right)^{\frac{2\sin\varphi}{1-\sin\varphi}}-1\right]-P_i\left(\frac{R_p}{R_0}\right)^{\frac{2\sin\varphi}{1-\sin\varphi}}\right\}\frac{R_p^2}{R_0}$$

其中 R_p 的计算式为

$$R_p=\left[\frac{(P_0+c\cdot\cot\varphi)(1-\sin\varphi)}{P_i+c\cdot\cot\varphi}\right]^{\frac{1-\sin\varphi}{2\sin\varphi}}\times R_0$$

由以上两式可知在 u—P_i 坐标平面上，上述塑性收敛线的形状为曲线，如图 5-4-12 所示。曲线与 P_i 轴的交点仍为(0，P_0)，且仍表示开挖洞体前洞周地层处于初始应力状态。曲线靠近 P_i 的一段为直线，表示洞室周围地层在位移较小时处于弹性受力状态，仅当洞周位移超过一定量值后才进入塑性受力状态。

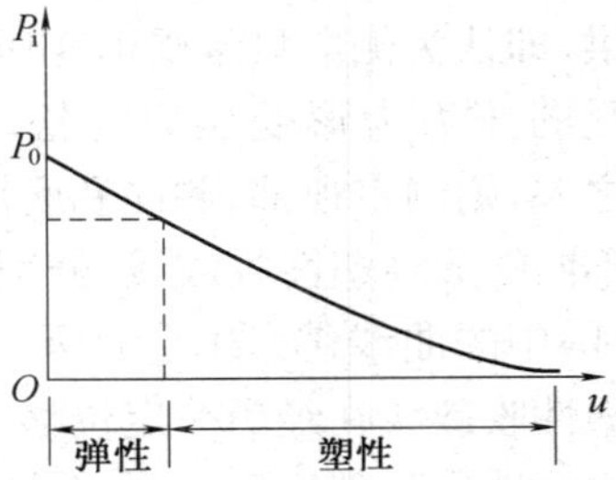

图 5-4-12　围岩塑性收敛线

表示直线段的方程式仍为

$$u=\frac{1+\mu}{E}a(P_0-P_i) \tag{5-4-21}$$

决定直线段与曲线段分界点的条件为 $R_p=R_0$，绘制曲线时应先计算 R_p，当 $R_p\leqslant R_0$ 时按式(5-4-21)绘制直线段；$R_p>R_0$ 时可按式(5-4-16)绘制曲线段。

由式(5-4-16)、式(5-4-13)及图 5-4-12 可见，塑性收敛线与弹性收敛线的变化趋势相同，均为当 P_i 值减小时 u 增大，表示当衬砌刚性较大时作用在衬砌上的地层压力较大，衬砌为柔性结构时地层将产生较大的变形，使作用在衬砌上的地层压力减小。

2. 松动压力线与塑性收敛线

因塑性区发展到一定程度时，洞室周围的地层会对衬砌产生松动压力，因而在三次应力状态中，作用在衬砌上的地层压力应为形变压力与松动压力二者之和。

对于静水压力作用下的圆形洞室，卡柯在假定地层松动区时，视围岩塑性区为松动区，松动区的荷载沿同心圆的径向分布，由垂直轴上的单元体的静力平衡条件推导得松动压力 P_a 的计算式为

$$P_a=-c\cdot\cot\varphi+c\cdot\cot\varphi\left(\frac{R_0}{R_p}\right)^{N_\varphi-1}+\frac{\gamma R_0}{N_\varphi-2}\left[1-\left(\frac{R_0}{R_p}\right)^{N_\varphi-2}\right] \tag{5-4-22a}$$

式中 $N_\varphi=\dfrac{1+\sin\varphi}{1-\sin\varphi}$，其余符号含义与前相同。由式(5-4-16)，可得在均布松动压力 P_a 作用下洞周塑性收敛线的方程为

$$u=-P_a\left(\frac{R_p}{R_0}\right)^{\frac{2}{1-\sin\varphi}}R_0 \tag{5-4-22b}$$

地层在洞周的最终塑性收敛线应为与外荷载 P_0 及变形压力相应的塑性区收敛线和与松动压力相应的塑性收敛线的叠加塑性收敛线，如图 5-4-13(a)所示。图中曲线③为与外荷载 P_0 及形变压力相应的塑性收敛线，曲线②为与松动压力相应的塑性收敛线，曲线①为最终塑性收敛线。

设计中确定收敛线时一般先由式(5-4-13)判断洞室周围地层是否出现塑性区。若 $R_p/R_0<1$ 时，则洞室周围地层处于弹性受力状态，可利用式(5-4-21)确定弹性收敛线。若 $R_p/R_0>1$，则洞室周围地层将出现塑性区。这时可先由式(5-4-16)得出反映外荷载与形变压力作用的

塑性收敛线 $u_1=f_1(P_i)$，即图 5-4-13(a)中的曲线③，后由式(5-4-22a)判断洞室周围地层是否将产生松动压力，如 $P_i>0$ 则由式(5-4-22b)得出反映松动压力作用的塑性收敛线 $u_2=f_2(P_i)$，即图 5-4-13(a)中的曲线②，叠加曲线②和③，就得到作为设计依据的最终塑性收敛线①。如 $P_i<0$，则洞室周围地层虽然出现塑性区，却并未产生松动压力，这时候最终塑性收敛线即为曲线③。

鉴于推导卡柯公式的假定与实际情况有差别，确定与松动压力相应的塑性收敛线时也可认为松动压力仅作用于顶拱，即认为侧向只承受形变压力，底部承受的压力为形变压力与松动压力 γR_p 之差，则洞室顶部、侧向和底部将有三条不同的最终塑性收敛线，分别如图5-4-13(b)中的曲线①、②、③所示。底部最终塑性收敛线在经历一定位移后一般与 u 轴相交，表示底部常可不做支护。曲线①高于曲线②，表示地层顶部比侧墙更需及时支护。

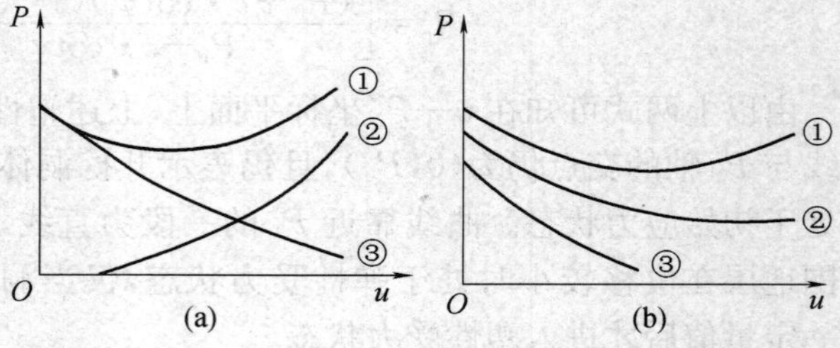

图 5-4-13 围岩塑性收敛线、松动压力线和特性曲线

(四)确定支护限制线的方法

设圆形洞室的支护结构处于弹性受力状态，在静水压力作用下地层对支护结构的压力为 P_i，相应的结构径向变形为 u_i，则由半无限体薄壁圆筒弹性力学原理可导出

$$P_i=Ku_i/r_i$$

式中，K 为支护刚度系数，r_i 为支护半径。

如图 5-4-14 所示，将支护修筑前圆形洞室洞周的初始径向变形记为 u_0，则可导出支护限制线的表达式为

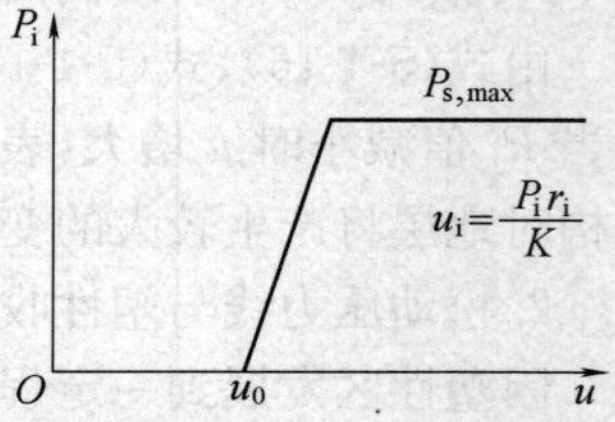

图 5-4-14 支护特性曲线

$$u=u_0+\frac{P_i r_i}{K} \tag{5-4-23}$$

式中，K 的取值与支护结构的形式有关，给出 K 即得与结构形式相应的支护限制线。

1. 喷射混凝土支护

设圆形支护的内径为 r_0，厚度为 t_c，结构材料的弹性模量及泊松比分别为 E_c、μ_c，则刚度系数 K_c 的表达式为

$$K_c=\frac{E_c[r_0^2-(r_0-t_c)^2]}{(1+\mu_c)[(1-2\mu_c)r_0^2+(r_0-t_0)^2]} \tag{5-4-24}$$

在一般情况下，喷射混凝土中的钢筋对 K 的影响可略去不计。结构能对地层提供的最大径向压力

$$P_{s,max}=\frac{1}{2}\sigma_{cc}\left[1-\frac{(r_0-t_c)^2}{r_0^2}\right] \tag{5-4-25}$$

式中，σ_{cc} 为喷射混凝土材料的单轴抗压强度。

2. 锚杆支护

锚杆分为点状锚固锚杆和全长锚固锚杆两类，点状锚固锚杆的一端是锚头，另一端是丝扣、垫板和螺母，杆体和围岩并不相连。将螺母拧紧，垫板即与围岩紧密接触，使锚杆发生作用。点状锚固锚杆充分发挥作用时杆体应力的分布如图 5-4-15(a)所示，刚度系数 K 的表达

式为

$$\frac{1}{K}=\frac{s_c s_1}{r_0}\left(\frac{4l_b}{\pi d_b^2 E_b}+Q\right) \tag{5-4-26}$$

式中 s_c、s_1 分别为锚杆的环向间距与纵向间距；d_b、l_b、E_b 分别为锚杆直径、净长度和弹性模量；Q 为与锚杆体、垫板、锚头的受力变形特征有关的常数，可由试验确定，表达式为

$$Q=\frac{(u_2'-u_2)-(u_1'-u_1)}{T_2-T_1}$$

其中，T_1、T_2 为在锚杆拉拔试验中大小不同的两个拉力；u_2、u_1 分别为与拉力 T_2、T_1 相应的锚杆计算伸长值；u_2'、u_1' 分别为与 T_2、T_1 相应的锚杆实测伸长值。

锚杆支护对围岩能提供的最大径向压力为

$$P_{s,\max}=\frac{T_{bf}}{s_c s_1} \tag{5-4-27}$$

式中 T_{bf} 为由锚杆拔出试验确定的锚杆极限强度。

全长锚固锚杆借助锚杆与地层间的黏结力传递剪力。这类锚杆的拉应力在锚杆全长上并不均匀分布，如图 5-4-15(b)所示。理论分析中可近似用锚杆体的最大拉力表示支护反力。

锚杆体最大拉力的作用点一般都在锚杆体中部偏向孔口 0.5～1.0 m 的范围内。设锚杆最大拉力截面离孔口的距离为 x_0，锚杆长度为 l，隧洞半径为 r_0，则由剪应力 τ 为零的条件可得

$$x_0=\frac{l}{\ln\dfrac{l}{l+r_0}}-r_0 \tag{5-4-28}$$

对比图 5-4-15(b)、(c)，可知全长锚固锚杆的工作应力和进行拉拔试验时锚固锚杆的工作应力及锚杆杆体的应力状态不同。最大拉力点以上的剪应力方向向上，可阻止锚杆向外拔出；最大拉力点以下的剪应力方向向下，与锚杆向外拔出的方向一致。

由抗拔试验可得锚杆与地层间的极限抗剪力[τ]。如以隐式表示，[τ]的计算式为

$$N_1=\int_0^l \pi d\tau_1 d\tau \geqslant k_1 l[\tau]\pi d \tag{5-4-29}$$

式中 d 为锚杆或锚杆孔的直径；τ_1 为在拉拔试验中作用在锚杆体上的剪应力；k_1 为剪应力 τ_1 分布的不均匀系数，可由试验确定。

全长锚固锚杆的最大支护拉力为

$$N_2=\int_{x_0}^l \pi d\tau_2 d\tau \geqslant k_2[\tau](l-x_0)\pi d \tag{5-4-30}$$

式中 τ_2 为作用在锚杆体上的工作剪应力；k_2 为剪应力 τ_2 分布的不均匀系数，可由试验确定。

由最大支护拉力的数值及锚杆的分布状态，可求出与之相应的径向位移和全长锚固锚杆的支护限制线。

3. 钢拱支撑

钢拱支撑的布置形式如图 5-4-16 所示，刚度系数 K_s 的表达式为

$$\frac{1}{K_s}=\frac{sr_0}{E_s A_s}+\frac{sr_0^3}{E_s I_s}\left[\frac{\theta(\theta+\sin\theta\cos\theta)}{2\sin^2\theta}-1\right]+\frac{2s\theta t_B}{E_B W^2} \tag{5-4-31}$$

式中 s 为钢拱支撑沿洞轴纵向的间距；A_s、I_s、E_s 分别为钢拱支撑的断面积、惯性矩和弹性模量；t_B、E_B 分别为木垫块的厚度和弹性模量。其余符号示意如图 5-4-16 所示。

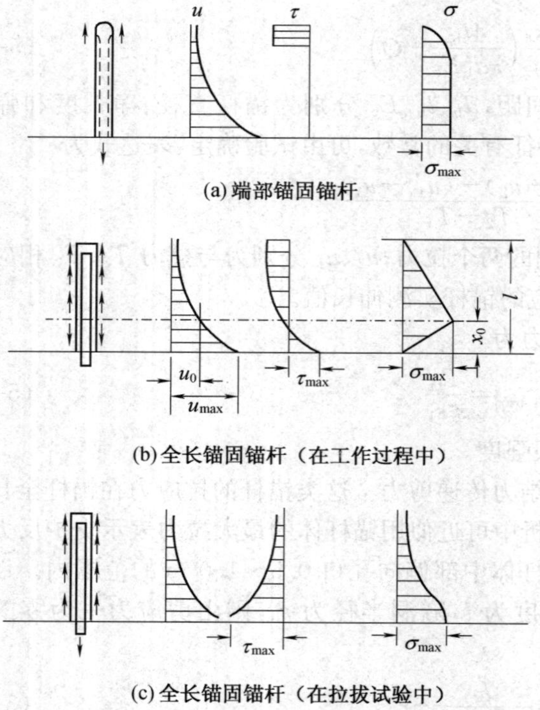

图 5-4-15 锚杆应力状态

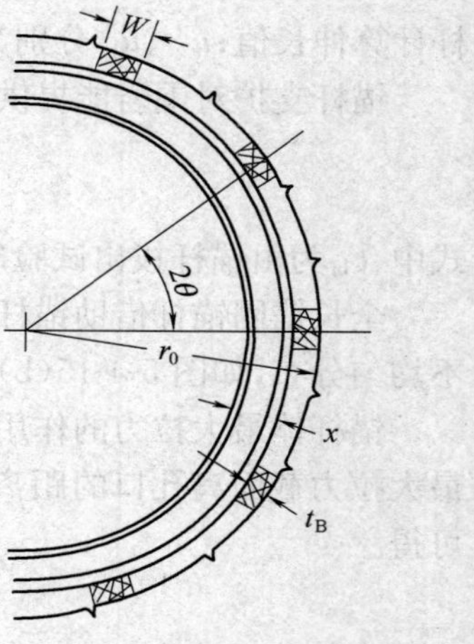

图 5-4-16 钢拱支撑布置形式

钢拱支撑能对地层提供的最大径向压力为

$$P_{s,\max}=(3A_s I_s \sigma_T)/\left\{2sr_0\theta\left[\left(3I_s+xA_s\left(r_0-\left(t_B+\frac{1}{2}x\right)\right)\right)\right]\cdot(1-\cos\theta)\right\} \tag{5-4-32}$$

式中 σ_T 为钢材的屈服强度，x 为钢拱断面的高度。

4. 组合式支护

当采用上述支护形式中的 2 种或 3 种构成组合支护时，刚度系数的计算式为

$$K=K_1+K_2 \quad 或 \quad K=K_1+K_2+K_3$$

式中 K_1, K_2, K_3——表示各支护的刚度系数。

鉴于各种支护的承载能力不同，对于组合式支护仅当各组成支护均不破坏时才可按上式求出的 K 值并采用式(5-4-23)计算洞周收敛线。作为设计依据，一般认为支护出现一种形式的破坏时整个支护体系即失去作用。由此，确定组合支护的最大承载能力的过程为：

(1)计算 $u_{\max_1}$，计算式为 $u_{\max_1}=r_i P_{s,\max_1}/K_1$。

(2)计算 $u_{\max_2}$，计算式为 $u_{\max_2}=r_i P_{s,\max_2}/K_2$。

(3)计算 u_{12}，计算式为 $u_{12}=r_i P_i/(K_1+K_2)$。

(4)若 $u_{12}<u_{\max_1}<u_{\max_2}$，可按式(5-4-23)写出洞周收敛线方程，其表达式为

$$u=u_0+\frac{P_i r_i}{K_1+K_2}$$

(5)若 $u_{\max_1}\leqslant u_{12}<u_{\max_2}$，则 $P_{\max_{12}}=u_{\max_1}(K_1+K_2)/r_i$。

(6)$u_{\max_2}\leqslant u_{12}<u_{\max_1}$，则 $P_{\max_{12}}=u_{\max_2}(K_1+K_2)/r_i$。

式中 $P_{\max_{12}}$——由两种支护构成组合支护时对地层能提供的最大压力。

5. 受弯支护

图 5-4-17 为圆形衬砌在顶部受松动压力作用时结构变形情况的示意图。为了便于计算，取图 5-4-17(b)作为计算简图。由杆系结构理论可得衬砌位移的计算式为

$$\Delta u=\frac{3R_0^4P_i}{E_1I}\left(\frac{\pi}{8}-\frac{1}{\pi}\right) \tag{5-4-33}$$

由此可得刚度系数的表达式为

$$\frac{1}{K'}=\frac{3R_0^3}{E_1I}\left(\frac{\pi}{8}-\frac{1}{\pi}\right) \tag{5-4-34}$$

在原有衬砌限制线上叠加由式(5-4-33)所得的位移，即得最终衬砌限制线，其刚度为

$$K=\frac{1}{\frac{1}{K_1}+\frac{1}{K'}}=\frac{K_1K'}{K_1+K'} \tag{5-4-35}$$

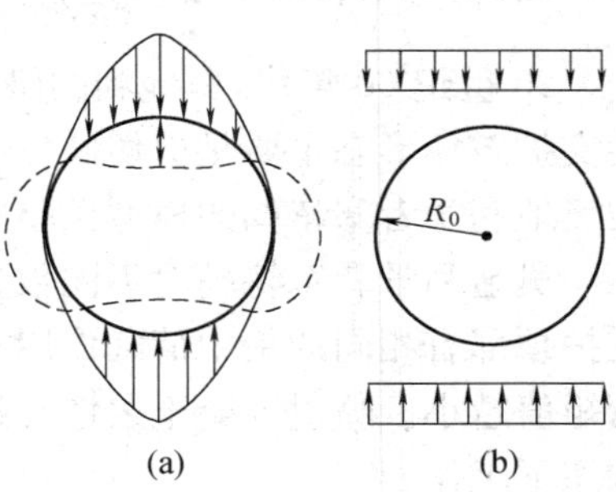

图 5-4-17 圆形衬砌仅受顶部松动压力计算图式

式中 K_1 为不计松动压力时的刚度系数；K'为仅考虑松动压力时支护的刚度系数。

6. 设置支护时间和结构刚度的合理选择

在不同时间设置支护和选用不同刚度的衬砌结构，可使地层特征线与支护特征线在 u—P_i 坐标平面上产生不同的组合，如图 5-4-18 所示。图中曲线①为地层开挖后变形达到稳定时的地层特征线，斜线②～⑥则为在不同时间设置支护或衬砌刚度不同时的各种支护特征线。由图可见，地层特征线为上凹曲线，最低点为 b，如支护特征线正好在 b 点与地层特征线相交，如图中斜线④所示，则衬砌结构上承受的地层压力最小。一般说来，在施工中严格实现使两条特征线在 b 点相交并不现实，能够达到的目标仅是两条特征线在 b 点附近相交。由于曲线①在 b 点以后上升的原因是地层施加于衬砌上的松动压力增大，意味着洞周地层将出现较大程度的破坏，因而作为收敛限制法的设计准则，应做到使支护特征线在 b 点以左附近与地层特征线相交。此外，因岩土材料物性参数的离散性较大，上述两特征线的交点也宜设计在离 b 点以左一定距离的位置上，以增加安全度。

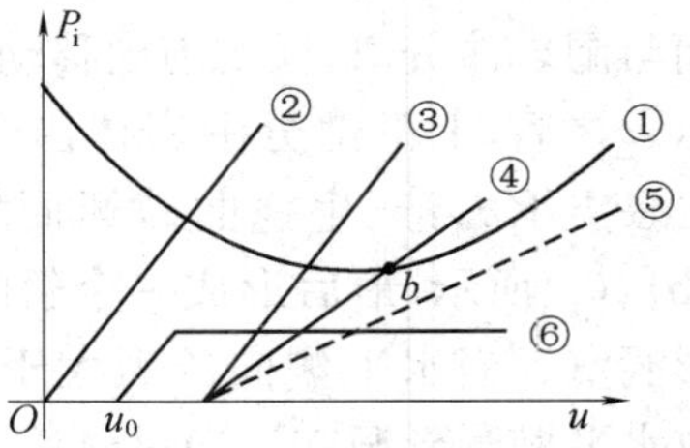

图 5-4-18 围岩与支护特征线及其关系

图中斜线②为在洞室开挖后立即施作支护时的支护特征线，斜线③为在洞室开挖后隔一段时间再施作支护时的支护特征线，两条斜线相互平行，表示支护刚度完全相同。对比斜线②与③，可见同一刚度的支护如设置的时间不同，作用在衬砌结构上的地层压力及衬砌位移值都将不同。鉴于地层本身具有一定的自支撑能力，适当推迟设置支护的时间将有利于减小作用于衬砌结构上的地层压力，以达到设计经济的目的。

图中斜线③与④为在同一时间设置的刚度不同的两种支护的支护特征线。对比两条斜线可见，若地层特征线与支护特征线均能在 b 点以左相交，则相应于柔性结构的斜线④将承受较小的地层压力，即柔性结构将优于刚性结构的结论并不是在任何情况下都是正确的。例如图中线⑤所示的支护特征线将与地层特征线不再相交，表示支护刚度严重不足时地层松动压力将急剧增长，使围岩破坏区的范围相应扩大。斜线⑥则表示，如衬砌结构刚度过于不足时，支护在围岩变形过程中早已破坏。可见，结构的柔性与刚性仅是相对而言的概念，在设计实践中选用柔性结构时仍需注意使结构保持必要的刚度。

显然,只有将地层特征、支护设置时间及支护刚度等因素综合考虑,才能做出合理的设计。

四、剪切滑移破坏法

20 世纪 60 年代,奥地利的腊布塞维奇教授,首先提出了剪切滑移破坏理论,指出锚喷柔性支护破坏形态主要是剪切破坏而不是挠曲破坏,且在剪切破坏前没有出现挠曲开裂。以后被奥地利学者塞特勒的模型试验所证实。

奥地利学者塞特勒对不同数量弹性支撑点的椭圆形支护系统作的受力分析表明,在靠近支护顶部有相同的集中荷载作用时,不同数量的支撑点所产生的弯矩值是不同的,支撑点越多弯矩值越小。喷射混凝土柔性支护与围岩接触紧密,可看成由无数多个支撑点,而处于无弯矩状态下工作。

(一)剪切滑移体的形成

开挖的圆形坑道在荷载(垂直荷载大于侧向荷载)作用下,在水平直径的两侧形成压应力集中而产生剪切滑移面,随着压应力的不断增加,剪切滑移面不断地向水平直径的上下方且与最大主应力轨迹线成 $45° - \varphi/2$(φ 为围岩内摩擦角)方向扩展。由于围岩受剪而松弛,产生应力释放,当围岩的应力较小,剪切滑移面不再继续扩展时,则在坑道水平直径两端形成两个剪切楔形滑移块体,如图 5-4-19 所示。

在无支护情况下,两楔形滑移块体由于剪切而与围岩体分离,向坑道内移动,如图 5-4-20(a)所示。之后,上下部分围岩体由于楔形块体滑移而失去支承力,产生挠曲破坏而坍塌,如图 5-4-20(b)、(c)所示,最后形成一个暂时稳定的垂直椭圆形洞室。当水平侧向压力大于垂直压力时,则形成水平椭圆形洞室。通过试验及调查,拱形直、曲墙式隧道,其破坏形态与圆形洞室基本相同。

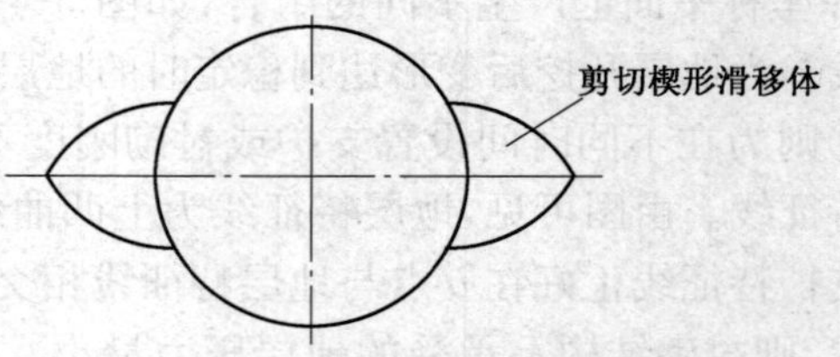

图 5-4-19 剪切楔形滑移体

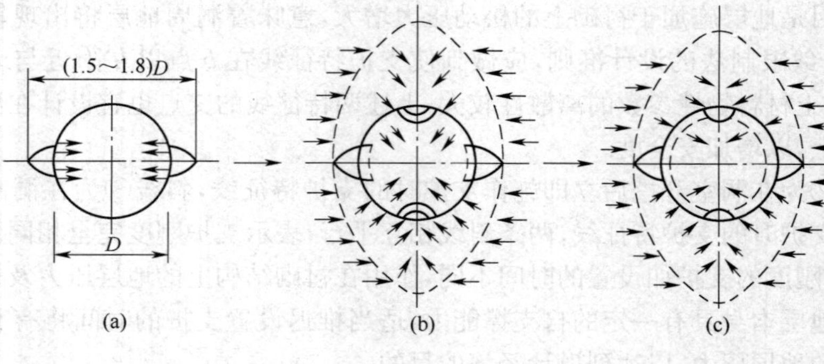

图 5-4-20 滑移体理论围岩破坏过程

剪切破坏所形成的剪切滑移体一定位于塑性圈内。设在剪切滑移线上任取一点 i,如图 5-4-21所示,该点处的半径为 r,与垂直轴的夹角为 θ,当 θ 增加一个 $\mathrm{d}\theta$ 角时,r 的增量为 $\mathrm{d}r$,由于 $\mathrm{d}\theta$、$\mathrm{d}r$ 值很小,近似求得

$$\tan\alpha = \frac{\mathrm{d}r}{r\,\mathrm{d}\theta}$$

则
$$\frac{\mathrm{d}r}{r}=\tan\alpha\mathrm{d}\theta$$

两边积分
$$\int_a^r\frac{\mathrm{d}r}{r}=\int_\alpha^\theta\tan\alpha\mathrm{d}\theta$$

$$\ln r\Big|_a^r=\tan\alpha(\theta-\alpha)$$

$$\ln\frac{r}{a}=\tan\alpha(\theta-\alpha)$$

故
$$r=a\exp[(\theta-\alpha)\tan\alpha] \tag{5-4-36}$$

式中　r——剪切滑移体半径。

由此知，由一对对数螺旋线组成的剪切滑移体，其滑移线曲线方程式为

$$\left.\begin{aligned}r&=a\exp[(\theta-\alpha)\tan\alpha]\\b&=2a\cos\alpha\end{aligned}\right\} \tag{5-4-37}$$

在坑道中心作与中心轴成 α 角的直线交坑壁于 A 点，再由 A 点作与坑壁成 α 角的曲线即为剪切滑移线，其方程为式(5-4-37)。

为了阻止剪切滑移体向坑道内滑移，需修筑锚喷柔性支护以稳定坑道，如图 5-4-22 所示。

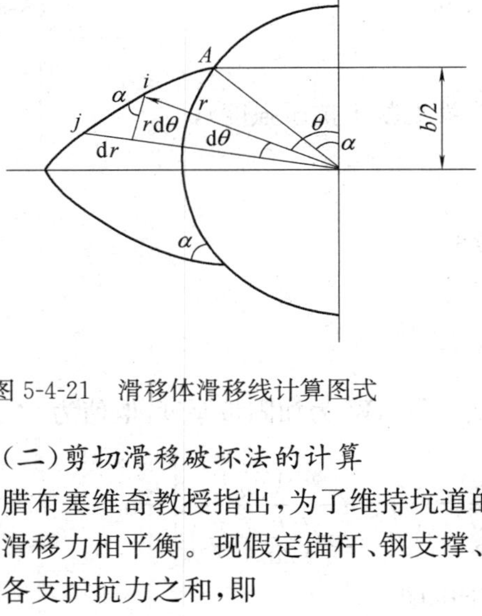

图 5-4-21　滑移体滑移线计算图式

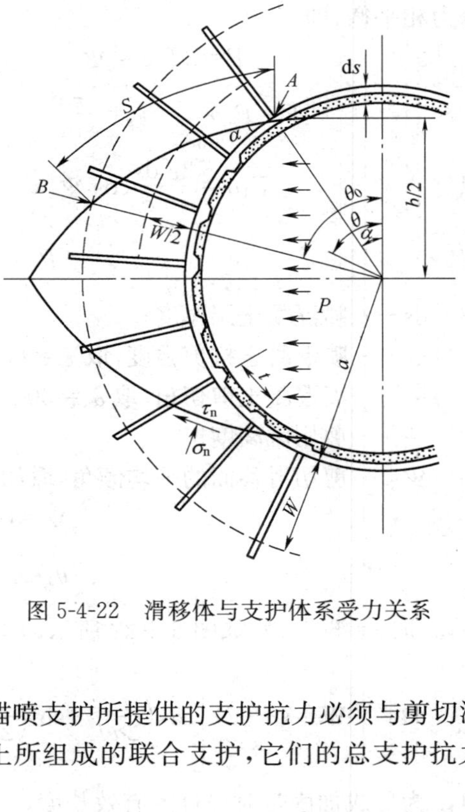

图 5-4-22　滑移体与支护体系受力关系

（二）剪切滑移破坏法的计算

腊布塞维奇教授指出，为了维持坑道的稳定，锚喷支护所提供的支护抗力必须与剪切滑移体的滑移力相平衡。现假定锚杆、钢支撑、喷混凝土所组成的联合支护，它们的总支护抗力可视为各支护抗力之和，即

$$P=P_1+P_2+P_3+P_4 \tag{5-4-38}$$

式中　P——所提供的总支护抗力；

P_1——喷混凝土提供的支护抗力；

P_2——钢支撑提供的支护抗力；

P_3——锚杆提供的支护抗力；

P_4——围岩本身提供的支护抗力。

计算所得的 P 值应大于阻止剪切滑移所需的最小支护抗力值，即 $P>P_{\min}$。

确定 $P_{\min}$值的途径有：

(1)由现场实测的塑性区半径 r_0 求 $P_{\min}$值；

(2)根据坑道周边的极限位移值$[u]$求 $P_{\min}$值；

(3)以实地量测形变压力作为 $P_{\min}$值；

(4)根据围岩特征曲线求解 $P_{\min}$值。

假定 P 的作用方向为水平方向。

1.喷混凝土提供的支护抗力 P_1 值

喷混凝土抗力是指沿剪切面喷层所提供的平均分配在剪切区高度 b 上的抗剪力。

当坑道周壁喷射混凝土后，剪切滑移体向坑道方向移动时对喷层产生水平推力。此时，如喷层的抗剪强度不足，则在剪切滑移体的上下边缘处(应力集中区)形成两个剪切滑移面，如图 5-4-23 所示。当剪切滑移体处于受力极限平衡状态时，其水平推力与两个剪切滑移面上的水平抗剪分力相平衡，即

$$P=2T_s\cos\Psi$$

而 $$P=P_1 b\ ,\quad T_s=\frac{\tau_s \mathrm{d}s}{\sin\alpha_s}$$

所以 $$P_1 b=\frac{2\tau_s \mathrm{d}s}{\sin\alpha_s}\cos\Psi$$

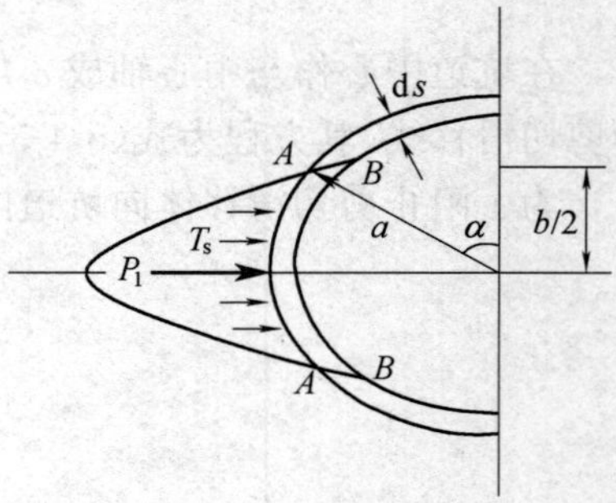

图 5-4-23 滑移体与喷层受力关系

$$P_1=\frac{2\mathrm{d}s\tau_s}{b\sin\alpha_s}\cos\Psi \tag{5-4-39}$$

式中 ds——喷混凝土层厚度；

τ_s——喷混凝土抗剪强度，取 $\tau_s=0.43\sigma_c$(σ_c 为喷混凝土抗压强度)；

α_s——喷混凝土剪切角，取 $\alpha_s=30°$；

b——剪切区高度；

Ψ——剪切滑移面的平均倾角，取如下经验数据：

$$\Psi=(\theta_0-\alpha)/2$$

$$\theta_0=\alpha+\frac{1}{\tan\alpha}\ln\frac{a+W}{a}$$

其中，α(取 $\alpha=60°$)、θ_0 如图 5-4-22 所示，a 如图 5-4-23 所示，W 为加固带厚度，取值为

$$W=(a+l)\left[\cos\left(\frac{t}{2a}\right)+\sin\left(\frac{t}{2a}\right)\tan\left(\frac{t}{2a}+\frac{\pi}{4}\right)-\frac{\sin\left(\frac{t}{2a}\right)}{\cos\left(\frac{t}{2a}+\frac{\pi}{2}\right)}\right]-a$$

其中，l 为形成加固带时锚杆的有效长度，t 为锚杆横向间距。

2.钢支撑提供的支护抗力 P_2 值

计算时可换成相应的喷混凝土支护抗力，即

$$P_2=\frac{2F_s\tau_t}{b\sin\alpha_t}\cos\Psi \tag{5-4-40}$$

式中　F_s——每米隧道钢材的当量面积；

τ_t——钢材抗剪强度，取 $\tau_t=1/2\sigma_t$（σ_t 为钢材允许抗拉强度），也可用 $\tau_t=15\tau_s$；

α_t——钢材剪切角，一般采用 $\alpha_t=45°$。

b、Ψ 含义同前。

3. 锚杆提供的支护抗力 P_3 值

锚杆受力破坏有两种情况：

(1)锚杆体本身的强度不足而被拉断。这种情况下锚杆提供的平均径向支护抗力 P_3' 为

$$P_3'=\frac{F\sigma}{e\cdot t} \tag{5-4-41}$$

式中　F——锚杆的断面积；

σ——锚杆的抗拉强度；

e,t——锚杆纵向及横向间距。

(2)锚杆黏结破坏，即砂浆锚杆与锚杆孔壁之间黏结力不足而破坏。锚杆提供的平均径向支护抗力 P_3' 为

$$P_3'=\frac{S}{e\cdot t} \tag{5-4-42}$$

式中，S 为锚杆抗拔力，由锚杆拉拔试验求得。对 P_3' 的取值，在围岩好时取第一种情况，否则取第二种情况。应把锚杆提供的平均径向支护抗力转化为水平方向支护抗力。

由于在 $\alpha\sim\theta_0$ 范围内的锚杆才能对剪切滑移体产生抗力，则

$$P_3=\int_\alpha^{\theta_0}P_3'a\sin\theta\mathrm{d}\theta$$

即

$$P_3=P_3'a(-\cos\theta)\Big|_\alpha^{\theta_0}=P_3'a(\cos\alpha-\cos\theta_0)$$

P_3 为集中力，现假定为剪切区高度 $b/2$ 上的分布力，则

$$P_3=\frac{P_3'a(\cos\alpha-\cos\theta_0)}{b/2}$$

因

$$b/2=a\cos\alpha$$

所以

$$P_3=P_3'\frac{1}{\cos\alpha}(\cos\alpha-\cos\theta_0)$$

将式(5-4-41)或式(5-4-42)代入，得

$$\left.\begin{aligned}P_3&=\frac{F\sigma}{e\cdot t}\frac{1}{\cos\alpha}(\cos\alpha-\cos\theta_0)\\ \text{或}\quad P_3&=\frac{S}{e\cdot t}\frac{1}{\cos\alpha}(\cos\alpha-\cos\theta_0)\end{aligned}\right\} \tag{5-4-43}$$

4. 围岩本身提供的支护抗力 P_4 值

剪切滑移体滑动时，围岩在滑面上产生抗滑力，其水平方向的分力在剪切区高度 $b/2$ 上的抗力 P_4 为

$$P_4=\frac{\tau_n S'\cos\varphi-\sigma_n S'\sin\varphi}{b/2}$$

即

$$P_4=\frac{2S'\tau_n\cos\varphi}{b}-\frac{2S'\sigma_n\sin\varphi}{b} \tag{5-4-44}$$

式中　S'——剪切滑移体长度，其值为

$$S'=\frac{r-a}{\sin\alpha}\left[e^{\left(\frac{\pi}{2}-\alpha\right)\tan\alpha}-1\right]$$

τ_n,σ_n——沿滑移面的剪切应力和垂直于滑移面的正应力,它们按莫尔包络线为直线时的假定求出:

$$\left.\begin{aligned}\tau_n&=\frac{\sigma_1-\sigma_3}{2}\cos\varphi\\ \sigma_n&=\frac{\sigma_1+\sigma_3}{2}-\frac{\sigma_1-\sigma_3}{2}\sin\varphi\end{aligned}\right\}\tag{5-4-45}$$

其中 φ——围岩内摩擦角。

b、Ψ 含义同前。

由莫尔包络线可知

$$\frac{\sigma_1-\sigma_3}{2}\cos\varphi=(c+\sigma_n)\tan\varphi$$

将式(5-4-45)中的 σ_n 值代入上式,得

$$\sigma_1=\sigma_3+2(c+\sigma_3\tan\varphi)\frac{1+\sin\varphi}{\cos\varphi}\tag{5-4-46}$$

式(5-4-46)中的径向主应力 σ_3 值随剪切滑移面上的位置而变化,难以确定,所以假定 σ_3 等于各支护结构所提供的径向支护抗力之和,即

$$\sigma_3=P_1'+P_2'+P_3'$$

式中 P_1'——喷混凝土层提供的径向支护抗力,$P_1'=\dfrac{2ds\cdot\tau_s}{b\sin\alpha_s}$;

P_2'——钢支撑提供的径向支护抗力,$P_2'=\dfrac{2F_s\tau_t}{b\sin\alpha_t}$;

P_3'——锚杆提供的径向支护抗力,$P_3'=\dfrac{F\sigma}{e\cdot t}\left(或\dfrac{S}{e\cdot t}\right)$。

有了 σ_3 值即可求出 σ_1 值,进而可求出 σ_n、τ_n 值,最后按式(5-4-44)求出 P_4 值。

第五节 信息反馈方法及经验方法

由于围岩性质的复杂性,加上施工等人为因素的影响,在隧道工程中,无论事先的调查和试验做得多么细致,支护的实际受力及变形状态往往难与按力学模型所分析的结果相一致。为了确保隧道工程支护结构的安全可靠和经济合理,在施工阶段进行监控量测,及时收集由于隧道开挖而在围岩和支护结构中所产生的位移和应力变化等信息,并根据一定的标准来判断是否需要修改预先设计的支护结构和施工流程,这一方法称为信息反馈法,又称监控法。它的特点是能反映隧道开挖后围岩的实际应力及变形状态,使得设计和施工与围岩的实际动态相匹配。

一、信息反馈方法的设计流程

施工前的设计是在认真研究勘测资料和地质调查成果的基础上进行的,对矿山法施工的隧道可按照图 5-5-1 来确定和修正支护结构的设计参数和施工流程,以实现隧道工程的最优化设计和施工。

二、信息反馈方法

在隧道工程中所采用的反馈方法可归纳为两大类,即理论反馈法和经验反馈法。理论反

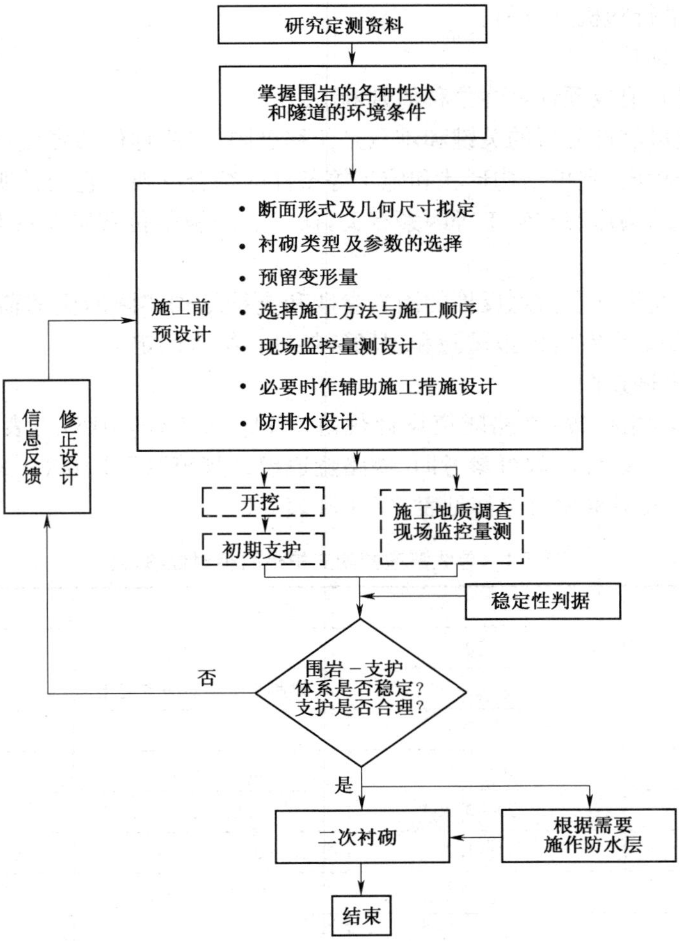

图 5-5-1　信息反馈法设计、施工流程

馈法是基于初勘地质成果、初步设计及施工效果，对初步设计和施工效果进行理论分析（利用量测数据的回归或时间序列分析、宏观围岩参数的位移反分析、理论解析或数值方法进行隧道稳定性分析），判别隧道稳定性，修正设计参数和施工方法。经验反馈法则直接利用量测数据与经验数据（位移值、位移速率、位移速率变化率等）进行对比，判断隧道的稳定性。

（一）围岩物理力学参数的反分析

围岩物理力学参数是隧道计算分析的基础性数据，勘探及洞内取样试验是隧道局部点的、岩块的结果，与隧道总体岩体的结果有一定差距，在软弱、裂隙岩体中差距更大。利用施工监测位移的反分析，能获得反映等效围岩的和施工实际的宏观条件下的围岩物理力学参数。根据反分析方法不同，又有逆反分析法、直接反分析法、图解法等。

例如直接反分析法，即先按工程类比法预确定围岩物理力学参数，用分析方法求解隧道周边的位移值，并与量测到的隧道周边位移值进行比较，当两者有差异时，修正原先假定的计算参数，重复计算直至两者之差符合计算精度要求时为止。最后所用的计算参数即为围岩物理力学参数。

除弹塑性模型下的反分析法外，也可进行弹黏性模型反分析、弹黏塑性模型反分析。除定值反分析外，还可进行随机反分析。

(二)隧道极限位移

1. 根据位移量测值或预计最终位移值判断

洞室稳定性或可靠性分析的关键和难点是位移极限值(或称位移强度)的确定。位移极限值是洞室所处围岩性质、支护结构形状和施工等条件的综合反映。它与其所处的地形、地质条件、洞室形态、支护结构形态和施工等因素有关，任一点的极限位移都是在具体条件下的隧道稳定极限状态位移。

根据隧道洞室变形动态信息反推的围岩参数和支护结构实际所受的荷载，进行洞室极限位移的计算模拟，并结合室内模拟试验和现场资料进行综合确定。

(1)极限位移表格查询

围岩的物理力学指标按《铁路隧道设计规范》(TB 10003—2016)中表 4.3.3 取值(本书表 2-3-4)，初期支护的设计参数可参考旧《铁路隧道设计规范》(TB 1003—2005)中表 7.2.1-2 和表 7.2.1-3 取值，其极限相对位移见表 5-5-1 和表 5-5-2。

表 5-5-1 单线隧道初期支护极限相对位移(%)

围岩级别	埋深(m)		
	≤50	50～300	300～500
拱脚水平相对净空变化			
Ⅱ	—	—	0.20～0.60
Ⅲ	0.10～0.50	0.40～0.70	0.60～1.50
Ⅳ	0.20～0.70	0.50～2.60	2.40～3.50
Ⅴ	0.30～1.00	0.80～3.50	3.00～5.00
拱顶相对下沉			
Ⅱ	—	0.01～0.05	0.04～0.08
Ⅲ	0.01～0.04	0.03～0.11	0.10～0.25
Ⅳ	0.03～0.07	0.06～0.15	0.10～0.60
Ⅴ	0.06～0.12	0.10～0.60	0.50～1.20

表 5-5-2 双线隧道初期支护极限相对位移(%)

围岩级别	埋深(m)		
	≤50	50～300	300～500
拱脚水平相对净空变化			
Ⅱ	—	0.01～0.03	0.01～0.08
Ⅲ	0.03～0.10	0.08～0.40	0.30～0.60
Ⅳ	0.10～0.30	0.20～0.80	0.70～1.20
Ⅴ	0.20～0.50	0.40～2.00	1.80～3.00
拱顶相对下沉			
Ⅱ	—	0.03～0.06	0.05～0.12
Ⅲ	0.03～0.06	0.04～0.15	0.12～0.30
Ⅳ	0.06～0.10	0.08～0.40	0.30～0.80
Ⅴ	0.08～0.16	0.14～1.10	0.80～1.40

由于各级围岩的各项性能参数都是范围值，因而隧道极限位移均为一分布区，使用中软质围岩取较大值，硬质围岩取较小值。

(2)用规范提供的设计参数或反分析确定的物性参数计算极限位移

在施工阶段可利用位移反分析求得的围岩力学指标和荷载分布状况，通过计算模拟得出极限位移。用于反分析的监测断面应选择在具有代表性的地段设置，监测项目及要求应高于一般的监测断面。测到的位移可用时间序列模型等进行数据分析和处理，以反映洞周位移随时间变化的趋势。若监测点数较少，不能满足反分析的需要，可用样条函数插值适当增加位移数据。利用上述处理过和增加后的位移值进行反分析，求出较能反映实际的围岩特性指标和荷载分布状况，以此作为推求极限位移和判别稳定的基础。

实测最大相对位移值或预测相对位移值不大于表 5-5-1、表 5-5-2 所列极限相对位移值的 2/3 时，可认为初期支护达到稳定，如果大于极限相对位移值的 2/3，意味着围岩不稳定或支护系统工作状态不安全，需要加强。

2. 根据位移速率判断

位移速率是以每天的位移量来表示的。对某一开挖断面来讲，从开始产生位移到它稳定为止，每天的位移变化速率都是不同的，位移速率是由大变小递减的过程，从变形曲线上可分为三个阶段：

(1)变形急剧增长阶段——变形速率大于 1 mm/d；

(2)变形速率缓慢增长阶段——变形速率 1～0.2 mm/d；

(3)基本稳定阶段——变形速率小于 0.2 mm/d。

根据位移速率来判断围岩的稳定程度，是目前国内外广泛采用的方法。但还没有统一的数值标准。我国根据下坑、金家岩、大瑶山等十余座铁路隧道制定的位移变化速率标准为：当净空收敛速率小于0.2 mm/d时，认为围岩已达到基本稳定。我国大秦铁路复合式衬砌隧道提出围岩基本稳定的标准为：隧道跨度小于 10 m 时，水平收敛速率为 0.1 mm/d；隧道跨度大于或等于 10 m 时，水平收敛速率为 0.2 mm/d。

3. 根据位移—时间曲线(位移时态曲线)形态判断

由于岩体的流变特性，岩体破坏其前变形曲线可分为三个阶段。

(1)基本稳定区

主要标志为变形速率逐渐下降，即 $d^2u/dt^2<0$，表明围岩趋于稳定状态。

(2)过渡区

变形速率保持不变，即 $d^2u/dt^2=0$，表明围岩向不稳定状态发展，须发出警告，加强支护系统。

(3)破坏区

变形速率逐渐增大，即 $d^2u/dt^2>0$，表明围岩已进入危险状态，须停工，进行加固。

根据量测结果可按表 5-5-3 所列变形管理等级指导施工。

表 5-5-3　变形管理等级

管理等级	管理位移	施工状态
Ⅲ	$u<u_0/3$	可正常施工
Ⅱ	$u_0/3\leqslant u\leqslant 2u_0/3$	应加强支护
Ⅰ	$u>2u_0/3$	应采取特殊措施

注：u——实测位移值；u_0——极限位移值。

围岩稳定性判断是很复杂的也是非常重要的问题，应结合具体工程实践，采用上述经验判别准则综合判断。

4. 隧道失稳的经验先兆

局部块石坍塌或层状劈裂，喷层大量开裂；累计位移量已达极限位移的 2/3，且仍未出现收敛减缓的迹象；每日的位移量超过极限位移的 10%；洞室变形有异常加速，即在无施工干扰时的变形速率加大。

第六节　隧道衬砌结构耐久性设计概要

一、影响铁路隧道衬砌结构耐久性的因素

影响铁路隧道衬砌结构耐久性的主要因素就是结构物所处的环境。《铁路混凝土结构耐久性设计规范》(TB 10005—2010)将混凝土结构所处的环境类别分为碳化环境、氯盐环境、化学侵蚀环境、冻融破坏环境和磨蚀环境。不同类别环境的作用等级可按表 5-6-1～表 5-6-5 所列环境条件进行划分。

表 5-6-1　碳 化 环 境

环境作用等级	环境条件特征
T1	室内年平均相对湿度<60%
	长期在水下(不包括海水)或土中
T2	室外环境
	室内年平均相对湿度≥60%
T3	处于水位变动区
	处于干湿交替

注：当钢筋混凝土薄形结构的一侧干燥而另一侧湿润或饱水时，其干燥一侧混凝土的碳化作用等级应按 T3 级考虑。

表 5-6-2　氯 盐 环 境

环境作用等级	环境条件
L1	长期在海水、盐湖水的水下或土中
	高于平均水位 15 m 的海上大气区
	离涨潮岸线 100～300 m 的陆上近海区
	水中氯离子浓度≥100 mg/L 且≤500 mg/L，并有干湿交替
	土中氯离子浓度≥150 mg/kg 且≤750 mg/kg，并有干湿交替
L2	平均水位 15 m 以内(含 15 m)的海上大气区
	离涨潮岸线 100 m 以内(含 100 m)的陆上近海区
	海水潮汐区和浪溅区(非炎热地区)
	水中氯离子浓度>500 mg/L 且≤5 000 mg/L，并有干湿交替
	土中氯离子浓度>750 mg/kg 且≤7 500 mg/kg，并有干湿交替
L3	海水潮汐区和浪溅区(炎热地区)
	盐渍土地区露出地表的毛细吸附区
	水中氯离子浓度>5 000 mg/L，并有干湿交替
	土中氯离子浓度>7 500 mg/kg，并有干湿交替

除了环境因素影响铁路隧道衬砌结构耐久性外，高速列车运行引起的压力波动以及列车振动作用也是影响结构耐久性的主要因素。有初始裂纹的衬砌结构，在气动压力波正压、负压的反复作用下，衬砌结构将产生疲劳，裂纹不断扩展，直到断裂破坏；同时，衬砌结构底部在列车振动荷载的作用下，也容易出现疲劳性破坏。因此，高速铁路隧道都要进行耐久性设计。一般铁路隧道也要考虑这一问题。

表 5-6-3　化学侵蚀环境

环境作用等级	环境条件					
	水中 SO_4^{2-} (mg/L)	强透水性土中 SO_4^{2-} (水溶值，mg/kg)	弱透水性土中 SO_4^{2-} (水溶值，mg/kg)	酸性水 (pH 值)	水中侵蚀性 CO_2 (mg/L)	水中 Mg^{2+} (mg/L)
H1	≥200 ≤1 000	≥300 ≤1 500	>1 500 ≤6 000	≤6.5 ≥5.5	≥15 ≤40	≥300 ≤1 000
H2	>1 000 ≤4 000	>1 500 ≤6 000	>6 000 ≤15 000	<5.5 ≥4.5	>40 ≤100	>1 000 ≤3 000
H3	>4 000 ≤10 000	>6 000 ≤15 000	>15 000	<4.5 ≥4.0	>100	>3 000
H4	>10 000 ≤20 000	>15 000 ≤30 000	—	—	—	—

注：(1)强透水性土是指碎石土和砂土，弱透水性土是指粉土和黏性土。
(2)当混凝土结构处于高硫酸盐含量(水中 SO_4^{2-} 含量大于 20 000 mg/L、土中 SO_4^{2-} 含量大于 30 000 mg/kg)的环境时，其耐久性技术措施应进行专门研究和论证。
(3)当环境中存在酸雨时，按酸性水侵蚀考虑，但相应作用等级可降一级。
(4)水和土中侵蚀性离子浓度的测定方法应符合现行行业标准《铁路工程水质分析规程》(TB 10104)和《铁路工程岩土化学分析规程》(TB 10103)的规定。

表 5-6-4　冻融破坏环境

环境作用等级	环 境 条 件
D1	微冻条件，且混凝土频繁接触水
D2	微冻条件，且混凝土处于水位变动区
	严寒和寒冷条件，且混凝土频繁接触水
	微冻条件，且混凝土频繁接触含氯盐水体
D3	严寒和寒冷条件，且混凝土处于水位变动区
	微冻条件，且混凝土处于含氯盐水体的水位变动区
	严寒和寒冷条件，且混凝土频繁接触含氯盐水体
D4	严寒和寒冷条件，且混凝土处于含氯盐水体的水位变动区

注：(1)严寒条件、寒冷条件和微冻条件下年最冷月的平均气温 t 分别为：$t \leqslant -8$ ℃，-8 ℃$<t<-3$ ℃和-3 ℃$\leqslant t \leqslant 2.5$ ℃。
(2)含氯盐水体包括海水、含有氯盐的地下水或盐湖水等。

表 5-6-5　磨 蚀 环 境

环境作用等级	环 境 条 件
M1	风力等级≥7 级，且年累计刮风天数大于 90 d 的风沙地区
M2	风力等级≥9 级，且年累计刮风天数大于 90 d 的风沙地区
	有强烈流冰撞击的河道(冰层水位线下 0.5 m～冰层水位线上 1.0 m)
	汛期含砂量为 200～1 000 kg/m³ 的河道
M3	风力等级≥11 级，且年累计刮风天数大于 90 d 的风沙地区
	汛期含砂量>1 000 kg/m³ 的河道
	西北戈壁荒漠区洪水期间夹杂大量粗颗粒砂石的河道

二、复合式衬砌结构耐久性设计

目前，我国高速铁路隧道的衬砌结构多数采用复合式衬砌。复合式衬砌包括初期支护和二次衬砌两部分，所以在隧道衬砌结构耐久性设计中，要分别考虑初期支护和二次衬砌的耐久性，并应包括以下主要内容：

(1)明确混凝土结构的使用环境类别与环境作用等级；

(2)提出混凝土结构的设计使用年限；

(3)提出与结构耐久性有关的结构构造措施；

(4)提出混凝土原材料品质要求、配合比的主要参数及耐久性的具体指标；

(5)提出确保混凝土耐久性的施工质量关键控制要求与措施；

(6)确定钢筋混凝土保护层厚度；

(7)提出对结构应采取的防腐蚀附加措施；

(8)明确结构使用过程中的检测、养护、维修或局部更换的要求。

(一)初期支护承载力的衰减

隧道的耐久性主要取决于隧道二次衬砌承载力的退化和二次衬砌荷载的逐渐增大，而二次衬砌荷载增大主要是由于初期支护与围岩体承载力的衰减，初期支护与围岩承载力衰减的速率取决于锚杆或锚索失效速度以及注浆体的腐蚀速度。

假设初期支护与围岩的承载力衰减规律如下：

$$p_r = \eta(T) \cdot p_{r0} \tag{5-6-1}$$

式中 p_{r0} ——初期支护与围岩的初始承载力；

$\eta(T)$ ——初期支护与围岩的耐久性折减系数。在隧道工程施工完后初期，各种腐蚀尚未开始，锚杆、锚索、注浆等支护措施都处于最佳状态，$\eta(T)$ 取值为 1；随着时间延续，各种支护措施逐渐失效退出工作状态，$\eta(T)$ 取值逐渐减小至 0。初期支护与围岩的承载力逐渐降低，二次衬砌荷载则逐渐增大。

当隧道采用锚杆、锚索支护时，耐久性折减系数 $\eta(T)$ 主要取决于锚杆砂浆层的碳化速度；当隧道采用注浆加固时，则耐久性折减系数 $\eta(T)$ 主要取决于注浆体的抗压强度衰减率。

(二)初期支护的耐久性

初期支护一般包括喷混凝土、锚杆、钢架等，所示对每一种支护措施都应进行耐久性设计。

1. 喷混凝土

(1)在腐蚀性严重的场合，喷混凝土的强度等级应不低于二次衬砌混凝土的强度等级；

(2)喷混凝土的强度要满足长期强度(28 d)的要求，且 1 d 的抗压强度不宜小于 10 MPa。

2. 锚杆

锚杆宜采用全长灌浆式锚杆，并应设置垫板。在腐蚀性环境中，应采用防腐蚀的灌浆材料或者采用耐腐蚀的纤维锚杆。

3. 钢架

喷混凝土内设置的钢架，靠围岩侧的保护层厚度不小于 4 cm，另一侧不小于 3 cm。

(三)二次衬砌承载力的衰减

二次衬砌承载力的衰减可根据式(5-6-2)计算。

$$R_L = \beta(T) \cdot R_{L0} \tag{5-6-2}$$

式中 R_{L0} ——二次衬砌的初始承载力；

$\beta(T)$ ——二次衬砌的耐久性折减系数。

在二次衬砌施工完成的初期，各种腐蚀尚未开始，二次衬砌处于最佳状态，$\beta(T)$ 取值为 1；随着时间延续，二次衬砌逐渐失效退出工作状态，$\beta(T)$ 的取值逐渐减小为 0。折减系数 $\beta(T)$ 可根据混凝土碳化深度采用下式估算：

$$\beta(T)=\frac{H_0-x(T)}{H_0} \tag{5-6-3}$$

式中　H_0——二次衬砌初始厚度；

$x(T)$——混凝土碳化深度。

（四）二次衬砌的耐久性

二次衬砌是由混凝土或钢筋混凝土材料构成的，因此二次衬砌的耐久性问题归根到底还是混凝土的耐久性问题。混凝土结构耐久性研究可按学科及影响因素分为如下课题：

- 混凝土结构耐久性研究
  - 材料学科
    - 钢筋锈蚀
    - 冻融循环
    - 碱—骨料反应
    - 化学作用
    - 混凝土配比
  - 工程结构学科
    - 抗力变化
    - 荷载变化

（五）复合式衬砌结构耐久性设计原则及方法

高速铁路隧道复合式衬砌结构的耐久性，应考虑环境因素的影响进行设计。

（1）当环境对衬砌结构侵蚀作用很小或无侵蚀作用时，可考虑初期支护和二次衬砌共同承担荷载；

（2）当环境对衬砌结构侵蚀作用明显时，一种设计方法是可考虑初期支护和二次衬砌共同承担荷载，这时初期支护和二次衬砌均应考虑耐久性；另一种设计方法是可不考虑初期支护的长期耐久性，只在构造上采取一些综合措施进行防范，满足施工期间的安全，而二次衬砌考虑全部承担荷载，并考虑耐久性。

复习思考题

1. 简述隧道衬砌结构设计模式及基本思想。
2. 简述弹性抗力的概念和表达形式。
3. 简述“荷载—结构”设计模式的计算方法及步骤。
4. 简述“地层—结构”设计模式的计算方法及步骤。
5. 简述“收敛—约束”和信息反馈设计模式的计算方法及步骤。

第六章 隧道施工方法

第一节　隧道施工方法概述

一、隧道施工基本概念

隧道施工是指修建隧道及地下洞室的施工方法、施工技术和施工管理的总称。

隧道施工过程通常包括：在地层内挖出土石，形成符合设计断面的隧道，进行必要的支护和衬砌，控制隧道围岩变形，保证隧道施工安全和长期安全使用。

隧道施工方法的选择主要依据工程地质和水文地质条件，并结合隧道断面尺寸、长度、衬砌类型、隧道的使用功能和施工技术水平等因素综合考虑研究确定。所选择的施工方法也应体现出技术先进、经济合理及安全适用。根据隧道穿越地层的不同情况和目前隧道施工方法的发展，隧道施工方法可按以下方式分类：

- 隧道施工方法
  - 山岭隧道施工方法
    - 矿山法(钻爆法)
    - 掘进机法
  - 浅埋及软土隧道施工方法
    - 明挖法
    - 盖挖法
    - 浅埋暗挖法
    - 盾构法
  - 水底隧道施工方法
    - 沉埋法
    - 盾构法

隧道施工技术主要研究解决上述各种隧道施工方法所需的技术方案和措施(如开挖、掘进、支护和衬砌施工方案和措施)；隧道穿越特殊地质地段时(如膨胀土、黄土、溶洞、塌方、流沙、高地温、岩爆、瓦斯地层等)的施工手段；隧道施工过程中的通风、防尘、防有害气体及照明、风水电作业的方式方法和对围岩变化的量测监控方法。

隧道施工管理主要解决施工组织设计(如施工方案的选择、施工技术措施、场地布置、进度控制、材料供应、劳力及机具安排等)和施工中的技术管理、计划管理、质量管理、经济管理、安全管理等问题。

隧道施工和工程实践有密切联系，因此应理论与生产实践紧密结合。必须指出，由于地质勘探的局限性和地质条件的复杂性及多变性，隧道施工过程中经常会遇到突然变化的地质条件、意外情况(如塌方、涌水等)，原制定的施工方案、施工技术措施和施工进度计划等也必须随之变更。因此，必须学会结合工程实践经验、掌握综合运用这些知识的能力，以便正确处理隧道施工中遇到的各种实际问题。

二、山岭隧道的常规施工方法

山岭隧道的常规施工方法又称为矿山法，因最早应用于采矿坑道而得名。

在矿山法中，多数情况下都需要采用钻眼爆破进行开挖，故又称为钻爆法。从隧道工程的发展趋势来看，钻爆法仍将是今后山岭隧道最常用的开挖方法。

在矿山法中，隧道开挖后的支护大致可分为钢木构件支撑和锚杆喷射混凝土支护两类。

作为施工方法，人们习惯上将采用钻爆开挖加钢木构件支撑的施工方法称为“传统的矿山法”；而将采用钻爆开挖加锚喷支护的施工方法称之为“矿山法”或“钻爆法”。

1. 传统的矿山法

传统的矿山法是人们在长期的施工实践中发展起来的。它是凿眼爆破、以木或钢构件作为临时支撑，待隧道开挖成形后，逐步将临时支撑撤换下来，而代之以整体式衬砌作为永久性支护的施工方法。

木构件支撑由于其耐久性差和对坑道形状的适应性差，支撑撤换工作既麻烦又不安全，且对围岩有所扰动，因此，目前已很少采用。

钢构件支撑由于具有强度高、刚度大和对坑道形状的适应性等优点，目前采用较多但也存在撤换时不完全，若不撤换时成本高，以及与围岩非面接触支撑的缺点。

钢木构件支撑类似于地上的“荷载—结构”力学体系。它作为一种维持坑道稳定的措施，是很直观和奏效的，也容易被施工人员理解和掌握。因此这种方法常被应用于不便采用锚喷支护的现代隧道中或处理坍方等。

2. 矿山法

随着隧道工程理论及施工工艺的不断发展，人们逐渐深刻地认识到隧道是围岩和支护组成的体系，应充分地保护围岩，发挥围岩自身的承载能力，维护围岩的稳定性；隧道设计和施工与隧道的围岩条件密切相关，只有充分掌握隧道的围岩条件，才能有合理的隧道设计与施工。

施工手段也由人力、小型机械化、半机械化到机械化施工。人力施工系指锤、钎、镐、纯人工作业方式；小型机械化系指风动凿岩机钻眼、人力或小型装渣机装渣、人力或电瓶车牵引、小矿车运输、人力或机械搅拌混凝土、人力灌注衬砌的施工模式；半机械化施工系指采用气腿式风动凿岩机或凿岩台车钻眼、轨行铲斗式装渣机装渣、矿车有轨运输或汽车无轨运输等，其主要特点是机械设备配套；机械化施工系指采用以台车钻眼、挖装运机械化作业、喷锚支护机械化作业、混凝土衬砌机械化作业、注浆机械化作业等为特征的施工模式。

三、全工序大型机械化配套、提高施工安全与质量

为保障施工质量安全和工期，提高施工工效，优先采用机械化配套施工技术，根据隧道地质、断面大小及施工方法，配备成套机械设备，提高机械化作业的比重，大力使用新设备，优化机械化施工，完善机械化配套，确保施工安全与质量。

隧道施工从超前地质钻探、开挖、锚杆施作、喷射混凝土、防排水作业、仰拱及二次衬砌混凝土浇筑施工均采用了机械化作业，通过机械化配套施工，实现了“以工装保工艺，以工艺保质量，以质量保安全”的施工理念。

三臂凿岩台车钻眼时，作业人员可远离掌子面，确保了施工安全；锚杆采用凿岩台车或气动锚杆钻机施工时，确保了锚杆施工期间安全；喷射混凝土采用湿喷机械手喷射作业，确保了作业人员安全。总之，通过采用机械化作业，不仅减少了作业人员数量，而且现场施工更安全。

1. 富水隧道段超前钻孔地质预报

超前地质预报采用长距离水平钻机钻孔，成孔速度快，且配合孔内成像技术，可以精准判断掌子面前方地下水赋存部位、水量大小、节理数量、节理发育位置及围岩完整性情况，结合地

质素描、地震波反射法、电磁波反射法等预报技术，综合分析掌子面前方水文、地质情况，制定针对性措施，确保了现场施工安全。同时，钻进过程中当水量增大时，通过安装孔口管，限量排放，确保施工安全。

2. 机械化作业检测配套技术

以京张高速铁路正盘台隧道为例，施工配置机械设备有超前地质预报、开挖、出渣运输、初期支护、防排水、仰拱、二次衬砌和水沟电缆槽施工等机械化作业线。典型设备包括：卡萨 C6 多功能型钻机、三臂凿岩台车、锚杆台车、湿喷机械手、仰拱栈桥、新型模板台车、衬砌养护台车、沟槽台车等，如图 6-1-1 和表 6-1-1 所示。

正盘台隧道施工期间将“以工装保工艺，以工艺保质量，以质量保安全”管理理念贯穿全过程。

图 6-1-1 正盘台隧道机械化配置模型

表 6-1-1 正盘台隧道主要机械设备配置

序号	机械设备名称	规格型号	数量	备注
1	全电脑三臂凿岩台车	XE3C	4	
2	多功能钻机	卡萨 C6	3	
3	潜孔钻机	ZSL-160C001	4	
4	无骨架模板台车	12M	1	
5	隧道衬砌智能蒸养台车	12M	1	
6	湿喷机械手	KC30	21	
7	二次衬砌台车	12M	21	
8	全液压仰拱栈桥	24M	21	
9	水沟电缆槽台车	12M	5	
10	锚杆钻机	MQT-130/3.2 气动锚杆钻机	6	

开挖采用三臂凿岩台车布设炮眼，根据岩层完整程度调整周边眼间距，确保了开挖成型，防水板铺设前采用 3D 激光断面扫描仪检测初期支护断面，根据检测结果修整初期支护基面，混凝土浇筑时采用防脱空报警装置监测混凝土灌注饱满度，混凝土浇筑后进行带模注浆，实现了喷射混凝土与基面密贴、防水板与喷射土密贴及二次衬砌混凝土与防水板的密贴，确保了工程实体质量，确保了施工及运营期间安全。

第二节　主要开挖方法

隧道施工就是要挖除坑道范围内的岩体，并尽量保持坑道围岩的稳定。显然，开挖是隧道施工的第一道工序，也是关键工序。在坑道的开挖过程中，围岩稳定与否，虽然主要取决于围岩本身的工程地质条件，但无疑开挖方法对围岩稳定状态有直接而重要的影响。

因此，隧道开挖的基本原则是：在保证围岩稳定或减少对围岩扰动的前提条件下，选择恰当的开挖方法和掘进方式，并应尽量提高掘进速度。即在选择开挖方法和掘进方式时，一方面应考虑隧道围岩地质条件及其变化情况，选择能很好地适应地质条件及其变化，并能保持围岩稳定的方法和方式；另一方面应考虑坑道范围内岩体的坚硬程度，选择能快速掘进，并能减少对围岩扰动的方法和方式。

隧道施工中，开挖方法是影响围岩稳定的重要因素之一。因此，在选择开挖方法时，应对隧道断面大小及形状、围岩的工程地质条件、支护条件、工期要求、工区长度、机械配备能力、经济性等相关因素进行综合分析，采用恰当的开挖方法，尤其应与支护条件相适应。

隧道开挖方法实际上是指开挖成形方法。按开挖隧道的横断面分部情况来分，开挖方法可分为全断面开挖法、台阶开挖法、分部开挖法等，见表 6-2-1。

表 6-2-1　隧道主要施工（开挖）方法

序号	名　称	横断面示意	纵断面示意
1	全断面开挖法	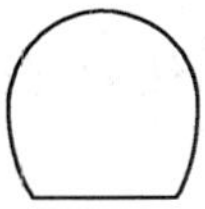	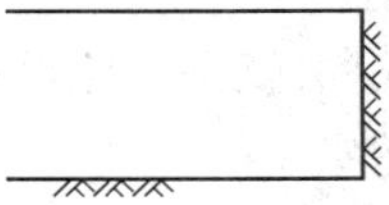
2	台阶法	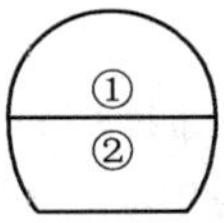	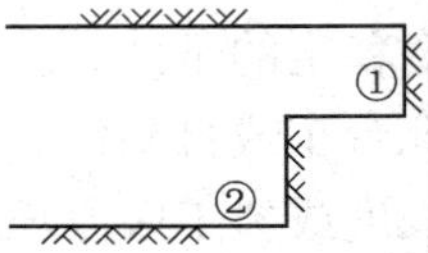
3	环形开挖预留核心土法	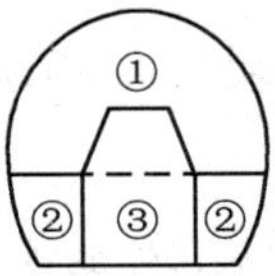	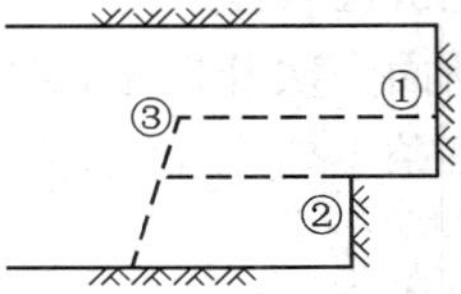
4	单侧壁导坑法	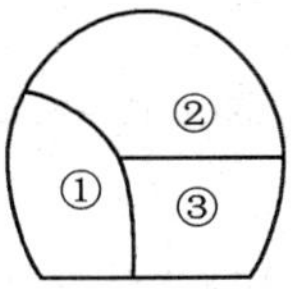	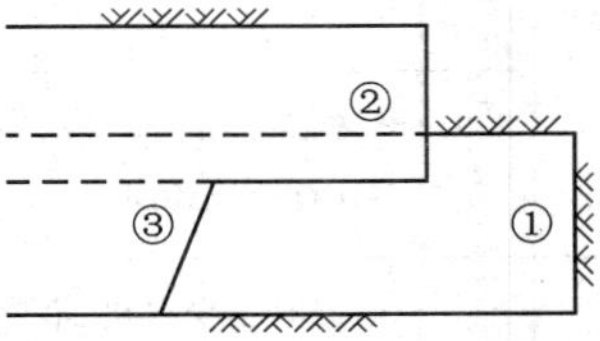
5	双侧壁导坑法	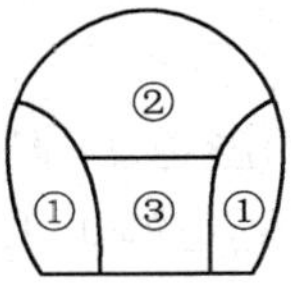	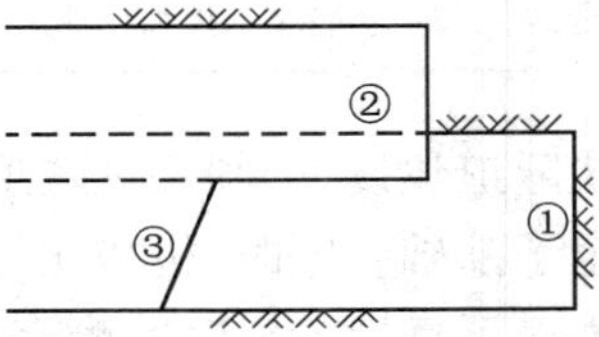

续上表

序号	名　称	横断面示意	纵断面示意
6	中洞法	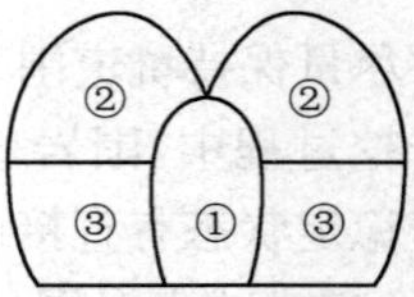	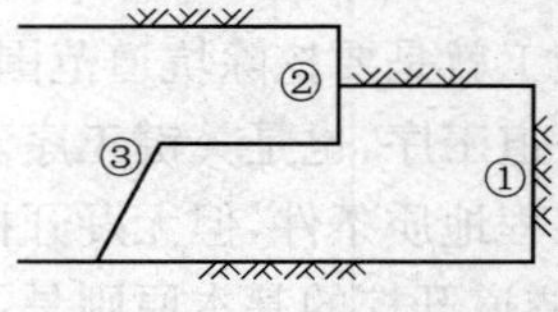
7	中隔壁法(CD)	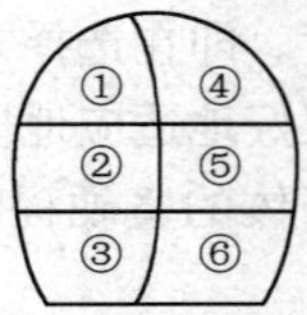	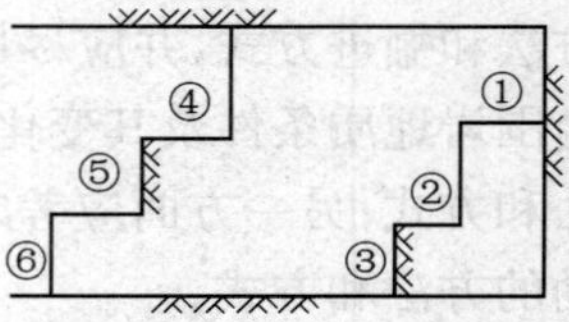
8	交叉中隔壁法(CRD)	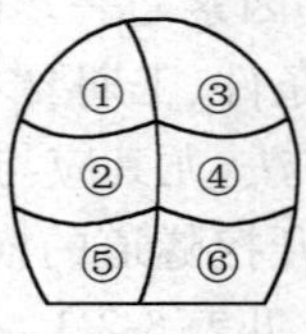	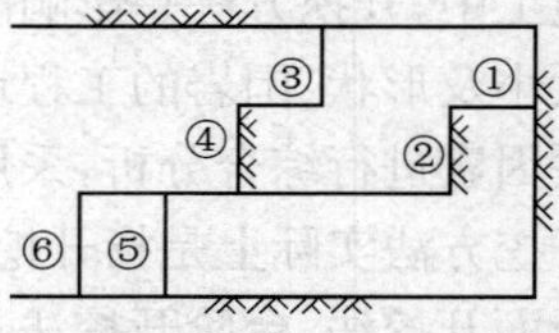

一、全断面开挖法

1. 施工顺序

全断面开挖法就是按照设计轮廓一次爆破成形,然后支护再修建支护、衬砌的施工方法。

2. 适用条件

(1)Ⅰ～Ⅳ级围岩,在用于Ⅳ级围岩时,围岩应具备从全断面开挖到初期支护前这段时间内,保持其自身稳定的条件。

(2)有钻孔台车或自制作业台架及高效率装运机械设备。

(3)隧道长度或施工区段长度不宜太短,根据经验一般不应小于 1 km,否则采用大型机械化施工时其经济性较差。

采用全断面一次开挖法,必须注意机械设备的配套,以充分发挥机械设备的效率。隧道机械化施工有三条主要作业线,见表 6-2-2。

表 6-2-2　隧道机械化施工作业线

作业线	采用的大型机械设备
开挖作业线	钻孔台车、装药台车、装载机配合自卸汽车(无轨运输时)、装渣机配合矿车及电瓶车或内燃机车(有轨运输时)
喷锚作业线	混凝土喷射机、混凝土喷射机械手、喷锚作业平台、进料运输设备及锚杆灌浆设备
模筑衬砌作业线	混凝土拌和作业厂、混凝土输送车及输送泵、施作防水层作业平台、衬砌钢模台车

为加快隧道建设,必须实现隧道施工机械化,而隧道工程新技术、新工艺的推广又为机械化施工奠定了基础。同时,机械化的发展又推动了隧道施工工艺水平的不断提高。机械设备选型时应遵循可靠性、经济性、配套性等原则。

3. 全断面法施工特点

(1)开挖断面与作业空间大，干扰小；

(2)有条件充分使用机械，减少人力；

(3)工序少，便于施工组织与施工管理，改善劳动条件；

(4)开挖一次成形，对围岩扰动少，有利于围岩稳定；

(5)遇不良围岩条件时，不易及时支护及补强支护。

二、台 阶 法

根据台阶长度不同，划分为长台阶法、短台阶法和微台阶法三种，如图 6-2-1 所示。

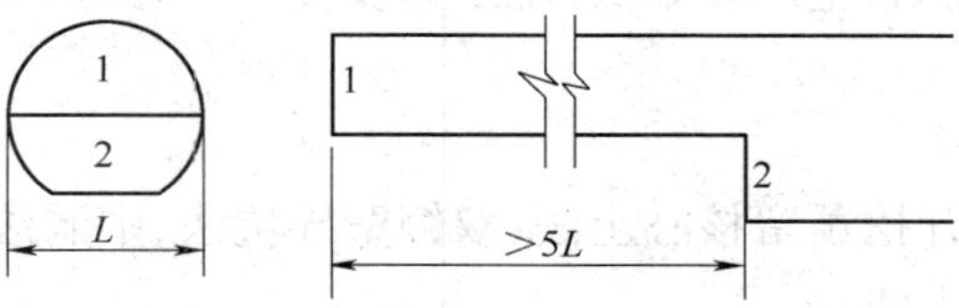

(a) 长台阶法

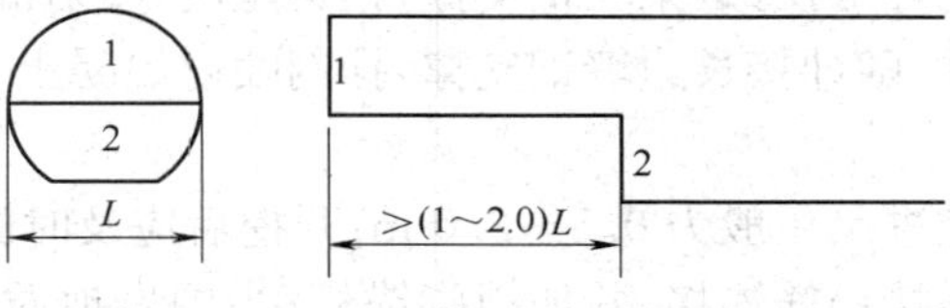

(b) 短台阶法

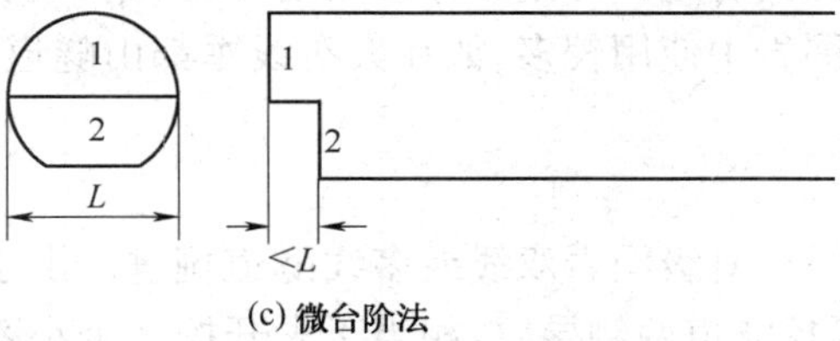

(c) 微台阶法

图 6-2-1　台阶法类型

施工中采用哪一种台阶法，要根据两个条件来决定：第一是对初期支护形成闭合断面的时间要求，围岩越差，要求闭合时间越短；第二是对上部断面施工所采用的开挖、支护、出渣等机械设备需要施工场地大小的要求。对软弱围岩，主要考虑前者，以确保施工安全；对较好围岩，主要考虑如何更好地发挥机械设备的效率，保证施工中的经济效益，因此只考虑后者。

1. 长台阶法

长台阶法开挖断面小，有利于维持开挖面的稳定，适用范围较全断面法广，一般适用Ⅰ～Ⅳ级围岩。在上、下两个台阶上，分别进行开挖、支护、运输、通风、排水等作业线，因此台阶长度长。但台阶长度过长，如大于 100 m 时，则增加了支护封闭时间，同时也增加了通风排烟、排水的难度，降低了施工的综合效率。因此长台阶一般在围岩条件相对较好、工期不受控制、无大型机械化作业时选用。

2. 短台阶法

短台阶法适用于Ⅲ～Ⅴ级围岩，台阶长度定为 10～15 m，即 1～2 倍开挖宽度，主要是考虑既要实现分台阶开挖,又要实现支护及早封闭。上台阶一般采用小药量的松动爆破,出渣采用人工或小型机械转运至下台阶。因此台阶长度又不宜过长,如果超过 15 m,则出渣所需的时间显得过长。

短台阶法可缩短支护闭合时间,改善初期支护的受力条件,有利于控制围岩变形。缺点是上部出渣对下部断面施工干扰较大,不能全部平行作业。

3. 微台阶法

微台阶法是全断面开挖的一种变异形式,适用于Ⅴ～Ⅵ级围岩,一般台阶长度为 3～5 m。台阶长度小于 3 m 时,无法正常进行钻眼和拱部的喷锚支护作业;台阶长度大于 5 m 时,利用爆破将石渣翻至下台阶有较大的难度,必须采用人工翻渣。微台阶法上下断面相距较近,机械设备集中,作业时相互干扰大,生产效率低,施工速度慢。

三、分部开挖法

分部开挖法包括环形开挖预留核心土法、双侧壁导坑法、中洞法、中隔壁法等。

1. 环形开挖预留核心土法

环形开挖预留核心土法常用于Ⅵ级围岩单线和Ⅴ～Ⅵ级围岩双线隧道掘进。施工顺序为:人工或单臂掘进机开挖环形拱部,架立钢支撑,挂钢丝网,喷射混凝土。在拱部初期支护保护下,开挖核心土和下半部,随即接长边墙钢支撑,挂网喷射混凝土,并进行封底。根据围岩变形,适时施作二次衬砌。

施工时要求:环形开挖进尺一般为 0.5～2.0 m;开挖后应及时施作喷锚支护、安设钢架支撑,每两榀钢架之间采用连接钢筋连接,并加锁脚锚杆;当围岩地质条件差,自稳时间较短时,开挖前在拱部设计的开挖轮廓线以外,进行超前支护。

环形开挖预留核心土法具有施工开挖工作面稳定性好,施工较安全,但施工干扰大、工效低等特点。在土质及软弱围岩中使用较多,如在大秦线军都山隧道黄土段等隧道施工中均有应用。

2. 双侧壁导坑法

双侧壁导坑法适用于Ⅴ～Ⅵ级围岩双线或多线隧道掘进。由于跨度较大,无法采用全断面或台阶法开挖,采用先开挖隧道两侧导坑,相当于先开挖 2 个小跨度的隧道,并及时施作导坑四周初期支护,再根据地质条件、断面大小,对剩余部分断面进行一次或二次开挖。

双侧壁导坑法施工要求:侧壁导坑高度以到起拱线为宜;侧壁导坑形状应接近于椭圆形断面,导坑断面为整个断面的 1/3;侧壁导坑领先长度一般为 30～50 m,以开挖一侧导坑所引起的围岩应力重分布不影响另一侧导坑为原则;导坑开挖后应及时进行初期支护,并尽早封闭成环。

双侧壁导坑法具有控制地表沉陷好,施工安全等优点,但进度慢,成本高。因此,适用于断面跨度大,地表沉陷要求严格,围岩条件特别差的隧道,在衡广复线香炉坑隧道、大秦线西坪隧道通过塌方体、北京地铁西单车站等地下工程中均有应用。

3. 中洞法

中洞法适用于双连拱隧道。采用先开挖中洞并支护,在中洞内施作隧道中墙混凝土,后开挖两侧的施工方法。

中洞法施工要求:中洞法开挖高度应大于中墙高度 1 m,开挖宽度应大于 5 m;中洞开挖超前长度根据隧道长度、宽度以及地质情况综合考虑,一般为 50～80 m;对长度 200～300 m

的短隧道可先贯通中洞，然后再施工两侧侧洞；中洞开挖后应及时施作初期支护，再分段灌注中墙混凝土，每一纵向段长度为 4～10 m，在中墙混凝土达到设计强度后方可拆模，并进行临时横向支撑。

4. 中隔壁法(CD)

中隔壁法在近年国内的铁路隧道和城市地下工程中的实践中，被证明是通过软弱、浅埋、大跨度隧道的最有效的施工方法之一，它适用于Ⅴ～Ⅵ级围岩的双线隧道。中隔墙开挖时，应沿一侧自上而下分为二或三部分进行，每开挖一步均应及时施作锚喷支护，安设钢架，施作中隔壁。之后再开挖中隔墙的另一侧，其分部次数及支护形式与先开挖的一侧相同。

中隔壁法施工要求：各部开挖时，周边轮廓应尽量圆顺，减小应力集中；各部的底部高程应与钢架接头处一致；后一侧开挖应及时形成全断面封闭；左右两侧纵向间距一般为 30～50 m；中隔壁设置为弧形或圆弧形。

5. 交叉中隔壁法(CRD)

交叉中隔壁法适用于Ⅴ～Ⅵ级围岩浅埋的双线或多线隧道。采用自上而下分为二至三部分开挖中隔墙的一侧，及时支护并封闭临时仰拱，待完成①～②部后，即开始另一侧③～④部开挖及支护，形成左右两侧开挖及支护相互交叉的情形。

采用交叉中隔壁法施工，除满足中隔壁法的要求外，尚应满足：设置临时仰拱，步步成环；自上而下，交叉进行；中隔壁及交叉临时支护，在灌注二次衬砌时，应逐段拆除。

第三节　新奥法的基本概念

一、新奥法的概念

新奥法即奥地利隧道施工新方法(New Austrian Tunnelling method——NATM)，是以喷射混凝土锚杆作为主要支护手段，通过监测控制围岩的变形，充分发挥围岩的自承能力的施工方法。它是在锚喷支护技术的基础上由奥地利学者腊布塞维奇首先提出的，并于 1954～1955 年首次应用于奥地利的普鲁茨—伊姆斯特电站的压力输水隧洞中。以后，经瑞典、意大利以及其他国家同行们的理论研究和实践，于 1963 年在奥地利的萨尔茨堡召开的第八次土力学会议上正式命名为新奥法，并取得了专利权。之后在西欧、北欧、美国和日本等许多地下工程中得到了极为迅速的发展。

锚喷支护技术与传统的钢木构件支撑相比，不仅仅是手段上的不同，更重要的是工程概念的不同，是人们对隧道及地下工程问题的进一步认识和理解。由于锚喷支护技术的应用和发展，使得隧道及地下工程理论步入到现代理论的新领域，也使隧道及地下工程设计和施工更符合地下工程实际，即设计理论—施工方法—结构(体系)工作状态(结果)的一致。

什么是新奥法？奥地利隧道学会认为，新奥法是在围岩中形成一个以封闭岩石支撑环为主要目的的隧道施工方法。奥地利的泰勒教授认为，所谓新奥法不是单纯的开挖、支护的方法和顺序，而是按照实际观察到的围岩动态的各项指标来指导开挖隧道的方法。有人把新奥法的施工原则归纳为充分保护，并利用围岩的承载能力；其施工要点为控制爆破、锚喷支护和施工监测；其实施方法为设计、施工和监测三位一体的动态模式。

新奥法的概念，我国是在 20 世纪 70 年代末开始被人们了解和接受的。从 20 世纪 80 年代开始，在一些隧道设计中贯彻了新奥法基本原理，采用了信息设计方法，例如铁路大瑶山隧道、南岭隧道、枫林隧道、岭前隧道、军都山隧道等。1988 年颁布了《铁路隧道新奥法指南》，并编写了《喷锚技术法规则》《复合衬砌标准设计》等作业标准。随着新奥法基本原理在铁路隧道工程实践中的应用,开挖方法、辅助工法、锚喷技术、现场监测技术等的不断完善和提高,逐步形成了具有中国特色的浅埋暗挖法,("管超前、严注浆、短开挖、强支护、快封闭、勤量测"十八字诀)和复合式衬砌等隧道施工技术,大大丰富和发展了新奥法原理。

二、新奥法施工程序

新奥法施工程序可用图 6-3-1 表示。

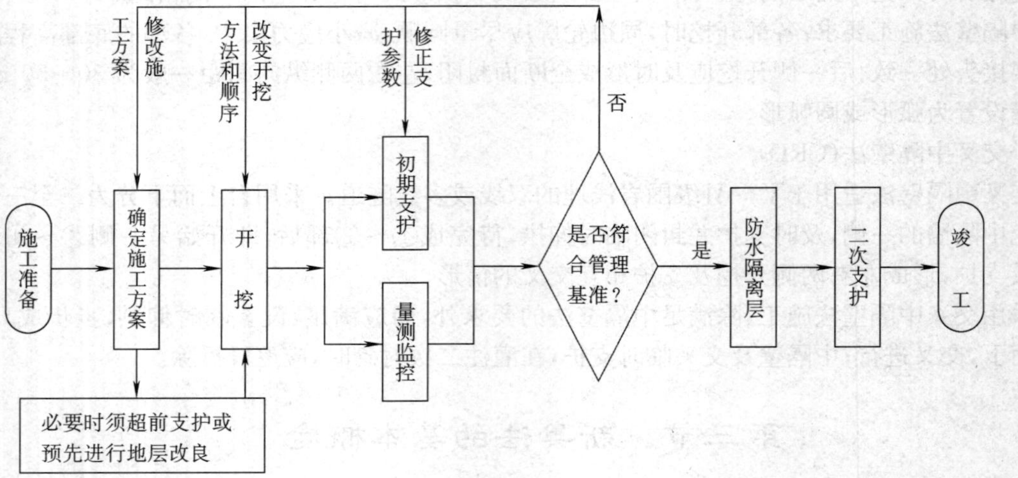

图 6-3-1 新奥法施工程序

三、新奥法施工的基本原则

新奥法施工的基本原则可以归纳为"少扰动、早支护、勤量测、紧封闭"。

少扰动,是指在进行隧道开挖时,要尽量减少对围岩的扰动次数、强度、范围和持续时间。即要求能用机械开挖的就不用钻爆法开挖;采用钻爆法开挖时,要严格进行控制爆破;尽量采用大断面开挖;根据围岩类别、开挖方法、支护条件选择合理的循环掘进进尺;对自稳性差的围岩,循环掘进进尺应短一些;支护要尽量紧跟开挖面,缩短围岩应力松弛时间。

早支护,是指开挖后及时施作初期锚喷支护,使围岩的变形进入受控制状态。这样做一方面是为了使围岩不致因变形过度而产生坍塌失稳;另一方面是使围岩变形适度发展,以充分发挥围岩的自承能力。必要时可采取超前预支护措施。

勤量测,是指以直观、可靠的量测方法和量测数据来准确评价围岩(或围岩加支护)的稳定状态,或判断其动态发展趋势,以便及时调整支护形式、开挖方法,确保施工安全和顺利进行。量测是现代隧道及地下工程理论的重要标志之一,也是掌握围岩动态变化过程的手段和进行工程设计、施工的依据。

紧封闭,一方面是指采取喷射混凝土等防护措施,避免围岩因长时间暴露而导致强度和稳定性的衰减(尤其是对易风化的软弱围岩);另一方面是指要适时对围岩施作封闭形支护,这样做不仅可以及时阻止围岩变形,而且可以使支护和围岩能进入良好的共同工作状态。

第四节　隧道岩土控制变形分析工法简介

一、基本原理

隧道岩土控制变形分析工法(A. DE. CO-RS)是 20 世纪 80 年代由意大利 Pietro Lunardi 教授在隧道预支护工艺基础上，将隧道开挖过程中的变形状况按三维空间进行考虑，结合大量理论和试验研究形成的。该工法用于隧道设计与施工，适应各种围岩条件，特别是浅埋松软地层、变形控制要求高的隧道工程。过去十余年中，意大利铁路、公路及大型地下工程建设项目将此工法纳入设计规范并且广泛采用。传入我国后有人称之为“新意大利法”。

该工法认为，隧道掘进时对隧道周边及前方一定范围的围岩产生扰动，改变了围岩原始应力状态。在开挖面周边区域内，围岩由三轴应力逐渐转变为平面应力状态，开挖面及前方一定范围内围岩应力重分布。开挖后围岩变形也在扰动区域内提前发生，变形大小取决于开挖后的应力状态和围岩强度及变形特征。变形大小关系到地表沉降甚至隧道开挖面的失稳，这时有三种基本情况可能发生，如图 6-4-1 所示。

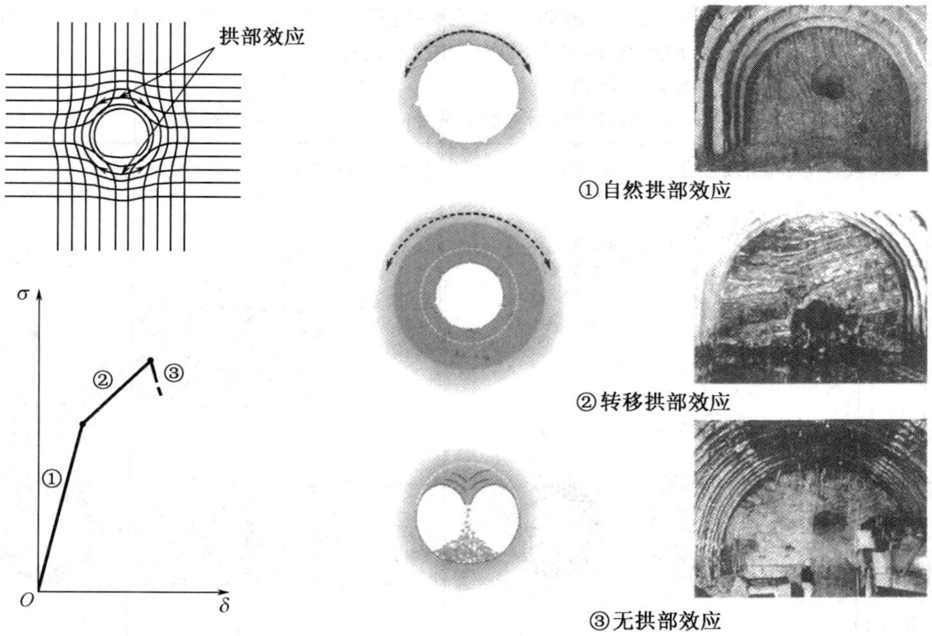

图 6-4-1　隧道开挖面失稳的三种情况

当开挖面前方围岩的应力状态处于弹性范围内时，在开挖轮廓线附近产生弹性变形，称为“拱部效应”，这时开挖面处于稳定状态；如果开挖后围岩处于弹—塑性状况，开挖轮廓四周及开挖面将朝隧道内产生塑性变形，“拱部效应”将从开挖轮廓周围往外移到地层中，但此“转移”只能通过足够的支护措施来实现和控制；如果开挖后围岩产生破坏—滑移的应力状态，围岩大变形随之产生，围岩极不稳定，“拱部效应”难以形成，极易引起坍塌。这时必须采取人工支护措施协助围岩形成“拱部效应”。因此，隧道“拱部效应”的形成及其位置取决于开挖后围岩的变形特征及其大小。

经过长期研究试验及工程实践，证实隧道开挖扰动后周边及前方围岩所产生的变形分为掌子面围岩挤出变形、掌子面前方围岩预收敛变形及开挖后洞室围岩收敛变形三类，如

图 6-4-2所示。上述三种情况下隧道的失稳表现也不一样,各种变形及失稳表现均直接或间接与掌子面前方围岩的强度有关;变形反应从掌子面前方围岩变形开始,逐渐沿隧道向后发展,形成预收敛、挤压和收敛变形,收敛变形只是错综复杂应力—应变过程中最后阶段;可以通过控制超前围岩的变形(挤压变形、预收敛变形)来控制隧洞总变形,措施是采取相应防护及加固手段来增加超前核心围岩的强度。

按照上述理念来修建隧道,首先要充分了解围岩状况,要研究隧道开挖时是否存在"拱部效应"以及如何采取适当的开挖和支护措施(包括预支护措施)来形成"拱部效应",控制住隧道变形,保持隧道的稳定。为此该工法形成一套工作程序,见表 6-4-1。

表 6-4-1　工作程序表

时期	阶段	概　述
设计	——勘测	——自然平衡状态分析
	——诊断	——无稳定措施时变形现象的分析与预测(*)
	——处治	——采用稳定措施时变形现象的分析(*)
施工	——作业	——运用稳定方法控制变形现象(*)
	——监控	——变形现象的控制与监测(*),此变形现象体现隧道掘进过程中围岩的反应(开挖处挤压及隧道轮廓处收敛监测,以及岩层内部的变化监测)
	——最终设计调整	——变形现象解释及调整 ——实现开挖面和隧道支护体系稳定平衡

注:(*)变形现象是指开挖面挤压及在岩层体内部一定的变化距离内的收敛。

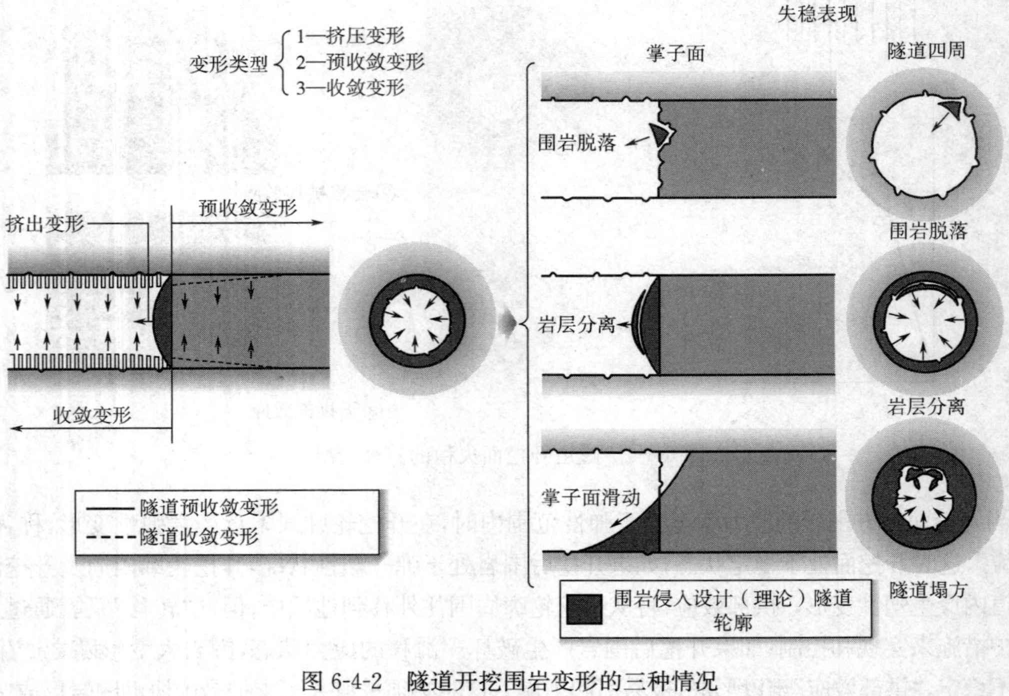

图 6-4-2　隧道开挖围岩变形的三种情况

二、实施要点

该工法分为两个实施阶段:在设计阶段完成地质勘察、诊断及处理措施设计;施工阶段则边实施作业边监控量测，然后优化调整，使开挖面和洞身结构体系形成平衡，保持稳定。

（一）设计阶段

1. 地质—岩性勘测（勘测）

首先要进行详细的地质调查和勘测工作，了解隧道穿越地段的围岩地质及地质力学特征，尽可能运用各种现代化野外及室内勘测试验手段以获取围岩强度及变形参数（c、φ、E），为分析围岩变形规律提供基本理论依据。依据获取的信息，将隧道各地段围岩进行分类（A、B、C三类），每一类围岩具有相似的地质及地质力学特征。

2. 开挖过程围岩变形行为预测（诊断）

诊断阶段主要是预测各不同围岩类别在开挖过程中围岩的变形行为。根据各围岩类别的地质、岩土特性、地质力学及水文地质资料，加上理论计算分析结果，预测各围岩类别在没有采取稳定支护措施下围岩和掌子面体系的稳定性。判定隧道哪些地段属于稳定的体系（围岩变形在弹性范围内）；哪些区段属于短期稳定体系（围岩变形在弹性—塑性范围内，失稳主要表现为掌子面及周边局部脱落）；哪些区段为不稳定体系（变形在滑动破坏范围，失稳表现为掌子面滑动及隧道塌方）。也就是将各地段围岩归纳为图 6-4-1 及图 6-4-2 的三种类别。在理论分析中大多数情况下可运用特征曲线法，也可运用三维数值模型分析围岩应力状态，还可计算不同施工阶段的静力学效应以及掌子面挤出变形和不同条件下掌子面的滑动状态。该工法列出了判定 A、B、C 三类围岩的各项条件（表 6-4-2）。

表 6-4-2　ADECO-RS 工法的隧道稳定性分类判定条件

判定条件	A　类	B　类	C　类
岩体强度	岩体强度能够保持隧道稳定	岩体强度能够保持隧道短期稳定	岩体强度小于岩层应力，隧道失稳
拱部效应	拱部效应接近隧道墙体	拱部效应在离洞壁较远处形成	拱部效应不会形成
围岩变形	变形现象在弹性范围内发生，大小以厘米计	变形在弹—塑性范围内，以厘米计	无加固情况下围岩会出现明显的不稳定现象
掌子面	整个断面是稳定的	隧道掌子面在短期内稳定	没有支护处理情况下，掌子面将坍塌
地下水	隧道的稳定不会因有地下水而受影响	受水的影响较小	受水的影响很大，尤其是动力水的影响
支护方式	一般的处理，主要是防止洞壁弱化、落石	在掌子面后，允许采用传统的径向围岩支护措施	采取超前拱部预支护而形成拱部效应

3. 确定开挖方法及稳定支护措施（处治）

在假定上述各段隧道具有同样的应力—应变形态前提下，决定采取何种措施（预支护及普通支护）来保证在开挖轮廓四周形成“拱部效应”，控制隧道变形。进一步确定采用何种开挖方法（含开挖每步进尺），使其最适于产生“拱部效应”，并采取能保证隧道长期及短期稳定的施工工艺。在不采用隧道掘进机（TBM）开挖的情况下，可以遵循下述原则：

（1）尽量采用全断面掘进。即便是在及其复杂的围岩和困难条件下，通过必要的围岩保护和加固，也可全断面开挖，以便有效利用大型机械，并能高速、安全掘进。

（2）隧道开挖后，根据不同类别的围岩特性采取必要的预加固、预支护及初期支护措施以减小变形、防止塌方。对稳定性体系，只需采用简单的初期支护措施；对不稳定体系的 C 类围岩，要对掌子面前方足够长度范围采取预加固或预支护等措施以改善围岩性状，对核心围岩加固及保护。这些措施包括对前方围岩注浆，设置玻璃纤维锚钉、水平旋喷拱、拱部机械预切槽然后喷灌混凝土等。必要时还需几种措施组合使用。对短期稳定体系，可根据开挖方法和开挖进尺在普通支护或预支护间进行选择。目前，采用较多的稳定围岩的方法如图6-4-3所示。

作用	隧洞作用	稳定方法			技术参数		压力水
					C,f	S_3	
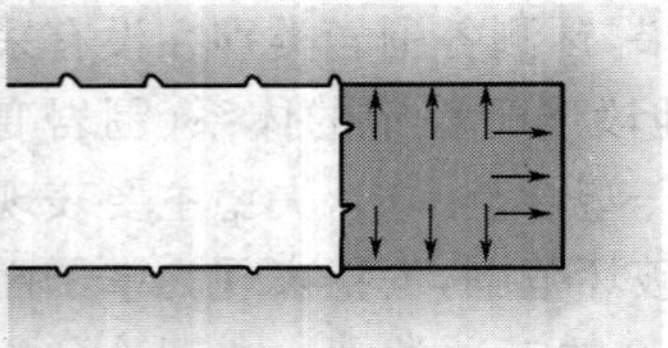 预收敛作用	预收敛	开挖面前方岩层改善	传统喷浆			◎	◎
			固结(·)		◎	◎	◎
			水平喷射				
			注浆(·)			◎	
			机械预开挖(·)				
			排水管(·)			◎	
			采用玻璃纤维构件加固隧洞及岩心土周围岩层(·)		◎	◎	◎
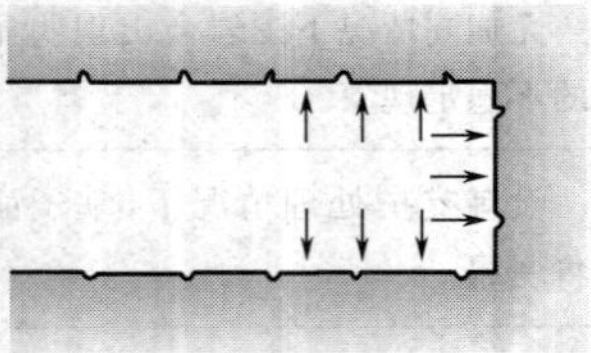 收敛作用	收敛		喷混凝土(·)	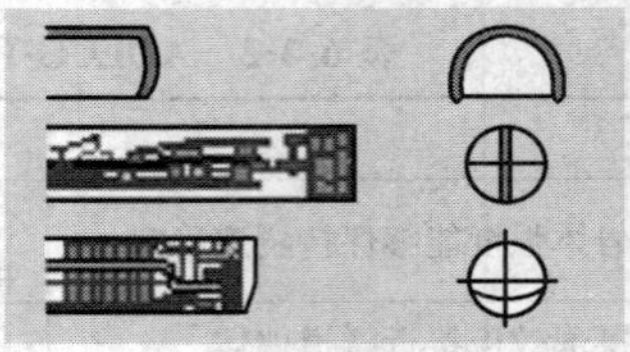	◎		
			机械压力盾构		◎		
			土壤压力平衡盾构及水力盾构		◎		◎
		径向地层改进	标准长锚杆(·)	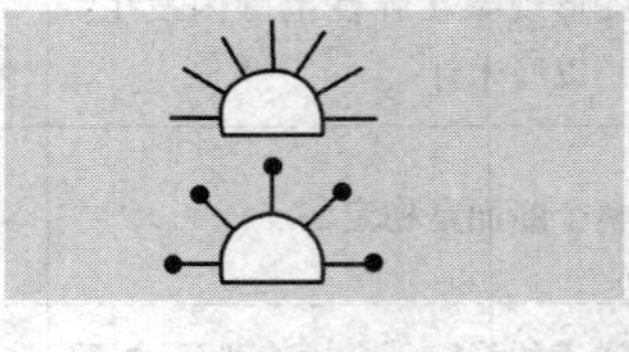	◎		
			顶部锚杆				
			终端锚固顶部锚杆(·)			◎	
			仰拱(·)			◎	
			敞开式盾构			◎	
	预支护		超前支护				

注：
(·)=结构方法
S_3=收敛压力
C=岩层内聚力
f=岩层摩擦角

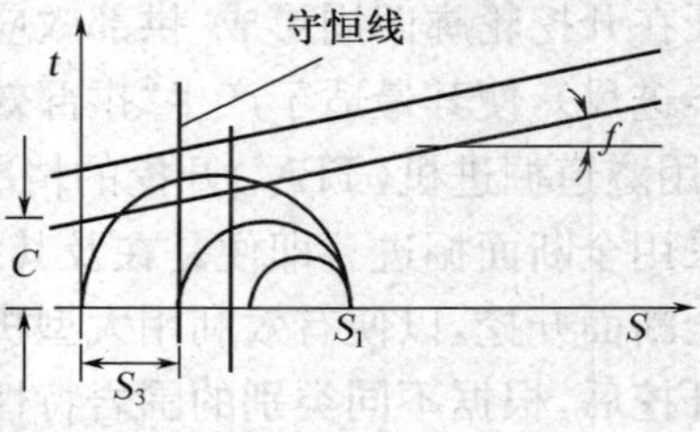

图 6-4-3　采用的稳定方法

(3)施作混凝土二次衬砌，必要时采用钢筋混凝土二次衬砌，尽快浇注仰拱以阻止开挖产生的极速变形。不同类别地层仍然采用不同断面形状及尺寸，通过一系列弹塑性平面及三维有限元模型对各种断面的施工及运营阶段受力情况进行分析。根据理论分析及施工经验制定不同级别围岩的施工计划，包括各工序的距离、工作循环及每日进尺等。同时还要拟定出实施监控量测的方案以验证设计的适宜性以及遇到地质条件变化时的对应措施。

(二)施工阶段

施工承包单位应对施工过程中不可预见因素带来的责任和风险，包括上述设计基础上的地质风险有明确的认识和估量，并有足够应付风险的能力。

1. 施工作业

施工单位通过现场勘察及附加测试确定设计文件的有效性及可行性，必要时对细部设计进行改进。然后按拟定的施工方案认真进行作业，运用各种稳定方法控制隧道的变形。

2. 监控量测

监控和施工同时进行，目的是监测地层在开挖和稳定措施条件下的真正反应。反应以变形现象表现出来。为此，在开挖面前方、开挖面上方及后方安装合适的监测点。监测量测如图 6-4-4所示，图中①为预收敛变形；②为挤出变形；③为收敛变形。当隧道出现短期稳定或不稳定，而隧道的极限荷载允许，此时若对预收敛特别关注时，可在开挖前方特定断面安装多点垂直仪器以监测预收敛。采用纵向滑动测微计测取开挖面上及前方的挤出变形值。收敛变形则用常规方法量测。监测工作越系统、越严谨，取得的信息就越可靠、越有用。监测工作在施工完毕后仍须进行，以保证整个隧道服务寿命期间的安全。

3. 设计调整

通过监测结果的分析和解释，施工主管决定是否继续按设计的断面和施工方案进行施工，或对某些措施进行调整，以保证开挖面和洞周围岩之间的稳定平衡，确保隧道安全建成。

三、与新奥法的比较

众所周知，新奥法是隧道施工理念的一大进步。它的成就是将围岩也视为支护承载体系的一部分；采用锚喷等简单积极的支护技术以控制隧道的收敛变形；强调系统监控量测以了解围岩的变形反应。但在最初的新奥法原理阐述中，人们将注意力集中到隧道开挖后的收敛变形上，忽视了前方核心土变形的重要性，也没有对预支护技术的作用给以足够的认识。新奥法在处理低度至中度困难应力—强度条件下隧道开挖是成功的，但对恶劣的地层，浅埋地面环境控制要求高的地段，新奥法就体现了它的局限性。新奥法原理之一是初期支护稳定之后再施作二次衬砌，在不良地质中机械地利用这一原理常导致不良后果。

我国在不良地质条件下修建隧道实践中积累了丰富的经验，对不稳定地层的开挖中，掌子面稳定作用也有一定的认识。例如很早就运用注浆技术加固前方及周边的地层；土质隧道中拱部常环状开挖，预留核心土以防止掌子面坍塌；在松散破碎岩体中利用超前小导管注浆及管棚技术以保护开挖面前方地层等。意大利及南欧国家把水平旋喷拱、预切槽及管棚等预支护的应用称为“先进的新奥法”，认为扩大了新奥法的运用范围。可见，A. DE. CO-RS 工法是归纳了大量施工实践经验，通过近代岩土力学三维分析和实验研究加以升华提炼出来的，它对隧道施工中围岩变形的控制较新奥法更为全面，如图 6-4-5 所示。这种工法能在极为宽广的围岩类型及各种应力—应变条件成功运用。南欧国家运用此法后，在极其困难的地质和变形控制要求条件下不仅顺利建成隧道,还能保证一定的进度。可以认为,围岩变形控制分析工法是继新奥法之后隧道修建理念的又一新进展。

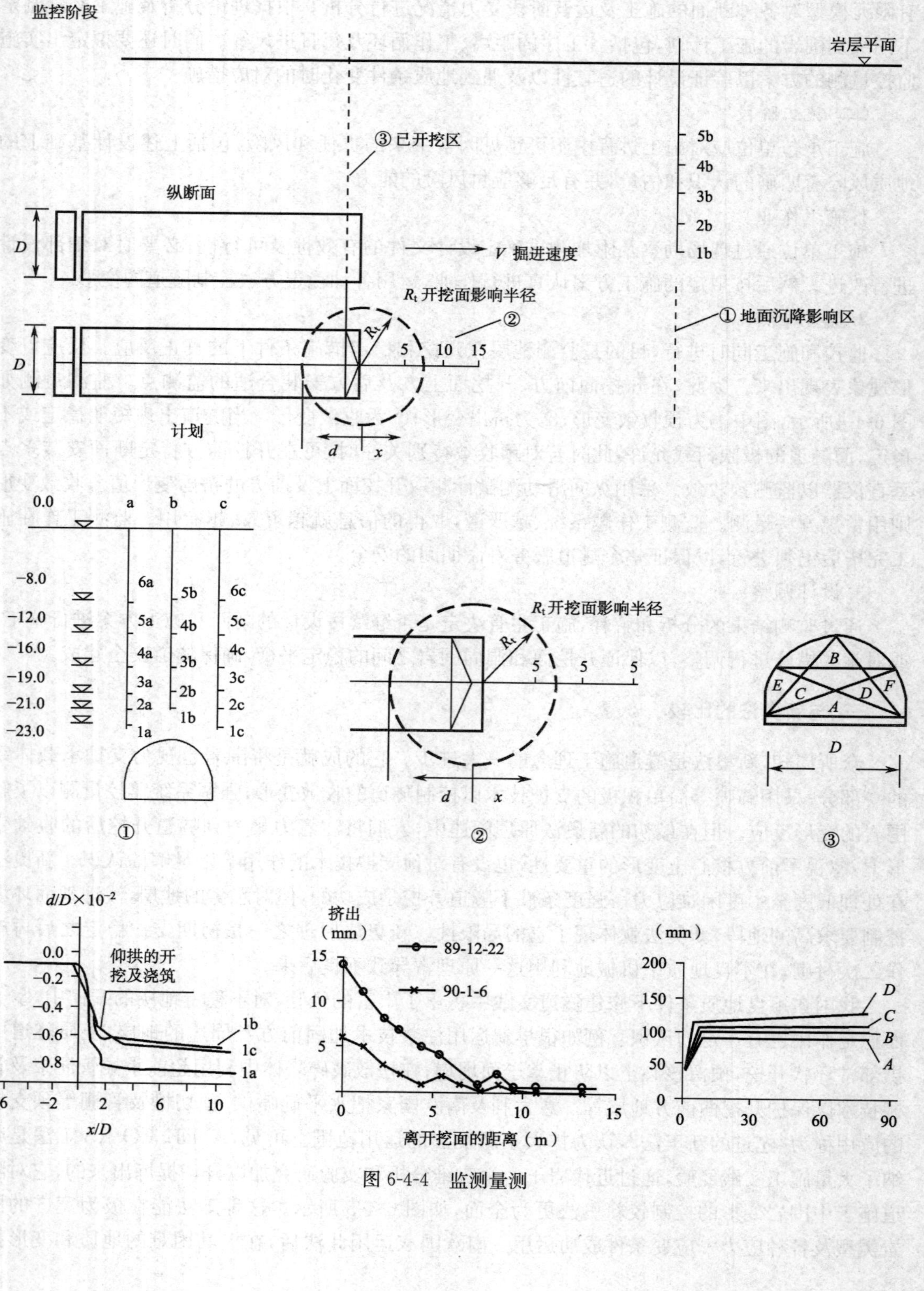

图 6-4-4 监测量测

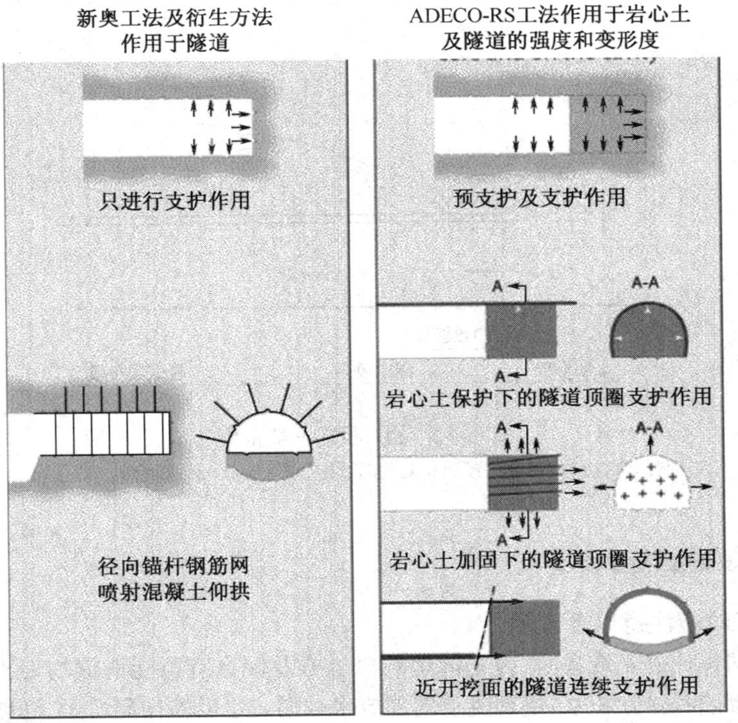

图 6-4-5　岩层变形反应控制图

第五节　隧道洞口施工

一、洞口地段的一般概念

隧道施工的洞口地段，是指隧道进口（或出口）附近对隧道施工有影响的地段，该地段通常因地质地形复杂需要做特殊处理。隧道洞口工程主要包括边、仰坡土石方；边、仰坡防护；端墙、翼墙等洞门圬工；洞口排水系统；洞口检查设备安装；洞口段洞身施工。

隧道洞口地段，一般地质条件差，且地表水汇集，施工难度较大。施工时要结合洞外场地和相邻工程的情况，全面考虑、妥善安排、及早施工，为隧道洞身施工创造条件。

由于每座隧道的地形、地质及线路位置不同，要很明确规定洞口段的范围是比较困难的。在一般情况下，可以将由于隧道开挖可能给上坡地表造成不良影响的洞口范围称为洞口加强段。每座隧道应根据各自的围岩条件来确定洞口段范围，一般亦可参照图 6-5-1 确定。

洞口工程中的洞门施工，一般可在进洞后做，并应做好边、仰坡防护，以减少洞门施工对洞身施工的干扰。为了有效地防止洞口地段围岩失稳，保证进出隧道的道路畅通，应及早修好隧道洞口开始一段的衬砌和洞门。

洞口地段是隧道的咽喉，该地段地形地质均对隧道施工不利。其特点为：洞口地段地层一般较破碎，多属堆积、坡积、严重风化或节理裂隙发育的松软岩层，稳定性较差；当岩层层面坡度与洞门主墙开挖坡度一致时，容易产生纵向推滑力；洞口附近山体覆盖层较薄，一旦塌方可能塌穿到地表面；若隧道处于沟谷一侧或傍山时，通常会产生侧向压力。因此，该地段在开挖时宜特别谨慎小心，随挖随撑，并尽快做好衬砌。

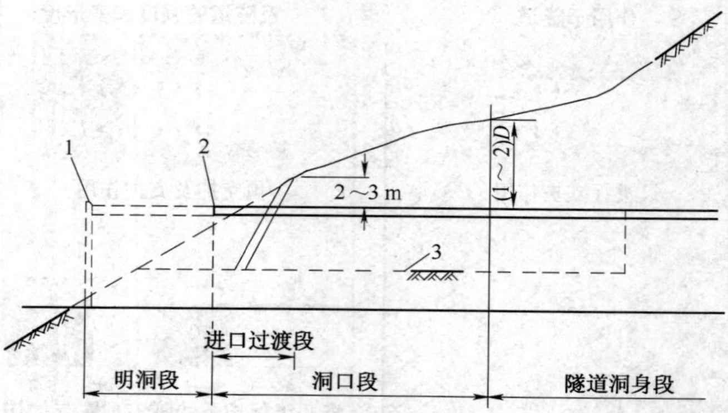

图 6-5-1 洞口段的一般范围

1—洞门位置;2—洞口位置;3—上下部开挖分界线;D—最大洞跨。

二、洞口地段施工注意事项

洞口段施工时应注意以下事项:

(1)在场地清理作施工准备时,应先清理洞口上方及侧方有可能滑塌的表土、灌木及山坡危石等。平整洞顶地表,排除积水,整理隧道周围流水沟渠。之后施作洞口边、仰坡顶处的天沟。

(2)洞口施工宜避开雨季和融雪期。在进行洞口土石方工程时,不得采用深眼大爆破或集中药包爆破,以免影响边、仰坡的稳定。应按设计要求进行边、仰坡放线,自上而下逐段开挖,不得掏底开挖或上下重叠开挖。

(3)洞口部分圬工基础必须置于稳固的地基上。须将虚渣杂物、泥化软层和积水清除干净。对于地基强度不够时,可结合具体条件采取扩大基础、桩基、压浆加固地基等措施。

(4)洞门拱墙应与洞内相邻的拱墙衬砌同时施工连接成整体,以确保拱墙连接良好。洞门端墙的砌筑与回填应两侧同时进行,防止对衬砌产生侧压。

(5)洞口段洞身施工时,应根据地质条件、地表沉陷控制以及保障施工安全等因素选择开挖方法和支护方式。洞口段洞身衬砌应根据工程地质、水文地质及地形条件,至少设置不小于5 m长的模筑混凝土加强段,以提高圬工的整体性。

(6)洞门完成后,洞门以上仰坡脚受破坏处,应及时处理。如仰坡地层松软破碎,宜用浆砌片石或铺种草皮防护。

洞口段施工中最关键的工序就是进洞开挖。隧道进洞前应对边仰坡进行妥善防护或加固,做好排水系统。

三、洞口的施工方法

洞口段施工方法的确定取决于诸多因素。如施工机具设备情况、工程地质、水文地质和地形条件;洞外相邻建筑的影响;隧道自身构造特点等。根据地层情况,可分为以下几种施工方法:

(1)洞口段围岩为Ⅲ级以下,地层条件良好时,一般可采用全断面直接开挖进洞,初始10～20 m区段的开挖,爆破进尺应控制在2～3 m。施工支护,于拱部可施作局部锚杆;于墙、拱部采用素喷混凝土支护。洞口3～5 m区段可以挂网喷混凝土及设钢拱架予以加强。

(2)洞口段围岩为Ⅲ～Ⅳ级,地层条件较好时,宜采用正台阶法进洞(不短于20 m区段),

爆破进尺控制在1.5～2.5 m。施工支护采用拱、墙系统锚杆和钢筋网喷射混凝土。必要时设钢拱架加强施工支护。

(3)洞口段围岩为Ⅳ～Ⅴ级，地层条件较差时，宜采用上半断面长台阶法进洞施工。上半断面先进50 m左右后，拉中槽落底，在保证岩体稳定的条件下，再进行边墙扩大及底部开挖。上部开挖进尺一般控制在1.5 m以下，并严格控制爆破药量。施工支护采用超前锚杆与系统锚杆相结合，挂网喷射混凝土。拱部安设间距为0.5～1.0 m的钢拱架支护，及早施作混凝土衬砌，确保稳定和安全。

(4)洞口段围岩为Ⅴ级以上，地层条件差时，可采用分部开挖法和其他特殊方法进洞施工。具体方法有：开挖前应对围岩进行预加固措施，如先采用超前预注浆锚杆或采用管棚注浆法加固岩层，然后用钢架紧贴洞口开挖面进行支护，再采用短台阶或预留核心土环形开挖法等进行开挖作业。在洞身开挖中，支撑应紧跟开挖工序，随挖随支。施工支护采用网喷混凝土、系统锚杆支护；架立钢拱架间距为0.5 m，必要时可在开挖底面施作临时仰拱。开挖完毕后及早施作混凝土内层衬砌。

复习思考题

1. 简述施工方法的种类及选择依据。
2. 简述矿山法施工开挖方法的种类及特点。
3. 简述新奥法的基本概念。
4. 简述隧道围岩变形控制分析工法的基本概念、变形控制技术措施。

第七章

隧道施工工艺及施工技术

第一节 围岩预支护(预加固)

在前面介绍隧道开挖方法时，就有一个假定，即开挖面(或称掌子面)和开挖后的坑道能够暂时稳定。但事实上这个假定只能是对稳定性较好的围岩才成立，对于软弱破碎围岩则不然。在软弱破碎围岩中，即使是采取短进尺开挖，开挖面和开完后的坑道也不稳定。当地下水丰富时，这种情况就更为严重。在隧道工程历史中，隧道坍方的事例并不鲜见，造成了人、财、物的大量浪费。按“围岩控制变形分析工法”的观点，对于不稳定的围岩体系，工作面前方围岩的预加固和预支护是控制和减少坑道开挖后周边收敛变形、防止坍塌的关键环节。

随着开挖技术、锚喷支护技术、地层改良技术的研究应用和发展，隧道工作者研究出了许多辅助稳定措施，从而使得现代隧道工程施工的开挖和支护变得更简捷、及时、有效，也更具有可预防性和安全性。

隧道施工中常用的辅助稳定措施有：

- 稳定工作面
  - 预留核心土挡护开挖面
  - 喷射混凝土封闭工作面
- 超前锚杆
- 管棚超前支护前方围岩
  - 小导管
  - 长管棚
- 水平旋喷超前预支护
- 预切槽超前预支护
- 注浆加固围岩和堵水
  - 超前小导管注浆
  - 超前深孔帷幕注浆

上述辅助稳定措施的选用应视围岩地质条件、地下水情况、施工方法、环境要求等具体情况而定，并尽量与常规施工方法相结合，进行充分的技术经济比较，选择一种或几种同时使用。

施工中应经常观测地形、地貌的变化以及地质和地下水的变异情况，制定有关的安全施工细则，预防突然事故的发生。必须坚持预支护(或强支护)、后开挖、短进度、弱爆破、快封闭、勤测量的施工原则。

一、超前锚杆

1. 构造组成

超前锚杆是指沿开挖轮廓线，以一定的外插角，向开挖面前方钻孔安装锚杆，形成对前方围岩的预锚固，在提前形成的围岩锚固圈的保护下进行开挖等作业(图 7-1-1)。

2. 性能特点及适用条件

锚杆超前支护的柔性较大，整体刚度较小。它主要适用于地下水较少的破碎、软弱围岩的隧道工程中，如裂隙发育的岩体、断层破碎带、浅埋无显著偏压的隧道。采用风枪、凿岩机或专用的锚杆台车钻孔，锚固剂或砂浆锚固，其工艺简单、工效高。

3. 设计、施工要点

(1)超前锚杆的长度、环向间距、外插角等参数，应视围岩地质条件、施工断面大小、开挖循环进尺和施工条件而定。一般超前长度为循环进尺的 3～5 倍，环向间距采用 0.3～0.5 m；外插角宜用 10°～30°；搭接长度宜为超前长度的 40%～60%，即大致形成双层或双排锚杆。

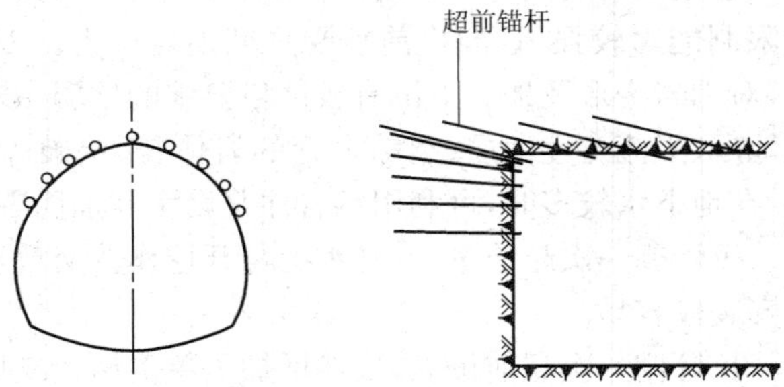

图 7-1-1　超前锚杆预锚固围岩

(2)超前锚杆宜用早强砂浆全黏结式锚杆，锚杆材料可用不小于 ϕ22 mm 的螺纹钢筋。

(3)超前锚杆的安装误差，一般要求孔位偏差不超过 10 cm，外插角不超过 1°～2°，锚入长度不小于设计长度的 96%。

(4)开挖时应注意保留前方有一定长度的锚固区，以使超前锚杆的前端有一个稳定的支点。其尾端应尽可能多的与系统锚杆及钢筋网焊连。若掌子面出现滑坍现象，则应及时喷射混凝土封闭开挖面，并尽快打入下一排超前锚杆，然后才能继续开挖。

(5)开挖后应及时喷射混凝土，并尽快封闭环形初期支护。

(6)开挖过程中应密切注意观察锚杆变形及喷射混凝土层的开裂、起鼓等情况，以掌握围岩动态，及时调整开挖及支护参数，如遇地下水时，则可钻孔引排。

二、管　　棚

1. 构造组成

管棚是指利用钢拱架沿开挖轮廓线以较小的外插角、向开挖面前方打入钢管构成的棚架来形成对开挖面前方围岩的预支护(图 7-1-2)。

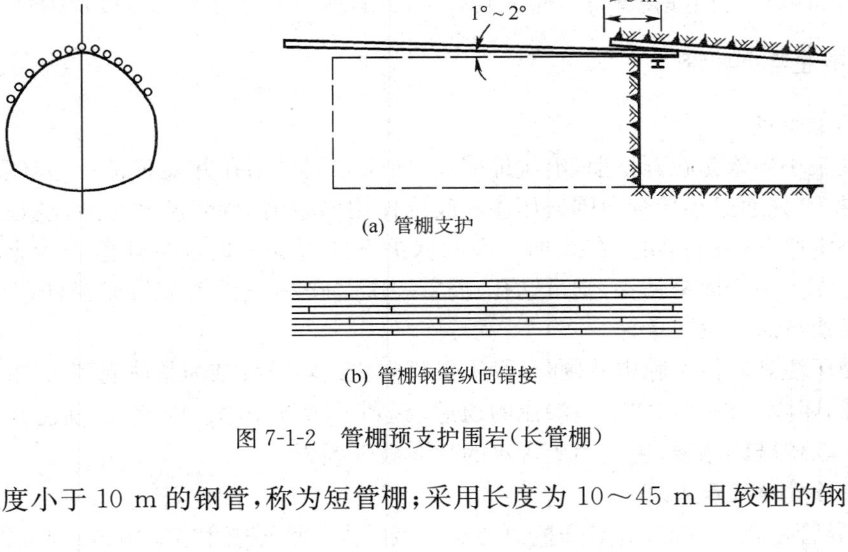

(a) 管棚支护

(b) 管棚钢管纵向错接

图 7-1-2　管棚预支护围岩(长管棚)

采用长度小于 10 m 的钢管，称为短管棚；采用长度为 10～45 m 且较粗的钢管，称为长管棚。

2. 性能特点及适用条件

管棚因采用钢管作纵向预支撑，又采用钢拱架作环向支撑，其整体刚度较大，对围岩变形的限制能力较强，且能提前承受早期围岩压力。因此管棚主要适用于围岩压力来得快、来得大，对围岩变形及地表下沉有较严格要求的软弱、破碎围岩隧道工程中，如土砂质地层、强膨胀性地层、强流变性地层、裂隙发育的岩体、断层破碎带、浅埋有显著偏压等围岩的隧道中。此外，在地下水较多时，可利用钢管注浆堵水和加固围岩。

短管棚一次超前量少，基本上与开挖作业交替进行，占用循环时间较多，但钻孔安装或顶入安装较容易。

长管棚一次超前量大，虽然增加了单次钻孔或打入长钢管的作业时间，但减少了安装钢管的次数，减少了与开挖作业之间的干扰。在长钢管的有效超前区段内，基本上可以进行连续开挖，也更适于采用大中型机械进行大断面开挖。

3. 设计、施工要点

(1)管棚的各项技术参数要视围岩地质条件和施工条件而定。长管棚长度不宜小于 10 m，一般为 10～45 m；管径 70～180 mm，孔径比管径大 20～30 mm，环向间距 0.3～0.8 m；外插角1°～2°。

(2)两组管棚间的纵向搭接长度短管棚不小于 1.5 m，长管棚不小于 3 m；钢拱架常采用工字钢拱架或格栅钢架。

(3)钢拱架应安装稳固，其垂直度允许误差为±2°，中线及高程允许误差为±5 cm。

(4)钻孔平面误差不大于 15 cm，角度误差不大于 0.5°，钢管不得侵入开挖轮廓线。

(5)第一节钢管前端要加工成尖锥状，以利导向插入。要打一眼，装一管，由上而下顺序安装。

(6)长钢管应用 4～6 m 的管节逐段接长，打入一节，再连接后一节，连接头应采用厚壁管箍，上满丝扣，丝扣长度不应小于 15 cm；为保证受力的均匀性，钢管接头应纵向错开。

(7)当需增加管棚刚度时，可在安装好的钢管内注入水泥砂浆，一般在第一节管的前段管壁交错钻 10～15 mm 孔若干，以利排气和出浆，或在管内安装出气导管，浆注满后方可停止压注。

(8)钻孔时如出现卡钻或坍孔，应注浆后再钻，有些土质地层则可直接将钢管顶入。

三、超前注浆小导管

(一)构造组成

超前注浆小导管是在开挖前，沿坑道周边，向前方围岩钻孔并安装带孔小导管，或直接打入带孔小导管，并通过小导管向围岩压注起胶结作用的浆液，待浆液硬化后，坑道周围岩体就形成了有一定厚度的加固圈。在此加固圈的保护下即可安全地进行开挖等作业(图 7-1-3)。若小导管前端焊一个简易钻头，则可钻孔、插管一次完成，称为自进式注浆锚杆。

(二)性能特点及适用条件

浆液被压注到岩体裂隙中并硬化后，不仅将岩块或颗粒胶结为整体起到了加固作用，而且填塞了裂隙，阻隔了地下水向坑道渗流的通道，起到了堵水作用。因此，超前注浆小导管不仅适用于一般软弱破碎围岩，也适用于含水的软弱破碎围岩。

(三)小导管布置和安装

(1)小导管钻孔安装前，应对开挖面及 5 m 范围内的坑道喷射 5～10 cm 厚的混凝土封闭。

（2）小导管一般采用 ϕ32 mm 的焊接管或 ϕ40 mm 的无缝钢管制作，长度宜为 3～6 m，前端做成尖锥形，前段管壁上每隔 10～20 cm 交错钻眼，眼孔直径宜为 6～8 mm。

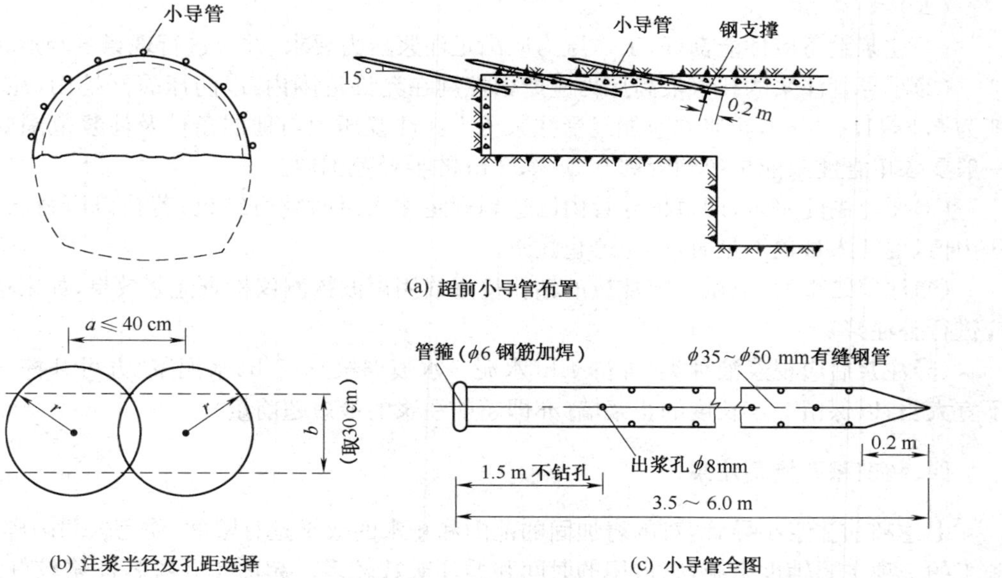

图 7-1-3　超前小导管注浆预加固围岩

（3）钻孔直径应较管径大 35 mm 以上，环向间距应按地层条件而定，一般采用 35～50 cm；外插角应控制在 3°～15°之间。

（4）极破碎围岩或处理坍方时可采用双排管；地下水丰富的松软层，可采用双排以上的多排管；大断面或注浆效果差时，可采用双排管。

（5）小导管插入后应外露一定长度，以便连接注浆管，并用塑胶泥将导管周围孔隙封堵密实。

（四）注浆材料

1. 注浆材料种类及适用条件

（1）在断层破碎带及砂卵石地层（裂隙宽度或颗粒粒径大于 1 mm，渗透系数 $k \geqslant 5 \times 10^{-4}$ m/s）等强渗透性地层中，应采用料源广且价格便宜的注浆材料。一般对于无水的松散地层，宜优先选用单液水泥浆；对于有水的强渗透地层，则宜选用水泥—水玻璃双浆液，以控制注浆范围。

（2）断层带，当裂隙宽度（或粒径）小于 1 mm，或渗透系数 $k \geqslant 10^{-5}$ m/s 时，注浆材料宜优先选用水玻璃类和木胺类浆液。

（3）细、粉砂层、细小裂隙岩层及断层地段等弱渗透地层中，宜选用渗透性好、低毒及遇水膨胀的化学浆液，如聚胺酯类，或超细水泥浆。

（4）对于不透水的黏土层，则宜采用高压劈裂注浆。

2. 注浆材料的配比

注浆材料的配比应根据地层情况和胶凝时间要求，并经过试验而定。

（1）采用水泥浆液时，水灰比可采用 0.5∶1～1∶1，需缩短凝结时间时，可加入氯盐、三乙醇胺速凝剂。

(2)采用水泥—水玻璃浆液时,水泥浆的水灰比可用 0.5∶1～1∶1;水玻璃浓度为 25～40°Be,水泥浆与水玻璃的体积比宜为 1∶1～1∶0.3。

(五)注　浆

(1)注浆设备应性能良好,工作压力应满足注浆压力要求,并应进行现场试验运转。

(2)小导管注浆的孔口最高压力应严格控制在允许范围内,以防压裂开挖面,注浆压力一般为 0.5～1.0 MPa,止浆塞应能经受注浆压力。注浆压力与地层条件及注浆范围要求有关,一般要求单管注浆能扩散到管周 0.3～0.5 m 的半径范围内。

(3)要控制注浆量,即每根导管内已达到规定注入量时就可结束;若孔口压力已达到规定压力值,但注入量仍不足时,亦应停止注浆。

(4)注浆结束后,应做一定数量的钻孔检查或用声波探测仪检查注浆效果,如未达到要求,应进行补注浆。

(5)注浆后应视浆液种类,等待 4 h(水泥—水玻璃浆)～8 h(水泥浆)方可开挖,开挖长度不宜太长,以保留一定长度的止浆墙(亦即超前注浆的最短超前量)。

四、超前深孔帷幕注浆

上述超前注浆小导管,对围岩加固的范围和止水的效果是有限的,作为软弱破碎围岩隧道施工的一项主要辅助措施,它占用的时间和循环次数较多。超前深孔帷幕注浆较好地解决了这些问题。注浆后即可形成较大范围的筒状封闭加固区,称为帷幕注浆。

(一)注浆机理及适用条件

注浆机理可以分成如下四种。

1.渗透注浆

对于破碎岩层、砂卵石层、中细砂层、粉砂层等有一定渗透性的地层,采用中低压力将浆液压注到地层中的空穴、裂缝、孔隙里,凝固后将岩土或土颗粒胶结为整体,以提高地层的稳定性和强度。

2.劈裂注浆

对于颗粒更细的黏土质不透水(浆)地层,采用高压浆液强行挤压孔周,在注浆压力的作用下,浆液作用的周围土体被劈裂并形成裂缝,通过土体中形成的浆液脉状固结作用对黏土层起到挤压加固和增加高强夹层加固作用,以提高其强度和稳定性。

3.压密注浆

即用浓稠的浆液注入土层中,使土体形成浆泡,向周围土层加压使土层得到加固。

4.高压喷灌注浆

通过灌浆管在高压作用下,从管底部的特殊喷嘴中喷射出高速浆液射流,促使土粒在冲击力、离心力及重力作用下被切割破碎,随注浆管的向外抽出与浆液混合形成柱状固结体,以达到加固之目的。

深孔预注浆一般可超前开挖面 30～50 m,可以形成有相当厚度和较长区段的筒状加固区,从而使得堵水的效果更好,也使得注浆作业次数减少,它更适用于有压地下水及地下水丰富的地层中,也更适用于采用大中型机械化施工,如图 7-1-4 所示。

如果隧道埋深较浅,则注浆作业可在地面进行;对于深埋长大隧道可利用辅助平行导坑对正洞进行预注浆,这样都可以避免与正洞施工的干扰,缩短施工工期(图 7-1-4)。

（二）注浆范围

图 7-1-4 中已示意出对围岩进行注浆加固的大致范围，即形成筒状加固区。要确定加固区的大小，即确定围岩塑性破坏区的大小，可以按岩体力学和弹塑性理论计算出开挖坑道后围岩的压力重分布结果，并确定其塑性破坏区的大小，这也就是应加固的范围。

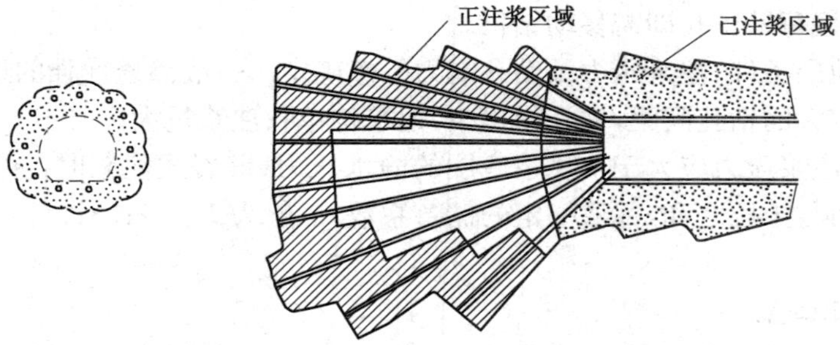

(a)洞内超前注浆

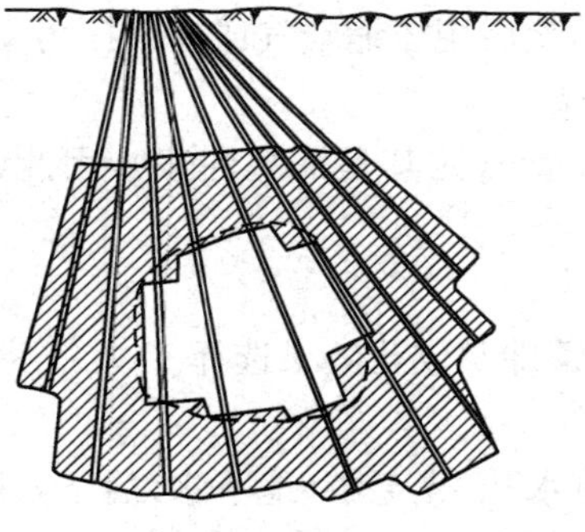

(b)地表超前注浆

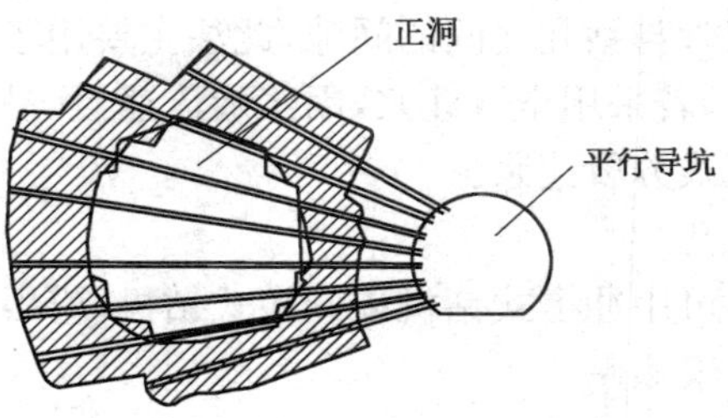

(c)平导超前注浆

图 7-1-4　超前深孔帷幕注浆

（三）注浆数量及注浆材料选择

注浆数量应根据加固区需充填的地层孔隙数量来确定。

工程中常用充填率来估算和控制注浆总量。所谓充填率是指注浆体积占孔隙总体积的比率。于是注浆总量可按下式计算：

$$Q=n\cdot a\cdot A \tag{7-1-1}$$

式中　Q——注浆总数量(m^3)；

A——被加固围岩的体积(m^3)；

n——被加固围岩的孔隙率(%)，见表 7-1-1；

a——过去实践证实了的充填率(%)，见表 7-1-1。

表 7-1-1　孔隙率和注浆充填率表

土　质		粗砂	黏土	粉砂	砂						砂　砾		
注浆目的		堵水加固			堵　水			加　固		堵　水			
孔隙率 n(%)	范围值	65～75	50～70	40～60	46～50	40～48	30～40	46～50	40～48	40～60	23～40	22～40
	标准值	70	60	50	48	44	35	48	44	50	34	31
充填率 a(%)		约 30	约 30	约 20	约 60	约 50	约 50	约 50	约 40	约 60	约 60	约 60

为了做好注浆工作,必须事先对被加固围岩进行试验,查清围岩的透水系数、土颗粒组成、孔隙率、饱和度、密度、pH 值、剪切和抗压强度等。必要时还要做现场注浆和抽水试验。注浆材料的选择参见小导管注浆部分。

(四)钻孔布置及注浆压力

可参见图 7-1-4。另外,对于浅埋隧道,还可以采用平行布置方式,即注浆钻孔均呈竖直方向并互相平行分布,但每钻一孔即需移动钻机。

钻孔间距要视地层条件、注浆压力及钻孔能力等来确定。一般渗透性强的地层,可以采用较低的注浆压力和较大的钻孔间距,钻孔量也少,但平均单孔注浆量大。

渗透式注浆时,注浆压力应大于待注浆底层的静水压力;劈裂式注浆时,注浆压力应大于待注浆地层的水压力与土压之和,并取一定的储备系数,一般为 1.1～1.3。

(五)施工要点

1. 注浆管和孔口套管

深孔注浆一次式注浆时,孔内可用注浆管或不用;分段式注浆时需用注浆管。注浆管一般采用带孔眼的钢管或塑料管。止浆塞常用的有两种,一种是橡胶式,一种是套管式。安装时,将止浆塞固定在注浆管上的设计位置,一起放入钻孔,然后用压缩空气或注浆压力使其膨胀而堵塞注浆管与钻孔之间的间隙,此法主要用于深孔注浆。

另外,若采用全孔注浆,因浆液流速慢,易造成"死管"(尤其是深孔注浆),因此,多采用前进或后退式分段注浆。

2. 钻孔

钻孔可用冲击式钻机或旋转式钻机,应根据地层条件及成孔效果选择。

3. 注浆顺序

应先上方后下方,或先内圈后外圈,先无水孔后有水孔,先上游(地下水)后下游顺序进行。应利用止浆阀保持孔内压力直至浆液完全凝固。

4. 结束条件

应根据注浆压力和单孔注浆量两个指标来判断确定。单孔结束条件为:注浆压力达到设计终压;浆液注入量已达到计算值的 80%以上。全段结束条件为:所有注浆孔均已符合单孔结束条件,无漏注。注浆结束后必须对注浆效果进行检查,如未达到设计要求,应进行补孔注浆。

五、水平旋喷预支护

喷射注浆法又称旋喷法,分为垂直和水平旋喷注浆两种方法。20 世纪 70 年代初期日本首次开发使用了这种地层水平加固技术。水平旋喷注浆法是在一般的初期导管注浆的基础上发展起来的,它以高压旋喷的方式压注水泥浆,从而在隧道开挖轮廓外形成拱形预衬砌的超前预支护方法。水平旋喷注浆的施工原理类似于垂直旋喷注浆,只是一个为水平,一个为垂直,我国垂直旋喷注浆技术已比较成熟。目前,水平旋喷注浆技术在我国已初步获得应用,如神延铁路的沙哈拉茆隧道和宋家坪隧道。其施工方法为:首先使用旋喷注浆机,沿着隧道掌子面周边的设计位置旋喷注浆形成旋喷柱体,通过固结体的相互咬合形成预支护拱棚。旋喷柱体的形成方法:首先通过水平钻机成孔,钻到设计位置以后,随着钻杆的退出,用水泥浆或水泥—水玻璃双浆液旋喷注入钻成的孔腔,通过高压射流切割腔壁土体,被切割下的土体与浆液搅拌混合、固结形成直径 600 mm 左右的固结体,同时周围地层受到压缩和固结,其土体的物理力学性能得到一定程度的改善。旋喷柱体沿隧道拱部形成环向咬合、纵向搭接的预支护拱棚，在松散不稳定地层隧道中，可有效控制坍塌和地层变形。水平旋喷预支护的应用在我国还不是很广，旋喷柱体抗弯性能不强，施工控制的难度较大。

水平旋喷预支护主要适用于黏性土、砂类土、淤泥等地层。图 7-1-5 为水平旋喷工法的操作程序和旋喷柱布置。

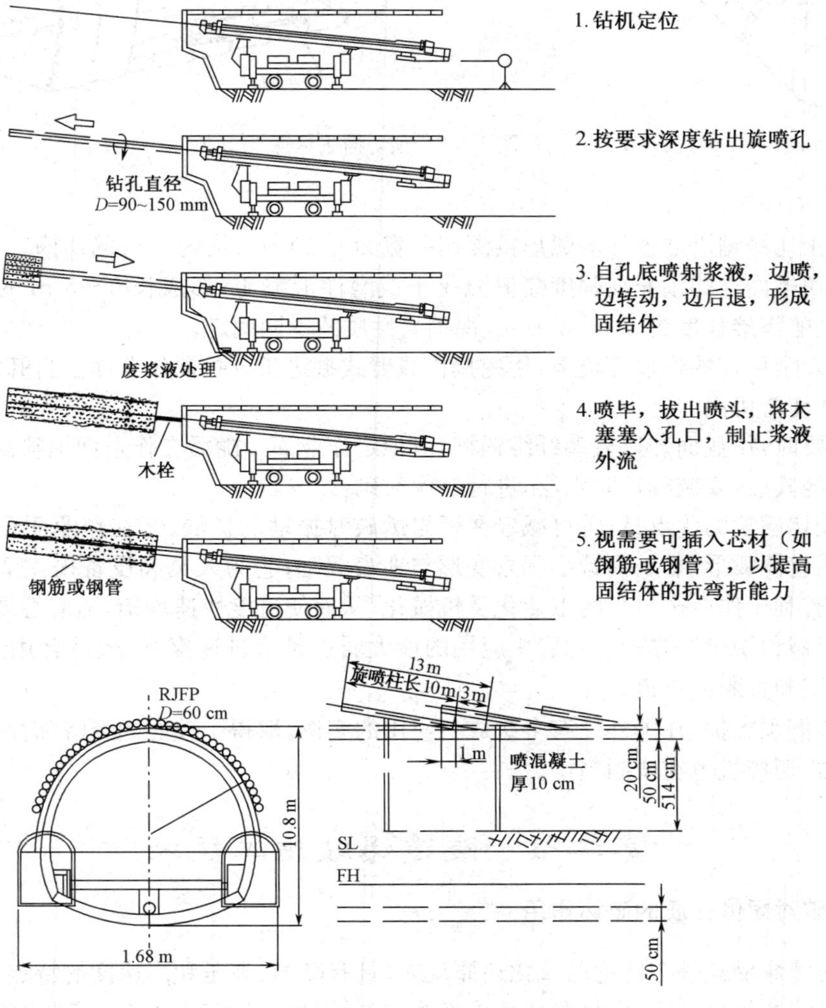

图 7-1-5　水平旋喷工法

六、机械预切槽法

机械预切槽法首次应用于 20 世纪 70 年代法国巴黎快速轨道运输系统的一个车站建造工程中。它是利用专业的切槽机械，沿隧道外轮廓切割一定深度的切槽。切槽方式有带锯式和排钻式两种。在硬岩地层中，利用该切槽，作为爆破振动的隔振层，主要起隔振或减振的作用。在软石或砂质地层中，在切槽内填筑混凝土，形成预支护拱，提高隧道稳定性。图 7-1-6 为软岩中预切槽法示意图。

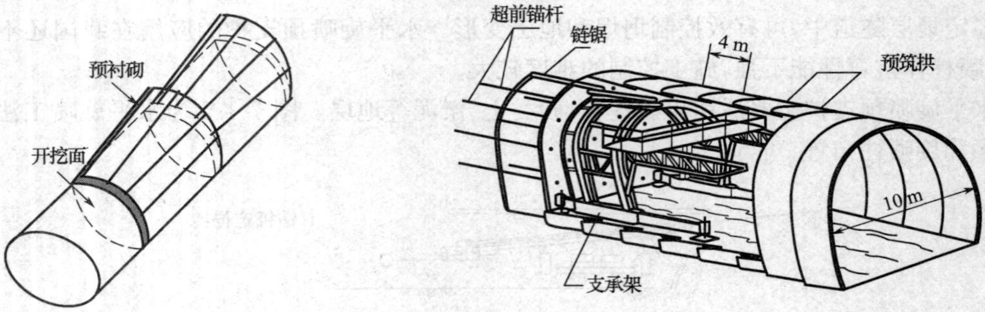

图 7-1-6 预切槽法示意

作业过程如下：

(1)用预切槽锯沿隧道外廓弧形拱深切一宽 20～50 cm、长约 5 m 的切槽。

(2)在切槽内立即填充高强度喷射混凝土或灌注混凝土，形成长 3～5 m 的整体连续拱，两次连续拱的搭接长度为 0.5～1.0 m，视围岩性质的不同而定。

(3)在安全稳定的作业环境下，用挖掘机或臂式掘进机开挖前作业面。自卸汽车或翻斗车可穿行于预切槽机内。

(4)必要时，作业面装以玻璃纤维锚杆，以稳定作业面。随后在作业面上喷混凝土。

(5)紧随其后，安装隧道防水层，进行二次衬砌。

机械预切槽法的优点是：①可减轻在硬岩爆破时振动的扩展；②在作业面开挖前，快速形成一临时的整体弧形拱，从而减小围岩变形与地表沉陷；③为人员和设备提供清洁、安全的工作条件；④有利于作业全过程的工业化及机械化，从而使进度快速均衡，适应性增强，大大节约了成本。机械预切槽法在硬岩地层中应用的最大弱点是推进速度慢，较适合用于市区隧道工程、松散地层和大断面隧道。

机械切槽预支护，在国外已有多次成功应用的实例，取得了较好的经济和社会效益。在国内，硬岩锯式切槽机也在研制当中。

第二节 隧道爆破施工技术

一、爆破对固体介质的破坏作用

炸药的爆炸反应是有机物的氧化还原反应，具有高温、高压和高速度的特点。炸药的爆炸过程是爆轰波的传播过程，也是爆炸生成气体和初始做功的过程。当炸药在岩(土)体中爆炸时，爆炸波轰击岩面，以冲击波形式向岩体内部传播，形成动态应力场。冲击波作用时间短，能量密度很高，使炮孔周围岩石产生粉碎性破坏。爆炸气体静压和膨胀做功，有使岩石质点作远离药包中心运动的倾向，岩石受切向拉力，其强度达到岩石抗拉强度时，则岩石破坏，产生径向裂隙。在爆炸结束的瞬间，随着温度下降，气体逸散，介质又为释放压缩能而回弹，从而又可能产生环向裂缝。在爆破力作用下，在偏离径向 45°的方向上还可能产生剪切裂缝。在这些裂缝的交错切割和剩余爆破力的作用下，岩石即被破碎和移位。

(一)无限介质中的爆破作用

假定将药包埋置在无限介质中进行爆破，则在远离药包中心不同的位置上，其爆破作用是不相同的。大致可以划分为三个区域，如图 7-2-1 所示。

1. 压缩粉碎区

它是指半径为 R_1 范围的区域。该区域内介质距离药包最近，受到的压力最大，故破坏最大。当介质为土壤或软岩时，压缩形成一个环形体孔腔；介质为硬岩时，则产生粉碎区破坏，故称为压缩粉碎区。

2. 破裂区

R_1 与 R_2 之间的范围称为破裂区。在这个区域内介质受到的爆破力虽然比压缩粉碎区小，但介质的结构仍然被破坏成碎块。

3. 震动区

R_2 与 R_3 之间的范围称为震动区。在此范围内，爆炸能量只能使介质发生弹性变形不能产生破坏作用。

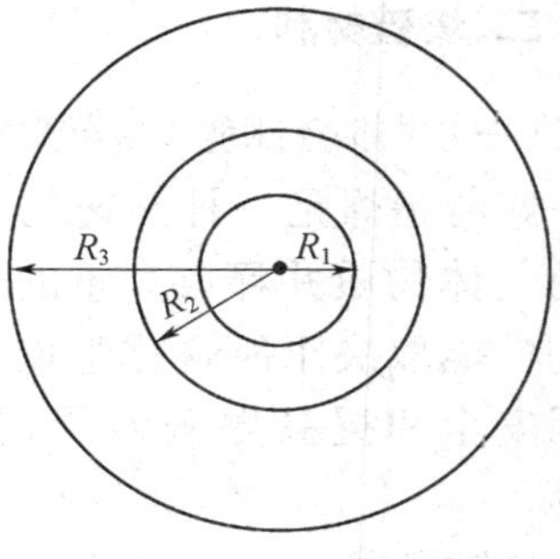

图 7-2-1　爆破的内部作用

R_1—压缩粉碎区半径；

R_2—破裂区半径；R_3—震动区半径。

（二）临空面与爆破漏斗

临空面又叫自由面，是指暴露在大气中的开挖面。在假定的无限介质中爆破，抛掷和松动是无法实现的。而在有临空面存在的情况下，足够的炸药爆炸能量就会在靠近临空面一侧实现爆破抛掷，其结果是形成一个圆锥形的爆破凹坑，此坑就叫爆破漏斗。爆破抛起的岩块，一部分落在漏斗坑之外形成爆破堆积体或飞石，另一部分回落到漏斗坑之内，掩盖了真正的破坏漏斗，形成看得见的爆破坑，叫作可见爆破漏斗，如图 7-2-2 所示。

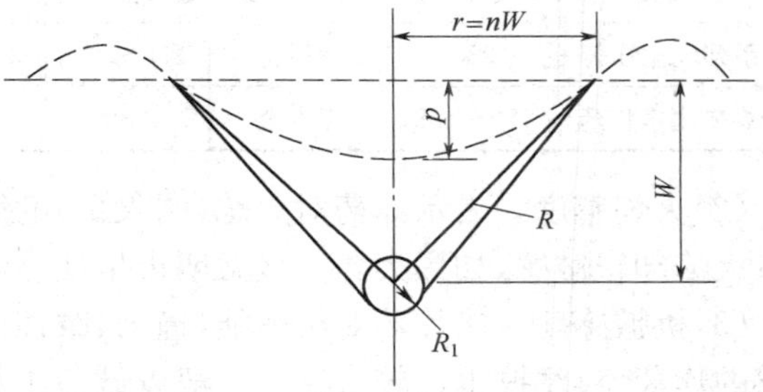

图 7-2-2　爆破漏斗的几何要素

爆破漏斗由以下几何要素组成：

①药包中心到自由面的最短距离，叫最小抵抗线（W）；②最小抵抗线与自由面交点到爆破漏斗边沿的距离，叫爆破漏斗半径（r）；③药包中心到爆破漏斗边沿的距离叫破裂半径（R）；④可见漏斗深度（p）；⑤压缩圈半径（R_1）等。

爆破漏斗半径 r 与最小抵抗线 W 的比值 n（$n=r/W$），称为爆破作用指数，这是一个描述爆破漏斗大小、爆破性质、抛掷堆积情况等因素的重要相关系数。通常把 $n=1$ 的爆破称为标准抛掷爆破，其漏斗称为标准抛掷爆破漏斗；$n>1$ 的爆破称为加强抛掷爆破或扬弃爆破；$0.75<n<1$ 的爆破称为加强松动或减弱抛掷爆破；$n\leqslant 0.75$ 的爆破称为松动爆破。平坦地形的松动爆破结果，只能看到岩土破碎和隆起，并没有看见爆破漏斗。

临空面数目多少对爆破效果有很大影响，增加临空面是改善爆破状况，提高爆破效果的重要途径。

（三）柱状药包爆破特点

当炮眼装药长度远大于横截面的直径时，形成圆柱状延长药包，简称柱状药包。它是工程爆破中应用最为广泛的药包。球形药包爆炸应力波的传播方向，是以药包中心为圆心成球面状向四周传播。当炮孔方向垂直于临空面，即最小抵抗线与炮孔装药轴线重合时，柱状药包爆炸作用力的方向是平行于临空面而指向岩体内部，即爆破作用受到岩体的挟制作用，但一般仍能形成倒圆锥漏头，易残留炮窝。

二、爆破材料

(一)炸药的性能

炸药爆炸是一种高速化学反应过程。在这个过程中炸药物质成分发生改变,生成大量的气体物质并释放大量的热能,表现为对周围介质的冲击、压缩、破坏和抛掷作用。炸药的性能取决于所含化学成分。掌握炸药等爆破材料的性能,对正确使用、储存、运输,确保安全和提高爆破效果,具有重要意义。炸药的主要性能有敏感度、爆速、爆力、猛度等。

1.敏感度

炸药的敏感度简称感度,是指炸药在外界起爆能作用下发生爆炸反应的难易程度,也就是炸药爆炸对外能的需要程度。根据外能形式的不同,炸药感度主要有:

(1)热敏感度。亦称爆发点,即使炸药爆炸的最低温度,它表示炸药对热的敏感度。工程中几种常用炸药的爆发点见表 7-2-1。

表 7-2-1　几种炸药的爆发点

炸药名称	爆发点(℃)	炸药名称	爆发点(℃)	炸药名称	爆发点(℃)	炸药名称	爆发点(℃)
EL 系列乳化炸药	330	梯恩梯	290～295	2 号岩石硝铵炸药	186～230	硝化甘油	200
2 号煤矿硝铵炸药	180～188	黑索金	230	黑火药	290～390	特屈儿	195～200

(2)火焰感度。表示炸药对火焰(明火星)的敏感度。有些炸药虽然对温度反应比较迟钝,但对火焰却很敏感,如黑火药一接触明火星便易燃烧爆炸。

(3)机械感度。指炸药对机械能(撞击、摩擦)作用的敏感程度。一般来说,对于撞击比较敏感的炸药,对摩擦也比较敏感。一般以试验次数的爆炸百分率来表示,见表 7-2-2。

表 7-2-2　几种炸药的撞击、摩擦感度

炸药名称	EL 系列乳化炸药	2 号岩石硝铵炸药	硝化甘油	黑索金	特屈儿	黑火药	梯恩梯
撞击感度(%)	≤8	20	100	70～75	50～60	50	4～8
摩擦感度(%)	0	≤8	≤8	90	24	—	0

(4)爆轰感度。指炸药对爆炸能的敏感程度。通常在起爆作用下,炸药的爆炸是由冲击波、爆炸产物流或高速运动的介质颗粒的作用而激发的。不同的炸药所需的起爆能也不同。爆轰感度一般用极限起爆药量表示。

2.爆速

炸药爆炸时爆轰波在炸药内部的传播速度称为爆速。不同成分的炸药有不同的爆速,但一般来说密度越大的炸药其爆速也越高。同一种成分的炸药其爆速还受装填密实程度、药量多少、含水量大小和包装材料等因素的影响,几种炸药的爆速见表 7-2-3。

表 7-2-3　几种炸药的爆速

炸药名称	铵梯炸药	硝化甘油	梯恩梯	特屈儿	黑索金	太　安
密度(g/cm^3)	1.40	1.60	1.60	1.59	1.76	1.72
爆速(m/s)	5 200	7 450	6 850	7 334	8 660	8 083

3. 爆力(威力)

炸药爆炸时对周围介质做功的能力称为爆力(或威力)。炸药的爆力越大，其破坏能力越强，破坏的范围及体积也越大。一般地，爆炸产生的气体物质越多或爆温越高，则其爆力越大。炸药的爆力通常用铅柱扩孔实验法测定。铅柱扩孔容积等于 280 cm^3 时的爆力称为标准爆力。几种炸药的爆力见表 7-2-4。

表 7-2-4　几种炸药的爆力

炸药名称	2 号铵梯岩石炸药	硝化甘油	梯恩梯	特屈儿	黑索金	太　安
密度(g/cm^3)	1.0～1.1	1.60	1.50	1.60	1.70	
爆力(cm^3)	320	600	285	300	600	580

4. 猛度

炸药爆炸后对与之接触的固体介质的局部破坏能力称为猛度。这种局部破坏表现为固体介质的粉碎性破坏程度和范围大小。一般地，炸药的爆速越高，则其猛度也越大。炸药的猛度通常用铅柱压缩法测定，以铅柱被爆炸压缩的数值表示，见表 7-2-5。

表 7-2-5　几种炸药的猛度值

炸药名称	2 号铵梯岩石炸药	EL 系列乳化炸药	RJ 系列乳化炸药	硝化甘油	梯恩梯	特屈儿	黑索金
密度(g/cm^3)	0.9～1.0	0.95～1.30	0.95～1.30	1.60	1.50	1.60	1.70
猛度(mm)	12～14	16～19	15～19	22.5～23.5	16～17	21～22	25

5. 爆炸稳定性和临界直径、最佳密度、管道效应

爆炸稳定性是指炸药经起爆后，能否连续、完全爆炸的能力。它主要受炸药的化学性质、爆轰感度以及装药密度、药包大小(或药卷直径)、起爆能量等因素的影响。

(1)临界直径。工程爆破采用柱状装药时，常用药卷的“临界直径”来表示炸药的爆炸稳定性。“临界直径”是在柱状装药时被动药卷能发生殉爆的最小直径 ϕ_{min}。临界直径越小，则其爆炸稳定性越好。如铵梯炸药的爆炸稳定性较好，其临界直径为 15 mm。浆状炸药的爆炸稳定性较差，其临界直径为 100 mm，但加入敏化剂后其临界直径降为 32 mm，也能稳定爆炸。

工程爆破中，为保证装药能稳定爆炸而不发生断爆，在选择药卷直径时应注意以下两点：药卷直径应不小于炸药的临界直径。装药直径越大，其爆炸越稳定。但当药卷直径超过某值(极限直径)后，爆炸稳定性即不随药卷直径而变化。

若因需减少炸药用量而缩小装药(药卷)直径时，则应相应选用爆轰感度较高的炸药或加入敏化剂以降低其临界直径。

(2)最佳密度。对于单质猛炸药，其装药密度越大，则其爆速越大，爆炸越稳定。对于工程用混合炸药，在一定密度范围内，也有以上关系。炸药爆炸稳定，且爆速最大时的装药密度称为“最佳密度”。如硝铵类炸药的最佳密度为 0.9～1.19 g/cm^3，乳化炸药一般为 1.05～1.30 g/cm^3。但随后爆速又随着密度的增加而下降，直至某一密度时，爆炸不稳定，甚至拒爆，这时炸药的密度称为“临界密度”。

(3)管道效应。工程爆破中，常采用钻孔柱状药卷装药，若药卷直径较钻孔直径小，则在药卷与孔壁之间有一个径向空气间隙。药卷起爆后，爆轰波使间隙中的空气产生强烈的空气冲击波，这股空气冲击波速度比爆轰波速度更高，它在爆轰波未到达之前，即将未爆炸的炸药压缩，当炸药被压缩到临界密度以上时，就会导致爆速下降，甚至断爆，这种现象称为管道效应。为减少管道效应，可减小间隙，或采用高感度、高爆速的炸药。

6. 殉爆距离

一个药包爆炸(主动药包)后,能引起与它不相接触的邻近药包爆炸(被动药包),这种现象称为被动药包的"殉爆"。发生殉爆的原因是主动药包爆炸产生冲击波和高速物流,使邻近药包在其作用下而爆炸。是否会发生殉爆,则主要取决于主动药包的药量和爆力、被动药包的爆轰感度、主动与被动药包之间的距离和介质性质。当主动、被动药包采用同性质炸药的等直径药卷时,则用被动药包能发生殉爆的最大距离来表示被动药包的殉爆能力,称为"殉爆距离"。当然它也反映了主动药包的致爆能力。

工程爆破中,常采用柱状间隔(不连续)装药来减少炸药用量和调整装药集中度。但应注意使药卷间距不大于殉爆距离。实际殉爆距离应通过现场试验确定。

7. 安定性

炸药的安定性是指其物理化学性质的安定性,主要表现为吸湿、结块、挥发、渗油、老化、冻结和化学分解等。如硝铵炸药吸湿性很强,也容易结块。结块时须人工解潮和碾碎后再使用。胶质炸药易老化和冻结,老化的胶质炸药敏感度和爆速降低,威力减小;冻结的胶质炸药感度高,使用危险,必须解冻后才允许使用。硝铵炸药的安定性差,易分解,运输存放中,应通风避光,不宜堆放过高。

(二)隧道工程常用的炸药

工程用炸药一般以某种或几种单质炸药为主要成分,另加一些外加剂混合而成。目前在隧道爆破施工中使用最广的是硝铵类炸药。硝铵类炸药品种极多,但其主要成分是硝酸铵,占60%以上,其次是梯恩梯或硝酸钠(钾),占10%~15%。

1. 铵梯炸药

在无瓦斯坑道中使用的铵梯炸药,简称岩石炸药,其中2号岩石炸药是最常用的一种;在有瓦斯坑道中使用的炸药,简称煤矿炸药,它是在岩石炸药的基础上外加一定比例食盐作为消焰剂的煤矿用安全炸药。

2. 浆状(水胶)炸药

是近十年发展起来的新型安全炸药。由于这类炸药含水量较大,爆温较低,比较安全,发展前景良好。浆状炸药是由氧化剂水溶液、敏化剂和胶凝剂为基本成分组成的混合炸药。水胶炸药是在浆状炸药的基础上应用交联技术,使之形成塑性凝胶状态.进一步提高了炸药的化学稳定性和抗水性,炸药结构更均一,提高了传爆性能。浆状(水胶)炸药具有抗水性强、密度高、爆炸威力较大、原料广、成本低和安全等优点,常用在露天有水深孔爆破中。

3. 乳化炸药

通常是指以硝酸铵、硝酸钠水溶液与碳质燃料通过乳化作用,形成的乳脂状混合炸药,亦称为乳胶炸药。其外观随制作工艺不同而呈白色、淡黄色、浅褐色或银灰色。乳化炸药具有爆炸性能好、抗水性能强、安全性能好、环境污染小、原料来源广和生产成本低、爆破效率比浆状及水胶炸药更高等优点。有资料表明,在地下工程开挖中保持原使用2号岩石炸药孔网参数不变,乳化炸药可使平均炮孔利用率稳定在90%以上;平均炸药单耗较2号岩石炸药下降1.35%。在露天爆破中,使用乳化炸药每1 m^3 岩石炸药耗量比混合炸药(浆状炸药70%~80%,铵油炸药30%~20%)降低23.1%,延米炮孔爆破量增加18.2%,石渣大块率从0.97%~1.0%下降到0.6%~0.7%,尤其适用于硬岩爆破。

4. 硝化甘油炸药

又称胶质炸药,是一种高猛度炸药,它的主要成分是硝化甘油(或硝化甘油与二硝化乙二醇的混合物)。硝化甘油炸药抗水性强、密度高、爆炸威力大,因此适用于有水或坚硬岩石的爆破。但它对撞击摩擦的敏感度高,安全性差,价格昂贵。保存期不能过长,容易老化而导致性能降低,甚至失去爆炸性能。一般只在水下爆破中使用。

隧道爆破使用的炸药一般均由厂制或现场加工成药卷形式,药卷直径有 ϕ22 mm、ϕ25 mm、ϕ32 mm、ϕ35 mm、ϕ40 mm 等,长度为 165～500 mm,可按爆炸设计的装药结构和用药量来选择使用。隧道工程中,常用的几种炸药成分性能见表 7-2-6。各系列的炸药成分、性能详见有关资料及产品说明书。

表 7-2-6　隧道内常用炸药的规格性能及其他

序号	炸药名称	药卷规格			药卷性能							适用范围
		直径(mm)	长度(mm)	质量(g)	密度(g/cm^3)	爆速(m/s)	猛度(mm)	爆力(mL)	殉爆距离(cm)	有害气体(L/kg)	保存期(月)	
1	2 号岩石硝铵炸药	35	165	150	0.95	3 600	12	320	7	<43	6	适用于一般岩石隧道,孔径 40 mm 以下的炮眼爆破;大孔径的光爆
2	2 号岩石小药卷	22	270	105	0.84	2 200		320	3	<43	6	适用于一般岩石隧道的周边光爆
3	1 号抗水岩石硝铵炸药	42	500	450	0.95	3 850	14	320	12	<45	6	适用于一般有水的岩石隧道,孔径 42 mm 的深孔炮眼爆破
4	1 号抗水岩石硝铵炸药	25	165	80	0.96	2 400	12	320	6	<45	6	适用于一般有水岩石隧道的周边光面爆破
5	RJ-2 乳胶炸药	40	330	490	1.20	4 100	13～16	340	13	<42	6	适用于坚硬岩石隧道,孔径 48 mm 的深炮眼爆破,大孔径光爆
6	RJ-2 乳胶炸药	32	200	190	1.20	3 600	12	340	9	<42	6	适用于一般有水岩石隧道,孔径 40 mm 以下的炮眼爆破,大孔径光爆
7	粉状硝化甘油炸药(标准型)	32	200	170	1.10	4 200	16	380～410	15	<40	8	适用于有一定涌水量的隧道、竖井、斜井掘进爆破
8	粉状硝化甘油炸药(2 号光爆)	22	500	152	1.10	2 300～2 700	13.7	410	10	<40	8	适用于一定岩石隧道的周边光面爆破
9	SHJ-K 型水胶炸药	35	400	650	1.05～1.30	3 200～3 500		340	3～5			适用于岩石隧道,孔径 48 mm 的深炮眼爆破,且属防水型炸药
10	EJ-102 乳化炸药(标准性)	32	200	170	1.15～1.35	4 000	15～19	88～143	10～12	22～29		适用于一般有水岩石隧道的炮眼爆破
11	EJ-102 乳化炸药(小直径)	20	500	190	1.15～1.35	4 000	15～19	88～143	2	22～29		适用于一般有水岩石隧道的周边眼光面爆破

(三)起爆材料(系统)

设置传爆起爆系统的目的是在装药(药包或药卷)以外的安全距离处通过发爆(点火、通电或激发枪)和传递,使装在药包或药卷中的雷管起爆,并引发药包或药卷爆炸,从而爆破岩石。

1. 导火索与火雷管

(1)导火索。它是用来传递火焰给火雷管,并使火雷管在火焰作用下爆炸的传爆材料之一。导火索的燃烧速度取决于索芯黑火药的成分和配比,一般在 110～130 s/m 范围内,缓燃导火索则为 180～210 s/m 或 240～350 s/m。导火索具有一定的防潮耐水能力,在 1 m 深常温静水中浸 2 h 后,其燃烧速度和燃烧性能不变。普通导火索不能在有瓦斯或有矿尘爆炸危险的场所使用。

(2)火雷管。它是最简单的一种雷管,如图 7-2-3 所示。火雷管成本低,使用比较简单灵活,不受杂散电流的影响,应用广泛。但受撞击、摩擦和火花等作用时能引起爆炸。火雷管全部是即发雷管(一点火,就爆炸)。

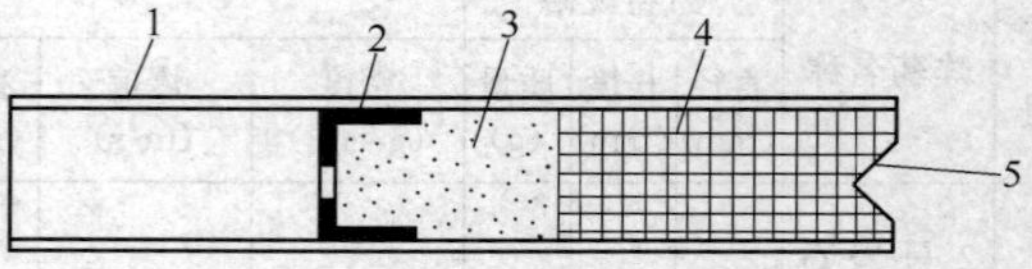

图 7-2-3　火雷管

1—管壳;2—加强帽;3—正起爆药;4—副起爆药;5—聚能穴。

雷管号数按其起爆能量的大小分为十个等级(号数)。号数愈大,起爆能力愈强。工程中常用的是 8 号和 6 号雷管。其他雷管号数亦同此划分。

2. 电雷管

电雷管是在火雷管中加设电发火装置而成的。它是用导电线传输电流使装在雷管中的电阻发热而引起雷管爆炸的。

(1)雷管可分为即发电雷管和迟发电雷管。即发电雷管如图 7-2-4 所示。

为实现延期起爆,迟发电雷管的延期时间是在即发雷管中加装延期药来实现的(图 7-2-5)。延期时间的长短均用段数来表示。

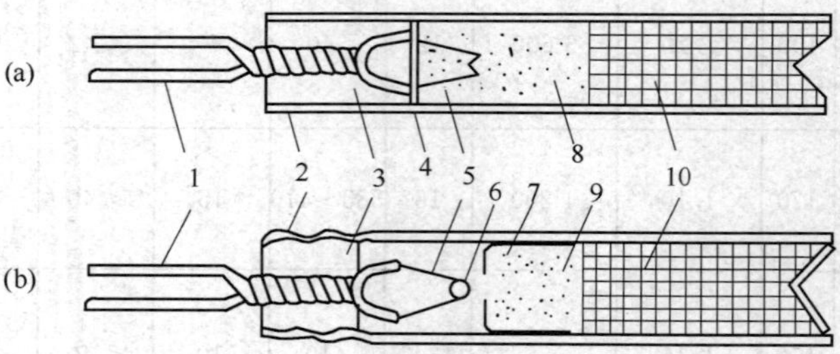

图 7-2-4　即发电雷管

(a)直插式;(b)引火头式。

1—脚线;2—管壳;3—密封塞;4—纸垫;5—桥丝;6—引火头;7—加强帽;8—DDNP;9—正起爆药;10—副起爆药。

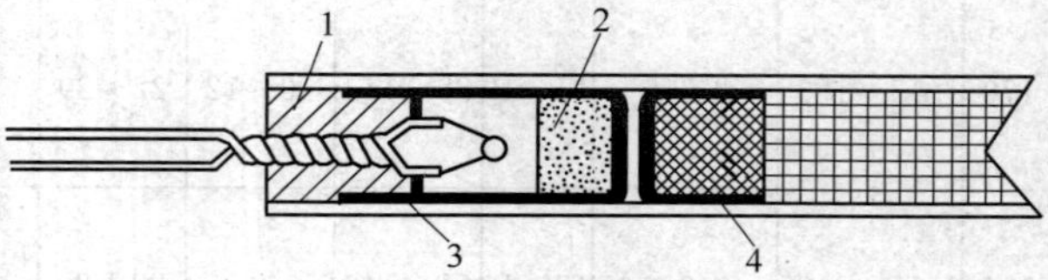

图 7-2-5　迟发电雷管

1—塑料塞;2—延期药;3—延期内管;4—加强帽。

(2)迟发电雷管按其延期时间差可分为秒迟发和毫秒迟发系列。国产秒迟发电雷管按延期时间的长短分为七段，段数越大，延期时间越长。最长延期时间为(7.0+1.0)s，见表 7-2-7。

表 7-2-7　秒迟发电雷管的延期时间

段　别	1	2	3	4	5	6	7
延期时间(s)	<0.1	1.0+0.5	2.0+0.6	3.1+0.7	4.3+0.8	5.6+0.9	7.0+1.0
脚线颜色	灰蓝	灰白	灰红	灰绿	灰黄	黑蓝	黑白

国产毫秒迟发电雷管有五个系列。其中第二系列是工程中常用的一个时间系列；第一、第五系列为高精度系列；第三、第四系列的延期时间间隔分别为 100 ms 和 300 ms。

(3)发爆电源可用交、直流照明或动力电源，也可以用各种类型的专用电起爆器。对于康铜丝电雷管，一般要求在 10 ms 的传导时间内，其发火冲量($K=I^2 \cdot t$)最小不低于 25 $A^2 \cdot ms$，最大不超过 45 $A^2 \cdot ms$。在有杂散电流时，应采用抗杂散电流电雷管。

3. 塑料导爆管与非电雷管

(1)塑料导爆管的传爆原理及优点。塑料导爆管是用来传递微弱爆轰波给非电雷管，使之爆炸的传爆材料，因其是由瑞典科学家诺雷尔(Nonel)首创的一种新型传爆材料，故又称诺雷尔管。它是在聚乙烯塑料管[外径(2.95±0.15)mm，内径(1.4±0.10)mm]的内壁涂有一层高能炸药[主要成分是奥托金，(16±2)mg/m]，管壁上的高能炸药在冲击波作用下可以沿着管道方向连续稳定爆轰，而将爆轰传播到非电雷管使雷管起爆。弱爆轰在管内的传播速度为 1 600～2 000 m/s，但因其微弱，不至于炸坏塑料管。

塑料导爆管有以下优点：抗电、抗火、抗冲击性能好；起爆传爆性能稳定，甚至扭结、180°对折，局部断药，管端对接均能正常传爆；运输和使用过程中抗破坏能力强；安装简单，使用方便，价格便宜，且可作为非危险品运输，因而在隧道工程中被广泛应用。尤其是在有电条件和炮眼数较多时。它不能直接起爆炸药，应与非电毫秒雷管配合使用。

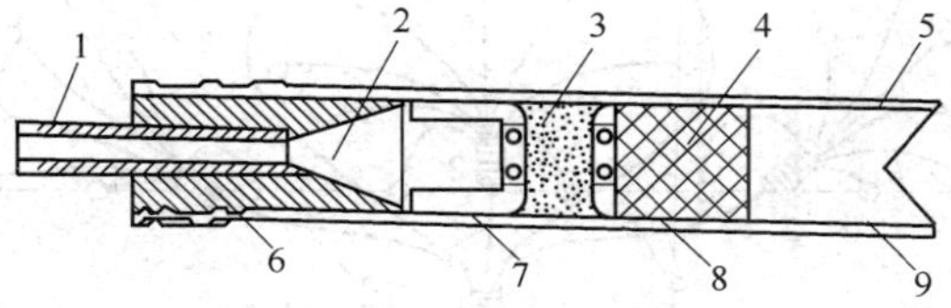

图 7-2-6　迟发非电雷管

1—塑料导爆管；2—消爆空腔；3—延期药；4—正起爆药；5—金属管壳；6—塑料连接套；7—空信帽；8—加强帽；9—副起爆药。

(2)非电雷管的构造及延期时间系列。非电雷管须与塑料导爆管配合使用，其构造如图 7-2-6所示。

国产非电雷管的延期时间也分为毫秒、半秒、秒迟发三个系列，见表 7-2-8。

(3)导爆管的发爆及连接网络。导爆管可用 8 号火雷管、导爆索、击发枪和专用激发器引爆。其连接和分支可集束捆扎雷管继爆，也可以用连通器连接继爆(图 7-2-7 和图7-2-8)。

4. 导爆索与继爆管

(1)导爆索是以单质猛炸药黑索金或太安作为索芯的传爆材料。它经雷管起爆后，可以直接引爆其他炸药。根据适用条件不同，导爆索主要分为普通导爆索和安全导爆索两种。

普通导爆索是目前生产和使用较多的一种，它具有一定的防水性能和耐热性能。但在爆轰传播过程中火焰强烈，所以只能用于露天爆破和没有瓦斯的地下爆破作业，其爆速不小于6 500 m/s。

安全导爆索是在普通导爆索的药芯或外壳内加了适量的消焰剂，使爆轰过程中产生的火焰小，温度低，不会引爆瓦斯或矿尘，专供有瓦斯或矿尘爆炸危险的地下爆破作业使用。其爆速不小于 6 000 m/s。

表 7-2-8 迟发非电雷管的段别及延期时间

毫秒迟发雷管(第二系列)				半秒迟发雷管		秒迟发雷管	
段别	延期时间(ms)	段别	延期时间(ms)	段别	延期时间(ms)	段别	延期时间(ms)
1	≥13	11	460±40	1	≤0.13	1	≤1.0
2	25±10	12	550±45	2	0.5±0.15	2	2.0±0.5
3	50±10	13	650±50	3	1.0±0.15	3	4.0±0.6
4	$75\pm^{15}_{10}$	14	760±55	4	1.5±0.20	4	6.0±0.8
5	110±15	15	880±60	5	2.0±0.20	5	8.0±0.9
6	150±20	16	1 020±70	6	2.5±0.20	6	10.0±1.0
7	$200\pm^{20}_{25}$	17	1 200±90	7	3.0±0.20	7	$14.0\pm^{2.0}_{1.0}$
8	250±25	18	1 400±100	8	3.5±0.20	8	19.0±2.0
9	310±30	19	1 700±130	9	3.8～4.5	9	25.0±2.5
10	380±35	20	2 000±150	10	4.6～5.3	10	32.0±3.0

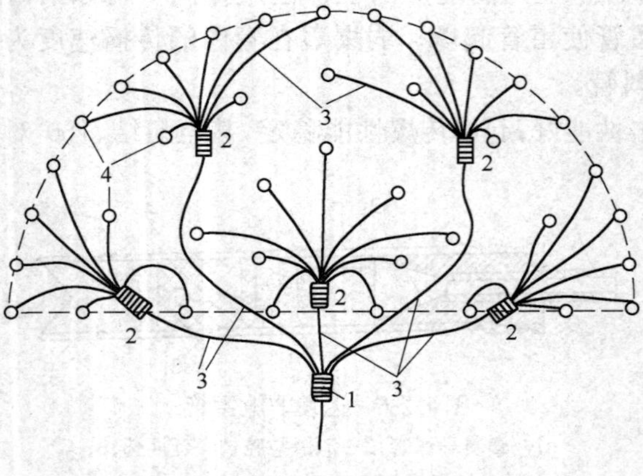

图 7-2-7 导爆管—非电雷管起爆网络之一

1—总集束;2—分支集束;3—导爆管;4—炮眼。

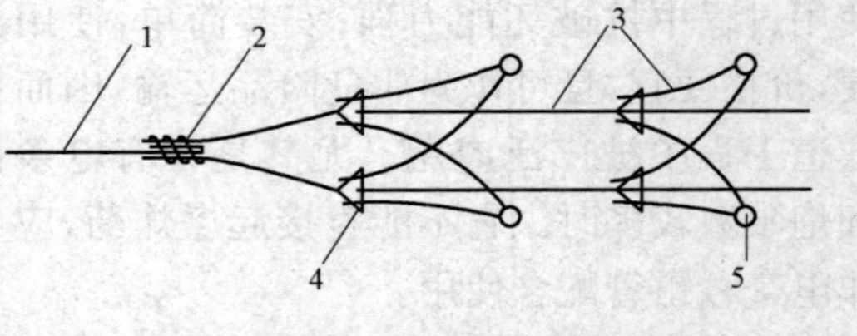

图 7-2-8 导爆管—非电雷管起爆网络之二

1—导爆索;2—8 号雷管及胶布;3—导爆管;4—连接块;5—炮眼。

因导爆索能直接引爆炸药,故在隧道工程中,若采用小直径药卷间隔装药时,常用导爆索将各被动药卷与主动药卷相连接,以使被动药卷均能连续爆炸,从而减少了雷管数量并简化了装药结构,实现减少装药量,达到有控制的弱爆破目的。在装药计算时,应将导爆索的爆力计入炸药用量中。

(2)继爆管是一种专门与导爆索配合使用的,具有毫秒延期作用的起爆器材(图 7-2-9)。

导爆索与继爆管具有抵抗杂散电流和静电引起爆炸危害的能力,装药时可不停电,增加了纯作业时间,所以导爆索—继爆管起爆系统在矿山和其他工程爆破中得到了应用。缺点是成本比毫秒电雷管系统高,且在有瓦斯环境中危险性高,网络中的导爆索不能交叉。

有些资料表明,以上三种起爆系统的费用比为导爆管系统∶电力系统∶导爆索系统＝1∶1.2∶3.0。

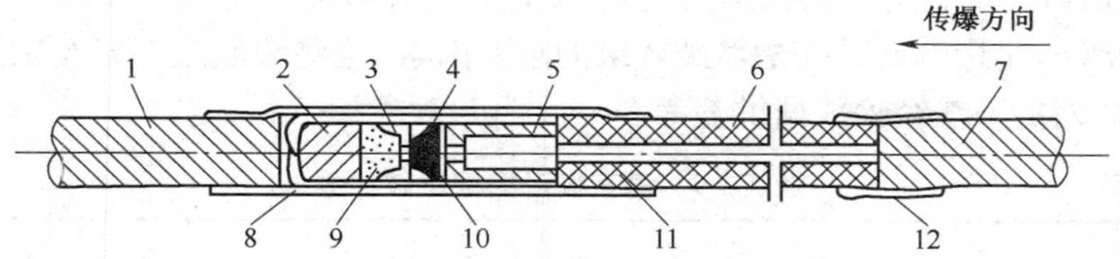

图 7-2-9 导爆索与继爆管

1—导爆索;2—副起爆药;3—加强帽;4—缓冲剂;5—内套管;6—消爆管;7—导爆索;8—雷管壳;9—正起爆药;10—纸垫;11—外套管;12—连接管。

三、隧道爆破设计

岩石隧道开挖前,应根据工程地质条件、开挖断面、开挖方法、掘进循环进尺、钻眼机具和爆破器材等做好钻爆设计,合理地确定炮眼布置、数目、深度和角度、装药量和装药结构、起爆方法、起爆顺序,安排好循环作业等,以正确指导钻爆施工,达到预期的效果。

(一)炮眼的种类和作用

隧道开挖爆破的炮眼数目与隧道断面的大小有关,多在几十至数百范围内。炮眼按其所在位置、爆破作用、布置方式和有关参数的不同可分为如下几种。

1. 掏槽眼

针对隧道开挖爆破只有一个临空面的特点,为提高爆破效果,宜先在开挖断面的适当位置(一般在中央偏下部)布置几个装药量较多的炮眼,如图 7-2-10 中的 1 号炮眼。其作用是先在开挖面上炸出一个槽腔,为后续炮眼的爆破创造新的临空面。

2. 辅助眼

位于掏槽眼与周边眼之间的炮眼称为辅助眼,如图 7-2-10 中的 2 号炮眼。其作用是扩大掏槽眼炸出的槽腔,为周边眼爆破创造临空面。

3. 周边眼

沿隧道周边布置的炮眼称为周边眼。如图 7-2-10 中的 3 号、4 号、5 号炮眼,其作用是炸出较平整的隧道断面轮廓。按其所在位置的不同,又可分为帮眼(3 号眼)、顶眼(4 号眼)、底眼(5 号眼)。

爆破的关键是掏槽眼和周边眼的爆破。掏槽眼为辅助眼和周边眼的爆破创造了有利条件,直接影响循环进尺和掘进效果;周边眼关系到隧道开挖边界的超欠挖和对周围围岩的影响。

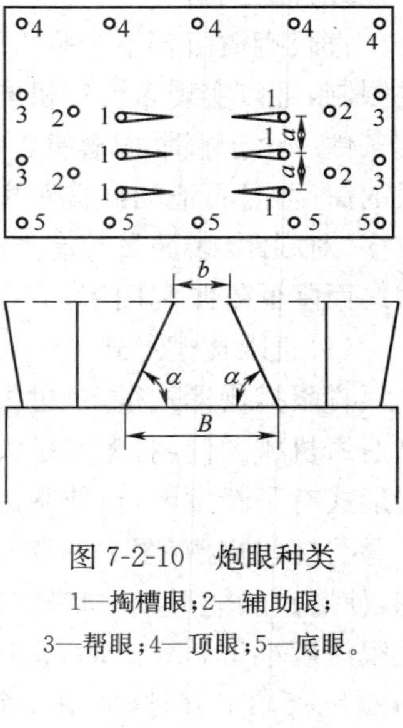

图 7-2-10 炮眼种类

1—掏槽眼;2—辅助眼;3—帮眼;4—顶眼;5—底眼。

(二)掏槽形式和参数

掏槽效果的好坏,直接影响整个隧道爆破的成败。根据掏槽眼与开挖面的关系、掏槽眼的布置方式、掏槽深度以及装药起爆顺序的不同,可将掏槽方式分为如下几类。

1. 斜眼掏槽

斜眼掏槽的特点是掏槽眼与开挖断面斜交,它的种类很多,如锥形掏槽、爬眼掏槽、各种楔形掏槽、单斜式掏槽等。隧道爆破中常用的是垂直楔形掏槽和锥形掏槽。

(1)垂直楔形掏槽。掏槽眼水平成对布置(图 7-2-10),爆破后将炸出楔形槽口。炮眼与开挖面间的夹角 α、上下两对炮眼的间距 a 和同一平面上一对掏槽眼眼底的距离 b，是影响此种掏槽爆破效果的重要因素，这些参数随围岩类别的不同而有所不同。表 7-2-9 列出一些经验数据供参考。

表 7-2-9　垂直楔形掏槽爆破参数

围岩级别	α	斜度比	a(cm)	b(cm)	炮眼数量(个)
Ⅳ级及以上	70°～80°	1∶0.27～1∶0.18	70～80	30	4
Ⅲ级	75°～80°	1∶0.27～1∶0.18	60～70	30	4～6
Ⅱ级	70°～75°	1∶0.37～1∶0.27	50～60	25	6
Ⅰ级	55°～70°	1∶0.47～1∶0.37	30～50	20	6

(2)锥形掏槽。这种炮眼呈角锥形布置，各掏槽眼以相等或近似相等的角度向工作面中心轴线倾斜，眼底趋于集中，但互相并不贯通，爆破后形成锥形槽。根据掏槽炮眼数目的不同分为三角锥、四角锥、五角锥等。图 7-2-11 所示为四角锥形掏槽，它常用于受岩层层理、节理、裂隙影响较大的围岩。其有关参数见表 7-2-10。

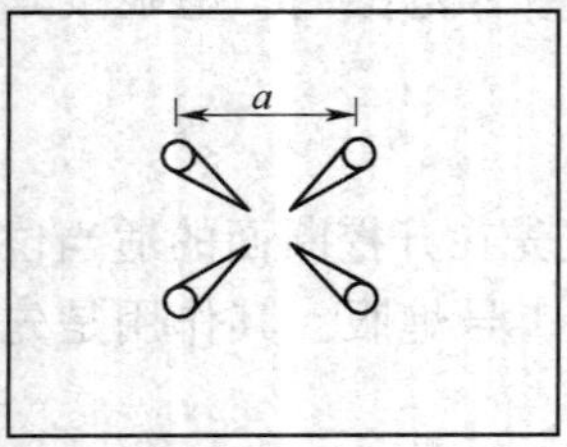

图 7-2-11　四角锥形掏槽

表 7-2-10　锥形掏槽爆破参数

围岩级别	α	a(cm)	炮眼数量(个)
Ⅳ级及以上	70°	100	3
Ⅲ级	68°	90	4
Ⅱ级	65°	80	5
Ⅰ级	60°	70	6

斜眼掏槽具有操作简单、精度要求较直眼掏槽低，能按岩层的实际情况选择掏槽方式和掏槽角度，易把岩石抛出，掏槽眼的数量少且炸药耗量低等优点。但是，炮眼深度易受开挖断面尺寸的限制，不易提高循环进尺，也不便于多台凿岩机同时作业。

2. 直眼掏槽

直眼掏槽由若干个垂直于开挖面的炮眼所组成，掏槽深度不受围岩软硬和开挖断面大小的限制，可以实现多台钻机同时作业、深眼爆破和钻眼机械化，从而为提高掘进速度提供了有利条件。由于直眼掏槽凿岩作业较方便，不需随循环进尺的改变而变化掏槽形式，仅需改变炮眼的深度，且石渣的抛掷距离也可缩短，受到现场欢迎。但直眼掏槽的炮眼数目和单位用药量较多，对眼距、装药量等有严格要求，往往由于设计或施工不当，使槽内的岩石不易抛出或重新固结而降低炮眼利用率。

(1)直眼掏槽形式

直眼掏槽形式很多，过去常用的有龟裂掏槽、五眼梅花掏槽和螺旋掏槽。近年来，由于重型凿岩机械的使用，尤其是大直径(>100 mm)炮孔的液压钻机投入施工以后，直眼掏槽的布置形式有了新发展，目前常用的形式有：

①柱状掏槽(图 7-2-12)。它是充分利用大直径空眼作为临空孔和岩石破碎后的膨胀空间，使爆破后能形成柱状槽口的掏槽爆破。作为临空孔的空眼数目，视炮眼深度而定。一般当孔眼深度小于 3.0 m 时，采用 1 个；当孔眼深度为 3.0～3.5 m 时，采用双临空孔；当孔眼深度为 3.5～5.15 m 时，采用 3 个。试验表明：第一个起爆装药孔离开临空孔的距离应不大于 1.5

倍的临空孔直径。

②螺旋形掏槽。螺旋形掏槽由柱状掏槽发展而来，其特点是中心眼为空眼，邻近空眼的各装药眼至空眼之间的距离逐渐加大，其连线呈螺旋形状，如图 7-2-13 所示。装药眼与空眼之间的距离分别为 $a=(1.0\sim1.5)D$，$b=(1.2\sim2.5)D$，$c=(3.0\sim4.0)D$，$d=(4.0\sim5.0)D$。D 为空眼直径，一般不小于 100 mm，也可用 ϕ60～70 mm 的钻头钻成 8 字形双空。爆破按 1、2、3、4 由近及远顺序起爆，以充分利用自由面，扩大掏槽效果。

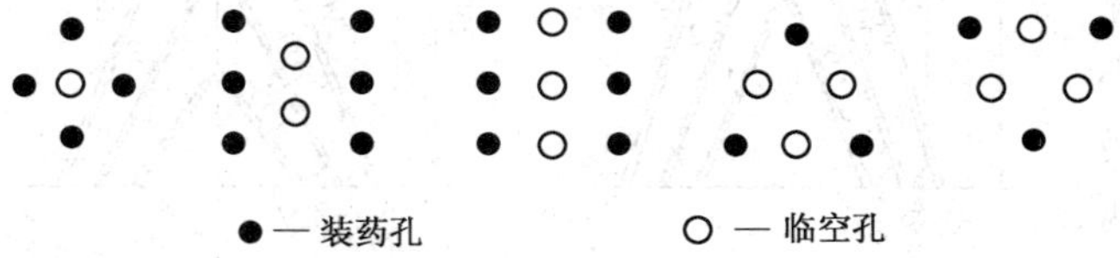

图 7-2-12 柱状掏槽

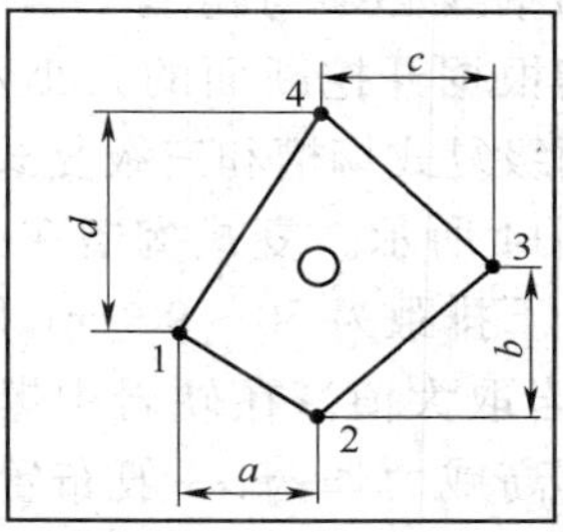

图 7-2-13 螺旋形掏槽

(2)影响直眼掏槽效果的因素

直眼掏槽以空眼作为增加的临空面，利用炸药爆炸的能量将槽内岩石破碎，并借助爆破产生气体的余能将已破碎的岩石从槽腔内抛出。在直眼掏槽中，应注意以下几点：

①眼距。空眼与装药眼之间的距离。当用等直径炮孔时，此距离一般随岩性不同而变动，变动范围为炮眼直径的 2～4 倍；当采用大直径空眼时，眼距不宜超过空眼直径的 2 倍。由于掏槽效果对眼距变化很敏感，往往眼距稍大就会造成掏槽失败或效果降低，而眼距过小不仅钻眼困难，还容易发生槽内岩石被挤实现象。

②空眼。空眼不仅起着自由面和破碎岩石发展的导向作用，同时为槽内岩石破碎提供一个膨胀的空间。所以增加空眼数目能获得良好的效果，一般随眼深加大空眼数也相应增多。

③装药。直眼掏槽一般都是过量装药，装药长度占全眼长的 70%～90%，如果装药长度不够，易发生“挂门帘”和“留门坎”现象。当眼深大于 2.5 m 时，易产生沟槽效应，应采取相应措施防止爆轰中断。

④辅助抛掷。直眼掏槽的关键是把槽内已破碎岩石抛出槽腔，当炮眼较深时仅利用爆炸产生气体的余能抛出岩石是很难达到预计的掏槽效果的，所以当眼深在 2.0 m 以上时，可采用辅助抛掷措施。一般是将空眼加深 100～200 mm，并在眼底放一卷炸药，在掏槽眼全部起爆后接着起爆。

⑤钻眼质量。要保证钻眼的准确性，使各炮眼之间保持等距、平行是极为重要的。如果两眼钻穿，易造成爆生气体过早损失，降低槽内岩石抛出率或使岩石再生。如果距离过大或钻眼偏斜，易发生单个炮眼直径扩大或单个炮眼爆炸，炮眼间的岩石不易崩落。

3. 混合掏槽

混合掏槽是指两种以上掏槽方式的混合使用，一般在岩石特别坚硬或隧道开挖断面较大时使用。

(1)复式掏槽

严格地说，复式掏槽也属于斜眼掏槽，它是在浅眼楔形掏槽的基础上发展起来的。在大断面隧道掘进中，为加大掏槽深度，可采用两层、三层或四层楔形掏槽眼，每对掏槽眼呈完全对称或近似对称,深度由浅到深,与工作面的夹角由小到大。复式掏槽也叫多重楔形掏槽或 V 形掏槽。复式掏槽的爆破角(掏槽眼与工作面的夹角)与掏槽眼深度的相互关系,应使从每个眼底所作的垂线恰好落在开挖断面两壁与开挖面相交的临空面上;最深掏槽眼眼底的垂线也必须落在隧道内,即与已爆出的工作面相交;在每一掏槽眼眼底所作的垂线必须与隧道壁面相交。复式掏槽根据开挖断面的大小及进尺常分为两级复式掏槽和三级复式掏槽,如图 7-2-14 所示。复式掏槽在一般情况下,上、下排距为 50～90 cm,硬岩取小值,软岩取大值。在硬岩中爆破时,最好使用高威力炸药,一般布置上、下两排即可;岩石十分坚硬时,可用三排或四排。炮眼深度小于 2.5 m 时,一般用两级复式掏槽。

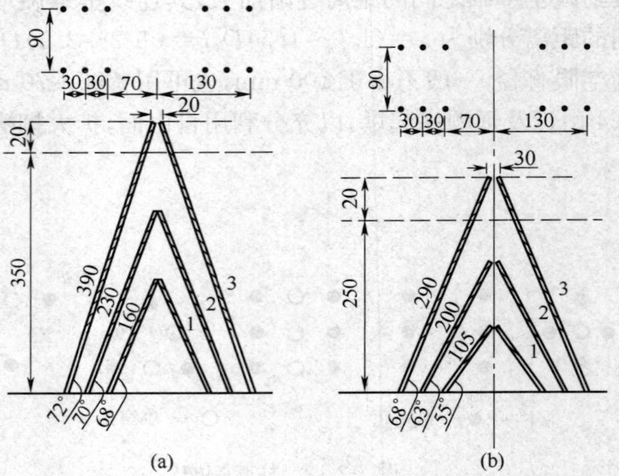

图 7-2-14 三级复式楔形掏槽(单位:cm)

(2)升级掏槽

升级掏槽系采用逐级加深的炮眼布置,按掘进方向平行钻孔,把全部掏槽深度分阶段达到爆破的目的,如图 7-2-15 所示。升级掏槽将常用掏槽方法在爆破技术上的优点和直眼掏槽在钻眼技术上的优点结合起来,因此,其适应能力强,可对各种不同的条件和岩石状况采用不同的方法加以处理,掏进深度可以根据炮眼的级数来确定。实践表明,用这种方法进行爆破是很有成效的。

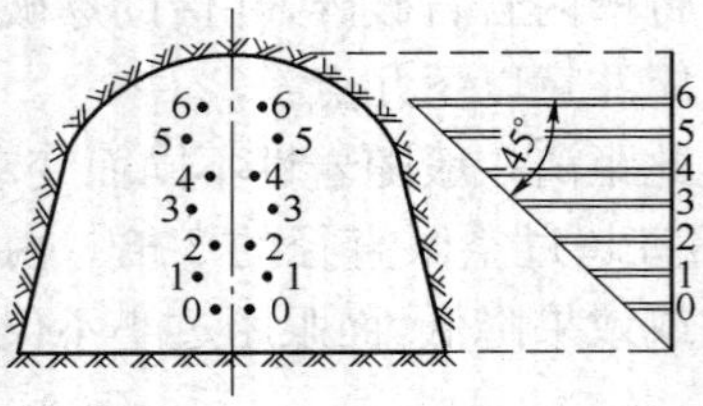

图 7-2-15 升级掏槽

(3)分段掏槽

为克服深眼爆破中装药底部仅产生挤压破碎作用和弱抛掷,可将掏槽炮眼分次起爆,这样有利于槽腔形成,提高掏槽腔的有效深度,便于机械化作业。图 7-2-16 为南昆线米花岭隧道采用的直眼二次掏槽的示意图,炮眼利用率在 90%以上。实践表明,对于斜眼分段掏槽,循环

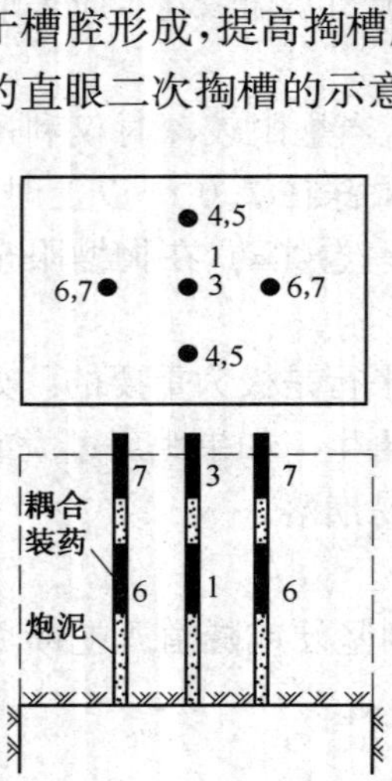

图 7-2-16 直眼二次掏槽

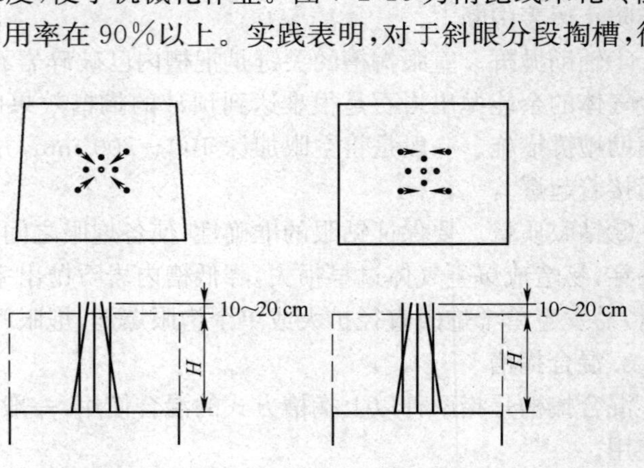

图 7-2-17 混合掏槽

进尺可达隧道开挖宽度的 76%，炮眼利用率可在 95%以上。除此之外，其他混合掏槽还有角锥与直眼、楔形与直眼(图 7-2-17)等形式组合。这些混合掏槽形式一般用在比较坚硬的岩石中。

（三）隧道爆破的参数设计

1. 炮眼直径

炮眼直径对凿岩生产率、炮眼数目、单位耗药量和洞壁的平整程度均有影响。加大炮眼直径以及相应装药量可使炸药能量相对集中，爆炸效果得以改善。但炮眼直径过大将导致凿岩速度显著下降，并影响岩石破碎质量、洞壁平整程度和围岩稳定性。因此，必须根据岩性、凿岩设备和工具、炸药性能等综合分析，合理选用孔径。一般隧道的炮眼直径在 ϕ 32～50 mm 之间，药卷与眼壁之间的间隙一般为炮眼直径的 10%～15%。

2. 炮眼数量

炮眼数量主要与开挖断面、炮眼直径、岩石性质和炸药性能有关，炮眼的多少直接影响凿岩工作量。炮眼数量应能装入设计的炸药量，通常可根据各炮眼平均分配炸药量的原则来计算。其公式为

$$N=\frac{qS}{\alpha\gamma} \tag{7-2-1}$$

式中　N——炮眼数量，不包括未装药的空眼数；

q——单位炸药消耗量，一般取 $q=1.1\sim2.9\ \mathrm{kg/m^3}$，见表 7-2-11，对于大断面隧道，当上台阶断面积大于 40 $\mathrm{m^2}$，在按表 7-2-11 取值时，可适当降低至 1.0～1.3 $\mathrm{kg/m^3}$，下台阶和挖底可按表 7-2-11 多个自由情况选取；

S——开挖断面积($\mathrm{m^2}$)；

α——装药系数，即装药长度与炮眼全长的比值，可参考表 7-2-12；

γ——每 1 m 药卷的炸药质量(kg/m)，2 号岩石铵梯炸药的每米质量见表 7-2-13。

炮眼数量常用的经验数值可参考表 7-2-14。

表 7-2-11　隧道爆破单位耗药量(2 号岩石铵梯炸药)($\mathrm{kg/m^3}$)

开挖部位和开挖面积($\mathrm{m^2}$)		围岩级别			
		Ⅳ～Ⅴ	Ⅲ～Ⅳ	Ⅱ～Ⅲ	Ⅰ
一个自由面	4～6	1.5	1.8	2.3	2.9
	7～9	1.3	1.6	2.0	2.5
	10～12	1.2	1.5	1.8	2.25
	13～15	1.2	1.4	1.7	2.1
	16～20	1.1	1.3	1.6	2.0
	>40	1.0	1.2	1.3	1.4
多个自由面	扩大、下台阶挖底	0.6 0.52	0.74 0.62	0.95 0.79	1.2 1.0

表 7-2-12　装药系数 α 值

炮眼名称	围岩级别			
	Ⅳ、Ⅴ	Ⅲ	Ⅱ	Ⅰ
掏槽眼	0.5～0.55	0.55～0.60	0.60～0.70	0.70～0.80
辅助眼	0.4～0.45	0.45～0.55	0.55～0.60	0.60～0.70
周边眼	0.4～0.45	0.45～0.50	0.50～0.60	0.60～0.75

表 7-2-13　2 号岩石铵梯炸药每米质量 γ 值

药卷直径(mm)	32	35	38	40	44	45	50
γ(kg/m)	0.78	0.96	1.10	1.25	1.52	1.59	1.90

表 7-2-14　炮眼数量参考值

围岩级别	开挖面积(m²)				
	4～6	7～9	10～12	13～15	40～43
软岩(Ⅵ、Ⅴ)	10～13	15～15	17～19	20～24	
次坚岩(Ⅲ、Ⅵ)	11～16	16～20	18～25	23～30	
坚岩(Ⅱ、Ⅲ)	12～18	17～24	21～30	27～35	75～90
特坚岩(Ⅰ)	18～25	28～33	37～42	38～43	80～100

3. 炮眼深度

炮眼深度是指炮眼底至开挖面的垂直距离。合适的炮眼深度有助于提高掘进速度和炮眼利用率。随着凿岩、装渣运输设备的改进,目前普遍存在加长炮眼深度以减少作业循环次数的趋势。炮眼深度一般根据下列因素确定:

(1)围岩的稳定性,避免过大的超欠挖;

(2)凿岩机的允许钻眼长度、操作技术条件和钻眼技术水平;

(3)掘进循环安排,保证充分利用作业时间。

确定炮眼深度的常用方法有以下三种:

(1)采用斜眼掏槽时,炮眼深度受开挖面大小的影响,炮眼过深,周边岩石的挟制作用较大,故炮眼深度不宜过大。一般最大炮眼深度取断面宽度(或高度)的 0.5～0.7 倍,即 $L=(0.5\sim0.7)B$。当围岩条件好时,采用较小值。

(2)利用每一掘进循环的进尺数及实际的炮眼利用率来确定,即

$$L=\frac{l}{\eta} \tag{7-2-2}$$

式中　L——炮眼深度(m);

l——每掘进循环的计划进尺数(m);

η——炮眼利用率,一般要求不低于 0.85。

(3)按每一掘进循环中所占时间确定,即

$$L=\frac{mvt}{N} \tag{7-2-3}$$

式中　m——钻机数量;

v——钻眼速度(m/h);

t——每一掘进循环中钻眼所占的时间(h);

N——炮眼数目。

所确定的炮眼深度还应与装渣运输能力相适应,使每个作业班能完成整数个循环,而且使掘进每 1 m 坑道消耗的时间最少,炮眼利用率最高。目前较多采用的炮眼深度为 1.2～1.8 m,中深孔 2.5～3.5 m,深孔 3.5～5.15 m。

4.装药量的计算及分配

炮眼装药量的多少是影响爆破效果的重要因素。药量不足,会出现炸不开、炮眼利用率低和石渣块度过大等问题;装药量过多,则会破坏围岩稳定,崩坏支撑和机械设备,使抛渣过散,对装渣不利,且增加了洞内有害气体,相应地增加了排烟时间和供风量等。合理的药量应根据所使用的炸药的性能和质量、地质条件、开挖断面尺寸、临空面数目、炮眼直径和深度及爆破的质量要求来确定。目前多采取先用体积公式计算出一个循环的总用药量,然后按各种类型炮眼的爆破特性进行分配,再在爆破实践中加以检验和修正,直到取得良好的爆破效果的方法。计算总用药量 Q 的公式为

$$Q=qV \tag{7-2-4}$$

式中 Q——一个爆破循环的总用药量(kg);

q——爆破每立方米岩石所需炸药的消耗量(kg/m^3),见表 7-2-11;

V——一个循环进尺所爆落的岩石总体积(m^3),其值为

$$V=lS$$

其中 l——计划循环进尺(m),

S——开挖面积(m^2)。

总的炸药量应分配到各个炮孔中去。由于各炮眼的作用及受到岩石挟制情况不同,装药数量亦不同,通常按装药系数 α 进行分配,α 值可参考表 7-2-12 取值。

(四)炮眼的布置

隧道内布置炮眼时,必须保证获得良好的爆破效果,并考虑钻眼的效率。在开挖面上除出现土石互层、围岩类别不同、节理异常等特殊情况外,应按实际需要布置炮眼。炮眼一般按下述原则布置:

(1)先布置掏槽眼,其次是周边眼,最后是辅助眼。掏槽眼一般应布置在开挖面中央偏下部位,其深度应比其他眼深 15~20 cm。为爆出平整的开挖面,除掏槽眼和底部炮眼外,所有掘进眼眼底应落在同一平面上。底部炮眼深度一般与掏槽眼相同。

(2)周边眼应严格按照设计位置布置。断面拐角处应布置炮眼。为满足机械钻眼需要和减少超欠挖,周边眼设计位置应考虑 3%~5%的外插斜率,并应使前后两排炮眼的衔接台阶高度(即锯齿形的齿高)最小。此高度一般要求为 10 cm,最大也不应大于 15 cm。

(3)辅助眼的布置主要是解决炮眼间距和最小抵抗线的问题,这可以由施工经验决定,一般抵抗线 W 约为炮眼间距的 60%~80%,并在整个断面上均匀排列。当采用 2 号岩石铵梯炸药时,W 值一般取 0.6~0.8 m。

(4)当炮眼的深度超过 2.5 m 时,靠近周边眼的内圈辅助眼应与周边眼有相同的倾角。

(5)当岩层层理明显时,炮眼方向应尽量垂直于层理面。如节理发育,炮眼应尽量避开节理,以防卡钻和影响爆破效果。

隧道开挖面的炮眼,在遵守上述原则的基础上,可以有以下几种布置方式:

(1)直线形布眼。将炮眼按垂直方向或水平方向围绕掏槽开口呈直线形逐层排列,如图 7-2-18(a)、(b)所示。这种布眼方式,形式简单且易掌握,同排炮眼的最小抵抗线一致,间距一致,前排眼为后排眼创造临空面,爆破效果较好。

(2)多边形布眼。这种布眼是围绕着掏槽部位由里向外将炮眼逐层布置成正方形、长方形、多边形等,如图 7-2-18(c)所示。

(3)弧形布眼。顺着拱部轮廓线逐圈布置炮眼,如图 7-2-18(d)所示。此外,还可将开挖面

上部布置成弧形,下部布置成直线形,以构成混合型布置。

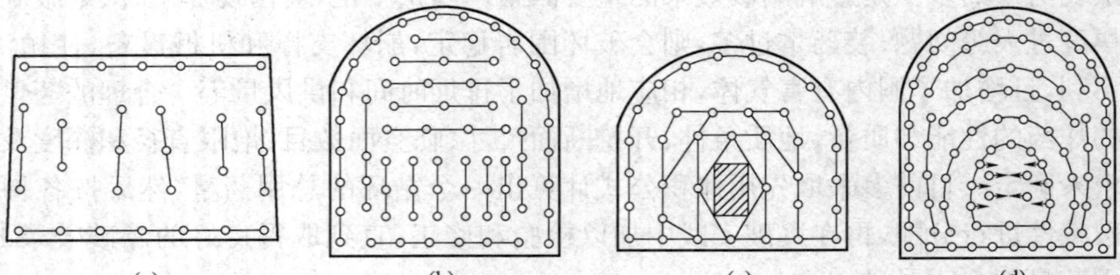

图 7-2-18 隧道炮眼布置方式

(4)圆形布孔。当开挖面为圆形时,炮孔围绕断面中心逐层布置成圆形。这种布孔方式多用在圆形隧道、泄水洞以及圆形竖井的开挖中。

四、周边眼的控制爆破

在隧道爆破施工中,首要的要求是开挖轮廓与尺寸准确,对围岩扰动小。所以,周边眼的爆破效果反映了整个隧道爆破的成洞质量。实践表明,采用普通爆破方法不仅对围岩扰动大,而且难以爆出理想的开挖轮廓,故目前采用控制爆破技术进行爆破。隧道控制爆破是指光面爆破和预裂爆破。

(一)光面爆破

1. 光面爆破的特点与标准

光面爆破是通过正确确定爆破参数和施工方法,在设计断面内的岩体爆破崩落后才爆周边孔,使爆破后的围岩断面轮廓整齐,最大限度地减轻爆破对围岩的扰动和破坏,尽可能地保持原岩的完整性和稳定性的爆破技术。其主要标准为:开挖轮廓成形规则,岩面平整;围岩壁上保存有50%以上的半面炮眼痕迹,无明显的爆破裂缝;超欠挖符合规定要求,围岩壁上无危石等。

光面爆破对围岩扰动小,又尽可能保存了围岩自身原有的承载能力,从而改善了衬砌结构的受力状况;由于围岩壁面平整,减少了应力集中和局部落石现象,增加了施工安全度,减少了超挖和回填量,若与锚喷支护相结合,能节省大量混凝土,降低工程造价,加快施工进度;光面爆破可减轻振动和保护围岩,所以它是在松软及不均质的地质岩体中较为有效的开挖爆破方法。

2. 光面爆破的主要参数

光面爆破的成功与否主要取决于爆破参数的确定。其主要参数包括:周边炮眼的间距、光面爆破层的厚度、周边眼密集系数和装药集中度等。影响光面爆破参数选择的因素很多,主要有岩石的爆破性能、炸药品种、一次爆破的断面大小、断面形状、凿岩设备等,其中影响最大的是地质条件。光面爆破参数的选择,通常采取简单的计算并结合工程类比加以确定,在初步确定后,一般都要在现场爆破实践中加以修正改善。

(1)周边炮眼间距 E

在不耦合装药的前提下,光面爆破应满足炮孔内静压力 F 小于爆破岩体的极限抗压强度,而大于岩体的极限抗拉强度的条件,如图 7-2-19 所示,即

$$[\sigma_p]\cdot E\cdot L\leqslant F\leqslant[\sigma_c]\cdot d\cdot L$$

$$E \leqslant [\sigma_c]/[\sigma_p] \leqslant K_i \cdot d \tag{7-2-5}$$

式中　σ_p——岩体的极限抗拉强度(MPa)；

σ_c——岩体的极限抗压强度(MPa)；

F——炮孔内炸药爆炸静压力合力(N)；

d——炮眼直径(cm)；

L——炮眼深度(cm)；

K_i——孔距系数，$K_i=[\sigma_c]/[\sigma_p]$。

从式(7-2-5)中可以看出，周边炮眼间距与岩体的抗拉、抗压强度以及炮眼直径有关。一般取 $K_i=10\sim18$，即 $E=(10\sim18)d$；当炮眼直径为 32～40 mm 时，$E=320\sim700$ mm。一般情况下，软质或完整的岩石 E 宜取大值，隧道跨度小、坚硬和节理裂隙发育的岩石 E 宜取小值，装药量也需相应减少。还可以在两个炮眼间增加导向空眼，导向眼到装药眼间的距离一般控制在 400 mm 以内。此外，还应注意炸药的品种对 E 值也有影响。

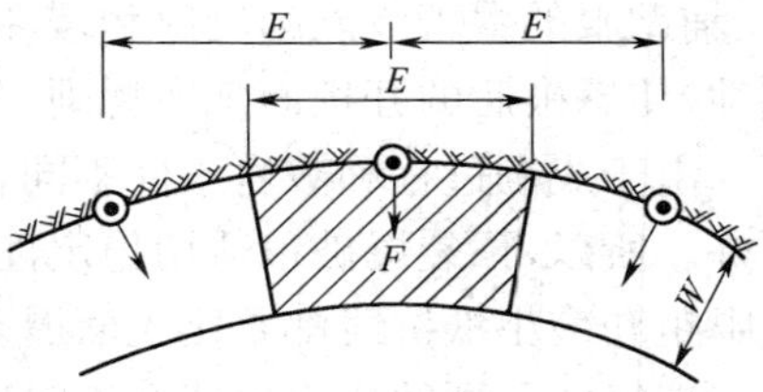

图 7-2-19　光面爆破参数示意

(2)光面层厚度及炮眼密集系数

所谓光面层就是周边眼与最外层辅助眼之间的一圈岩石层。其厚度就是周边眼的最小抵抗线 W(图7-2-19)。周边眼的间距 E 与光面层厚度 W 有着密切关系，通常以周边眼的密集系数 $K(K=E/W)$表示，其大小对光面爆破效果有较大影响。必须使应力波在两相邻炮眼间的传播距离小于应力波至临空面的传播距离，即 $E<W$。实践表明，$K=0.8$ 较为适宜，光面层厚度 W 一般取 50～80 cm。

(3)装药量

周边眼的装药量通常以线装药密度表示。恰当的装药量应是既具有破岩所需的能量，又不造成围岩的过度破坏。施工中应根据孔距、光面层厚度、石质及炸药种类等综合考虑确定装药量。在光面层单独爆落时，周边眼的线装药密度一般为 0.15～0.25 kg/m，全断面一次起爆时，为减少残眼，装药密度需适当增加，一般可达 0.30～0.35 kg/m。

3.隧道光面爆破的技术措施

为了获得良好的光面爆破效果，可采取以下技术措施：

(1)使用低爆速、低猛度、低密度、传爆性能好、爆炸威力大的炸药。

(2)采用不耦合装药结构。光面爆破的不耦合系数最好大于 2，但药卷直径不应小于该炸药的临界直径，以保证稳定传爆。当采用间隔装药时，相邻炮眼所用的药卷位置应错开，以充分利用炸药效能。

(3)严格掌握与周边眼相邻的内圈炮眼的爆破效果，为周边眼爆破创造临空面。周边眼应尽量做到同时起爆。

(4)严格控制装药集中度，必要时可采取间隔装药结构。为克服眼底岩石的挟制作用，通常在眼底需加强装药。

表 7-2-15 给出了光面爆破一般参考数值和国内部分隧道光面爆破设计参数(此表适用于炮眼深度 1.0～3.5 m，炮眼直径 40～50 mm，药卷直径 20～25 mm)。

表 7-2-15 光面爆破一般参考数值

装药集中度(kg/m)	岩石类别	炮眼间距 E(cm)	抵抗线 W(cm)	密集系数 $K=E/W$
0.30～0.35	硬 岩	55～70	60～80	0.7～1.0
0.20～0.30	中硬岩	45～65	60～80	0.7～1.0
0.07～0.12	软 岩	35～50	40～60	0.5～0.8

(二)预裂爆破

预裂爆破是由于先起爆周边眼,在其他炮眼未爆破之前先沿着开挖轮廓线预裂爆破出一条用以反射爆破地震应力波的裂缝而得名的。预裂爆破的目的同光面爆破,只是在炮眼的爆破顺序上,光面爆破是先引爆掏槽眼,再引的爆辅助眼,最后引爆周边眼,而预裂爆破则是首先引爆周边眼,使沿周边眼的连心线炸出平顺的预裂面。由于这个预裂面的存在,对后爆的掏槽眼、辅助眼的爆轰波能起反射和缓冲作用,可以减轻爆轰波对围岩的破坏影响,保持岩体的完整性,使爆破后的开挖面整齐规则。

由于成洞过程和破岩条件不同,在减轻对围岩的扰动程度上,预裂爆破较光面爆破的效果更好。所以,预裂爆破很适用稳定性较差而又要求控制开挖轮廓的软弱围岩,但预裂爆破的周边眼距和最小抵抗线都要比光面爆破小,相应地要增多炮眼数量,钻眼工作量增大。

理想的预裂效果应保证在炮眼连线上产生贯通裂缝,形成光滑的岩壁。但预裂爆破受到只有一个临空面条件的制约,因此,其爆破技术较光面爆破更为复杂。影响预裂爆破效果的因素很多,如钻孔直径、孔距、装药量、岩石的物理力学性质、地质构造、炸药品种、装药结构及施工因素等,而这些因素又是相互影响的。目前,确定预裂爆破主要参数的方法有理论计算法、经验公式计算法和经验类比法三种。就目前的状况来说,对预裂爆破的理论研究还很欠缺,设计计算方法也很不完善,多半须通过经验类比初步确定爆破参数,再由现场试验调整,才能获得满意的结果。表 7-2-16 给出了隧道预裂爆破的参考数值,可供选用。

表 7-2-16 预裂爆破参数

岩石类别	炮眼间距 E(cm)	至内排崩落眼间距(cm)	装药集中度(kg/m)
硬 岩	40～50	40	0.30～0.40
中硬岩	40～45	40	0.2～0.25
软 岩	35～40	35	0.07～0.12

五、钻爆施工

钻爆施工是把钻爆设计付诸实施的重要环节,包括钻孔、装药、堵塞和爆破后可能出现的问题处理等。隧道爆破通常都要求每一循环进尺尽可能大,但在很多情况下,往往会碰到由于过高估计爆破效果而带来的一些困难,因此在施工设计中,不但要了解实际掘进速度的可能性,而且还要研究开挖方法。

(一)钻 眼

目前,在隧道开挖爆破过程中,广泛采用的钻孔设备为凿岩机和钻孔台车。为保证达到良好的爆破效果,施钻前应由专门人员根据设计布孔图现场布设,必须标出掏槽眼和周边眼的位置,严格按照炮眼的设计位置、深度、角度和眼径进行钻眼。如出现偏差,由现场施工技术人员确定其取舍,必要时应废弃重钻。

(二)装　药

在炸药装入炮眼前,应将炮眼内的残渣、积水排除干净,并仔细检查炮眼的位置、深度、角度是否满足设计要求,装药时应严格按照设计的炸药量进行装填。隧道爆破中常采用的装药结构有连续装药、间隔装药及不耦合装药等,连续装药结构按照雷管所在位置不同又可分为正向起爆和反向起爆两种形式,如图 7-2-20 所示。

实践表明,反向起爆有利于克服岩石的挟制作用,能提高炮眼利用率,减小岩石破碎块度,爆破效果较正向起爆为好。但反向起爆较早装入起爆药卷,会影响后续装药质量,在有水情况下,起爆药卷易受潮拒爆,还易损伤起爆引线,机械化装药时易产生静电早爆。

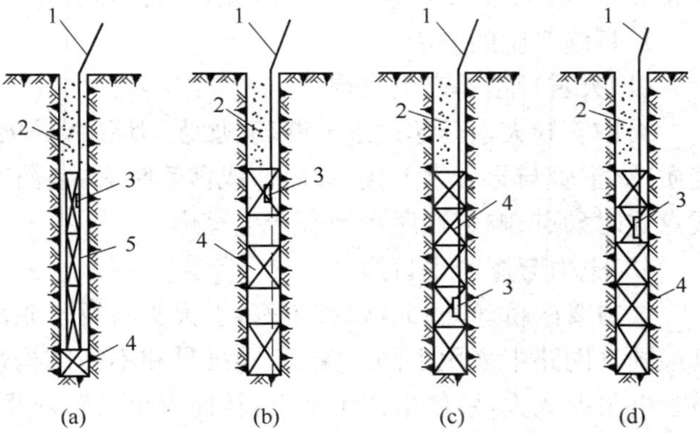

图 7-2-20　装药结构

(a)不耦合装药;(b)间隔装药;(c)反向起爆装药;(d)正向起爆药。
1—引线;2—炮泥;3—雷管;4—药卷;5—小直径药卷。

隧道周边眼一般采用小直径药卷连续装药结构或普通药卷间隔装药结构(图 7-2-20)。当岩石很软时,也可用导爆索装药结构,即用导爆索取代炸药药卷进行装药。眼深小于 2 m 时,也可采用空气柱装药结构。

(三)堵塞及起爆

隧道内所用的炮眼堵塞材料一般为砂子和黏土混合物,其比例大致为砂子 50%～40%,黏土 50%～60%,堵塞长度视炮眼直径而定。当炮眼直径为 ϕ25 mm 和 ϕ50 mm 时,堵塞长度不能小于 18 cm 和 45 cm。堵塞长度也和最小抵抗线有关,通常不能小于最小抵抗线。堵塞可采用分层捣实法进行。起爆网络是隧道爆破成败的关键,它直接影响爆破效果和爆破质量,起爆网络必须保证每个药卷按设计的起爆顺序和起爆时间起爆。目前,在无瓦斯与煤尘爆炸危险的隧道中进行爆破开挖多采用导爆管起爆系统起爆。

(四)起爆顺序及时差

(1)除预裂爆破的周边眼是最先起爆外,在一个开挖断面上,起爆顺序是由内向外逐层起爆。这个起爆顺序可以用迟发雷管的不同延期时间(段别)来实现。

(2)试验和研究表明,各层(卷)炮之间的起爆时差越小,则爆破效果越好。常采用的时差为 40～200 ms,称为微差爆破。

(3)内圈炮眼先起爆,外圈炮眼后起爆,这个顺序不能颠倒,否则爆破效果大受影响,甚至完全失败。为了保证内外圈先后起爆顺序,实际使用中,常跳段选用毫秒雷管。但应注意,在深孔爆破时,要将掏槽炮与辅助炮之间的时差稍加大,以保证掏槽炮在此时差内将石渣抛出槽口,防止槽口淤塞,为后爆辅助炮提供有效的临空面。

(4)同圈眼必须同时起爆,尤其是掏槽眼和周边眼,以保证同圈眼的共同作用效果。

(5)延期时间可以由孔内控制或孔外控制。孔内控制是将迟发雷管装入孔内的药卷中来实现微差爆破。这是常用的方法,但装药要求严格,一旦差错就影响爆破效果。孔外控制是将迟发雷管装在孔外,在孔内药卷中装入即发雷管实现微差爆破。这样便于装药后进行系统检查(段数)。但先爆雷管可能会炸断其他管线，造成瞎炮，影响爆破效果。由于毫秒雷管段数较多和延期时间精度提高，现多采用孔内控制微差爆破，而较少采用孔外控制，如图 7-2-7、图 7-2-8所示。此外，若一次爆破孔眼数量较多，雷管段数不够用时，可采用孔内、孔外混合及串联、并联混合网络。

(五)盲炮的预防和处理

放炮时，炮眼内预期发生爆炸的炸药因故未发生爆炸的现象称为盲炮，俗称瞎炮。炸药、雷管或其他火工品不能被引爆的现象称为拒爆。

1.盲炮产生的原因

(1)火雷管拒爆产生盲炮

火雷管导火索药芯过细或断药、加强帽堵塞，导火索和火雷管在运输、储存或使用中受潮变质，火雷管与导火索连接不好，造成雷管瞎火；装药充填时不慎，使导火索受损或与雷管拉脱或点炮时漏点、响炮顺序不当等产生盲炮。

(2)电力起爆产生盲炮

电雷管的桥丝与脚线焊接不好，引火头与桥丝脱离，延期导火索未引燃起爆药等；雷管受潮或同一网路中采用不同厂家、不同批号和不同结构性能的雷管，或者网路电阻配置不平衡，雷管电阻差太大，致使电流不平衡，从而每个雷管获得的电能有较大的差别，获得足够起爆电能的雷管首先起爆而炸断电路，造成其他雷管不能起爆；电爆网路短路、断路、漏接、接地或连接错误；起爆电源起爆能力不足，通过雷管的电流小于准爆电流；在水孔中，特别是溶有铵梯类炸药的水中，线路接头绝缘不良造成电流分流或短路。

(3)导爆索起爆产生盲炮

导爆索因质量问题或受潮变质，起爆能力不足；导爆索药芯渗入油类物质；导爆索连接时搭接长度不够，传爆方向接反，连成锐角，或敷设中使导爆索受损；延期起爆时，先爆的药爆炸断起爆网路。

(4)导爆管起爆系统拒爆产生盲炮

导爆管内药中有杂质，断药长度较大(断药 15 cm 以上)；导爆管与传爆管或毫秒雷管连接处卡口不严，有异物(如水、泥沙、岩屑)进入导爆管；导爆管管壁破裂、管径拉细；导爆管过分打结、对折；采用雷管或导爆索起爆导爆管时捆扎不牢，四通连接件内有水，防护覆盖的网路被破坏，或雷管聚能穴朝着导爆管的传爆方向，以及导爆管横跨传爆管等；延期起爆时首段爆破产生的振动飞石使延期传爆的部分网路损坏。

2.盲炮的预防

(1)爆破器材要妥善保管，严格检查，禁止使用技术性能不符合要求的爆破器材。

(2)同一串联支路上使用的电雷管，其电阻差不应大于 0.8 Ω，重要工程不超过 0.3 Ω。

(3)不同燃速的导火索应分批使用。

(4)提高爆破设计质量。设计内容包括炮孔布置、起爆方式、延期时间、网路敷设、起爆电流、网路检查等。对于重要爆破，必要时须进行网路模拟试验。

(5)改善爆破操作技术，保证施工质量。火雷管起爆要保证导火索与雷管紧密连接，雷管与药包不能脱离；电力起爆要防止漏接、错接和折断脚线，网路接地电阻不得小于 0.1 MΩ，并要经常检查开关和线路接头是否处于良好状态。

(6)在有水的工作面或水下爆破时，应采取可靠的防水措施，避免爆破器材受潮。

3. 盲炮的处理

(1)浅眼爆破盲炮处理

①经检查确认炮孔的起爆线路完好时，可重新起爆。

②打平行眼装药爆破。平行眼距盲炮孔口不得小于 0.3 m。为确定平行眼的方向，允许从盲炮口取出长度小于 20 cm 的填塞物。

③用木制、竹制或其他不发生火星的材料制成的工具，轻轻地将炮眼内大部分填塞物掏出，用聚能药包诱爆。

④在安全距离外用远距离操纵的风水管吹出盲炮填塞物及炸药，但必须采取措施，回收雷管。

⑤盲炮应在当班处理。当班不能处理或未处理完毕，应将盲炮情况(盲炮数量、炮眼方向、装药数量和起爆药包位置、处理方法和处理意见)在现场交接清楚，由下一班继续处理。

(2)深孔爆破盲炮处理

①爆破网路未受破坏且最小抵抗线无变化者，可重新连线起爆；最小抵抗线有变化者，应验算安全距离，并加大警戒范围后连线起爆。

②在距盲炮口不小于 10 倍炮孔直径处另打平行孔装药起爆。爆破参数由爆破工作领导人确定。

③所用炸药为非抗水硝铵类炸药且孔壁完好者，可取出部分填塞物，向孔内灌水使之失效，然后进一步处理。

(六)超欠挖问题

1. 隧道允许超欠挖值

隧道的允许超欠挖值应符合表 7-2-17 的规定。

隧道不应欠挖，当围岩完整、石质坚硬时，允许围岩个别突出部分(每 1 m^2 不大于 0.1 m^2)侵入衬砌。对整体式衬砌，侵入值应小于 1/3，并小于 10 cm；对喷锚衬砌不应大于 5 cm；拱脚和墙脚以上 1 m 范围内严禁欠挖。

表 7-2-17　隧道允许超欠挖值(cm)

开挖部位	围岩级别		
	Ⅰ	Ⅱ～Ⅳ	Ⅴ～Ⅵ
拱　部	平均 10	平均 15	平均 10
	最大 20	最大 25	最大 15
边墙、仰拱、隧底	平均 10	平均 10	平均 10

2. 超欠挖的原因

(1)地质条件：岩性(主要包括岩石物理、力学特性等)、岩石结构(主要包括岩石成因演变过程特性，如节理裂隙等)。如果隧道方向垂直于岩层走向，则破裂是整体的，超挖一般较少；但当平行岩层走向时，则超挖较多。如遇软弱围岩或完整性差的地质情况，更易产生超挖。

(2)钻孔设备：大型钻机钻臂外插角构造及设备自动化程度。凿岩台车外插角大和钻孔深必然超挖量大，凿岩设备自动化程度低也会影响凿岩定位及钻进深度，从而产生向外或向上的超挖偏差。

(3)炸药品种及装药结构：炸药与岩石声抗阻不相匹配(即炸药猛度过大对炮孔壁产生过量破坏)，装药结构(或线装药密度)不合理也常常会造成对炮孔壁底局部或整体超爆破坏。

(4)爆破设计不当:周边眼布置及周边眼间距设计不当。

(5)施工操作:不放轮廓线、不准确放轮廓线、错误布置轮廓线和钻孔位置;施钻人员技术不精,钻孔定位或钻进角度偏差控制不好,少打眼以及试图争取缩短钻眼时间,擅自减少钻孔深度,采用过多装药量;手持风钻施钻时工作平台高度不够从而使钻孔向上偏斜过大等。

3. 防止或减少超欠挖的措施

针对上述产生超欠挖的原因,实际中可采取以下技术和管理措施。

(1)优化每循环进尺,尽可能将钻孔深度设计在 4 m 以内。

(2)选择与岩石声阻抗相匹配的炸药品种。

(3)利用空孔导向,或在有条件时采用异型钻头钻凿有翼形缺口的炮孔。

(4)利用装药不耦合系数或相应的间隔装药方式。

(5)提高施工人员素质,加强岗位责任制。

(七)隧道爆破质量检验标准

隧道爆破质量直接影响隧道施工的安全、掘进速度以及经济效益。爆破时,围岩的破坏范围过大,将威胁到施工安全;石渣块度过大,将会影响装运速度;眼底不平,炮眼利用率不高,会影响掘进速度;光爆效果不好,超挖过大,则是造成经济效益不好的直接原因。根据长期总结的经验,并考虑到隧道施工的现状,一般采用表 7-2-18 所示的质量检验标准。

表 7-2-18 隧道爆破质量检验标准

岩 性	软 弱	中 硬	硬
围岩扰动深度(m)	1	0.8	0.5
平均线性超挖(cm)	15	15	10
最大线性超挖(cm)	25	25	20
两炮衔接台阶最大尺寸(cm)	15	15	15
局部欠挖(cm)	5	5	5
炮眼残痕率	≥50%	≥70%	≥80%
炮眼利用率	100%	95%	90%
岩 壁	爆后围岩稳定,无剥落现象		
石渣块度	大块一般不宜超过 30 cm,大型装渣机允许 50～60 cm,最大为 100 cm,渣堆集中,最大抛距 20 m,双线隧道深眼爆破时为 30 m		

六、隧道爆破设计实例

某海底隧道的服务隧道处于花岗岩地层,无地下水,属Ⅱ级围岩,隧道为马蹄形断面,断面积 26 m^2,月掘进计划为 180 m,每月施工 28 d,采用三班三循环作业,炮眼利用率为 0.9,采用 2 号岩石铵梯炸药,药卷直径 ϕ32 mm。钻爆设计如下:

(1)根据隧道的地质情况决定采用三级复式换槽。

(2)计算导坑炮眼数 N:

$$N=\frac{qS}{\alpha\gamma}$$

式中,开挖面积 $S=26\ m^2$,单位耗药量 $q=1.4\ kg/m^3$(根据开挖面面积及围岩级别查表 7-2-11,并根据工程实践经验),$\alpha=0.55$(查表 7-2-12,并根据工程实践经验),$\gamma=0.78$(根据药卷直径

ϕ32 mm查表 7-2-13)，则

$$N=\frac{1.4\times 26}{0.55\times 0.78}\approx 84\ 个$$

(3)根据采用的垂直楔形掏槽及Ⅱ级围岩由表 7-2-9 中查得：最外层掏槽炮眼与开挖面间的夹角 $\alpha=70°$，向内依次 65°、58°，上、下两排掏槽眼间的距离 $a=50$ cm，同一平面上两炮眼眼底的距离 $b=25$ cm。

(4)计算每一循环炮眼深度：

$$l=180/(28\times 3\times 0.9)=2.38\ \text{m}$$

实施施工中取 2.50 m。

每一循环进尺为 2.5×0.9=2.25 m；

故掏槽眼及底眼深度 $l_{掏、底}=2.5\ \text{m}+0.10\ \text{m}=2.60\ \text{m}$；

辅助眼、帮眼、顶眼深度 $l_{辅、帮、顶}=2.50$ m。

(5)计算各种炮眼的长度 L 及同一平面上两掏槽炮眼眼口间的距离 B(图 7-2-21)：

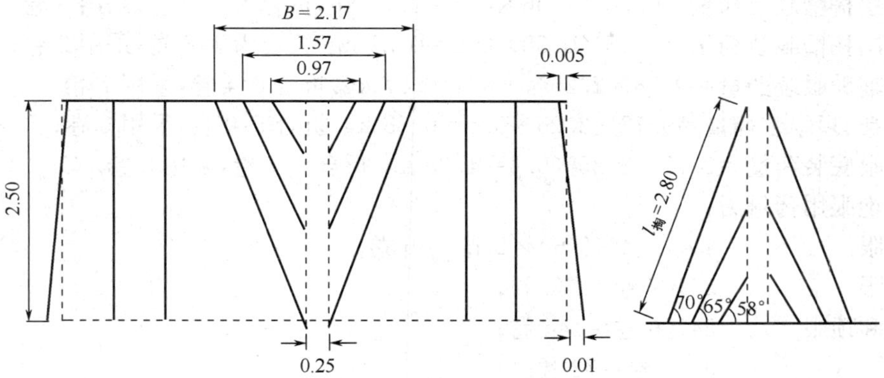

图 7-2-21　炮眼示意图(单位：m)

最长掏槽炮眼长度：$l_{掏}=\frac{l}{\sin\alpha}=\frac{2.60}{\sin 70°}=\frac{2.60}{0.94}=2.76\approx 2.80$ m

向内依次是 1.56 m、0.58m，最外层掏槽炮眼眼口的距离 B 为：

$$B=2c+b=2\times 2.80\times\cos 70°+0.25=2.17\ \text{m}$$

向内依次为 1.57 m、0.97 m。

辅助炮眼长度：因辅助炮眼垂直于开挖面，故 $l_{辅}=2.50$ m。

为钻眼方便，根据围岩情况，各周边眼眼口均距开挖轮廓线 5 cm，其眼底超出开挖轮廓线 10 cm。

帮眼和顶眼长度：

$$L_{帮、顶}=\sqrt{2.50^2+(0.05+0.1)^2}=2.50\ \text{m}$$

底眼长度：

$$L_{底}=\sqrt{2.60^2+(0.05+0.1)^2}=2.60\ \text{m}$$

(6)炮眼布置，见图 7-2-22。

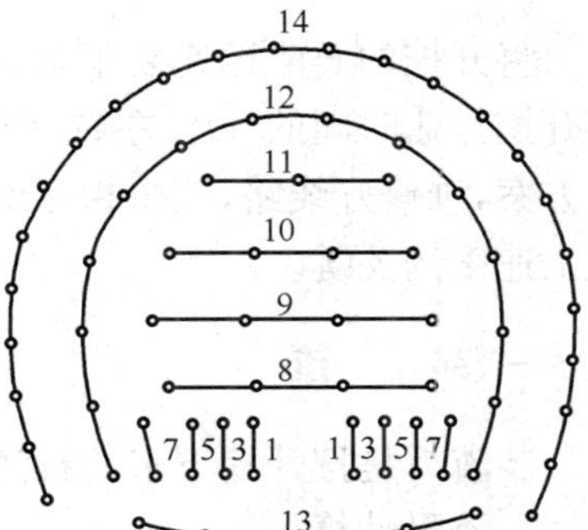

图 7-2-22　炮孔布置图

(7)每一循环装药量 Q 的计算及炮眼装药量的分配。

根据炸药供应及围岩情况，使用 2 号岩石铵梯炸药，其药卷直径为 32 mm，长度为 200 mm，每卷药卷为 0.15 kg。因

$$q=1.4\ \text{kg/m}^3$$

$$V=26\times2.25=58.5\ \text{m}^3$$

故

$$Q=qV=1.4\times58.5=81.9\ \text{kg}$$

各个炮眼的装药量(折合卷数)分配如下：81.9/0.15=546 卷。

因为前面采用 $\alpha=0.55$，根据表 7-2-12，设各种炮眼的装药系数：掏槽眼为 0.6，辅助眼为 0.55，帮、顶眼为 0.50，底眼为 0.6，则

$$12\times0.6+39\times0.55+24\times0.5+9\times0.6=(12+39+24+9)\alpha$$

计算得

$$\alpha=0.548$$

与预先计算值 0.55 较为接近，故可取，按上列装填系数进行分配是可以的。实际每个炮孔装药量如下：

最外层掏槽眼装药量=0.78×2.25×0.6=1.05 kg，折合为 7.1 卷，采用 7 卷；

中间层掏槽眼装药量=0.78×1.56×0.6=0.73 kg，折合为 4.9 卷，采用 5 卷；

最内层掏槽眼装药量=0.78×0.58×0.6=0.27 kg，折合为 1.8 卷，采用 2 卷；

每个辅助眼装药量=0.78×2.25×0.55=0.97 kg，折合 6.4 卷，采用 7 卷；

每个帮、顶眼装药量=0.78×2.25×0.5=0.88 kg，折合 5.9 卷，采用 6 卷；

每个眼底装药量=0.78×2.25×0.6=1.05 kg，折合 7.1 卷，采用 8 卷。

各种炮眼用药量为：

掏槽眼　　4×7+4×5+4×2 卷=56 卷；

辅助眼　　39×7 卷=273 卷；

帮眼和顶眼　　24×6 卷=144 卷；

底眼　　9×8 卷=72 卷。

总共合计 545 卷。与计算值 546 卷较为接近，故认为合理。

(8)根据爆破器材情况，采用毫秒延期电雷管起爆网络。

起爆顺序按炮眼布置图的图标顺序起爆，共分 12 段，采用毫秒延期电雷管起爆。雷管段别如图 7-2-22 所示。采用连续装药结构，反向起爆方式。

第三节　装渣与运输

将开挖的石渣迅速装车运出洞外，是提高隧道掘进速度的重要环节。该项作业往往占全部开挖作业时间的 50%左右，控制着隧道的施工速度。因此，正确选择并准备足够的装渣运输方案，维修好线路，减少相互干扰，提高装渣效率是加快隧道施工速度，尤其是加快长大隧道施工速度的关键。

一、装　渣

装渣就是把开挖下来的石渣装入运输车辆。

1. 渣量计算

出渣量应为开挖后的虚渣体积，可按下式计算：

$$Z=R\cdot\Delta\cdot L\cdot S \tag{7-3-1}$$

式中　Z——单循环爆破后石渣量；

R——岩体松胀系数，见表7-3-1；

Δ——超挖系数，视爆破质量而定，一般可取1.05～1.15；

L——设计循环进尺；

S——开挖断面面积。

表7-3-1　岩体松胀系数R值

岩体级别	Ⅵ		Ⅴ		Ⅳ	Ⅲ	Ⅱ	Ⅰ
土石名称	砂砾	黏性土	砂夹卵石	硬黏土	石质	石质	石质	石质
松胀系数	1.15	1.25	1.30	1.35	1.6	1.7	1.8	1.85

2.装渣方式

装渣的方式可采用人力装渣或机械装渣。人力装渣劳动强度大、速度慢，仅在短隧道缺乏机械或断面小无法使用机械装渣时才考虑采用。机械装渣速度快，可缩短作业时间，目前隧道施工中经常采用，但仍需配少数人工辅助。

3.装渣机械

隧道用的装渣机又称装岩机，要求外形尺寸小，坚固耐用，操作方便和生产效率高。装渣机械的类型很多，按其扒渣机构形式可分为：铲斗式、蟹爪式、立爪式、挖斗式。铲斗式装渣机为间歇性非连续装渣机，有翻斗后卸、前卸和侧卸式三个卸渣方式。蟹爪式、立爪式和挖斗式装渣机是连续装渣机，均配备刮板（或链板）转载后卸机构。

装渣机的走行方式有轨道走行和轮胎走行两种。也有配备履带走行和轨道走行两种走行机构的。轨道走行式装渣机须铺设走行轨道，因此其工作范围受到限制。但有些轨道走行式装渣机的装渣机构能转动一定角度，以增加其工作宽度。必要时，可采用增铺轨道来满足更大的工作宽度要求。轮胎走行式装渣机移动灵活，工作范围不受限制。但在有水土质围岩的隧道中，有可能出现打滑和下陷。

装渣机械扒渣方式的不同，走行方式不同，装备功率不同，则其工作能力各不相同。装渣机的选择应充分考虑围岩及坑道条件、工作宽度及其与运输车辆的匹配和组织，以充分发挥各自的工作效能，缩短装渣的时间。

隧道施工中较为常用的装渣机有以下几种：

（1）翻斗式装渣机又称铲斗后卸式装渣机，有风动和电动之分。它是利用机体前方的铲斗铲起石渣，然后后退并将铲斗后翻，经机体上方将石渣投入机后的运输车内，如图7-3-1所示。

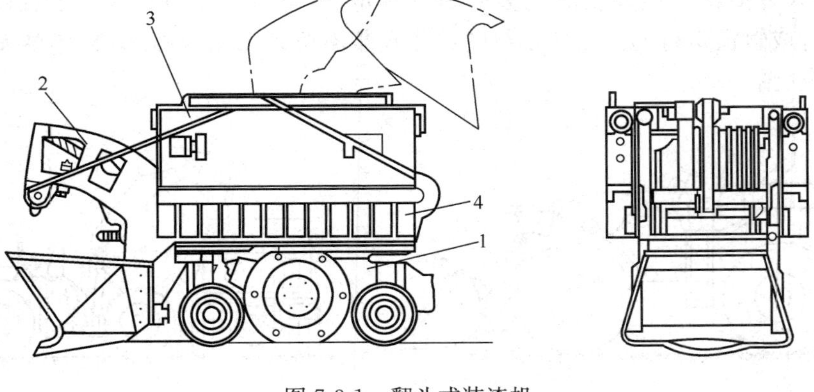

图7-3-1　翻斗式装渣机

1—行走部分；2—铲斗；3—操纵箱；4—回转部分。

该机具有构造简单,操作方便的特点,但工作宽度一般只有 1.7～3.5 m,工作长度较短,须将轨道延伸至渣堆,且一进一退间歇装渣,工作效率低,其斗容量小,工作能力较低,一般只有 30～120 m^3/h(技术生产率),主要应用于小断面或规模较小的隧道中。

(2)蟹爪式装渣机。这种装渣机多采用履带走行,电力驱动。它是一种连续装渣机,其前方倾斜的受料盘上装有一对由曲轴带动的扒渣蟹爪。装渣时,受料盘插入岩堆,同时两个蟹爪交替将岩渣扒入受料盘,并由刮板输送机将岩渣装入机后的运输车内(图 7-3-2)。

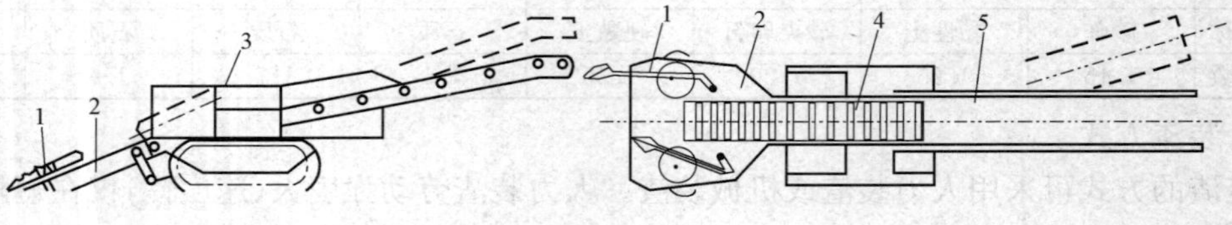

图 7-3-2 蟹爪式装渣机

1—蟹爪;2—受料机;3—机身;4—链板输送机;5—带式输送机。

因受蟹爪扒渣限制,岩渣块度较大时,其工作效率降低,故主要用于块度较小的岩渣及土的装渣作业。工作能力一般在 60～80 m^3/h 之间。

(3)立爪式装渣机。这种装渣机多采用轨道走行,也有采用轮胎走行或履带走行的。以采用电力驱动、液压控制得较好。装渣机前方装有一对扒渣立爪,可以将前方或左右两侧的石渣扒入受料盘,其他同蟹爪式装渣机。立爪扒渣的性能较蟹爪式的好,对岩渣的块度大小适应性强,轨道走行时,其工作宽度可达到 3.8 m,工作长度可达到轨端前方 3.0 m,工作能力一般在 120～180 m^3/h 之间。

(4)挖掘式装渣机。这种装渣机(如 ITC312H4 型)是近几年发展起来的较为先进的隧道装渣机。其扒渣机构为自由臂式挖掘反铲,其他同蟹爪式装渣机,并采用电力驱动和全液压控制系统,配备有轨道走行和履带走行两套走行机构。立定时,工作宽度可达 3.5 m,工作长度可达轨道前方 7.11 m,且可以下挖 2.8 m 和兼作高 8.34 m 范围内的清理工作面及找顶工作,生产能力为 250 m^3/h,如图 7-3-3 所示。

图 7-3-3 挖掘式装渣机

(5)铲斗式装渣机。这种装渣机多采用轮胎走行,也有采用履带走行或轨道走行的。轮胎走行的铲斗式装渣机多采用铰接车身、燃油发动机驱动和液压控制系统(图 7-3-4)。

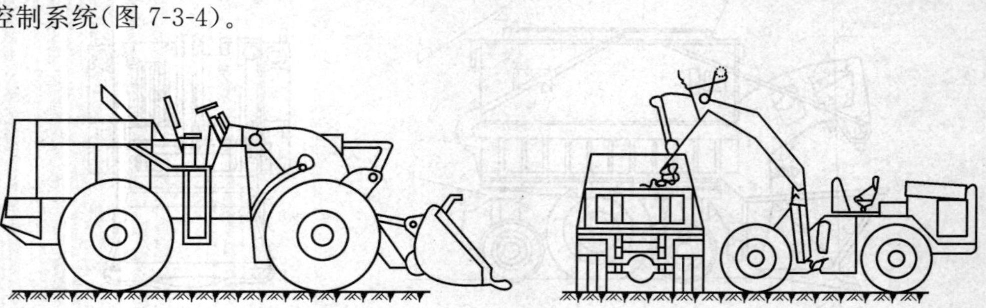

图 7-3-4 轮胎走行铲斗式装渣机

轮胎走行铲斗式装渣机转弯半径小，移动灵活；铲取力强，铲斗容量大，达 0.76～3.8 m^3，工作能力强；可侧卸也可前卸，卸渣准确，但燃油废气会污染洞内空气，须配备净化器或加强隧道通风，常用于较大断面的隧道装渣作业。

轨道走行及履带走行的铲斗式装渣机，多采用电力驱动。轨道走行装渣机一般只适用于断面较小的隧道中，履带走行的大型电铲则适用于特大断面的隧道中。

二、运　输

隧道施工的洞内运输（出渣和进料）分为有轨运输和无轨运输。有轨运输铺设轻轨线路，用轨道式运输车出渣，小型机车牵引，适用于各种隧道开挖方法，尤其适用于较长的隧道运输（2 km 以上），是一种适应性较强和较为经济的运输方式。

无轨运输是采用各种无轨运输车出渣。其特点是机动灵活，不需要铺设轨道，能适应弃渣场离洞口较远和道路坡度较大的场合。缺点是由于多采用内燃驱动，在洞中排除废气，污染洞内空气，故一般适用于大断面开挖和短中等长度的隧道中，并应注意加强通风。

（一）有轨运输

有轨运输基本上不排放有害气体（电瓶式机车不排放有害气体，内燃机因行车密度小排放有害气体少），对空气污染较轻；占用空间小而且固定等。不足之处在于轨道铺设较复杂，维修工作量大；调车作业复杂；开挖面延伸轨道影响正常装渣作业等。

1. 出渣车辆

有轨运输较普遍采用的出渣车辆有斗车、梭式矿车和槽式矿车等。

斗车是最简单的出渣工具。断面形状多为 V 形和 U 形，容积一般为 0.5～1.1 m^3。小型斗车具有轻便、灵活、周转方便等特点，但单个斗车调车需占用较多的作业时间。为此，近年来现场已研制出大容积如 6 m^3 乃至 30 m^3 的大斗车，用压气装置卸渣或翻渣机卸渣。

梭式矿车由前后车体组成车厢，底部安装刮板式运输机，其外形如梭而得名。使用时，将车停在适宜位置，从一端装（卸）渣，适时开动刮动板运输机，即可将石渣装满或卸净。它可以单车运输，也可组成列车运输。梭式矿车是一种新型的高效率出渣运输设备，由机车牵引，一般与凿岩台车、高效率装渣机等配套使用组成机械化作业线。

槽式列车是由一个接渣车、若干个仅有两侧侧板而没有前后挡板的斗车单元和一个卸渣车串联组成的长槽形列车，在其底板处安装有贯通整个列车的链板式输送带。使用时由装渣机向接渣车内装渣，装满接渣车后，开动链板传送带使石渣在列车内移动一个车位，如此反复装移石渣，即可装满整个列车。卸渣时采取类似的操作，由卸渣车将石渣卸去。

2. 牵引机车与道路

常用的牵引机车分电动和内燃两类。

隧道施工中较为常用的电动牵引车为蓄电池电机车俗称电瓶车。它具有体积小，占用空间小，不排放有害气体，不需要架设供电线路，使用较安全等特点，但也存在需要有专门的充电设备，充电工作比较麻烦，牵引力有限等不足。故在长大隧道施工中有时采用接触式或接触—蓄电池混合供电式电动机车牵引，即在成洞地段采用接触式供电，非成洞地段用蓄电池供电。这种方式可以延长蓄电池使用时间，但接触供电线路的架设和维修工作量大，且容易发生触电事故。

内燃机车具有较大的牵引动力，配合大型斗车可以加快出渣速度。

隧道内用于机车牵引的道路，宜采用 38 kg/m 或 38 kg/m 以上的钢轨，轨距一般为 600 mm、750 mm 或 900 mm。洞内轨道纵坡相同，洞外可不同，但最大不超过 2%。最小曲线半径，在洞内不小于 7 倍机车车辆轴距,洞外一般不小于 10 倍轴距。曲线轨道应有适当的加宽和外轨超高值。

3. 调车设备和轨道延伸

在装渣时,为了减少调车占用的时间,应尽量缩短调车距离和采用适宜的调车设备。较常用的调车设备有简易道岔、平移调车器、水平移车器和浮放道岔等。

简易道岔由一根能活动的长度为 2.5～4.0 m 的尖轨和一个岔心组成。它具有构造简单、铺设容易、使用方便等特点,但因无附带曲线,机车车辆容易掉道,故一般只适用于人推斗车而不能通过牵引机车。

平移调车器由底架、车轮和车架三个主要部分组成,种类很多。具有轻便、调车快、易拆移等优点。适用于双道(或单道设旁洞错车道)调车。

水平移车器由导轮轨、导轮、导链或气动水平移车装置组成。它是一种从上方将斗车提起离开钢轨,再水平横移至另一股道上的调车装置。移车速度快,但也易出故障。

浮放道岔是浮放在运输轨道上的调车设备,可用机车或装渣机牵引移位。它可以浮放在靠近开挖面的轨道上,供装渣时调车用,也可以浮放在区间轨道上,作调车渡线使用。根据不同的调车作业需要,尚可分为浮放渡线、浮放调车盘、菱形浮放道岔等。

轨道延伸是指轨道开挖面附近不足一节钢轨长度部分和掘进进尺部分实施的临时性轨道延伸。常用的方法有扣轨、爬道、短轨节等。

扣轨是把钢轨轨头朝下反扣在正式轨道钢轨外侧,轨头紧贴正式钢轨轨腰,在扣轨外侧用轨块顶撑并用道钉固定,两股钢轨之间用短木撑支顶住,以保持轨距。为便于顶进渣堆,可将扣轨前端切割成尖形,使用时只需锤击扣轨尾部,即可将轨道向前延伸。扣轨延伸轨道,一般适用于人工及小型装渣机装渣。

爬道是由两根前端切割成尖形的 10 号槽钢和钢板条焊连而成的,如图 7-3-5 所示。使用时将爬道槽钢扣在正式轨道的钢轨上,用装渣机铲斗贴紧钢轨面顶撞爬道尾端,即可实现轨道的延伸。爬道适用于机械装渣。

短轨节与正式轨道相似,它是用 1.5～2.0 m 长的短钢轨与木枕钉制或与扁钢焊接而成的。当正式钢轨前端与开挖面渣堆之间清出一个适宜位置时,即可先铺上短轨节,并用夹板与正式轨道连接,随后继续出渣。也可在短轨节上安放爬道进行出渣。

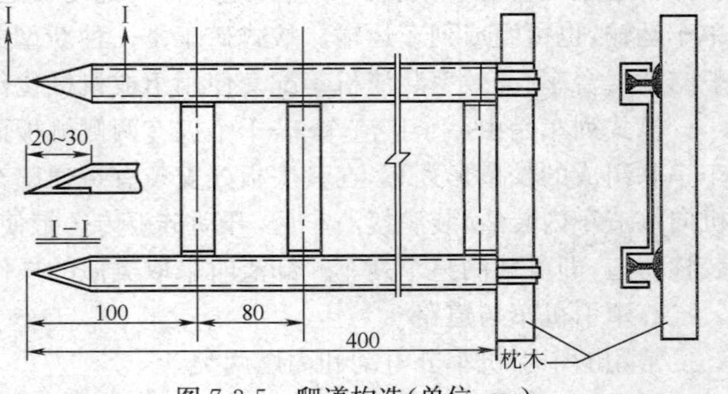

图 7-3-5　爬道构造(单位:cm)

4. 轨道布置与调车方法

轨道布置对于行车调度、车辆周转、出渣进料影响较大,应根据隧道长度、工期要求及开挖方法等选择合理的方案进行布置。调车方法是指结合洞内轨道布置,在开挖面附近为配合出渣所进行的调车作业。

常用的轨道布置形式有单车道和双车道。

单车道运输能力较低,一般用在地质较差的短隧道中。为解决错车问题,在成洞地段可铺设会车线,其有效长度应能容纳一个列车,一般为 50～60 m,如图 7-3-6(a)所示。在距离开挖面20～30 m处应铺设 5～10 m 长的简易道岔岔线或安装平移调车器供出渣调车之用。

当隧道地质条件较好,要求施工速度较快和运输能力较大时,应开挖双线导坑断面,布置双车道运输。双车道可使轨道随掘进延伸，一次铺成。进出隧道的列车各行一股道，具有互不影响、车辆周转快的特点，是提高隧道运输效率的主要方法之一。为满足调车需要，每隔 100～200 m 设一渡线，每隔 2～3 个渡线铺设一反向渡线，如图 7-3-6(b)所示。在距导坑开挖面 15～20 m处设置菱形浮放道岔，空斗车和装满石渣的斗车分别停在两股道上，用单机车或双机车进行调车作业。

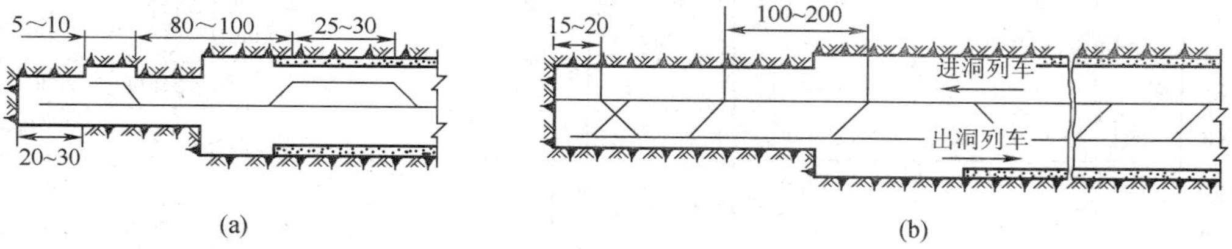

图 7-3-6 洞内轨道布置(单位：m)

当隧道施工采用平行导坑方案时，则平行导坑为施工出渣、进料运输提供了有利条件。通常采取在平行导坑中设单车道加错车道，正洞为单车道加局部双车道，两者共同构成了一个完整的双股道运输体系，如图 7-3-7 所示。利用平行导坑组成的运输系统具有运输能力大、相互干扰少等特点，适用于施工速度要求快的隧道。

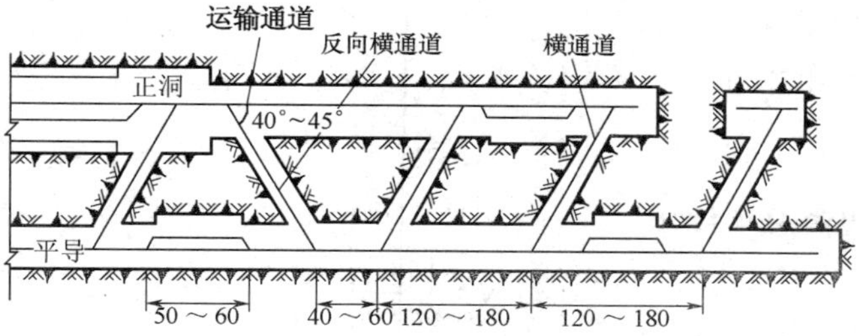

图 7-3-7 平行导坑运输(单位：m)

隧道洞外应布置卸渣线、错车线和各种用途的专用线。

卸渣线应不少于两条，以便使重载列车尽快卸渣回空，避免因等待卸渣而延误时间。卸渣线还应具有随着卸渣的进行而向前延伸和横向拔移的功能。

为解决洞外错车问题，在洞外适当位置应设置错车线。要求道岔设置合理，并有足够的有效长度，以减少列车运行中的相互干扰。

洞外砂、石、木料堆放场，水泥库、木工棚、机车车辆修理停放场、充电房、混凝土搅拌站等均应铺设专用线。专用线应力求紧凑，与运输线分开布置，以减少对出渣运输的干扰。

出渣运输道路是有轨运输的命脉，其质量优劣对隧道掘进速度影响很大。因此，必须设固定的专业小组进行铺设和维修，以保证运输道路畅通无阻，避免脱轨掉道等事故的发生。

5. 机车、斗车数目的确定和列车运行图

(1)机车、斗车数目的确定

为了提高有轨运输能力，加快隧道施工速度，应备齐足够数量的牵引机车和出渣斗车。

①机车牵引定数 Q_c

$$Q_c = \frac{F}{\omega + i_p} - W \qquad (7\text{-}3\text{-}2)$$

式中 F——机车牵引力,见表 7-3-2;

ω——列车的单位阻力,考虑附加阻力,可近似取 80 N/t;

i_p——坡度单位阻力,取运输道路的最大限制坡度(‰);

W——机车自重(t)。

表 7-3-2 电瓶车主要规格、性能

型 号	轨 距(mm)	牵引力(N)	速 度(km/h)	最小回转半径(m)	长×宽×高(mm)	生 产 厂
8t 两用	750	13 300	5.4	7	4 570×1 346×2 144	沈阳桥梁厂
CXK-8/600	600	11 600	6	7	4 450×1 053×1 410	国产
XK8-7/132A	762	11 400	7.5	7		湘潭电机厂
EL-8	750	7 200	3.75	8	4 060×1 000×1 400	进口(德国)
BL-10-M	762	17 000	8		5 230×1 540×1 370	进口(日本)

②每列车牵引的斗车数目 n

$$n=\frac{Q_c}{Q+q} \tag{7-3-3}$$

式中 Q_c——机车牵引定数(t);

Q——斗车载重量(t);

q——石渣质量(t)。

③出渣需要的斗车数量 y

$$y=\frac{N}{n_1} \tag{7-3-4}$$

式中 N——每班出渣总车数,即

$$N=\frac{V\cdot K}{m\cdot n_2}$$

其中 V——开挖数量(实方)(m^3),

K——土石松散系数,松软土石为 1.1~1.2,坚硬岩石为 1.15~1.6,

m——斗车容积(m^3),

n_2——斗车装满系数,一般取 0.7~0.9;

n_1——每工班车辆循环次数,即

$$n_1=\frac{T}{t}$$

其中 T——每工班净出渣时间(min),

t——车辆循环一次需要的时间(min)。

④需要机车数量

$$N_c=\frac{N}{n\cdot m_1}$$

式中 m_1——每工班机车的循环次数,即

$$m_1=T/T_p$$

其中 T_p——机车循环一次需要的时间(min),由调车、编组、运行、会车、卸渣等时间综合求得。

N、n、T 同前。

上述计算数目为实际需用量。备用数目：斗车为需用量的 40%～50%，机车为需用量的 50%～100%。此外，还应考虑进料需要的斗车数。

(2)列车运行图

编制列车运行图，是为了统一指挥调度列车运行，加速车辆周转，充分发挥运输能力的有效作用，减少干扰，消除局部积压车辆、堵塞轨道等不良现象，确保隧道各工序都能正常施工。

列车运行图是根据隧道施工方法、轨道布置及机车车辆配备情况，各施工工序在隧道中所处的位置和进度安排，以及装渣、调车、编组、运行、错车、卸渣、列车解体等所需要的时间，综合考虑确定列车数量后编制而成的。

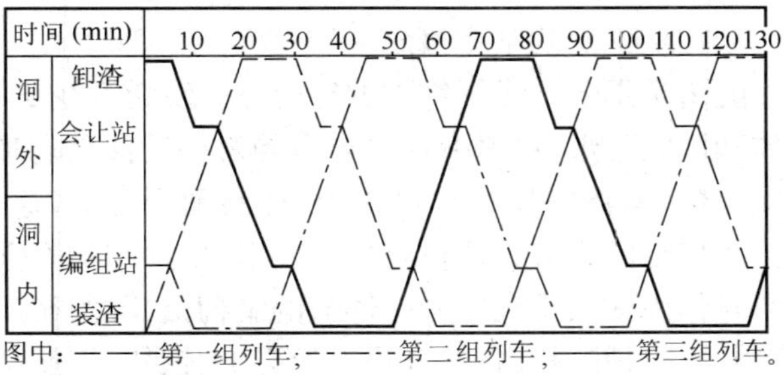

图 7-3-8　列车运行图

图 7-3-8 的列车运行图中，横坐标表示时间，纵坐标表示距离，列车的运行用斜线表示，装渣、卸渣、编组、解体、调车等用水平线表示。该图所示的是一个隧道的出渣列车运行图，共有三组列车，洞内设编组站一个，洞外设会让站一个。以第一组列车为例，重车运行 20 min，卸渣10 min，空车返回到会让站 5 min，在会让站停车待避 5 min，再运行10 min 到编组站，在编组站停车待避 5 min，再行车 5 min 到终点，空车解体、装渣、重车编组 15 min，全列车往返循环一次共75 min。

在实际的隧道施工中，运行图中所需要的时间应实测确定，随着隧道施工的不断向前推进和卸渣线的不断向前延伸，运输距离愈来愈长，因此运行图也要定期修正。

当列车运行图编制完成，一旦付诸实践之后，各项作业均应遵照执行，不得随意改动，以免打乱全局计划。

(二)无轨运输

无轨运输主要是指汽车运输。随着大型装载机械及重载自卸汽车的研制和生产，近年来无轨运输在隧道掘进中得到了愈来愈广泛的应用。无轨运输不需要铺设复杂的运输轨道，具有运输速度快、管理工作简单、配套设备少等特点。但由于内燃机排放大量废气，对洞内空气污染较为严重，尤其长期在长大隧道中使用，需要有强大的通风设施。

1. 自卸汽车

又称翻斗车。在隧道施工中，应选用车身较短、车斗容量大、转弯半径小、车体坚固、轮胎耐磨、配有废气净化装置、并能双向驾驶的自卸汽车，以增加运行中的灵活性，避免洞内回车和减轻对洞内空气的污染。

2. 调车作业

由于无轨运输采用的装渣、运渣设备都是自配动力，属自行式，其调车作业主要是解决回车、错车和装渣场地问题。根据不同的隧道开挖断面和洞内运输距离，常用的调车方式有：

(1)有条件构成循环通路时，最好制定单向行驶的循环方案，以减少回车、错车需用场地及待避时间。

(2)当开挖断面较小，只能设置单车通道而装渣点距洞口又较近时，可考虑汽车倒行进洞至装渣点装渣，正向开行出洞，不设置错车、回车场地。如果洞内运行距离较长时，可在适当位置将导洞向侧壁加宽构成错车、回车场地，以加快调车作业。

(3)当隧道开挖断面较大,足够并行两辆汽车时,应布置成双车通道,在装渣点附近回车,空车、重车各行其道,可以提高出渣速度。

(4)在采用装渣机装渣、汽车运输的情况下,要充分利用双方都有机动能力的特点,可以采取双方同时机动或一方机动,另一方固定的方式进行装渣。

第四节 初期支护

一、概　述

1. 初期支护的基本概念

隧道是围岩与支护结构的综合体。隧道开挖破坏了地层的初始应力平衡,产生围岩应力释放和洞室变形,过量变形将导致围岩松动甚至坍塌。在开挖后的洞室周边,施作钢、混凝土等支撑物,向洞室周边提供抗力,控制围岩变形,这种开挖后隧道内的支撑体系,称为隧道支护。为控制围岩应力适量释放和变形,增加结构安全度和方便施工,隧道开挖后立即施作刚度较小并作为永久承载结构一部分的结构层,称为初期支护。

初期支护一般由锚杆、喷射混凝土、钢架、钢筋网等及其它们的组合组成,它是现代隧道工程中最常用的支护形式和方法。

初期支护施作后即成为永久性承载结构的一部分,它与围岩共同构成了永久的隧道结构承载体系。在这一点上,初期支护不同于传统施工方法中采用的钢木构件支撑。构件支撑在模筑整体式衬砌时,通常予以拆除,即不作为永久承载构件,称为临时支撑。

2. 锚喷支护工程特点

锚喷支护较传统的构件支撑,无论在施工工艺和作用机理上都有一些特点:

(1)灵活性。锚喷支护是由喷射混凝土、锚杆、钢筋网、钢架等支护部件进行适当组合的支护形式,它们既可以单独使用,也可以组合使用。其组合形式和支护参数可以根据围岩的稳定状态、施工方法和进度、隧道形状和尺寸等加以选择和调整。它们既可以用于局部加固,也易于实施整体加固;既可一次完成,也可以分次完成。充分体现了“先柔后刚,按需提供”的原则。

(2)及时性。锚喷支护能在施作后迅速发挥其对围岩的支护作用。这不仅表现在时间上,即喷射混凝土和锚杆都具有早强性能,需要它时,它就能起作用,而且表现在空间上,即喷射混凝土和锚杆可以最大限度地紧跟开挖面施工,甚至可以利用锚杆进行超前支护。虽然构件支撑的最大优点是即时承载,而锚喷支护同样具有即时维护甚至超前维护作用,且能容纳必要的支撑构件(如格栅钢架)参与工作。

(3)密贴性。喷射混凝土能与坑道周边的围岩全面、紧密地黏结,因而可以抵抗岩块之间沿节理的剪切和张裂。

从整体结构来看,喷射混凝土填补了洞壁的凹穴,使洞壁变得圆顺,从而减少了应力集中。喷射混凝土尚能使锚杆和钢筋网的点约束作用得以分配和改善,使其发挥协同作用,从而增强了支护对围岩的有效约束,体现出“围岩—支护”一体化的力学分析和结构设计思想。

(4)深入性。锚杆能深入围岩体内部一定深度,对围岩起约束作用。这种作用尤其是以适当密度的径向锚杆群(称为系统锚杆)的效果最为明显。系统锚杆在围岩中形成一定厚度的锚固区,锚固区内的岩体强度和整体性得以提高和加强,应力分布状态也得以改善。其承载能力和稳定能力显著增强。此时隧道的稳定性实际上就是指锚固区的承载能力和稳定能力。在围岩中加以锚杆,相当于在混凝土中加入钢筋形成钢筋混凝土,可以称为加筋岩石或加筋土。

另外，沿隧道轴线方向有一定外插角的超前锚杆或钢管，同样具有深入岩层内部对围岩起预支护的作用。它们也经常与系统锚杆、喷射混凝土一起发挥协同作用。这对于处理一般的工作面不稳定的问题颇有效果。

(5)柔性。锚喷支护属于柔性支护，它可以较便利地调节围岩变形，允许围岩做有限的变形，即允许围岩在围岩塑性区有适度的发展，以发挥围岩的自承能力。

前已述及，根据大量工程实践和理论分析表明，对绝大多数的一般松散岩体，在隧道开挖后，适度的变形有利于发挥围岩的自承能力，而过度的变形则会导致坍塌。因此就要求支护既能允许有限变形，又能限制过度变形且自身不被破坏。

锚喷支护就很好地满足了这一要求。这一方面是因为喷射混凝土工艺上的特点，使得它能与岩体密贴黏结，且能喷得很薄，故呈现柔性(尽管喷混凝土是一种脆性材料)，而且这种柔性还可以通过分层分次喷射和加钢纤维或钢筋网来进一步发挥。另一方面，锚杆也有一定的延性，它可以允许岩体有较大的变形，甚至同被加固岩体一起作小量整体位移后，仍能继续工作不失效。

(6)封闭性。喷射混凝土能全面及时地封闭围岩，这种封闭不仅阻止了洞内潮气和水对围岩的侵蚀作用，减少了膨胀性岩体的潮解软化和膨胀，而且能够及时有效地阻止围岩变形，使围岩较早地进入变形收敛状态。

二、锚　　杆

(一)锚杆的支护效应

锚杆(索)是用金属或其他高抗拉性能的材料制作的一种杆状构件。使用某些机械装置和黏结介质，通过一定的施工操作，可将锚杆安设在地下工程的围岩或其他工程结构体中。

锚杆(索)支护作为一种新的支护手段，它在技术、经济方面的优越性和能适应不同地质条件的性质，使其在建筑领域尤其是地下工程中得到广泛应用和迅速发展。

锚杆的支护效应一般认为有如下几种：

(1)支承围岩。锚杆能约束围岩变形，并向围岩施加压力，从而使处于二轴应力状态的洞室内表面附近的围岩保持三轴应力状态，因而能制止围岩强度的恶化，如图 7-4-1 所示。

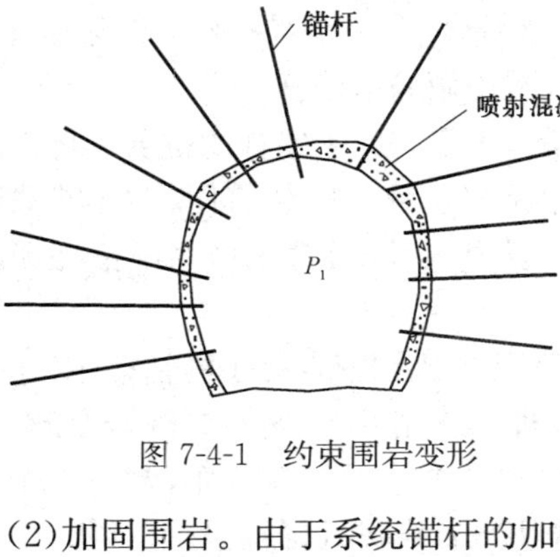

图 7-4-1　约束围岩变形

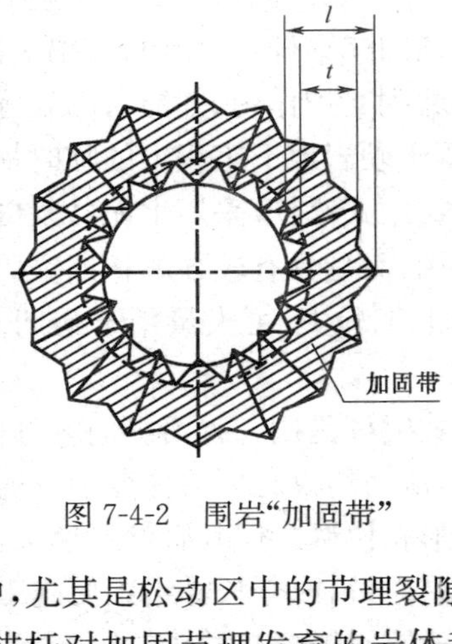

图 7-4-2　围岩“加固带”

(2)加固围岩。由于系统锚杆的加固作用，使围岩中，尤其是松动区中的节理裂隙、破裂面得以连接，因而增大了锚固区围岩的强度(即 c、φ 值)；锚杆对加固节理发育的岩体和围岩松动区是十分有效的，有助于裂隙岩体和松动区形成整体，成为“加固带”(图 7-4-2)。

(3)提高层间摩阻力,形成“组合梁”。对于水平或缓倾斜的层状围岩,用锚杆群能把数层岩层连在一起,增大层间摩阻力,从结构力学观点来看就是形成“组合梁”(图 7-4-3)。

(4)“悬吊”作用。“悬吊”作用是指为防止个别危岩的掉落或滑落,用锚杆将其与稳定围岩联结起来,这种作用主要表现在加固局部失稳的岩体(图 7-4-4)。

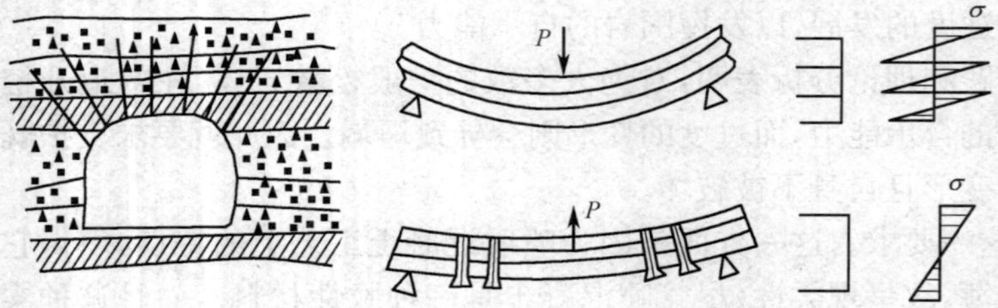

图 7-4-3　锚杆作用原理

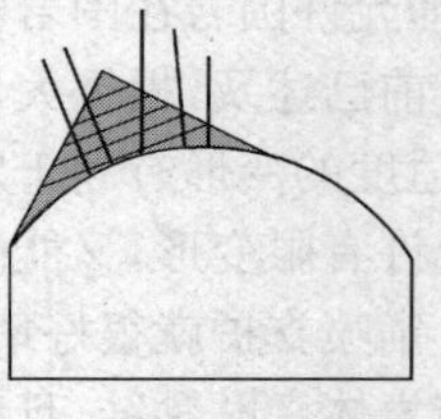
图 7-4-4　锚杆的悬吊作用

(二)锚杆的种类及各自的设计施工要点

锚杆的种类很多,若按其与被支护体的锚固形式来分,大致可分为以下几种:

- (1)端头锚固式
  - 机械内锚头锚杆(索)
    - 胀壳式锚杆(索)
    - 楔缝式锚杆
    - 楔头式锚杆
  - 黏结式内锚头锚杆(索)
    - 水泥砂浆内锚头锚杆(索)
    - 快硬水泥卷内锚头锚杆
    - 树脂内锚头锚杆
- (2)全长黏结式
  - 水泥浆全黏结式锚杆
  - 水泥砂浆全黏结式锚杆(砂浆锚杆)
  - 树脂全黏结式锚杆
- (3)摩擦式
  - 楔管式锚杆
  - 缝管式锚杆
- (4)混合式
  - 先张拉后灌浆预应力锚杆(索)
  - 先灌浆后张拉预应力锚杆(索)

端头锚固式锚杆,利用内、外锚头的锚固来限制围岩变形松动。安装容易,工艺简单,安装后即可以起到支护作用,并能对围岩施加预应力。但杆体易腐蚀,锚头易松动,影响长期锚固力,一般用于硬岩地下工程中的临时加固。隧道工程中,常用做局部锚杆。

全长黏结式锚杆,采用水泥砂浆(或树脂)作为填充料,不仅有助于锚杆的抗剪和抗拉以及防腐蚀作用,而且具有较强的长期锚固能力,有利于约束围岩位移。安装简便,在无特殊要求的各类地下工程中,可大量用于初期支护和永久支护。隧道工程中,常用做系统锚杆和超前锚杆。

摩擦式锚杆是用一种沿纵向开缝(或预变形)的钢管,装入比钢管直径小的钻孔,对孔壁施加摩擦力,从而约束孔周岩体变形。安装容易,安装后立即起作用,能及时控制围岩变形,又能与孔周变形相协调。但其管壁易锈蚀,故一般不适于作永久支护。隧道工程中,常由于端头机械锚固容易失效,或全长黏结不便施工(不能生效),而采用全长摩擦式锚杆。

混合式锚固锚杆是端头锚固方式与全长黏结锚固方式的结合,它既可以施加预应力,又具有全长黏结锚杆的优点。但安装施工较复杂,一般用于大体积、大范围工程结构的加固,如高边坡、大坝、大型地下洞室等。

下面简要介绍隧道工程中几种常用锚杆的构造和设计、施工要点。

1. 普通水泥砂浆锚杆

(1)构造组成

普通水泥砂浆锚杆，是以普通水泥砂浆作为黏结剂的全长黏结式锚杆，其构造如图 7-4-5 所示。

(2)设计、施工要点

①杆体材料宜用 20 MnSi 钢筋，直径 14～22 mm 为宜，长度 2～3.5 m，为增加锚固力，杆体内端可劈口叉开。

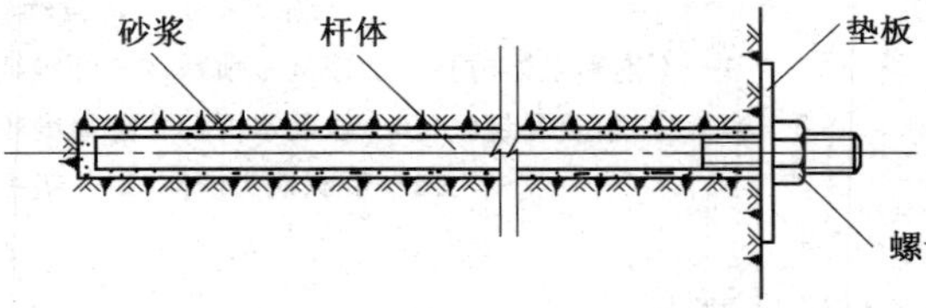

图 7-4-5　普通水泥砂浆全长黏结锚杆

②水泥一般选用普通硅酸盐水泥，砂子粒径不大于 3 mm，并过筛。

③砂浆强度不低于 M10，配合比一般为水泥∶砂∶水＝1∶(1～1.5)∶(0.45～0.5)。

④钻孔应符合下列要求。孔径应与杆径配合好。一般孔径比杆径大 15 mm(采用先插杆体后注浆施工的孔径比先注浆后插杆体施工的孔径要大一些)，这主要考虑注浆管和排气管占用空间。孔位允许偏差为±(15～50)mm；孔深允许偏差为±50 mm。钻孔方向宜适当调整以尽量与岩层主要结构面垂直。孔钻好后用高压水将孔眼冲洗干净(若是向下钻孔还须用高压风吹净水)，并用塞子塞紧孔口，防止石渣掉入。

⑤锚杆及黏结剂材料应符合设计要求，锚杆应按设计要求的尺寸截取，并整直、除锈和除油，外端不用垫板的锚杆应先弯制弯头。

⑥黏结砂浆应拌和均匀，并调整其和易性，随拌随用，一次拌和的砂浆应在初凝前用完。

⑦先注浆后插杆体时，注浆管应先插到钻孔底，开始注浆后，徐徐均匀地将注浆管往外抽出，并始终保持注浆管口埋在砂浆内，以免浆中出现空洞。

⑧注浆体积应略多于需要体积，将注浆管全部抽出后，应立即迅速插入杆体，可用锤击或通过套筒用风钻冲击，使杆体强行插入钻孔。

⑨杆体插入孔内的长度不得短于设计长度的 95%，实际黏结长度亦不应短于设计长度的 95%。注浆是否饱满，可根据孔口是否有砂浆挤出来判断。

⑩杆体到位后要用木楔或小石子在孔口卡住，防止杆体滑出。砂浆未达到设计强度的 70%时，不得随意碰撞，一般规定 3 d 内不得悬挂重物。

2. 早强水泥砂浆锚杆

早强水泥砂浆锚杆的构造、设计和施工与普通水泥砂浆锚杆基本相同，所不同的是早强水泥砂浆锚杆的黏结剂是由硫铝酸盐早强水泥、砂、TI 型早强剂和水组成。因此，它具有早期强度高、承载快、不增加安装困难等优点。弥补了普通水泥砂浆锚杆早强低，承载慢的不足。尤其是在软弱、破碎、自稳时间短的围岩中显示出其一定的优越性。另外，以快硬水泥或树脂作为黏结剂的全长黏结式锚杆，也具有以上的优点，但费用较高。

3. 早强药包内锚头锚杆

(1)构造组成

早强药包内锚头锚杆，是以快硬水泥卷或早强砂浆卷或树脂作为内锚固剂的内锚头锚杆，其构造如图 7-4-6 所示。不管采用什么类型的药包，其设计、施工基本一致，下面以快硬水泥卷内锚头锚杆为例说明。

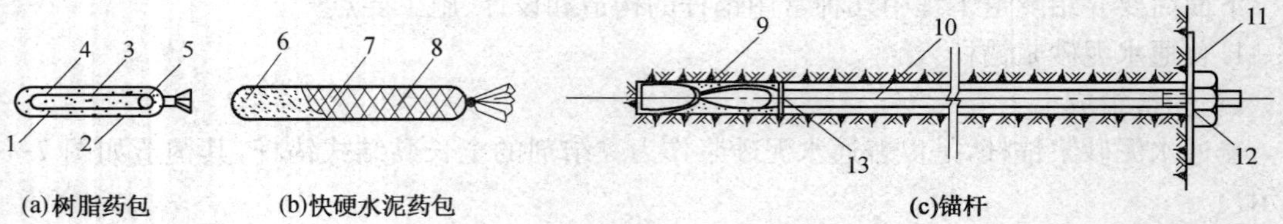

图 7-4-6 早强药包内锚头锚杆

1—不饱和聚酯树脂+加速剂+填料;2—纤维纸和塑料袋;3—固化剂+填料;4—玻璃管;5—堵头(树脂胶泥封口);6—快硬水泥;7—湿强度较大的滤纸筒;8—玻璃纤维网;9—树脂锚固剂;10—带麻花头杆体;11—垫板;12—螺母;13—挡圈。

(2)设计要点

①快硬水泥卷有三个主要参数:

d——快硬水泥卷直径(mm);

L——快硬水泥卷长度(mm);

G——快硬水泥卷的水泥质量(g)。

②快硬水泥卷直径要与钻眼直径配合好,若使用 D_{42} 钻头,则可采用 37 mm 直径的水泥卷。

③L 要根据内锚固段长度 l 和生产制作的要求来决定,其计算公式如下:

$$L=\frac{(D^2-\phi^2)}{d^2}lk \tag{7-4-1}$$

式中 D——钻眼直径(mm);

ϕ——锚杆直径(mm);

l——内锚固段长度(mm);

k——富余系数,一般 $k=1.05\sim1.10$。

④水泥质量主要由装填密度 γ 来确定。γ 是控制水灰比的关键,当 $\gamma=1.45\ \text{g/cm}^3$ 时,水泥净浆的水灰比控制在 0.34 左右为好。每个快硬水泥卷的 G 值可按下式计算:

$$G=\frac{\pi d^2}{4}L\gamma \tag{7-4-2}$$

(3)施工要点

①钻眼要求同前,但孔眼应比锚杆长度短 4~5 cm。

②用 2~3 mm 直径,长 150 mm 的锥子,在快硬水泥卷端头扎两个排气孔。然后将水泥卷竖立放于清洁水中,保持水面高出水泥卷 100 mm。浸水时间以不冒气泡为准,但不得超过水泥初凝时间,必要时要做浸水后的水灰比检查。

③将浸好水的水泥卷用锚杆送至眼底,并轻轻捣实。若中途受阻,应及时处理,若处理时间超过水泥终凝时间,则应换装新水泥卷或钻眼作废。

④将锚杆外端套上连接套筒(带有六方旋转头的短锚杆;断面打平,对中焊上锚杆螺母),装上旋转扳手,带动锚杆旋转,搅拌水泥卷,并用人力推进锚杆至眼底,再保持 10 s 的搅拌时间(总时间 30~40 s)。

⑤轻轻卸下旋转扳手,用木楔楔住杆体,使其位于钻眼中心。自浸水后 20 min,快硬水泥有足够强度时,才能使用扳手卸下连接套筒(可准备多个套筒周转使用)。

采用树脂药包时，还需注意搅拌时间应根据现场气温决定：20℃时，固化时间为 5 min；温度下降 5℃，固化时间大致会延长一倍，即 15℃时，为 10 min；10℃时，为 20 min。因此，隧道工程在正常温度下，搅拌时间约为 30 s，温度在 10℃以下时，搅拌时间可适当延长为 45～60 s。

4. 缝管式摩擦锚杆

(1)构造组成

缝管式锚杆由前端冠部制成锥体的开缝管杆体、挡环以及垫板组成(图 7-4-7)。

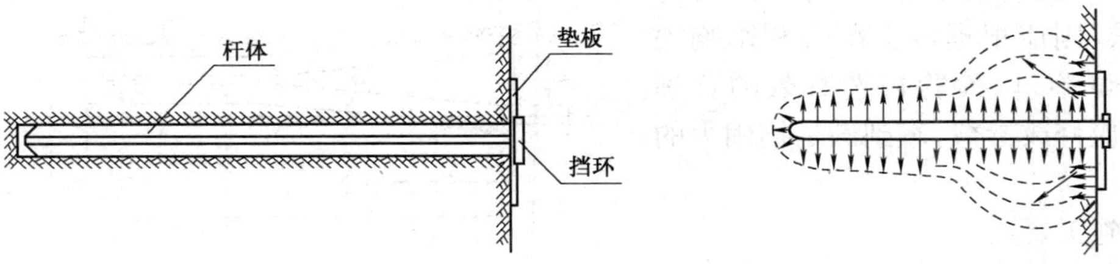

(a) 缝管式锚杆　　(b) 围岩梨形应力体

图 7-4-7　缝管式摩擦锚杆

(2)设计施工要点

①缝管式锚杆的锚固力与锚杆的材质、构造尺寸、围岩条件、钻孔与锚管直径之差、锚固长度等有直接关系，其中，钻孔与缝管直径之差是设计与施工要严格控制的主要因素。锚固力与孔、管径差的关系是：径差小，锚杆安装推进阻力小，锚固力亦小；径差大，锚杆安装推进阻力大，锚固力也大。

②可根据需要和机具能力，选择不同直径的钻头和管径，通过现场试验确定最佳值。另外施工中还应考虑到因钻头磨损导致孔径缩小等情况。

③缝管式锚杆的杆体一般要求材质有较高的弹性极限。

④安装时先将锚杆套上垫板，将带有挡环的冲击钎杆插入锚管内(钎杆应在锚管内自由转动)，钎杆尾端套入凿岩机或风镐的卡套内，锚头导入钻孔，调正方向，开动凿岩机，即可将锚杆打入钻孔内，至垫板压紧围岩为止。停机取出钎杆即告完成。2.5 m 长的锚杆，一般 20～60 s 时间即可安装完毕。

⑤若作为永久支护，则应作防锈处理，并灌注有膨胀性的砂浆。

另有一种楔管式锚杆，它是楔缝式锚杆与缝管式锚杆结合的一种锚杆。其施工与缝管式锚杆相同。

5. 楔缝式内锚头锚杆

(1)构造组成

楔缝式内锚头锚杆由杆体、楔块、垫板和螺母组成(图 7-4-8)。

(2)设计要点

影响锚固力的主要因素有：岩体性质，锚杆有效直径 ϕ'，楔块端部厚度 b 和楔角 α。

①在其他条件相同时，围岩愈坚硬则锚固力愈大；嵌入锚孔围岩的深度与长度愈大，则锚固力愈大；或锚杆有效直径(ϕ')愈大则锚固力愈大。另外钻孔直径(D)与锚杆直径(ϕ)的配合情况对锚杆锚固力也有一定影响。

②在一定的岩体和相同的安装冲击(或锤击)条件下，提高楔缝式锚固力的办法有：加大楔

块长度,或加大楔块端头厚度,或减小钻孔直径与锚杆直径之差,或减小楔缝宽度。

一般而言,对于坚硬岩体,楔角在 8°以上为好。楔缝宽度一般为 3 mm。其他尺寸可根据其对锚固力的影响关系适当选择。

③采用楔缝式锚杆,若对锚固力有明确要求,则应根据以上配合和影响关系,先行试验,以检验初选参数的合理性,否则应修改参数,直到满足锚固力的要求为止。

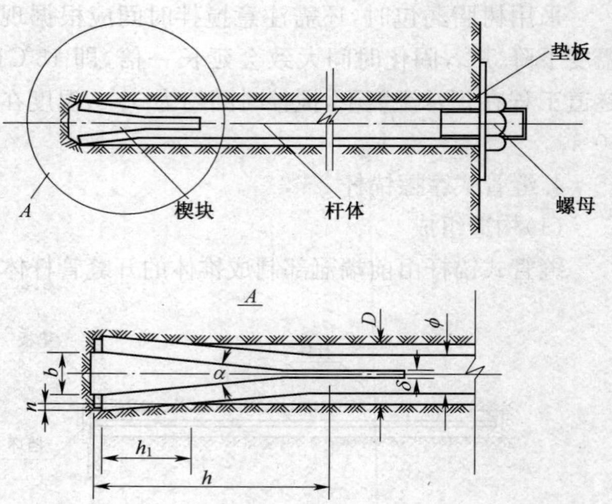

图 7-4-8 楔缝式内锚头锚杆

D—钻孔直径;ϕ—锚杆杆体直径;δ—锚杆杆体楔缝宽度;b—楔块端头厚度;α—楔块的楔角;h—楔块长度;h_1—楔头两翼嵌入钻孔壁长度;n—楔缝两翼嵌入钻孔壁深度。

(3)施工要点

①楔缝式锚杆的安装是先将楔块插入楔缝,轻敲,使其固定于缝中,然后插入眼底;并以适当的冲击力冲击锚杆尾,至楔块全部楔入楔缝为止。有时为了防止杆尾受冲击发生变形,可以采用套筒保护。

②一般均要求锚杆具有一定的预应力,此时可采用测力矩扳手或定力矩扳手来拧紧螺母,以控制锚固力。

若要求在楔缝式锚杆的基础上再作灌浆处理,则除按砂浆锚杆灌浆外,楔块预张力工作应在砂浆初凝前完成,并注意减小砂浆的收缩率。

另外,若只要求作为临时支护,则可以改楔缝式锚杆为楔头式锚杆或胀壳式锚杆。楔头式锚杆及胀壳式锚杆均可以回收,但锚头加工制作复杂,故一般在煤矿中应用较多。

6. 胀壳式内锚头预应力锚索

(1)构造组成

胀壳式锚头预应力锚索主要由机械胀壳式内锚头、锚索(钢绞线)外锚头以及灌注的黏结材料等组成(图 7-4-9)。

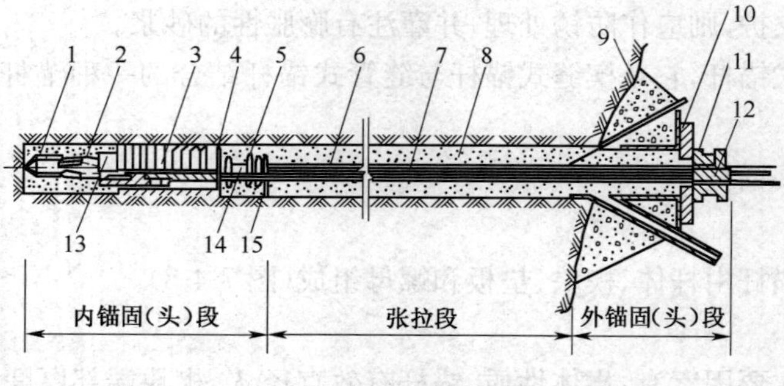

图 7-4-9 胀壳式内锚头钢绞线预应力锚索

1—导向帽;2—六棱锚塞;3—外夹片;4—挡圈;5—顶簧;6—套管;7—排气管;8—黏结砂浆;9—现浇混凝土支墩;10—垫板;11—锚环;12—锚塞;13—锥筒;14—顶簧套筒;15—托圈。

(2)性能特点

胀壳式内锚头预应力锚索常用在中等以上的围岩中。它具有施工工序紧密简单,安装迅速方便的特点，是能立即起作用的大型预应力锚杆。可以在较小的施工现场中作业，常用于高边坡、大坝以及大型地下洞室的支护、抢修加固。目前的预应力值一般为 600 kN。内锚头采用机械加工，比较复杂，价格较高，在软弱围岩中不能使用。施工中还要及时注浆，以减少预应力损失。

(3)施工要点

①胀壳式内锚头预应力锚索的加工应符合设计质量要求，在运输、存放及安装过程中不能有损伤、变形。

②钻孔一般采用冲击式潜孔钻，也可以选用各种旋转式地质钻。钻后应予以清洗，并做好孔口支墩。

③锚索安装要平直不紊乱，同时安装排气管。

④锚索推送就位后，即可进行张拉。一般先用 20%～30%的预应力值预张拉 1～2 次，促使各相连部位接触紧密，绞线平直。最终张拉值应有 5%～10%的超张量，以保证预应力损失后仍能达到设计预应力值要求。张拉时，千斤顶后严禁站人。

⑤预应力无明显衰减时，才最后锁定，且 48 h 内再检查。

⑥注浆应饱满，注浆达到设计强度后，进行外锚头覆盖。

7. 预应力锚杆

锚杆在安装过程中依靠安装机械主动施加的作用于围岩上的应力称为锚杆支护的预应力，能够施加预应力的锚杆称为预应力锚杆。锚杆支护的预应力是由锚杆杆体受拉并通过垫板和锚固端作用于锚固区域的岩体而形成的，此时锚杆杆体承受的轴向拉力即为锚杆预紧力。

根据锚固方式或锚固材料的不同，常用的预应力锚杆有机械胀壳预应力锚杆、树脂预应力锚杆和水泥药卷预应力锚杆。

(三)锚杆的布置

锚杆的布置分为局部布置和系统布置。

1. 局部布置

它主要用在裂隙围岩。重点加固不稳定块体，隧道拱顶受拉破坏区为重点加固区域。

锚杆局部布置的原则为：拱腰以上部位锚杆方向应有利于锚杆的受拉；拱腰以下及边墙部位锚杆宜逆向不稳定岩块滑动方向。

局部加固的锚杆，必须保证不稳定块体与稳定岩体的有效联结，为此，可由现场测定或采用赤平极射投影和实体比例投影作图法确定不稳定块体的形状、重量和出露位置，据此确定锚杆间距和锚入稳定岩体的长度。锚杆的间距为

$$D \leqslant \frac{d}{2}\sqrt{\frac{\pi R_a A}{KP}} \tag{7-4-3}$$

式中 D——锚杆间距(m)；

d——锚杆直径(m)；

R_a——锚杆钢筋的设计强度(Pa)；

K——安全系数，可取 $K=1.5\sim2.0$；

P——危石或不稳定块体的重力(N)，当侧墙存在不稳定块体时，P 值为下滑力减去抗滑力；

A——危石或不稳定块体出露面积(m^2)。

锚杆深入稳定岩体的深度为

$$L_m = \frac{dR_a}{4\tau} \tag{7-4-4}$$

式中 L_m——锚入稳定岩体的深度(其值不宜小于杆体直径的30～40倍)(m);

τ——砂浆的黏结强度(N/m^2)。

R_a、d 与前式相同。

2. 系统布置

在破碎和软弱围岩中,一般采用系统布置的锚杆,对围岩起到整个加固作用。对于局部破碎、软弱围岩部位或可能出现过大变形的部位,应加设长锚杆,如图7-4-10(a)所示。

锚杆系统布置的原则:

(1)在隧道横断面上,锚杆宜垂直隧道周边轮廓布置,对水平成层岩层,应尽可能与层面垂直布置,或使其与层面呈斜交布置,对于倾斜成层的岩层,其失稳原因主要是层面滑动,锚杆与层面成斜交布置,如图7-4-10(b)所示;

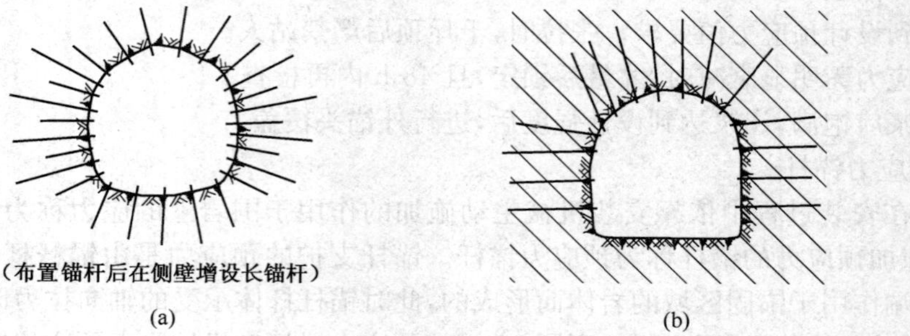

图7-4-10 系统锚杆的布置方式

(2)在岩面上锚杆宜成菱形排列,纵、横间距为0.6～1.5 m,其密度为0.6～3.6根/m^2;

(3)为了使系统布置的锚杆形成连续均匀的压缩带,其间距不宜大于锚杆长度的1/2,在Ⅳ、Ⅴ级围岩中,锚杆间距宜为0.5～1.2 m,但当锚杆长度超过2.5 m时,若仍按间距不大于1/2锚杆长度的规定,则锚杆间的岩块可能因咬合和连锁不良而导致掉块坠落,为此,其间距不宜大于1.25 m。

(四)锚杆的长度

锚杆长度、间排距是锚杆工程设计必须确定的主要参数,是锚杆布置的主要问题。一般应首先确定锚杆长度,然后确定间排距。

国内外对锚杆长度进行过大量研究,各国、各行业都有选择锚杆长度的规定。

虎克和布朗、美国工程师协会及美国矿山局等提出了检验锚杆长度的一般经验准则,认为锚杆最小长度至少为:①2倍锚杆间距;②岩体断裂面平均间距所确定的临界潜在不稳定岩块宽度的3倍;③隧道跨度之半(跨度小于6 m)。

我国《铁路隧道喷锚构筑法技术规范》规定:确定锚杆长度时,主要应考虑地质条件。在成块和成层的岩层中,欲获得悬吊或梁的效应,锚杆的长度应大于围岩松弛范围。如果是为了获得拱效应或为了加固、改良围岩时,应使锚杆与围岩组成统一结构,共同作用,此时,锚杆的端头亦可锚固在非稳定岩层中,但锚固应具有足够的抗拔力。为了提高锚杆施工的作业效率,不宜使用太长的锚杆。但锚杆过短又起不到加固或改良围岩的作用。局部锚杆的长度一般应比系统锚杆的长度大。

《铁路隧道设计规范》规定,隧道应设衬砌,并优先采用复合式衬砌,地下水不发育的Ⅰ、Ⅱ级围岩的短隧道,可采用喷锚衬砌。在围岩条件较好的Ⅰ～Ⅱ级岩层,锚杆长度为1.5～3.0 m;在围岩条件中等和较差的Ⅲ～Ⅵ级岩层中,作为复合衬砌中初期支护的锚杆,净跨5 m、净高6 m的单线隧道锚杆长度为 2.0～3.0 m,净跨 9 m、净高 6 m 的双线隧道锚杆长度为 2.0～3.5 m。

新奥法对锚杆长度的设计,基于支护要促使围岩形成自然拱的思路,锚杆主要是给隧道围岩松动圈内的岩体提供支护力使其形成拱的效应,所以锚杆要穿过松动圈并深入围岩一定深度,而隧道围岩松动范围与岩层条件和隧道跨度有关,所以锚杆长度这样确定:①对于岩质条件较好的硬岩,锚杆长度取 1.0～1.2 m;②对于岩质条件稍差的中硬岩,锚杆长度取隧道宽度的 1/4～1/3,通常为 2.0～3.0 m;③对于软岩、破碎岩体和土砂质地层,锚杆长度取隧道宽度的 1/2～2/3,通常为 4.0～6.0 m;④对于膨胀性地层,锚杆长度取隧道宽度的 1/2～2/3,通常为 4.0～6.0 m。

表 7-4-1 为砂浆锚杆长度经验数据。

综上所述,锚杆长度主要与隧道跨度和围岩性质有关,在不同的隧道断面形状和尺寸条件下,不管采用悬吊理论、组合梁理论还是组合拱理论,都需要首先确定锚杆要支护的围岩范围(特别是松动范围)及所需的支护强度,而围岩的松动范围及隧道支护所需的支护强度,主要受隧道跨度和围岩性质决定。以上这些锚杆长度的经验数值可以借鉴。

表 7-4-1　砂浆锚杆长度经验数据

位　置	国　内	国　外
拱　顶	$(0.1\sim0.5)B$	$(0.23\sim0.35)B$
边　墙	$(0.05\sim0.2)B$	$(0.1\sim0.5)B$

注:B 为隧道宽度。

(五)锚杆间距和布置

锚杆长度、间排距是锚杆加固工程设计的主要参数,是锚杆布置研究的主要问题。

虎克和布朗、美国工程师协会及美国矿山局等提出用于检验锚杆间距的经验准则为:锚杆最大间距不应超过锚杆长度之半;不应超过隧道跨度之半(跨度小于 6 m);不应超过岩体中平均断裂面间距所确定的不稳定岩块宽度的 1.5 倍。

我国《铁路隧道喷锚构筑法技术规范》规定,锚杆的间距不宜大于锚杆长度的 1/2,以有利于相邻锚杆共同作用。

新奥法对锚杆布置的设计,从支护应使围岩形成自然拱出发,锚杆间距规定为:硬岩的锚杆间距取 1.5 m;中硬岩的锚杆间距取 2.0～3.0 m;软岩、破碎岩体和土砂质地层的锚杆间距取 0.8～1.0 m;膨胀性地层的锚杆间距取 0.8～1.0 m。

综上所述,每根锚杆都有其影响范围,将各个锚杆相互连接起来才能形成连续的拱结构或梁结构。锚杆的间排距对形成锚固围岩的梁效应、拱效应或加固层效应具有重要作用,锚杆间排距与锚杆长度应有一定比值。

三、喷射混凝土

喷射混凝土既是一种新型的支护结构,又是一种新的施工工艺。它是使用混凝土喷射机,按一定的混合程序,将掺有速凝剂的细石混凝土,喷射到岩壁表面上,并迅速固结成一层支护结构,从而对围岩起到支护作用。

喷射混凝土可以作为隧道工程的永久性或临时性支护,也可以与各种形式的锚杆、钢纤维、钢拱架、钢筋网等构成组合式支护结构。它的灵活性也很大,可以根据需要分次追加厚度。因此除用于地下工程外,还广泛应用于地面工程的边坡防护、加固,基坑防护,结构补强等。随着喷射混凝土原材料、速凝剂及其他外加剂、施工工艺、机械的研究和应用,喷射混凝土无论是作为新材料,还是新的施工工艺,将有更为广阔的发展前景。

(一)喷混凝土的作用

1. 支撑围岩

由于喷层能与围岩密贴和粘贴,并施与围岩表面以抗力和剪力,从而使围岩处于三向受力的有力状态,防止围岩强度恶化。此外,喷层本身的抗冲切能力可阻止不稳定块体的滑塌(图 7-4-11)。

2.“卸载”作用

由于喷层属柔性,能使围岩在不出现有害变形的前提下,发生一定程度的变形,从而使围岩“卸载”,同时喷层中的弯曲应力减小,有利于混凝土承载力的发挥(图 7-4-12)。

3. 填平补强围岩

喷射混凝土可射入围岩张开的裂隙,填充表面凹穴,使裂隙分割的岩层面黏联在一起,保护岩块间的咬合、镶嵌作用,提高其间的黏结力、摩阻力,并避免或缓和围岩应力集中(图7-4-13)。

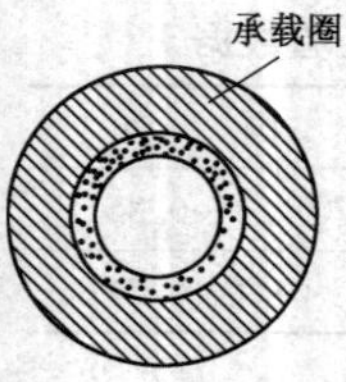

图 7-4-11 支撑作用

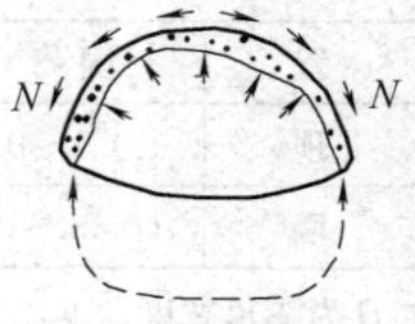

图 7-4-12 抗弯作用

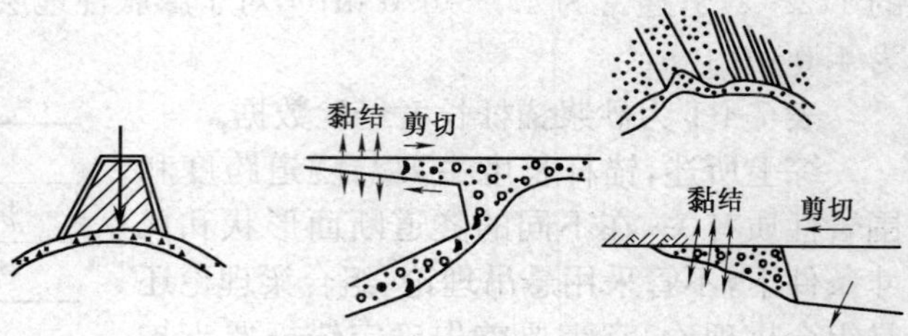

图 7-4-13 镶嵌作用

4. 覆盖围岩表面

喷层直接粘贴岩面,形成风化和止水的保护层,并阻止节理裂隙中充填物流失(图 7-4-14)。

5. 阻止围岩松动

喷层能紧跟掘进进程并及时进行支护,早期强度较高,因而能及时向围岩提供抗力,阻止围岩松动(图 7-4-15)。

6. 分配外力

通过喷层把外力传给锚杆、钢拱架等,使支护结构受力均匀(图 7-4-16)。

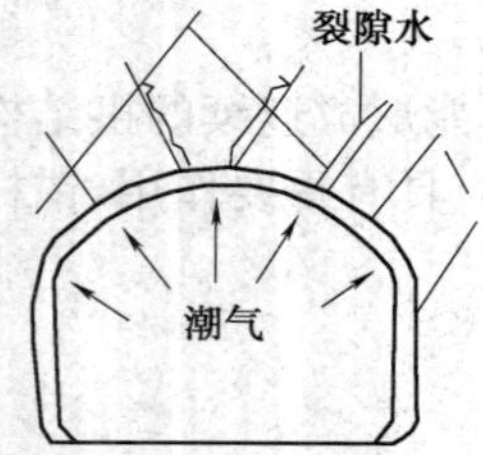

图 7-4-14 封闭作用

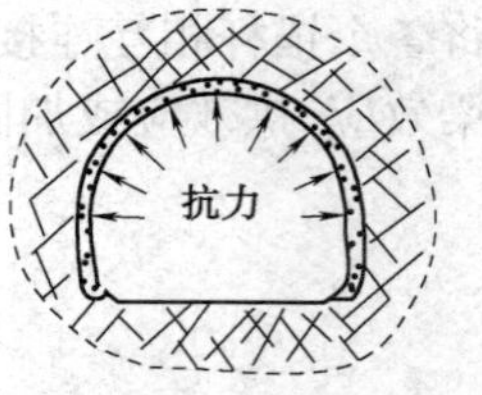

图 7-4-15 加固作用

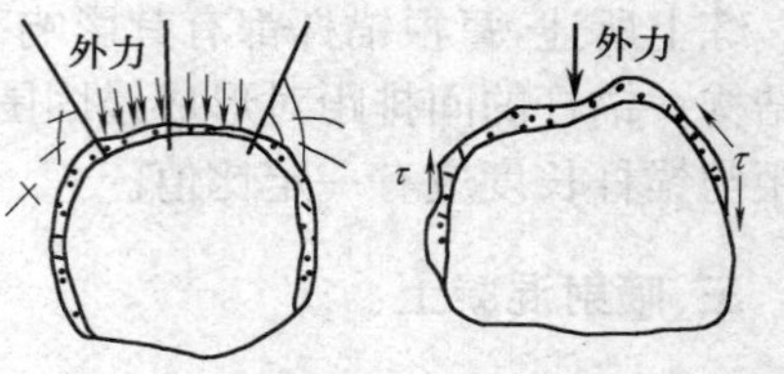

图 7-4-16 分载传递作用

(二)喷混凝土的特点及力学性能

1. 喷混凝土的特点

(1)喷射混凝土具有强度增长快、黏结力强、密度大、抗渗性好的特点。它能较好地填充岩块间裂隙的凹穴,增加围岩的整体性,防止自由面的风化和松动,并与围岩共同工作。

(2)与普通模筑混凝土相比,喷射混凝土施工将输送、浇注、捣固几道工序合而为一,更不需模板,因而施工快速、简捷。

(3)喷射混凝土能及早发挥承载作用。普通型喷混凝土能在 10 min 左右终凝,一般 2 h 后即具有强度,8 h后可达 2 MPa,16 h 后达 5 MPa,24 h 后可达 7~8 MPa,4 d 达到 28 d 强度的 70%左右。

(4)试验表明，喷射混凝土与模筑混凝土相比，其密实性和稳定性要差一些。

2. 喷层的力学性能

喷射混凝土的力学特性直接影响地下工程加固效果，主要力学特性有强度和变形特性。

评价喷射混凝土质量的主要强度指标见表 7-4-2、表 7-4-3。由于采用喷射法施工，拌和料高速喷到岩面上且反复冲击压密，故喷射混凝土一般具有良好的密实性和较高抗压强度。

表 7-4-2　喷射混凝土的设计强度

强度种类	喷射混凝土强度等级		
	C20	C25	C30
轴心抗压	10	12.5	15
弯曲抗压	11	13.5	16
轴心抗拉	1.0	1.2	1.4

表 7-4-3　喷射混凝土的受压弹性模量 E_c(MPa)

喷射混凝土强度等级	C20	C25	C30
受压弹性模量 E_c	2.1×10^4	2.3×10^4	2.5×10^4

喷射混凝土的黏结强度包括抗拉黏结强度和抗剪黏结强度。前者用于衡量喷射混凝土在受到垂直于界面方向拉应力作用时的黏结能力，后者则反映抵抗平行于界面作用力的能力。

喷射混凝土与岩石的黏结强度，与待喷岩石性质、岩面条件、节理充填物等有密切关系，表 7-4-4为喷射混凝土与各种岩石的黏结强度。新喷射混凝土与原喷混凝土的黏结强度一般为 0.7～2.85 MPa，与喷射混凝土界面的抗拉黏结强度是 1.47～3.49 MPa。喷射混凝土层与岩石之间的黏结力取决于岩石表面的清洁度，所以喷射前应清洗岩石表面。

表 7-4-4　岩石与喷射混凝土之间的黏结强度值(MPa)

岩石种类	岩石单轴饱和抗压强度(MPa)	岩石与喷射混凝土之间黏结强度值(MPa)
硬　　岩	>60	1.5～3.0
中 硬 岩	30～60	1.0～1.5
软　　岩	5～30	0.3～1.0

(三)喷层的变形机理

1. 喷层的变形破坏机理

喷层变形和承载力之间关系的试验表明喷层的受力变形分为三个阶段，如图 7-4-17 所示，第一阶段为黏结抵抗，第二阶段为梁效应，第三阶段为薄壳效应。

在变形初期，喷层起黏结抵抗作用，黏结破坏取决于围岩表面矿物成分和喷层厚度，黏结抵抗效应主要取决于围岩质量(围岩表面矿物成分)及其表面清洁程度，并在一定程度上随喷层厚度增加而增强。

2. 喷层厚度与柔性

厚度是喷射混凝土最重要的参数，喷层的柔性与厚度直接相关，图 7-4-18 为喷层相对厚度与相对破坏荷载的关系。

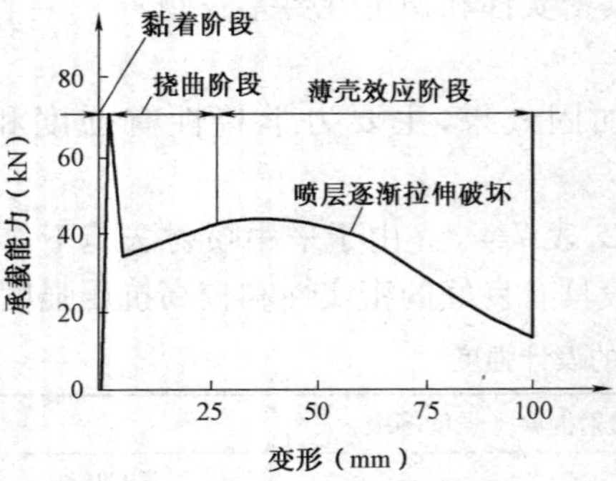

图 7-4-17　喷射混凝土变形曲线

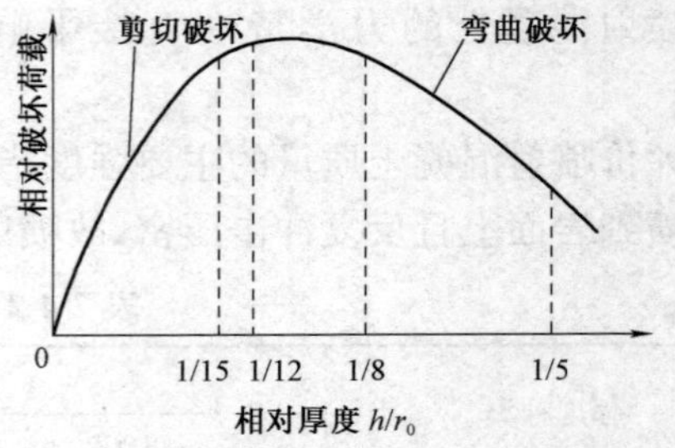

图 7-4-18　喷层相对厚度与相对破坏荷载

当相对厚度 $h/r_0>1/5$ 时，喷层为刚性厚层状态，其破坏形式为弯曲破坏；当 $h/r_0<1/15$ 时，喷层为柔性状态，其破坏形式为剪切破坏；当 $h/r_0=1/8\sim1/12$ 时，支护能力最大，喷层处于从剪切破坏到弯曲的过渡阶段。这表明喷层愈厚刚度愈大，约束了围岩变形，引起更大荷载，反而容易发生破坏。所以喷层要具有柔性，必须控制其厚度，柔性较好且有足够抗力的喷层厚度应控制在：

$$h=(0.025\sim0.033)r_0 \tag{7-4-5}$$

式中　h——喷层厚度；

r_0——隧道计算半径，非圆形隧道，近似取其外接圆半径或跨度之半。

喷层也不是越薄越好，否则支护抗力不足会引起压裂或压剪破坏，发生开裂剥落。当喷层厚度小于 50 mm 时，由于材料的收缩而常常导致喷层的渗水和结构的破坏。

喷薄层和多次喷射，加入缓凝剂和定期速凝剂可以延长喷层的硬化时间，此外，还可采用在喷层中加入钢纤维或玻璃纤维及使用金属网等，都可增加混凝土喷层的柔性。素混凝土喷层，允许变形量为 20 mm 左右；钢筋网或金属网喷层，允许变形量可达 50 mm 左右；钢纤维喷层，可达 50～80 mm；试验表明，喷层厚度的增加与喷层强度的增加并不呈线性关系，喷层厚度每增加 50%，喷层强度只增加 10%～20%。

(四)喷射工艺种类

喷射混凝土的工艺流程有干喷、潮喷、湿喷和混合喷四种。主要区别是各工艺的投料程序不同，尤其是加水和速凝剂的时机不同。

1. 干喷和潮喷

干喷是将骨料、水泥和速凝剂按一定的比例干拌均匀，然后装入喷射机，用压缩空气使干集料在软管内呈悬浮状态送到喷枪，再在喷嘴处与高压水混合，以较高速度喷射到岩面上。

干喷的缺点是产生的粉尘量大，回弹量大。干喷加水是由喷嘴处的阀门控制的，水灰比的控制程度与喷射手操作的熟练程度有关。但使用的机械较简单，机械清洗和故障处理容易。

潮喷是将骨料预加少量水，使之呈潮湿状，再加水泥拌和，从而降低上料、拌和与喷射时的粉尘。但大量的水仍是在喷头处加入和喷出的，其喷射工艺流程和使用机械同干喷工艺，如图 7-4-19所示。目前施工现场较多使用的是潮喷工艺。

2. 湿喷

湿喷是将骨料、水泥和水按设计比例拌和均匀，用湿式喷射机压送到喷头处，再在喷头上添加速凝剂后喷出，其工艺流程如图 7-4-20 所示。

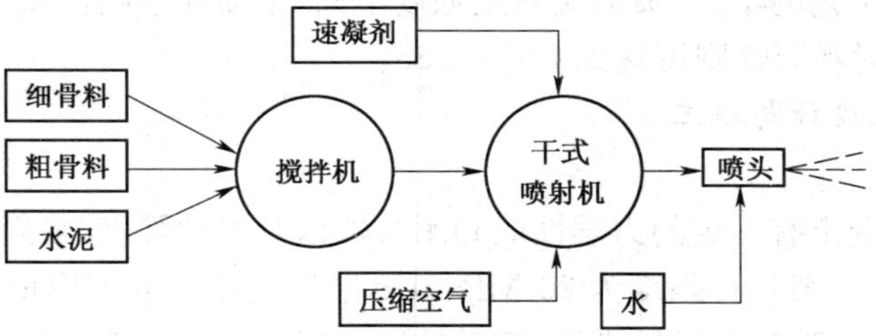

图 7-4-19　干喷、潮喷工艺流程

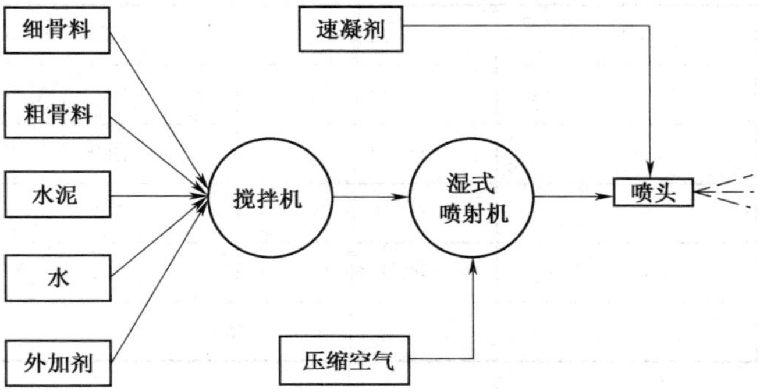

图 7-4-20　湿喷工艺流程

湿喷混凝土质量容易控制，喷射过程中的粉尘和回弹量很少，是应当发展应用的喷射工艺。但对喷射机械要求较高，机械清洗和故障处理较麻烦。对于喷层较厚的软岩和渗水隧道，则不宜使用湿喷。

3. 混合喷射

混合喷射又称水泥裹砂造壳喷射法，是将一部分砂加第一次水拌湿，再投入全部水泥强制搅拌造壳；然后加第二次水和减水剂拌和成 SEC 砂浆；将另一部分砂和石、速凝剂强制搅拌均匀。然后分别用砂浆泵和干式喷射机压送到混合管混合后喷出，其工艺流程如图 7-4-21 所示。

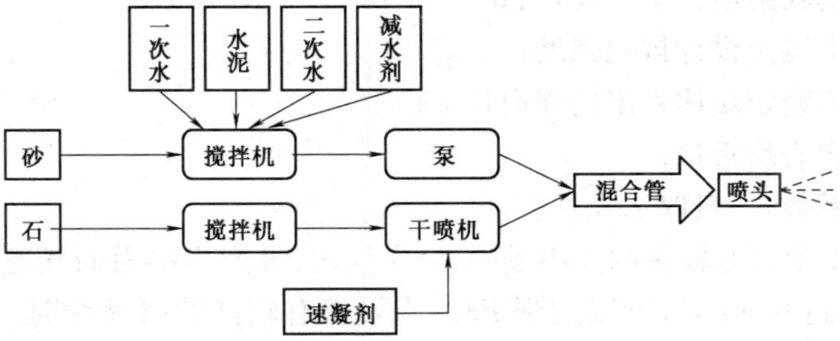

图 7-4-21　混合喷射工艺流程

混合喷射是分次投料搅拌工艺与喷射工艺的结合，关键是水泥裹砂（或砂、石）造壳技术。

混合喷射工艺使用的主要机械设备与干喷工艺基本相同，但混凝土的质量较干喷混凝土质量好，且粉尘和回弹率有大幅度降低。但使用机械数量较多，工艺较复杂，机械清洗和故障处理很麻烦。因此混合喷射工艺一般只用在喷射混凝土量大和大断面隧道工程中。

另外,由于喷射工艺的不同,喷射混凝土强度不同,干喷和潮喷混凝土强度较低,一般只能达到C20,而混合喷射和湿喷则可达到C30～C35。

(五)素喷混凝土设计与施工

1.设计要点

(1)为使喷射混凝土有一定的力学性能和耐久性以及早期强度,喷射混凝土设计的最低强度不应低于15 MPa,一般设计强度为20 MPa,1 d龄期抗压强度不应低于5 MPa。不同强度等级的喷射混凝土设计强度及弹性模量、容重按国家标准列于表7-4-5。

表7-4-5 喷射混凝土的设计强度、弹性模量和容重

性 能	C15	C20	C25	C30
轴心受压(MPa)	7.5	10	12.5	15
弯曲抗压(MPa)	8.5	11	13.5	16
抗压(MPa)	0.8	1.0	1.2	1.4
弹性模量(MPa)	1.85×10^4	2.1×10^4	2.30×10^4	2.50×10^4
密度(kg/m^3)	2 200			

对Ⅱ～Ⅲ级围岩,喷射混凝土与岩面的黏结强度不应低于0.8 MPa,对Ⅳ级围岩,喷射混凝土与岩面的黏结强度不应低于0.5 MPa。

(2)喷射混凝土支护的设计厚度。若厚度作为防止围岩风化、侵蚀,不得小于30 mm,若作为支护结构,不得小于50 mm;若围岩含水,不得小于80 mm;为防止喷射混凝土由于收缩裂纹而剥落并妨碍喷射混凝土的柔性特点的发挥,以及减少在软弱围岩中产生较大的变形压力,喷射混凝土最厚不宜超过200 mm。

(3)在Ⅱ、Ⅲ、Ⅳ级围岩中,易出现局部不稳定岩块,喷射混凝土的设计厚度应按下式验算:

$$d \geqslant \frac{k_s G}{0.75 f_{ct} u_r} \tag{7-4-6}$$

式中 d——设计的喷射混凝土厚度,当$d>10$ cm时,仍按10 cm计;

f_{ct}——喷射混凝土设计抗拉强度;

u_r——局部不稳定块体露出的周边长度;

G——不稳定岩块重量;

k_s——安全系数,一般取2.5。

(4)喷射混凝土中含有较多的大小适中、分布均匀、彼此不串通的气泡,故提高了抗渗性。一般若水灰比不超过0.55时,可以达到P8。当要求有较高的抗渗性时,水灰比最好不超过0.45～0.50。

(5)采用水泥裹砂喷射工艺时,除应试验确定总的水灰比外,还应注意试验选择最佳造壳水灰比W_1/C。

有试验表明,对普通中砂,当造壳水灰比W_1/C为0.20～0.25时,28 d强度及其他指标均最高,称为最佳造壳水灰比。造壳水灰比与砂子的细度模数关系很大,砂子越细,其表面需水量越大,则需要较大的造壳水灰比,否则用较小的W_1/C值,一般在0.15～0.35范围内。最佳造壳水灰比与水泥品种亦有很大关系,一般地,矿渣水泥、火山灰水泥较之硅酸盐(普通硅酸盐)水泥的最佳造壳水灰比大 0.05 以上。

(6)拌制 SEC 砂浆应采用强制式搅拌机,以缩短搅拌时间和改善造壳效果。尤其第二次加水后的搅拌时间不能太长,要加以严格控制。

2.原料

(1)水泥。为保证喷射混凝土的凝结时间与速凝剂有较好的相容性,应优先采用 42.5 级以上的普通硅酸盐水泥,其次是矿渣硅酸盐水泥和火山灰质硅酸盐水泥。在有专门使用要求时,采用特种水泥。所使用的水泥,其性能应符合国家现行标准。

(2)砂。为保证喷射混凝土的强度和减少施工操作时的粉尘,以及减少硬化时的收缩裂纹,应采用坚硬而耐久的中砂或粗砂,细度模数一般宜大于 2.5。

(3)碎石或卵石(细石)。为防止喷射混凝土过程中的堵管和减少回弹量,应采用坚硬耐久的细石,粒径不宜大于 15 mm,以细卵石较好。

(4)骨料成分和级配。若使用碱性速凝剂,砂、石骨料均不得含有活性 SiO_2,以免产生碱骨料反应,引起混凝土开裂,为使喷射混凝土密实和在输送管道中顺畅,砂石骨料级配应按国家标准控制在表 7-4-6 的范围之内。

表 7-4-6 喷射混凝土骨料通过各筛径的累计质量百分数(%)

粒径(mm)	0.15	0.30	0.60	1.20	2.50	5.00	10.00	15.00
优	5~7	10~15	17~22	23~31	35~43	50~60	78~82	100
良	4~8	5~12	13~31	18~41	26~54	40~54	62~90	100

(5)水。为保证喷射混凝土正常凝结、硬化,保证强度和稳定性,饮用水均可用于喷射混凝土;若采用其他水,则不应含有影响水泥正常凝结与硬化的有害物质;不能使用污水以及 pH 值小于 4 的酸性水,也不能使用硫酸盐含量(按 SO_4^{2-} 计算)超过水质量 1‰的水。

(6)外加剂。主要是速凝剂,在喷射混凝土中添加速凝剂的目的是使喷射混凝土速凝,以减少回弹和早强,选用时应做与水泥的相容性试验。

3.配比

(1)干集料中水泥与砂石重量比,一般为 1∶4~1∶4.5,每 1 m^3 干集料中,水泥用量约为 400 kg。这种配比能满足喷射混凝土强度要求,回弹也较少。

(2)砂率一般为 45%~55%。实践证明,低于 45%或高于 55%时,均易造成堵管,且回弹大,强度降低,收缩加大。

(3)水灰比一般为 0.4~0.45。否则强度降低,回弹增大,采用水泥裹砂喷射工艺时,还应试验选择最佳造壳水灰比。

(4)速凝剂和其他外加剂的掺量,一定要由试验来确定其最佳掺量,并达到各龄期的设计强度要求。

(5)喷射混凝土搅拌时间及搅拌后临时存放时间均应按工艺要求及规范规定进行。

4.喷射混凝土机械设备

(1)喷射机。它是喷射混凝土的主要设备。国内已有多种鉴定定型产品,各有特点,可以由施工的具体情况选用。但以保证喷射混凝土的质量,减少回弹和粉尘,控制施工成本,提高工作效率为前提。

常用的干式喷射机有双罐式喷射机、转体式喷射机、转盘式喷射机,如图 7-4-22 所示。新研制的湿式喷射机有：挤压泵式、转体活塞泵式、螺杆泵式喷射机。这些泵式喷射机均要求混凝土具有较大的流动性(水灰比大于 0.5，含砂率大于 70%)，其机械构造较为复杂，机械使用费较高，机械清洗和故障处理较麻烦，目前现场使用尚较少，有待进一步改进推广。

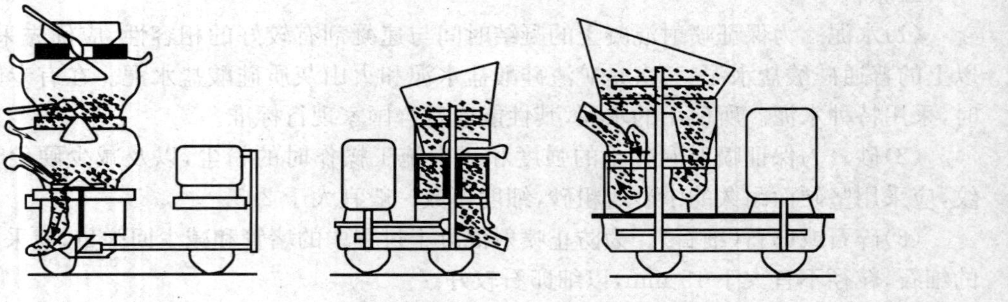

(a) 双罐式喷射机　(b) 转体式喷射机　(c) 转盘式喷射机

图 7-4-22　干式喷射机

(2)机械手。喷头的移动和喷射方向、距离的控制，可采用人力直接控制或机械手控制。

人力直接控制虽然可以近距离随时观察喷射情况，但劳动强度大，粉尘危害健康，因此要求佩戴防尘面具；对于软弱破碎围岩，需紧跟开挖面及时施喷时，有可能因突发性坍塌危及工人人身安全；另外对大断面隧道，还需要搭设临时性工作台。所以，人力直接控制一般只用于解决少量的和局部喷敷。机械手控制则可以避免以上缺点，且方便灵活，工作范围大，可覆盖 140 m^2(图 7-4-23)。

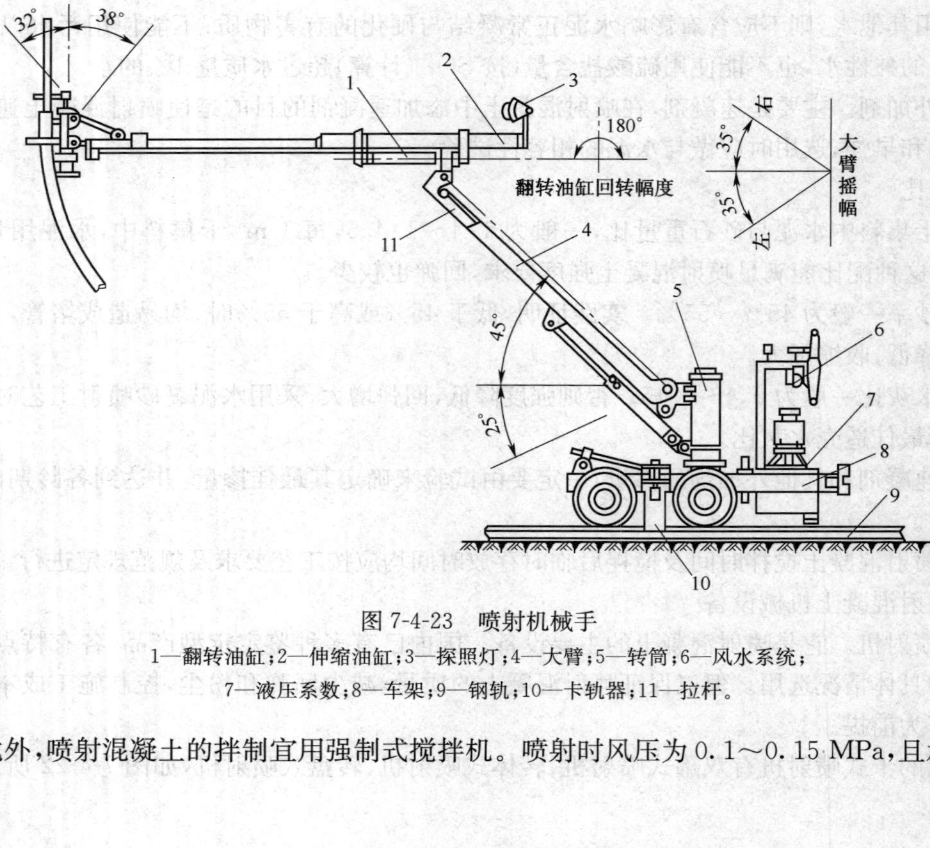

图 7-4-23　喷射机械手

1—翻转油缸；2—伸缩油缸；3—探照灯；4—大臂；5—转筒；6—风水系统；
7—液压系数；8—车架；9—钢轨；10—卡轨器；11—拉杆。

此外，喷射混凝土的拌制宜用强制式搅拌机。喷射时风压为 0.1～0.15 MPa，且水压应稍高于风压。湿式喷射时，风压及水压均较干喷时高。输料管在使用过程中应注意转向，以减少管道磨损。

5. 喷前检查及准备

(1)喷前应对开挖断面尺寸进行检查，清除松动危面，欠挖超标严重的应予处理。

(2)根据石质情况，用高压风或水清洗受喷面。

(3)受喷岩面有集中渗水时，应做好排水引流处理，无集中水时，应根据岩面潮湿程度，适当调整水灰比。

(4)埋设喷层厚度检查标志。一般在石缝处钉铁钉，或用快硬水泥安设钢筋头，并记录其外露长度。

(5)检查调试好各机械设备的工作状态。

6. 施喷注意事项

喷射作业应注意以下事项：

(1)喷射时应分段(不超过 6 m)、分部(先下后上)、分块(2.0 m×2.0 m)，严格按先墙后拱，先下后上的顺序进行[图 7-4-24(a)]，以减少混凝土因重力作用而引起的滑动或脱落现象发生。

(2)喷射时可以采用 S 形往返移动前进，也可以采用螺旋形移动前进[图 7-4-24(b)]。

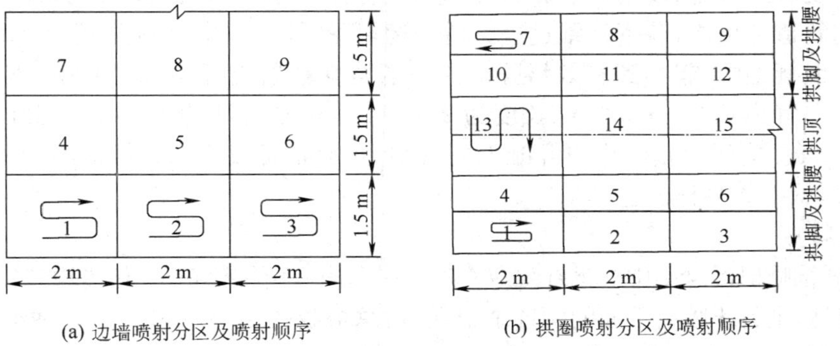

图 7-4-24　喷射分区及喷射顺序

(3)喷射时喷嘴要垂直于受喷面，倾斜角不大于 10°，距离 0.8～1.2 m。

(4)对于岩面凹陷处应先喷多喷，凸出处应后喷少喷。

(5)喷射时一次喷射厚度不得太薄或太厚，它主要与混凝土的黏结力和受喷部位及回弹情况等有关，一般规定按表 7-4-7 执行。

(6)若设计喷射混凝土较厚时，应分层喷射，一般分 2～3 层喷射；分层喷射的间隔时间不得太短，一般要在初喷混凝土终凝以后再进行复喷；喷射混凝土的终凝时间受水泥品种、施工温度、速凝剂类型及掺量等因素影响。

表 7-4-7　一次喷射厚度(cm)

部　位	掺速凝剂	不掺速凝剂
边　墙	7～10	5～7
拱　部	5～7	3～5

间隔时间较长时，复喷前应将初喷混凝土表面清洗干净，复喷应将凹陷处进一步找平。

(7)喷射混凝土的养护应在其终凝 1～2 h 后进行水养护，养护时间一般不少于 7 d。

(8)冬季施工时喷射混凝土作业区的气温不得低于 5℃；若气温低于 5℃，不得洒水；混凝土强度未达到设计强度的 50%时，若气温降低到 5℃以下，则应注意采取保温防冻措施。

(9)回弹物料的利用。实测表明,采用干法喷射混凝土时,一般边墙的回弹率为 10%~20%,拱部为 20%~35%,回弹量相当大。除应设法减少回弹外,尚应将回弹物料回收利用。

及时回收的洁净而尚未凝结的回弹物,可以按一定比例掺入混合料中重新搅拌后喷射,但掺量不宜大于 15%,且不宜用于喷射拱部;回弹物的另一处理途径是掺进普通混凝土中,但掺量也应加以控制。

(六)钢纤维喷射混凝土

无纤维喷射混凝土与普通混凝土一样,抗压强度高,但抗拉强度低,其拉、压强度比同样仅为 1/10 左右。为改善混凝土的性能,提高混凝土拉、压强度比,人们常常在混凝土内添加各类增强纤维。

常见的混凝土增强纤维有钢纤维和非钢纤维,非钢纤维中又分为高弹纤维($E_f/E_c>1$,如碳纤维、芳族聚酰胺纤维、石棉纤维、玻璃纤维等)和低弹纤维($E_f/E_c<1$,如聚丙烯纤维、聚乙烯醇纤维及维纶纤维、聚酰胺类纤维等)。

钢纤维喷射混凝土是在喷射混凝土中加入钢纤维,弥补喷射混凝土的脆性破坏缺陷,改善喷射混凝土的物理力学性能。

钢纤维的生产方法通常有钢丝切断法、薄钢板切断法、铣削法、熔抽法及轧制法。作为混凝土增强材料,钢纤维在投入搅拌机后,其形状、尺寸要能均匀地分散到混凝土中,同时喷射混凝土要容易输送、喷射。若钢纤维过长、过细,搅拌过程中钢纤维集结,并在喷射过程中易堵塞管道。反之,若钢纤维过短、过粗,运输、搅拌过程中宜与混凝土分离下沉,不能均匀分布于混凝土中,起不到有效增强作用。通常在喷射钢纤维混凝土中,钢纤维的直径(或等效直径)宜为 0.3~0.6 mm,长度为 20~40 mm,长径比为 40~60,钢纤维的体积掺量为 1%~2%。为增大钢纤维与混凝土的黏结力,通常可改变钢纤维的表面特征,其几何形状、端面形状形式多样。

1. 性能特点

(1)钢纤维喷射混凝土中的钢纤维应在喷射平面内呈两维分布,且相当均匀(图 7-4-25)。

根据统计,平行于喷射平面的钢纤维根数,占总根数的 70%~80%。这种结构保证了钢纤维喷射混凝土在喷射平面内力学强度的均匀性。

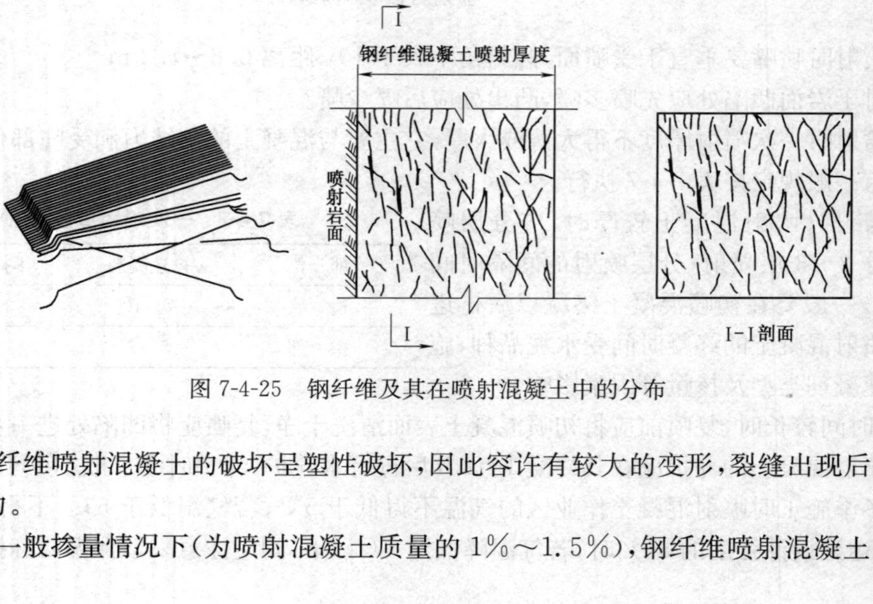

图 7-4-25 钢纤维及其在喷射混凝土中的分布

(2)钢纤维喷射混凝土的破坏呈塑性破坏,因此容许有较大的变形,裂缝出现后仍有一定的承载能力。

(3)在一般掺量情况下(为喷射混凝土质量的 1%~1.5%),钢纤维喷射混凝土比普通喷射混凝土的抗压强度提高 30％～60％，抗拉强度提高 50％～80％，抗弯强度提高 40％～70％。

（4）当钢纤维掺量大于 1.5％时，钢纤维喷射混凝土的韧性（加载至试件完全破坏所做的功）为普通喷射混凝土的 20～50 倍，抗冲击性能提高 8％～30％，抗磨损性能能提高 30％。

2. 应用范围

由于钢纤维喷射混凝土具有许多优良的物理力学性能，故可用于承受强烈震动、冲击动荷载的结构物的构筑，也适用于要求耐磨或不便配置钢筋但又要求有较高强度和韧性的工程中。如用于地下工程中的受动荷载部位的结构，地上建筑物的补强加固，以及机场跑道、高速公路路面等。

在软弱破碎围岩隧道中，采用钢纤维喷射混凝土的支护效果，优于采用挂钢筋网喷射混凝土的效果。因此，可以采用钢纤维喷射混凝土代替挂钢筋网喷射混凝土，作为软弱破碎围岩隧道的初期支护，甚至作为永久性衬砌。目前我国公路等部门作过一些实用性试验研究，但在各类隧道工程中应用钢纤维喷射混凝土的还很少，有待进一步推广。

3. 设计要点

（1）钢纤维喷射混凝土的物理力学性能除与基体材料——喷射混凝土的物理力学性能有直接关系外，同时与钢纤维的形状、尺寸、掺量，以及钢纤维在基体材料中的分布状态和排列方向、喷射工艺等有直接关系。故设计者应在试验的基础上充分认识，并针对具体需要，适当选择，以期获得较好的技术经济效益。

（2）当钢纤维尺寸相同时，其抗拉、抗弯强度随钢纤维含量的增强而提高（图 7-4-26）。

（3）当钢纤维长度、掺量相同时，细纤维较粗纤维的强度有显著提高（图 7-4-27，钢纤维掺量 2％）。

（4）当钢纤维的尺寸相同时，掺量高的较掺量低的抗冲击性能显著提高（图 7-4-28）。

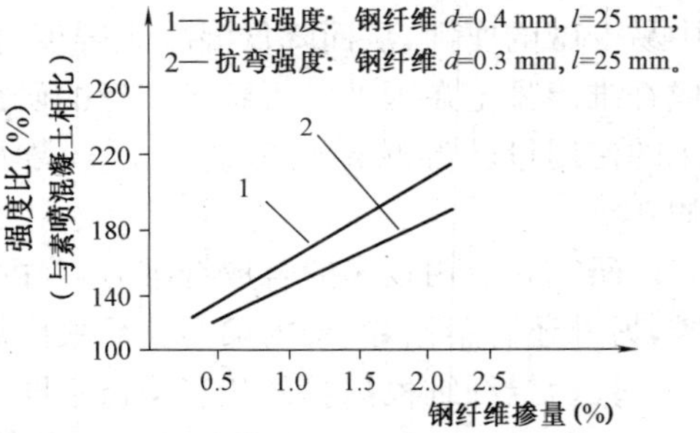

图 7-4-26　钢纤维掺量与抗拉、抗弯强度关系

这是因为试件破坏时，钢纤维缓慢地从喷射混凝土中拔出。钢纤维喷射混凝土的力学性能主要取决于钢纤维与喷射混凝土之间的黏结强度。相同体积的钢纤维，其表面积越大，则黏结力越大，增强效果就越好。即钢纤维长径比（l/d）越大，黏结力越高。目前由于工艺设备方面的原因，钢纤维的长度一般不超过 30 mm，l/d＝45～80 之间为好。

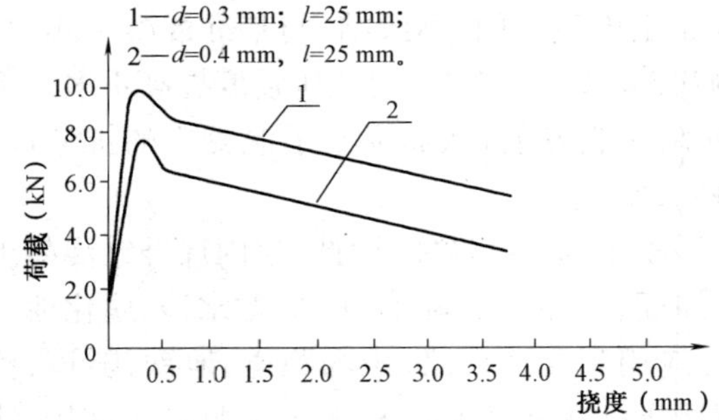

图 7-4-27　不同直径钢纤维在相同掺量下的抗挠比较

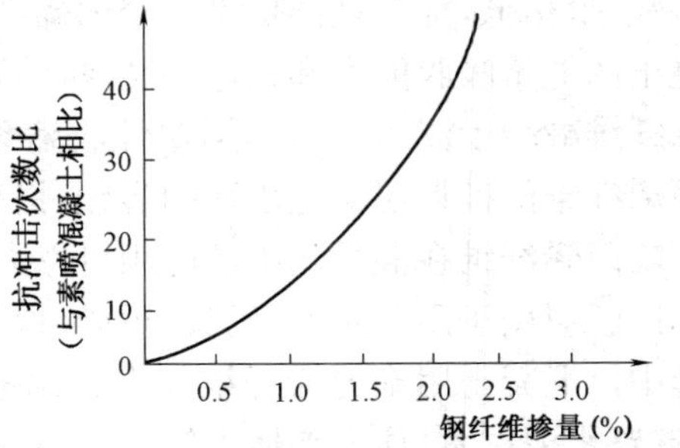

图 7-4-28　钢纤维掺量与抗冲击性能的关系

（5）钢纤维喷射混凝土的配合比一般为水泥∶砂∶石＝1∶1.6∶1.6，水泥强度等级不低于

52.5 级,砂子采用中砂,石子采用筛洗卵石,最大粒径 10 mm,钢纤维掺量一般为喷射混凝土质量的 1.0%～2.0%,规格尺寸为直径×长度＝0.3 mm×20 mm 或 0.4 mm×20 mm 或 0.4 mm×25 mm。

4. 施工要点

(1)喷射钢纤维混凝土,应选用经过试验检验的喷射机械。主要问题是防止钢纤维结团堵管。目前已有些钢纤维产品采用水溶性黏结剂将钢纤维黏结成片状,在搅拌过程中可以方便地分离成单一纤维,较好地解决了结团问题。

(2)钢纤维和基料必须拌和均匀,避免结团在喷射机拨料盘堵塞或堵管。方法是先将水泥、砂、石拌和均匀,然后掺入钢纤维和速凝剂,再拌和均匀,装入运输车。

(3)钢纤维喷射混凝土操作同普通喷射混凝土,但输料管的磨耗大,一般要高于普通喷射混凝土 30%～40%,尤其是拐弯处。可每班将胶管翻转 1～2 次,以延长胶管寿命。

(4)风压要比普通喷射混凝土高 0.02～0.05 MPa;当输送距离不大于 40 m 时,风压一般可为 0.05～0.18 MPa。

(七)聚丙烯纤维喷射混凝土

在单一纤维混凝土中,钢纤维效果较好,成功应用的实例较多,但价格较高;碳纤维具有胜过钢材的刚度和强度的优良性能,价格更为昂贵;石棉纤维应用时间虽然较长,但最近已被世界卫生组织确定为鼻咽癌的致癌物,对人体健康有害,将很快被淘汰;玻璃纤维在新浇混凝土中易受碱的腐蚀,从而降低混凝土强度,同时也有污染环境的问题。20 世纪 80 年代以来,合成纤维混凝土在国外已得到了广泛的研究和应用,国内则相对较少。目前,美国合成纤维混凝土的使用量已占混凝土总量的 7%,数量已超过先期开发的钢纤维混凝土(占混凝土总量的 3%)。

研究和应用较多的合成纤维有:聚丙烯、聚乙烯醇、聚酰胺类、芳族聚酰胺、聚酯类和碳纤维,另外还有聚乙烯、聚丙烯等。而聚丙烯纤维混凝土是研究与应用最多的合成纤维混凝土。

聚丙烯纤维根据其形状和构造不同,可分为单丝纤维和网状纤维。单丝纤维有较高的长径比,常以长丝短切加工而成,但在混凝土中分散性较差。聚丙烯纤维网状纤维通过特殊工艺制造而成,其外观呈多根纤维单丝相互交融的网状结构,网状纤维用于配制混凝土时,混凝土拌和物的搅拌可产生原材料自身的揉搓与摩擦作用,破坏单丝间的横向联系,形成纤维单丝或网状结构的充分张开,从而比单丝纤维更易在混凝土中分散。

聚丙烯纤维在混凝土的碱性环境下非常稳定,熔点较高,表面憎水,100%的湿强保持率,质量轻,价格低,加工性能优良。聚丙烯纤维在混凝土中不成团、不缠结,与基准混凝土相比,混凝土的能量吸收能力和延性提高,抗弯强度和疲劳极限也有提高,但抗压强度提高不多。聚丙烯纤维减少了混凝土的早期塑性收缩裂纹并能阻止它发展,从而提高了混凝土的抗渗性。聚丙烯纤维能推迟混凝土表面的劣化,提高耐久性。

聚丙烯纤维在混凝土中的应用可以大大提高混凝土的力学性能,因此,聚丙烯纤维混凝土可以广泛应用于刚性路面、码头、桥梁、地下工程、屋面、内外墙粉刷、停车场、贮水池、腐化池等工程中。混凝土用聚丙烯纤维在发达国家已广泛应用于高速公路、机场跑道、地铁、隧道、桥梁、铁路水泥枕木、住宅墙体中等。聚丙烯纤维混凝土已在上海国际体操中心、虹口足球场、浦东国际东方医院、龙华旅游城等工程中成功应用于刚性防水、大面积的基础底板防裂结构;北京住总集团在南线阁商住楼楼板自密集混凝土中使用了聚丙烯纤维,用于混凝土防裂、抗渗,取得了良好的使用效果;广州棠下安居工程 8 000 m^2 地下室、新中国大厦地下室工程、南方实业大厦地下工程、50 层高的中水广场大厦 4 500 m^2 地下室等工程中，采用聚丙烯纤维混凝土，使用效果十分满意。

从现代建筑和可持续发展观点看，聚丙烯纤维在高性能混凝土中的应用发展是当前水泥基材料的主要发展方向。被称为“21 世纪混凝土”，更具有“绿色”意义。提高建筑物耐久性、延长建筑物的使用寿命是极其重要的。混凝土专用聚丙烯纤维由于能积极有效地改善混凝土的耐久性，使混凝土高性能化，且工作机理简单，适用性广泛，使用效果显著，在工程界已受到越来越多的关注。从确保工程质量，施工便利，兼顾成本及长、短期效益等诸方面考虑，在混凝土中添加聚丙烯纤维不失为改善混凝土性能的有效途径。在北美和欧洲，经过 20 年来的大量工程实践，使用聚丙烯纤维混凝土的技术已日臻完善，聚丙烯纤维已成为改善混凝土性能最为广泛使用的手段之一。在我国，随着高性能混凝土的广泛使用，聚丙烯纤维在铁路隧道衬砌中将具有广阔的应用前景。

(八)钢筋网喷射混凝土

钢筋网喷射混凝土是在喷射混凝土之前，在岩面上挂设钢筋网，然后再喷射混凝土。其物理力学性能基本上同钢纤维喷射混凝土，只是其配筋均匀性较钢纤维差。目前，我国在各类隧道工程中应用钢筋网喷射混凝土支护的比较多，主要用于软弱破碎围岩，而更多的是与锚杆或者钢拱架构成联合支护。

1. 构造组成

钢筋网通常作环向和纵向布置。环向筋一般为受力筋，由设计确定，直径 12 mm 左右；纵向筋一般为构造筋，直径 6～10 mm；网格尺寸一般为 20 cm×20 cm，20 cm×25 cm，25 cm×25 cm，25 cm×30 cm 或 30 cm×30 cm。围岩松散破碎严重的，或土质和砂土质隧道，可采用细一些的钢丝，直径一般小于 6 mm，网格尺寸亦应小一些，一般为 10 cm×10 cm，10 cm×15 cm，15 cm×15 cm，15 cm×20 cm 或 20 cm×20 cm。

2. 施工要点

(1)钢筋网应根据被支护围岩面上的实际起伏形状铺设，且应在喷射一层混凝土后再行铺设。钢筋与岩面或与初喷混凝土面的间隙应不小于 3～5 cm，钢筋网保护层厚度不小于 3 cm，有水部位不小于 4 cm。

(2)为便于挂网安装，常将钢筋网先加工成网片，长宽可为 100～200 cm。

(3)钢筋网应与锚杆或锚钉头连接牢固，并应尽可能多点连接，以减少喷射混凝土时钢筋发生“弦振”的现象。锚钉的锚固深度不得小于 20 cm。

(4)开始喷射时，应缩短喷头至受喷面之间的距离，并适当调整喷射角度，使钢筋网背面混凝土密实。对于干燥土质隧道，第一次喷射不能太厚，以防起鼓剥落。

四、钢 拱 架

无论是采用喷射混凝土还是锚杆(抑或是加长、加密锚杆)或是在混凝土中加入钢筋网、钢纤维，主要都是利用其柔性和韧性，而对其整体刚度并未过多要求。这对支护不太破碎的围岩并使其稳定是可行的。但当围岩软弱破碎严重且自稳性差时，开挖后就要求早期支护具有较大的刚度，以阻止围岩的过度变形和承受部分松弛荷载。钢拱架就具有这样的力学性能。

1. 构造组成

钢拱架可以采用型钢、工字钢、钢管或钢筋制成。现场采用以钢筋制作的格栅钢架较多，如图 7-4-29 所示。

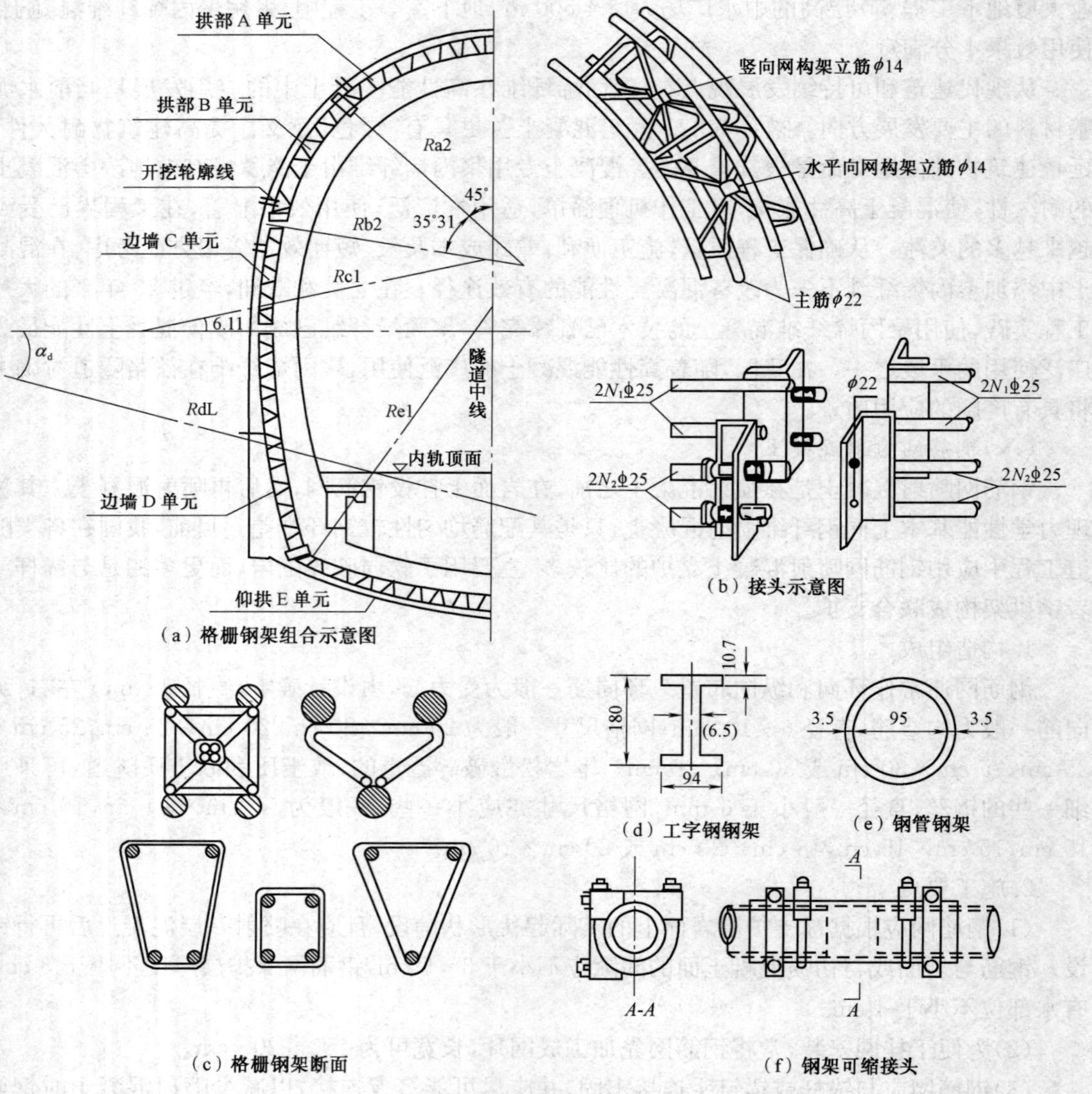

图 7-4-29 钢拱架构造(单位:mm)

2. 性能特点

(1)钢拱架的整体刚度较大,可以提供较大的早期支护刚度;型钢拱架较格栅钢架能更早承载。

(2)钢拱架可以很好地与锚杆、钢筋网、喷射混凝土相结合,构成联合支护,增强支护的有效性,且受力条件较好。尤以格栅钢架结合最好。

(3)格栅钢架采用钢筋现场加工制作,技术难度和要求并不高;对隧道断面变化适应性好。

(4)钢拱架的安装架设方便。

3. 设计要点

(1)从理论上讲,钢拱架应按其与锚杆、喷射混凝土共同工作状态来设计,即按 $P=Ku$(P 为支护阻力;K 为支护刚度;u 为位移)来确定初期支护的最大阻力。但由于在软弱破碎围岩中,围岩变形与支护阻力之间的极限平衡状态随着支护变形程度而变化,难以确定。另一方面由于软弱破碎围岩早期变形快，有可能造成较大变形和一定范围的松弛荷载，因此，钢拱架的设计可按其单独承受早期松弛荷载来设计。根据设计、施工经验，早期松弛荷载的量值一般按全部松弛荷载的10%～40%来考虑，用下式表示：

$$q' = \mu q \tag{7-4-7}$$

式中　q'——钢拱承受的早期松弛荷载；

q——围岩松弛荷载，按松弛荷载统计公式计算；

μ——钢拱架的荷载系数，一般取0.1～0.4。

(2)拟定钢拱架尺寸后，进行强度、刚度和稳定性检算。常用的钢拱架设计参数见表7-4-8。

表7-4-8　常用钢拱架支护设计参数

围岩级别	荷载系数 μ	钢拱架类型	每榀轴线间距(m)
Ⅳ	0.25	三肢格栅钢架	1.0
	0.4	三肢格栅钢架＋喷射混凝土	
	0.3	工字钢架	
	0.35	工字钢架＋喷射混凝土	
Ⅴ	0.2	四肢格栅钢架	0.8
	0.6	四肢格栅钢架＋喷射混凝土	
	0.4	工字钢架	
	0.45	工字钢架＋喷射混凝土	
Ⅵ	0.1	四肢格栅钢架	0.6
	0.15	四肢格栅钢架＋喷射混凝土	
	0.1	工字钢架	
	0.1	工字钢架＋喷射混凝土	

(3)钢拱架的截面高度应与喷射混凝土厚度相适应，一般为16～20 cm，且要有一定保护层。钢拱架通常是在初喷封面混凝土后架设的，初喷混凝土厚度约4 cm。

(4)为架设方便，每榀钢拱架一般应分为2～6节，并保证接头刚度，节数应与断面大小及开挖方法相适应。每榀钢拱架之间应设置不小于ϕ22 mm的纵向钢拉杆。

(5)当围岩变形量较小或只允许围岩有小量变形时，钢拱架可以设计为固定型。当围岩流动性强、变形量大，且允许围岩有较大变形时，宜将钢拱架设计为可缩性，其可缩节点位置宜设置在拱顶节点处。

4.施工要点

(1)钢拱架应架设在隧道横向竖直平面内，其垂直度允许误差为±2°。

(2)钢拱架的拱脚应稳定，一般设有垫板、纵向托梁、锁脚锚杆等。

(3)钢拱架的安设应在开挖后的2 h内完成。

(4)钢拱架应尽可能多地与锚杆露头及钢筋网焊接，以增强其联合支护效应。

(5)可缩性钢拱架的可缩性节点不宜过早喷射混凝土，待其收缩合龙后，再补喷射混凝土。

(6)喷射混凝土时，应注意将钢拱架与岩面之间的间隙喷射密实。

(7)喷射混凝土应分层分次喷射完成，初喷混凝土应尽早进行，复喷混凝土应在量测指导下进行,以保证其适时、有效。

五、联合支护

前面分别介绍了锚杆(系统锚杆或局部锚杆)、喷射混凝土、钢筋网喷射混凝土或纤维喷射混凝土、钢拱架(型钢拱架或格栅钢架)等常用支护方法。在隧道工程中,为适应地质条件和结构条件的变化,常将各种单一支护方法进行恰当组合,共同构成较为合理的、有效的和经济的支护结构体系。但不论何种组合形式,将其通称为联合支护。

目前在隧道工程中,作为初期支护,使用最多的组合形式是锚杆(主要指系统锚杆)加喷射混凝土(素喷或网喷)。因此,初期支护可以称为锚喷支护,它是一种最基本的组合形式(图 7-4-30)。

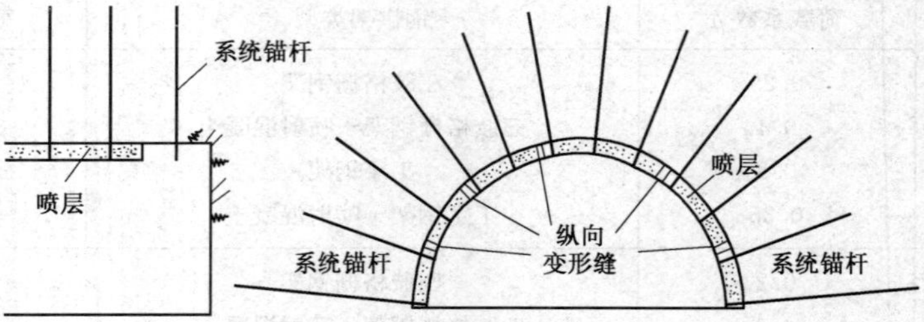

图 7-4-30 系统锚杆加喷射混凝土联合支护

联合支护的施工不仅应满足各部件安设施工的技术要求,还应注意以下事项:

(1)联合支护宜联不宜散,彼此要直接地牢固相连,以充分发挥联合支护效应。

(2)钢筋网及钢拱架要尽可能多地与锚杆头焊连,锚杆要有适量的露头。

(3)钢筋网及钢拱架要被喷射混凝土所包裹、覆盖,即喷射混凝土要将钢筋网和钢拱架包裹密实。

(4)分次施作的联合支护,应尽快将其相连,如超前锚杆与系统锚杆及钢拱架的联结。

(5)分次施作的联合支护,应在量测指导下进行设计和施作,以做到及时、有效,并作适当调整。

六、施工过程中(二次衬砌前)可能发生的问题及对策

前面介绍了隧道开挖方式、方法和初期支护的多种类型。应该说这些方式、方法、类型及其组合是能够适应绝大多数的围岩地质条件和工程结构条件的。但这种适应在工程实际中并非绝对。之所以这样,是基于下面几个方面的原因:其一是在施工、设计过程中,对围岩性质判断不准或情况不明;其二是支护类型与实际要求不适应;其三是支护的时机和方法不恰当;其四是其他的不明原因。由于以上原因的存在,使得在实际施工过程中,经常会出现不良变形甚至松弛坍塌等异常现象。对此,一方面应进行隧道动态信息的反馈分析,对施工方法、支护时机、各支护参数等加以调整;另一方面只能针对一些不能明确原因的现象采取及时有效的处理措施,并加以总结和防范,以利于施工安全和顺利地进行,现将这些问题及对策总结归纳见表 7-4-9。其中 A 项是指进行比较简单的改变就可解决问题的措施,B 项是指包括需要改变支护方法等比较大的变动才能解决问题的措施。

表 7-4-9　施工中的现象及其处理措施

	施工中的现象	措　施　A	措　施　B
开挖面及其附近	正面变得不稳定	1.缩短一次掘进长度； 2.开挖时保留核心土； 3.向正面喷射混凝土； 4.用插板或并排钢管打入地层进行预支护	1.缩小开挖断面； 2.在正面打锚杆； 3.采取辅助施工措施对地层进行预加固
	开挖面顶部掉块增大	1.缩短开挖时间及提前喷射混凝土； 2.采用插板或并排钢管； 3.缩短一次开挖长度； 4.开挖面暂时分部施工	1.加钢支撑； 2.预加固地层
	开挖面出现涌水或者涌水量增大	1.加速混凝土硬化(增加速凝剂等)； 2.喷射混凝土前做好排水； 3.加挂网格密的钢筋网； 4.设排水片	1.采取排水方法(如排水钻孔、井点降水等)； 2.预加固围岩
	地基承载力不足，下沉增大	1.注意开挖时，不要损害地基围岩； 2.加厚底脚处喷混凝土，增加支承面积	1.增加锚杆； 2.缩短台阶长度，及早闭合支护环； 3.用喷混凝土作临时底拱； 4.预加固地层
	产生底鼓	及早喷射底拱混凝土	1.在底拱处打锚杆； 2.缩短台阶长度，及早闭合支护环
喷混凝土	喷混凝土层脱离甚至塌落	1.开挖后尽快喷射混凝土； 2.加钢筋网； 3.解除涌水压力； 4.加厚喷层	打锚杆或增加锚杆
	喷混凝土层中应力增大，产生裂缝和剪切破坏	1.加钢筋网； 2.在喷混凝土层中增设纵向伸缩缝	1.增加锚杆(用比原来长的锚杆)； 2.加入钢支撑
锚杆	锚杆轴力增大，垫板松弛或锚杆断裂		1.增强锚杆(加长)； 2.采用承载力大的锚杆； 3.为增大锚杆的变形能力，在垫锚板间夹入弹簧垫圈等
钢支撑	钢支撑中应力增大，产生屈服	松开接头处螺栓，凿开喷混凝土层，使之可自由伸缩	1.增强锚杆； 2.采用可伸缩的钢的支撑，在喷混凝土层中设纵向伸缩缝
净空位移	净空位移量增大，位移速度变快	1.缩短从开挖到支护的时间； 2.提前打锚杆； 3.缩短台阶、底拱一次开挖的长度； 4.当喷混凝土开裂时，设纵向伸缩缝	1.增强锚杆； 2.缩短台阶长度，提前闭合支护环； 3.在锚杆垫板间夹入弹簧垫圈等； 4.采用超短台阶法，或在上半断面建造临时底拱

第五节　监控量测与数据分析

一、现场量测

1.量测目的

(1)掌握围岩力学形态的变化和规律；

(2)掌握支护结构的工作状态；

(3)为理论解析、数据分析提供计算数据与对比指标;

(4)为隧道工程设计与施工积累资料。

2. 监测项目与内容

(1)地质和支护状态现场观察:开挖面附近的围岩稳定性,围岩构造情况,支护变形与稳定情况,准确掌握围岩情况。

(2)岩体(岩石)力学参数测试:抗压强度 R_b、变形模量 E、黏聚力 c、内摩擦角 ϕ、泊松比 ν。

(3)应力应变测试:岩体原岩应力,围岩应力、应变,支护结构的应力、应变。

(4)压力测试:支护上的围岩压力、渗水压力。

(5)位移测试:围岩位移(含地表沉降)、支护结构位移。

(6)温度测试:岩体(围岩)温度、洞内温度、洞外温度。

(7)物理探测:弹性波(声波)测试,即纵波速度 v_p、横波速度 v_s、动弹性模量 E_d、动泊松比 ν_{dp}。

以上监测项目,一般分为应测项目和选测项目。应测项目是现场量测的核心,它是设计、施工所必需进行的经常性量测。选测项目是由于不同地质、工程性质等具体条件和对现场量测要取得的数据类型而选择的测试项目。由于条件的不同和要取得的信息不同,在不同的隧道工程中往往采用不同的测试项目。但对于一个具体隧道工程来说,对上述列举的项目不会全部应用,只是有目的地选用其中的几项。隧道工程的量测项目见表 7-5-1。表中 1~4 项为应测项目,5~11 项为选测项目。

表 7-5-1 隧道现场监控量测项目及量测方法

序号	项目名称	方法及工具	布置	量测间隔时间			
				1~15 d	16 d~1 个月	1~3 个月	3 个月以上
1	地质和支护状态观察	岩性、结构面产状及支护裂缝观察和描述,地质罗盘等	开挖后及初期支护后进行	每次爆破后进行			
2	周边位移	各种类型收敛计	每 5~100 m 一个断面,每断面 2~3 对测点	1~2 次/d	1 次/2 d	1~2 次/周	1~3 次/月
3	拱顶下沉	水准仪、水准尺、钢尺或测杆	每 5~100 m 一个断面	1~2 次/d	1 次/2 d	1~2 次/周	1~3 次/月
4	地表下沉	水准仪、水准尺	每 5~100 m 一个断面,每断面至少 11 个测点,每隧道至少 2 个断面。中线每 5~20 m 一个测点	开挖面距量测断面前后<2B 时,1~2 次/d 开挖面距量测断面前后<5B 时,1 次/2 d 开挖面距量测断面前后>5B 时,1 次/周			
5	围岩内部位移(地表设点)	地面钻孔中安设各类位移计	每代表性地段一个断面,每断面 3~5 个钻孔	开挖面距量测断面前后<2B 时,1~2 次/d 开挖面距量测断面前后<5B 时,1 次/2 d 开挖面距量测断面前后>5B 时,1 次/周			
6	围岩内部位移(洞内设点)	洞内钻孔中安设单点、多点杆式或钢弦式位移计	每 5~100 m 一个断面,每断面 2~11 个测点	1~2 次/d	1 次/2 d	1~2 次/周	1~3 次/月
7	围岩压力及两层支护间压力	各种类型压力盒	每代表性地段一个断面,每断面宜为 15~20 个钻孔	1 次/d	1 次/2 d	1~2 次/周	1~3 次/月

续上表

序号	项目名称	方法及工具	布　置	量测间隔时间			
				1～15 d	16 d～1个月	1～3个月	3个月以上
8	钢支撑内力及外力	支柱压力计或其他测力计	每10榀钢拱支撑一对测力计	1次/d	1次/2 d	1～2次/周	1～3次/月
9	支护、衬砌内应力、表面应力及裂缝测量	各类混凝土内应变计、应力计、测缝计及表面应力解除法	每5～100 m一个断面，每断面宜为11个测点	1次/d	1次/2 d	1～2次/周	1～3次/月
10	锚杆或锚索内力及抗拔力	各类电测锚杆、锚杆测力计及拉拔计	必要时进行	—	—	—	—
11	围岩弹性波测试	各种声波仪及配套探头	在代表性地段设置	—	—	—	—

二、量测方法

这里介绍几项主要量测项目的量测方法。

(一)地质素描

与隧道施工进展同步进行的洞内围岩地质(和支护状况)的观察及描述，通常称为地质素描。它是隧道设计和施工过程中不可缺少的一项重要地质详勘工作，是对围岩工程地质特性和支护措施合理性的最直观、最简单、最经济的描述和评价。

配合量测工作对代表性断面的地质描述，应详细准确，如实反映情况。一般应包括对以下内容的描述：

(1)代表性测试断面的位置、形状、尺寸及编号；

(2)岩石名称、结构、颜色；

(3)层理、片理、节理裂隙、断层等各种软弱面的产状、宽度、延伸情况、连续性、间距等；各结构面的成因类型、力学属性、粗糙程度、充填的物质成分和泥化、软化情况；

(4)岩脉穿插情况及其与围岩接触关系，软硬程度及破碎程度；

(5)岩体风化程度、特点、抗风化能力；

(6)地下水的类型、出露位置、水量大小及喷锚支护施工的影响等；

(7)施工开挖方式方法、锚喷支护参数及循环时间；

(8)围岩内鼓、弯折、变形、岩爆、掉块，坍塌的位置、规模、数量和分布情况，围岩的自稳时间等；

(9)溶洞等特殊地质条件描述；

(10)喷层开裂起鼓、剥落情况描述；

(11)地质断面展示图(1∶20～1∶100)或纵横剖面图(1∶50～1∶100)，必要时应附彩色照片。

(二)拱顶下沉和地表沉降

由已知高程的临时或永久水准点(通常借用隧道高程控制点)，使用较高精度的水准仪，就可观测出隧道拱顶或隧道上方地表各点的下沉量及其随时间的变化情况。隧道底鼓也可用此法观测。通常这个值是绝对位移值。另外也可以用收敛计测拱顶相对于隧道底的相对位移。

值得注意的是,拱顶点是坑道周边上的一个特殊点,其位移情况具有较强的代表性。

(三)坑道周边相对位移

1. 量测原理

隧道开挖后,围岩向坑道内部的位移是围岩动态的最显著表现,最能反映出围岩(或围岩加支护)的稳定性。因此对坑道周边位移的量测是最直接、最直观、最有意义、最经济和最常用的量测项目。为量测方便起见,除对拱顶、地表下沉及底鼓可以量测绝对位移值外,坑道周边其他各点,一般均用收敛计量测其中两点之间的相对位移值,来反映围岩位移动态。

2. 收敛计

(1)收敛计一般由带孔钢尺、测微百分表、张力调节器、测点连接器组成;

(2)测点连接器有单向连接销式及球形铰接式等多种;

(3)将带销孔或圆球测头、长度为 20～30 cm 的钢筋锚固于岩壁内作为测点,锚固方式同早强水泥砂浆锚杆,测头的位移即可代表岩壁表面该测点的位移;

(4)张力调节器有重锤式(如 SWJ-8 型、美国 SINCO-518115 型)、弹簧式(如 SLJ-80 型、QJ-81 型)、应力环式(如 GSL 型、WRM-4 型)。其中应力环式张力调节器须经标准实验室标定,其测试精度较高。图 7-5-1 是 QJ-81 型球铰连接弹簧式收敛计。

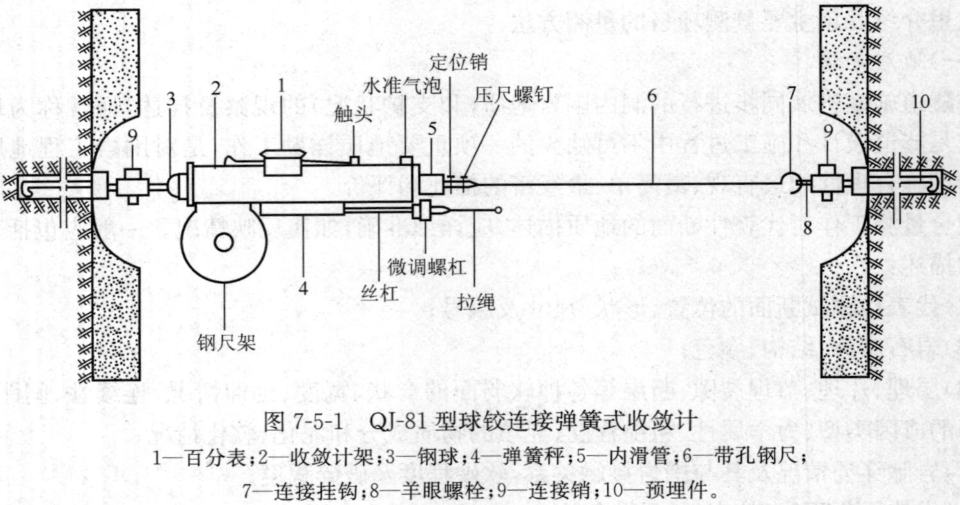

图 7-5-1 QJ-81 型球铰连接弹簧式收敛计

1—百分表;2—收敛计架;3—钢球;4—弹簧秤;5—内滑管;6—带孔钢尺;
7—连接挂钩;8—羊眼螺栓;9—连接销;10—预埋件。

3. 测试方法及注意事项

(1)开挖后尽快埋设测点,并测取初读数,要求 12 h 内完成;

(2)测点(测试断面)应尽可能靠近开挖面,要求在 2 m 以内;

(3)读数应在重锤稳定或张力调节器指针稳定指示规定的张力值时读取;

(4)当相对位移值较大时,要注意消除换孔误差;

(5)测试频率应视围岩条件、工程结构条件及施工情况而定,一般应按表 7-5-1 的要求而定;

(6)整个量测过程中,应做好详细记录,并随时检查有无错误。记录内容应包括断面位置、测点(测线)编号、初始读数、各次测试读数、当时温度以及开挖面距量测断面的距离等。

4. 数据整理

量测数据整理包括数据计算、列表或绘图表示各种关系。

（1）坑道周边相对位移计算式为

$$u_i = R_i - R_0 \tag{7-5-1}$$

式中　R_0——初始观测值；

R_i——第 i 次观测值；

u_i——第 i 次量测时，该两测点之间的相对位移值。

（2）测尺为普通钢尺时，要消除温度影响，尤其当洞径大（测线长）、温度变化大时，应进行温度改正。其计算式为

$$\Delta u_i^t = \alpha L(t_i - t_0) \tag{7-5-2}$$

$$u_i = R_i - R_0 - \Delta u_i^t \tag{7-5-3}$$

式中　α——钢尺的线膨胀系数（一般取 $\alpha = 12 \times 10^{-6}/℃$）；

L——量测基线长；

t_0，t_i——初始量测时的温度和第 i 次量测时的温度。

（3）应及时计算出各测线的相对位移值、相对位移速率，及其与时间和开挖断面距离之间的关系，并列表或绘图直观表示。常用的几种关系曲线如图 7-5-2、图 7-5-3、图 7-5-4 所示。

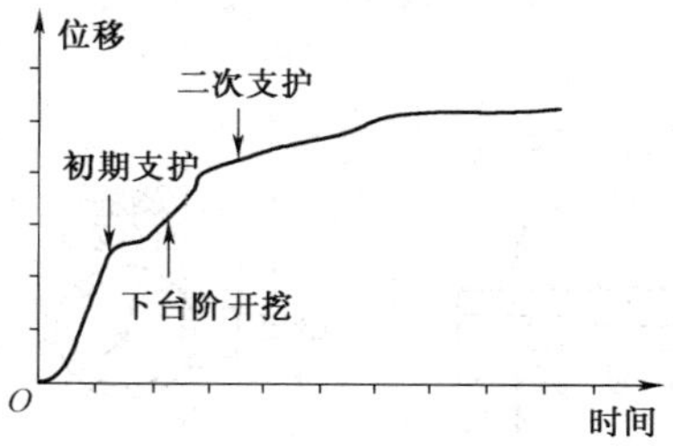

图 7-5-2　位移—时间关系曲线

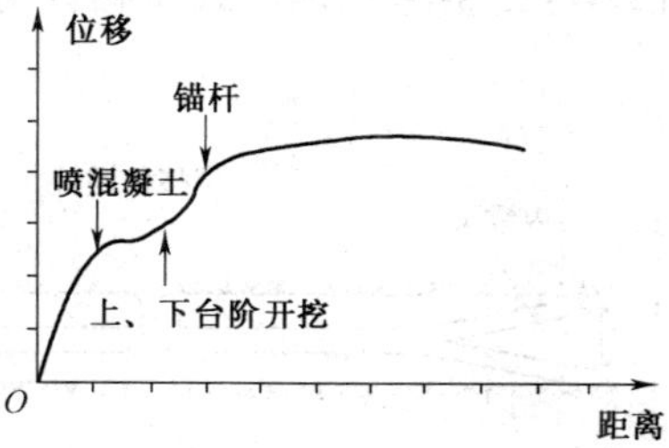

图 7-5-3　位移—开挖面距离关系曲线

（四）非接触量测

近年来，特长隧道、大跨度隧道日益增多，施工方法多变，这给隧道周边位移量测带来了不同程度的困难，并对位移量测方法和精度提出更高的要求。

传统的接触量测方法具有成本低、简便可靠、能适应恶劣环境等优点，但对施工干扰大，测量速度慢，越来越难以满足要求。非接触量测具有对施工干扰小、测量速度快，特别是对于大跨度隧道更能显示出其方便、快速、灵活、适应性强的优点，克服了传统的接触量测方法的缺点，并可以进行隧道变化位移量测和隧道内测点三维位移量测。对于大跨度隧道，应优先考虑非接触量测。

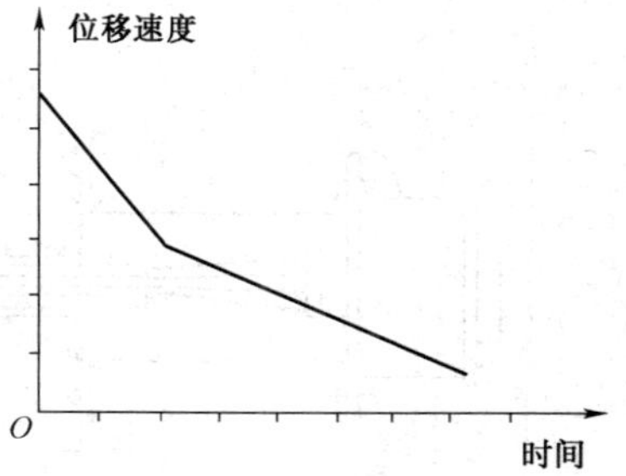

图 7-5-4　位移速度—时间关系曲线

非接触量测是指在不接触被测目标点的情况下，获取被测点的空间位移信息的方法。通过量测得到隧道内周边某点的三维坐标 X、Y、Z，以便分析其三维绝对位移 ΔX，ΔY，ΔZ；同时也可通过两点的三维坐标，计算洞内的收敛位移，其精度也能满足隧道测量的要求。随着隧道施工技术的提高，三维非接触式围岩量测技术会逐步完善成熟，必定在隧道施工中得到全面推广应用。

（五）围岩内部位移

1. 量测原理

围岩内部各点的位移同坑道周边位移一样也是围岩动态的表现。它不仅反映了围岩内部的松弛程度,而且更能反映围岩松弛范围的大小,这也是判断围岩稳定性的一个重要参考指标。在实际量测工作中,先是向围岩钻孔,然后用位移计量测钻孔内(围岩内部)各点相对于孔口(岩壁)一点的相对位移。

2. 位移计

(1)位移计有两种类型,一类是机械式,另一类是电测式。其构造由定位装置、位移传递装置、孔口固定装置、百分表或读数仪等部分组成。

(2)定位装置是将位移传递装置固定于钻孔中的某一点,其位移代表围岩内部该点位移。定位装置多采用机械式锚头,其形式有楔缝式、支撑式、压缩木式等。

(3)位移传递装置是将锚固点的位移以某种方式传递至孔口外,以便测取读数。传递的方式有机械式和电测式两类。其中机械式位移传递构件有直杆式、钢带式、钢丝式;电测式位移传感器有电磁感应式、差动电阻式、电阻式。

直杆式位移计结构简单,安装方便,稳定可靠,价格低廉,但观测精度较低,观测不太方便,一般单孔只能观测 1~2 个测点的位移(图 7-5-5)。钢带式和钢丝式位移计则可单孔观测多个测点,如 DWJ-1 型深孔钢丝式位移计可同时观测到单孔中不同深度的 6 个点位。

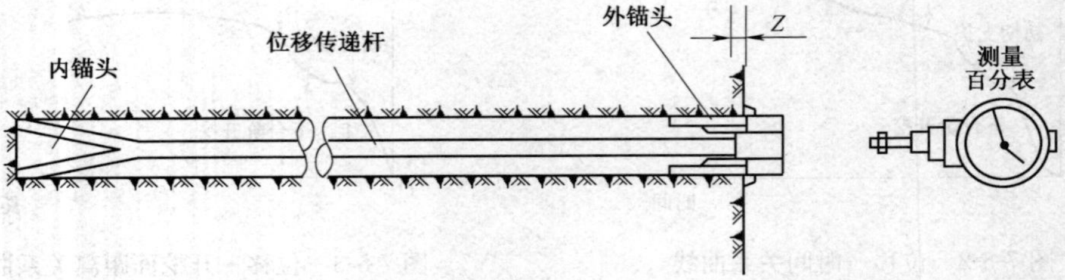

(a)单点杆式位移计

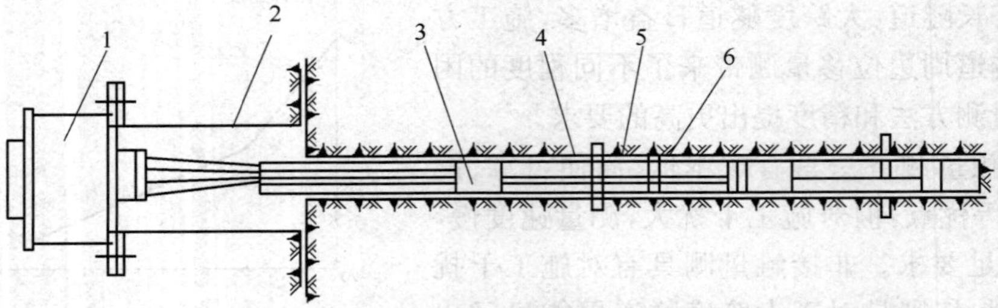

(b) DWJ-1型深孔 6 点伸长计结构原理示意图

图 7-5-5 机械式位移计

1—位移测定器;2—圆形支架;3—锚固器;4—保护套管;5—砂浆;6—定位器。

电测式位移计的传感器须有读数仪来配合输送、接收电信号,并读取读数。电测式位移计多用于进行深孔多点位移测试,其观测精度较高,测读方便,且能进行遥测,但受外界影响较大,稳定性较差,费用较高(图 7-5-6)。

(4)孔口固定装置。一般测试的是孔内各点相对于孔口一点的相对位移,故须在孔口设固定点或基准面。

3. 测试方法及注意事项

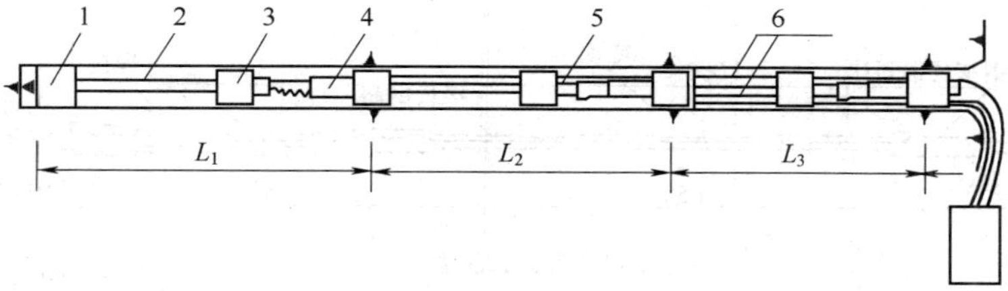

图 7-5-6　电阻式多点位移计

1—锚固压缩木；2—位移传递杆；3—硬杂木定位器；4—WY-4D位移传感器；5—位移测点；6—测试导线。

围岩内部位移测试方法及注意事项基本上与坑道周边相对位移测试方法相同。

4. 数据整理

数据整理方法基本同前，可整理出：

(1)孔内各测点(L_1，L_2…)的位移(u)—时间(t)关系曲线；

(2)不同时间(t_1，t_2…)的位移(u)—深度(L_1，L_2…)关系曲线。

(六)锚杆应力及锚杆抗拔力

1. 量测原理

系统锚杆的主要作用是限制围岩的松弛变形。这个限制作用的强弱，一方面受围岩地质条件的影响，另一方面取决于锚杆的工作状态。锚杆的工作状态好坏主要以其受力后的应力—应变来反映。因此，如果能采用某种手段测试锚杆在工作时的应力—应变值，就可以知道其工作状态的好坏，也可以由此判断其对围岩松弛变形的限制作用的强弱。

实际量测工作中，是采用与设计锚杆强度相等，且刚度基本相等的各式钢筋计来观测锚杆的应力—应变。

2. 钢筋计

(1)钢筋计多采用电测式，其传感器有电磁感应式、差动电阻式、电阻片式几种。

(2)根据测试要求，可将几只传感器连接或粘贴于锚杆不同的区段，可以观测出不同区段的应力—应变。

(3)读数仪可自动率定接收到的电信号，并显示应力—应变值。

电磁感应式钢筋计又称钢弦式钢筋计，它须使用电脉冲发生器(周期仪)测试，这种钢筋计的构造不太复杂，性能亦较稳定，耐久性较强，其直径能较接近设计锚杆直径，经济性较好，是一种比较有发展前途的钢筋计(图 7-5-7)。

差动式钢筋计性能较稳定，耐久性也较强，但其直径较大，且构造复杂，价格也较高。

电阻片式钢筋计实际上是将传感用的电阻片粘贴于实际的锚杆上，并做好防潮处理。其构造简单，安装、测试方便，价格低，故工程测试中常应用。

3. 测试方法及注意事项

(1)电感式和差动式钢筋计，需用接长钢筋(设计锚杆用钢筋)将其对接于测试部位(区段)，制成测试锚杆，并测取空载读数。对接可采用电弧对接，操作中应注意不要烧坏和损伤引出导线，并注意减少焊接温度对钢筋计的影响。

(2)电阻式钢筋计是在设计锚杆的测试部位两面对称车切、磨平后，粘贴电阻片，做好防潮处理，制成测试锚杆，并测取空载读数。

(3)测试锚杆安装及钻孔均按设计锚杆的同等要求进行，但应注意安装过程中不得损坏电阻片、防潮层及引出导线等。

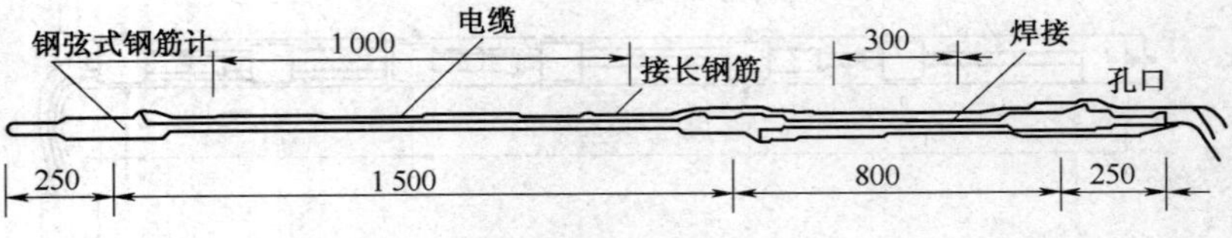

(a) 钢弦式量测锚杆

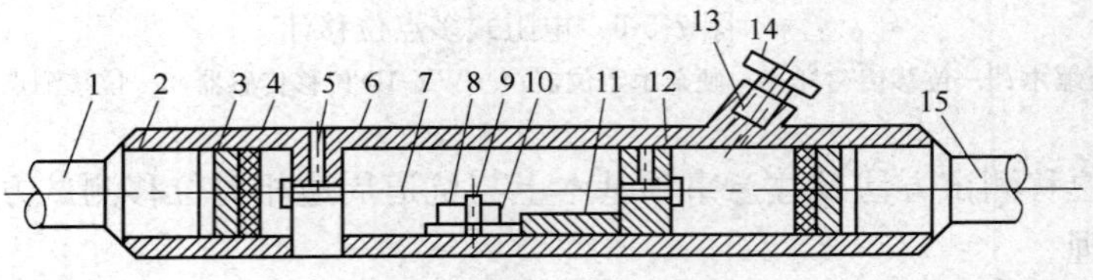

(b) JD-1型钢弦式钢筋计

图 7-5-7 钢弦式量测锚杆

1—拉杆;2—壳体;3—端封板;4—橡皮垫;5—定位螺丝;6—夹线柱;7—钢弦;8—线圈架;9—铁心;10—线圈;11—支架;12—支承堵头;13—密封圈;14—引线嘴;15—拉杆。

(4)测试频率及抽样的比例、部位应按表 7-5-1 执行。

(5)做好各项记录,并及时整理。

4. 数据整理

数据整理应及时进行,主要应整理出:

(1)不同时间锚杆轴力(N 或应力 σ)—深度(l)关系曲线;

(2)不同深度各测点锚杆轴力—时间(t)关系曲线。

5. 拉拔器可检测锚杆的抗拔力

抽样测试比例应按表 7-5-1 执行,但应注意仪器调校,测试过程中应做好各项记录,并及时整理数据。

(七)围岩压力

1. 量测原理

支护(喷射混凝土或模筑混凝土衬砌)与围岩之间的接触应力大小,既反映了支护的工作状态,又反映了围岩施加于支护的形变压力情况,因此,围岩压力的量测就成为必要。

这种量测可采用盒式压力传感器(称压力盒)进行测试。将压力盒埋设于混凝土内的测试部位及支护—围岩接触面的测试部位,则压力盒所受压力即为该部位(测点)压力。

2. 压力盒

(1)压力盒有变磁阻调频式、液压式、钢弦式等多种形式。

(2)变磁阻调频式压力盒的工作原理是:当压力作用于承压板上时,通过油层传到传感单元的二次膜上,使之产生变形,改变了磁路的气隙,即改变了磁阻,当输入振荡电信号时,即发生电磁感应,其输出信号的频率发生改变,这种频率改变因压力的大小而变化,据此可测出压力的大小[图 7-5-8(a)]。

(3)液压式压力盒又称格鲁茨尔(Gbozel)压力盒,其传感器为一扁平油腔,通过油压泵加压,由油泵表可直接测读出内应力或接触应力[图 7-5-8(b)]。

(4)图 7-5-8(c)、(d)是钢弦式压力盒的构造图。钢弦式压力盒有单膜式和双膜式之分。双膜式土压力传感器的工作原理为:当表面刚性板 1 受力后,通过传力轴 3 将力作用于弹性薄板 2,使之发生挠曲变形。嵌固在薄板 2 上的两根钢弦 5 偏转,使得钢弦应力发生变化,以致弦的自振频率发生相应变化。利用钢弦频率仪中的激励装置使钢弦起振并接收其振荡频率,根据受力前后钢弦振动频率的变化,并通过预先标定的传感器压力-振动频率的标定曲线,就可换算出所要测定的土压力量值。

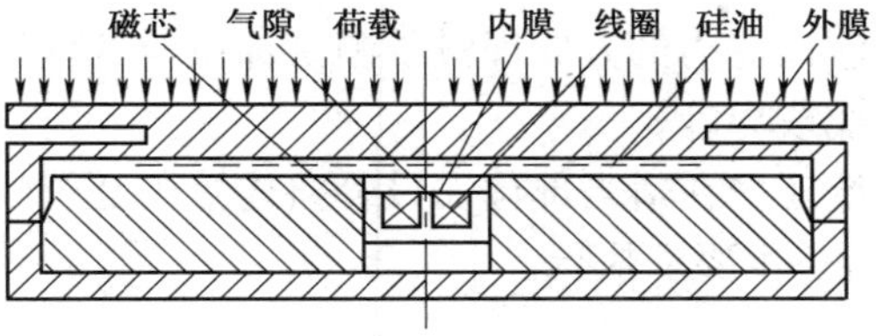

(a) 变磁阻调频式土压力传感器

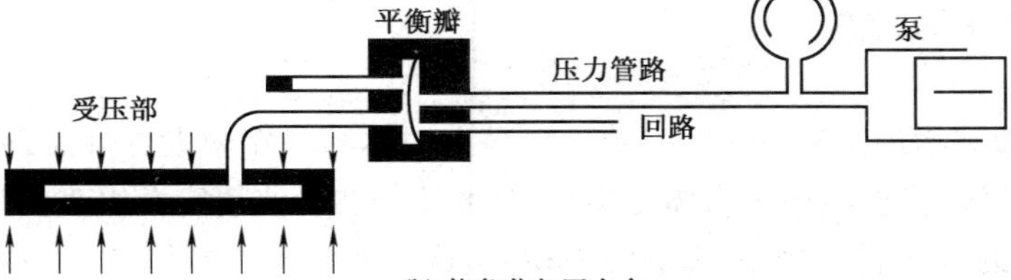

(b) 格鲁茨尔压力盒

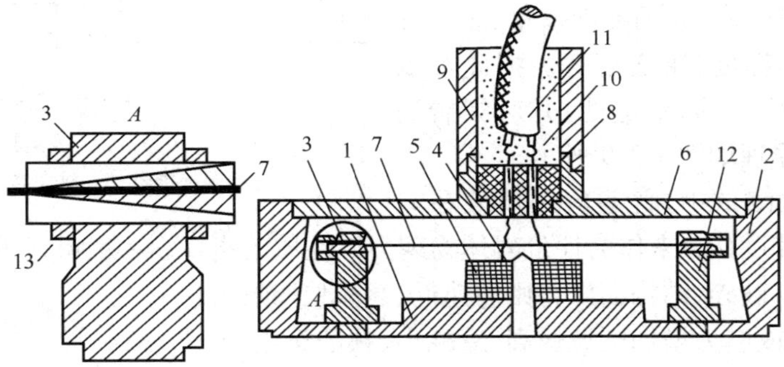

(c)单膜式钢弦式压力盒

1—承压板;2—底座;3—钢弦夹;4—铁心;5—电磁线圈;6—封盖;7—钢弦;8—塞;9—引线管;10—防水涂料;11—电缆;12—钢弦架;13—拉紧固定螺栓。

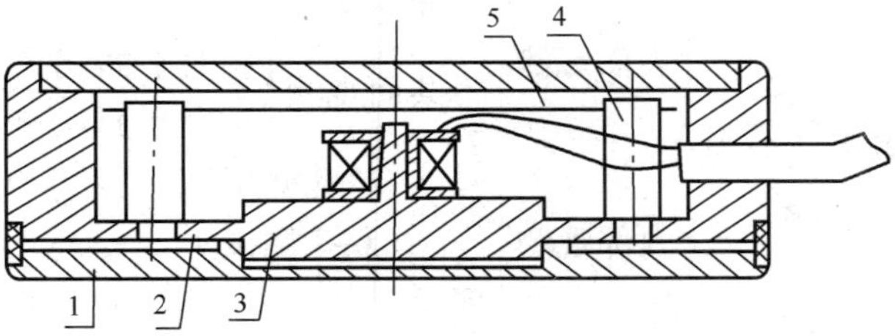

(d)双膜式钢弦式压力盒

1—刚性板;2—弹性板;3—传力轴;4—弦夹;5—钢弦。

图 7-5-8　压力盒

(5)变磁阻调频式压力盒的抗干扰能力强,灵敏度高,适于遥测,但在硬质介质中应用,存在着与介质刚度匹配的问题,效果不太理想。

液压式压力盒减少了应力集中的影响,其性能比较稳定可靠,是较理想的压力盒,国内已有单位研制出机械式油腔压力盒。

钢弦式压力盒构造简单,测试结果比较稳定,受温度影响小,易于防潮,可用于长期观测,故在地下工程和岩土工程现场测试和监测中得到广泛的应用。其缺点是灵敏度受压力盒尺寸的限制,并且不能用于动态测试。

3. 测试方法及注意事项

(1)将压力传感器按测试应力的方向埋设于测试部位,在喷射混凝土或模筑混凝土振捣过程中,应注意不要损伤导线或导管。

(2)液压式压力盒系统还应在适当部位安设管路连接头及阀门。

(3)测试频率应按表 7-5-1 要求执行。

4. 数据整理

测试过程中应随时做好各项记录,并及时整理出有关图表,如接触应力分布图等。

(八)围岩的弹性波速度

1. 量测原理

声波测试是地球物理探测方法的一种。它是在岩体的一端激发弹性波,而在另一端接收通过岩体传递过来的波,弹性波通过岩体传递后,其波速、波幅、波频均发生改变。对于同一种激发弹性波,穿过不同的岩层后,发生的改变各不相同,这主要是由于岩体的物理力学性质各不相同所致。因此,弹性波在岩体中的传播特征就反映了岩体的物理力学性质,如动弹性模量、岩体强度、完整性或破碎程度、密实度等。据此可以判别围岩的工程性质,如稳定性,并对围岩进行工程分类。其原理如图 7-5-9 所示。

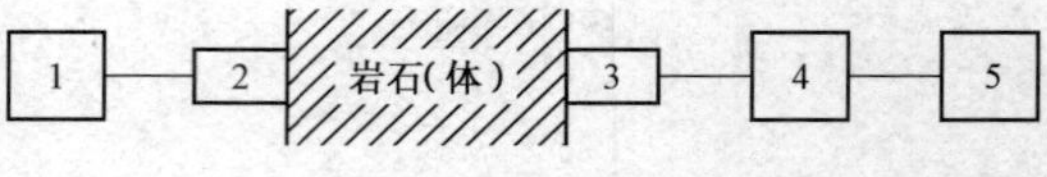

图 7-5-9 声波测试原理示意图

1—振荡器;2—发射换能器;3—接收换能器;4—放大器;5—显示器。

目前,在工程测试中,普遍应用声波在岩体中传播的纵波速度(v_p)来作为评价岩体物理力学性质的指标。一般有以下规律:

(1)岩体风化、破碎、结构面发育则波速低、衰减快、频谱复杂;

(2)岩体充水或应力增加则波速高、衰减小、频谱简化;

(3)岩体不均匀和各向异性则其波速与频谱也相应表现出不均一和各向异性。

2. 测试方法及注意事项

声波测试方法较多,可从以下三个方面划分:

(1)按换能器布置方式分为
- 表面观测
  - 共面观测
  - 不共面观测
    - 相对平面观测
    - 正交平面观测
- 内部观测
  - 钻孔
    - 单孔测试
    - 双孔测试
  - 埋设

(2)按波的传播方式分为
- 直透法——直达波法
- 平透法
  - 折射波法
  - 反射波法

(3)按换能器组合分为
- 一发一枚
- 一发多枚
- 多发多枚

声波测试应注意以下几点：

(1)探测区域的选择要有典型性和代表性；

(2)测点、测线、测孔的布置要有明确的目的性，要根据实际工程地质情况、岩体力学特性及建筑形式等进行布设；

(3)声波测试一般以测纵波速度(v_p)为主，但也可测其横波速度(v_s)，记录波幅，进行频谱分析。

3. 数据整理

隧道工程中多采用单孔平透折射波法测试围岩在拱顶、拱脚、墙腰几个部位的径向纵波速度。根据测试记录应及时整理出每个测孔的 v_p—L 曲线。常见的曲线形式可以归纳为图 7-5-10所示的 4 种类型。

(1)"一"形，无明显分带，表示围岩较完整；

(2)"L"形，无松弛带，有应力升高带，表示围岩较坚硬；

(3)"厂"形，有松弛带，应分析区别是由于爆破引起的松动还是围岩进入塑性后的松动；

(4)"凸"形，松弛带、应力升高带均有。

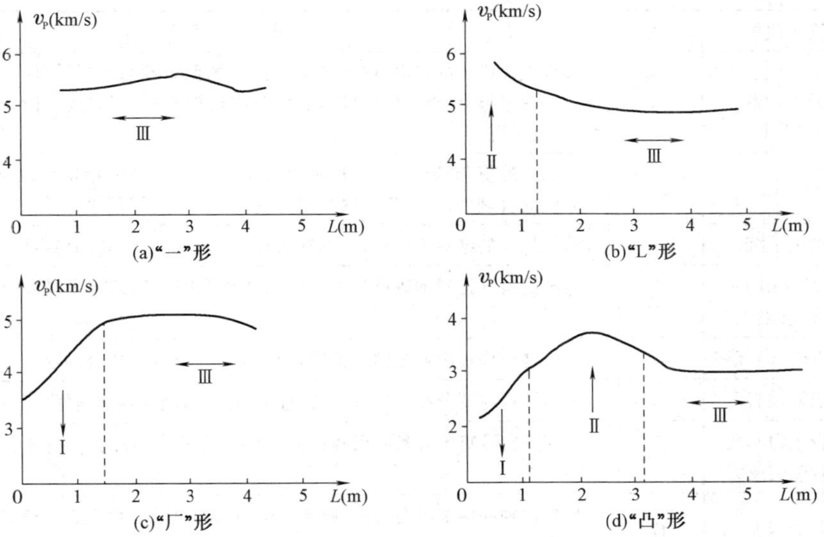

图 7-5-10 波速与孔深关系曲线类型

以上所述只是一般情形。但有时波速高并不反映岩体完整性好，如有些破碎硬岩的波速就高于完整性较好的软岩，因此，国家标准《锚杆喷射混凝土支护技术规范》中还采用了岩体完整性系数 $K_v=(v_{mp}/v_{rp})^2$ 来反映岩体的完整性(v_{mp}为岩体的纵波速度，v_{rp}为岩块的纵波速度)。K_v 越接近 1，表示岩体越完整。

另外，在软岩与极其破碎的岩体中，有时无法取出原状岩块，不能测出其纵波速度，这时可用相对完整系数 K_x 代替 K_v。

三、现场量测计划

现场量测计划是现场量测的蓝图和依据。它必须在初步调查的基础上，依据隧道所处的地质条件、工程概况、量测目的、施工方法、工期和经济效果而编制。

(一)量测项目的确定及量测手段的选择

量测项目的确定主要是依据围岩条件、工程规模及支护方式。量测项目通常分为必测项目A和选测项目B。必测项目指施工时必须进行的常规量测,用来判别围岩稳定及衬砌受力状态,指导设计施工的经常性量测。A类量测主要包括洞内观察、隧道净空变形和拱顶下沉量测等。浅埋隧道尚应作地表沉陷量测。这类量测方法简单、可靠,对修改设计和指导施工起重要作用。选测项目是指在重点和有特殊意义的隧道或区段进行补充的量测,用来判断隧道开挖过程中围岩的应力状态、支护衬砌效果。B类量测主要包括围岩内部变形、地表沉陷、锚杆轴力和拉拔力、衬砌内力、围岩压力和围岩物理力学指标等。这类量测技术较复杂,费用较高,通常可根据实际需要,选取部分项目进行量测。

量测项目及其要求见表7-5-2。

量测手段的选用,应根据量测项目和国内仪器的现状来选用。一般应选择简单、可靠、耐久、成本低的量测手段,并要求被测的物理量概念明确,量值显著,量测范围大,测试数据便于分析,易于实现对设计、施工的反馈。在通常的情况下,选择机械式手段与电测式手段相结合使用。

表7-5-2 量测项目及要求

序号	量测项目	类别	要求掌握的主要内容
1	观　察	A	1. 开挖面围岩的自立性(无支护时围岩的稳定性);2. 岩质、断层破碎带、褶皱等情况;3. 支护衬砌变形、开裂情况;4. 核对围岩类别;5. 洞口浅埋段地表建筑物变形、下沉、开裂情况
2	净空变形	A	根据变形值、变形速度、变形收敛情况等判断:1. 围岩稳定性;2. 初期支护设计和施工方法的合理性;3. 模筑二次衬砌时间
3	拱顶下沉	A	监视拱顶的绝对下沉值,了解断面变化情况,判断拱顶的稳定性,防止塌方
4	地表、地层内部沉陷	A、B	判断隧道开挖对地表产生的影响及防止沉陷措施的效果,推测作用在隧道上的荷载范围
5	围岩内部变形	B	了解隧道周边围岩松弛区范围,判断锚杆设计参数的合理性
6	锚杆轴力	B	根据锚杆应变分布状态,确定锚杆轴力大小,用以判断锚杆长度和直径是否合适
7	围岩压力和两层衬砌间压力	B	了解围岩形变压力和两层衬砌间接触压力的大小和分布规律,检验支护衬砌受力情况
8	衬砌、钢架应力	B	根据衬砌和钢架应力情况,判断衬砌和钢架设计参数是否正确,进一步推求围岩压力大小和分布规律
9	锚杆拉拔试验	B	根据拉拔力确认锚杆锚固方法及其长度的合理性
10	底部鼓起量测	B	判断是否需要仰拱和仰拱的效能
11	围岩弹性波测试	B	1. 校核围岩类别;2. 了解松弛区范围;3. 探明岩体强度、节理裂隙和断层情况、岩石变质程度

(二)测试断面的确定

进行测试的断面有两种:一是单一的测试断面,二是综合的测试断面。把单项或常用的几项量测内容组成一个测试断面,了解围岩和支护在这个断面上各部位的变化情况,这种测试断面即为单一的测试断面。把几项量测内容有机地组合在一个测试断面里,使各项量测内容、各种量测手段互相校验,综合分析测试断面的变化,这种测试断面称为综合测试断面。

应测项目按一定间隔设置量测断面,常称为一般量测断面。由于各量测项目要求不同,其量测断面间隔亦不相同,在应测项目中,原则上净空位移与拱顶下沉量测应布置在同一断面上。量测断面间距视隧道长度、地质条件和施工方法等确定，具体可参考表 7-5-3。

表 7-5-3　必测项目量测断面间距和每断面测点数量

围岩级别	断面间距(m)	每断面测点数量	
		净空变化	拱顶下沉
Ⅴ～Ⅳ	5～10	1～3 条基线	1～3 点
Ⅳ	10～30	1 条基线	1 点
Ⅲ	30～50	1 条基线	1 点

注：洞口及浅埋地段断面间距取小值。

对于土砂、软岩地段的浅埋隧道要进行地表下沉量测，沿隧道纵向布置测点的间距可视地质、覆盖层厚度、施工方法和周围建筑物的情况确定。

(三)测点的布置

在测试断面上测点的布置，主要是依据断面形状、围岩条件、开挖方式、支护类型等因素进行布置。在量测中，可根据具体情况决定布设数量，进行适当的调整。

1. 净空位移量测的测线布置

由于观测断面形状、围岩条件、开挖方式的不同，测线位置、数量亦有所不同，没有统一的规定，具体实施中可参考表 7-5-3 和图 7-5-11。

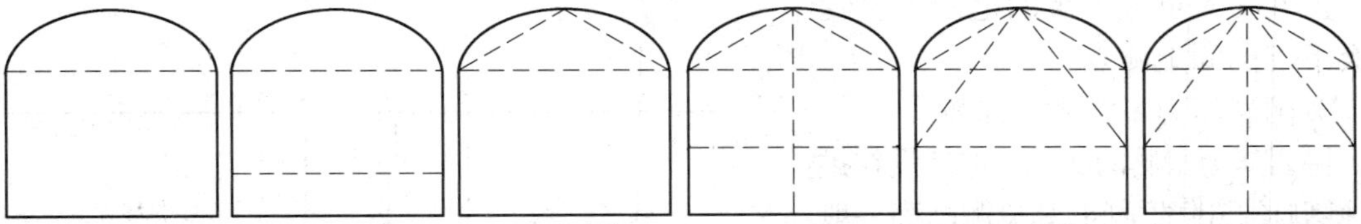

图 7-5-11　净空位移测线布置

拱顶下沉量测的测点，一般可与净空位移测点共用，这样既节省了安设工作量，更重要的是使测点统一，测试结果能够互相校验。

2. 围岩内部位移测孔的布置

围岩内部位移测孔布置，除应考虑地质、隧道断面形状、开挖等因素外，一般应与净空位移测线相应布设，以便使两项测试结果能够相互印证，协同分析与应用。一般每 100～500 m 设一个量测断面，测孔布置如图 7-5-12 所示。

3. 锚杆轴力量测的布置

量测锚杆要依据具体工程中支护锚杆的安设位置、方式而定，如局部加强锚杆，要在加强区域内选择有代表性的位置设置量测锚杆。若为全断面系统锚杆(不包括仰拱)，则量测锚杆在断面上的布置如图 7-5-12 所示。

4. 喷层(衬砌)应力量测布置

喷层应力量测，除应与锚杆受力量测孔相对应布设外，还要在有代表性的部位设测点，如拱顶、拱腰、拱脚、墙腰、墙脚等部位，并应考虑与锚杆应力量测作对应布置。另外，在有偏压、底鼓等特殊情况下，则应视具体情形，调整测点位置和数量，以便了解喷层(衬砌)在整个断面上的受力状态和支护作用，如图 7-5-13 所示。

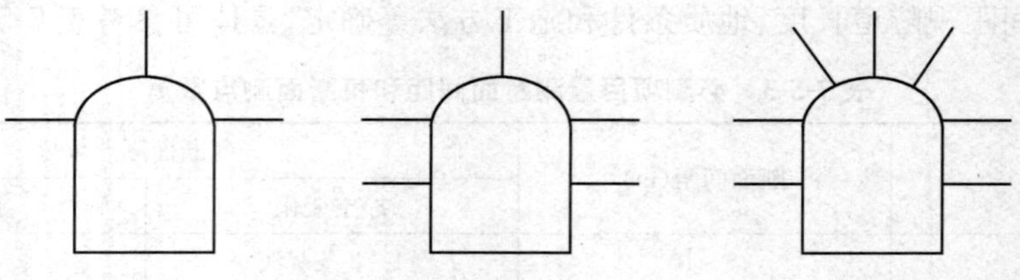

图 7-5-12　围岩内部位移测孔布置

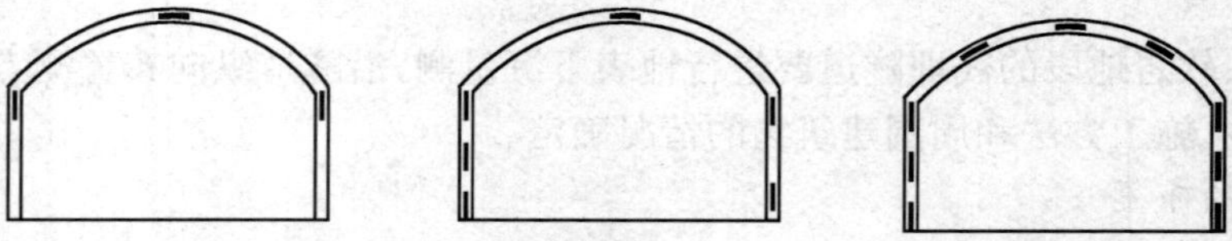

图 7-5-13　喷层应力量测点布置

5. 地表、地中沉降测点布置

地表、地中沉降测点原则上应布置在隧道中心线上，并在与隧道轴线正交平面的一定范围内布设必要数量的测点，如图 7-5-14 所示。并在有可能下沉的范围外设置不会下沉的固定测点。

6. 围岩压力量测测点布置

围岩压力量测的测点一般埋设在拱顶、拱脚和仰拱的中间，其量测断面一般和支护衬砌间压力以及支护、衬砌应力的测点布置在一个断面上，以便将量测结果相互印证。

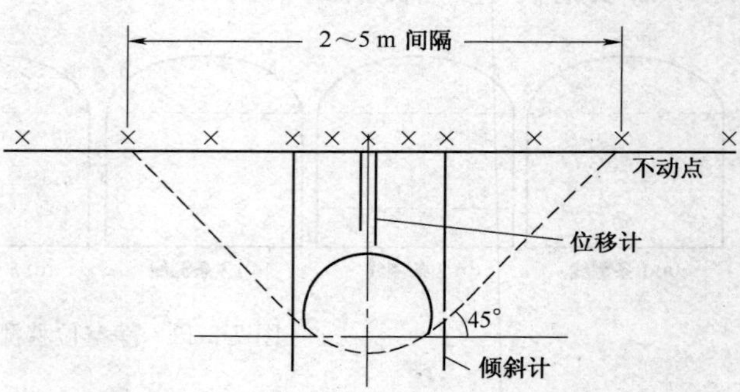

图 7-5-14　地表下沉量测范围及地中沉降测点布置

7. 声波测孔布置

声波测孔宜布置在有代表性的部位(图 7-5-15)。另外，还要考虑到围岩层理、节理的方向与测孔方向的关系。可采用单孔、双孔两种测试方法；或在同一部位，呈直角相交布置 3 个测孔，以便充分掌握围岩结构对声波测试结果的影响。

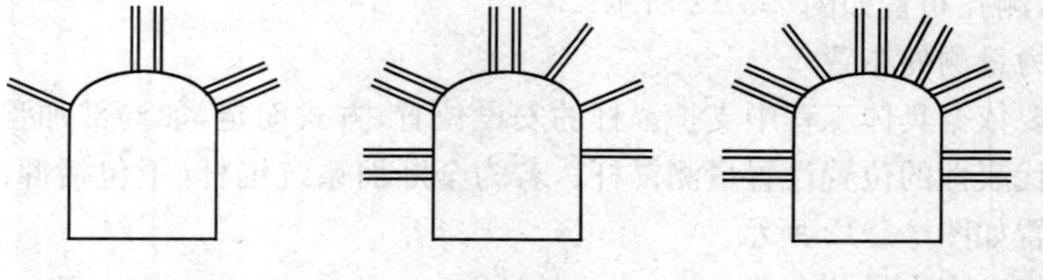

图 7-5-15　声波测试孔布置

(四)量测仪器(测点)的安设与量测频率

各项量测内容的仪器(测点)安设，一要快，二要近。快——要求在开挖爆破后 24 h(最好

12 h)内，在下一循环爆破前完成，并测取初读数。在安设由多项内容、多种手段组成的综合测试断面时，互相干扰大，时间要拖长，对施工与量测结果都有不利影响。这时可把综合量测断面分为几个亚断面分开设置，只要围岩沿隧道轴线方向变化不大，基本不会影响测试结果的综合分析与应用。近——仪器(测点)埋设要尽量靠近开挖掌子面，要求不超过 2 m，有的安设在距开挖掌子面 0.5 m 左右的断面上，不过需要加强对仪器(测点)的保护。

仪器(测点)安设后的量测频率，由变化速度(时间效应)与距工作面的距离(空间效应)确定。表 7-5-4 给出了净空变形与拱顶下沉的量测频率与位移速度、距工作面距离的关系。

表 7-5-4 收敛与拱顶下沉量测频率

变形速度	距开挖面距离	量测频率
>10 mm/d	(0～1)B	1～2 次/d
5～10 mm/d	(1～2)B	1 次/d
1～5 mm/d	(2～5)B	1 次/d
<1 mm/d	>5B	1 次/d

注：B 为隧道开挖宽度。

在由位移速度决定的量测频率和由距开挖掌子面距离决定的量测频率中，原则上应采取频率高的。当变形稳定时，可不按照表 7-5-4 的要求频率测量。当同一个量测断面内各测线变形速度不同时，要以产生最大变形速度的测线决定全断面的量测频率。

量测期间的确定：对变形量小的隧道(开挖后 1 个月内收敛)，因变形收敛快，在变形收敛至一定值后，再以每天测 1 次的频率测 1 周时间，观察其稳定状态。对变形量大的隧道(开挖后经 2 个月以上，变形仍不收敛)，直至变形量收敛至一定数值后，再以每天测 1 次的频率测 2 周时间，以确认变形是否稳定，如图 7-5-16 所示。在塑性流变岩体中，如变形长期(两个月以上)不收敛，量测要进行到 1 mm/30 d 为止。

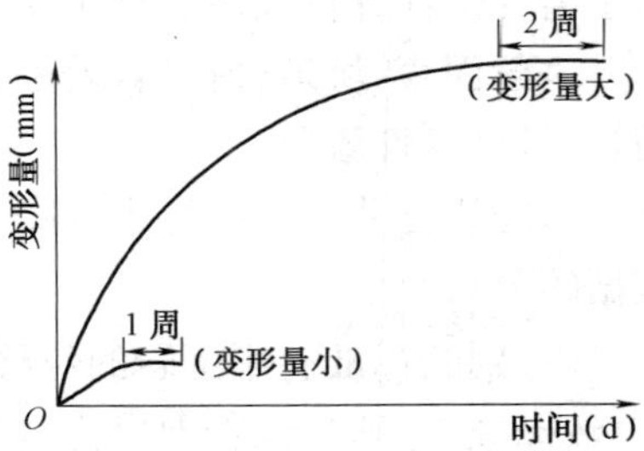

图 7-5-16 确定量测期间的方法

在选测项目中，地表沉降量测频率，在量测区间内原则上 1 次/(1～2)d，如图 7-5-17 所示。

围岩位移量测、锚杆轴力量测、喷层(衬砌)应力量测、围岩压力量测、格栅应力量测等的量测频率，原则上与同一断面内的应测项目量测频率相同。

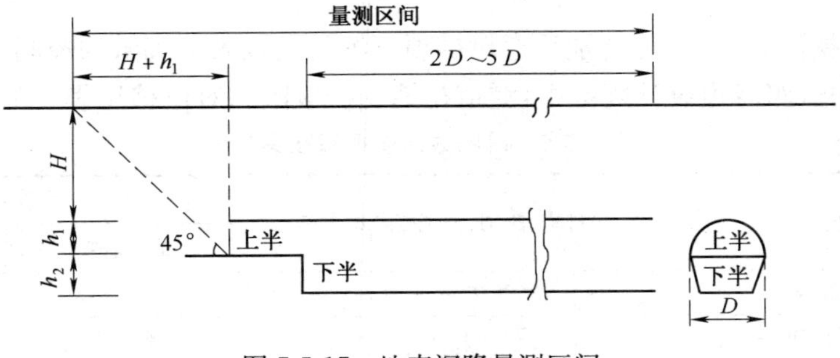

图 7-5-17 地表沉降量测区间

四、量测数据分析与反馈

量测数据反馈于设计、施工是监控设计的重要一环，但目前尚未形成完整的设计体系。当前采用的量测数据反馈设计的方法主要是定性的,即依据经验和理论上的推理来建立一些准则。根据量测的数据和这些准则即可修正设计支护参数和调整施工措施。量测数据反馈设计、施工的理论法,目前正在蓬勃兴起,那就是将监控量测与理论计算相结合的反分析计算法,这里,简要介绍根据对量测数据的分析来修正设计参数和调整施工措施的一些准则。

(一)地质预报

地质预报就是根据地质素描来预测预报开挖面前方围岩的地质状况,以便考虑选择适当的施工方案调整各项施工措施。包括:

(1)在洞内直观评价当前已暴露围岩的稳定状态,检验和修正初步的围岩分类;

(2)根据修正的围岩分类,检验初步设计的支护参数是否合理,如不恰当,则应修正;

(3)直观检验初期支护的实际工作状态;

(4)根据当前围岩的地质特征,推断前方一定范围内围岩的地质特征,进行地质预报,防范不良地质突然出现;

(5)根据地质预报,并结合对已作初期支护实际工作状态的评价,预先确定下一循环的支护参数和施工措施;

(6)配合量测工作进行测试位置选取和量测成果的分析。

(二)净空位移分析与反馈

如前所述,净空位移是围岩动态的最显著表现,所以隧道工程现场量测主要以净空位移作为围岩稳定性评价及围岩稳定状态判断的指标。

一般而言,坑道开挖后,若围岩位移量小,持续时间短,其稳定性就好;若位移量大,持续时间长,其稳定性就差。

以围岩位移作为指标来判断其稳定状态,则有赖于对实际工程经验的总结和对位移量测数据的分析。

(1)判断标准。用围岩的位移来判断其稳定状态,关键是要确定一个"判断标准"(或称为"收敛标准"),即是判断围岩稳定与否的界限。它包括三个方面:位移量(绝对或相对)、位移速率、位移加速度,见第五章第五节有关内容。

(2)根据以上判断标准,如果围岩位移速度不超过允许值,且不出现蠕变趋势,则可以认为围岩是稳定的,初期支护是成功的。若围岩表现出稳定性较好,则可以考虑适当加大循环进尺。

浅埋隧道暗挖法施工时,应特别注意对拱顶下沉量及地表下沉量的控制,其控制标准可参见表 7-5-5。我国铁路隧道设计规范中,隧道初期支护极限相对位移见表 5-5-1 和表 5-5-2。

表 7-5-5 量测数据管理基准参考值

指标内容	日本、法国、德国规范综合值	推荐基准值	
		城市地铁	山岭隧道
地面最大沉陷	50 mm	30 mm	60 mm
地面沉陷槽拐点曲率	1/300	1/500	1/300
地层损失系数	5%	5%	5%
洞内边墙水平收敛	20～40 mm	20 mm	(0.1～0.2)B%
洞内拱顶下沉	75～229 mm	50 mm	(0.3～0.4)B%

注:B 为隧道开挖宽度(m)。

如果位移值超过允许值不多，且初期支护中的喷射混凝土未出现明显开裂，一般可不予补强。

如果位移与上述情况相反，则应采取处理措施，如在支护参数方面，可以增强锚杆，加钢筋网喷混凝土、加钢支撑、增设临时仰拱等；施工措施方面，可以缩短从开挖到支护的时间，提前打锚杆，提前设仰拱，缩短开挖台阶长度和台阶数，增设超前支护等。

(3)二次衬砌(内层衬砌)的施作时间。按新奥法施工原则，当围岩或围岩加初期支护基本达成稳定后，就可以施作二次衬砌。

应当特别指出的是，在流变性和膨胀性强烈的地层中，单靠初期支护不能使围岩位移收敛时，就宜于在位移收敛以前，施作模筑混凝土二次衬砌，做到有效地约束围岩位移。

(三)围岩内位移及松动区分析与反馈

与净空位移同理，如果实测围岩的松动区超过了允许的最大松动区(该允许松动区半径与允许位移量相对应)，则表明围岩已出现松动破坏，此时必须加强支护或调整施工措施以控制松动范围。如加强锚杆(加长、加密或加粗)等，一般要求锚杆长度大于松动区范围。如果与以上情形相反，甚至锚杆后段的拉应力很小或出现压应力时，则可适当缩短锚杆长度或缩小锚杆直径或减小锚杆数量等。

(四)锚杆轴力分析与反馈

根据量测锚杆测得的应变，即能算出锚杆的轴力：

$$N=\frac{\pi}{8}D^2E(\varepsilon_1+\varepsilon_2) \tag{7-5-4}$$

式中 N——锚杆轴力；

D——锚杆直径；

E——锚杆的弹性模量；

$\varepsilon_1,\varepsilon_2$——测试部位对称的一组应变片量得的两个应变值。

锚杆轴力是检验锚杆效果与锚杆强度的依据，根据锚杆极限强度与锚杆应力的比值 K(安全系数)即能作出判断。锚杆轴应力越大，则 K 值越小。一般认为锚杆局部段的 K 值稍小于 1 是允许的，因为钢材有一定的延性。根据实际调查发现锚杆轴应力在洞室断面各部位是不同的，表现为：

(1)同一断面内，锚杆轴应力最大者多数在拱部 45°附近到起拱线之间；

(2)拱顶锚杆，不管净空位移值大小如何，出现压应力的情况是不少的。

锚杆的局部段 K 值稍小于 1 的允许程度应该是不超过锚杆的屈服强度。若锚杆轴应力超过屈服强度时，则应优先考虑改变锚杆材料，采用高强钢材。当然，增加锚杆数量或锚杆直径也可获得降低锚杆轴应力的效果。

(五)围岩压力分析与反馈

由围岩压力分布曲线可知围岩压力的大小及分布状况。围岩压力的大小与围岩位移量及支护刚度密切相关。围岩压力大，即作用于初期支护的压力大。这可能有两种情况：一是围岩压力大但变形量不大，这表明支护时机，尤其是支护的封底时间可能过早或支护刚度太大，可做适当调整，让围岩释放较多的应力；另一种情况是围岩压力大且变形量也很大，此时应加强支护，限制围岩变形，控制围岩压力的增长。当测得的围岩压力很小但变形量很大时，则应考虑可能会出现围岩失稳。

(六)喷层应力分析与反馈

喷层应力是指切向应力,因为喷层的径向应力总是不大的。喷层应力与围岩压力及位移有密切关系。喷层应力大的原因有两个方面:一是围岩压力和位移大;二是支护不足。

在实际工程中,一般允许喷层有少量局部裂纹,但不能有明显的裂损,或剥落、起鼓等。如果喷层应力过大,或出现明显裂损,则应适当增加初始喷层厚度。如果喷层厚度已较厚时,则不应再增加喷层厚度,而应加强锚杆或调整施工措施、改变封底时间等。

(七)地表下沉分析与反馈

对于浅埋隧道,可能由于隧道的开挖而引起上覆岩体的下沉,致使地面建筑的破坏和地面环境的改变。因此,地表下沉的量测监控对于地面有建筑物的浅埋隧道和城市地下通道尤为重要。

如果量测结果表明地表下沉量不大,能满足限制性更求,则说明支护参数和施工措施是适当的;如果地表下沉量大或出现增加的趋势,则应加强支护和调整施工措施,如适当加喷混凝土、增设锚杆、加钢筋网、加钢支撑、超前支护等,或缩短开挖循环进尺、提前封闭仰拱,甚至预注浆加固围岩等。

另外,还应注意对浅埋隧道的横向地表位移观测,横向地表位移带发生在浅埋偏压隧道工程中,其处理较为复杂,应加强治理偏压的对策研究。

(八)声波速度分析与反馈

围岩的声波速度综合地反映了岩体的物理力学特征和动态变化。根据 v_P—L 曲线可以确定围岩松动区的范围,工程中应注意将此结果与围岩内位移量测资料相对照,综合分析和判断围岩的松弛情况,以便给修正支护参数和调整施工措施提供依据和指导。

第六节　防排水施工工艺

高速铁路隧道要求二次衬砌表面无湿渍,不允许渗水,公路隧道防水要求也很高,通常都在复合式衬砌中设防水板,用防水混凝土灌注二次衬砌,施工缝及变形缝中都设止水带。每个环节都要认真处理才能保证质量。

一、隧道防水施工流程

隧道防水施工流程如图 7-6-1 所示。

二、结构防水板施工

围岩如有淋水,应先采用注浆措施将大的淋水或集中出水点封堵,然后在围岩表面设排水管或排水板竖向盲沟将局部渗水引排。初期支护如有淋水,在初期支护与二次衬砌之间设竖向排水。竖向排水在拱脚处用硬聚氯乙烯排水管穿过二次衬砌排入侧沟中。在初期支护与二次衬砌之间铺设土工布、防水板,变形缝、施工缝采用中埋式橡胶止水带或其他止水措施。

(一)基面处理

(1)喷射混凝土基面的表面应平整,两凸出体的高度与间距之比,拱部不大于 1/8,其他部位不大于 1/6,否则应进行基面处理。

(2)拱墙部分自拱顶向两侧将基面外露的钢筋头、铁丝、锚杆、排水管等尖锐物切除锤平,并用砂浆抹成圆曲面。

(3)欠挖超过 5 cm 的部分需作处理。

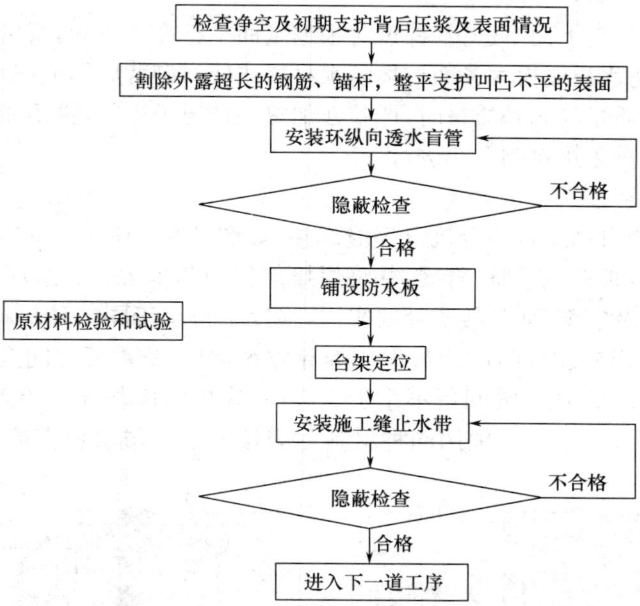

图 7-6-1　隧道防水施工流程

(4)仰拱部分用风镐修凿，清除回填渣土和喷射混凝土回填料。

(5)隧道断面变化或突然转弯时，阴角应抹成半径大于 10 cm 的圆弧，阳角应抹成半径大于 5 cm 的圆弧。

(6)检查各种预埋件是否完好。

(7)喷射混凝土强度要求达到设计强度。

(二)缓冲垫层的铺设

常用缓冲材料有土工布和聚乙烯泡沫塑料，铺设过程如下：

(1)将垫衬横向中线同隧道中线对齐。

(2)由拱顶向两侧边墙铺设。

(3)采用与防水板同材质的 ϕ 80 mm 专用塑料垫圈压在垫衬上，使用射钉或胀管螺丝锚固。

(4)垫衬缝搭接宽度不小于 5 cm。

(5)锚固点应垂直基面并不得超出垫圈平面，锚固点呈梅花形布置。锚固点间距，拱部为 0.5～0.7 m，边墙为 1.0～1.2 m，凹凸处应适当增加锚固点。

(三)防水板铺设

防水板铺设多采用无钉(暗钉)铺设法。无钉铺设法是先在喷混凝土基面上用明钉铺设法固定缓冲层，然后将防水板热焊或粘合在缓冲层垫圈上，使防水板无穿透钉孔，如图 7-6-2 所示。防水板铺设要点如下：

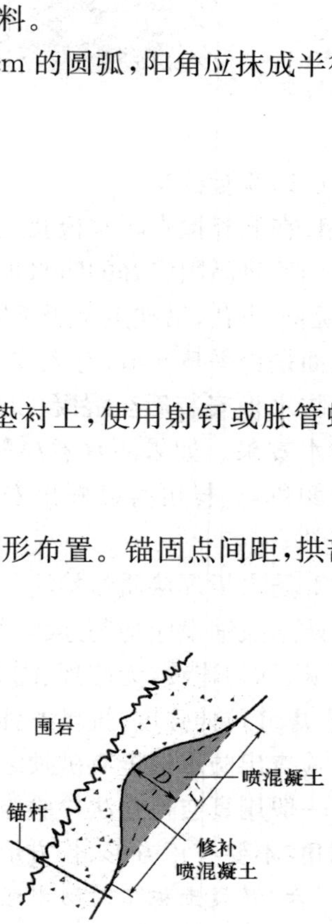

图 7-6-2　喷射混凝土基层处理示意

(1)防水板需环向铺设，相邻两幅接缝错开，结构转角处错开不小于规定值。

(2)防水板长短边的搭接均以搭接线为准。防水板搭接处采用双焊缝焊接，焊接宽度不小于 10 mm，且均匀连续,不得有假焊、漏焊、焊焦、焊穿等现象。

(3)防水板铺设应自上而下进行,铺设时根据基面平整度的不同,留出足够的富余,防止浇筑混凝土衬砌时因防水板绷得太紧而拉坏防水材料或使衬砌背后形成积水空隙。

(4)在检查焊接质量和修补质量时,严禁在加热的情况下进行,更不能用手撕。

(5)防水板铺设可采用自制台车进行。

(四)防水板搭接

防水板通常采用自动爬行热合机双焊缝焊接,如图 7-6-3 所示。防水板焊接在热融垫片表面。焊接前将防水板铺设平整、舒展,并将焊接部位的灰尘、油污、水滴擦拭干净,焊缝接头处不得有气泡、褶皱及空隙,而且接头处要牢固,强度不得小于同一种材料;防水板焊接时,要严格掌握焊接速度或焊接时间,防止过焊或焊穿防水材料;防水板之间搭接宽度为 10 cm,双焊缝的每条缝宽 1 cm,两条焊缝间留不小于 1.5 cm 宽的空腔作充气检查用。焊缝处不允许有漏焊、假焊,凡烤焦、焊穿处必须用同种材料片焊接覆盖。防水板搭接要求成鱼鳞状,以利排水。

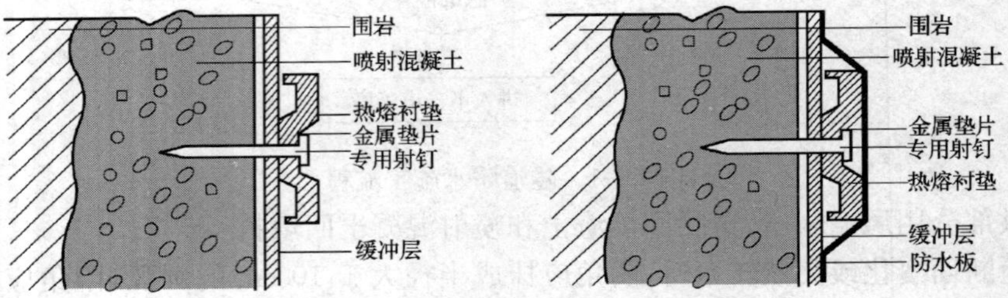

图 7-6-3 无钉铺设防水板示意

(五)质量检验

1. 在洞外检查防水板及土工布的颜色、厚度、合格证是否符合要求

用手将已固定好的防水板上托或挤压,检查其是否与喷混凝土层密贴,检查防水板有无破损、断裂、小孔,吊挂点是否牢固,焊缝有无烤焦、焊穿、假焊和漏焊,搭接宽度是否符合设计,焊缝表面是否平整光滑,有无波形断面。

防水板安装后至混凝土浇筑前这段时间的施工非常容易损伤防水卷材,从而影响整体的防水效果。如果防水卷材两面的颜色是对比色,裂痕或损伤会明显地表现出卷材内层较深的颜色,这样可直接看出安装好的卷材整体质量,对破损处通过焊接同材质的材料可进行修补。

2. 防水板焊接质量检测

防水板铺设应均匀连续,焊缝宽度不小于 20 mm,搭接宽度不小于 100 mm,焊缝应平顺、无褶皱、均匀连续,无假焊、漏焊、焊过、焊穿或夹层等现象。检查方法有压气检查、压缩空气枪检查、焊缝拉伸强度、抗剥离强度检查等。

检查出防水板上有破损之处时,必须立即做出明显标记,以便无遗漏地把破损处修补好,补后一般用真空检查法检验修补质量。补丁不得过小,离破坏孔边缘不小于 7cm。补丁要剪成圆角,不要有正方形、长方形、三角形等的尖角。

(六)混凝土施工时防水板的保护

(1)底板防水层可使用细石混凝土保护。

(2)衬砌结构钢筋绑扎时不得划伤或戳穿防水板,钢筋头采用塑料帽保护。焊接钢筋时,用非燃物(如石棉板)隔离。

(3)浇筑混凝土时,振动棒不得接触防水层。

三、防水混凝土施工

隧道衬砌混凝土既是外力的承载结构,也是防水的最后一道防线,因此要求衬砌既要有足够的强度,还要具有一定的抗渗性。衬砌采用防水混凝土。为了能够更好地满足设计要求,施工中要加强管理,对混凝土施工进行全过程控制。

(1)防水混凝土施工尽量在围岩和初期支护基本稳定后进行,施工前要做好初期支护的注浆堵水和结构外防水的防水层铺设。

(2)为减少水化热的产生,施工时在混凝土中掺入部分粉煤灰,借以提高混凝土的和易性。粉煤灰采用Ⅰ级标准,掺量不大于25%。

(3)防水混凝土的搅拌除可使材料均匀混合外,还能起到一定的塑化和提高和易性作用,这对防水混凝土的性能影响较大,为此混凝土搅拌要达到色泽一致后方可出料,拌和时间不应小于2 min。混凝土采用混凝土拌和车运送,在运输过程中要避免出现离析、漏浆,并要求浇筑时有良好的和易性,坍落度损失减至最小或者损失不至于影响混凝土的浇筑质量与捣实。

(4)防水混凝土的灌注:

①二次衬砌拟采用模板台车和组合钢模板,每次立模长度为9～12 m为宜。

②模板要架立牢固、严密,尤其是挡头板,不能出现跑模现象。混凝土挡头板做到表面规则、平整,避免出现水泥浆漏失现象。

③防水混凝土采用高压输送泵输送入模。施工前,用同等强度的水泥砂浆润管,并将水泥砂浆摊铺到施工接茬面上,摊铺厚度20～25 mm,以促使施工缝处新旧混凝土有效结合。混凝土泵送入模时,左右对称灌注,每一循环应连续灌注,以减少接缝造成的渗漏现象。为了控制其自由倾落高度,应将混凝土输送管接到离浇筑面不大于2 m^2 的位置,并随着模内混凝土浇筑高度的上升而经常提升管口,模板台车和组合钢模板按灌注孔先下后上、由后向前有序进行,防止发生混凝土砂浆与骨料分离。

④混凝土振捣时,振捣棒应等距离地插入,均匀地捣实全部混凝土,插入点间距应小于振捣半径,前后两次振捣棒的作用范围应相互重叠,避免漏捣和过捣,振捣时严禁触及钢筋和模板。顶部浇筑混凝土时,采用附壁式振捣器捣固,混凝土的振捣时间宜为10～30 s,以混凝土开始出浆和不冒气泡为准。

⑤隧道拱顶混凝土灌注采用泵送挤压混凝土施工工艺,拱顶宜设计三个灌注孔,由后向前灌筑。为便于拱顶浇筑,可在衬砌台车顶部加工一方便纵向移动的浇筑平台车。由于客观原因,拱顶混凝土往往会产生不密实、灌不满等现象,根据工程经验,可在拱顶最高位置贴近防水板面预埋注浆管。其目的:一是作为排气孔,排除拱部附近空气,减小泵送压力;二是通过灌注过程观察灌浆情况,检查混凝土饱满程度;三是作为注浆管,对二次衬砌实施回填注浆,以弥补混凝土因收缩或未灌满造成的拱顶空隙。

⑥混凝土灌注完毕,待终凝后应及时采用喷、洒水养护。由于模板台车和组合钢模板不能及时拆除,初期养护洒水至模板表面和挡头板进行降温,待拆模后,对结构表面及时进行洒水养护,保持混凝土表面湿润,养护期不短于14 d,以防止在硬化期间产生干裂,形成渗水通道。

四、变形缝、施工缝施工

施工缝、变形缝是防水的薄弱环节,因此必须按规范规定和设计要求认真施作。

(一)施 工 缝

施工缝处采用止水带或止水条防水,设置在结构厚度的 1/2 处。

(1)施工时要对其材质、性能、规格进行检查,符合设计要求,无裂纹和气泡。

(2)先施工结构中预埋的一半止水带,应用止水带钢筋夹固定或通过边孔的钢丝固定在结构钢筋骨架上,并用两块挡头板牢牢固定住,避免混凝土灌注过程中止水带移位。止水带不得打孔或用铁钉固定。

(3)拆模时和进行施工缝凿毛处理时,应仔细保护止水带,以防被破坏。后施工的结构在灌注前,必须对止水带加以清洗。

(二)变 形 缝

变形缝是由于考虑结构不均匀受力和混凝土结构胀缩而设置的允许变形的缝隙,它是防水处理的难点,也是结构自防水中的关键环节。

变形缝宽 20～30 mm,防水材料可选用橡胶钢片止水带、双组分聚硫橡胶、四油两布双组分聚氨酯、聚苯板、EVA 防水砂浆等。结构中间埋入钢边橡胶止水带,止水带两侧分别用聚苯乙烯泡沫板填充。

具体操作方法:用特制钢筋箍夹紧橡胶钢片止水带,使其准确居中,在封口处开宽 90 mm、深 35 mm 的槽,槽体与缝交接处放双组分聚硫橡胶,其余部分填聚苯板。在嵌双组分聚硫橡胶前,将缝两边的表面松动物及浮渣等凿除、清扫干净并用砂浆找平,使其与变形缝两侧粘接牢固。槽体的槽帮涂四油两布双组分聚氨酯,槽体填充 EVA 防水砂浆。

(三)变形缝、施工缝的质量保证措施

(1)保证施工缝粘贴止水条处混凝土面光滑、平整、干净,施工缝凿毛时不被破坏。

(2)止水条的安装确保"密贴、牢固、混凝土浇筑前无膨胀失效",使用氯丁胶粘贴并加钢钉固定,接头用氯丁胶斜面粘贴紧密。

(3)止水带的安装确保"居中、平顺、牢固、无裂口脱胶",并在浇注混凝土的过程中注意随时检查,防止止水带移位、卷曲。塑料止水带接头采取焊接。

(4)各种贯通的施工缝、变形缝的止水条、止水带的安装确保形成全封闭的防水网。

(5)浇筑混凝土前,先将混凝土基面充分凿毛并清洗干净。采用手工凿毛时,对施工缝的清洗必须彻底,必要时还要用钢刷刷干净。

(6)混凝土浇筑时,确保新旧混凝土结合良好,使混凝土结合处有 20～30 mm 厚的水泥砂浆。水平施工缝可先铺设厚 20～30 mm 的与混凝土等强度的防水砂浆。

(四)背贴式橡胶止水带的施工

(1)背贴式橡胶止水带设置在衬砌结构施工缝、变形缝的外侧,施工时按设计要求先在需要安装止水带的位置放出安装线。

(2)施工缝处设计有防水板的,如止水带材质与防水板相同,则采用热焊机将止水带固定在防水板上;如设计为橡胶止水带时,则采用粘接法将其与防水板粘接。

(五)中埋式橡胶止水带

中埋式橡胶止水带施工时,先将 $\phi 10$ mm 钢筋卡由待模筑混凝土的一侧向另一侧穿入,卡紧

止水带一半，另一半止水带平铺在挡头板内，待模筑混凝土凝固后弯曲 ϕ10 mm钢筋卡套上止水带，模筑下一循环混凝土，如图 7-6-4 所示。

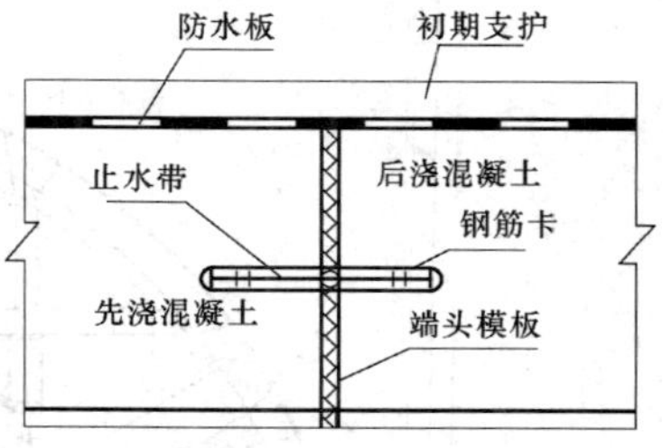

图 7-6-4　中埋式止水带的固定

（1）止水带安装的横向位置。用钢卷尺量测内模到止水带的距离，与设计位置相比，允许偏差为±5 cm。

（2）止水带安装的纵向位置。通常止水带以施工缝或伸缩缝为中心两边对称，用钢卷尺检查，要求止水带偏离中心的允许偏差为±3 cm。

（3）用角尺检查止水带与衬砌端头模板是否正交，不正交时会减短止水带的有效长度。

（4）检查接头处上下止水带的压茬方向，此方向应以排水畅通、将水外引为正确方向，即接茬部位下部止水带压住上部止水带。

（5）用手轻撕接头来检查接头强度，观察接头强度和表面打毛情况。接头外观应平整、光洁，抗拉伸强度不低于母材，不合格时应重新焊接。

（六）遇水膨胀橡胶止水条的施工

（1）选用的遇水膨胀橡胶止水条应具有缓胀性能，其 7 d 的膨胀率不大于最终膨胀率的 60%。

（2）遇水膨胀止水条应牢固地安装在缝表面或预留槽内。先将预留槽清洗干净，然后涂一层胶粘剂，将止水条嵌入槽内，并用钢钉固定。止水条连接应采用搭接方法，搭接长度大于 50 mm，搭接头要用水泥钉钉牢。止水条应沿施工缝回路形成闭合回路，不得有断点。

（3）止水条安装位置、接头连接应符合设计要求。

（4）止水条表面没有开裂、缺胶等缺陷，无受潮提前膨胀现象。

（5）止水条与槽底密贴，没有空隙。

第七节　二次衬砌

在永久性的隧道及地下工程中常用的衬砌形式有以下三种：整体式衬砌、复合式衬砌及锚喷衬砌。本节的二次衬砌施工主要指复合式二次衬砌。

一、二次衬砌施工方法

按照现代支护理论和新奥法施工原则，二次衬砌是在围岩与支护基本稳定后施作的，此时隧道已成型，为保证衬砌质量，衬砌施工按先仰拱、后墙拱，即由下到上的顺序连续灌注。在隧道纵向，则需分段进行，分段长度一般为 9～12 m。

二、模板类型

常用的模板有整体移动式模板台车、穿越式（分体移动）模板台车、拼装式拱架模板。

1. 整体移动式模板台车

整体移动式模板台车主要由大块曲模板、机械或液压脱模装置、背附式振捣设备等组成，并在轨道上走行。有的还设有自行设备，从而缩短立模时间，墙拱连续灌注，加快衬砌施工速度（图 7-7-1）。

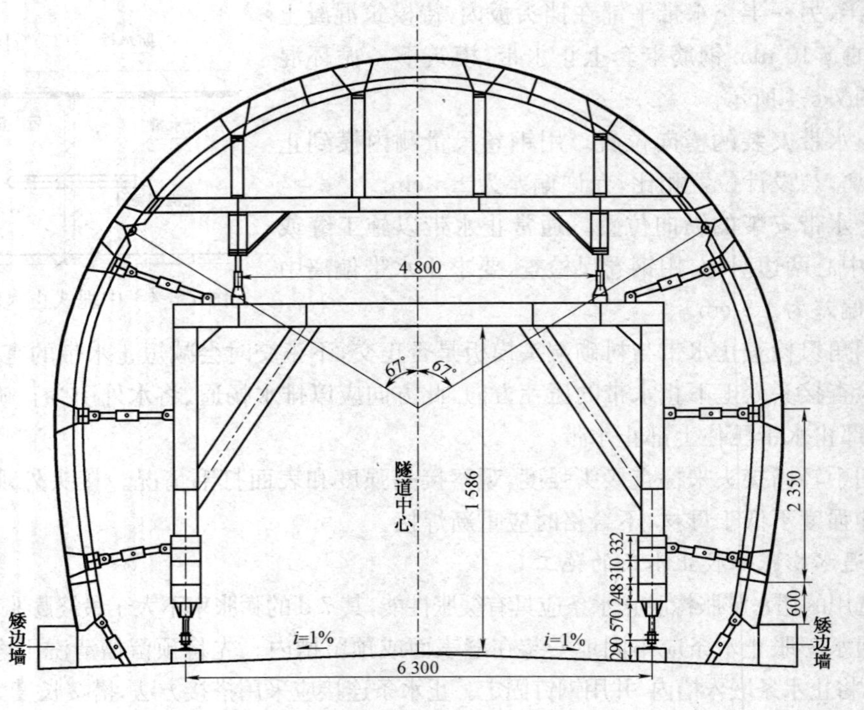

图 7-7-1 整体移动式模板台车(单位:mm)

模板台车的长度即一次模筑段长度,应根据施工进度要求、混凝土生产能力和灌注技术要求以及曲线隧道的曲线半径等条件来确定。

整体移动式模板台车的生产能力大,可配合混凝土输送泵联合作业,是较先进的模板设备,但其尺寸大小比较固定,可调范围较小,影响其适用性,且一次性设备投资较大。我国有些施工单位自制较为简单的模板台车,效果也很好。

2. 穿越式分体移动模板台车

这种台车是将走行机构与整体模板分离,因此一套走行机构可以解决几套模板的移动问题,既提高了走行机构的利用率,又可以多段衬砌同时施作。

3. 拼装式拱架模板

拼装式拱架模板的拱架可采用型钢制作或现场用钢筋加工成桁架式拱架。为便于安装和运输,常将整榀拱架分解为 2～4 节,进行现场组装,其组装连接方式有夹板连接和端板连接两种形式。为减少安装和拆卸工作量,可以作成简易移动式拱架,即将几榀拱架连成整体,并安设简易滑移轨道。

拼装式模板多采用厂制定型组合钢模板,其厚度均为 5.5 cm,宽度有 10 cm、15 cm、20 cm、25 cm、30 cm,长度有 90 cm、120 cm、150 cm 等。局部异形及挡头板可采用木板加工。

拼装式拱架模板的一次模筑长度,应与围岩地质条件、施工进度要求、混凝土生产能力以及开挖后围岩的动态等情况相适应。一般分段长度为 2～9 m,松软地段最长不超过6 m。拱架间距应视未凝混凝土荷载大小及隧道断面大小而定,一般可采用 90 cm、120 cm 及 150 cm。

拼装式拱架模板的灵活性大,适应性强,尤其适用于曲线地段。因其安装架设较费时费力，故生产能力较模板台车低。在中小型隧道及分部开挖时，使用较多。在传统的施工方法中，因受开挖方法及支护条件的限制，其衬砌施作多采用拼装式拱架模板。

三、衬砌施工准备工作

在灌注衬砌混凝土之前，要进行隧道中线和水平的测量，检查开挖断面或放线定位，准备混凝土制备和运输等工作。

这些准备工作，除应按模筑混凝土工程的一般要求进行外，还应注意以下各点。

1. 断面检查

根据隧道中线和水平测量，检查开挖断面是否符合设计要求，欠挖部分按规范要求进行修凿。并做好断面检查记录。

墙脚地基应挖至设计标高，并在灌注前清除虚渣，排除积水，找平支承面。

2. 放线定位

根据隧道中线和标高及断面设计尺寸，测量确定衬砌立模位置，并放线定位。

采用整体移动式模板台车时，实际是确定轨道的铺设位置。轨道铺设应稳固，其位移和沉降量均应符合施工误差要求。轨道铺设和台车就位后，都应进行位置、尺寸检查。放线定位时，为了保证衬砌不侵入建筑限界，须预留误差量和预留沉落量，并注意曲线加宽。

预留误差量是考虑到放线测量误差和拱架模板就位误差，为保证衬砌净空尺寸，一般将衬砌内轮廓尺寸扩大 5 cm。

预留沉落量是考虑到未凝混凝土的荷载作用会使拱架模板变形和下沉；后期围岩压力作用和衬砌自重作用（尤其是先拱后墙法施工时的拱部衬砌）会使衬砌变形和下沉。故须预留沉落量。这部分预留沉落量根据实测数据确定或参照经验确定。

预留误差量和预留沉落量应在拱架模板定位放线时一并考虑确定，并按此架设拱架模板和确定模板架的加工尺寸。

3. 拱架模板整备

使用拼装式拱架模板时，立模前应在洞外样台上将拱架和模板进行试拼，检查其尺寸、形状，不符合要求的应予修整。配齐配件，模板表面要涂抹防锈剂。洞内重复使用时亦应注意检查修整。拱架模板尺寸应按计算的施工尺寸放样到放样台上，并注意曲线加宽后的衬砌及模板尺寸。

使用整体移动式模板台车时，应在洞外组装并调试好各机构的工作状态，检查好各部尺寸，保证进洞后投入正常使用。每次脱模后应予检修。

4. 立模

根据放线位置，架设安装拱架模板或模板台车就位。安装就位后，应做好各项检查，包括位置、尺寸、方向、标高、坡度、稳定性等，并注意处理好以下几个问题：

(1)每排拱架应架设在垂直于隧道中线的竖直平面内，不得倾斜；对于曲线隧道，因曲线外弧长、内弧短，则应分段调整拱架方向和模板长度。

(2)拱架应立于稳固的地基上。拱架下端一般应焊接端头板，以增大支承面，减少下沉；当地基较软弱时，应先用碎石垫平，再用短枕木支垫，此垫木不得伸入衬砌混凝土中。

当采用整体移动式模板台车时，其走行轨道应铺设稳定，轨枕间距要适当，道床要振捣密实，必要时可先施作隧道底板，防止过量下沉。

(3)拱架的架设要牢固稳定，保证其不产生过量位移。拱架立好后还应对其稳定性进行检查。固定的方法:横向有横撑(断面较小时采用)、斜撑(断面较大时采用);纵向有带木、拱架间撑木、拉杆及斜撑。

拱架模板的架设和加强,均应考虑其腹部的通行空间,以保证洞内运输的畅通。

(4)挡头模板应同样安装稳固,挡头板常用木板加工,现场拼铺,以便于与岩壁之间的缝隙嵌堵严密,也可以采用气囊式堵头。

(5)设有各种防水卷材、止水带时,应先行安装好,并注意挡头板不得损伤防水材料,以免影响防水效果。

5. 混凝土制备与运输

由于洞内空间狭小,混凝土多在洞外拌制好后,用运输工具运送到工作面再灌注。其实际待用时间中主要是运输时间,尤其是长大隧道和运距较长时。因此运输工具的选择应注意装卸方便,运输快速,保证拌好的混凝土在运输过程中不发生漏浆、离析泌水、坍落度损失和初凝等现象。

可结合工程情况,选用各种斗车、罐式混凝土运输车或输送泵等机械。

四、混凝土的灌注、养护与拆模

在做好上述准备工作后,即可进行混凝土灌注。隧道衬砌混凝土的灌注应注意以下几点:

(1)保证捣固密实,使衬砌具有良好的抗渗防水性能,尤其应处理好施工缝。

(2)整体模筑时,应注意对称灌注,两侧同时或交替进行,以防止未凝混凝土对拱架模板产生偏压而使衬砌尺寸不合要求。

(3)若因故不能连续灌注,则应按规定进行接茬处理。衬砌接茬应为半径方向。

(4)边墙基底以上 1 m 范围内的超挖,宜用同级混凝土同时灌注。其余部分的超、欠挖应按设计要求及有关规定处理。

(5)衬砌的分段施工缝应与设计沉降缝、伸缩缝及设备洞位置统一考虑,合理确定位置。

(6)封口方法。当衬砌混凝土灌注到拱部时,需改为沿隧道纵向进行灌注,边灌注边铺封口模板,并进行人工捣固,最后堵头,这种封口称为"活封口"。当两段衬砌相接时,纵向活封口受到限制,此时只能在拱顶中央留出一个 50 cm×50 cm 的缺口,最后进行"死封口"(图 7-7-2)。采用整体式模板台车配以混凝土输送泵时,可以简化封口。

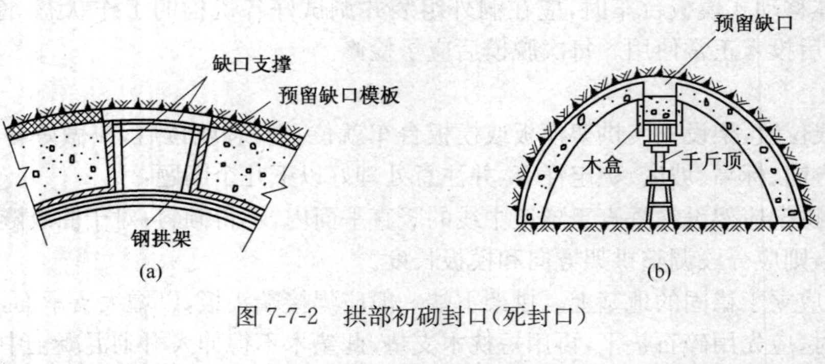

图 7-7-2 拱部初砌封口(死封口)

(7)多数情况下隧道施工过程中,洞内的湿度能够满足混凝土的养护条件。但在干燥无水的地下条件下,则应注意进行洒水养护。

采用普通硅酸盐水泥拌制的混凝土,其养护时间一般不少于 7 d;掺有外加剂或有抗渗要求的混凝土,一般不少于 14 d。养护用水的温度应与环境温度基本相同。

(8)二次衬砌的拆模时间,应根据混凝土强度增长情况来确定。一般应在混凝土达到施工规范要求强度时方可拆模。有承载要求时,应根据具体受力条件来确定。

五、压浆、仰拱和底板

1. 压浆

在灌注衬砌混凝土时,虽然要求将超挖部分回填,但由于操作方法方面的原因,其中有些部位并不可能回填得很密实。这种情况在拱顶背后一定范围内较为明显。因此,要求在衬砌混凝土达到设计强度后,向这些部位进行压浆处理,以使衬砌与围岩密贴(全面紧密接触),达到限制围岩后期变形,改善衬砌受力工作状态的目的。压浆浆液材料多采用单液水泥浆。

2. 仰拱和底板

若设计无仰拱,则铺底通常是在拱墙修筑好后进行,以避免与拱墙衬砌和开挖作业的相互干扰。若设计有仰拱,说明侧压和底压较大,则应及时修筑仰拱使衬砌环向封闭,避免边墙挤入造成开裂甚至失稳。但仰拱和底板施工占用洞内运输道路,对前方开挖和衬砌作业的出渣、进料造成干扰。因此,应对仰拱和底板的施作时间、分块施工顺序和与运输的干扰问题进行合理安排。

为施工方便,仰拱和底板可以合并灌注,但应保证仰拱混凝土强度符合设计要求。

待仰拱和底板纵向贯通,且混凝土达到一定强度后,方能允许车辆通行。其端头可以采用石渣土填成顺坡通过。

灌注仰拱和底板时,必须把隧道底部的虚渣、杂物及淤泥清除干净,排除积水。超挖部分应用同级混凝土或片石混凝土灌注密实。

第八节 辅助坑道

当隧道较长时,可选择设置适当的辅助坑道,如横洞、斜井、竖井、平行导坑等,用以增加施工工作面,加快施工速度,改善施工条件(通风、排水)。

设置辅助坑道可能使隧道工程造价提高,辅助坑道选择适当与否,会影响其作用的发挥。因此,在选择辅助坑道时应根据是否将其作为永久通风通道、工期要求、施工组织、地形条件、地质及水文地质情况、弃渣场地、施工机具、经济性等各个方面综合考虑,其断面尺寸由地质及施工需要、机具情况而定,一般不宜过大。在无特殊要求时,辅助坑道的支护一般只要求能够保证施工期间的稳定和安全即可。

辅助坑道类型的选择应遵循下列原则:

(1)优先选择横洞。受地形条件限制时,可选择斜井或平行导坑。特殊条件下经过技术、经济比较后方可选择竖井。

(2)高瓦斯隧道应结合施工通风优先选用平行导坑。

(3)岩溶水发育的隧道应优先选择横洞或平行导坑。

(4)岩溶发育和地下水丰富地段不宜设置斜井和竖井。

一、横　　洞

横洞是在隧道侧面修筑的与之相交的坑道。当隧道傍山沿河、侧向覆盖层较薄时，就可以考虑设置横洞。

横洞布置如图 7-8-1 所示。为便于车辆运输，相交处可用半径不小于 7 倍轴距的圆曲线相连。运输方式可采用无轨运输或有轨运输。但应注意，横洞纵坡因考虑到便于排水及重车下坡运输方便，有轨运输时应向外设不小于 3‰的下坡，无轨运输时可视车辆情况而定。

一般情况下，横洞不长，故较经济，因此在地形条件允许时，宜优先考虑采用横洞来增辟工作面。

选择横洞与隧道中线的交角一般不小于 60°，交角太小则锐角段围岩较易坍塌，斜交时最好朝向隧道主攻方向。横洞与隧道的连接形式有双联式或单联式(表 7-8-1)，相交处用半径不小于 12 m 的曲线连接。

在考虑把横洞作为运营时的通风口的情况下，横洞断面大小应按通风要求及施工需要一并考虑，并宜修筑(至少在两端适当长度范围内)永久衬砌。

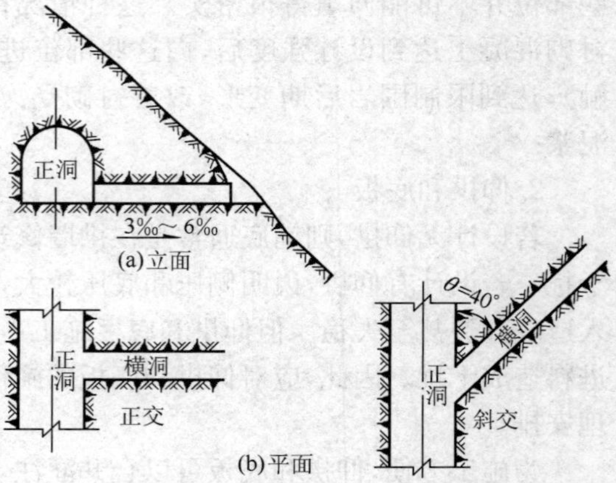

图 7-8-1　横洞布置示意图

有时在隧道洞口处桥隧相连，影响施工，或地质条件差，地形条件不利，路堑因开挖量大尚未完工而需进洞等情况下，并且又有条件在洞口附近设置横洞时，则可利用横洞进入正洞以避免施工干扰和提前进洞加快速度。

表 7-8-1　横洞与隧道的连接形式

连接形式		图　式	说　明	连接形式		图　式	说　明
单联式	正交	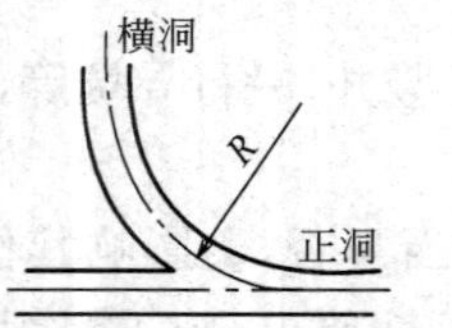	横洞与隧道中线的平面交角宜为 40°～45°；R 不小于 7 倍机车车辆轴距	双联式	正交	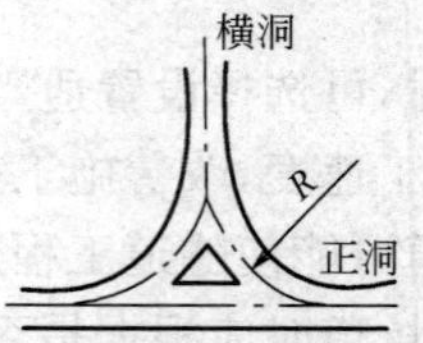	R 不小于机车车辆轴距；L 为 15～25 m
	斜交	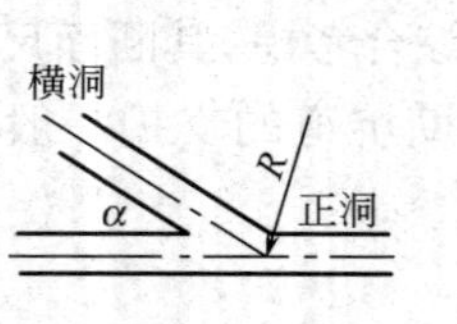			斜交	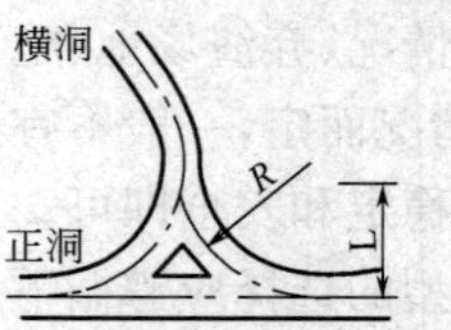	

二、平行导坑

平行导坑是与隧道平行修筑的坑道。对于长大越岭隧道，由于地形限制，或因机具设备条件、运输道路等条件的限制，无法选用横洞、竖井、斜井等辅助坑道时，为加快施工速度，及超前地质勘察，可采用平行导坑方案。但由于多开挖一个导坑使工程造价提高，因此在 3 000 m 以上的隧道，无其他辅助导坑可设时才考虑平行导坑方案。大断面开挖的隧道，采用大型机具施工，干扰小，施工条件也好（如通风、排水、运输等），因此一般不需采用平行导坑。

（一）平行导坑在隧道施工中的作用

平行导坑超前掘进，可进行地质勘察，充分掌握前方地质状况；平行导坑通过横通道与正洞联络，可以增加正洞工作面，加快施工速度，并且构成巷道式通风系统、排水降水系统、进料出渣运输系统，可以将洞内作业分区段进行，减少相互干扰；此外还可以构成洞内测量导线网，提高测量精度。

（二）平行导坑设计及施工要点

(1)平行导坑的平面布置一般设于地下水流向隧道的一侧，以利用平行导坑排水，使正洞干燥，但同时也应结合地质情况及弃渣场地等条件综合确定。平行导坑与正洞之间的最小净距离，应视地质条件、施工方法、导坑跨度等因素确定，并考虑由于导洞开挖而形成的两个“自然拱”不相接触为好，否则容易造成塌方。一般平行导坑距正洞约为 20 m。平行导坑底面标高应低于隧道底面标高 0.2～0.6 m，不低于 1.2 m，以有利于正洞的排水和运输。平行导坑纵坡原则上与隧道纵坡一致，或向出洞方向设 3‰的下坡。

(2)初进洞时可在适当长度(500 m 左右)不设横通道，以后，每隔 120～180 m 设一个横通道，以便于运输，为方便运输调车作业，每隔 3～4 个横通道设置一个反向横通道。

从维持围岩稳定和运输顺畅考虑，横洞与正洞中线的平面交角一般以 40°～45°为宜，夹角过小则夹角中围岩易坍，并且增加了横通道的长度；夹角过大则运输线路的运行条件差。横通道坡度则由正洞与平行导坑的高差而定。

(3)平行导坑衬砌与否，视地质情况而定，一般可不修筑。当考虑作为永久通风道或泄水洞时应作衬砌。

(4)为更好地发挥平行导坑增辟工作面的作用，以及利用平行导坑超前预测正洞经过地带的地质情况，平行导坑应超前正洞导坑两个横通道以上间距，不过也不宜过大，以减少平行导坑施工通风等的困难。

(5)平行导坑与正洞的各项作业应分区分段进行，以减少干扰。分区分段长度应结合横通道及运输组织来选择。

有轨运输时，在平行导坑中一般都采用单道运输，为满足运输调车的需要，可每隔 2～3 个横通道铺设一个双道的会车站，其有效长度一般为 1.5 倍施工车辆长度。

三、斜　　井

斜井是在隧道侧面上方开挖的与之相连的倾斜坑道。当隧道洞身一侧有较开阔的山谷且覆盖不太厚时，可考虑设置斜井。

斜井设计施工应注意以下事项：

(1)当隧道埋深不大，地质条件较好，隧道侧面有沟谷等低洼地形时，可采用斜井作为辅助坑道。斜井的平、剖面如图 7-8-2 所示。

(2)斜井长度一般不超过 2 000 m，以降低工程造价及保证运输效能，因此，在选用较长斜井方案时，应做经济比较。

(3)斜井井口位置不应设在洪水淹没处。洞口场地最小宽度一般不应小于 20 m，以利井口场地布置及卸料出渣，井身避免穿越含水率大及不良地质区段。设置位置应能使增辟工作面充分发挥作用。斜井仰角 α 的大小，主要考虑斜井长度及施工方便，一般以不大于 25°为宜，且井身不宜设变坡。斜井与隧道中线的夹角不宜小于 40°，并在与隧道连接处宜用 15～25 m

的水平道相连,以便于运输作业和保证运输安全。井口场地通常设有向洞外的不小于 3‰的下坡,以防车辆溜向洞内造成事故,且有利于排水。

(4)斜井与隧道正洞的平面连接形式有单联式、斜双联式和正交双联式三种。采用单联式时,斜井与正洞中线的平面交角不宜小于 40°,此连接方式施工比较简单,多在用皮带运输机或梭式矿车出渣时采用。图 7-8-3 为斜交双联式,特点是在对着斜井的井底车站前方,有一段安全岔线。一旦斜井中发生溜车事故时,不会影响正洞施工的安全,其技术数据为:斜井井底变坡点与正洞中线的距离应不小于 25～30 m;车站长度不小于 8～12 m;安全岔线长度不小于 8～10 m;连接曲线半径为 7～10 倍的车辆轴距;双通道与正洞平面交角为 30°～35°。正交双联式的特点及基本数据与斜交双联式相同,不同的是安全岔线设于两通道中间的岩体之中,开挖爆破时容易引起坍塌,故必须加强支护。

(5)提升机械一般用卷扬机牵引斗车,坡度很小时亦可采用皮带输送或无轨运输,斜井内的轨

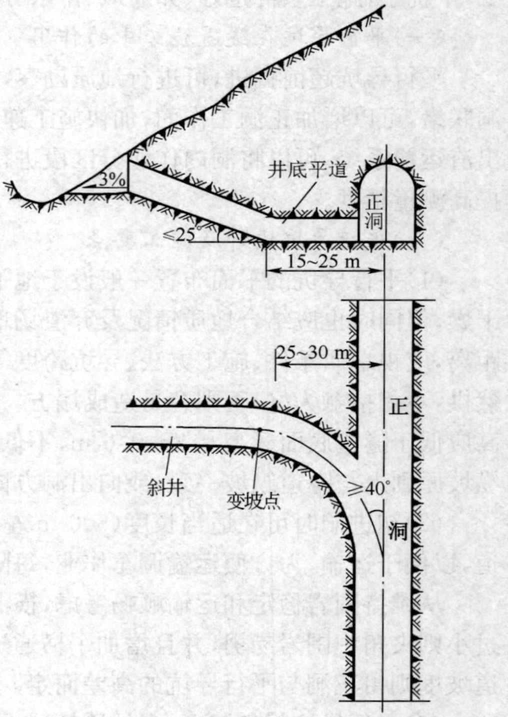

图 7-8-2 斜井布置示意图

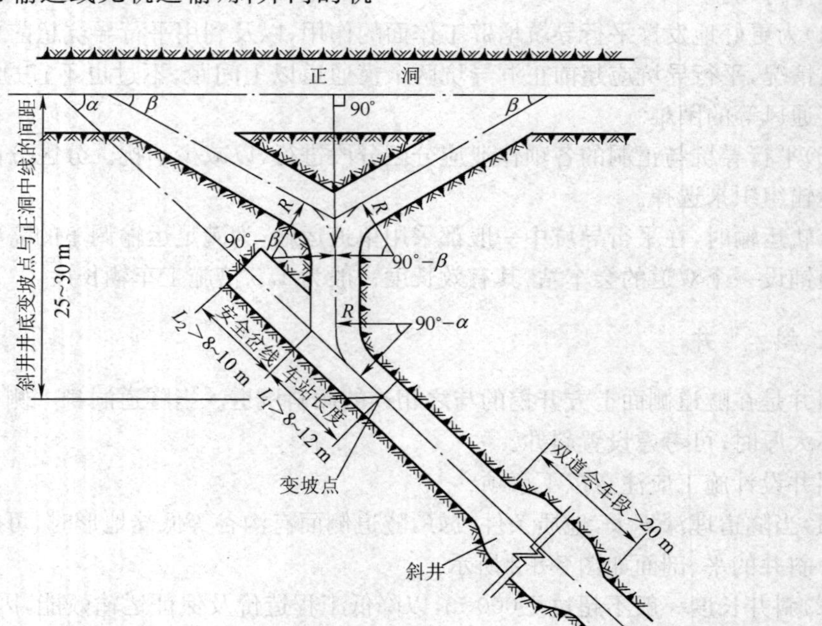

图 7-8-3 斜交双联式示意图

道数视出渣量而定。坑道大小在单线行车道时,一般底宽为 2.6 m;三轨双线行车道时,底宽为 3.4 m;双线行车道时,底宽为 4.1 m(以上均包括单侧设宽 70 cm 的人行道),高度通常不小于

2.6 m。其中，以单线或三轨双线较为常用，并在斜井中部设有 20～30 m 的四轨双线作错车道，这样可减少断面及节约运输器材。在斜井需作为通风道时，其断面大小应满足通风要求。

(6)井口段应修筑衬砌，其他部分视地质条件及是否作为永久通风道等条件决定是否修筑永久衬砌。

(7)施工期间应做好井口防排水工程，严防洪水淹没。卷扬机牵引斗车时需防止钢丝绳中断或脱钩等事故。为此应严格控制牵引速度，斜井长小于 200 m 时，车速不大于 3.5 m/s；斜井长超过 200 m 时，可适当提高车速。井口应设置安全闸(图 7-8-4)，在斗车出洞后及时安好安全闸以防溜车，为防止斗车在坡道上因脱钩或钢丝绳断裂而下滑，可在斗车上或坡道上设置止溜沟，以阻止斗车继续下滑。也可以在斜井坡道终点或坡道中间适当位置设置安全缆绳(图 7-8-4)，由专人负责看守，在斗车经过后，即在坑道的两侧岩壁间缆以钢丝绳，万一斗车脱钩，也不致冲入井底车场而发生严重事故。此外，在井底调车场及井身每隔 30～50 m 宜设避险洞以保证作业人员安全。

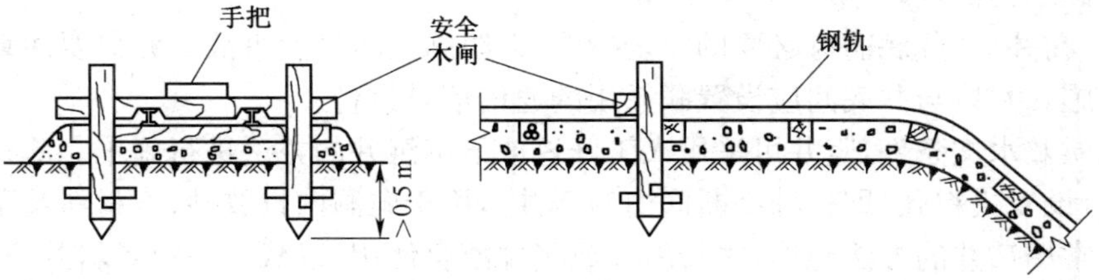

(a)

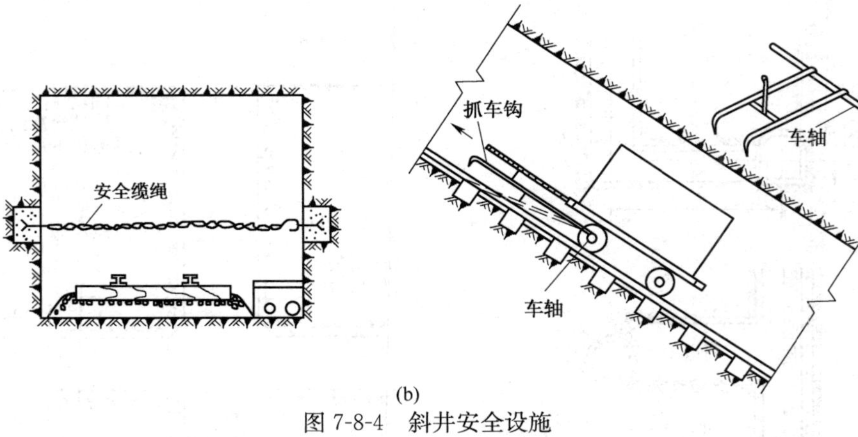

(b)

图 7-8-4　斜井安全设施

(8)为保证施工安全，还应注意井底车场需加支撑，或修筑衬砌。为提高运输效率，可在井底调车场加设储渣仓，并尽量不在斜井口处进行摘挂作业。

四、竖　　井

竖井是在隧道上方开挖的与隧道相连的竖向坑道。

覆盖层较薄的长隧道或在中间适当位置覆盖层不厚，具备提升设备，施工中又需增加工作面时，则可采用竖井增加工作面。竖井深度一般不超过 150 m。

竖井的位置可设在隧道一侧，与隧道的距离一般情况下为 15～25 m 之间(图 7-8-5)，或设置在正上方。竖井设置在隧道一侧时，施工安全、干扰少，但通风效果差；竖井设在隧道正上方时，通风效果好，不需另设水平通道，但施工干扰大，施工中不太安全。圆形断面的竖井利用率低，但施工较方便，且受力条件好，故常用于压力较大的围岩中修筑临时性竖井和简易竖井。

竖井的位置、断面形状，应根据施工要求、通风、是否作为永久通风道、造价等因素综合考虑确定。

当隧道设两个以上竖井时，应做经济性分析，以保证工程造价不致过高。

竖井断面尺寸根据提升能力、机具设备、通风排水等铺设的管道、安全梯等设备的布置以及安全间隙等因素确定，直径为 4～6 m。竖井构造包括井口圈、井筒、壁座、井筒与隧道间的连接段、井下集水坑等部分(图 7-8-6)。

井口段常处于松软土壤中，从地面往下 1～2 m(严寒地区至冻结线以下 0.25 m)应设置钢筋混凝土锁口圈，以承受土压和经土壤传来的井口建筑物、机具设备所产生的荷重，并承受施工时挂钩所悬吊的荷重。围岩较破碎时需修筑永久衬砌，开挖面与衬砌之间的距离不宜超过 30 m，衬砌厚度由设计计算确定，并不小于 20 cm。壁座是为防止井壁下滑而设置的，视地质情况及衬砌结构而定，一般为 30～40 m。

施工中，在井口、井底需有必要的安全措施，以防施工时发生事故。井口要注意防洪，加强排水防洪设施。井口与井底间应设置联系用的通信信号设备。

根据地质及水文条件，竖井可采用人工开挖或下沉沉井的方法进行施工。此外，在有条件和必要时，可设置投料孔(即一种小断面简易竖井)，用于向洞内投放砂、石材料甚至混凝土等。此外投料孔常用钻井的方法施作，并与斜井或竖井配合使用，以减少进料对斜井或竖井运输的要求，从而提高斜井的生产能力。

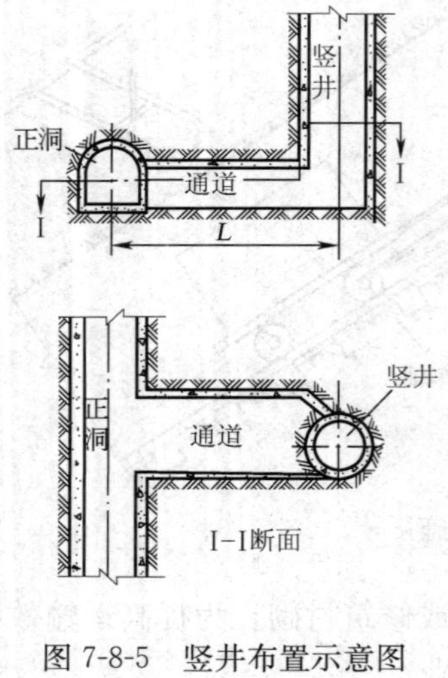

图 7-8-5 竖井布置示意图

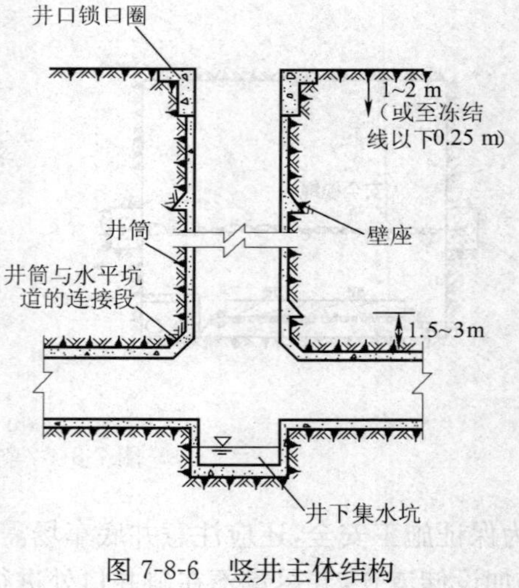

图 7-8-6 竖井主体结构

复习思考题

1. 简述隧道施工辅助方法的类型、特点及作用机理。
2. 简述隧道爆破设计方法及内容。
3. 简述喷射混凝土施工方法及其工艺流程。
4. 监控量测的目的、内容及方法是什么？
5. 简述隧道施工辅助坑道的种类及作用。

第八章 不良地质隧道施工

第一节 概 述

在修建隧道及地下工程中，工程地质状况及水文地质情况是人们面临的首要对象，在一般情况下，隧道的修建速度和质量好坏取决于对地质状况的认识和掌握程度。当地质状况较好时，工程的进展就顺利——工程的工期、质量、造价等都能按计划正常地进行。当地质条件较差，遇到了特殊及不良地质地段时，如富水软弱围岩、流沙、溶洞、膨胀岩、瓦斯、高地应力等，工程就会受阻，主要表现为工期延长、质量下降、工程造价剧增，同时还可能出现大的安全事故，导致人员伤亡，设备损坏等，因此有必要对不良地质隧道的施工技术进行全面、系统地研究和总结。

自 20 世纪 80 年代初，新奥法全面传入我国以来，铁路隧道的施工技术得以迅速发展，并不断提高。我国修建长大隧道的能力也逐渐增强，处理特殊及不良地质隧道的手段也在逐步完善。具有代表性的工程实例有：大瑶山隧道成功地克服 9 号断层涌水和溶洞地段，云台山隧道膨胀性围岩和煤层瓦斯的设计及施工；八盘岭隧道施工中克服了长 250 m 的软弱破碎断层带，南昆线上的家竹箐隧道高浓度瓦斯的处理以及高地应力条件下的大变形整治；梅花山隧道遇到的暗河处理，南岭隧道特大岩溶的施工以及在地铁施工中总结出的"城市地铁浅埋暗挖工法"等。可以说，针对一般山岭隧道，就攻克不良地质地段的施工技术能力而言，我国目前的整体水平已接近或达到了国际水平。

目前，隧道施工技术较先进的国家，如瑞典、德国、日本等，针对不良地质隧道所采取的措施已较完善，基本上不存在太大的问题，如我们采用的超前支护技术（主要是深孔注浆、超前锚杆、长大管棚等）、强支护技术（钢架支护、钢纤维、碳纤维喷射混凝土）和特殊支护技术（包括可压缩支护、可替换支护）等早在 20 世纪 80 年代初期就已成功应用。之后，随着对隧道施工技术的不断研究，于 90 年代初又出现了以喷射钢纤维为核心的挪威法，同时各种掘进机（TBM）大量涌现，减少了隧道施工中的工作项目，实现了隧道施工的工厂化作业，从而大幅度提高隧道的施工速度。就钻爆法来讲，隧道施工技术较先进的国家研究的方向是如何将特长隧道的修建能力不断向前推进，如日本于 1979 年就建成通车的大清水隧道全长为 22.226 km，1985 年建成的青函海底隧道长度为 53.85 km，意大利的布伦纳铁路隧道长度达 63 km，芬兰的佩杨奈水工隧道长度达 120 km 等等。这些隧道施工技术先进的国家，将一个个新的纪录不断地展现在世人面前。另一方面，掘进机和盾构的使用也有长足的发展。他们目前主要是研究掘进机与钻爆法的技术经济指标的综合比较，并致力于将掘进机、盾构的适用地质范围不断地扩大，例如硬岩掘进机目前已能攻克强度达 250 MPa 的围岩。

不良和特殊地质地段隧道施工的一般原则是：

(1)充分利用各种手段和方法，尽可能准确掌握不良地质情况。

(2)根据掌握的不良地质情况，制定相应的施工方案及处理措施。

(3)随着施工揭露地质,并根据施工安全性和支护措施的效果,及时修正设计,保证施工安全和隧道质量。

第二节　富水断层破碎围岩

一、概　　述

在隧道施工中,往往会遇到断层破碎带、富水软岩及大量涌水地段,给隧道施工带来严重困难。

断层破碎带是隧道施工中最常见的不良地质地段,特别是在山区沟谷中,地质上有"十沟九断"的说法。断层带内岩体破碎,常呈块石、碎石或角砾状,有的甚至呈断层泥,岩体强度低,围岩压力增大,自稳能力差,容易坍塌,施工困难。其严重程度随断层带的规模和破碎带的增大而恶化,尤以有地下水时更甚。

富水软岩是指各类土质、软岩、极严重风化的各种岩层、极软弱破碎的断层带以及堆积、坡积层,在富含地下水的情况下,岩体强度很低,自稳能力极差的围岩。这种隧道施工难度极大,俗称"烂洞子",虽然出现不多,但时有所见。

大量涌水是隧道施工中比较常见的不良地质现象。在雨量充沛和地下水丰富地区,隧道穿过断层破碎带、裂隙密集带、不同岩层接触带或岩溶发育地段时,施工期间会发生地下水和承压水大量涌出。

断层破碎带、富水软岩和大量涌水地段往往不是单独出现,而不少情况是同时存在的。当断层破碎带内围岩极度软弱破碎,甚至成为断层泥时,在富水情况下就成为"烂洞子";而在雨量充沛或地下水丰富地区,地下水积存在破碎带内,与隔水层相接触部分还会形成承压水,施工时则发生大量涌水。

1.断层工程性质

岩体受力发生断裂,断裂两盘沿断裂面有明显的剪切滑动和位移时,称为断层。

(1)断层破碎带的围岩结构

断层破碎带的岩体结构主要有碎石状压碎结构、角砾碎石状(石夹泥或泥夹石)松散结构和泥、砂、角砾混杂状松软结构三种。

碎石状压碎结构多为扭性平移断层和规模较小的压性逆断层、张性正断层的断层破碎带岩体结构,稳定性较差。角砾碎石状松散结构多为规模很大的、以压冲逆新层、张性正断层为主的多期活动断层或者两条及两条以上断层交汇形成的断层破碎带岩体结构,稳定性很差。泥、砂、角砾混杂状松软结构则多为规模宏大的、以压冲逆断层、张性正断层为主的多期活动断层或者两条及两条以上规模很大的断层交汇形成的断层破碎带岩体结构,稳定性极差。

(2)地下水的影响

地下水影响对断层破碎带的稳定性起着至关重要的影响,即有无地下水参与,断层破碎带的稳定性可相差1～2个级别。

2.富水断层安全施工风险

断层为导水构造,一旦富集高压地下水,围岩稳定性极差,隧道穿越富水断层时易产生突水突泥,给施工安全带来极大风险。突水突泥的主要危害:一是造成人员伤亡;二是机械设备损毁;三是延误工期;四是经济损失巨大。

①水压大,注浆堵水的施工难度大,工效低,在高水压下很难保证注浆加固和堵水效果,很难保证注浆后开挖施工安全。

②水量大，反坡施工时排水困难，易发生淹洞事故，造成人员伤亡和设备损坏。

③围岩自稳性差，开挖后易塌方。往往突泥突水伴随塌方，或塌方打破地层平衡引发突泥突水。

④施工时地层失水易引起地面水环境破坏，引发环保纠纷。

二、充分应用超前地质预报

对于富水软弱破碎围岩隧道，设计一般根据地表探测和少量的地质钻孔为主，推断地下深处的隧道地质条件，这往往与隧道施工实际遇到的地质条件存在差异。由于水文地质未充分了解，常常因为突发涌水而措手不及。而隧道施工对地质的变化又非常敏感，特别是复杂的富水断层破碎带施工，更要求准确预报施工前方的工程地质和水文地质条件。因此，应把地质超前预报作为一个工序纳入生产过程。

1. 预报方法

隧道施工采用的地质预报方法主要有：钻孔超前探测；超前导坑探测；地震波、声波、地质雷达等物理探测。

2. 预报的重点内容

预测开挖面前方的地质情况，围岩整体性、断层、软弱破碎带在前方的位置和对施工的影响，地下水活动情况等。

3. 预报方式

(1)长期预报

根据地质背景，确定地质构造形式，建立具体的地层构造标志，以地质观察和类比为主要手段，并用遥感判断、物探、钻孔等验证，进行总体预报，预报断层规模、分布、性质、构造分带，富水性等，并分段做出工程地质评价。

(2)中期预报

①岩石微观构造研究：在地面不同部位采集岩样，进行微观鉴定和岩组分析，进一步论证断层范围、构造分带等。

②工程地质类比：根据超前导坑日常观测积累的素材，做出岩体分段定性评价，采用地质类比法推测正洞地质。同时根据正洞开挖面和侧壁剖面观测，结合地质背景，预报正洞前方的岩体稳定、富水情况。

③地震反射波法：在开挖面布置地震探测的激发和反射波接收装置，根据地震反射波的强弱判断隧道前方岩体的破碎程度和范围。

④地质雷达法：向岩体中放射一定频率的声波或电磁波，当声波传播中存在两种不同介质界面时，声波或电磁波将发生折射、反射，频谱特征发生变化，通过探测反射波信号，求得其传播特征后，便可了解前方的岩体特征。

⑤图析法：利用赤平极射投影、实体比例投影等作图法，分析岩体稳定状况，判断可能失稳岩块的分布，提供预报。可利用超前平行导坑分段作图预报相对应正洞，也可以正洞资料预报开挖面前方的地段。

(3)短期预报

①开挖面及其附近的预测预报：通过地质观测素描、地质作图，分析判断掌子面前方距离(一般数米以内)不良地质构造间距，岩体稳定情况，提出开挖注意事项和防坍措施。一般按开挖循环作业进行相应的预报。

②掌子面超前钻孔预报:根据钻孔的岩屑、钻速、水质等的变化情况,综合判断预报前方地质、水文条件。

三、注浆堵水并加固围岩

富水软弱破碎围岩隧道的显著特点就是地下水对施工的影响。这类隧道地下水发育,除裂隙水外,往往与地表水串通,形成补给通道,使施工长期处于地下水干扰之中。并且软弱破碎地层地下水一般不能形成集中水流,往往以散水形式从坑道周壁或隧底流出,施工处理更加困难。

为了防止或减轻地下水对施工特别是对开挖的影响,必须对地下水进行处理。近年来,在富水软弱破碎围岩隧道施工中探索出许多行之有效的办法,使这些隧道的施工得以正常进行,并加快了施工进度,提高了工程质量,保障了施工安全。

富水软弱破碎围岩隧道处理地下水原则一般是以堵截为主,排引为辅。堵截地下水的办法主要有两种:一种是在整个富水段进行注浆止水,并加固松散岩体,将富水段岩层结构通过高压注浆进行调整,相当于提高围岩等级,使围岩在原有基础上整个综合指标得以改善,主要措施有深孔劈裂、挤压注浆。另一种办法是在富水地段沿隧道开挖轮廓线以外进行环形注浆,形成止水帷幕,防止或减少地下水进入开挖工作面。这种办法并不能改变开挖段的岩体结构,主要措施有浅孔注浆、管棚注浆、小导管注浆、中空锚杆注浆以及水平旋喷注浆技术等。

排水辅助措施有导坑、钻孔等方法,目的是排水降压。

四、开挖及支护

在富水软弱破碎围岩隧道施工中,虽然采用深孔注浆达到了止水固结的目的,但固结范围有限,加上地质及注浆有些不确定因素,为保障施工万无一失,一般在开挖前均采用超前支护,超前支护一般采用超前小导管或超前管棚。

对于地下水压较大的隧道,开挖前一般还要采取排水降压措施,排水主要采取钻孔,钻孔深度应超出注浆范围。

开挖方法对于富水软弱破碎围岩隧道施工十分重要,开挖方法有半断面法、正台阶预留核心土开挖法、双侧壁导坑法。

开挖手段上,采取两种方法,一是在特别软弱的围岩段,采用非钻爆开挖,如利用十字镐、风镐开挖或利用小型挖装机开挖。另一种是采用控制爆破措施,如松动爆破、微振动爆破等。这两种方法的目的是一致的,就是尽可能地减小开挖对围岩的扰动。

第三节　膨胀性围岩

一、膨胀性土(岩)的概念

(一)膨胀土

膨胀土是指土中黏粒成分主要由亲水矿物组成,具有吸水显著膨胀、软化、崩解和失水急剧收缩、开裂,并能产生往复胀缩变形的黏性土。

土中所含的黏土矿物主要指蒙脱石、伊利石、高岭石等。膨胀土物质成分中蒙脱石含量、黏土矿物总量及粒径小于 2 μm 的含量,是决定膨胀土膨胀潜势大小、物理力学性质及其变化的主要物质基础。自由膨胀率 F_s 是膨胀土的重要判别指标。

（二）膨胀岩

膨胀岩是指含有较多亲水矿物，含水率变化时发生较大体积变化的岩石。其具有遇水膨胀、软化、崩解和失水收缩、开裂的特性。

（三）红黏土

红黏土是指经红土化作用形成的棕红、褐黄等色并覆盖于碳酸盐岩系地层之上，具有表面收缩、上硬下软、裂隙发育和较显著的胀缩性、液限 $w_L \geqslant 50\%$ 的黏性土。其经搬运、沉积后仍保留上述基本特征，且液限 $w_L > 45\%$ 的土称为次生红黏土。

红黏土是我国红土的一个亚类。它形成的本质在于红土化作用。不论何种岩石，经红土化作用都可形成红土。而红黏土仅指碳酸盐类岩石和间夹其中的非碳酸盐类岩石，经红土化作用形成并覆盖于碳酸盐岩系之上的（残、坡积）红土。

红黏土中含有大量亲水性黏土矿物，其物质组成、地貌形态、工程特性等与膨胀土有许多相同或相似之处，具有很强的胀缩性，其自由膨胀率 F_s 可远远超过 40%。红黏土的含水率一般是自上而下逐渐增大，至基岩面附近可呈软塑～流塑状，强度降低，故表现为上硬下软。红黏土具有很强的收缩性，且通常是水平收缩大于垂直收缩，因而又具有表面收缩、裂隙发育的特点，甚至产生深、大地裂。

当红黏土达到膨胀土标准时，应按膨胀土对待；未达到膨胀土标准的红黏土，按一般黏性土对待，应注意其具有高液限、高塑性、高孔隙性、较高的强度和偏低的压缩性、较高的胀缩性，且水平收缩大于垂直收缩等特性。

二、膨胀性围岩的类型和特性

（一）膨胀性围岩的类型

膨胀性围岩通常是指在水的物理化学作用下，发生体积增大的围岩。常见膨胀性岩石种类有泥岩、页岩、长石云母、蛇纹岩和含硬石膏（$CaSO_4$）、无水芒硝（Na_2SO_4）、钙芒硝（$CaSO_4 \cdot Na_2SO_4$）等岩石，以及主要由强亲水性矿物组成的黏土等。

1991 年 1 月，中国科学院地质所曲永新等《中国东部膨胀岩的研究》中提出，中国膨胀岩按成因可分为 5 类。

（1）沉积型泥质膨胀岩

铁道部科学研究院西北分院、西南交通大学、铁一院王小军等于 1995 年 12 月在《膨胀岩的工程特性及判别标准与分类》研究报告中提出，该类膨胀岩地层时代以石炭系、二叠系、三叠系、侏罗系、白垩系、第三系为主，可细分为 4 个亚类：晚二叠系泥质膨胀岩，上侏罗统一白垩系泥质膨胀岩，下第三系泥质膨胀岩和上第三系泥质膨胀岩。

（2）蒙脱石化中基性火成岩类膨胀岩。

（3）蒙脱石化凝灰岩类膨胀岩。

（4）断层泥类膨胀岩。

（5）含硬石膏和无水芒硝类膨胀岩。

上述 5 种类型膨胀岩中，前 4 种的膨胀实质是所含亲水矿物的吸水膨胀；第 5 种则是水化学作用产生的硬石膏→石膏、无水芒硝→芒硝的转化膨胀。5 种类型膨胀都与水的关系极大。膨胀岩与膨胀土虽然在物质组成、成岩程度、结构构造及物理力学性质等方面差异都甚大，但均具有显著的吸水膨胀，失水收缩、开裂，并产生往复胀缩变形的性能，但对于膨胀岩的研究目前尚不充分，有待于在工程实践中进一步积累资料。

(二)膨胀性围岩的特性

(1)泥质膨胀性围岩的膨胀程度取决于黏土颗粒间的膨胀量,和含有膨胀性晶体的黏土矿物的情况。具有膨胀性晶体的含量越高,其膨胀量越大,含膨胀晶体的矿物有蒙脱石、蛭石、高岭土和蒙脱石~伊利石、蒙脱石~绿泥石的混合矿物等。如柯绿泥石是具有片状结构的黏土矿物,水在层间渗透而引起结晶膨胀,未溶解的晶体基面间距为 2.9×10^{-9} m,吸水后增至 3.3×10^{-9} m,使体积增大 14%。

(2)含硬石膏和无水芒硝类膨胀性围岩,硬石膏遇水发生化学变化而成软石膏($CaSO_4+2H_2O\longrightarrow CaSO_4\cdot 2H_2O$),体积可增大 61%;含芒硝的岩石遇水发生化学变化,其体积可增大 135%。

(3)泥质膨胀性围岩性状变化主要由岩石含水率变化引起的,若能保持开挖前的含水率,通常不具备膨胀特性;但开挖后膨胀性围岩逐渐干燥失水,再遇水便要膨胀崩解,其干燥失水越多,膨胀量越大。天然断层泥、泥化夹层,在天然湿度下可直接吸水而发生膨胀和软化。

(4)膨胀性围岩除具有吸水膨胀的特性外,一般还具有显著的流变特性,可持续 3~5 年。

三、膨胀性围岩的判别标准

影响膨胀性围岩性能变化的因素很多,如膨胀性矿物的成分与含量、物理力学指标、地下水、支护和施工方法等。目前对于正确判断膨胀性围岩等级、膨胀量和膨胀压力等指标,尚无统一的判别标准,相应工程措施也在研究之中。

(一)膨胀性围岩判别依据

(1)膨胀性岩矿物性能

蒙脱石含量,阳离子交换量,2 μm 以下粒径所占数量、液限等。

(2)岩块膨胀性能

岩块的干燥饱和吸水率、岩块崩解度、软化系数和胶结强度等。

(3)隧道膨胀性围岩

围岩膨胀率、膨胀范围、膨胀压力等。

(二)国内标准

采用的国内标准为《铁路工程特殊岩土勘察规程》(TB 10038—2012)、《铁路工程地质勘察规范》(TB 10012—2019)。

1. 膨胀土

(1)初判

膨胀土应根据地貌、颜色、结构、土质情况、自然地质现象和土的自由膨胀率等特征,按表 8-3-1 进行初步综合判定。

表 8-3-1　膨胀土初判标准

地貌	具垄岗式地貌景观,常呈垄岗与沟谷相间;地形平缓开阔,无自然陡坎,坡面沟槽发育
颜色	多呈棕、黄、褐色,间夹灰白、灰绿色条带或薄膜;灰白、灰绿色多呈透镜体或夹层出现
结构	具多裂隙结构,方向不规则;裂面光滑,可见擦痕;裂隙中常充填灰白、灰绿色条带或薄膜
土质情况	土质细腻,具滑感,土中常含有钙质或铁锰质结核或豆石,局部可富集成层
自然地质现象	坡面常见浅层溜坍、滑坡、地面裂缝;当坡面有数层土时,其中膨胀土层往往形成凹形坡;新开挖的坑壁易发生坍塌
自由膨胀率 F_s	$F_s\geqslant40\%$

(2)详判

膨胀土应根据自由膨胀率、蒙脱石含量、阳离子交换量 3 项指标详判。当符合表 8-3-2 中两项指标时，判定为膨胀土。

表 8-3-2　膨胀土详判标准

名称	判定指标	名 称	判定指标
自由膨胀率 F_s(%)	≥40	阳离子交换量 CEC(NH^{4+}) (mmol/kg)	≥170
蒙脱石含量 M(%)	≥7		

注：表中 CEC 表示 1 kg 干土的阳离子交换量。

(3)潜势分级

按表 8-3-3 进行潜势分级。

表 8-3-3　潜势分级

分级指标	弱膨胀土	中等膨胀土	强膨胀土
自由膨胀率 F_s(%)	$40 \leqslant F_s < 60$	$60 \leqslant F_s < 90$	$F_s \geqslant 90$
蒙脱石含量 M(%)	$7 \leqslant M < 17$	$17 \leqslant M < 27$	$M \geqslant 27$
阳离子交换量 CEC (NH^{4+}) (mmol/kg)	170≤CEC(NH^{4+})<260	260≤CEC(NH^{4+})<360	CEC(NH^{4+})≥360

2. 膨胀岩

(1)根据野外地质特征进行初判见表 8-3-4。

表 8-3-4　膨胀岩的野外地质特征

地貌	一般形成波状起伏的低缓丘陵，相对高度 20 ～30 m，丘顶多浑圆，坡面圆顺，山坡坡度缓于 40°，岗丘之间为宽阔的 U 形谷地；当具有砂岩夹层时，常形成一些陡坎
岩性	主要为灰白、灰绿、灰黄、紫红和灰色的泥岩、泥质粉砂岩、页岩、风化的泥灰岩、风化的基性岩浆岩、蒙脱石化的凝灰岩以及含硬石膏、芒硝的岩石等；岩石由细颗粒组成，遇水时多有滑腻感；泥质膨胀岩的分布地层以石炭系、二叠系、三叠系、侏罗系、白垩系、第三系为主
结构特征	岩层多为薄层和中、厚层状，裂隙发育，裂隙多被灰白、灰绿色等富含蒙脱石物质充填
风化	风化裂隙多沿构造面、层理面进一步发展，使已被结构面切割的岩块更加破碎；地表岩石碎块风化为鸡粪土，剥落现象明显；天然含水的岩石在暴晒时多沿层理方向产生微裂隙；干燥的岩块泡水后易崩解成碎块、碎片或土状

(2)室内试验判断指标见表 8-3-5。

表 8-3-5　膨胀岩的室内试验判断指标

试验项目		判定指标
自由膨胀率 F_s(%)	不易崩解的岩石	$F_s \geqslant 3$
	易崩解的岩石	$F_s \geqslant 30$
膨胀力 P_p(kPa)		$P_p \geqslant 100$
饱和吸水率 W_{sa}(%)		$W_{sa} \geqslant 10$

注：当有两项符合所列指标时，可判断为膨胀岩。

(3)利用部分研究成果，进行判别。原铁道部工程隧道局、西南交通大学董新平等在综合研究国内外大量研究成果的基础上，主要采用和发展了铁科院西北分院等的研究成果，1999 年

12 月在《铁路膨胀岩隧道修建技术研究》中提出了膨胀岩的判别方法。

①崩解特征分类见表 8-3-6。

表 8-3-6 膨胀岩按崩解特征分类

类别	崩解特征及质量变化
非膨胀岩	泡水 24 h 岩块完整、不崩解,质量增加小于 10%
弱膨胀岩	泡水后有少量岩屑下落,几小时后岩块开裂成直径 0.5～1 cm 的碎块或大片,手可捏碎,质量可增加 10% 左右
中等膨胀岩	泡水后 1～2 h 崩解为碎片,部分下落,碎片尚不能捏成土饼,质量可增加 30%～50%
强膨胀岩	泡水后即刻剧烈崩解,成土状散落,水浑浊,10 min 可崩解 50% ,20～30 min 崩解完毕

②按分级指标分类见表 8-3-7。

表 8-3-7 膨胀岩按分级指标分类

类别	膨胀率 VH(%)	膨胀力 P_p(kPa)	饱和吸水率 W_{sa}(%)	自由膨胀率 F_s(%)
非膨胀岩	<3	<100	<10	<30
弱膨胀岩	3～15	100～300	10～30	30～50
中等膨胀岩	15～30	300～500	30～50	50～70
强膨胀岩	>30	>500	>50	>70

四、膨胀性围岩隧道设计、施工原则

(一)设计原则

目前膨胀岩隧道无设计规范,对存在地下水的膨胀性围岩,在设计中一般考虑了结构加强措施。因对隧道施工引起地下水环境的改变认识不足,在设计中一般没有采取结构加强措施,致使运营后结构边墙开裂,底板上鼓、开裂。在有些达不到弱膨胀围岩的微膨胀围岩,在隧道内也出现了无砟轨道上拱现象,更值得对其深入研究。从目前产生的开裂情况看,单线隧道边墙受力条件差,易开裂;双线隧道底部为结构受力薄弱环节,易产生上鼓和开裂。

设计原则建议如下:

(1)高度重视膨胀性围岩对隧道结构的影响,充分研究和评价地质条件。

(2)结合地质条件进行隧道选线风险评估。

(3)按膨胀力进行结构计算分析,进行结构加强设计。

(4)单线隧道,当膨胀力较大时,宜增大边墙曲率,改善受力条件。二次衬砌(二衬)应设为钢筋混凝土。

(5)双线隧道,增大仰拱曲率,加强仰拱结构,防止底鼓。Ⅳ、Ⅴ级围岩,仰拱应设钢拱架初期支护封闭,二次衬砌应设为钢筋混凝土。

(6)加强引排水和防水设计,避免围岩积聚地下水。

(7)当膨胀力较大时,应加强初期支护(初支)设计,特别是锚杆,可采用长锚杆、预应力锚杆等。二次衬砌应在初期支护变形基本稳定后施作。

(8)隧道运营前出现底鼓病害时,中～强膨胀性围岩宜采取更换和加强仰拱的措施,中～弱膨胀性围岩可采用长锚杆、钢管桩等加强,同时做好地下水排放和处理。

（二）施工原则

1. 施工期无水

在膨胀性围岩中施工时往往因为地层稳定性较好、无水、施工期间没有产生较大的变形而忽视围岩膨胀性对隧道后期的影响，而在隧道贯通后，改变了地下水的运移环境，隧道就成为一条地下水排泄通道。在施工期间失水干燥的围岩遇水发生膨胀，随着季节的变化还存在往复，即膨胀变形具有反复性。

施工原则建议如下：

（1）高度重视施工地质工作，对揭示的围岩进行膨胀性试验和判识。

（2）高度重视水文地质工作，评价地下水运营期间的变异情况，判识对膨胀性围岩的影响，及时提出工程措施建议。

（3）加强变形观测，及时反馈，优化工程措施，及时修改设计。

（4）确保施工质量施作到位。

2. 施工期有水

在膨胀性围岩中施工中存在地下水时，由于开挖面上岩体原始应力释放产生胀裂；另外，因为表层土体风干而脱水，产生收缩裂缝。同时，两种因素都可以使土中原生裂隙张开扩大。膨胀性围岩隧道变形常具有速度快、破坏性大、延续时间长和整治较困难等特点。

（1）围岩普通开裂

隧道开挖后，沿围岩周边产生裂缝，尤其在拱部围岩容易产生张拉裂缝与上述裂缝贯通，形成局部变形区。

（2）隧道下沉

由于隧道下部膨胀岩体的承载力较低，加之坑道上部围岩压力过大，隧道下沉变形明显。另外，隧道采用分部开挖时，在后部工序开挖暴露的围岩出现风化膨胀，产生较大的收缩地压力，加上隧道的下沉，往往造成支护过渡变形、失效，进而引起土体坍塌、挤压和膨胀变形等现象。

（3）围岩膨胀突出和坍塌

隧道开挖过程中或开挖后，围岩产生膨胀变形，周边土体向洞内膨胀突出，造成开挖断面缩小。在土体丧失支撑或支撑力不够的状态下，由于围岩压力和膨胀压力的综合作用，使土体产生局部破坏形成坍塌现象。

（4）隧道底部隆起

隧道底部开挖后，洞底围岩的上部压力解除，又无仰拱支护体约束时，由于应力释放，洞底围岩产生卸荷膨胀，加之坑道积水，使洞底围岩产生浸水膨胀，造成洞底围岩隆起变形。

第四节　挤压性围岩

挤压性围岩是在高地应力条件下产生显著塑性变形的岩体，隧道穿过挤压性围岩时易发生挤压性大变形，通常表现为围岩变形量大、变形速率高、变形持续时间长，甚至出现初期支护变形破坏、钢架扭曲、侵限拆换等现象，给设计和施工带来极大的困难。本文结合工程实践，从变形分级、变形机理、变形控制技术等方面，探讨了挤压性围岩隧道的相关技术问题，有利于减少工程事故发生，达到控制风险，减少损失的目的。

一、挤压性围岩的含义

挤压性围岩主要工程地质条件有两个特点,一是高地应力、极高地应力环境,二是软弱岩层,包括层片状软岩及蚀变软岩,尤其是泥质结构或黏土矿物含量较高的岩石最为典型,常见挤压性围岩种类多为炭质泥岩、炭质页岩、泥质页岩、泥灰岩、凝灰岩、板岩、炭质板岩、绿泥片岩、炭质片岩、云母片岩、绢云母片岩、千枚岩、炭质千枚岩、绿泥石千枚岩、各类蚀变岩、煤系地层及其断层破碎带构造岩等。

1)高地应力的判定

高地应力是一个相对的概念,它与岩体所经受的应力历史和岩体强度、岩体弹性模量等诸多因素有关。对于高地应力的判定,国内外尚没有统一的规定,见表 8-4-1。从表中可以看出,我国对高地应力判定与国外部分国家地应力分级方案出入较大,这反映出不同国家对高地应力的定义是很悬殊的。

表 8-4-1 国内外高地应力的判定划分统计表

序号	判据		低地应力	较高地应力	高地应力	极高地应力
1	强度应力比:R_c/σ_{max}	法国隧道协会	>4	4~2	<2	
2		日本应用地质协会	>4	4~2	<2	
3		苏联顿巴斯矿区	>4	4~2.2	<2.2	
4		我国岩体分级			4~7	<4
5	地应力 σ_{max}/MPa				18~30	>30

为了和现有规范、标准统一衔接,建议高地应力判别标准仍以我国岩体分级标准为准。

2)软弱围岩

软弱围岩,“软”体现了岩体内在特征,即岩石强度的缺失,具有松软、破碎、风化、软弱等特征;“弱”体现了岩体在应用方面的能力,即它的承载能力和抗变形能力,从力学特性方面考虑,具有变形大、强度低、赋存环境效应和时间效应强烈。其定义基本上有以下三类:描述性定义(从物理现象进行描述)、指标化定义(从岩石强度等指标进行描述)和工程定义(从工程表现出的现象进行描述)。

通过对近年典型大变形铁路隧道统计分析可知,常见的发生挤压性大变形的岩体以薄层状、片状或破碎的软质岩为主,一般岩石抗压强度小于 15 MPa,代表性围岩有炭质板岩、板岩,炭质片岩、片岩,千枚岩、页岩,煤系地层及断层破碎带碎裂岩体等,地层多受构造影响挤压严重。在极少数情况下,一些碎裂硬质岩也会出现类似软岩的变形情况。

二、挤压性围岩变形特征

1)挤压性大变形

大变形是对常规变形量而言,为相对变形。常规支护条件下,不同国家和行业均预留了相应变形量,该变形量上限为单线隧道 20 cm 和双线隧道 30 cm,约为其开挖跨度的 2%,该变形量被称为常规变形量。当隧道变形量超过常规变形量时可以认为发生了挤压性变形,当变形进一步发展时,常伴有初期支护开裂、掉块及钢架扭曲等现象。

隧道开挖后,能够产生显著的塑性变形是挤压性围岩最主要的显性特征。其变形具有变形量大、变形速率高、变形持续时间长等特点,破坏范围大,压力大且来压快,如果不加以控制,就会迅速发生难以控制的变形和破坏。

2)挤压性围岩变形特征

(1)变形量大

实测数据表明,挤压性围岩隧道变形可达数十厘米,严重者超过 100 cm,往往表现为初期支护破坏严重,如喷混凝土开裂破坏、变形侵限、钢架扭曲剪断,甚至引起二次衬砌混凝土开裂。如兰渝木寨岭隧道岭脊核心段水平收敛达 100~300 cm,两隧道最大拱顶下沉达 198 cm。

(2)变形速率高

挤压性围岩隧道变形速率高,特别是前期变形速率大,如木寨岭隧道岭脊核心段开挖后最大变形速率达 20 cm/d,变形剧烈。

(3)变形持续时间长

挤压性围岩不仅变形量大、变形速率高,而且持续时间长,具有明显的流变特性。众多研究表明,挤压性围岩隧道在开挖后很长一段时间内,变形持续发展,支护或衬砌上的压力一直在变化。

(4)支护受力大

挤压性围岩隧道荷载实测值与采用现有规范荷载计算方法得出的结果差距较大,以形变压力为主,早期压力大,且随开挖时间迅速增大,如果施工或支护措施不当,极易造成支护破坏。

三、挤压性围岩隧道变形分级

1. 国内外研究现状

在挤压性围岩隧道建设中,是否科学地对挤压性围岩变形分级,直接影响着变形控制技术方案的确定,成为国内外隧道工程界关注的焦点及难点。业界对隧道变形分级展开了一系列研究,并提出了分级的方法和标准,但这些分级方法依托的工程项目不同,地质条件迥异,导致各方法存在较大的差异,见表 8-4-2。

表 8-4-2　挤压性围岩变影分级对照表

序号	兰渝铁路			乌鞘岭隧道			HOCK			Aydan		Jethwa		Singh & Goel	
	变形程度	相对变形 ε(%)	强度应力比 R_{cm}/P_0	变形程度	强度应力比 R_{cm}/P_0	地应力(MPa)	变形程度	相对变形 ε(%)	强度应力比 R_{cm}/P_0	变形程度	相对变形 ε(%)	变形程度	强度应力比 R_{cm}/P_0	分级	相对变形 ε(%)
1							无挤出	≤1	0.36	无挤出	≤1	无挤出	>2.0		
2				轻微	0.5~0.25	5~10	轻微	1~2.5	0.36~0.22	轻微	1~2	轻微	0.8~2.0	轻微	1~3
3	中等	1.5~3	0.25~0.15	中等	0.25~0.15	10~15	中等	2.5~5	0.22~0.15	中等	2~3	中等	0.4~0.8	中等	3~5
4	严重	3~5	0.15~0.1	严重	<0.15	>15	严重	5~10	0.15~0.11	严重	3~5	严重	<0.4	严重	>5
5	极严重	>5	<0.1				最严重	10~15	<0.11	极严重	>5				

从国内外变形分级调研情况看,变形分级主要有三级和五级两种方法,其中五级分级含了无挤出和轻微挤出等两级常规变形,而三级分级主要是针对大变形而言,故建议挤压性围岩变形分级采用三级分级方法。

2. 变形分级

挤压性围岩变形等级应按变形潜势和岩体强度应力比综合确定，按表 8-4-3 进行划分，施工阶段可根据掌子面围岩特性及变形特征调整。

表 8-4-3 挤压性围岩变形等级划分标准

变形潜势	轻微	中等	强烈
岩体强度应力比 R_{cm}/σ_{max}	$0.3 \geqslant G_n > 0.2$	$0.2 \geqslant G_n > 0.15$	$G_n \leqslant 0.15$
挤压性围岩变形等级	Ⅰ	Ⅱ	Ⅲ

其中岩体抗压强度 R_{cm} 可用近似岩体强度代替：

$$R_{cm} = K_v \cdot R_c \tag{8-4-1}$$

$$K_v = \frac{V_{pm}}{V_{pr}} \tag{8-4-2}$$

式中 K_v ——完整程度系数；

R_c ——岩体单轴饱和抗压强度；

V_{pm} ——岩体弹性纵波波速(km/s)；

V_{pr} ——岩石弹性纵波波速(km/s)。

3. 施工阶段变形潜势判定

施工阶段根据变形和掌子面揭示情况验证挤压性围岩变形分级，评判围岩与支护措施的适应性，并根据评判结果进行动态调整动态设计。

(1)相对变形

施工期间结合监控量测，根据变形情况来验证变形分级(表 8-4-4)，评判围岩与支护措施的适应性。

表 8-4-4 挤压性围岩隧道大变形分级标准

大变形的等级	Ⅰ	Ⅱ	Ⅲ
相对变形ε(%)	2～4	4～6	>6

(2)掌子面揭示情况

①完整系数法

挤压性大变形一般发生在较破碎～极破碎岩体中，完整和较完整岩体很少发生大变形。岩体的完整程度是大变形潜势进行判定的关键因素，对高地应力条件下的软岩，无论挤压多么严重，施工时可从掌子面直观判定(表 8-4-5)，对岩体强度进行修正，调整隧道变形分级。

表 8-4-5 K_v 与 J_v 对应关系

岩体完整性指数 K_v	>0.75	0.55～0.75	0.35～0.55	0.15～0.35	≤0.15
岩体体积节理数 J_v	<3	3～10	10～20	20～35	>35

②岩层层厚

发生挤压性大变形的围岩以层状的软质岩为主，根据对兰渝、兰新客专等铁路地质调查，挤压性大变形一般发生在薄层围岩(层厚≤0.1 m)中，层越薄，发生大变形的概率越高，变形程度也越严重。建议对薄层围岩按层理、片理厚度进一步划分，对应围岩变形潜势为轻微～严重，见表 8-4-6。

表 8-4-6　薄层围岩分类建议

岩层厚度	薄　层		
	较薄层	中薄层	极薄层
层厚(cm)	$10 \geqslant h > 3$	$3 \geqslant h > 1$	$h \leqslant 1$
变形潜势	轻微	中等	严重

(3)变形速率

施工中可根据开挖后的变形速率评价该段围岩的变形潜势，采用开挖后连续 3～5 d 变形速率平均值 V_p，对本段围岩的变形潜势进行评判，可将围岩的变形速率分级划分为一般～高速，对应围岩变形潜势为轻度～极强烈，见表 8-4-7。

表 8-4-7　按围岩变形速率的等级划分

变形速率分级	一般	低速	中速	高速
变形速率 V_p(mm/d)	≤10	10～30	30～50	≥50
变形潜势	较轻	轻微	中等	强烈～极强烈

同时，可根据当前循环开挖初期围岩的变形速度，对该段支护变形程度做出预判，对支护参数与围岩的适应性进行评价，动态调整支护体系见表 8-4-8。

表 8-4-8　按变形潜势与支护体系适应性评价表

变形速率 V_p(mm/d)	≤10	10～30	30～50	≥50
支护变形程度	较轻	轻度	中等	严重～极严重
支护体系评价	强	合理	基本合理	弱或不适应
建议措施	优化	正常施工	局部加强	加强、套衬或释放

考虑挤压性围岩的复杂性和多变性，勘测及设计阶段多为围岩定性的评价，为隧道预设计提供依据。根据新奥法动态设计原则，重点应在施工阶段中对挤压变形进行预判与评定，并且动态调整。

4. 围岩压力

挤压性围岩隧道结构上的围岩压力可参考类似工程实测结果取值。当无类似工程实测结果时，可按式(8-4-3)、式(8-4-4)及表 8-4-9 计算围岩压力，施工中应结合实测数据进行调整。

(1)垂直均布压力可按式(8-4-3)计算确定。

$$q = 0.191 \cdot B^{0.15} \cdot e^{0.445S - \frac{35}{H}} \tag{8-4-3}$$

式中　q——垂直均布压力(MPa)；

B——隧道开挖跨度(m)；

H——隧道埋深(m)；

S——挤压性围岩变形等级，$S=1,2,3$ 对应挤压性围岩变形等级一、二、三，勘察设计阶段按变形潜势判定变形等级取值，在施工阶段根据实测变形量确认的大变形等级进行修正；

e——自然常数。

(2)水平均布压力可按式(8-4-4)及表 8-4-9 计算确定。

$$e=\lambda q \tag{8-4-4}$$

式中 e——水平均布压力(MPa);

λ——侧压力系数,取值见表 8-4-9。

表 8-4-9 侧压力系数取值

挤压性围岩变形等级	一	二	三
λ	0.50～0.75	0.75～1.00	>1

注:λ 取值与洞室高跨比有关。对高跨比较大的马蹄形或椭圆形单线隧道,λ 取表中较小值;对于高跨比近似等于 1 的双线隧道和圆形(或近似圆形)隧道,λ 取表中较大值。水平地应力比较大时,可根据实际情况调整。

四、挤压性围岩隧道变形控制技术

1. 变形控制原则

从 20 世纪 80 年代,我国就开始开展挤压性围岩隧道支护理论等方面的研究,典型的有:冯豫、陆家梁等提出的联合支护理论;由孙钧、郑雨天等学者提出的锚喷—弧板支护理论;由何满潮针对高应力软岩隧道的变形机理提出的预留刚柔层的支护技术和耦合支护思想;此外还有董方庭等的松动圈支护理论,方祖烈的主次承载区支护理论;范秋雁提出的软岩流变地压控制原理等。根据以上理论,目前挤压性围岩变形控制一般采取“主动加固、刚强足够,柔让适度,共同承载"的控制理念,即控制支护的强度,合理选择支护时间,容许围岩适度变形,充分发挥和调动围岩的自承能力,从而以最低的支护代价获得满足工程要求的稳定性。因此,支护应满足下列要求:

(1)要有一定的强度并且其刚度能承受一定的支护压力。

(2)具有一定的变形能力。

(3)支护要及时施作、尽早封闭支护。

对于变形等级Ⅰ、Ⅱ级(轻微及中等变形潜势)挤压性围岩来说,围岩具有一定的承载能力,采用上述支护理念可以达到控制变形的目的;而对于变形等级Ⅲ级(挤压严重)的围岩,由于其围岩性质决定了它本身不能形成承载拱,需采用适当的工程措施作用于围岩,改变引起围岩复杂变形破坏的岩体结构,使围岩变形破坏机制由复杂向简单化、单一化转化,进而降低开挖卸荷引起的应力重分布的影响,从而形成真正意义的主动承载拱,达到控制变形的目的。因此,对于Ⅲ级变形(挤压严重的围岩),塑性区范围特别大,一次支护不能使围岩变形趋于稳定,应采用多重支护、长中短锚固方法,从单一支护形式调整为联合支护,形成多样化的变形控制体系。

2. 变形控制技术

常用的变形控制技术主要有以下几种:

1)喷射高性能混凝土

挤压性围岩隧道初期支护宜采用早高强喷射混凝土,设计强度等级不应低于 C25;变形潜势强烈的Ⅲ级变形地段喷射混凝土的设计强度等级不宜低于 C30。为提高喷射混凝土的抗裂性能,喷混凝土可添加钢纤维或合成纤维。

2)高规格支撑

为抑制围岩应变能产生的巨大挤压和冲击作用,应使用大刚度钢架以承担围岩早期的形变压力,可采用低高度、高强度的型钢钢架,如 H 型钢等。

3)锚固体系

锚杆(索)加固是挤压性围岩隧道变形控制的重要措施,可单独或组合采用中短锚杆、长锚杆(索)等方式,应根据变形等级、变形速率选择合理的锚固方式及参数。

(1)短锚杆以全长黏结型锚杆为宜。

(2)中锚杆以自进式注浆锚杆、让压锚杆、预应力锚杆为宜。

(3)长锚杆可选用自进式注浆锚杆或预应力锚杆(索)。

4)多重支护

多重支护是采用"边放边抗"的原则,在隧道开挖后预留富余变形量,第一次支护变形到一定程度后,及时施作第二层支护,最终将变形量控制在容许范围内,通过分层施作支护,允许围岩变形释放部分应力,但又能控制围岩过度变形的一种方法。

5)掌子面加固

减小掌子面挤出位移是挤压性围岩隧道变形控制的关键环节,对Ⅰ、Ⅱ级变形可采取喷射混凝土封闭掌子面、改变掌子面形状、预留核心土等措施,对Ⅲ级大变形可采取掌子面超前注浆、超前锚杆等措施确保掌子面的稳定。

6)应力释放

应力释放是一种卸压法,有针对性的释放一部分围岩应力,使得围岩应力向深部转移,减小支护压力,从而保证支护结构的稳定性。

7)综合控制技术

支护体系宜采用喷射混凝土、锚杆(索)、钢筋网和钢架等支护组合使用,其组合形式应根据围岩特征、变形等级、地下水、断面尺寸及埋深等综合确定。

(1)变形等级Ⅰ、Ⅱ级的隧道

①采用刚度较大的钢架配合锚、喷、网体系加强初期支护。

②采用锚杆或径向小导管,必要时增设长锚杆,及时、有效地加固围岩、控制围岩变形。

③初期支护及时封闭,加强钢架锁脚,尽快形成支护结构整体受力体系。

(2)变形等级Ⅲ级的隧道

支护宜通过现场试验确定,可采用多重支护、长中短锚杆(索)结合、注浆加固等综合措施,必要时可增加超前小导洞、钻孔等应力释放措施。

8)补强预案

在支护措施不足,不能使围岩变形趋于稳定时,应及时采用长锚杆(索)、复合钢架喷射混凝土等补强支护。

3.施工技术

挤压性围岩隧道变形量与施作时间密切相关,施工中应立足于一个"快"字,即快开挖、快支护、快封闭。"快支护"要求开挖后及时封闭岩面,尽快施作喷锚网等支护措施,防止挤压性围岩在暴露时间长、变形过快等情况下进一步恶化围岩条件,大幅降低围岩强度,产生更大的塑性范围及更大的变形。"快封闭"则要求支护结构在最短的时间发挥最有效的作用,尽快封闭成环。机械化配套技术是实现施工"快"的基础,提高施工效率、加快施工进度,鉴于挤压性围岩隧道支护量大、工艺水准要求高,应采取高等级的设备配置模式。

开挖方法和方式是控制变形的又一关键环节,变形等级为Ⅰ、Ⅱ级的段落应采用控制爆破、弱爆破或机械化开挖,台阶法或全断面施工;变形等级为Ⅲ级段落宜采用非爆破开挖,台阶法(必要时进行掌子面加固)施工。

第五节 黄 土 地 质

黄土在我国分布较广,黄河中游的河南西部、山西南部、陕西和甘肃的大部分地区为我国黄土和湿陷性黄土的主要分布区,这些地区的黄土地层分布连续,厚度较大,发育较典型。其他地区如河北、山东、内蒙古和东北各地以及青海、新疆等地亦有所分布。

一、黄土分类及其对隧道工程的影响

黄土是在干燥气候条件下形成的一种具有褐黄、灰黄或黄褐等颜色,并有针状大孔、垂直节理发育的特殊性土。

(一)黄土分类

黄土按其形成年代可分为形成于下更新世 Q_1 的午城黄土和中更新世 Q_2 的离石黄土(也统称为老黄土)普遍覆盖在上述黄土上部及河谷阶地地带上的更新世 Q_3 的马兰黄土及全新世 Q_4 下部的次生黄土(称之为新黄土)。此外,还有新近堆积黄土,多为近几十年至近几百年形成的。

根据其物理性质不同,按塑性指数(I_p)的大小可分为黄土质黏砂土($1<I_p\leqslant7$),黄土质砂黏土($7<I_p\leqslant17$)及黄土质黏土($17<I_p$)。

(二)黄土地层对隧道工程的影响

1. 黄土节理影响

在红棕色或深褐色的古土壤黄土层中,常具有各方向的构造节理,有的原生节埋呈 X 形,成对出现,并有一定延续性。在隧道开挖时,土体容易顺着节理张松或剪断。如果这种地层位于隧道顶部,则极易产生"塌顶"。如果位于侧壁,则普遍出现侧壁掉土,若施工时处理不当,常会引起较大的坍塌。

2. 黄土冲沟地段对施工的影响

当隧道在较长的范围内沿着冲沟或塬边平行走行时,在覆盖较薄或偏压很大的情况下,容易发生较大的坍塌或滑坡现象。

3. 黄土溶洞与陷穴影响

黄土溶洞与陷穴,是黄土地区经常见到的不良地质现象,隧道若建在其上方,则有基础下沉的危害。隧道若修建在其下方,常有发生冒顶的危险。隧道若修建在其邻侧,则有可能承受偏压,使围岩与衬砌处于不利的受力状态。

4. 水对黄土隧道施工的影响

在含有地下水的黄土层中修建隧道,由于黄土在干燥时很坚固,承压力也较高,施工可顺利进行。当其受水浸湿后,呈不同程度的湿陷性,会突然发生下沉现象,使开挖后的围岩迅速丧失自稳能力,如果支护措施满足不了变化后的情况,极容易造成坍塌。

施工中若洞内排水不良,浸湿和软化地基,则洞内道路会泥泞难行,也给隧道的铺底或仰拱施工作业带来很大的困难。

二、黄土隧道围岩分级

郑西高速铁路建设期间,研究人员在既有铁路铁路隧道围岩分级基础上,通过对黄土隧道围岩物理力学参数统计分析,从影响围岩力学性质的程度以及参数的变异性和获取的难易性

等方面综合考虑，对黄土隧道开展了围岩划分细化研究。

黄土隧道围岩分级思路及分级指标：以黄土的时代成因为基础，重点选择塑性指数和含水率两个指标，并对埋深影响进行修正，提出黄土隧道围岩分级的方案，见表 8-5-1。在进行理论研究、工程设计及施工实践时，各级黄土围岩的物理力学指标应按试验资料确定，无试验资料时可参照分级方案给出的建议参数值，见表 8-5-2。

表 8-5-1 铁路黄土隧道基本围岩分级

围岩分级		黄土类型	围岩主要工程地质特征	围岩开挖后的稳定状态	围岩剪切波波速 V_s(m/s)
Ⅳ	Ⅳa	老黄土(Q_1、Q_2)	坚硬为主；钙质含量高，局部成层，土质紧密；节理不发育—较发育	拱部无支护时掉块、坍塌；侧壁有时失稳	＞250
	Ⅳb		硬塑为主；钙质结核零星分布，土质紧密；节理不发育—较发育		
Ⅴ	Ⅴa	老黄土(Q_1、Q_2)	软塑为主；钙质含量少，土质较疏松；节理较发育—发育	拱部和侧壁易坍塌，处理不当会出现大坍塌；浅埋时易出现地表下沉(陷)或塌至地表	150～250
		新黄土(Q_3、Q_4)	坚硬—硬塑；土质较疏松；陷穴及节理不发育		
	Ⅴb	新黄土(Q_3、Q_4)	硬塑—软塑；土质疏松；陷穴及节理较发育—发育		
Ⅵ		饱和黄土、新近堆积黄土	软塑—流塑或松软结构的土层	极易坍塌、变形；易出现地表下沉(陷)或塌至地表	≤150

注：(1)黄土塑性状态的划分：坚硬 $I_L \leq 0$；硬塑 $0 \leq I_L \leq 0.5$；软塑 $0.5 < I_L \leq 1$；流塑 $I_L \geq 1$。

(2)大、特大跨度黄土隧道当黄土塑性指数 $I_p \leq 10$ 时，可视情况降低 1 个亚级。

(3)浅埋地段围岩级别可视情况降低 1 级或 1 个亚级。

(4)当有 2 个符合以上规定的因素时，不应简单叠加，需综合分析后对围岩进行修正。Ⅵ级围岩需经勘探确认。

表 8-5-2 黄土围岩物理力学指标

分级	黄土类型	含水率(%)	天然密度(g/cm³)	黏聚力(kPa)	内摩擦角(°)	弹性模量(MPa)	泊松比	弹性抗力系数(MPa/m)
Ⅵa	Q_1 黏质黄土	—	1.98 1.90～2.05	60 50～70	28.5 27～30	280 240～320	0.30	黏质黄土 120
	Q_2 黏质黄土	＜18.4	1.85 1.75～1.95					
Ⅵb	Q_2 黏质黄土	＞18.4	1.98 1.90～2.05	40 29～49	24.5 23～26	200 160～240	0.32	黏质黄土 55
	Q_1 砂质黄土	＜17.5	1.85 1.75～1.95					
Ⅴa	Q_1 砂质黄土	＞17.5	1.98 1.90～2.05	25 22～28	20.5 19～22	120 80～160	0.35	
	Q_2 砂质黄土	＜18.1	1.85 1.75～1.95					
	Q_3 黏质黄土	＜18.1	1.56 1.45～1.60					

续上表

分级	黄土类型	含水率(%)	天然密度(g/cm³)	黏聚力(kPa)	内摩擦角(°)	弹性模量(MPa)	泊松比	弹性抗力系数(MPa/m)
V$_b$	Q_2 砂质黄土	＞18.1	1.98 1.90～2.05					
	Q_3 黏质黄土	＞18.1	1.69 1.60～1.75	18 15～21	16.5 15～18	65 50～80	0.38	—
	Q_3 砂质黄土	＜11.0	1.56 1.45～1.60					
Ⅵ	—		1.69 1.60～1.75	＜15	＜15	25 ＜50	0.42	—
			1.42 ≤1.55					

注:表中下划线数值为建议范围,可根据含水率大小酌情选取,一般含水率高时密度取较大值,力学参数取较小值。

三、黄土隧道设计施工关键技术

1. 黄土隧道洞口工程

由于黄土具有垂直节理发育、土体疏松、遇水易崩解剥蚀等特性,黄土地区常呈现为沟壑纵横、坡面陡峻近乎直立等特殊地貌。当黄土隧道洞口位于冲沟岸坡时,受工程地质条件及人为活动等因素影响,洞口边坡、仰坡易出现开裂、失稳等问题。在黄土隧道设计和施工时,洞口边仰坡安全防护非常重要。黄土隧道洞口工程设计施工应遵循以下原则:

(1)黄土隧道洞口应遵循"早进晚出"的原则,尽量减少对原有坡面的破坏,应尽量避免设置高边坡。洞口处线路宜与地形等高线正交,对于斜交地形,当一侧边坡开挖高度较高时,应尽量接长明洞。

(2)黄土隧道应选在山坡稳定,排水有利,无滑坡、崩塌、错落、泥石流等不良地质处进洞,并应避免隧道洞口设在冲沟、陷穴附近,以防止产生冲蚀、泥流或坍陷等病害。

(3)对于黄土边坡稳定性的分析,考虑黄土的直立性,根据国内外研究和多年的实践,瑞典圆弧法是比较适宜的。

(4)洞口边仰坡防护应根据黄土的性质、水文地质条件及边坡高度等因素综合确定。黄土边坡的防护技术主要包括坡体防护和坡面防护两方面。坡体防护技术主要包括放缓坡比、支挡以及加固等。坡面防护技术可分为工程防护技术、植物防护技术和复合型生态防护技术三大类。其中工程防护技术主要有护面墙、骨架护坡、挂网喷浆等形式;植物防护技术主要有穴种、沟播、栽藤护坡、地毯式植草皮护坡、植生带植草护坡、三维植被网护坡、厚层基材喷播护坡;复合型生态防护技术主要有土工格室、绿化防护板两种防护形式。

2. 黄土隧道支护设计

1)黄土隧道跨度分级

隧道跨度不同,围岩和支护结构所表现出的力学形态也不一样。隧道开挖跨度随隧道的用途、隧道围岩的等级等因素而异,对开挖跨度合理分级,决定其对应的支护结构参数。关于黄土隧道跨度的划分,根据目前研究成果,建议划分为 4 个等级,小于 8.5 m 为小跨度,8.5～12 m 为中跨度,12～14 m 为大跨度,大于 14 m 为特大跨度,见表 8-5-3。

表 8-5-3　黄土隧道跨度分级标准建议

断面类型	小跨度	中跨度	大跨度	特大跨度
开挖跨度(m)	5.0～8.5	8.5～12.0	12.0～14.0	14.0～16.0
适用隧道	速度小于等于160 km/h单线隧道	速度200 km/h、250 km/h的单线隧道，速度140 km/h的双线隧道	速度300～350 km/h的单线隧道，速度160 km/h、200 km/h的双线隧道，速度300～350 km/h的单线隧道	速度250 km/h的Ⅵ、Ⅴ级围岩双线隧道，速度300～350 km/h的双线隧道

2)黄土隧道深浅埋分界及设计荷载

黄土隧道的深浅埋分界及设计荷载是由黄土的物理力学性质和隧道的开挖断面大小决定的。通过郑西高铁大断面黄土隧道工程地表裂缝调查，围岩及支护受力的现场实测，推测黄土隧道围岩破坏模式，结合理论分析，对深浅埋隧道分界作出界定，在此基础上提出了浅埋隧道和深埋隧道的设计荷载。

根据研究结果，建议黄土隧道的深浅埋分界深度为(1.4～2.1)$(H+B)$；新黄土(Q_3、Q_4)隧道可取上限(2～2.1)$(H+B)$，老黄土(Q_1、Q_2)隧道取下限(1.3～1.7)$(H+B)$。如图 8-5-1 所示，建议黄土隧道深浅埋衬砌荷载计算方法如下。

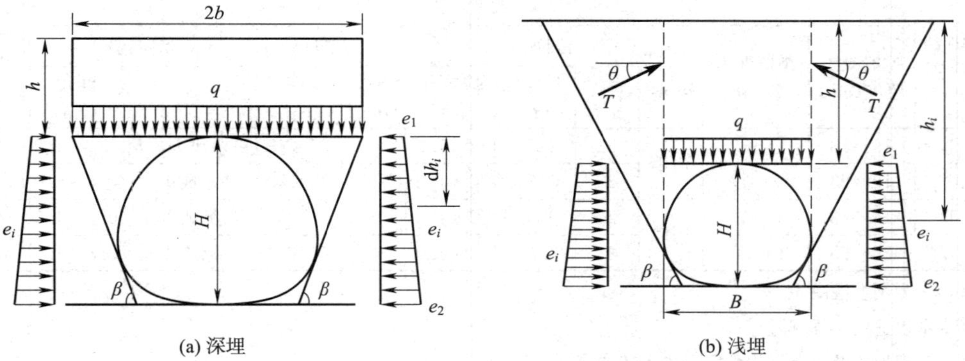

图 8-5-1　黄土隧道衬砌荷载计算图式

(1)深埋黄土隧道

①垂直围岩压力

$$q=\frac{b\gamma-c}{\lambda\tan\varphi}(1-e^{-\lambda\frac{h}{b}\tan\varphi})\tag{8-5-1}$$

②水平围岩压力

$$e_i=(q+\gamma dh_i)\tan^2\left(45°-\frac{\varphi}{2}\right)\tag{8-5-2}$$

(2)浅埋黄土隧道

①垂直围岩压力

$$q=\gamma h\left(1-\frac{\lambda h\tan\theta}{B}\right)\tag{8-5-3}$$

②水平围岩压力

$$e_i=\gamma h_i\lambda\tag{8-5-4}$$

式中　B——坑道宽度(m)；

b——洞顶松动宽度之半(m)；

h——隧道顶至地面高度(m);
h_i——内外侧任意点至地面的距离(m);
λ——侧压力系数;
γ——围岩容重(kN/m^3);
c——围岩黏聚力(kPa);
φ——围岩计算摩擦角(°);
θ——顶板土柱两侧摩擦角(°),经验值按《铁路隧道设计规范》选取;
e_i——i 计算点水平围岩压力。

3)黄土隧道支护参数

近年来通过对黄土地区修建的普速单双线铁路隧道、双车道高速公路隧道、高速铁路大断面隧道的支护参数的调研和总结,结合现场试验和理论分析,针对不同跨度分级提出了黄土隧道对应的衬砌支护参数,小跨、中等跨度铁路隧道设计参数见表 8-5-4,大跨、特大跨度铁路隧道设计参数见表 8-5-5。

表 8-5-4 小跨、中等跨度铁路黄土隧道设计参数

跨度	围岩级别	初期支护										二次衬砌厚度(cm)
		喷混凝土厚度(cm)	预留变形量(cm)	锚杆				钢筋网		钢拱架		
				位置	直径(mm)	长度(m)	环纵间距(m)	直径(mm)	间距(cm)	型号	间距(cm)	
小跨	Ⅳ	15～18	5～7	边墙	22	2.5	1.2×1.2	6	25×25	格栅或 I12.5	1.0～1.2	30～35
	Ⅴ	18～23	7～10		22	3.0	1.2×1.0	6	20×20	格栅或 I16	0.8～1.0	35～40*
中跨	Ⅳ	18～23	8～10	边墙	22	3.0	1.2×1.2	8	25×25	格栅或 I16	0.8～1.0	40～45
	Ⅴ	20～25	10～15		22	3.5	1.2×1.0	8	20×20	格栅或 I18	0.8～1.0	45～50*

注:(1) * 为钢筋混凝土;
(2)本表适用于深埋隧道;
(3)浅埋地段及Ⅵ级围岩地段需进行特殊设计。

表 8-5-5 大跨、特大跨度铁路黄土隧道设计参数

跨度	围岩级别	初期支护										二次衬砌厚度(cm)
		喷混凝土厚度(cm)	预留变形量(cm)	锚杆				钢筋网		钢拱架		
				位置	直径(mm)	长度(m)	环纵间距(m)	直径(mm)	间距(cm)	型号	间距(cm)	
大跨	$Ⅳ_a$	20～25	10～12	边墙	22	3.5	1.2×1.2	6～8	20×20	格栅或 I18	1.0	45～50*
	$Ⅳ_b$	22～25	10～12		22	3.5	1.2×1.2	6～8	20×20	格栅或 I18	0.8	45～50*
	$Ⅴ_a$	24～27	15～17		22	4.0	1.2×1.0	8	20×20	I20a	0.6～0.8	50～55*
	$Ⅴ_b$	26～30	15～17		22	4.0	1.2×1.0	8	20×20	I20a 或 I22a	0.6	50～55*
特大跨	$Ⅳ_a$	24～26	10～15	边墙	22	3.5	1.2×1.2	6～8	20×20	格栅或 I20a	0.8～1.0	50～60*
	$Ⅳ_b$	26～28	10～15		22	3.5	1.2×1.2	6～8	20×20	格栅或 I22a	0.8～1.0	50～60*
	$Ⅴ_a$	28～30	15～20		22	4.0	1.2×1.0	8	20×20	I22a 或 H150	0.6～0.8	55～70*
	$Ⅴ_b$	28～35	15～20		22	4.0	1.2×1.0	8	20×20	I22a 或 H175	0.6	55～70*

注:(1) * 为钢筋混凝土;
(2)Ⅵ级围岩地段需进行特殊设计;
(3)表中预留变形量为一般含水率($w<17\%$)工况下建议值。当 $17\%\leqslant w<25\%$ 时,拱部预留变形量按一般含水率的 1.5 倍考虑,高含水率黄土($w\geqslant25\%$)则按一般含水量的 2 倍考虑。

四、黄土隧道的施工

在黄土隧道中施工时，应做好黄土构造节理的产状与分布的调查。对因构造节理切割而形成的不稳定部位，在施工时应加强支护措施，防止坍塌，以策安全施工。

施工中应遵循“短开挖、少扰动、强支护、实回填、严治水、勤量测”的施工原则，紧凑施工工序，精心组织施工。

开挖方法宜采用短台阶法或分部开挖法(预留核心土法)，初期支护应紧跟开挖面施作。

黄土围岩开挖后若暴露时间过长，围岩风化至内部时，围岩体松弛加快，进而发生坍方。因此，宜采用复合式衬砌，开挖时应少扰动，开挖后以喷射混凝土、锁脚锚杆、钢筋网和钢支撑作初期支护，形成严密的支护体系。必要时可采用超前锚杆、管棚支护加固围岩。在初期支护基本稳定后，进行永久支护衬砌。衬砌背后尤其是拱顶回填要密实。

做好洞顶、洞门及洞口的防排水系统工程，并妥善处理好陷穴、裂缝，以免地面积水浸蚀洞体周围，造成土体坍塌。在含有地下水的黄土层中施工时，洞内应做好排水设施。水量较大时应采用井点降水等方法将地下水位降至隧道衬砌底部以下，以改善施工条件，加快施工速度。在干燥无水的黄土层中施工时，应管理好施工用水，不使废水漫流。

五、郑西高速铁路大断面黄土隧道关键技术

(1)大断面黄土隧道的变形动态及其地表裂缝发生的规律

大断面黄土隧道的变形动态与一般土的变形动态基本上相同，但由于其构造特性和湿陷性的特点，显示出比一般土易于出现更大的沉降和整体下沉的现象。这也是造成地表裂缝发生的主要因素之一。

黄土隧道开挖后易于产生地表裂缝，是黄土隧道施工一个重要的、不容忽视的现象。通过对郑西铁路大断面黄土隧道施工现场调查、综合物探、坑探测试、理论分析和模型试验等综合方法，研究分析了黄土隧道施工地表裂缝的形成机理与裂缝规律。

大断面黄土隧道出现地表裂缝，现场调查多在 60 m 覆土埋深以内，在倾斜地形条件下可出现在大于 60 m 覆土埋深；数值计算结果多在 50 m 覆土埋深以内；室内模型试验结果多在 57 m 以内。因此，认为大断面黄土隧道施工出现地表裂缝的隧道覆土埋深多在 60 m 以内。

地表测试可见裂缝深度为 3～15 m，除极浅埋黄土隧道外，可见地表裂缝深度一般不会到达隧道顶部。

对应地表出现可见或宽大裂缝的最大地表沉降变形值，现场调查多在 80 mm 以上；数值计算在 95～128 mm，浅埋隧道(30 m 覆土埋深以内)模型试验值为 50～104 mm，深埋隧道(覆土埋深 50 m)模型试验值为 130 mm。

采用“快开挖、强支护、快封闭”施工原则，使支护封闭距离小于 1 倍隧道开挖跨度，施工地表沉降变形小于 80 mm，可有效防止出现施工地表裂缝。支护封闭距离小于 2 倍隧道跨度，施工地表沉降变形小于 100 mm，可防止出现宽大施工地表裂缝。

为了防止地表水沿裂缝下渗，对已形成的裂缝采用注浆或回填灰土的方法进行及时封闭。

(2)黄土隧道锚杆的作用

大量的工程实践说明，超前支护是控制开挖后围岩变形的重要措施。

大断面黄土隧道的初期支护中的锚杆，通过工程试验和模型试验证实，在下列场合，可以不设置锚杆：

①拱部上方围岩可能产生整体下沉的场合。

②在设置超前支护的范围内。

③在Ⅴ级围岩中为了迅速控制开挖后初始位移速度，应采用刚性大的型钢钢架以及早强喷混凝土。

④为了控制拱脚下沉，可采用大拱脚、加肋钢架以及锁脚锚杆等对策。

⑤为了控制掌子面挤出位移，可采用掌子面锚杆、预留核心土等对策。

(3)大断面黄土隧道施工技术

郑西高速铁路黄土隧道开挖断面积超过 160 m^2，开挖宽度和高度分别达到 15 m 和 13 m。根据黄土的工程特性，考虑隧道埋深、含水率及新老黄土地层差异，综合考虑郑西客专隧道的工期要求和工法的经济合理性，在大断面黄土隧道中分别采用了三台阶七部开挖法、弧形导坑法、CD 法、CRD 法及双侧壁导坑法。其中新黄土地段、洞口浅埋偏压地段主要采用 CRD 工法或双侧壁导坑法。而在洞身长大段落的老黄土地段采用三台阶七部开挖法、弧形导坑法。

不管何种方法，均采用了留核心土、小导管超前支护、大拱脚、加肋钢支撑、锁脚锚杆等对策，起到了良好的控制变形的效果。

通过试验及测试，明确了采用的各种工法的力学动态、变形规律以及各种支护措施的效果等，提出了各种工法的适用性、应用条件以及具体的施工工艺要求和保证施工安全的措施。

通过试验施工和量测，揭示出大断面黄土隧道的一些重要特征，如：

①弧形导坑拱部下沉中，拱脚下沉尤为显著，浅埋时接近或达到拱顶下沉水平，随埋深增加下沉逐渐增加。这是大断面黄土隧道开挖后易于产生拱部围岩整体下沉现象的基本原因，因此必须采取控制拱脚下沉的对策。

② 大断面黄土隧道在开挖初期和下部台阶通过前后的位移速度很大，位移呈急剧增长的趋势。最大位移速率达到 35～40 mm/d，必须采取对策，控制初期位移速度的增长。

③量测表明，在各种工法中，钢架均显著承载，其中初期支护钢架以受压为主，采用型钢钢架时最大压应力达到或超过(深埋时)Q235 钢的屈服强度。这意味着，型钢钢架对控制急剧发生的变形的作用显著。在大断面黄土隧道施工中，钢架以采用型钢钢架为宜。

④不管是锁脚锚杆，还是大拱脚，对提高拱脚附近围岩的承载力和控制拱脚下沉具有重要的作用。

⑤“预支护、短进尺、快闭合”是大断面黄土隧道施工的基本原则。

预支护：开挖前采取如超前小导管、大管棚、掌子面或地表注浆等，是提高围岩强度，确保掌子面稳定，控制可能发生的过大变形的基本对策。

短进尺：一方面可减小一次暴露土体的长度，提高空间效应。另一方面可减少一次开挖量和出渣量，缩短开挖与支护间的衔接时间，达到早闭合的目的。

短台阶：采用短台阶开挖，有利于上台阶及时出渣，加快进度，并有利于缩短仰拱封闭距离。实践表明，是一种行之有效的控制黄土围岩变形的对策。

快封闭：包括开挖后对掌子面立即进行初喷(浅埋砂质新黄土)、及时跟进横撑(双侧壁、CRD)和仰拱(弧形导坑)以及及时封闭基底(CD)。

⑥为避免出现过大的变形，必须设定比较严格的控制变形的基准。

(4)大断面黄土隧道基底处理技术及稳定性分析

铁路客运专线隧道内铺设无砟轨道，要求隧道内线路的工后沉降不大于 15 mm，不同结构物间的差异沉降不应大于 5 mm。因此对具有湿陷性的黄土必须进行基底处理。

通过比较认为，冲击挤密水泥土桩法施工方便、经济适用、质量可控性强。因此在隧道内进行了水泥土挤密桩消除黄土湿陷性的试验研究。通过试验解决了挤密桩振动控制标准，桩径、桩间距及冲击能等关键技术，并提出了隧道内挤密桩作业的成套设计方法和施工工艺。

运用自行研发的DTS-1型高速列车激振试验系统，首次在黄土隧道内进行现场激振试验，掌握了富水黄土隧道及围岩在高速列车动载下的动力特性和变形规律，得出了隧道工后沉降能满足客运专线运营要求的结论。

(5)大断面黄土隧道下穿构筑物施工技术

郑西铁路客运专线黄土隧道多次下穿既有铁路和公路，隧道埋置深度不同，黄土地层性质不同，为保证既有铁路运营安全和快速施工需要，分别采取不同技术、方法实现了安全施工，取得了良好效果。

浅埋黄土隧道下穿既有铁路段，采用ϕ159大管棚超前预支护和双层钢架喷混凝土支护，弧形导坑法施工，及时对线路整道的综合施工技术，使下穿施工时既有线轨道一次沉降最大为8 mm，平均为3.35 mm。隧道拱顶下沉平均为69 mm，最大为109 mm。采用综合施工技术4个月完成90 m下穿段施工，对比采用双侧壁导坑法开挖需要11个月，即保证了新建隧道施工工期，又缩短了施工对既有线铁路运营的影响时间。

浅埋黄土隧道下穿既有高速公路段，采用ϕ89大管棚超前支护，CRD法开挖施工，施工中隧道拱顶下沉平均5 cm，最大下沉量6.9 cm，净空收敛平均3 cm，最大收敛4 cm，公路路面下沉平均4 cm，最大下沉量5.9 cm。

深埋黄土隧道下穿既有公路段，在拱部135°范围内采用ϕ159双层大管棚超前加强支护，台阶法开挖，双层钢拱架进行初期支护。施工实测路面最大下沉量29 mm，拱顶下沉30 mm，净空收敛19.94 mm，仰拱最大下沉5 mm。

黄土管棚钻孔施工不能采用给水钻孔工艺，否则易塌孔和黄土湿陷软化而导致管棚下挠侵限，故下穿段采用“风动导向跟管钻进”一次成孔的施工方法进行管棚施工，即将ϕ159 mm钢管加工成每节6 m的钻杆，利用水平导向钻机将ϕ159 mm的钻杆分节钻入。钻孔时利用空气压缩机产生的高压空气将钻渣吹出孔外，利用有线导向仪器控制钢管的打设精度。

第六节　岩 溶 地 质

一、岩溶隧道概述

1. 岩溶地貌及其分布情况

岩溶又称喀斯特，是水对可溶性岩石（碳酸盐岩、硫酸盐岩、卤化物岩等）进行以化学溶蚀作用为主，以水的机械侵蚀和崩塌作用以及物质的携带、转移和再沉积作用为辅的综合地质作用，以及由这些作用所产生的现象的统称。世界上喀斯特地貌主要分布在中国广西、云南和贵州等省（区），越南北部，南斯拉夫狄那里克阿尔卑斯山区，意大利和奥地利交界的阿尔印斯山区，法国中央高原，俄罗斯乌拉尔山，澳大利亚南部，美国肯塔基和印第安纳州，古巴及牙买加等地。

中国喀斯特地貌分布之广泛，类型之多，为世界所罕见，主要集中在云贵高原和四川西南部。据不完全统计，总面积达200万km^2，其中裸露的碳酸盐类岩石面积约130万km^2，约占全国总面积的1/7；埋藏的碳酸盐岩石面积约70万km^2，碳酸盐岩石在全国各省区均有分布，但以桂、黔和滇东部地区分布最广。湘西、鄂西、川东、鲁、晋等地，碳酸盐岩石分布的面积也较广阔。

2. 中国岩溶隧道情况

我国在岩溶地区修建的铁路工程众多，出现了大量的岩溶隧道(表 8-6-1)，由于岩溶及岩溶水发育的复杂性(非均匀和动态变化)，岩溶对隧道工程的危害较大，特别是岩溶水发育地段，建设、运营风险较高，一旦发生突水突泥等灾害事故，后果严重。

表 8-6-1　中国铁路岩溶隧道情况表

分类	线路条数(条)	岩溶隧道座数(座)	岩溶隧道总长(km)	施工揭示岩溶处数(处)	突(涌)水(泥)次数(次)
运营	45	1 030	1 582	5 110	156
在建	30	616	1 461	1 464	35
规划	11	189	583	—	—

注：(1)此表为不完全统计；

(2)运营线路仅统计 2000 年以后开通运营项目。

二、岩溶隧道的灾害类型

1. 岩溶形态

岩溶形态分为地表形态和地下形态。

(1)地表形态包括：石芽、溶沟、溶槽、漏斗、落水洞、溶蚀洼地、溶蚀盆地、干谷、盲谷、峰丛、峰林和孤峰等。

(2)地下形态包括：岩溶管道、地下河(湖)、溶洞等。

地表和地下岩溶形态组合形成了复杂的岩溶系统。

岩溶可按发育强度分为四级：岩溶强烈发育、岩溶中等发育、岩溶弱发育及岩溶微弱发育(表 8-6-2)。从工程出发，岩溶按其埋藏条件分为裸露型岩溶、覆盖型岩溶、埋藏型岩溶。裸露型岩溶最为常见，但覆盖型岩溶和埋藏型岩溶更为隐蔽和复杂，更容易出现工程和环境问题。

表 8-6-2　岩溶发育程度分级表

级别指标		强烈发育	中等发育	弱发育	微弱发育
定性指标	岩溶形态	以大型暗河、廊道、较大规模溶洞、竖井和落水洞为主	沿断层、层面、不整合面等有显著溶蚀，中小型串珠状洞穴发育	沿裂隙、层面溶蚀，扩大为岩溶化裂隙或小型洞穴	以裂隙状岩溶或溶孔为主
	连通性	地下洞穴系统基本形成	地下洞穴系统未形成	裂隙连通性差	裂隙不连通
	地下水	有大型暗河	中小型暗河或集中径流	少见集中径流，常见有裂隙水流	裂隙透水性差
定量指标	钻孔见洞隙率(%)	＞30	10～30	1～10	＜1
	钻孔见岩溶率(%)	＞20	5～20	1～5	＜1

2. 岩溶水作用特征

岩溶地下水是赋存于岩溶化岩体中地下水的总称，又称岩溶水。岩溶是岩溶水长期不断溶蚀，侵蚀作用下的产物，岩溶发育程度与岩溶水的动力活动密切相关。在裸露岩溶区，岩溶地下水的垂直分带性是普遍存在的，铁路系统习惯上将岩溶水循环分带，分为垂直渗流带、季节变动带、水平径流带和深部循环带。

在垂直渗流带中岩溶水自上而下的垂直径流，主要发育有漏斗、落水洞、竖井等垂直岩溶形态。在季节变动带中，地下水既有垂直运动，也有水平运动，因此，岩溶既有垂直岩溶形态，也有水平岩溶形态。在水平径流带中地下水基本上是水平运动，所以溶洞、暗河等水平岩溶形态较发育，但在接近排水谷底的部分，水具有减压作用，常有放射性的岩溶形态。在深部循环带中，地下水流动缓慢，岩溶形态的形成过程也非常缓慢，长期作用的过程中，形成规模不大的小溶洞和溶孔。一般条件下垂直渗流带、季节变动带和水平径流带内岩溶水流以管道流为主，扩散流和混合流为辅；深部循环带内以扩散流为主，管道流和混合流为辅。

3. 岩溶隧道灾害类型

岩溶隧道主要地质灾害可分为溶槽溶洞、突水突泥、地表塌陷、失水及地下水污染等，从岩溶对隧道工程的影响方面总体上可归结为岩溶水、溶洞和其充填物的问题(图 8-6-1)，当隧道以不同高程穿越岩溶发育区时，会遭遇不同的岩溶形态和岩溶水(图 8-6-2)，一般有以下几种：

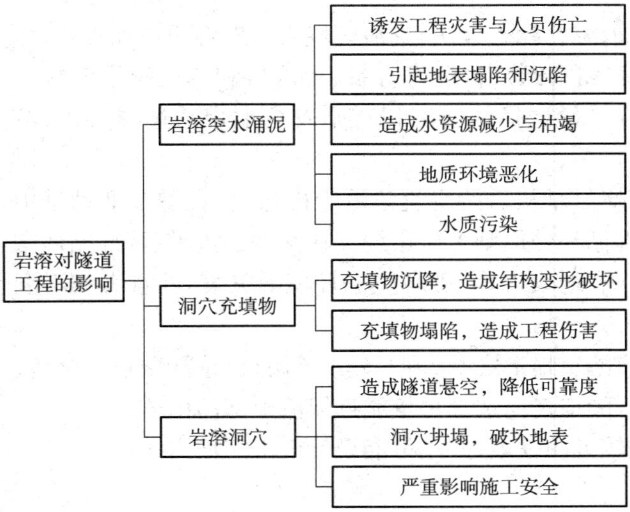

图 8-6-1　岩溶灾害分类

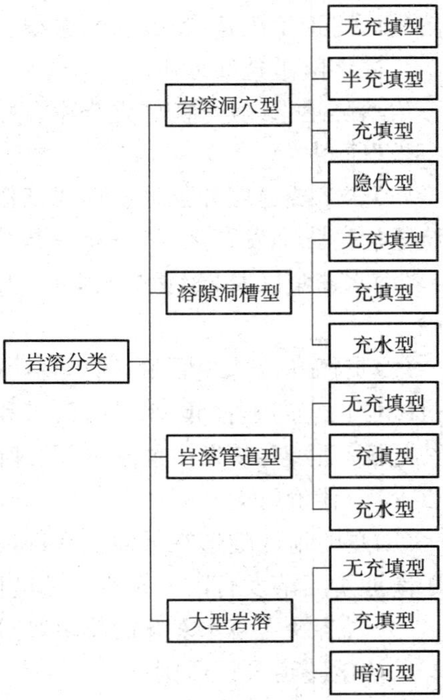

图 8-6-2　岩溶分类

(1)遭遇溶槽或有不同充填物类型的溶洞。

(2)遭遇不同类型、不同压力的岩溶裂隙富水带。

(3)遭遇不同压力的岩溶水管道、地下暗河、大型富水充填溶洞或岩溶地下湖等，隧道施工可能诱发突水、突泥等地质灾害。

综合近年来岩溶地区隧道建设经验，线路从垂直渗流带穿越时，隧道遭遇的一般是贫水或无水的岩溶溶洞，安全风险相对较小，采取适当的基底回填(跨越结构)、结构加强(明洞)等措施即可顺利通过。当线路从季节变动带、水平径流带经过时，可能会遭遇富水充填溶洞、大型地下暗河以及高压岩溶裂隙富水带等，施工安全风险较高，处理难度大，易发生大型突水、突泥等地质灾害。结合近年来铁路岩溶隧道发生的突水、突泥灾害分析，隧道突水类型划分及比重见表 8-6-3。

表 8-6-3 突水涌泥类型划分表

突水涌泥划分标准	突水涌泥类型
突水涌泥位置	掌子面突水涌泥;拱顶突水涌泥;底板突水涌泥;隧道侧边突水涌泥
突水涌泥发生过程	突(爆)发型突水涌泥;滞后型突水涌泥;缓冲型突水涌泥
突水涌泥量	特大型突水涌泥;大型突水涌泥;中型突水涌泥;小型突水涌泥;微型突水涌泥
突水涌泥诱因	岩溶溶腔的突然溃口;承压水断层破碎带突水;高压富水区管道和基岩裂隙水突出;局部富水囊状风化腔的突涌泥

三、岩溶隧道设计原则

岩溶及岩溶水危害直接关系到岩溶隧道施工安全、工程造价、维修养护费用和运营安全，岩溶地区隧道工程建设从勘察、选线、设计上都应该遵循一定的原则。

1. 岩溶隧道选线原则

岩溶隧道选线应遵循"先绕避、短通过、顺坡排"的指导原则，也有专家总结为"走高、靠边、人字坡"原则。

(1)岩溶隧道应加强地质选线工作，采取综合勘察方法，查清区域岩溶发育规律和程度，尽量绕避岩溶强烈发育区(特别是大规模溶腔和暗河)、构造发育带、可溶岩和非可溶岩的接触带、岩溶水富集区及岩溶水排泄带，线路应尽量选择从岩溶相对不发育地带通过，降低岩溶风险。

(2)贯彻高位选线原则，选择越岭隧道应尽量从岩溶垂直渗流带内通过，在季节变动带中通过线位也宜高不宜低，水平径流带和深部循环带原则上应避绕。在水平径流带、深部循环带修建隧道工程，容易发生涌水突泥、地面塌陷、地表失水、破坏生态环境等灾害，并且大型溶洞难以处理，代价巨大。

(3)越岭地区隧道在平面上宜选择在岩溶负地形之间、地下分水岭附近，选择线路大交角、短距离通过岩溶发育区。在有河流的区域，隧道走向选择尽量靠近河流上部的山体。

(4)岩溶及岩溶水发育的隧道，应采用较大的纵坡，并尽可能设计成人字坡。

2. 岩溶隧道设计原则

(1)岩溶及岩溶水发育的隧道，隧道正洞及辅助坑道施工应满足顺坡排水的条件，以降低风险，缩短工期，节省费用。

(2)岩溶隧道宜优先采用平行导坑、横洞、迂回导坑等具有自排水能力的辅助坑道，以保证施工和运营排水需求。富水岩溶地段不宜设置斜井、不应设置竖井。

(3)岩溶隧道防排水应遵循"以排为主、排堵结合"的原则，对环境敏感区段可采取以堵为主、限量排放的原则。隧道位于岩溶水水平径流带时，隧道位于岩溶水季节变动带且揭穿暗河(富水岩溶管道)时，应设置平行导坑(泄水洞)等排水减压工程。

(4)施工中揭示岩溶水一般采取疏导为主的处理原则，维持或恢复既有排泄通道，必要时增设排水通道。高压富水溶洞宜设置永久截排水设施，控制排放，并防止堵塞。

(5)岩溶隧道二次衬砌承受的水、土压力应根据岩溶类型、富水程度、充填状况、排水能力等因素综合分析确定。

(6)隧道基底充填型岩溶处理宜采用复合地基方案；隧道穿越大规模空溶腔时，应充分考虑上部落石危险。有落石风险时，一般可采用基底分层回填方案，尽可能减少人员作业时间。隧道基底软硬不均地段应设置必要的调整层。

(7)高风险岩溶隧道应进行施工防灾报警系统设计。

(8)岩溶隧道设计应包括风险评估、超前地质预报、岩溶及岩溶水处理、支护结构体系、施工方法、防排水、施工防灾报警、安全监测、岩溶水环境监测等内容。

四、隧道遇到溶洞的处理措施

当隧道施工遇到岩溶危害时，可按岩溶对隧道的不同影响及施工条件，采取引流、跨越、加固、清除、注浆等不同措施或综合治理。

(1)隧道通过岩溶区时，应查明溶洞分布范围和类型、岩层的完整、稳定程度、填充物和地下水情况，据以确定施工方法。对尚在发育或穿越暗河、水囊等地质条件复杂的岩溶区，应查明情况谨慎选定施工方案。对有可能发生突然大量涌水、流石流泥、崩坍落石等情况时，必须事先制定措施，确保施工安全。

(2)隧道穿过岩溶区，如岩层比较完整、稳定，溶洞已停止发育，有比较坚实的填充，且地下水量小，可采用探孔或物探等方法，探明地质情况，以便于采取相应的措施。如溶洞尚在发育或穿越暗河、水囊等岩溶区时，则必须探明地下水量大小、水流方向等，先要解决施工中的排水问题。一般可采用平行导坑的施工方案，以超前钻探方法，向前掘进。当出现大量涌水、流石流泥、崩坍落石等情况时，可采用平行导坑作为泄水通道，正洞堵塞时也可利用平行导坑在前方开辟掘进工作面，不致正洞停工。

(3)岩溶地段隧道常用处理溶洞的方法，有“引、堵、越、绕”四种。

①引排水。遇到暗河或溶洞有水流时，宜排不宜堵。应在查明水源流向及其与隧道位置的关系后，用暗管、涵洞、小桥等设施宣泄水流或开凿泄水洞将水排至洞外(图 8-6-3)，或开凿泄水洞，将水排出洞外(图 8-6-4)。当岩溶水流的位置在隧道顶部或高于隧道顶部时，应在适当距离外，开凿引水斜洞(或引水槽)将水位降低到隧底标高以下，再进行引排(图 8-6-5)。当隧道设有平行导坑时，可将水引入平行导坑排出。

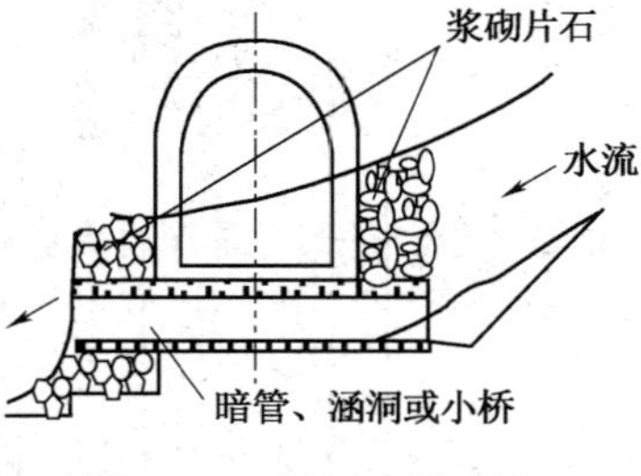

图 8-6-3　桥涵宣泄水流

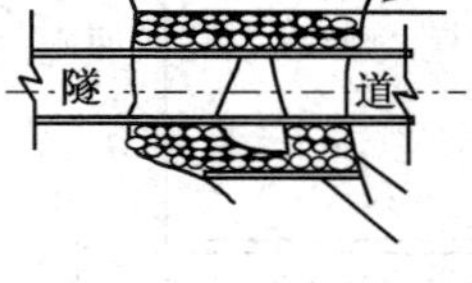

图 8-6-4　开凿泄水洞引水

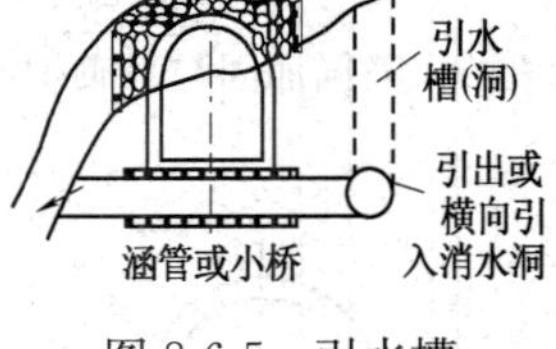

图 8-6-5　引水槽

②堵填。对已停止发育、跨径较小、无水的溶洞，可根据其与隧道相交的位置及其充填情况，采用混凝土、浆砌片石或干砌片石予以回填封闭(图 8-6-6、图 8-6-7、图 8-6-8)，根据地质情况决定是否需要加深边墙基础。当隧道拱顶部有空溶洞时，可视溶洞的岩石破碎程度在溶洞顶部采用锚杆或锚喷网加固，必要时可考虑注浆加固并加设隧道护拱及对拱顶进行回填处理(图 8-6-9、图 8-6-10)。

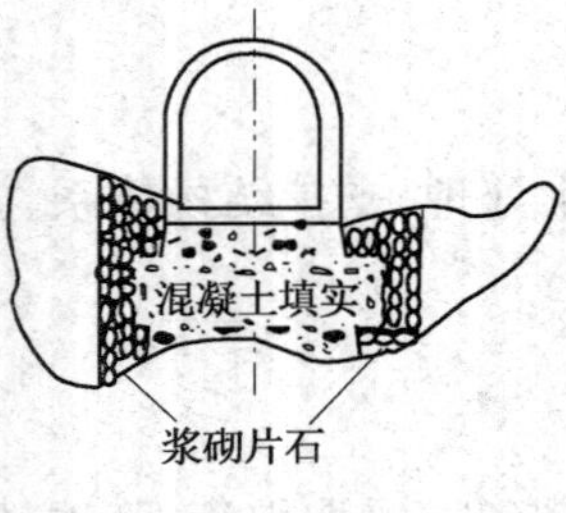

图 8-6-6　溶洞堵填方法之一

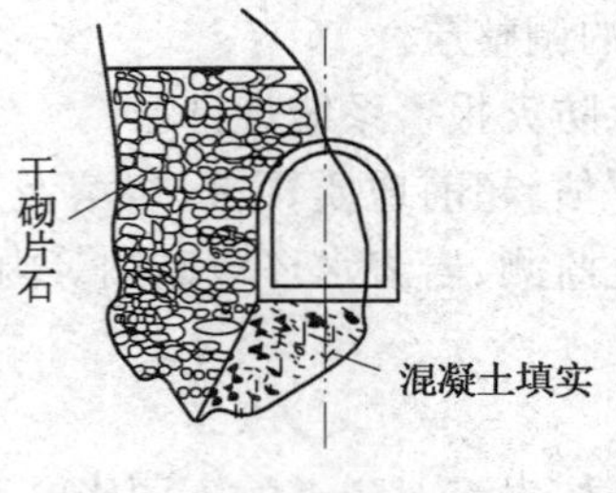

图 8-6-7　溶洞堵填方法之二

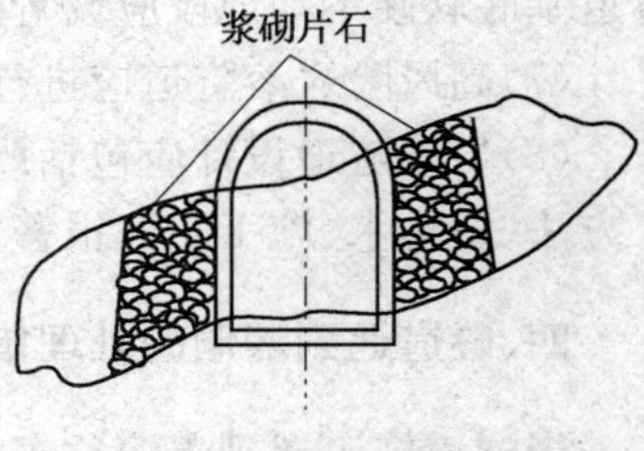

图 8-6-8　溶洞堵填方法之三

③跨越。当隧道一侧遇到狭长而较深的溶洞时，可加深该侧的边墙基础通过(图 8-6-11)。隧道底部遇有较大溶洞并有流水时，可在隧道底部以下砌筑圬工支墙，支承隧道结构，并在支墙内套设涵管引排溶洞水(图 8-6-12)。隧道边墙部位遇到较大、较深的溶洞，不宜加深边墙基础时，可在边墙部位或隧底以下筑拱跨过(图 8-6-13)。当隧道中部及底部遇有深狭的溶洞时，可加强两边墙基础，并根据情况设置桥台架梁通过(图 8-6-14)。隧道穿过大溶洞，情况较为复杂时，可根据情况，采用边墙梁、行车梁等，由设计单位负责特殊设计后施工。

④绕行施工。在岩溶区施工，个别溶洞处理耗时且困难时，可采取迂回导坑绕过溶洞，继续进行隧道施工，并同时处理溶洞，以节省时间，加快施工进度。绕行开挖时，应防止洞壁失稳。

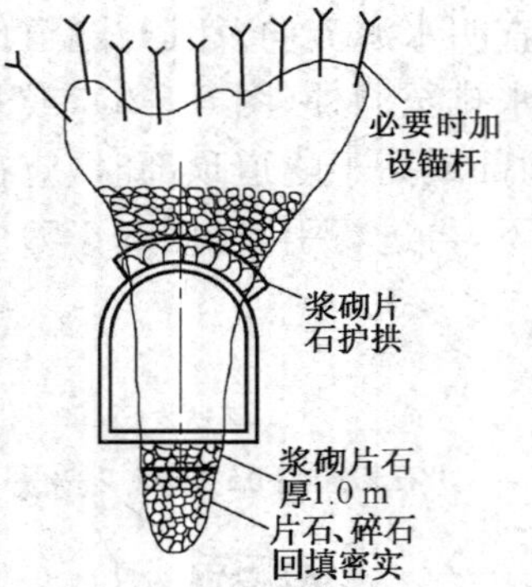

图 8-6-9　喷锚加固与浆砌护拱之一

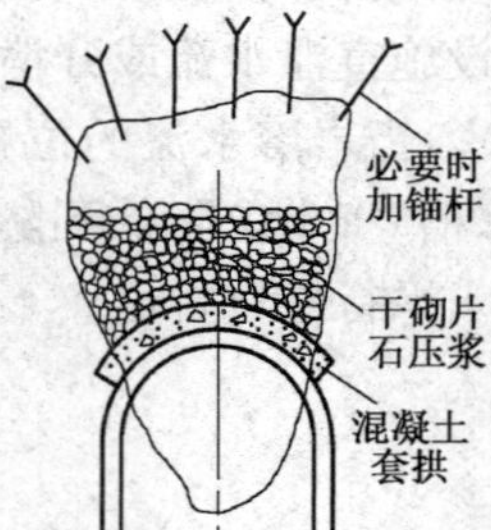

图 8-6-10　喷锚加固与浆砌护拱之二

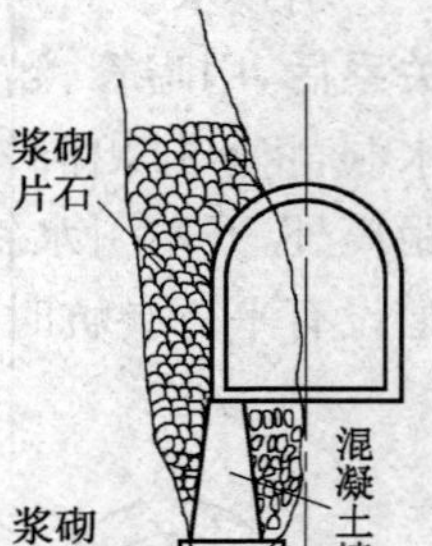

图 8-6-11　加深边墙基础

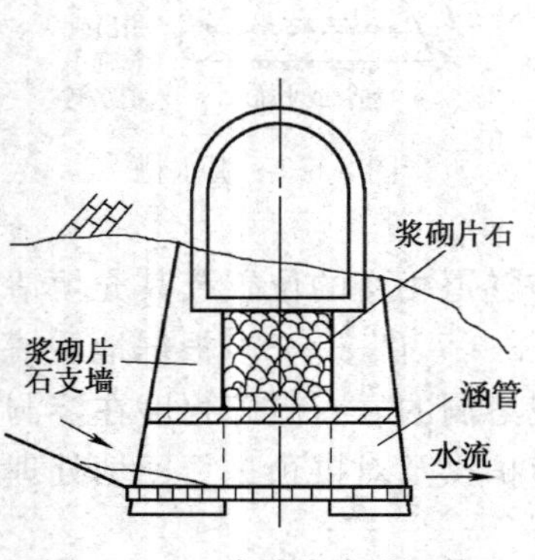

图 8-6-12　支墙内套设涵管

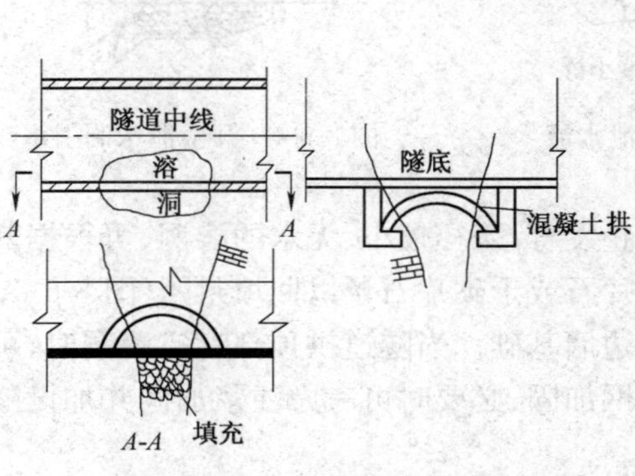

图 8-6-13　筑拱跨过

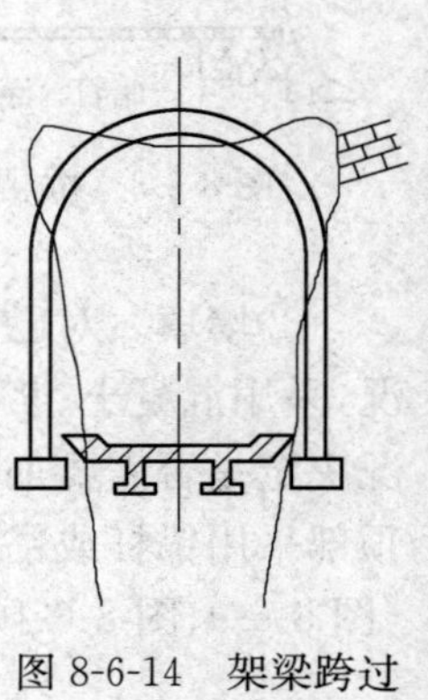

图 8-6-14　架梁跨过

五、溶洞地段隧道施工的注意事项

当施工达到溶洞边缘时，各工序应紧密衔接，支护和衬砌赶前。同时应利用探孔或物探作超前预报，设法探明溶洞的形状、范围、大小、充填物及地下水等情况，据以制定施工处理方案及安全措施。

施工中注意检查溶洞顶部，及时处理危石。当溶洞较大、较高且顶部破碎时，应先喷射混凝土加固，再在靠近溶洞顶部附近打入锚杆，并应设置施工防护架或钢筋防护网。

在溶洞地段的爆破作业应尽量做到多打眼、打浅眼，并控制爆破药量且减少对围岩的扰动。防止在一次爆破后溶洞内的填充物突然大量涌入隧道，或溶洞水突然袭击隧道，造成严重损失。

隧道在溶洞充填体中掘进时，如充填物松软，可用超前支护施工。如充填物为极松散的砾石、块石堆积或流塑状黏土及砂黏土等时，可在开挖前采用地表注浆、洞内注浆或地表和洞内注浆相结合方式进行加固。如遇颗粒细、含水量大的流塑状土壤时，可采用劈裂注浆技术，注入水泥浆或水泥水玻璃双液浆进行加固。

溶洞未做出处理方案前，不要将弃渣随意倾填于溶洞中。如弃渣覆盖了溶洞，不但不能了解其真实情况，反而会造成更多困难。

第七节　高地应力硬岩(岩爆)地质

岩爆是高地应力的产物，其机理一般描述为：岩爆是具有大量弹性应变能储备的硬质脆性岩体，由于洞室开挖，径向约束卸除，环向应力骤然增加，能量进一步集中，在集中应力作用下，产生突发性胀剪脆性破坏，伴随声响和振动消耗部分弹性应变能。同时，剩余能量转化的动能使围岩急剧向动态失稳发展，造成岩片(块)脱离母体，猛然向临空方向抛(弹)射，经历快速“劈裂→剪折→弹射”的渐进破坏过程。

岩爆往往发生在完整岩体中，没有明显的预兆，抛射岩块范围自几米至上百米，有的释放能量相当于 4 级以上地震。其对隧道施工的影响主要表现在恶化施工环境，对人员、设备及隧道初期支护造成损伤和破坏，增加了安全风险，降低施工效率。因此选择合理的工程措施以达到减小岩爆造成的损失对于隧道工程是至关重要的。

一、岩爆发生机理及影响因素

1. 岩爆的发生机理

对岩爆作用机理的理论研究，目前主要有岩石破坏的能量原理、均匀介质中的集中力作用、单力偶和双力偶岩石破坏理论、断层破坏理论、岩石的非线性破坏理论等。最常用的理论依据有：

(1)强度理论观点：岩爆是应力重分布达到岩石强度时产生的破坏。用格里菲斯理论解释，岩爆为拉伸破坏；用摩尔—库仑准则解释，岩爆为剪应力作用产生的剪切破坏。陈宗基教授提出的扩容理论也可作为解释岩爆发生机制的一种理论。

(2)能量理论观点：从能量的观点来看，岩爆的形成过程是岩体中的能量从储存到释放直至最终使岩体破坏而脱离母岩的过程。因此，岩爆是否发生及其表现形式主要取决于岩体中是否储存了足够的能量，是否具有释放能量的条件及能量释放的方式等。岩石在破坏前积聚

的变形能 W_e 与破坏后消耗的塑性变形能 W_p 之比 W_{et}($W_{et}=W_e/W_p$),是衡量岩石是否在破坏时产生冲击以及冲击程度的重要指标,岩爆倾向指数 W_{et} 是波兰 A·奇代宾斯基于 20 世纪 60 年代最先提出的。

(3)刚度理论观点:岩石的刚度是变数,在强度极限以前的刚度(K_m)为正值,超过强度极限以后为负值(K_s),如果 $K_m<|K_s|$,则试样便发生突然而强烈的破坏,提出了刚度冲击性指标(K_{cf}):$K_{cf}=K_m/|K_s|$,当 $K_{cf}<1$ 时有冲击的危险存在。刚度理论在 20 纪 60 年代中期由库克和霍杰姆提出。

2. 岩爆影响因素

很多因素将影响到岩爆的发生,如地应力、岩性、岩体结构、埋深、地形、地下水、人为开挖等,归纳如下。

1)原始地应力条件

岩爆从能量角度来说是岩体中弹性应变能的释放,因此发生岩爆的岩体首先应储备较高的弹性应变能,是岩爆发生的必备条件。而岩体中储存的应变能主要由原始地应力决定。原始地应力对岩爆的影响主要表现在以下两个方面:

(1)原始地应力的大小。同样的岩体条件下,原始地应力越高,弹性应变能也越高,则发生岩爆的可能性及等级越高。

(2)原始地应力的方向。原始地应力的方向将影响岩爆发生部位及规模。一般情况下最大主应力方向与洞轴线一致时,岩爆发生规模将小于最大主应力方向垂直于洞轴工况。

原始地应力主要受岩体自重、地形、地质构造活动和外部荷载等的影响。

2)岩体条件

岩体条件的影响主要有以下 4 个方面:

(1)岩石强度。大量岩爆记录资料显示,岩爆几乎都发生在如花岗岩、闪长岩等脆性坚硬的硬质岩中,其抗压强度均大于 60 MPa。因为岩石强度越大,则储存应变能的能力越大,只有储存足够的应变能,断裂后的岩块才能获得足以弹射、抛出的动能,形成岩爆。影响岩石强度的有岩性、岩体完整性及含水量等。

(2)完整性。一般情况下,完整岩体更易发生岩爆,主要是因为完整岩体储能条件更好,岩体比较破碎时,不具备储存大能量的条件,但当地应力足够大时,裂隙发育的围岩,也同样具备发生岩爆的可能。

(3)岩体结构。岩体中存在较多的结构面,开挖后,岩块更易从岩体结构薄弱面剥离飞出形成岩爆。因此岩体结构的产状、走向等对岩爆发生的部位也有很大影响。

(4)水的作用。一般发生岩爆地段都是干燥无水的段落。这是由于含水岩石的空隙率较高,节理、裂隙发育,影响了岩体强度使其存储应变能的能力降低。

3)施工条件

产生岩爆的重要条件之一是开挖后引起的二次应力局部集中。应力集中不仅与原始地应力有关,与开挖轮廓、开挖方法等也密切相关。主要有以下 3 个方面影响:

(1)开挖轮廓。在同样的应力环境条件下,圆顺的洞形有利于减少开挖后二次应力集中,从而能降低一定岩爆等级。圆形断面积应力集中效应小于非圆形断面,因此圆形断面发生岩爆的烈度和概率都要低于非圆形断面。

(2)开挖方法。采用钻爆法施工,爆破造成的岩体裂隙,爆破振动也是触发岩爆的因素之一。而若采用 TBM 等机械开挖,开挖洞形圆顺,无爆破振动影响,发生岩爆的概率要小于钻爆法。

(3)此外开挖进尺、支护措施以及支护时机等人为因素，均对岩爆的发生产生影响。

二、岩爆分级

对于岩爆分级问题，目前国内外尚有不同的见解，主要依据与岩爆有关的单项或少数几项指标来划分。实际上，岩爆的烈度分级所要考虑的因素远不止一种，而现阶段的分级方式往往不能从多方面进行考虑，这也是造成烈度分级不能达成共识的原因。不过，现在的趋势是更加侧重于实际的表观现象，也就是根据岩爆发生时岩体的破坏表现程度来分级，这样更方便现场施工人员对岩爆进行直观的判断。相关行业标准中关于岩爆分级标准的资料详见表 8-7-1～表 8-7-3。

表 8-7-1　《公路隧道设计细则》中岩爆分级标准

岩爆级别	R_c/σ_{max}	分级描述
Ⅰ	＞7	开挖中无岩爆发生
Ⅱ	4～7	开挖中可能出现岩爆，洞壁岩体有剥离和掉块现象，新生裂纹较多，成洞性较差
Ⅲ	＜4	开挖中时有岩爆发生，有岩体爆出，洞壁岩体发生剥离，新生裂纹较多，成洞性差

注：R_c表中为岩石饱和单轴抗压强度(MPa)；σ_{max}为最大地应力(MPa)。

表 8-7-2　《水力发电工程地质勘察规范》中岩爆分级标准

岩爆级别	临界深度(m)	R_b/σ_{max}	分级描述
轻微	$H \geqslant H_{cr}$	4～7	围岩表层有爆裂、剥离现象，内部有噼啪、撕裂声，人耳偶然可听到，无弹射现象；主要表现为洞顶的劈裂～松脱破坏和侧壁的劈裂～松脱、隆起等；岩爆零星间隔发生，影响深度小于 0.5 m；对施工影响小
中等		2～4	围岩爆裂、剥离现象较严重，有少量弹射，破坏范围明显；有似雷管爆破的清脆爆裂声，人耳常可听到围岩内的岩石撕裂声；有一定持续时间，影响深度 0.5～1 m；对施工影响有一定影响
强烈		1～2	围岩大片爆裂脱落，出现强烈弹射，发生岩块的抛射及岩粉喷射现象；有似爆破的爆裂声，声响强烈；持续时间长，并向围岩深部发展，破坏范围和块度大，影响深度 1～3 m；对施工影响大
极强		＜1	围岩大片严重爆裂，大块岩片出现剧烈弹射，振动强烈，有似炮弹、闷雷声，声响剧烈；迅速向围岩深部发展，破坏范围和块度大，影响深度大于 3 m；严重影响施工工程

注：(1)表中 H 为地下洞室埋深；H_{cr}为临时埋深；R_b为岩石饱和单轴抗压强度(MPa)；σ_{max}为最大地应力(MPa)。
(2)岩爆判别适用于完整～较完整的中硬、坚硬岩体，且无地下水活动的地段。

表 8-7-3　《高速铁路隧道工程施工技术规程》岩爆分级

岩爆分级	围岩级别	埋深 H(m)	R_c(MPa)	I_s	σ_{max}/R_c	主要现象
轻微	Ⅱ、Ⅲ	50～200	80～120	3.5～5.5	0.15～0.24	围岩表层有爆裂脱落、剥离现象，内部有噼啪、撕裂声；岩爆零星间隔发生，影响深度小于 0.5 m；对施工影响小
中等	Ⅱ、Ⅲ	200～700	120～180	5.0～7.5	0.2～0.35	围岩爆裂脱落、剥离现象较严重，有少量弹射；有似雷管爆破的清脆爆裂声；有一定持续时间，影响深度 0.5～1 m；对施工影响有一定影响
强烈	Ⅰ、Ⅱ	＞700	＞180	＞7.5	＞0.3	围岩大片爆裂脱落，出现强烈、剧烈弹射；有似爆破的爆裂；持续时间长，并向围岩深部发展，破坏范围和块度大，影响深度大于 1 m；对施工影响大甚至摧毁工程

注：表中 I_s为岩石脆性指数，是岩石峰值强度前的总变形与永久变形之比。

实际工程中岩爆烈度等级还应结合实际施工过程中出现的岩爆特征进行判定。以川藏铁路拉林段为例,现场岩爆等级判定主要根据岩爆发生时的表观现象及岩石强度应力比,将岩爆划分为轻微岩爆、中等岩爆、强烈岩爆、剧烈岩爆4个等级,判别标准见表8-7-4。

表8-7-4 川藏铁路拉林段岩爆分级标准

判别指标	轻微岩爆	中等岩爆	强烈岩爆	极强(剧烈)岩爆
声响特征	噼啪声、撕裂声	清脆的爆裂声	强烈的爆裂声	剧烈的闷响爆裂声
运动特征	松脱、剥离	爆裂松脱、剥离现象严重,少量弹射	大片爆裂,大量弹射或下落	大片连续爆裂,大块岩片出现弹射
时效特征	零星间断爆裂	持续时间较长,有随时间累进性向深部发展特征	具有延续性,并迅速向围岩深部扩展	具有突发性,并迅速向围岩深部扩展
工程危害	对施工影响较小	对施工有一定影响	对施工影响大	严重影响施工
爆裂的力学性质	张裂破坏为主	张剪破坏并存	剪张破坏并存	剪张破坏并存
岩爆块形态特征	薄片状、薄弧形片状、薄透镜状	透镜状、棱板状	棱板状、块状、板状	板状、块状或散体
发生部位	掌子面、边墙、拱肩及拱腰	拱肩及拱腰	主要在边墙与拱部,可波及其余部位	边墙及拱部,可波及其余部位
断口特征	新鲜贝壳状	贝壳状、弧形凹腔,楔形	规模大的弧形凹腔,楔形	大规模弧形凹腔或楔形,剪张破坏并存
影响深度(m)	<0.5	0.5~1	1~3	>3
R_c/σ_{max}	4~7	2~4	1~2	<1

三、岩爆的预测预报

岩爆预测应该结合各种理论判据和实际地质构造情况进行综合判定。岩性、岩体结构影响岩体储能的能力,埋深与地应力关系密切,这是影响岩爆的主要因素,而人为开挖则是诱发岩爆的外因。综合分析各种因素对岩爆的影响可以作为预测及评判岩爆的依据。在实际应用中,当前的岩爆预测手段还不是很成熟,在各个建设阶段可采取不同的手段进行预测:

(1)勘测阶段根据宏观地质调查岩性、埋深或实测地应力及岩石钻孔取样进行大致岩爆段落的判断。

(2)施工阶段结合施工期间表观现象、微震监测等手段进行预报预测。

1. 岩爆预测理论判据

在理论研究和施工现场试验相结合的基础上,国内外学者提出了多种岩爆判据,在一定程度上投入了实际应用,并取得了一定的效果,下面列举部分主要的岩爆判据。

(1)卢森 Russense 判据

挪威 Russenes 在1974年曾提出了一个岩爆分级表,可以应用有限元法和 Kirsch 方程计算洞壁最大切向应力 $\sigma_{\theta max}$,根据洞室最大切向应力 σ_θ,与岩石点荷载强度 I_s,建立了岩爆烈度关系图。把 I_s 换算成岩石单轴抗压强度 σ_c,并根据 Russenes 图可得:

$$\sigma_{\theta max}/\sigma_c < 0.20\text{(无岩爆)}$$

$$0.20 \leqslant \sigma_{\theta max}/\sigma_c < 0.30\text{(弱岩爆)}$$

$$0.30 \leqslant \sigma_{\theta max}/\sigma_c < 0.55\text{(中岩爆)}$$

$$\sigma_{\theta max}/\sigma_c \geqslant 0.55\text{(强岩爆)}$$

(2)巴顿判据

巴顿把岩石的单轴抗压强度 σ_c 与原始地应力 $\sigma_{原}$ 的比值作为衡量岩爆的重要指标：

$$\sigma_c/\sigma_{原}>5\text{(无岩爆)}$$

$$2.5\leqslant\sigma_c/\sigma_{原}\leqslant5\text{(弱岩爆或中岩爆)}$$

$$\sigma_c/\sigma_{原}<2.5\text{(强岩爆)}$$

有的采用：$\sigma_{原}=(0.2\sim0.4)\sigma_c$ 为中等岩爆，$\sigma_{原}>\sigma_c$ 为强岩爆。

(3)陶振宇判据

我国陶振宇教授提出的岩爆判别准则：

$$R_c/\sigma_{原}>14.5\text{(无岩爆)}$$

$$14.5\geqslant R_c/\sigma_{原}\geqslant5.5\text{(弱岩爆)}$$

$$5.5>R_c/\sigma_{原}\geqslant2.5\text{(中岩爆)}$$

$$R_c/\sigma_{原}<2.5\text{(强岩爆)}$$

(4)有效能量释放率

由波兰的 Motyczka 于 1973 年提出，该指标 η 定义为岩样在单轴抗压试验破坏时岩石碎片抛出的动能 E_t 与试块存储的最大弹性应变能 E_s 之比，即

$$\eta<3.2\%\text{(无岩爆)}$$

$$3.2\%\leqslant\eta<3.8\%\text{(弱岩爆)}$$

$$3.8\%\leqslant\eta<4.4\%\text{(中岩爆)}$$

$$\eta\geqslant4.4\%\text{(强岩爆)}$$

(5)能量密度

根据岩体中储存的弹性应变能密度，将岩爆划分为 4 个等级：

$$W_e<40\ \text{kJ/m}^3\text{(无岩爆)}$$

$$40\ \text{kJ/m}^3\leqslant W_e<100\ \text{kJ/m}^3\text{(弱岩爆)}$$

$$100\ \text{kJ/m}^3\leqslant W_e<200\ \text{kJ/m}^3\text{(中岩爆)}$$

$$W_e\geqslant200\ \text{kJ/m}^3\text{(强岩爆)}$$

分析以上有代表性的判据可看出：大多数判据都是以洞室围岩的环向应力和径向应力来表达的。在设计阶段进行岩爆发生条件判别时十分不便，且岩爆发生还受其他多种因素影响，因此在实际使用中精确判定仍存在一定困难。

2. 现场岩爆预测

施工阶段主要结合施工期间表观现象、微震监测等手段进行预报预测。表观现象可按表 8-7-4 进行判别分类，微震监测为近年来发展较快的一项岩爆预测技术，准确率相对较高，现结合川藏铁路拉林段岩爆隧道微震监测预测情况，将微震监测方法作简单介绍。

(1)微震监测原理及基本概念

岩体在破坏之前，必然持续一段时间以声波的形式释放积蓄的能量。岩体在隧道掘进活动的影响下会产生弹性变形和非弹性变形，而岩体中积蓄的弹性势能将在非弹性变形过程中以震动波的形式沿周围的介质向外逐步或突然释放出去，这种能量释放的强度随着破坏的发展而变化，导致岩体内部产生微震/声发射事件。

微震事件发生后，其产生的震动波沿周围的介质向外传播，放置于孔内紧贴岩壁的传感器接收到其原始的微震动信号并将其转变为电信号，随后将其发送至信号采集仪；之后通过数据传输线路再将数据信号传送给分析计算机，通过分析处理软件可以对微震动数据信号进行多

方面处理和分析,实现微震/声发射事件的定位、获取震源参数、趋势跟踪等,并可对定位微震/声发射事件在三维空间和时间上进行预测。微震监测原理如图 8-7-1 所示。

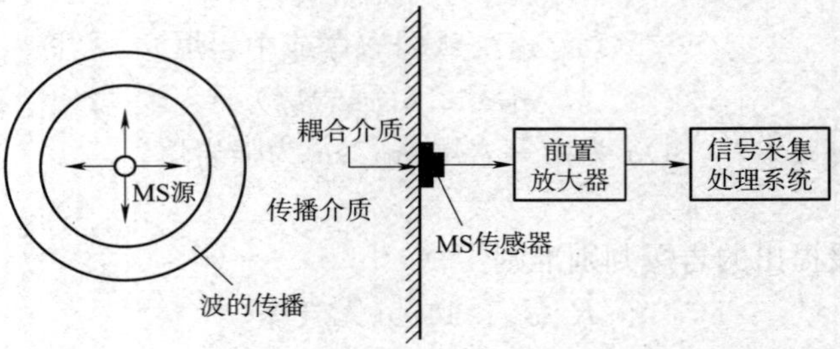

图 8-7-1 微震测原理示意图

(2)微震监测

综合考虑现场施工情况和监测条件,拉林线微震监测一般采用 16 通道 IMS 微震系统一套,8 个微震传感器。传感器分两个断面进行布置,断面之间相距 30 m,第一排传感器距掌子面 60 m。由于岩爆主要发生在掌子面附近,传感器布置采用快速安装与回收技术,紧跟掌子面布置以实现实时动态追踪岩爆风险。掌子面每向前推进 30 m,回收最后一排传感器重新布置到距当前掌子面 60 m 处;传感器随着掌子面推进实时移动,始终保证传感器距掌子面最大距离不超过 130 m,如图 8-7-2 所示。

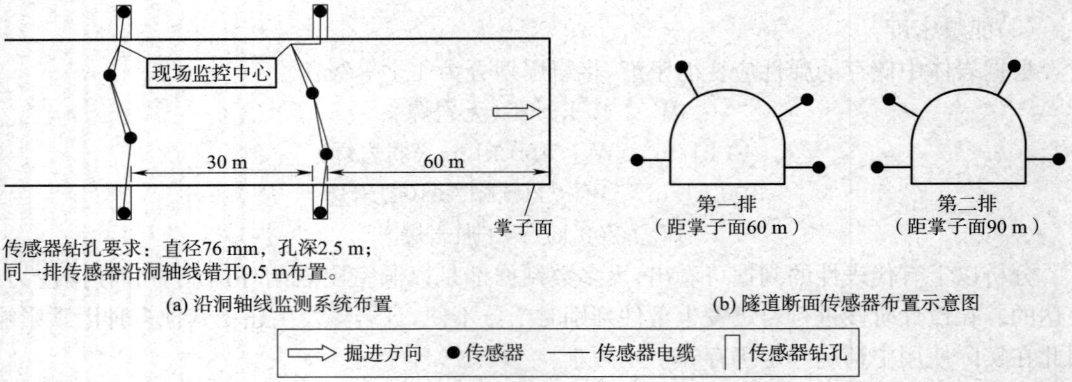

图 8-7-2 传感器布置方案

四、岩爆防治措施

国内外都对岩爆进行了大量研究,我国钱七虎、谢和平、何满潮等也提出了对深部岩石力学的科学问题的若干思考和岩爆灾害控制措施;陈国庆应用高应力的脆性力学模型,从爆破卸压优化、支护参数、支护时机等方面对岩爆的支护理念进行了分析和优化;严鹏采用 Laplace 变换方法获得初始地应力动态卸载扰动是整个开挖扰动的重要组成部分,并提出了以优化钻爆网络和起爆顺序为核心的爆破开挖扰动控制方法,以控制岩爆的发生;Q. H. ZHU 根据应力集中区和 X 形塑性区分布情况优化了爆破卸压法,减轻了岩爆的破坏程度;L. M. DOU 应用强度弱化理论提出强—弱—强防爆支护结构并应用于公路隧洞岩爆的防治。

因此,如何选择合理的防治措施以达到减小岩爆造成的损失对于实际工程是至关重要的。

1. 岩爆主要工程措施

综合起来，岩爆防治遵循“预防为主，防治结合，改善应力状态，提高围岩支护强度”的原则，主要防治措施如下：

(1)为减少对围岩的扰动，开挖每循环宜控制在 3 m，尽可能全断面开挖，一次成形。

(2)加强光爆效果控制。光面爆破效果好则开挖轮廓比较平顺，可有效减小围岩的应力集中，抑制岩爆。

(3)及时在掌子面及洞壁喷洒高压水，降低表层围岩应力。

(4)掌子面沿拱墙开挖轮廓周边线施作 $\phi76$ 超前应力孔，提前释放围岩应力，降低岩体能量。超前应力释放孔可按以下要求设置：环向间距 1.5 m，纵向间距 20 m，单孔长度 25 m，孔内注高压水劈裂释放应力(水压可取 3～5 MPa)或在应力释放孔底弱爆破松动岩体提前释放应力。

(5)开挖后清理表面松动岩体，及时施作初喷混凝土封闭围岩。初喷混凝土一般施作于拱墙，掌子面岩爆强烈时也可施作于掌子面；初喷混凝土厚度一般采用 5 cm 左右，根据岩爆等级可采用普通混凝土、钢纤维混凝土或合成纤维混凝土，一般轻微岩爆可采用普通喷混凝土，中等及以上岩爆采用纤维喷混凝土，如采用钢纤维混凝土，钢纤维掺量可采用 40 kg/m^3。

(6)挂设钢筋网片，及时施作锚杆。锚杆采用密锚方式，具体锚杆长度和间距可视岩爆等级而定。锚杆可采用砂浆锚杆、涨壳式预应力中空锚杆等，对于中等及以上等级岩爆一般采用涨壳式预应力锚杆，以便及时承载，抑制岩爆。锚杆长度一般需较岩爆影响深度长 2 m 左右。

(7)强烈岩爆地段采用型钢钢架配合超前支护组合预支护系统，超前锚杆兼做超前应力释放孔，防治岩爆危害施工安全。根据岩爆等级，钢架可采用 I14、I16、I18 型钢钢架，钢架间距可采用 1～1.5 m/榀。

结合川藏铁路拉林段岩爆防治经验，对不同岩爆烈度等级可按表 8-7-5 选用防治措施。

表 8-7-5　不同岩爆烈度等级的处置措施建议

措施分类	轻微岩爆	中等岩爆	强烈岩爆
开挖进尺控制	3 m 以内	3 m 以内	2 m 以内
开挖方式	岩爆段尽可能采用全断面开挖以减少对围岩的扰动		
爆破方式	岩爆段采用光面岩爆，集中预裂爆破和缓冲爆破，并控制光爆质量，根据岩体情况不断调整炸药用量、装药密度、炮孔排距等		
超前应力解除爆破	不需要	不需要	必要时采用
掌子面及洞壁洒水	采用	采用	采用
掌子面高压喷水	必要时采用	必要时采用	采用
应力释放孔	不需要	必要时采用	需要
系统锚杆	只需在岩爆发生部位随机布设砂浆锚杆	必要时采用	需要
炮孔高压注水	不需要	不需要	需要
钢筋网	需要	需要	需要
格栅钢架	不需要	必要时采用	需要
复喷混凝土	不需要	必要时采用	需要
反复找顶	需要	需要	需要
时间规避	必要时组织施工人员及时进行规避以减少损失		
加强照明	需要	需要	需要

2.人员及设备防护措施

1)人员防护

(1)掌子面施工及管理人员需佩戴防弹衣、防弹头盔等安全防护用品。

(2)强化作业人员安全、纪律教育以及岩爆常识、防护知识学习。

(3)做好应急预案,定期进行安全培训。

2)机械设备防护

(1)对主要施工设备采取设置防护网、防护钢板等安全防护措施。

(2)掌子面开挖台架安装钢板或防护网,或是设置移动防护棚架,防止岩块掉落飞出,有效保护人员及设备安全。

(3)对车辆机械易损部位和驾驶室上部加焊钢结构防护。

第八节 煤系地层

一、瓦斯隧道工程特点

瓦斯是指从煤(岩)层内逸出的以甲烷为主的各种有毒有害气体的统称,在地质学上称为煤层气。隧道瓦斯是各种气体的混合物,其成分很复杂,主要成分为甲烷,因此习惯上所说的隧道瓦斯就是指甲烷。瓦斯是一种无色、无味的气体。瓦斯的扩散性很强,扩散速度是空气的1.34倍。瓦斯密度较空气小,故常积聚在隧道顶部、塌腔及无风的洞室或巷道内。瓦斯的化学性质不活泼,但当与空气混合达到一定浓度后,遇到高温火源时易燃烧或爆炸。

1)煤层瓦斯的生成及赋存状态

瓦斯是成煤过程中的一种伴生产物。其生成主要经历生物化学作用、炭化变质作用造气两个阶段(图 8-8-1)。

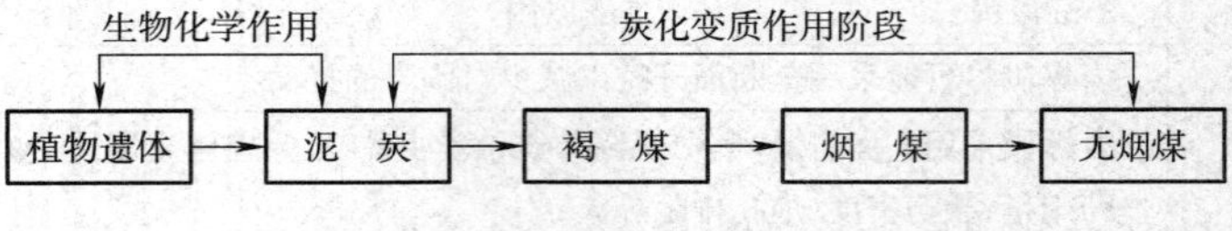

图 8-8-1 瓦斯生成的阶段过程

瓦斯之所以能够存于煤层中,主要与煤的结构状态有着密切关系。成煤过程中生成的瓦斯通常以游离、吸附两种状态存在于煤体中(图 8-8-2),煤层中的瓦斯主要以吸附状态存在。

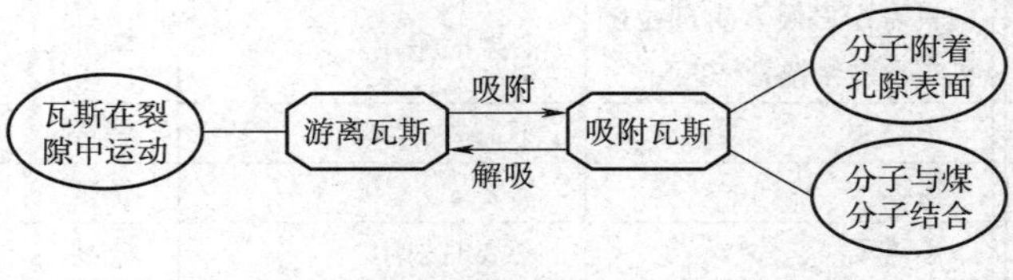

图 8-8-2 瓦斯赋存状态

游离状态的瓦斯以自由状态存在于煤或围岩的裂隙、孔隙、孔洞之中。吸附状态可分为吸着和吸收两种状态。吸着状态是瓦斯分子通过引力作用被吸附在煤体微孔隙内表面形成瓦斯薄膜状附着层;吸收状态是瓦斯分子进入煤体胶粒结构内部与煤分子结合而呈现的一种状态。

当压力降低、温度升高或煤体结构遭到破坏时，吸附状态的瓦斯会变为游离瓦斯，这种现象称为解吸；反之，游离状态的瓦斯会变为吸附状态，这种现象成为吸附。当瓦斯压力为正常大气压时，煤体释放的瓦斯量就是煤的解吸瓦斯量。

2)煤层瓦斯赋存评价基本参数及其影响因素

在瓦斯隧道的设计和施工过程中，常会涉及一些技术参数(图 8-8-3)，对瓦斯的赋存状态进行评价，预测隧道瓦斯涌出量，划定隧道瓦斯等级，以便采取针对性措施。

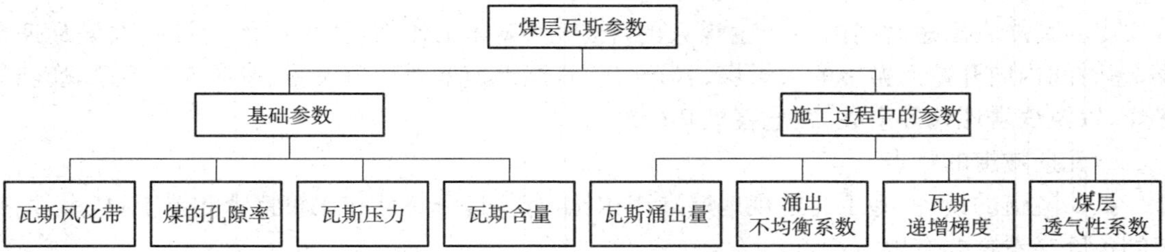

图 8-8-3　煤层瓦斯参数

(1)瓦斯风化带

经过漫长的地质年代，地层中瓦斯与地表大气交换，形成不同深度地层中各种气体成分有规律的变化，通常将自瓦斯带以上沿煤层垂向分为四个带，依次为瓦斯带、氮气—瓦斯带、氮气带、二氧化碳—氮气带。瓦斯风化带的深度受诸多地质因素影响，煤的变质程度越高，瓦斯风化带深度和瓦斯涌出梯度就越小。

(2)煤的孔隙率

煤体内赋存瓦斯含量的多少与煤的孔隙容积有着密切关系。孔隙表面吸附大量瓦斯(1 g 能吸附 7～8 cm^3)，游离状态的瓦斯存在于较大的孔隙中。

(3)煤层瓦斯压力

瓦斯压力是衡量煤层瓦斯含量大小的一个重要指标。一般来说，瓦斯压力愈高，则煤层瓦斯含量越大；同时，瓦斯压力也是判断煤与瓦斯突出的重要依据之一。

(4)煤层瓦斯含量

瓦斯含量是指煤层或岩层在自然条件下单位质量或体积所含有的瓦斯量。煤层瓦斯含量的大小取决于“造气条件”和“储气条件”两个方面，主要与煤层的地质史、煤的变质程度、煤层储藏深度、地质构造、水文地质条件等因素有关。

3)隧道瓦斯的危害

瓦斯危害主要有瓦斯燃烧、瓦斯爆炸、煤(岩)与瓦斯突出等几类。

(1)瓦斯燃烧

瓦斯浓度低于 5%时遇火不爆炸，能在火焰外围形成燃烧层；瓦斯浓度在 16%以上时失去爆炸性，仅产生燃烧。瓦斯燃烧易造成人员伤害，影响工期等，如渝怀线园梁山隧道、成昆线保安营隧道等在含碳地层施工中，炮眼钻孔施工中，发生钻孔瓦斯涌出燃烧，正常施工中断。

(2)瓦斯爆炸

①瓦斯爆炸需具备三个条件，如图 8-8-4 所示。

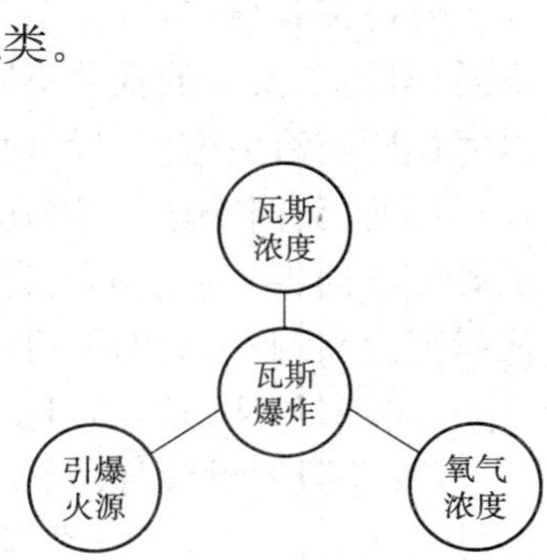

图 8-8-4　瓦斯爆炸的条件

a. 瓦斯浓度:在新鲜空气中,瓦斯浓度为5%～16%。

b. 引爆火源:瓦斯爆炸的引火温度650～750℃。

c. 氧气浓度:混合气体中的氧气含量大于12%。

②瓦斯爆炸的危害

隧道内瓦斯爆炸时会产生高温、高压冲击波,还会产生大量的有毒有害气体,对洞内设施、设备及现场作业人员造成十分严重的危害。

(3)煤与瓦斯突出

煤与瓦斯突出短时间内能产生很大的冲击力,破坏工作面,从煤层深处排出大量瓦斯和煤,短时间内向开挖面抛出的大量煤、岩石、瓦斯,能迅速摧毁隧道设施,造成人员窒息,燃烧和爆炸,以及煤岩埋人等事故,其危害极其严重。

4)瓦斯隧道的特点

瓦斯隧道的设计、施工与常规地层隧道相比,有其自身特点和比较特殊的要求,从设计、施工的角度来看主要有以下特点。

(1)规定了隧道支护衬砌的气密性能和最小厚度要求:明确了支护衬砌混凝土的气密性能要求,初期支护和二次衬砌最小厚度要求,以保证衬砌完成后隧道内瓦斯浓度满足相关规范要求。

(2)规定了爆破作业相关要求:瓦斯隧道爆破作业有十分严格的要求,钻孔采用湿式钻孔、炸药采用煤矿许用炸药、雷管采用煤矿许用电雷管、装药方式和装药量等都有明确的要求。

(3)通风系统:在瓦斯隧道通风设计中对通风管材质、通风方式、风速等都有明确要求。

(4)瓦斯专用监测系统:为了保证瓦斯隧道施工安全,实时掌握洞内各断面瓦斯浓度情况,瓦斯隧道需要建立专门的人工检测和自动监测报警系统。

(5)隧道施工机械装备:对瓦斯隧道而言,尤其是高瓦斯、煤与瓦斯突出隧道,对隧道施工机械和装备的防爆带来了一系列新的、类同于煤矿的要求。

(6)水气分离设计:瓦斯隧道衬砌背后的瓦斯、地下水要求设计采用水气分离装置,将地下水和瓦斯气体分离开来,分别通过排水系统和排气系统将水、气排出洞外。

(7)瓦斯隧道施工管理专项制度:针对瓦斯隧道施工,需要制定瓦斯检测与监测管理、通风管理、进洞管理、防火与防爆管理、特殊工序审批等一系列制度。

二、瓦斯隧道的分级

隧道穿越煤层瓦斯,由于不同的地质岩性、煤系地层厚度、地质构造等,涌出的瓦斯量大小不同,对施工安全的威胁不同,必须采取不同的安全措施。对瓦斯隧道进行合理的等级划分可以使瓦斯防治措施更具针对性、安全性、合理性和经济性。

目前,我国铁路、公路瓦斯隧道均按照绝对瓦斯涌出量划分等级,而瓦斯突出隧道的判定主要是依据煤与瓦斯的动力现象。铁路和公路行业将瓦斯工区分为微瓦斯、低瓦斯、高瓦斯和瓦斯突出共四种,瓦斯隧道的分级按隧道内瓦斯工区的最高等级确定。

1)按照瓦斯绝对涌出量指标划分瓦斯工区

《铁路隧道设计规范》(TB 10003—2016)根据隧道开挖断面大小,按照瓦斯绝对涌出量指标对瓦斯工区进行了分类,将瓦斯工区分为微、低、高瓦斯工区共三类。判断指标见表8-8-1。

表 8-8-1　《铁路隧道设计规范》(TB 10003—2016)瓦斯工区分类表

分类	中等、大、特大跨(m^3/min)	小跨(m^3/min)
微瓦斯工区	$Q_{煤}<0.5$	$Q_{煤}<0.3$
低瓦斯工区	$0.5\leqslant Q_{煤}<1.5$	$0.3\leqslant Q_{煤}<10$
高瓦斯工区	$Q_{煤}\geqslant 1.5$	$Q_{煤}\geqslant 10$

2)瓦斯突出工区的判定

煤与瓦斯突出危险性预测可以借鉴隧址区矿井瓦斯的相关资料进行预测，如无矿井瓦斯资料，可根据相关瓦斯实测参数进行判定。《铁路隧道设计规范》(TB 10003—2016)提出了按照瓦斯压力 P、瓦斯放散初速度 Δp、煤的坚固系数 f 和煤的破坏类型 4 个指标进行判定，当 4 个指标同时满足表 8-8-2 的所列条件时，应判定为瓦斯突出工区。瓦斯隧道只要有一处突出危险，该处所在的工区即为瓦斯突出工区。

表 8-8-2　判定煤层突出危险性各项指标的临界值

判定指标	煤的破坏类型	瓦斯放散初速度 Δp	煤的坚固性系数 f	煤层瓦斯压力 P(MPa)
临界值	Ⅲ、Ⅳ、Ⅴ	≥10	≤0.5	≥0.74

3)按瓦斯含量、瓦斯压力指标划分瓦斯工区

前述按绝对瓦斯涌出量指标来划分工区瓦斯等级的方法与我国煤矿的划分有一致性。但是在勘察设计阶段，工区瓦斯绝对涌出量等指标获取是十分困难的。因此，勘察设计阶段在瓦斯工区的确定上，也有部分观点提出可根据勘察或调查的煤层吨煤瓦斯含量、瓦斯压力等指标按表 8-8-3 划分工区等级，并开展设计，施工中应按工区瓦斯绝对涌出量等指标进行核查，必要时进行修正。

表 8-8-3　瓦斯工区瓦斯含量、瓦斯压力参数

工区等级	非瓦斯	微瓦斯	低瓦斯	高瓦斯	瓦斯突出
瓦斯含量 Q(m^3/t)	0	<0.5	$0.5\leqslant Q<1.0$	$1.0\leqslant Q<8$	≥8.0
瓦斯压力 P(MPa)	0	<0.1	<0.1	$0.1\leqslant P<0.74$	≥0.74

三、防止瓦斯事故的要求

1. 超前地质预报

煤层瓦斯必须做好超前地质预报设计工作。超前地质预报以地质调查法为基础，以超前钻探法为主，结合多种物探、掌子面素描等手段开展综合超前地质预报工作。超前钻孔贯穿整个瓦斯地段，钻孔过程中应观察记录孔口排出的浆液、钻屑、孔内瓦斯浓度变化情况等，并做好记录。

2. 瓦斯监测和检测

瓦斯监测和检测是预防隧道瓦斯灾害最有效的手段之一。瓦斯工区施工期间必须建立完整的瓦斯通风监控、检测系统，全过程监测瓦斯和通风状况。

(1)检测方式及检测断面布置

目前，铁路瓦斯隧道绝大部分采用人工检测及自动监测相结合的方式进行检测。人工检

测的瓦斯工区，相关人员进入时须配备便携式甲烷检测仪。高瓦斯工区和煤与瓦斯突出工区在开挖工作面及瓦斯涌出量较大、变化异常区域，设专人随时检测瓦斯浓度。

瓦斯实时自动监测系统可设置甲烷、一氧化碳、硫化氢、温度、风速等传感器，通过隧道内关键位置检测探头对隧道内瓦斯进行实时监控，并且监控系统与风机进行联动，具备风电、机电闭锁功能。

(2)瓦斯检测处理对策

瓦斯工区浓度超限时，瓦斯检查员有权责令现场人员停止工作，并撤到安全地点，具体应执行《铁路瓦斯隧道技术规范》(TB 10120—2019)。

3.施工通风设计

施工通风是有效降低瓦斯浓度、防止瓦斯爆炸的最有效的技术措施，是瓦斯隧道安全施工最重要的环节。所以，瓦斯隧道应首先编制全隧道和各工区的施工通风设计，并考虑各工区贯通后的风流调整和防爆要求。瓦斯隧道施工的任何作业面不应存在通风盲区，在施工期间必须连续通风。

1)通风方式

瓦斯工区施工通风方式可结合通风距离、辅助坑道设置等条件综合选用，常用通风方式有独头通风和巷道式通风，隧道埋深较小时，可结合通风距离、地形地质条件等设置通风竖井实现分段式通风。压入式通风机必须装设在洞外或洞内新鲜风流中，避免污风循环。

《铁路瓦斯隧道技术规范》(TB 10120—2019)规定“高瓦斯工区和瓦斯突出工区，施工通风方式宜采用巷道式”；四川省地方行业标准《公路瓦斯隧道技术规程》(DB 51/T 2243—2016)中规定“高瓦斯工区和煤与瓦斯突出工区通风长度大于 2 km 时宜采用巷道式通风”。结合公路规范以及现场工程实践，目前铁路瓦斯隧道推荐“高瓦斯工区、煤与瓦斯突出工区通风长度大于 2 000 m 时宜采用巷道式通风”。

2)通风量计算

瓦斯工区施工通风计算最重要的是工作面需风量的计算，需风量应按照同时工作的最多人数、最小风速、爆破排烟、洞内作业机械及瓦斯绝对涌出量分别计算，取其最大值。如果瓦斯隧道位于高海拔地区，总需风量应根据大气压力进行修正。

瓦斯工区按照同时工作的最多人数、最小风速、爆破排烟、洞内作业机械的需风量公式与非瓦斯工区相同。按瓦斯绝对量计算需风量时，可参照式(8-8-1)计算。

$$Q=\frac{100qk}{n-n_0}\quad (\mathrm{m^3/min}) \tag{8-8-1}$$

式中 q——瓦斯绝对涌出量，通过地质勘探或隧道内实测获得($\mathrm{m^3/min}$)；

n——隧道内瓦斯最大容许含量的百分数；

n_0——进风中瓦斯含量的百分数；

K——瓦斯涌出不均衡系数，$K=1.5\sim2.0$，抚顺煤炭研究所建议取 1.6。

3)施工通风设备

(1)瓦斯工区的洞内风机应采用防爆型；风管应采用抗静电、阻燃的风管，百米平均漏风率不宜大于 1%。

(2)瓦斯工区的通风机应设两路电源，保证通风系统在 10 min 内可靠启动和运行；必须有一套同等性能的备用通风机，备用通风机必须能在 10 min 内开动。

4. 施工机械设备

隧道内非瓦斯工区和微瓦斯工区的电气设备可使用非防爆型，低瓦斯、高瓦斯工区及瓦斯突出工区的电气设备须使用防爆型；微瓦斯和低瓦斯工区作业机械可使用非防爆型，高瓦斯工区及瓦斯突出工区的作业机械须使用防爆型。高瓦斯工区和瓦斯突出工区供电应配备两回路电源。

第九节　隧道施工坍方处理措施

隧道开挖时，导致坍方的原因有多种，概括起来可归结为：一是自然因素，即地质状态、受力状态、地下水变化等；二是人为因素，即不适当的设计，或不适当的施工作业方法等。由于坍方往往会给施工带来很大困难和很大经济损失。因此需要尽量注意排除会导致坍方的各种因素，尽可能避免坍方的发生。

一、发生坍方的主要原因

1. 不良地质及水文地质条件

(1)隧道穿过断层及其破碎带，或在薄层岩体的小褶曲、错动发育地段、堆积体、软弱构造面通过时，一经开挖，潜在应力释放快、围岩失稳，引起围岩掉块、坍落。

(2)隧道穿越地层覆盖过薄，如沿河傍山、偏压地段、沟谷凹地浅埋和丘陵浅埋地段时极易发生坍方。

(3)水是造成坍方的重要原因之一。地下水的软化、浸泡、冲蚀、溶解等作用将加剧岩体的失稳和坍落。岩层软硬相间或有软弱夹层的岩体，在地下水的作用下，软弱面的强度大为降低，因而发生滑坍。

2. 隧道设计考虑不周

(1)隧道选定位置时，地质调查不细，未能作详细的分析，或未能查明可能坍方的因素，没有绕开可以绕避的不良地质地段。

(2)缺乏详细的地质及水文地质资料，引起施工指导或施工方案的失误。

3. 施工方法和措施不当

(1)施工方法与地质条件不相适应；地质条件发生变化时，没有及时改变施工方法；工序间距安排不当；施工支护不及时，支撑架立不合要求，或抽换不当(先拆后支)；地层暴露过久，引起围岩松动、风化，导致坍方。

(2)喷锚支护不及时，喷射混凝土的质量、厚度不符合要求。

(3)新奥法施工的隧道，没有按规定进行量测，或信息反馈不及时，决策失误，措施不力。

(4)围岩爆破用药量过多，因震动引起坍塌。

(5)对危石检查不重视、不及时，处理危石措施不当，引起岩层坍塌。

二、预防坍方的施工措施

(1)对预防坍方来说，选择安全合理的施工方法和措施至关重要。在掘进到地质不良围岩破碎地段时，应采取“先排水、短开挖、弱爆破、强支护、早衬砌、勤量测”的施工方法。必须制定出切实可行的施工方案及安全措施。

(2)加强对坍方的预测。为了保证施工作业安全，及时发现坍方的可能性及征兆，并根据不同情况采用不同的施工方法及控制坍方的措施，需要在施工阶段进行坍方预测。预测坍方

常用的几种方法是:

①观察法。在掘进工作面采用探孔对地质情况或水文情况进行探察,同时对掘进工作面进行地质素描,分析判断掘进前方有无可能发生坍方;定期和不定期地观察洞内围岩的受力及变形状态;检查支护结构是否发生了较大的变形;观察岩层的层理、节理裂隙是否变大,坑顶或坑壁是否松动掉块;喷射混凝土是否发生脱落;地表是否下沉等。

②一般量测法。按时量测观测点的位移、应力,对所测数据进行分析研究,及时发现不正常的受力、位移状态,极有可能导致坍方的情况。

③微地震学测量法和声学测量法。前者采用利用地震测量原理制成的灵敏专用仪器;后者通过测量岩石的声波分析确定岩石的受力状态,并预测坍方。

通过上述预测坍方的方法,发现征兆后应高度重视,及时采取有力措施处理隐患,防患于未然。

(3)加强初期支护,控制坍方。当开挖出工作面后,应及时有效地完成喷锚支护或喷锚网联合支护,并应考虑采用早强喷射混凝土、早强锚杆和钢支撑支护措施等。这对防止局部坍塌,提高隧道整体稳定性具有重要的作用。

三、隧道坍方的处理措施

(1)隧道发生坍方,应及时处理。处理时必须详细观测坍方范围、形状、坍穴的地质构造,查明坍方发生的原因和地下水活动情况,经认真分析,制定处理方案。

(2)处理坍方时应先加固未坍塌地段,防止继续发展。可按下列方法进行处理:

①小坍方。纵向延伸不长、坍穴不高时,首先加固坍体两端洞身,并抓紧喷射混凝土或采用锚喷联合支护封闭坍穴顶部和侧部,再进行清理。在确保安全的前提下,也可在坍渣上架设临时支架,稳定顶部,然后清理。临时支架待灌注衬砌混凝土达到要求强度后方可拆除。

②大坍方。坍穴高、坍渣数量大,坍渣体完全堵住洞身时,宜采取先护后挖的方法。在查清坍穴规模大小和穴顶位置后,可采用管棚法和注浆固结法稳固围岩体和渣体,待其基本稳定后,按先上部后下部的顺序清除渣体,采取短进尺、弱爆破、早封闭的原则挖坍体,并尽快完成衬砌(图 8-9-1)。

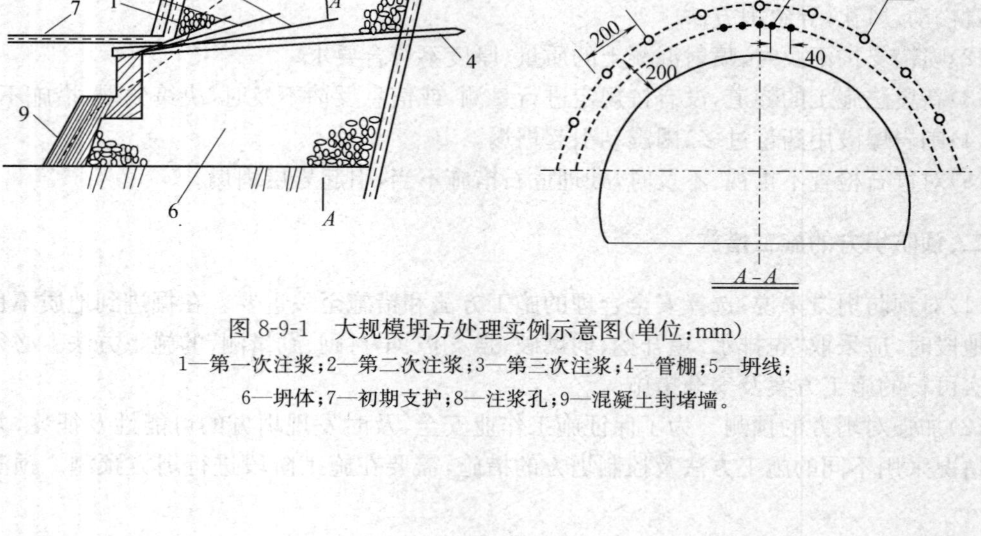

图 8-9-1 大规模坍方处理实例示意图(单位:mm)

1—第一次注浆;2—第二次注浆;3—第三次注浆;4—管棚;5—坍线;6—坍体;7—初期支护;8—注浆孔;9—混凝土封堵墙。

③坍方冒顶。在清渣前应支护陷穴口，地层极差时，在陷穴口附近地面打设地面锚杆，洞内可采用管棚支护和钢架支撑。

④洞口坍方，一般易坍至地表，可采取暗洞明作的办法。

(3)处理坍方的同时，应加强防排水工作。坍方往往与地下水活动有关，治坍应先治水。防止地表水渗入坍体或地下，引截地下水，防止渗入坍方地段，以免坍方扩大。具体措施有：

①对地表沉陷和裂缝，用不透水土壤夯填紧密，开挖截水沟，防止地表水渗入坍体。

②坍方通顶时，应在陷穴口地表四周挖沟排水，并设雨棚遮盖穴顶。陷穴口回填应高出地面并用黏土或圬工封口，做好排水。

③坍体内有地下水活动时，用管槽引至排水沟排出，防止坍方扩大。

(4)坍方地段的衬砌，应视坍穴大小和地质情况予以加强。衬砌背后与坍穴洞孔周壁间必须紧密支撑。当坍穴较小时，可用浆砌片石或干砌片石将坍穴填满；当坍穴较大时，可先用浆砌片石回填一定厚度，其以上空间应采用钢支撑等顶住稳定围岩；特大坍穴应做特殊处理。

(5)采用新奥法施工的隧道或有条件的隧道，坍方后要加设量测点，增加量测频率，根据量测信息及时研究对策。浅埋隧道，要进行地表下沉量测。

复习思考题

1. 简述常见不良地质的类型及其隧道施工易出现的安全和质量问题。
2. 简述富水断层破碎围岩隧道施工要点。
3. 简述膨胀性和挤压性围岩隧道的施工要点。
4. 简述黄土地层、煤系地层、岩溶地质和高地应力硬岩隧道的施工要点。

第九章

隧道掘进机(TBM)施工

第一节　概　　述

一、国内外应用概述

隧道掘进机(Tunnel Boring Machine 简称 TBM)施工法是用隧道掘进机切削破岩,开凿岩石隧道的施工方法。它始于 20 世纪 30 年代,随着掘进机技术的迅速发展和机械性能的日益完善,隧道掘进机施工法得到了快速发展。掘进机施工特别是对于长隧道的施工,与钻爆法相比,掘进机法具有显著的特点:工人劳动强度低,施工作业安全,隧道掘进速度快,机械化、自动化程度高等。在世界科技飞速发展的今天,掘进机有了广阔的使用空间。虽然钻爆法仍是当前山岭隧道施工的最普遍方法,但用掘进机施工的隧道数量不断增加。据不完全统计,世界上采用掘进机施工的隧道已有 1 000 余座,总长度在 4 000 km 左右。特别是在欧美国家,由于劳动力昂贵,掘进机施工已成为进行施工方案比选时必须考虑的一种方案。英法海峡铁路隧道是近年来掘进机工法成功应用的一个典范,它由 3 座平行的各长约 50 km 的隧道组成,使用了 11 台掘进机,用 3 年多一点时间即修建完成。另外,长度 19 km 的瑞士费尔艾那隧道,其中有约 9.5 km 也采用掘进机施工,已于 1997 年 4 月贯通。瑞士在建穿越阿尔卑斯山的新圣哥达(Gotthard)铁路隧道,长约 57 km,也将采用掘进机施工。在美国,芝加哥 TARP 工程是一项庞大的污水排放和引水地下工程,有排水隧道大约 40 多千米,全部采用掘进机施工。在我国,铁路隧道采用掘进机施工始于 20 世纪 70 年代,但由于机械性能很差,得不到发展。改革开放以来,在一些水利工程上引入了外商承包,他们采用了掘进机施工,如意大利 CMC 公司曾在甘肃引大入秦和山西万家寨引水工程中用掘进机施工引水隧道获得成功。1997 年底,我国西安至安康铁路秦岭隧道首次引入德国沃尔特(WIRTH)公司 TB880E 型隧道掘进机。该铁路隧道长 18.5 km,开挖直径 8.8 m,已于 2000 年贯通。可以预言,随着科技发展的步伐加快,掘进机技术本身的不断发展完善,今后会有更多隧道采用掘进机法施工,国内外有关掘进机应用情况见表 9-1-1 和表 9-1-2。

表 9-1-1　国内隧洞掘进机应用情况

序号	系统分类	项目名称	使用时间	机型	开挖直径(m)	掘进长度(km)
1	铁路项目	西康铁路秦岭隧道	1997 年	敞开式	8.8	6.015
2		西合铁路桃花铺一号隧道	2000 年	敞开式		6.021
3		西康铁路秦岭隧道	1997 年	敞开式	8.8	5.6
4		西南铁路磨沟岭隧道	2000 年	敞开式		5
5		兰渝铁路西秦岭隧道	2007 年	敞开式	10.23	15.5
6		兰渝铁路西秦岭隧道	2008 年	敞开式	10.23	12
7		新疆吐库二线中天山隧道	2007 年	敞开式	8.8	11.8
8		新疆吐库二线中天山隧道	2008 年	敞开式	8.8	12.5
9		大瑞线高黎贡山隧道	2014 年	敞开式	9.0/5.6	14/20

续上表

序号	系统分类	项目名称	使用时间	机型	开挖直径（m）	掘进长度（km）
10	引水项目	广西天生桥水电工程引水隧道	1984 年	敞开式	10	
11		甘肃省引大入秦工程 30＃A、38＃隧洞	1995 年	双护盾	5.5	16.649
12		山西万家寨引黄南干国际Ⅲ标 7＃洞出口	1998 年	双护盾	4.89	19.364
13		山西万家寨引黄总干 6-7-8 号隧洞	1994 年	双护盾	6.125	21.388
14		山西万家寨引黄南干国际Ⅱ标 4＃洞进口	1999 年	双护盾	4.92	25.937
15		山西万家寨引黄南干国际Ⅱ标 6＃洞进口	1998 年	双护盾	4.82	20.186
16		山西万家寨引黄南干国际Ⅲ标 7＃洞进口	1999 年	双护盾	4.88	20.755
17		山西万家寨引黄北干 1＃洞工程	2002 年	双护盾	4.819	13.52
18		山西大同塔山煤矿隧道	2006 年	双护盾	4.819	7
19		新疆八十一大阪工程	2004 年	双护盾	6.76	19.7
20		云南掌鸠河引水隧道	2004 年	双护盾	3.03	20
21		引红济石引水隧道	2008 年	双护盾	3.03	19.795
22		引大济湟	2005 年	双护盾	5.94	20
23		四川锦屏水电站	2007 年	敞开式	12.4	5.9
24		四川锦屏水电站	2007 年	敞开式	12.4	6
25		四川锦屏水电站	2007 年	敞开式	7.2	16.7
26		辽宁大伙房引水工程 T3	2005 年	敞开式	8.03	14.3
27		辽宁大伙房引水工程 T2	2005 年	敞开式	8.03	18.03
28		辽宁大伙房引水工程 T1	2005 年	敞开式	8.03	20.7
29		甘肃引洮供水 T7	2009 年	单护盾	5.75	16
30		甘肃引洮供水 T9	2009 年	双护盾	5.75	16
31		云南那邦引水隧道	2007 年	敞开式	4.5	7.8
32		引汉济渭项目	2010 年	敞开式	8.02	16.207
33		引汉济渭项目	2011 年	敞开式	8.02	18.382
34		辽西北供水工程 T1/T2	2011 年	敞开式	8.53	22.49/20.55
35		辽西北供水工程 T3/T4	2011 年	敞开式	8.53	16.22/16.42
36		辽西北供水工程 T5	2011 年	敞开式	8.53	18.398
37		辽西北供水工程 T8	2011 年	敞开式	8.53	18.059
38		辽西北供水工程 T6	2011 年	敞开式	8.53	18.162
39		辽西北供水工程 T9	2011 年	敞开式	8.03	14.384
40		山西中部引黄	2013 年	双护盾	5.015/4.22	每台掘进 20
41		山西晋中东山供水工程	2013 年	双护盾	4.22	20
42		山西晋中东山供水工程	2013 年	双护盾	4.2	20
43		吉林中部城市引松供水 T1	2014 年	敞开式	7.9	25
44		吉林中部城市引松供水 T2	2014 年	敞开式	7.9	25
45		吉林中部城市引松供水 T3	2014 年	敞开式	7.9	25
46		西藏林芝项目	2014 年	双护盾	9.13	4.4
47		广西乐滩水库引水工程			5.97	15
48		滇中引水				

续上表

序号	系统分类	项目名称	使用时间	机型	开挖直径(m)	掘进长度(km)
49	地铁项目	重庆地铁 6 号线 1	2010 年	敞开式	6.36	1.18
50		重庆地铁 6 号线 2	2010 年	敞开式	6.36	1.18
51		重庆地铁 6 号线 3	2010 年	单护盾	6.28	5.6
52		重庆地铁 6 号线 4	2010 年	单护盾	6.28	5.6
53		青岛地铁 3 号线	2013 年	双护盾	6.28	1.4
54	公路	雪山隧道				

表 9-1-2 国外部分隧洞掘进机应用情况

序号	隧道名称	国名	直径(m)	掘进长度(m)	用途	岩 性	施工年度	TBM 形式
1	Mangla 坝,水工隧洞	巴基斯坦	11.2	500×5	水工	砂岩、黏土、石灰岩	1963	敞开式
2	芝加哥 TARP73-160-2H	美国	10.77	5 408	下水道	白云质石灰岩,局部风化页岩	1977	敞开式
3	芝加哥 TARP73-162-CK	美国	10.77	893	下水道	白云质石灰岩,局部风化页岩	1979	敞开式
4	芝加哥 TARP73-160-2H	美国	10.77	6 454	下水道	白云质石灰岩,局部风化页岩	1988	敞开式
5	芝加哥 TARP75-126-2H	美国	10.74	7 725	下水道	白云质石灰岩,局部风化页岩	1977	敞开式
6	Heitersberg	瑞士	10.65	2 600	铁道	砂岩(磨砾岩)	1970~1972	敞开式
7	芝加哥 TARP75-127-2H	美国	9.86	3 978	下水道	白云质石灰岩,局部风化页岩	1978	敞开式
8	芝加哥 TARP73-123-2H	美国	9.86	6 682	下水道	白云质石灰岩,局部风化页岩	1978	敞开式
9	芝加哥 TARP75-132-2H	美国	9.83	6 313	下水道	白云质石灰岩,局部风化页岩	1988	敞开式
10	芝加哥 TARP73-125-2H	美国	9.83	7 526	下水道	白云质石灰岩,局部风化	1977	敞开式
11	Minvaukee 下水道隧道				下水道	石灰岩,页岩	1985~1987	敞开式
12	芝加哥 TARP72-049-2H	美国	9.17	8 312	下水道	白云质石灰岩,局部风化	1984.9	敞开式
13	Hallendsasen 隧道	瑞典	9.1	8 600×2	铁路	花岗片麻岩,片麻岩	1992.3	敞开式
14	Bergen 绕越干道隧道	挪威	7.8	3 200+3 800	公路	花岗片麻岩	1986.12	敞开式
15	Bozberg 隧道	瑞士	11.93	3 750×2	道路	石灰岩,泥灰岩,页岩	1990~1993	敞开式
16	Mt. Russein	瑞士	11.81	3 400		泥灰岩,砂岩,黏土	1990~1992	护盾式
17	Zurichberg 隧道	瑞士	11.52	4 350		泥灰岩,砂岩	1985.9~1988	护盾式
18	Cubrist 隧道	瑞士	11.5	3 300×2		泥灰岩,砂岩	1980.2~1981.7	护盾式
19	里昂	法国	10.96	3 200×2		片麻岩(1.4 km×2) 冲积层(1.8 km×2)	1994~1996	护盾式
20	Boston Marbour Dutfall	美国	8.1	15 090		黏土岩,辉绿岩,石灰岩	1992	护盾式
21	Aosta 隧道	意大利	11.4	2 670×2		页岩	1990.4	扩孔机
22	Nevenburg	瑞士	11.3	2 600×2			1985	扩孔机
23	Num Sum	韩国	11.3	1 200			1991	扩孔机
24	Kerenzerberg 隧道	瑞士	11.0	3 587			1980	扩孔机

续上表

序号	隧道名称	国名	直径(m)	掘进长度(m)	用途	岩 性	施工年度	TBM形式
25	ATEX 隧道	瑞士	11	2 500×2		大理岩,石灰岩	1985.2～1988.2	扩孔机
26	Locarno 绕越干道隧道	瑞士	10.8	4 900		云母质片麻岩	—	扩孔机
27	Sonnenberg 隧道	瑞士	10.46	1 300×2			1969	扩孔机

二、施工特点

与钻爆法开挖隧道施工过程相比,掘进机法开挖隧道的特点在于施工过程是连续的,具有隧道工程"工厂化"的特点。

1.优点

(1)安全。掘进机开挖断面一般为圆形,承压稳定性好。由于用机械方法切削成型,没有爆破法的危险因素,减少了周围岩层松动、冒顶的可能性,因此也减少了支护的工作量。在土质或软弱地层施工,可采用护盾式掘进机,作业人员在司机房内或护盾内工作,大大提高了作业的安全性。

(2)快速。根据现有使用效果看,在均质岩层中,掘进速度一般可达:软岩层 2 m/h,中硬岩层 1 m/h,硬岩层 0.5 m/h。按一般的中硬岩石,掘进机每月掘进 600 m 以上。如英法海峡隧道,英国端每月掘进 764 m,法国端每月掘进 685 m。一般认为,掘进机的掘进速度较钻爆法的掘进速度可提高 2～2.5 倍。

(3)经济。用机械方法开挖的断面平整,洞壁光滑,无爆破应力,通常不需要临时支护(硬岩中),或可用喷锚、钢圈梁、钢丝网等简易支护(软岩或中硬岩中)。而且超挖量能控制在几厘米之内,能减少清理作业和混凝土用量(混凝土用量约节约 50%),适合于喷射混凝土衬砌。因此,国外有人认为在作业条件适宜时,总成本可降低 20%～30%。

(4)省工与降低劳动强度。有人统计,一般掘进机施工所需总人数为 40～45 人即能达到月成洞 200 m,而用钻爆法施工欲达到月成洞 200 m 则需 700 人(三班制)。更为重要的是用掘进机施工可以大大减轻劳动强度。

(5)排渣容易。机械法破碎的土屑和岩渣多呈中块或粉状,粒度均匀,可由皮带运输机直接排出,如果采用适应开挖量的转载运输机,则可利用掘进机的换步时间,进行调车作业,尽量不因运输工序而影响掘进速度。

(6)由于集中控制操作,有实现远距离操作和自动化的可能性。

2.缺点

(1)一次投资大,尺寸大,重量大,机器较复杂(但对于岩层适宜的长隧道,由于掘进机掘进速度高,总的工程成本并不高),制造周期长,装运费时、费事、费钱,刀具的消耗和维修费用亦很昂贵。但随着冶金技术的发展,刀具消耗的问题正在逐步得以解决。如瑞士利用某掘进机(ϕ3.3 m)开挖一条 1 461 m 长的公路隧道导洞,其岩石抗压强度为 100 MPa(砾岩和砂岩),只换过一把刀。

(2)对岩层变化的适应性差。就目前试用和使用情况来看,对中硬岩使用较为有效,对软岩和硬岩仍存在许多困难。如遇到破碎岩层及不均匀多变的岩层时,掘进速度下降,甚至无法工作,如遇涌水、溶洞及漂石砾石等情况时,多需改为其他方法开挖。

(3)开挖的隧洞断面局限于圆形,对于其他形状的断面,则需进行二次开挖。如要机器本身来完成,则机器构造将更为复杂。

(4)作业率低。施工中的电缆延伸、洞壁保护、水管路延长及机器方向调整等工序,一般约占整个作业时间的50%左右。

(5)能耗大。纯机械破岩,石渣过分破碎,耗费能量大,且粉状石渣难于再利用。

经过近一个世纪的努力,随着现代技术的发展,特别是近几十年来,掘进机不仅能在完整性较好的岩石地层条件下工作,也能在稳定条件相对较差的地层中施工,从而被许多隧道作为主要施工方案进行比选。

三、掘进机类型

山岭隧道掘进机分为全断面和悬臂式两大类。全断面掘进机又分敞开式和护盾式两类。目前使用的主要是全断面掘进机,悬臂式尚处在发展的初期阶段。敞开式和护盾式掘进机的区别在于敞开式掘进机在开挖中依靠撑于岩壁上的水平支撑提供设备推力和扭矩的支撑反力,开挖后的围岩暴露于机械四周;而护盾掘进机则可在掘进中利用尾部已安装的衬砌管片作为推进的支撑,围岩由于有护盾防护,在护盾长度的范围内,不暴露。因此,一般而言,敞开式掘进机适合于硬岩隧道的开挖,而护盾掘进机更适用于软岩。

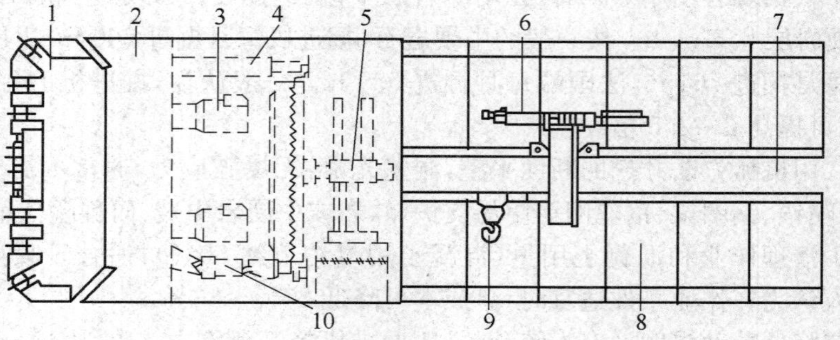

图 9-1-1 单护盾掘进机示意图

1—刀盘;2—护盾;3—驱动组件;4—推进千斤顶;5—管片安装器;6—超前钻机;7—出渣输送机;8—拼装好的管片;9—提升机;10—铰接千斤顶。

护盾式又分单护盾和双护盾。单护盾掘进机适用于软岩地层以及自稳时间相对较短的地质条件较差的地层(图 9-1-1)。例如在瑞士巴塞尔市的ADLER隧道,使用一台直径12.58 m的单护盾掘进机完成了5 km的软岩开挖。单护盾掘进机在掘进和安装衬砌管片时是依次顺序进行的,即不能同时作业。掘进中,它依靠后部的推进千斤顶顶推已安装好的衬砌管片(图 9-1-2)得以向前掘进,掘进停止后,利用管片安装机将分成若干块的一环管片安装到隧道上。

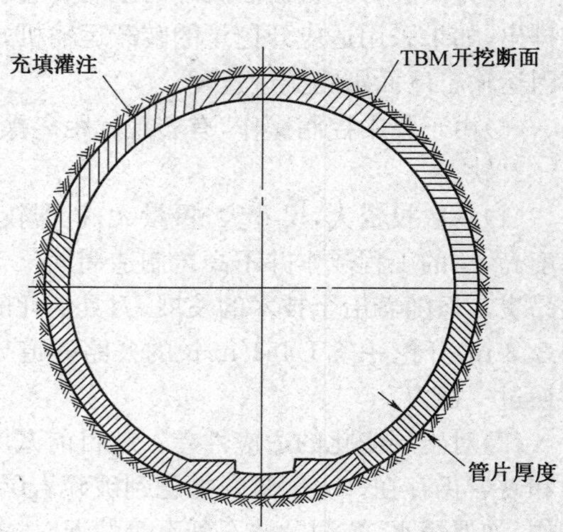

图 9-1-2 全周预制钢筋混凝土管片衬砌示意图

双护盾掘进机(图 9-1-3)在软岩及硬岩中都可以使用。当它在自稳条件不良的地层中施工时，其优越性更突出。它与单护盾掘进机的区别在于增加了一个护盾。在硬岩中施工时利用水平撑靴支撑于洞壁传递反力，所以它既可利用尾部的推力千斤顶顶推尾部安装好的衬砌管片推进，也可以在利用水平支撑进行开挖时，同时安装衬砌片，因此双护盾掘进机使开挖和安装衬砌管片的停机换步时间大大缩短。我国甘肃引大入秦工程中的 30 A 号水工隧道使用一台直径 5.5 m 双护盾掘进机完成了 11.6 km 的开挖，最高月开挖突破了 1 000 m。

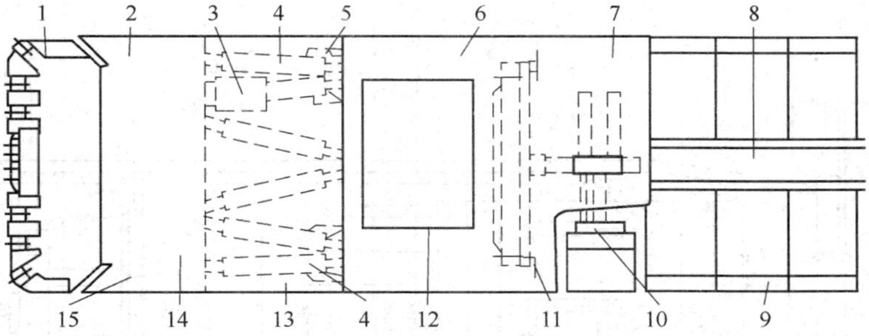

图 9-1-3　双护盾掘进机示意图

1—刀盘；2—前护盾；3—驱动组件；4—推进油缸；5—铰接油缸；6—撑靴护盾；7—尾护盾；8—出渣输送机；9—拼装好的管片；10—管片安装机；11—辅助推进靴；12—撑靴；13—伸缩护盾；14—主轴承大齿圈；15—刀盘支撑。

第二节　敞开式掘进机基本构造

一、主　　机

1. 基本构造

目前世界上生产的敞开式掘进机基本有两种形式——单支撑和双支撑。

单水平支撑掘进机如图 9-2-1 所示。它的主梁和大刀盘支架是掘进机的构架，为所有的其他构件提供安装支点。大刀盘支架的前部安装主轴承和大内齿圈，它的四周安装了刀盘护盾，利用可调式顶盾、侧盾和下支撑保持与开挖洞面的浮动支承，从而保证了大刀盘的稳定。主梁上安装推力千斤顶和支撑系统。由于采用了一对水平支撑，因此它在掘进过程中，可随时调整方向，掘进的轨迹是曲线。单支撑式掘进机主轴承多为三轴承组合，驱动装置直接安装在刀盘的后部，故机头较重，刀盘护盾较长。

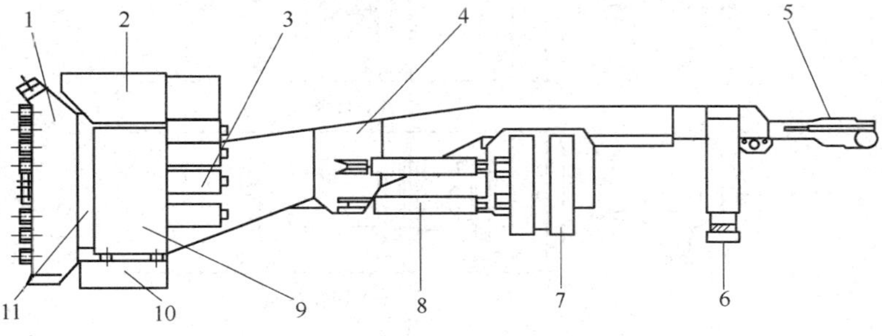

图 9-2-1　单水平支撑掘进机示意图

1—刀盘；2—拱顶护盾；3—驱动组件；4—主梁；5—出渣输送机；6—后下支撑；7—撑靴；8—推进千斤顶；9—侧护盾；10—下支撑；11—刀盘支撑。

双水平支撑掘进机如图 9-2-2 所示。在主机架中间有两对水平支撑,它可以沿着镶着铜滑板的主机架前后移动。主机架的前端与大刀盘、轴承、大内齿圈相连接,后端与后下支撑连接,推进千斤顶借助水平支撑推动主机架及大刀盘向前,布置在水平支撑后部的驱动装置通过传动轴将扭矩传到大刀盘。在掘进中由两对水平支撑撑紧洞壁,因此掘进方向一经定位,只能沿着直线掘进,只有在重新定位时,才能调整方向,所以掘进轴线是折线。德国沃尔特公司制造的掘进机属此类型。

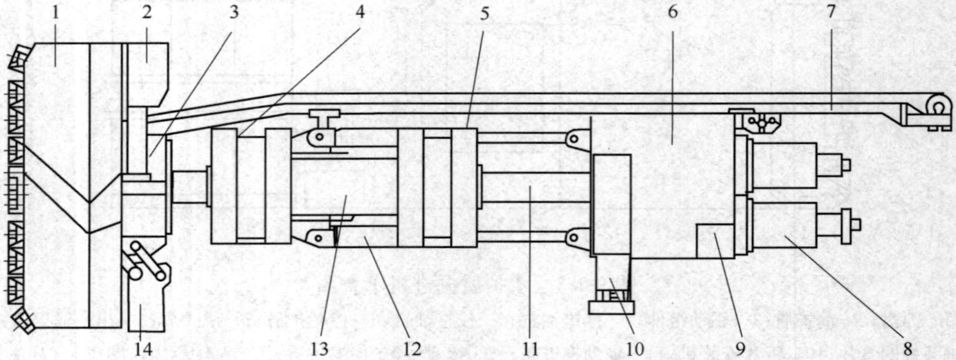

图 9-2-2　双水平支撑掘进机示意图

1—刀盘;2—顶护盾;3—轴承外壳;4、5—水平支撑(前、后);6—齿轮箱;7—出渣输送机;8—驱动电机;9—星形变速箱;10—后下支撑;11—扭矩筒;12—推进千斤顶;13—主机架;14—仰拱刮板(前下支撑)。

敞开式掘进机结合工程实践中取得的丰富经验,仍在不断改进和发展。例如,双水平支撑,有的改为 X 形支撑,也有将大刀盘三轴组合形成前后两组轴承的简支型。

2. 敞开式掘进机的掘进作业循环过程

图 9-2-3 是敞开式掘进机掘进作业循环过程的示意图,从图中可看出:

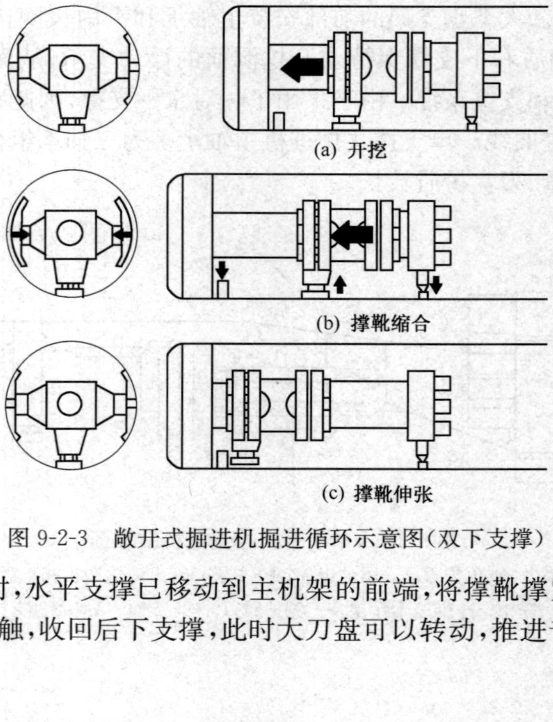

图 9-2-3　敞开式掘进机掘进循环示意图(双下支撑)

(1)掘进循环开始时,水平支撑已移动到主机架的前端,将撑靴撑紧在洞壁上。仰拱刮板与仰拱处的岩面轻微接触,收回后下支撑,此时大刀盘可以转动,推进千斤顶将转动的大刀盘向前推进一个行程，此即为掘进状态。

(2)在向前推进到达推进千斤顶行程终点处，结束开挖，大刀盘停止转动，放下后下支撑，同时仰拱刮板支撑大刀盘，此时整个机器的重量全部由前、后支撑支承。

(3)收回两对水平支撑靴，移动水平支撑到主机架的前端。掘进机掘进方向可以通过后下支撑进行水平、垂直的调整，达到调整目标。

(4)当水平支撑移到前端限位后，又重新撑紧在洞壁上。此时收回后下支撑，仰拱刮板与仰拱又转换成浮动接触状态。此时掘进机即处于准备进行下一个掘进循环状态。

3. 刀盘(图 9-2-4)

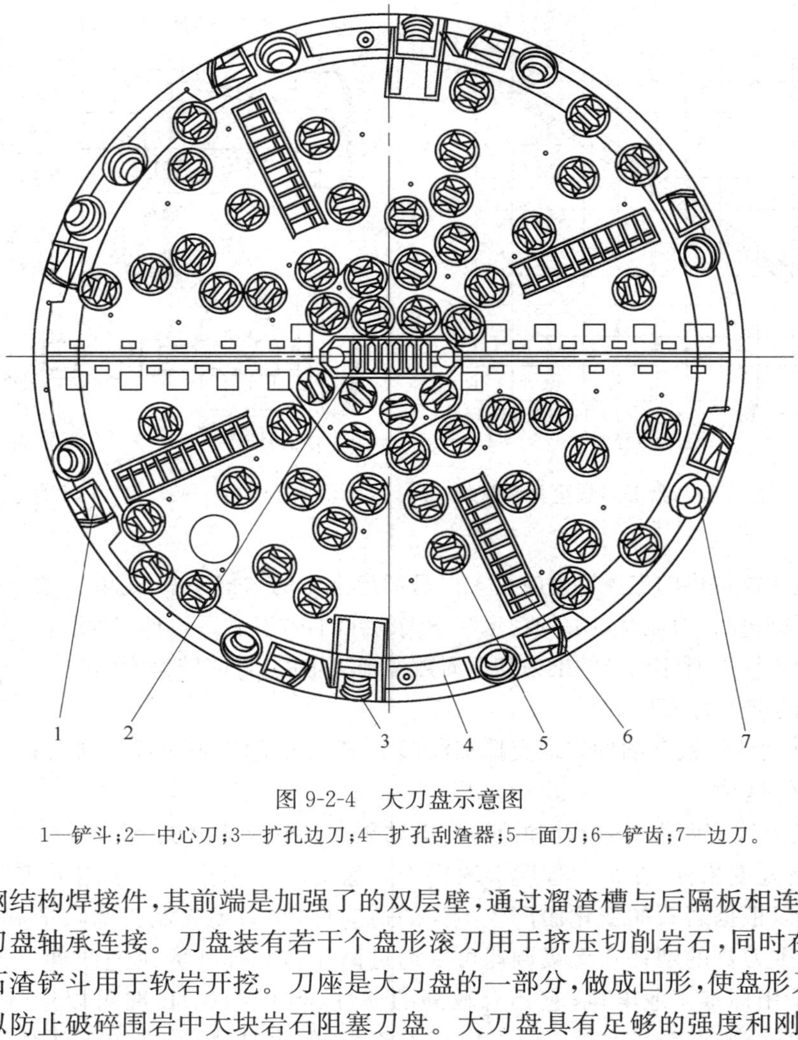

图 9-2-4　大刀盘示意图

1—铲斗；2—中心刀；3—扩孔边刀；4—扩孔刮渣器；5—面刀；6—铲齿；7—边刀。

刀盘是钢结构焊接件，其前端是加强了的双层壁，通过溜渣槽与后隔板相连接，刀盘后隔板用螺栓与刀盘轴承连接。刀盘装有若干个盘形滚刀用于挤压切削岩石，同时在前端还装有径向带齿的石渣铲斗用于软岩开挖。刀座是大刀盘的一部分，做成凹形，使盘形刀刀圈凸出刀盘。这样可以防止破碎围岩中大块岩石阻塞刀盘。大刀盘具有足够的强度和刚度，从而使施加在大刀盘上的推力平均分配到全部盘形滚刀上，使它们同时压入岩石至同一深度，并使掘进机处于高效率运转状态。否则不仅不能完成良好的切削，也会由于个别盘形刀受到超载的推力而过早损坏，使刀具费用急剧增加。大刀盘上盘形刀的平面布置，是根据使用盘形刀的类型和合理刀间距来考虑的，一般而言，在硬岩中刀间距大约是贯入度(即大盘每转动一圈，盘形刀切入岩石的深度)的 10～20 倍，即 65～90 mm。在一定刀间距下，大刀盘直径(即开挖洞径)

与盘形刀的数量关系可以从图 9-2-5 中查得。开挖下来的石渣利用刀盘圆周上的若干铲斗和刮渣器以及刀盘正面上的径向渣口,经刀盘内部的导引板将石渣通过漏斗传送到主机胶带输送机上。

4. 支撑和推进系统

支撑系统是掘进机的固定部分。当掘进时,它支承着掘进机的重量并将开挖推力和扭矩传递给岩壁形成反力。不同结构形式的掘进机,支撑系统对掘进方向的控制不同。双水平支撑的敞开式掘进机在换步时利用后下支撑来调整机器的方位,一经确定,刀盘只能按预定方向掘进(图 9-2-6)。

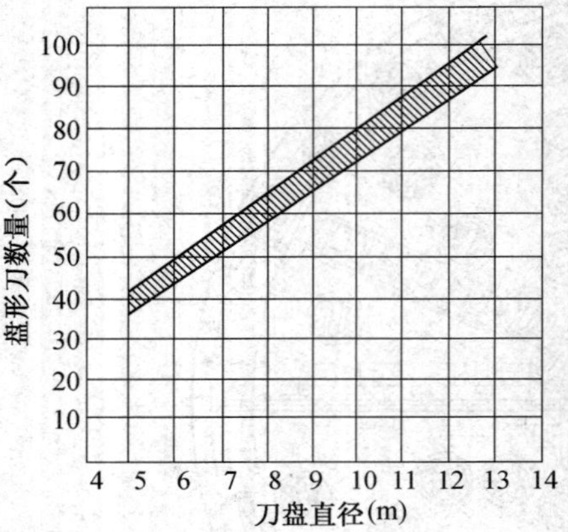

图 9-2-5 刀盘直径与盘形刀数量关系曲线

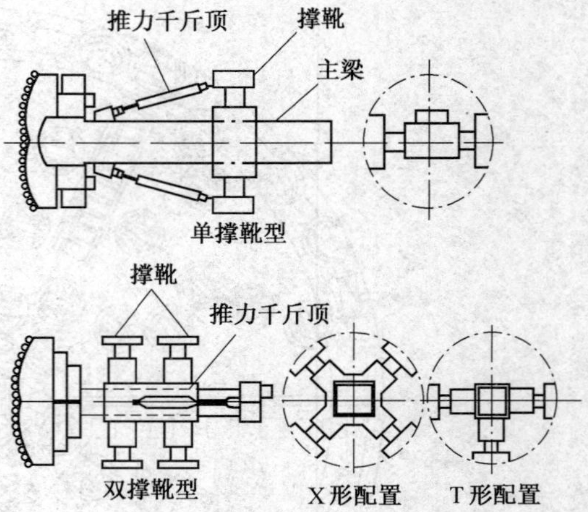

图 9-2-6 敞开型 TBM 的撑靴形式

一般掘进机能提供的支撑反力应是大刀盘额定推力的 3 倍左右,足够大的支撑反力可保证在强大推力下掘进时,刀盘有足够的稳定和正确的导向,并有利于刀具减少磨耗。开挖刀盘推进力是按照每把盘形刀所能承受的推力和盘刀数量来决定的,目前较为成熟的 17 in(43.18 cm)盘形刀,可承受的推力为 250 kN。

支撑靴借助球形铰自动均匀地支撑在洞壁上,避免引起集中荷载对洞壁的破坏。

5. 刀盘驱动系统

刀盘驱动方式有两大类:电动和液压。电动驱动又分单速电机、双速电机和调频电机。

掘进机贯入度指标,在很大程度上取决于刀盘的转速和推力。采用无级调速确定刀盘的转速,就可以根据岩石的变化而产生最大的适应性,有效地控制刀盘负荷和振动,提高瞬时贯入度,减少刀具的磨耗。无级调速可以通过液压传动和变频调速两种方式进行。利用变频技术可采用标准工业电机,它具有较高的惯性,当 0～50 Hz 时可以达到全扭矩,启动扭矩瞬时可以达到额定扭矩的 170%,启动电流小,效率高,但它要求工作环境严格。液压驱动方式在技术上成熟,启动扭矩大,但效率低(70%左右),维修相对比电机繁杂。

双速电机通过变换极对数达到两挡变速,它体积较大,启动电流大,但结构简单,可靠性高。

大刀盘的转速目前控制在其边刀线速度不超过 2.5 m/s,这主要是受盘形刀材料及岩石破碎速度影响而决定的。例如西安至安康铁路秦岭隧道使用德国沃尔特公司生产的

TB850/1000E 敞开式掘进机，大刀盘直径为 8.8 m，其转速为 5.4 rad/min（低速为 2.7 rad/min）。

从图 9-2-7 的曲线中可以查找出不同直径大刀盘应具有的扭矩值。刀盘转动时所具有的扭矩受地质条件影响，当刀盘切削软岩时，应具有较高的贯入度，此时会产生较大的滚动阻力，相应需要增大刀盘的驱动扭矩。除从图 9-2-7 查找外，还可利用经验公式：$Md = SD^2$（其中 S 为扭矩系数，D 为大刀盘直径）估算出刀盘额定扭矩的约值。

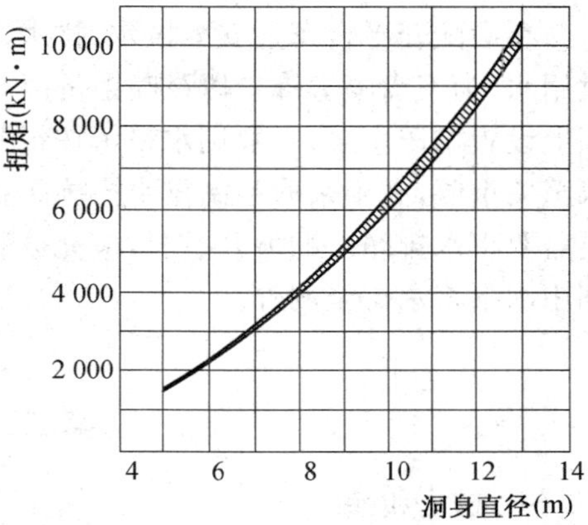

图 9-2-7 刀盘直径与刀盘扭矩关系曲线

6. 出渣和除尘

沿着刀盘周围布置的刮板和铲斗，把切削下来的石渣从开挖断面的底部铲起，并在刀盘转动中随刀盘送到顶部，然后沿着刀盘内渣槽落到输送机上方的渣斗内，再通过胶带输送机送到后配套上的矿车中，掘进机只要开动，胶带输送机就不停地运转。

刀盘在切削岩石时会产生大量粉尘，因此利用冷却盘形刀的喷水装置，起到一定的除尘作用。此外刀盘的内腔室与集尘器风管相连通，使这里含有粉尘的空气通过集尘器达到最好的除尘效果。除尘器是掘进机通风系统的一部分，它安装在后配套上。

二、后配套设备

掘进机主机与后部配套设备组成了一个完整的掘进机设备。后配套设备主要是指为主机提供供给的设备和石渣运输系统。后配套设备包括液压传动站（它为主机液压系统提供动力源）、变电设备、开关柜、主驾驶室、通信系统、备用发电机、空压机、通风系统、喷射混凝土设备、围岩加固堵水注浆设备以及供水系统。运渣系统则是指后配套设备上的胶带输送机，它将主机输送机运来的石渣卸入矿车，再用内燃机车牵引运到洞外。

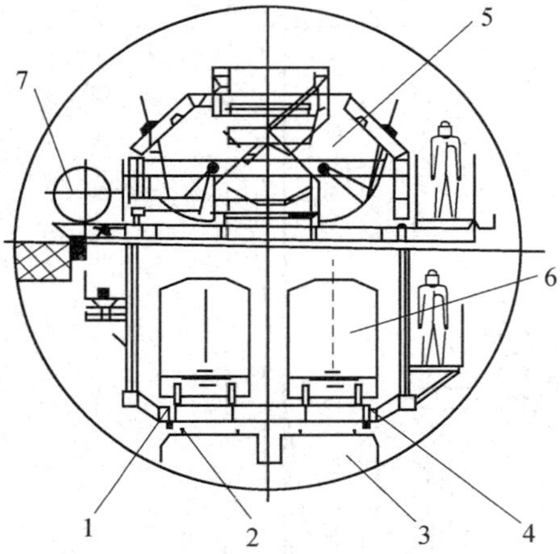

图 9-2-8 仰拱块及轨道示意图

1—车辆车轮及平台车上轨道；2—仰拱块上轨道及平台车车轮；3—仰拱预制块；4—后配套平台车；5—石渣分配系统；6—矿车；7—通风管道。

通常后配套设备是安装在一轨道平台车上，小断面掘进机受开挖隧道空间的限制，可采用单线运渣轨道。而较大断面的掘进机，可采用双线运渣轨道。由于开挖的隧道是圆形，所以铺设轨道时，一般先将预制的仰拱块安装在隧道底部。仰拱块上预留排水槽、钢拱架沟槽及预埋轨道螺栓扣件。因此轨道的铺设延伸，不仅能保证轨道的铺设精度，同时也提高了出渣列车的运行平稳和速度。运渣列车由铺设于隧道的轨道上通过后配套设备尾部的爬轨斜坡道进入平台车上的轨道系统（图 9-2-8）。

在后配套平台车上安放通风管、接力风机，供应新鲜空气的主风机放在洞外。通过风管与后配套上的接力风机连接。在掘进机施工中，隧道通风考虑的主要因素是施工人员的需要、设备运输中产生的热量、岩石破碎中以及喷射混凝土中产生的粉尘、内燃机设备产生的废气等。

在后配套平台车上安放供水、排水设备。供水设备是为刀盘、液压系统和驱动电机冷却提供用水,为刀盘喷雾降尘以及喷射混凝土、超前注浆提供用水。为了提高供水压力,往往在水箱上设置增压水泵,一般用水量可按每开挖 1 m^3 岩石需水 0.5 m^3 左右估算。隧道开挖中排水至关重要,必须采取强制排水措施防止积水对主机的漫浸,尤其在安放仰拱块时(图 9-2-8)更需要将水排净。顺坡开挖时,应充分利用仰拱块上的排水沟排水,反坡开挖时,应设积水槽,利用水泵将水排至洞外。

第三节　掘　　进

一、破岩机理

掘进机切削破碎岩石的机理是:它在掘进时盘形刀沿岩石开挖面滚动,同时通过大刀盘均匀地在每个盘形刀上对岩面施加压力,形成滚动挤压切削而实现破岩。大刀盘每转动一圈,将贯入一定深度,在盘形刀刀刃与岩石接触处,岩石被挤压成粉末,从这个区域开始,裂缝向相邻切割槽扩展,进而形成片状石渣。图 9-3-1 显示了掘进机切削岩石机理。

不同岩石需要不同的盘形刀,只有压入岩石的压力达一定值时,才能达到较理想的贯入深度。而贯入深度,在坚硬和裂隙很少的岩石中,一般为 2.5～3.5 mm/转,在中等坚硬和裂隙较多岩石中,一般为5～9 mm/转。

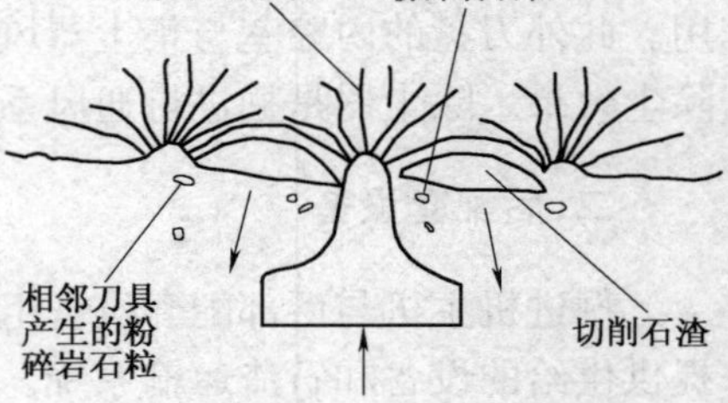

图 9-3-1　掘进机切削岩石机理示意图

如前所述盘形刀的间距问题。如果刀间距太大,一把盘形刀产生的压力达不到与相邻盘形刀的影响范围相接,必定开挖不出片状石渣,从而使开挖效率降低。反之如果刀间距太小,则会使石渣块太小,从而浪费了设备的功率。

单个盘形刀(图 9-3-2)的使用寿命,与轴承使用寿命、刀圈材质和加工质量以及它在大刀

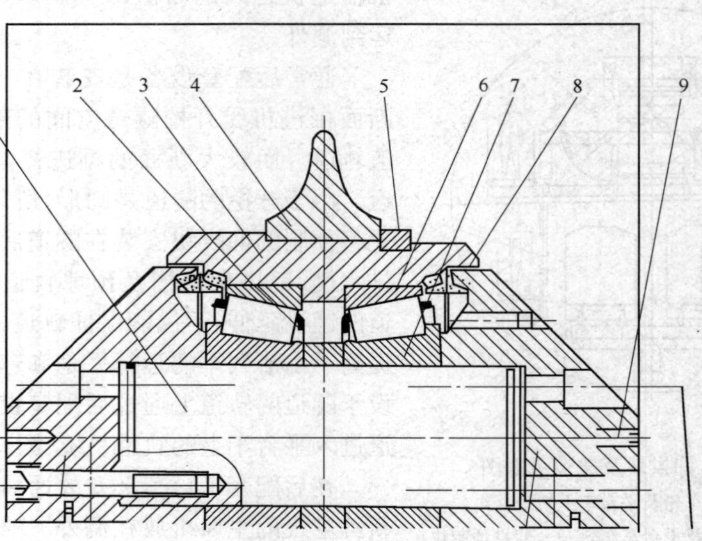

图 9-3-2　正滚刀示意图

1—刀轴;2—隔圈;3—刀体;4—刀圈;5—挡圈;6—轴承外圈;7—轴承内圈及滚柱;8—滑动密封;9—紧固螺钉。

盘上的位置有关。目前刀圈的形状已趋于常断面型,它的优点是刀圈尖端宽度在磨损后仍保持不变,因此确保了既使它承受的荷载有变化,也将具有良好的贯入速度,从而提高了切割速度并降低刀具的消耗。

应该强调指出,对掘进机施工不仅要注意岩石的抗压强度,还应注意岩石的磨蚀性以及岩体的裂隙程度,当岩体节理裂隙面间距越大时,切割也就越困难。表 9-3-1 是我国秦岭隧道掘进机施工围岩裂隙分级标准。

表 9-3-1　裂隙分级参考资料

围岩裂隙分级	Ⅰ	Ⅱ	Ⅲ	Ⅳ	Ⅴ
岩体完整性系数	0.75～0.85	0.55～0.75	0.45～0.55	0.25～0.45	<0.25

注:参考资料为挪威工业大学 UNIT 硬岩掘进机。

二、施工管理

采用掘进机开挖隧道,实现了隧道施工的工厂化,这是一个大的管理系统工程。提高施工现场管理和设备管理水平,是提高掘进机施工效率和效益的基础。

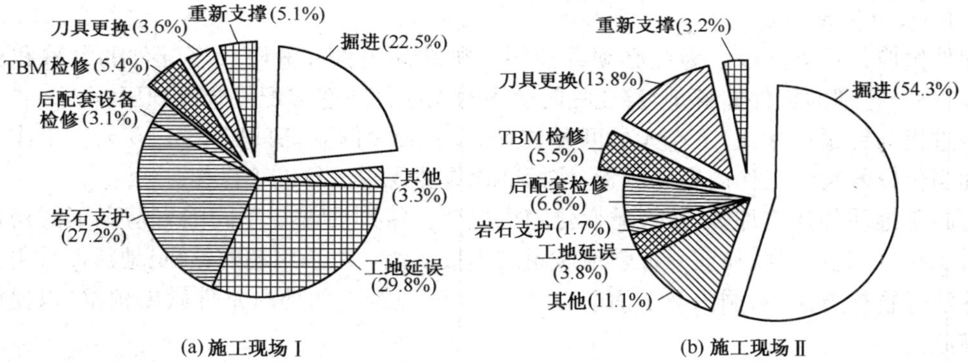

图 9-3-3　时间/利用率—分析图

从图 9-3-3 可知,使用同一型号的掘进机,在相同地质条件下,由于管理的原因而造成不同的纯掘进时间。例如材料供应不及时,就有可能造成仰拱块不能及时铺设,延误轨道的延伸,进而影响到掘进机下一个循环的进行。任何设备的故障都会直接影响到掘进机的运行。

掘进机每日的工作时间都用于掘进是不可能的。因为掘进过程中需换步更换支撑、检查和更换刀具、对围岩进行支护,且每日需要一定时间进行设备维修保养,据统计,在一般地质条件下,掘进机净掘进时间在 40%～50%是较为理想的。

提高设备完好率是提高净掘进时间的基础。强化维修保养,每班、每日、每周都必须进行预防性维修和某些部件的修理是必须的,只有坚持做好预防性维修才能保证掘进机利用率。

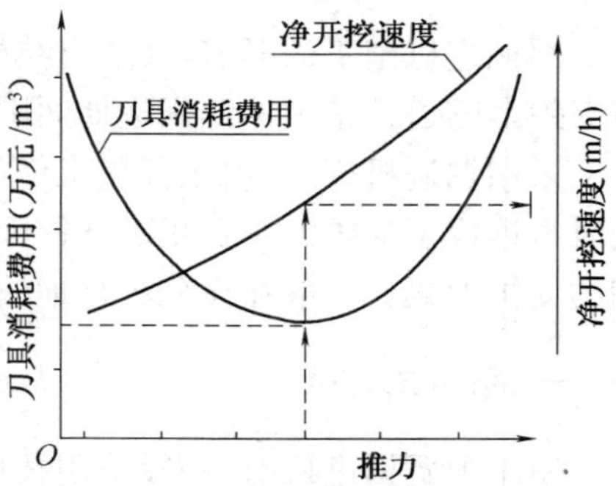

图 9-3-4　刀具消耗费用与推进力、开挖速度关系曲线

加强掘进机的管理,必须注意对刀具的管理,这是因为刀具消耗占据隧道开挖成本的很大部分。从图 9-3-4可知,如不适当地提高推力,虽可提高净开挖速

度,但刀具费用会急剧增大。故选择合理的掘进系数可以节省刀具费用的支出。如果只换上一把新刀,而它周围的刀具磨损已超过限度,则新刀就会更多地承担刀盘传给它的推力,使其磨损加快。图 9-3-5 显示了刀具磨损及更换条件。

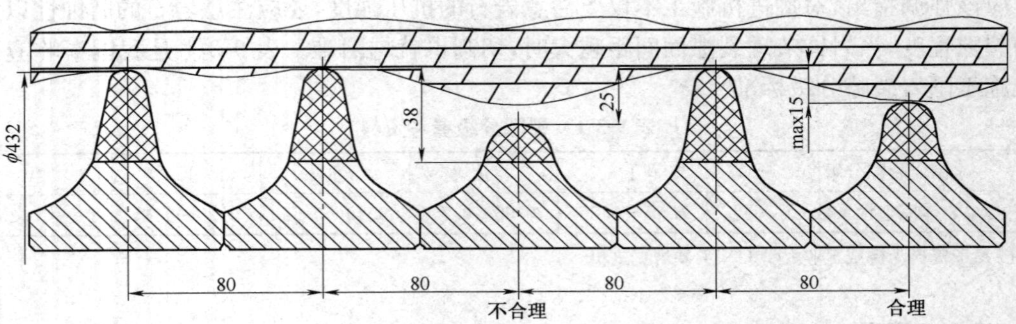

图 9-3-5 刀具磨耗更换示意图(单位:mm)

由于设备类型不同,使用的刀具不同,隧道围岩变化多样,因而掘进选用的操作参数也不同。因此很难确切提出刀具消耗定量标准(在当前物价条件下每开挖 1 m^3 岩石,刀具消耗在 1～10 美元,可供参考)。

配件供应是一大问题。为此必须弄清掘进机的易损件和故障较多配件的名称和更换周期,确定一个合理的配件储备量,避免临时急用时无配件或造成配件仓库积压。

掘进机与钻爆法相比,工作人员可大量减少,一般每作业班只配 13～16 人。工作人员必须明确岗位以及岗位工作内容和职责,按标准化作业规程进行施工操作。

对施工地质描述应加强,按地质变化随机应变。特别要做好不同围岩情况下的初期支护或临时支护,不允许冒险作业。加强地质超前预报工作。可采用超前钻机、地震波反射法及地质雷达法等物探方法,对洞内掌子面前方 30～50 m 范围内的地质条件做出预报,以提前安排作业措施。

对隧道的控制测量和施工测量要提高精度等级要求,因为圆形断面一旦形成,很难再调整中线和标高。

对电力供应的要求要比钻爆法高得多,因此必须建立专门的电力供应机构,确保供电质量。

第四节 衬砌施工

用掘进机施工的隧道,其隧道结构一般是由临时或初期支护和二次衬砌组成。初期或临时支护是隧道开挖中保证掘进期间围岩稳定和掘进机顺利掘进所不可缺少的支护。

采用掘进机施工,由于开挖工作面被掘进机主体充塞,对围岩很难进行直接观察和判断,同时也造成了支护的位置相对开挖面滞后一段距离。因此不同形式的掘进机,也要求采用不同的支护形式。一般在充分进行地质勘探后,在隧道设计时,就应确定其基本的支护形式。

一、管片式衬砌

使用护盾掘进机时,一般采用圆形全周管片式衬砌。其优点是:适合软弱围岩,特别是当围岩承载力很低,撑靴不能支撑岩面时,可利用尾部推力千斤顶,顶推已安装的管片从而获得推进反力;当撑靴可以支撑岩面时,双护盾掘进机可以使掘进和换步同时进行,提高循环速度;

利用管片安装机安装管片速度快，支护效果好，安全性强，但是它的造价高。为了防水的需要，每块管片之间要安装止水条，并需在管片外圆和洞壁间隙压入豆石和注浆。

为了预制管片，需要在工地设置混凝土预制品工厂。

二、模筑混凝土衬砌

使用敞开式掘进机，一般是随开挖先施作临时支护，然后进行二次模筑混凝土永久性衬砌(图 9-4-1)，这是为了保证掘进机的高速度掘进，而不可能使开挖作业与模筑混凝土衬砌作业同时进行。此外，在机械上部进行衬砌作业，会给掘进机设备带来严重的混凝土污染，因此只在刀盘后部进行必要的临时支护，如锚杆、喷射混凝土、钢拱架等。

二次混凝土衬砌，根据地质条件也有用喷射混凝土作为永久衬砌的，如瑞士弗尔艾那铁路单线隧道。多数隧道往往采取二次模筑混凝土衬砌，使用穿行式模板台车进行永久衬砌的灌注。根据设计的断面形状，制造模板台车，这与钻爆法施工一致。值得注意的是掘进机完成掘进任务后，不可能从原路退出，只有在原地进行扩大洞室施工，在扩大洞室内拆卸掘进机部分机件(如大刀盘的解体)，才有可能退出。如果用一台掘进机从进口一直掘进到出口时，则不会发生在洞内拆卸的问题。

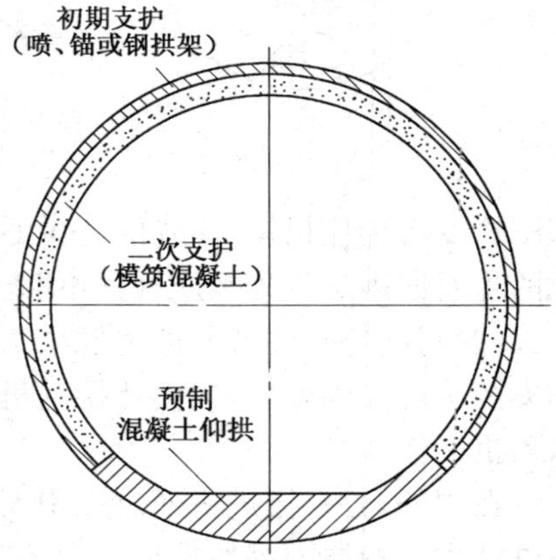

图 9-4-1　模筑混凝土衬砌

第五节　不良地质地段施工

一般而言，掘进机特别是敞开式掘进机施工，最好用于地质条件较好的隧道。如果地质条件太差，需要过多的辅助工法来保证掘进机施工，就不能发挥掘进机速度快、效率高的优势。同时，辅助工法的实施也受掘进机的充塞影响而变得困难，造成费用过高，工期延长，因而也就没有必要使用掘进机施工了。

但任何一座隧道，不可能不出现一些局部地质较差的地段，因此掘进机必须具备通过不良地质的能力。

为了满足通过不良地质的施工作业要求，掘进机可以安装一些辅助设备进行特殊功能作业。

加装的地质超前钻机安装在主机顶部、大刀盘后部的平台上，它在主机停机时进行掌子面前30 m的超前钻孔，以对围岩进行预先加固，使掘进机具备自我加固前方不良地质地段的能力和自我通过能力(图 9-5-1)。

紧靠刀盘的后部安装有钢拱安装器，利用工字钢拱环形成支护结构，这种方法的优点是材料便宜，加工容易，安装速度快，支护及时。钢拱环的间距要与掘进机的行程距离一致或成倍数关系，在预制仰拱块上要留有安放拱环的沟槽。

掘进机上有前后两排共 4 台锚杆钻机，以满足对围岩进行锚杆支护作业的需要。拱顶部分的锚杆是非常必要的，在掘进的同时，锚杆作业应能同时进行。

在掘进机施工中也会发生一些意外的较大事故。如开挖面大规模坍方造成机件被埋，洞

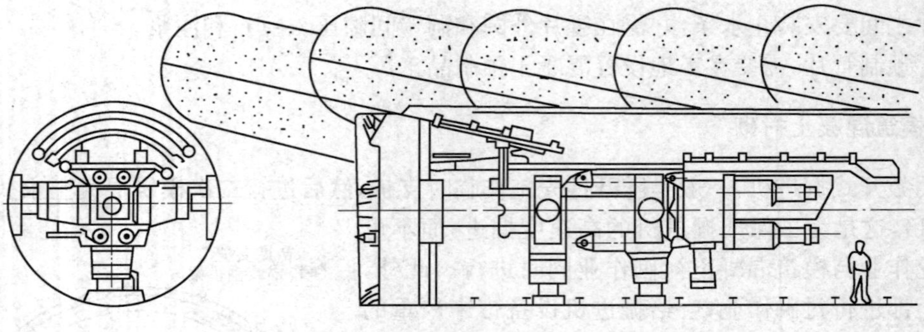

图 9-5-1　从 TBM 机内进行的超前支护示意图

壁围岩变形卡住机体,突发的大量涌水淹没机体或工作面挤出迫使机体后移等。造成这些事故的主要原因是事先地质勘察不明,施工地质预报不及时。因此而停工处理的时间和费用都很大,要引起特别注意并避免发生。处理方法主要是将掘进机后退,利用人工到掌子面用不同的方法进行加固处理,以便让掘进机步进通过。最根本的,仍然是做好地质勘察和施工地质超前预报工作。

在国外,曾有掘进机通过堆积大块砂卵石层地层时,施工失败的报道。在国内,贵州天生桥电站水工隧洞因突然发现大型溶洞而使掘进机无法工作。因此相当多的人认为,在大块卵石层和溶洞群这种特殊地质情况下,不宜用掘进机施工。遇有膨胀性很高的膨胀岩土时,由于围岩变形值很大,必须采取有效措施,才能保证顺利施工。在瓦斯地层中修建隧道,钻爆法已有了一套较为安全成熟的规则,但在掘进机施工中,则报道不多。

1. 工程实例一——戈森萨斯隧道(奥地利)

戈森萨斯隧道位于意大利—奥地利边界的戈森萨斯和布伦纳之间,全长 7.3 km,修成后可提高意大利波尔扎罗与奥地利因斯布鲁克之间的运营速度,超前导坑采用 TBM 施工。

超前导坑施工时,掘进只进行了 6 周,就在 1 284 m 里程处遇到灰岩坍塌,大量地下水夹带泥渣在开挖面后 15 m 处涌入导坑内。地下水以 200～300 L/s 的流量涌入,后援系统部分被泥渣掩埋,导坑被淹,但幸好水位在涨到 TBM 的电动机下就停止上升了。采取的处理措施为:在开挖面后 200～300 m 段钻了 6～8 个深孔来释放水压,排除泥渣,用钢支撑、钢板将坍塌穴封闭起来,尔后再用混凝土回填,超前导坑掘进才得以恢复。

2. 工程实例二——坎波罗索铁路隧道

坎波罗索铁路隧道位于意大利的乌迪内至奥地利菲拉赫之间的铁路线上,长 7 km,为双线隧道,采用 TBM 施工超前导坑。由于岩质情况不好,超前导坑在距离主隧道线路 662 m 的一横洞处开始掘进,隧道的地质始终为混合地质,给 TBM 施工带来了许多困难。在施工中遇到地质情况不良的地段时,采用将 TBM 退后数米,在其前方以喷混凝土、钢筋网和锚杆或钢衬板实施地层支护,这些衬板厚 5 cm,用 10 块构成一个完整的支撑环,然后用混凝土将岩石与钢衬板之间的空隙填充。在极其软弱的围岩中开挖时,采用了在 TBM 之前用人工开挖一顶部导坑,并以 0.8 m 的间距架设钢拱架,随后用 TBM 开挖台阶部分并除渣,掘进机前方的超前导坑直径扩大到 4.3 m,在掘进机之外实施钢拱架、锚杆、钢筋网及喷混凝土之类的围岩支护,使 TBM 在安全的导坑中得以通过。

第六节　掘进机导坑超前扩挖法

当TBM开挖断面过大时，会带来电力不足、运输困难、造价过高等问题，不仅影响机械的使用性，也将大大增加机械的制作成本。在这种情况下，利用小断面掘进机配合钻爆法开挖的方法就应运而生。TBM导坑超前扩挖法是针对超大断面隧道施工的，它是在开挖主洞之前先用TBM快速掘进一个超前导坑，进行地质调查、排水、围岩改良等作业，而后用钻爆法进行扩挖的一种施工方法，即先由TBM开挖一个小直径洞室形成临空面，再使用钻爆法开挖，其施工速度比没有临空面的方法可提高2～3倍。使用这种方法可以有多种形式，如单导坑法(包括上部导坑法和底部导坑法)、双导坑法等，如图9-6-1所示。我国高速铁路隧道中，由于大部分采用单洞双线隧道，开挖断面大，使用TBM全断面施工较为困难，采用此工法既可以充分吸收我国钻爆法施工成熟的经验，又可以利用TBM快速掘进的优越性，应该是我国高速铁路隧道的一个发展方向。

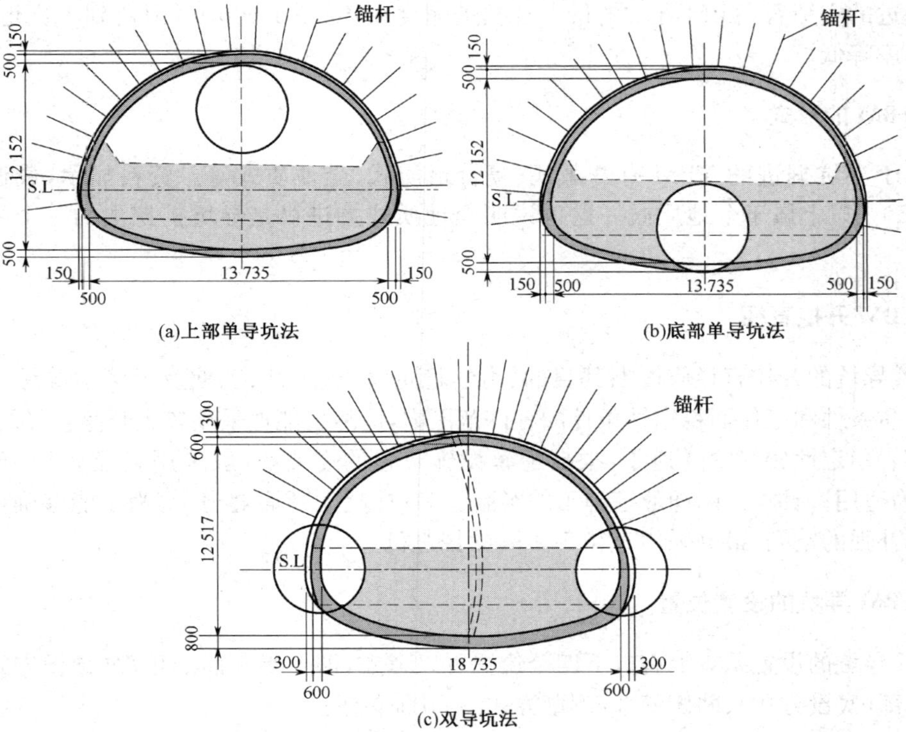

图9-6-1　TBM导坑超前扩挖法(单位:mm)

一、采用TBM导坑的目的

(1)确认前方围岩的地质状况；

(2)对前方围岩进行改良；

(3)高速掘进；

(4)形成后续爆破作业的临空面。

二、TBM 导坑超前扩挖法适用的地质条件

按日本的围岩分级，Ⅰ～$Ⅳ_a$级围岩可以采用，而$Ⅳ_b$、$Ⅳ_c$级也勉强可以应用，但需辅以相应的辅助工法。因为在这种情况下，围岩崩塌、土砂流出、涌水等，会使掘进成为不可能，软弱的围岩也会造成机体下沉等，因此需要辅以一定的辅助工法。Ⅴ、Ⅵ级围岩则应另行研究。

从目前的国内外技术状况看，该施工工法适用于比较好的围岩，用于不良地质地段具有一定的风险。

三、TBM 导坑的施工长度及掘进速度

从出渣等方面考虑，TBM 导坑的施工长度最好在 1.5 km 以上，如考虑经济性，则最好在 5 km 以上。

另外，超大断面隧道采用 TBM 导坑超前扩挖法时，如果考虑到 TBM 的机械费用，其施工长度大概在 2 km 以上是比较适宜的。

从最近的实绩看，TBM 导坑的最大月掘进速度在 400～1 600 m，但遇到不良地质时，速度会大幅度降低。

四、TBM 的形式

适合于导坑掘进的 TBM 有开敞式、复合地质式、全地质式等。资料显示，最近采用的 TBM 有 50%以上属于全地质式。这也说明全地质式掘进机是导坑扩挖法的一个主要发展趋势。

五、TBM 开挖直径

TBM 导坑的开挖直径应根据其目的、力学稳定性、施工性、工期及经济性等综合考虑决定。在地质条件和工作面稳定性条件的容许范围内，应尽可能地采用较大开挖直径的 TBM。

在围岩稳定性较好的隧道中，根据配套设施布置的需要，一般采用直径 3.5～6.0 m 的 TBM 较为适用。日本大断面隧道施工的经验认为，在超大断面隧道中，为了能够确保主洞围岩改良和补强的空间，最好采用直径 5.9 m 的掘进机。

六、TBM 导坑的设置位置

TBM 导坑的设置基本上有以下四个位置可以考虑，即上半断面的顶部(顶设方式)、下半断面的底部(底设方式)、两侧壁部(侧壁方式)和其他位置。

1. 在上半断面的顶部(顶设方式)

在国外，特别是在欧洲，TBM 导坑设置在顶部的情况比较多。其优缺点是：

(1)能够确认隧道上半断面的地质状况，取得主洞掘进时工作面稳定与否最有用的资料；

(2)对上半断面进行围岩改良，是改良拱部围岩的最佳位置；

(3)主洞开挖一开始就可以利用导坑作为通风坑道，同时主洞石渣对导坑的影响比底设方式、侧壁方式都小；

(4)对排除上部断面的地下水也是有效的，但开挖下半断面时效果不好，要另外采取排水对策；

(5)TBM 导坑的施工步骤，顶设方式与主洞同时并进比较困难，因为同时进行上半断面

开挖出渣非常困难，最好在导坑贯通后进行主洞的扩挖。

在顶设方式中，因上半断面的扩挖高度约 8 m，因此导坑的设置有设在上半断面上部和下部两个位置。表 9-6-1 对其进行了比较，通过比较可知，导坑设置在上半断面下部比较有利。

表 9-6-1　TBM 导坑配置位置比较

项　目	上半断面上部	上半断面下部
略　图	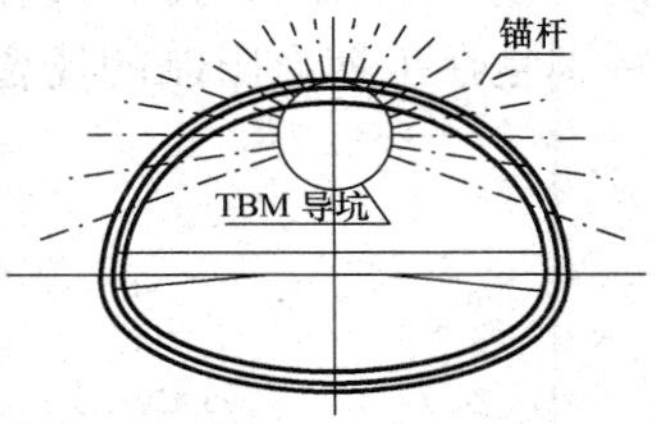	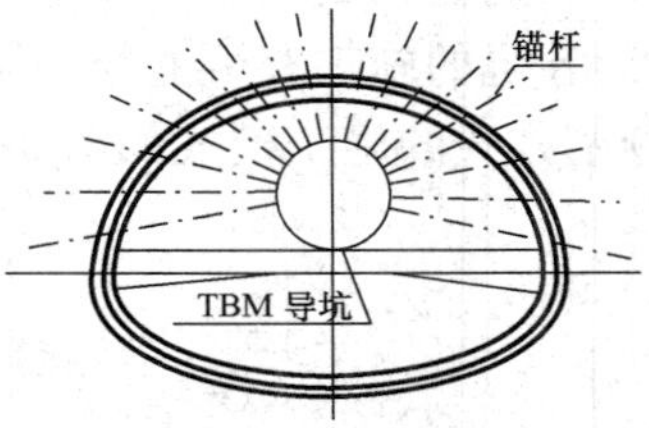
地质确认	能够直接确认隧道顶板的地质状况，扩挖时能够正确评价拱顶的稳定性	对隧道顶部地质确认稍微不利
事前围岩改良	围岩补强的锚杆打设角度条件差，注浆及向下打锚杆的情况多，效率低	锚杆布置比较理想，支护效果好，向下打锚杆的情况少，效率高
通风坑道的利用	能够有效地排除有害气体	有害气体可能滞留在上部空间
涌水排除	地下水位仅能降低到上部断面	能够让地下水位降低到上半断面附近
扩挖时的施工性	爆破和机械扩挖效率差，因导坑开挖拱顶有松弛的危险	因是横向扩挖，效率高，导坑与上半断面底在同一水平，施工安全性好

图 9-6-2 是导坑顶设方式的施工模式图。

2. 在下半断面的底部(底设方式)

TBM 导坑设置在底部的优缺点如下：

(1)作为超前导坑确认地质状况，在上下断面地质条件各异的围岩中，要特别注意对上半断面地质条件的判定；

(2)因导坑设置在底部，进行拱顶部分围岩改良时，改良范围和施工区域都比顶设方式大；

(3)导坑可以有效地被利用作为主洞扩挖时的通风坑道，但导坑设置在隧道底部，上半断面的通风状况比顶设方式差；

(4)排除地下水效果比较好；

(5)导坑的施工有可能与主洞同时并进，特别是在工期受到限制的场合。

图 9-6-3 是导坑底设方式的施工模式图。

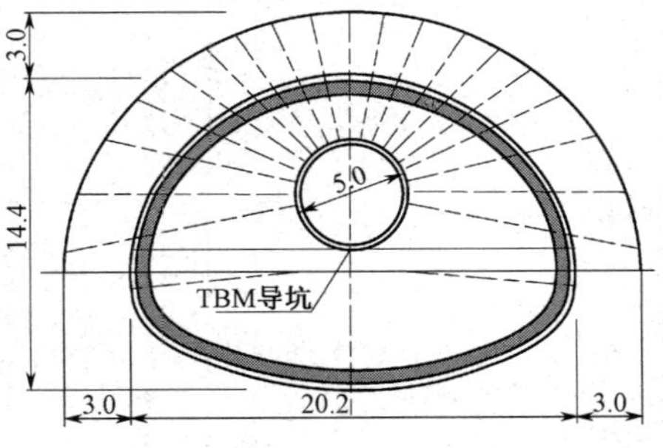

图 9-6-2　导坑顶设方式施工模式(单位：m)

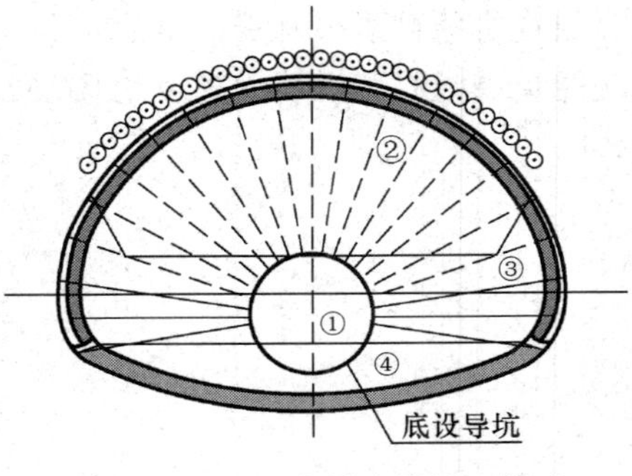

图 9-6-3　导坑底设方式施工模式

3. 两侧壁部(侧壁方式)

在隧道两侧设置导坑的方式,在日本、捷克等国家都有实例。此方式的特征如下:

(1)可以在主洞扩挖前确认隧道地质状况,这与侧壁导坑法是一样的;

(2)导坑位于隧道断面下部,特别是设两个导坑时,排水效果好;

(3)扩挖上半断面时,可以从两个导坑同时进行上半断面围岩的改良作业;

(4)因是超大断面,上半断面的支撑有可能产生下沉,侧壁方式可以防止墙脚部下沉;

(5)导坑的施工有可能与主洞同时并进,特别是在工期有限制的场合。

侧壁方式的施工模式如图 9-6-4 所示。

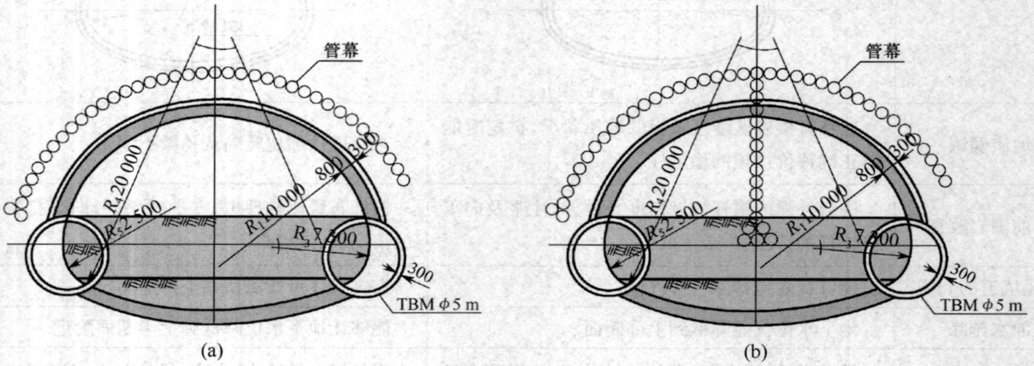

图 9-6-4 导坑侧壁方式施工模式(单位:mm)

综合上述分析认为,采用 TBM 导坑超前扩挖法施工,由于是先开挖导坑,因此具有以下优点:

(1)适时获取地质资料,便于制订相关计划;

(2)节省约 35%的爆破费用;

(3)降低爆破对地层的扰动;

(4)减少通风量,降低风险。

在隧道的全断面施工方法中,全断面隧道掘进机施工与钻爆法施工相比各有优缺点,因此,在相当长的时间内,在施工环境允许的情况下,将是两者并存。

复习思考题

1. 隧道掘进机施工法的概念及优缺点是什么?
2. 掘进机的破岩机理是什么?
3. 隧道掘进机的种类及特点有哪些?

第十章

施工辅助作业及施工组织

修建隧道时为配合开挖、运输、支护及衬砌等基本作业而进行的其他作业，称为辅助作业。其内容主要有：压缩空气供应、施工供水、施工供电和照明以及施工通风与防尘等。

第一节　压缩空气供应

在隧道施工中，以压缩空气为动力的风动机具已得到广泛地使用，常用的有凿岩机、装渣机、喷混凝土机、锻钎机、压浆机等。这些风动机具所需的压缩空气由空气压缩机（以下简称空压机）生产，并通过高压风管输送给风动机具。

风动机具都需要在一定的风压和风量条件下进行正常工作。因此，压缩空气的供应主要应考虑供应足够的风量以及必需的工作风压，同时还应尽量减少压缩空气在管路输送过程中的风量和风压损失，从而达到节约能源、降低消耗的目的。

一、空压机站的生产能力

压缩空气由空压机生产供应。空压机一般集中安设在洞口附近的空压机站内。空压机站的生产能力取决于耗风量的大小，并考虑一定的备用系数。耗风量应包括隧道内同时工作的各种风动机具的生产耗风量和由储气筒到风动机具沿途的损失。因而空压机站的生产能力（或供风能力）Q 可用下式来计算：

$$Q=(1+K_{备})(\sum qK+q_{漏})k_{\mathrm{m}} \tag{10-1-1}$$

式中　$K_{备}$——空压机的备用系数，一般采用 75%～90%；

$\sum q$——风动机具所需风量（$\mathrm{m^3/min}$），可查阅风动机具性能表；

$q_{漏}$——管路及附件的漏耗损失，其值为

$$q_{漏}=\alpha\sum l \quad (\mathrm{m^3/min})$$

其中　α——每千米漏风量，平均为 1.5～2.0 $\mathrm{m^3/min}$，

$\sum l$——管路总长（km）；

K——同时工作系数，见表 10-1-1；

k_{m}——空压机所处海拔高度对空压机生产能力的影响系数，见表 10-1-2。

表 10-1-1　同时工作系数

机具类型	凿岩机		装渣机		锻钎机	
同时工作台数	1～10	11～30	1～2	3～4	1～2	3～4
K	1.00～0.85	0.85～0.75	1.0～0.75	0.70～0.50	1.0～0.75	0.65～0.50

表 10-1-2 海拔高度影响系数 k_m

海拔高度(m)	0	305	610	914	1 219	1 524	1 829	2 134	2 438	2 743	3 048	3 658	4 572
k_m	1.00	1.03	1.07	1.10	1.14	1.17	1.20	1.23	1.26	1.29	1.32	1.37	1.43

根据计算确定了空压机站的生产能力后,可选择合适的空压机和适当容量的储风筒。当一台空压机的排气量不满足供风需要时,可选择多台空压机组成空压机组。此时,为便于操作和维修,宜采用同类型的空压机,考虑到在施工风量负荷的不均匀,为避免空压机的回风空转,可选择一台较小排气量(一般为其他空压机容量的一半)的空压机进行组合。

空压机一般分为电力和内燃两类。当施工初期电力缺乏时,一般采用内燃空压机过渡。空压机站应设在空气洁净,通风良好,地基稳固且便于设备搬运之处,并尽量靠近洞口,以缩短管路,减少管道漏风损耗。当有多个洞口需集中供风时,应选择在适当位置,使管路损耗尽量减少。

二、压风管道的设置

1. 管径选择

压风管道的选择,应满足工作风压不小于 0.5 MPa 的要求。空压机生产的压缩空气压力一般在 0.7～0.8 MPa 左右,钢管终端的风压不得小于 0.6 MPa,通过胶皮管输送至风动机具的工作风压不小于 0.5 MPa。

根据达西公式,钢管的风压损失 ΔP 可按下式进行计算:

$$\Delta P=\lambda \frac{L}{d}\cdot\frac{v^2}{2g}\gamma\times10^{-6} \tag{10-1-2}$$

式中 λ——摩阻系数,见表 10-1-3;

L——送风管路长度(m),包括配件当量长度,见表 10-1-4;

d——送风管内径(m);

g——重力加速度,采用 9.81 m/s^2;

v——压缩空气在风管中的速度(m/s),根据风量和风管面积计算;

γ——压缩空气的容重。大气压强下,温度为 0℃时,空气容重为 12.9 N/m^3,温度为 t ℃时,其容重则为 $\gamma_t=12.9\times273/(273+t)$ N/m^3,此时,压力为 P 的压缩空气的容重 $\gamma=\gamma_t(P+0.1)/0.1$ N/m^3,P 为空压机生产的压缩空气的压力,单位为 MPa。

以上计算的压力损失值若过大,则需选用较大管径的风管,从而减少压力损失值,使钢管末端风压不得小于 0.6 MPa。胶皮风管是连接钢管与风动机具的,由于其压力损失较大,一般应尽量缩短其使用的长度,从而保证压缩空气的工作压力不小于 0.5 MPa。胶皮风管的压力损失值见表 10-1-5。

表 10-1-3 风管摩阻系数 λ 值

风管内径(mm)	λ	风管内径(mm)	λ	风管内径(mm)	λ
50	0.037 1	125	0.028 2	250	0.023 4
75	0.032 4	150	0.026 4	300	0.022 1
100	0.029 8	200	0.024 5		

表 10-1-4　配件折合成管路的折合长度(m)

配件名称	钢管内径(mm)						
	25	50	75	100	150	200	300
球心阀	6.0	15.0	25.0	35.0	60.0	85.0	
闸门阀	0.3	0.7	1.1	1.5	2.5	3.5	6.0
丁字管	2.0	4.0	7.0	10.0	17.0	24.0	40.0
异径管	0.5	1.0	1.7	2.5	4.0	6.0	10.0
45°弯头	0.2	0.4	0.7	1.0	1.7	2.4	4.0
90°弯头	0.9	1.8	3.2	4.5	7.7	10.8	18.0
135°弯头	1.4	2.8	4.9	7.0	12.0	16.8	28.0
逆止阀		3.2		7.5	12.5	18.0	30.0

表 10-1-5　压缩空气通过胶皮风管的压力损失(MPa)

通过风量(m^3/min)	胶管内径(mm)	胶管长度(m)					
		5	10	15	20	25	30
2.5	19	0.008	0.018	0.020	0.035	0.040	0.055
	25	0.004	0.008	0.013	0.017	0.021	0.030
3	19	0.010	0.020	0.030	0.050	0.060	0.075
	25	0.006	0.012	0.018	0.024	0.040	0.045
4	19	0.020	0.040	0.055	0.080	0.100	0.110
	25	0.010	0.025	0.040	0.050	0.060	0.075
10	50	0.002	0.004	0.006	0.007	0.010	0.015
20		0.010	0.020	0.035	0.050	0.055	0.065

2. 管道安装

(1)管道敷设要求平顺，接头密封，防止漏风，凡有裂纹、创伤、凹陷等现象的钢管不能使用。

(2)在洞外段，风管长度超过 500 m、温度变化较大时，宜安装伸缩器；靠近空压机 150 m 以内，风管的法兰盘接头宜用耐热材料制成的垫片，如石棉衬垫等。

(3)压风管道在主输出管道上，必须安装总闸阀以便控制和维修管道；主管上每隔 300～500 m 应安装闸阀；按施工要求，在适当地段(一般每隔 60 m)加设一个三通接头备用；管道前端至开挖面距离宜保持在 30 m 左右，并用高压软管接分风器；分部开挖法通往各工作面的软管长度不宜大于 50 m，与分风器联结的胶皮软管不宜大于 10 m。

(4)主管长度大于 1 000 m 时，应在管道最低处设置油水分离器，定期放出管中聚积的油水，以保持管内清洁与干燥。

(5)管道安装前应进行检查，钢管内不得留有残杂物和其他脏物；各种闸阀在安装前应拆开清洗，并进行水压强度试验，合格者方能使用。

(6)管道在洞内应敷设在电缆、电线的另一侧，并与运输轨道有一定距离，管道高度一般不应超过运输轨道的轨面，若管径较大而超过轨面时，应适当增大距离。如与水沟同侧时不应影响水沟排水。

(7)管道使用时,应有专人负责检查、养护。

第二节 施 工 供 水

由于凿岩、防尘、灌注衬砌及混凝土养护、洞外空压机冷却等工作都需要大量用水,施工人员的生活也需要用水,因此要设置相应的供水设施。施工供水主要应考虑水质要求、水量大小、水压及供水设施等几个方面的问题。

一、水质要求

凡无臭味、不含有害矿物质的洁净天然水,都可以作为施工用水,饮用水的水质则要求更为新鲜清洁,符合国家饮用水水质标准。

二、用水量估算

1. 施工用水

施工用水与工程规模、机械化程度、施工进度、人员数量和气候条件等有关,因而用水量的变化幅度较大,很难估计精确。一般根据以往经验估计。

2. 生活用水

随着隧道施工工地卫生要求的提高,生活设施(如洗衣机)等配置增多,耗水量也就相应增多。因而生活用水量也有一定的变化,但幅度不大,一般可按下列参考指标估算:生产工人平均 0.1～0.15 m^3/d;非生产工人平均 0.08～0.12 m^3/d。

3. 消防用水

由于施工工地住房均为临时住房,相应标准较低,除按消防要求在设计、施工及临时住房布置等方面做好防火工作外,还应按临时建筑房屋每 3 000 m^2、消防耗水量 15～20 L/s、灭火时间为 0.5～1.0 h 计算消防用水贮备量,以防不测。

三、供水方式及供水设备

(一)供水方式

主要根据水源情况而定。常用水源有:①山上泉水;②河水;③钻井取水。上述水源自流引导或机械提升到蓄水池存储,并通过管路送达使用地点。个别缺水地区,则用汽车运水或长距离管路供水。

(二)供水设备

1. 贮水池

贮水池一般修建在洞口附近上方,但应避免设在隧道顶上或其他可危及隧道安全的部位,其高差应能保证最高用水点的水压要求。当采用机械或部分机械提升时,应备有抽水机。

(1)水池位置

水池位置至配水点高差 H 的计算,可按下式进行:

$$H \geqslant 1.2h + \alpha h_f \tag{10-2-1}$$

式中 h——配水点要求水头(m),如湿式凿岩需要水压为 0.3 MPa,则 $h=30$ m;

α——水头损失系数(按管道水头损失 5%～10%计算),$\alpha=1.05$～1.10;

h_f——管道内水头损失(m)。在确定出用水量(一般按 m^3/h 计)后,选择钢管管径,按钢管水力计算而得。有关手册列有钢管水力计算表可供参考。

(2)水池构造

水池构造力求简单不漏水，基础应置于坚实地层上，一般可采用石砌，根据地形条件用埋置式或半埋置式(图 10-2-1)。当地形条件受限制，不能埋置时，也可采用修建水塔或用钢板焊接水箱等方式。

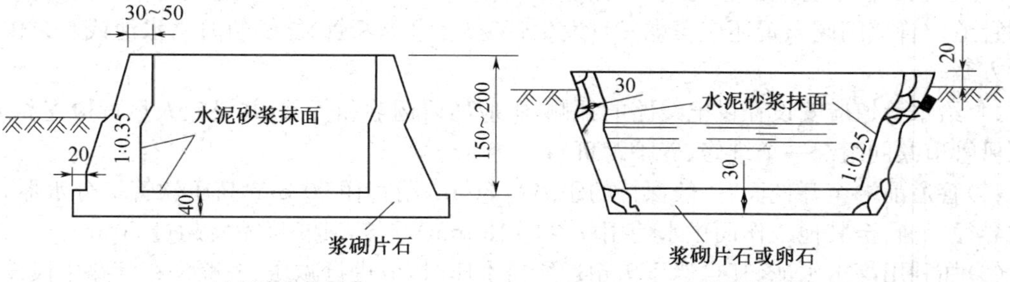

图 10-2-1 贮水池(单位:cm)

(3)水池容积

利用高山自流水供水，水源流量大于用水高峰流量时，水池存水能得到及时补充，则水池容积一般为 20～30 m³；如水源流量小于用水量，则需要根据每班最大用水量并考虑必要贮备来计算水池容积。

$$V=24\beta C(Q_c+Q_s) \tag{10-2-2}$$

式中 V——水池容积(m³)；

β——调节系数，一般用 1.10～1.20；

C——贮水系数(为水池容量/昼夜用水量)，昼夜用水量小于 1 000 m³ 时，采用 1/4～1/6；昼夜用水量在 1 000～2 000 m³ 时，用 1/6～1/8；

Q_c——生产用水量(m³/h)；

Q_s——生活用水量(m³/h)。

当然，水池的容积大小应与抽水设备、集中用水量相配合，以满足施工的需要。

2. 水泵与泵房

(1)扬程计算

$$H=h'+\alpha h_f \tag{10-2-3}$$

式中 h'——水池与水源之间的高差(m)。

α 及 h_f 同公式(10-2-1)。

根据扬程及选用的钢管直径可选择合适的水泵。常用水泵有单级悬臂式离心水泵和分段式多级离心水泵，其规格、性能可查阅有关手册。

(2)泵房

临时抽水泵房的要求，可按临时房屋的有关规定办理。水泵在安装前，应按图纸检查基础位置、预留管道孔洞等各部分尺寸是否符合要求，水泵底座位置经校核后，方能灌注水泥砂浆并固定地脚螺栓。

四、供水管道布置

(1)管道敷设要求平顺、短直且弯头少,干路管径尽可能一致,接头严密不漏水。

(2)管道沿山顺坡敷设悬空跨距大时,应根据计算来设立支柱承托,支撑点与水管之间加木垫;严寒地区应采用埋置或包扎等防冻措施,以防水管冻裂。

(3)水池的输出管应设总闸阀,干路管道每隔 300~500 m 应安装闸阀一个,以便维修和控制管道。管道闸阀布置还应考虑一旦发生管道故障(如断管)能够暂时由水池或水泵供水的布置方案。

(4)给水管道应安设在供电线路的异侧,不应妨碍运输和行人,并设专人负责检查养护(可与压风管道共同组织一个维修、养护工班)。

(5)管道前端至开挖面,一般保持的距离为 30 m,用直径 50 mm 高压软管接分水器,中间预留异径三通,至其他工作面供水使用软管(ϕ13 mm)连接,其长度不宜超过 50 m。

(6)如利用高山水池,其自然压头超过所需水压时,应进行减压,一般是在管路中段设中间水池作过渡站,也可直接利用减压阀来降低管道中水流的压力。

第三节　供电及照明

一、供　电

随着隧道施工机械化程度的提高,隧道施工的耗电量也越来越大,且负荷集中。同时为保证施工质量和施工安全,对隧道施工供电的可靠性要求也越来越高,因而施工供电显得越来越重要。

(一)施工总用电量估算

在施工现场,电力供应首先要确定总用电量,以便选择合适的发电机、变压器、各类开关设备和线路导线,做到安全、可靠地供电,减少投资,节约开支。确定现场供电负荷的大小时,不能简单地将所有用电设备的容量相加。因为在实际生产中,并非所有设备都同时工作,另外,处于工作状态的用电设备也并非均处在额定工作状态。

1. 同时考虑施工现场的动力和照明

$$S_{总} = K\left(\frac{\sum P_i \cdot K_1}{\eta \cdot \cos\phi} \cdot K_2 + \sum P_j \cdot K_3\right) \tag{10-3-1}$$

式中　$S_{总}$——施工总用电量(kW);

K——备用系数,一般取 1.05~1.10;

$\sum P_i$——整个工地动力设备的额定输出功率总和(kW);

$\sum P_j$——整个工地照明用电量总和(kW);

η——动力设备的平均效率,其值为 0.83~0.88,通常取 0.85 进行计算;

$\cos\phi$——平均功率因数,采用 0.5~0.7;

K_1——动力设备同时使用系数,见表 10-3-1;

K_2——动力负荷系数,考虑不同类型设备带负荷工作时的情况,一般取 0.75~1.0;

K_3——照明设备同时使用系数,一般可取 0.6~0.9。

表 10-3-1　同时用电系数(K_1)

通风机的同时用电系数	0.8～0.9
施工电动机械同时用电系数	0.65～0.75

注：根据同时用电机械的台数选取，一般 10 台以下取低限，10 台以上取高限。

2. 只考虑动力负荷

当照明用电相对于动力用电而言，所占比例较少时，为简化计算，可在动力用电量之外再加 10%～20%，作为总用电量，即

$$S_{动}=\frac{\sum P_i}{\eta\cdot\cos\phi}\cdot K_1\cdot K_2 \tag{10-3-2}$$

$$S_{总}=(1.1\sim1.2)S_{动} \tag{10-3-3}$$

式中 $S_{动}$ 为现场动力设备所需的用电量，其他符号同上。但当使用大型用电设备(如掘进机)时，K_1 可取 1.0 进行计算。

(二)供电方式

隧道施工供电方式有自设发电站供电和地方电网供电两种。一般尽量采用地方电网供电，只有在地方供电不能满足施工需要或距离电源太远时，才自设发电站。此外，自发电还可作为备用，当地方电网供电不稳定时采用，在有些重要施工场所应设置双回路供电网，以保证供电的稳定性。因绝大多数情况下采用地方电网供电，故在此主要介绍变电站的有关内容。

1. 变压器选择

一般根据估算的施工总用电量来选择变压器，其容量应等于或略大于施工总用电量，且在使用过程中，一般使变压器承受的用电负荷达到额定容量的 60%左右为佳。具体可按下述方法确定：

(1)配属电动机械的单台最大容量占总用电量的 1/5 及以下时，变压器最大容量 S_e 为

$$S_e=\frac{\sum P_i\cdot K_1}{\eta\cdot\cos\phi} \tag{10-3-4}$$

(2)配属电动机械的单台最大容量占总用电量的 1/5 以上时，变压器最大容量 S_e 为

$$S_e=\frac{5\sum P_i\cdot K_1\cdot\mu}{\eta\cdot\cos\phi} \tag{10-3-5}$$

式中 μ 为配属机械中最大一台的容量与总用量的比值。式(10-3-4)、式(10-3-5)中其他符号意义同前。

根据上述计算，从变压器产品目录中选择适当型号的配电变压器即可。

2. 变压器位置的确定

变压器的位置应考虑便于运输、运行和检修，同时应选择在安全可靠的地方，因此应满足以下几个方面：

(1)变压器应选择在高压进线方便处，且应尽量接近高压线。

(2)变压器必须安设在其供电范围的负荷中心，使其投入运行时线路损耗最小，且能满足电压要求。一般情况下还应安设在大负荷的附近。当配电电压在 380 V 时，供电半径不应大于 700 m，一般以 500 m 为宜。高压变电站之间的距离，一般在 1 000 m 左右。

(3)洞内变压器应安设在干燥的避车洞或不用的横通道处，变压器与周围及上下洞壁的距离不得小于 30 cm，同时按规定要求设置安全防护措施。

(三)供电线路布置及导线选择

1. 线路电压等级

隧道供电电压，一般是三相四线 400/230 V。长大隧道可用 6～10 kV，动力机械的电压标准是 380 V；成洞地段照明采用 220 V，工作地段照明和手持电动工具按规定选安全电压供电。

2. 导线选择

当供电线路中有电流时，由于导线具有阻抗，会产生电压降，使线路末端电压低于首端电压。线路始末两端电压的差称为线路电压损失，俗称电压降。根据施工规则规定，选用的导线断面应使末端电压降不超过额定电压的 10%及国家对经济电流密度的规定(表 10-3-2)。

线路电压降可按下式计算：

$$\Delta U_1=\frac{54lI}{1\,000I_iS} \qquad (10\text{-}3\text{-}6)$$

$$\Delta U_3=\frac{934lI}{1\,000I_iS} \qquad (10\text{-}3\text{-}7)$$

表 10-3-2　导线的经济电流密度 I_i(A/mm²)

铜导线	铝导线
1.40	0.9

式中　ΔU_1——按单相电路计算的电压降(V)；

ΔU_3——按三相电路计算的电压降(V)；

l——送电距离(m)；

I——线路通过电流强度(A)；

I_i——经济电流密度(A/mm^2)；

S——导线截面积(mm^2)。

根据上述公式可以计算出所需导线截面，选择各种不同规格的导线。但一般不宜采用加大导线截面减少电压降以增加送电线路距离。

3. 供电线路布置

在成洞地段用 400/230 V 供电线路，一般采用塑料绝缘铝芯线或橡皮绝缘铝芯线架设；开挖、未衬砌地段以及手提灯应使用铜芯橡皮绝缘电缆。布置线路时应注意以下几点：

(1)输电干线或动力、照明线路安装在同一侧时，必须分层架设。其原则是：高压在上，低压在下；干线在上，支线在下；动力线在上，照明线在下。且应在风、水管路相对的一侧。

(2)隧道内配电线路分低压进洞和高压进洞两种。一般隧道在 1 000 m 以下(独头掘进时)，采用低压进洞，电压为 400 V，配电变压器设在洞外；当隧道在 1 000 m 以上则采用高压进洞，以保证线路终端电压不致过低。高压进洞电压一般为 10 kV，配电变压器设在洞内。

(3)根据隧道作业特点，电线线路架设分两次进行。在进洞初期，先用橡胶套装设临时电路，随着工作面的推进，在成洞地段用胶皮绝缘线架设固定线路，换下电缆供继续前进的工作面使用。

(4)洞内敷设的高压电缆，在洞外与架空高压线连接时，应安装相同电压等级的阀型避雷器一组及开关设备。架设低压线路进洞时，在洞口的电杆上，应安装低压阀型避雷器一组。

(5)不允许将通电的多余电缆盘绕堆放，以免引起电缆过热发生燃烧和增加线路电压降。

(6)低压进洞导线敷设方式分垂直、水平两种。水平排列占空间较大，影响大型施工机械通过，故一般采用垂直排列。垂直排列时，采用针式绝缘子固定，线间距为 0.2 m，下部导线离地面不小于 3 m，横担间距一般为 10 m。高压进洞电缆一般采用明敷设。明敷设是将电缆架设在明处，根据不同地段的具体条件，可分别用金属托架、挂钩、木耳子或帆布带等固定。电缆离地面不小于 3.5 m，横担间距一般为 3～5 m。

(7)线路需分支时，分支至所接设备的连接应使用橡套电缆，且每一分支接线应在接头与所接设备之间，安装开关和熔断器；照明线路则仅在总分支接头处设置开关和熔断器。分支接头处应按规定搭接，并用绝缘胶布包缠。

二、照　　明

(一)普通光源施工照明

1. 照明安全变压器

作业地段照明必须使用安全变压器，其容量不宜过大，输入电压为 220 V，输出电压最好有 36 V、32 V、24 V、12 V 四个等级，以便按工作面的安全因素要求选用照明电压，并应装有按电源电压下降而能调整的插头。

2. 不同地段的照明布置

隧道施工不同地段的照明布置见表 10-3-3。

表 10-3-3　不同地段的照明布置

工作地段		灯头距离(m)	悬挂高度(m)	灯泡功率(W)
施工作业面		不少于 15 W/m^2(断面较大时可适当采用投光灯)		
开挖地段和作业地段		4	2～2.5	60
运输巷道		5	2.5～3	60
特殊作业地段或不安全因素较多地段		2～3	3～5	100
成洞地段	用白炽灯时	8～10	4～5	60
	用日光灯照明时	20～30	4～5	40
竖井内		3		60

注：(1)在直线段灯头距离采用表中大数，在曲线段采用较小数。

(2)在有水地段应用胶皮电线，工作面附近应用防水灯头。

3. 事故照明设施

在主要交通道、竖井、斜井、涌水较大的抽水站、高压变电站等重要地点，应设事故照明装置以保安全，事故照明自动线路如图 10-3-1 所示。

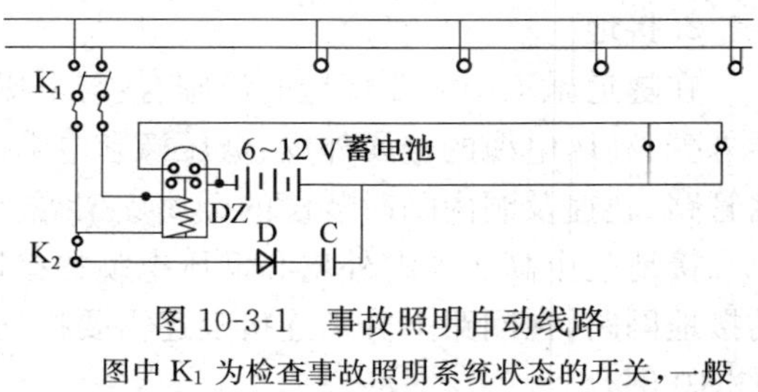

图 10-3-1　事故照明自动线路

图中 K_1 为检查事故照明系统状态的开关，一般每天应检查一次。K_2 为充电电路开关，D 为整流器，C 为电容器，DZ 为继电器。

(二)新光源照明

普通光源一般使用的是白炽灯或荧光灯管，优点是价格低，使用方便，但其耗电量较大且亮度较弱。而采用新光源，如低压卤钨灯、高压钠灯、钪钠灯、钠铊铟灯等，则具有以下优点：①大幅度地增加施工工作面和场地的光照度，为施工人员创造了一个明亮的作业环境,可保证操作质量;②安全性能好;③节电效果明显;④使用寿命长,维修方便,减少电工的劳动量。

新光源洞内外照明布置要求见表10-3-4。

表 10-3-4 新光源洞内外照明布置

工作地段	照明布置
开挖面后40 m以内作业段	两侧用36 V 500 W卤钨灯各2盏(或300 W卤钨灯7盏,以不少于2 000 W为准),灯泡距离隧道底面高4 m
开挖面后40～100 m区段	安设2盏400 W高压钠灯和2盏400 W钠铊铟灯,间距约15 m,灯泡距隧道底面高5 m
开挖面后的100 m至成洞末端	每隔40 m,左右侧各设计400 W高压钠灯1盏
模板台车衬砌作业段	台车前台10～15 m,增设400 W高压钠灯各1盏,台车上亮度不足时,增设36 V 300 W或500 W卤钨灯
成洞地段	每隔40 m安装400 W高压钠灯1盏
斜井、竖井井身掌子面及喷混凝土作业面	使用36 V 500 W或36 V 300 W卤钨灯,已施工井身部分选用小功率110 V高压钠灯,间距:混合井30 m安装1盏,主副井每25 m安装1盏
洞外场地	每隔200 m安装高压钠灯1盏

三、安全用电

安全用电是保证人身安全和高速度、高质量完成施工任务的重要措施之一。防止触电事故,主要依靠健全的规章制度和完善的技术措施。常用的技术措施有:绝缘、屏护遮拦、保证安全距离、保护接零和安全电压等。

1. 安全作业要求

有关安全作业,除应遵守电工安全作业规程外,重点应注意以下几点:

(1)线路及接头不许有裸露,要经常检查,发现裸露应立即包扎;

(2)各种过电流保护装置不应加大其容量,不能用任何金属丝代替熔丝;

(3)电工人员操作时必须戴绝缘手套和穿绝缘胶靴;

(4)在需要触及导电部分时,必须先用测电器检查,确认无电后,才能开始工作,并事先将有关的开关切断封锁,以防误合闸;

(5)一切电器设备的金属外壳或构架都必须进行妥善接地。

2. 接地

在隧道施工中需要接地的设施有:与电机连接的金属构架、变压器外壳、配电箱外壳、起动器外壳、高压电缆的金属外皮、低压橡套电缆的接地芯线(即联结变压器中性点的中性线)、风水管路、轨道及洞内临时装设的金属支架等。

接地是由高压电缆外皮和低压电缆的接地芯线以及所有明线架设的中性线连接成一个总的接地网路,在网路上分别连接上述需要接地的设施,构成一个具有多处接地装置的接地系统(图10-3-2)。

不用高压供电的隧道,应在400/230 V进线端设置中心接地装置。

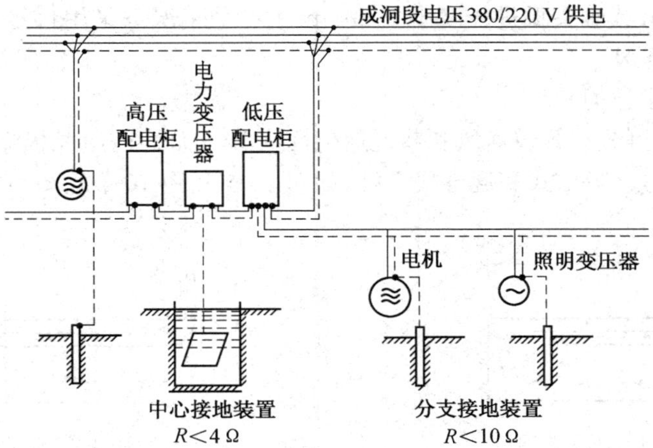

图 10-3-2 隧道接地系统

第四节 通风与防尘

一、通 风

隧道通风的目的是供给洞内足够的新鲜空气，稀释并排除有害气体和降低粉尘浓度，以改善劳动条件，保障作业人员的身体健康。

(一)隧道施工作业环境

隧道施工中，由于炸药爆炸、内燃机械的使用、开挖时地层中放出有害气体，以及施工人员呼吸等因素，使洞内空气十分污浊，对人体的影响较为严重。因此，在隧道内必须尽量降低有害气体的浓度，同时对其他不利于施工的因素如噪声、地热等也应进行控制。按照有关规定，隧道施工作业环境必须符合下列卫生标准：

(1)坑道中氧气含量：按体积计，不得低于20%。

(2)粉尘允许浓度：每立方米空气中含10%以上游离 SiO_2 的粉尘为2 mg；含10%以下游离 SiO_2 的水泥粉尘为4 mg；SiO_2 含量在10%以下；矿物性和动植物性(不含有毒物质)的粉尘为10 mg。

(3)有害气体浓度：①CO不大于30 mg/m^3，当作业时间短暂时，CO浓度可放宽。作业时间在1 h内为50 mg/m^3，在0.5 h以内为100 mg/m^3，在15～25 min内为200 mg/m^3，在上述条件下反复作业时，两次作业时间间隔必须在2 h以上。②CO_2 按体积计，不得超过0.5%。③氮氧化物(换算成 NO_2)应在5 mg/m^3 以下。

(4)瓦斯(CH_4)浓度：按体积计不得大于0.5%，否则必须按煤炭工业部现行的《煤矿安全规则》之规定办理。

(5)洞内工作地点的空气温度不得超过28℃。

(6)洞内工作地点噪声不宜大于90 dB。

(二)通风方式

施工通风方式应根据隧道的长度、掘进坑道的断面大小、施工方法和设备条件等诸多因素来确定。在施工中，有自然通风和强制机械通风两类，其中自然通风是利用洞内外的温差或气压差来实现通风的一种方式，一般仅限于短直隧道。它受洞外气候条件的影响极大，因而仅在隧道长度小于 400 m 或独头掘进长度小于 200 m 的少数情况下采用自然通风，绝大多数隧道均应采用强制机械通风。

1. 机械通风方式分类

机械通风方式，可分为管道通风和巷道通风两大类。而管道通风根据隧道内空气流向的不同，又可分为压入式、吸出式和混合式三种，如图 10-4-1、图 10-4-2、图 10-4-3 所示。

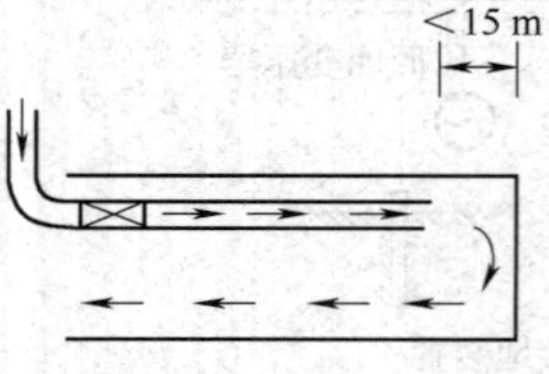

图 10-4-1　压入式通风

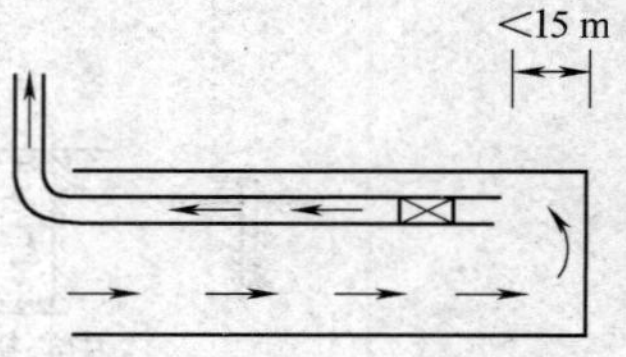

图 10-4-2　吸出式通风

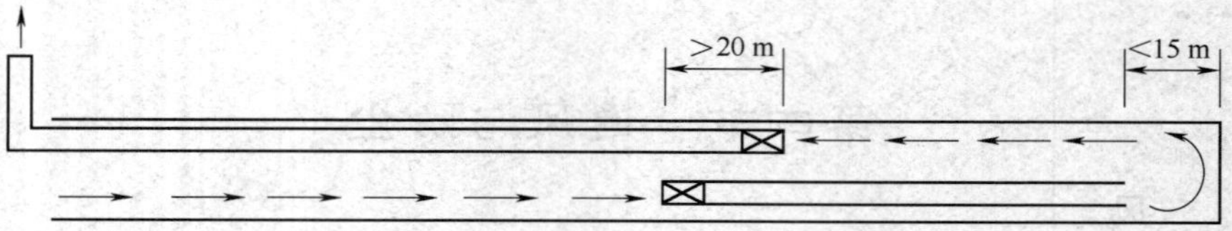

图 10-4-3　混合式通风

巷道式通风根据通风风机(以下简称风机)的台数及其设置位置、风管的连接方法又可分为集中式和串联(或分散)式。

巷道式通风方式是利用隧道本身(包括成洞、导坑及扩大地段)或辅助坑道(如平行导坑)组成主风流和局部风流两个系统互相配合而达到通风目的。以设有平行导坑的隧道为例来说明风流循环系统：在平行导坑的侧面开挖一个通风洞，通风洞口安装主通风机，平导洞口设置两道风门，除最里面一个横通道作风流通道外，其余横通道全部设风门或砌筑堵塞。当主通风机向外抽风时，平导内就产生负压，洞外新鲜空气就向洞内补充，由于平导口及横通道全部风门关闭或砌堵，新鲜空气只得由正洞进入，直至最前端横通道，带动污浊气体经平导进入通风洞排出洞外，形成循环风流，如图 10-4-4 所示，以达到通风目的。

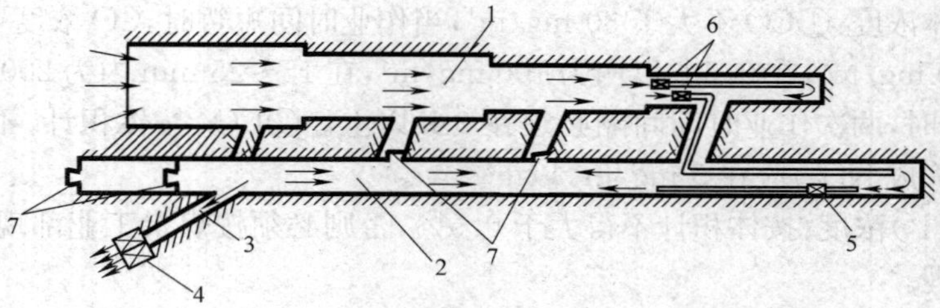

图 10-4-4　巷道式通风

1—正洞；2—平导；3—施工通风道；4—主通风机(主扇)；5—局扇(吸出)；6—局扇(压入)；7—风门。

另外，巷道通风尚有风墙式、通风竖井、通风斜井、横洞等。但随着我国独头掘进技术的提高，开挖断面增大，通风方式更趋向于采用大功率、大管径的压入式通风。秦岭隧道Ⅱ线平导，开挖断面为 28 m^2，独头掘进 9.0 km，采用 ϕ1.3 m 优质国产通风软管，单台风机送风长度达

7.5 km，充分说明了压入式通风方式的优点。

2. 通风方式的选择

通风方式应针对污染源的特性，尽量避免成洞地段的二次污染，且应有利于快速施工。因而在选择时应注意以下几个问题。

(1)自然通风因其影响因素较多，通风效果不稳定且不易控制，故除短直隧道外，应尽量避免采用。

(2)压入式通风能将新鲜空气直接输送至工作面，有利于工作面施工，但污浊空气将流经整个坑道。风机位置固定，随隧道掘进不断延伸风管，施工方便，但其排烟速度慢。

(3)吸出式通风的风流方向与压入式相反，流经整个管道的空气新鲜，排烟速度快。但风机位置要随隧道掘进不断向前移，施工不方便。

(4)混合式通风集压入式和吸出式的优点于一身，但管路、风机等设施增多。

(5)利用平行导坑作巷道通风，是解决长隧道施工通风的方案之一，其通风效果主要取决于通风管理的好坏。若无平行导坑，如断面较大，可采用风墙式通风。

(三)通风计算

施工通风计算的目的是提供洞内所需的新鲜空气，选择合适的通风机，以便布置合理的通风管道，从而满足施工作业环境的要求。

1. 风量计算

隧道施工的通风计算，因施工方法、隧道断面、爆破器材、炸药种类、施工设备等不同而变化。目前所用的通风计算公式大都是根据矿井通风及铁路运营通风的计算公式类比或直接引用，一般按以下几个方面计算并取其中最大的数值，再考虑漏风因素进行调整，并加备用系数后，作为选择风机的依据。

(1)按洞内同时工作的最多人数计算

$$Q=kmq \tag{10-4-1}$$

式中　Q——所需风量(m^3/min)；

k——风量备用系数，常取 $k=1.1\sim1.2$；

m——洞内同时工作的最多人数；

q——洞内每人每分钟需要新鲜空气量，通常按 3 $m^3/(min\cdot 人)$计算。

(2)按同时爆破的最多炸药量计算

由于通风方式不同，计算方法也各不相同，以下分别介绍。

①巷道式通风

$$Q=5Ab/t \tag{10-4-2}$$

式中　A——同时爆破的炸药量(kg)；

b——1 kg 炸药折合成 CO 的体积，一般采用 40 L/kg；

t——爆破后的通风时间(min)。

②管道通风

a. 压入式通风

$$Q=\frac{7.8}{t}\sqrt[3]{A\cdot S^2\cdot L_{散}^2} \tag{10-4-3}$$

式中　S——坑道断面面积(m^2)；

$L_{散}$——爆破后炮烟的扩散长度，m；非电起爆，$L_{散}=15+A$；电雷管起爆，$L_{散}=15+A/5$。

其他符号同前。

b. 吸出式通风

$$Q=\frac{15}{t}\sqrt{A\cdot S\cdot L_{散}} \tag{10-4-4}$$

其他符号同前。

c. 混合式通风

$$Q_{混压}=\frac{7.8}{t}\sqrt[3]{A\cdot S^2\cdot L_{散}^2} \tag{10-4-5}$$

$$Q_{混吸}=1.3Q_{混压}$$

式中 $Q_{混压}$——压入风量；

$Q_{混吸}$——吸出风量。

其他符号同前。

(3)按内燃机作业废气稀释的需要计算

$$Q=n_iA \tag{10-4-6}$$

式中 n_i——洞内同时使用内燃机作业的总功率(kW)；

A——洞内同时使用内燃机每 1 kW 所需的风量，一般用 3 m^3/(min·kW)计算。

(4)按洞内允许最小风速计算

$$Q=60\cdot v\cdot S \tag{10-4-7}$$

式中 v——洞内允许最小风速(m/s)，全断面开挖时为 0.15 m/s，其他坑道为 0.25 m/s；

S——坑道断面积(m^2)。

2. 漏风计算

通风机的供风量，除满足上述计算的需要风量外，还应考虑漏失的风量，即

$$Q_{供}=P\cdot Q \tag{10-4-8}$$

式中 Q——前述计算结果的最大值；

P——漏风系数，管道通风时，根据风管材料不同可分别由表 10-4-1、表 10-4-2、表 10-4-3 中查得；巷道式通风则常采用 1.2～1.3。

表 10-4-1 聚氯乙烯塑料风管漏风系数

风管直径(m)	风管延长(m)									
	100	200	300	400	500	600	700	800	900	1 000
0.5	1.019	1.045	1.091	1.145	1.157	1.230	1.280			
0.6	1.014	1.036	1.071	1.112	1.130	1.180	1.201	1.330		
0.7	1.010	1.028	1.053	1.080	1.108	1.145	1.188	1.237	1.288	1.345
0.8	1.008	1.022	1.040	1.067	1.090	1.126	1.153	1.195	1.229	1.251

表 10-4-2 胶皮风管漏风系数

风管延长(m)	50	100	150	200	250	300	400	500
漏风系数 P	1.04	1.08	1.11	1.14	1.16	1.19	1.25	1.30

表 10-4-3　金属风管漏风系数

风管长(m)	风管每节为 3 m 及下列直径(m)时的漏风系数			风管每节为 4 m 及下列直径(m)时的漏风系数		
	0.5	0.7	0.8	0.5	0.7	0.8
100	1.02 1.09	1.01 1.04	1.01 1.03	1.02 1.06	1.01 1.03	1.008 1.02
200	1.08 1.27	1.05 1.16	1.03 1.16	1.06 1.19	1.02 1.11	1.02 1.06
300	1.16 1.51	1.09 1.29	1.06 1.18	1.10 1.37	1.06 1.22	1.04 1.12
400	1.25 1.82	1.15 1.46	1.10 1.32	1.16 1.61	1.10 1.34	1.06 1.23
500	1.36 2.25	1.21 1.62	1.14 1.45	1.25 1.88	1.14 1.51	1.08 1.32
600	1.49 2.76	1.28 1.93	1.19 1.57	1.27 2.22	1.18 1.66	1.12 1.45
700	1.63 3.44	1.36 2.20	1.27 1.79	1.48 2.60	1.28 1.85	1.16 1.56
800		1.45 2.63	1.33 2.05		1.30 2.13	1.22 1.74
900		1.54 2.89	1.36 2.25		1.39 2.28	1.25 1.87
1 000		1.65 3.42	1.50 2.52		1.46 2.62	1.28 2.07

注:表中同格内上行值为风管接头用橡皮或油封衬垫密封,螺栓完全拧紧。下行值为风管接头用马粪纸或麻绳密封螺栓完全拧紧。

对于长距离大风量供风,一般采用 PVC 塑布软管,管路直径大于 1 m。由于采用长管节(20～50 m),从而大大降低了接头漏风,漏风以管壁为主。如选用优质管路,在良好管理的条件下,每百米漏风率一般可控制在 2%以下,其漏风系数可由送风距离及每百米距离及每百米漏风率计算而得。若处于高山地区,由于大气压强降低,供风量尚需进行风量修正,即

$$Q_{高}=\frac{100}{P_{高}}Q_{正} \tag{10-4-9}$$

式中　$Q_{高}$——高山修正后的供风量(m^3/min);

$P_{高}$——高山地区大气压(kPa),见表 10-4-4;

$Q_{正}$——正常条件下的供风量,即上述 $Q_{供}$。

表 10-4-4　海拔高度与大气压($P_{高}$)的关系

海拔高度(m)	1 600	2 000	2 600	3 000	3 200	3 400	3 600	3 800	4 000	4 400	5 000
大气压强(kPa)	6.119	5.845	5.423	5.158	5.031	4.903	4.776	4.648	4.531	4.305	3.972

3. 风压计算

在通风过程中,要克服风流沿途所受阻力,保证将所需风量送到洞内,并达到规定的风速,则必须要有一定的风压。因此,风压计算的目的就是要确定通风机本身应具备多大的压力才能满足通风需要。

气流所受到的阻力有摩擦阻力和局部阻力(包括断面变化处阻力、分岔阻力、拐弯阻力)及正面阻力,可采用下式计算:

$$h_{机} \geqslant h_{总阻}$$

$$h_{总阻} = \sum h_{摩} + \sum h_{局} + \sum h_{正} \tag{10-4-10}$$

式中 $h_{机}$——通风机的风压;

$h_{总阻}$——风流受到的总阻力;

$h_{摩}$——气流经过各种断面的管(巷)道时产生的摩擦阻力;

$h_{局}$——气流经过断面变化、拐弯、分岔等处分别产生的局部阻力;

$h_{正}$——巷道通风时受运输车辆阻塞而产生的正面阻力。

(1)摩擦阻力($h_{摩}$)

摩擦阻力是管道(巷道)周壁与风流互相摩擦以及风流中空气分子间的紊动和摩擦而产生的阻力,也称沿程阻力。

根据流体力学的达西公式可以导出隧道通风的摩擦阻力公式为:

$$h_{摩} = \lambda \cdot \frac{Lv^2}{d \cdot 2g}\gamma \tag{10-4-11}$$

式中 $h_{摩}$——摩擦阻力(Pa);

λ——达西系数;

L——风管长度(m);

v——风流速度(m/s);

d——风管直径(m);

g——重力加速度(m/s²);

γ——空气容重(N/m³)。

对于任意形状时 $d=4S/U$(U 为风道周边长度,S 为风管面积),代入上式有:

$$h_{摩} = \frac{\lambda \cdot \gamma}{8g} \cdot \frac{LU}{S} \cdot v^2$$

若风道流量为 Q(m³/s),则 $v=Q/S$,再令 $\alpha=\lambda\gamma/8g$(称为摩擦阻力系数,单位为 N·s²/m⁴),α 值见表 10-4-5、表 10-4-6。将 α、v 代入上式有:

$$h_{摩} = \alpha LUQ^2/S^3 \tag{10-4-12}$$

表 10-4-5 管道摩擦阻力系数表

风管	直径(m)	α	浸胶风管			
			雷诺数 Re	α	雷诺数 Re	α
金属管	500	0.003 5	1×10^5	0.009 6	6×10^5	0.003 5
	600	0.003 2	2×10^5	0.006 3	7×10^5	0.003 2
	700	0.003 0	3×10^5	0.005 1	8×10^5	0.003 0
	800	0.002 5	4×10^5	0.004 2	9×10^5	0.002 9
塑料管	500	0.001 6	5×10^5	0.003 8	10×10^5	0.002 9
	600	0.001 5	$Re=(Q/1.201)\times10^5$ Q 为风量(m³/s)。			
	700	0.001 3				
	800	0.001 3				

表 10-4-6　巷道阻力系数 α 值

项　　别	施工地段及其支护特征	α 值
1	成洞，用混凝土砌筑	0.000 4～0.000 45
	成洞，用块石砌筑，带有角面	0.000 6～0.000 8
2	用木料支撑的全断面开挖隧道	0.001 2
3	用金属拱架木模板支护的隧道	0.001～0.001 2
4	上导坑，有支撑	0.002 5
5	下导坑，有支撑，但中间没有加强支柱	0.002～0.002 5
	下导坑，双道中间有支柱	0.003 0～0.004 0
	下导坑，没有支撑	0.001 1～0.002 0
6	用木料框架支撑的漏渣孔	0.002 6
7	拱部扩大	0.005 5～0.006 0
8	完成拱部衬砌，马口未开挖	0.001 0～0.001 2
9	挖　　底	0.001 0
10	风　　道	0.004 0

(2)局部阻力($h_{局}$)

风流经过风管的某些局部地点(如断面扩大、断面减小、拐弯、交叉等)时，由于速度或方向发生突然变化而导致风流本身产生剧烈的冲击，由此产生风流阻力，这一阻力称为局部阻力。

以风流突然扩大为例来分析局部阻力的计算。设空气自小断面 S_1 流到大断面 S_2，小断面中的风速为 v_1，到大断面中流速必然降为 v_2，这时所产生的能量损失可按下式计算：

$$h_{大}=\frac{(v_1-v_2)^2}{2g}\cdot\gamma \tag{10-4-13}$$

$$S_1v_1=S_2v_2,\quad v_2=\frac{S_1}{S_2}v_1$$

即

$$h_{大}=\left(1-\frac{S_1}{S_2}\right)^2\cdot\frac{v_1^2}{2g}\cdot\gamma$$

令

$$\xi_{大}=\left(1-\frac{S_1}{S_2}\right)^2$$

则有

$$h_{大}=\xi_{大}\cdot\frac{v_1^2}{2g}\cdot\gamma \tag{10-4-14}$$

类似于断面扩大时的局部阻力分析，也适用其他几种不同情况，用 $v=Q/S$ 代替 v_1，γ 取 12 N/m³，得局部阻力公式为：

$$h_{局}=0.612\xi\frac{Q^2}{S^2} \tag{10-4-15}$$

式中　ξ——局部阻力系数，见表 10-4-7，其他符号同前。

表 10-4-7 局部阻力系数表

管（巷）道形式	阻力系数（ξ）					
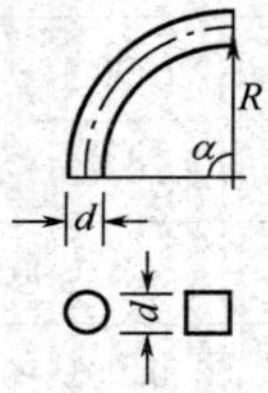	α					
	R/d	30°	45°	60°	90°	120°
	1.5	0.08	0.11	0.14	0.175	0.20
	2.0	0.07	0.10	0.12	0.15	0.17
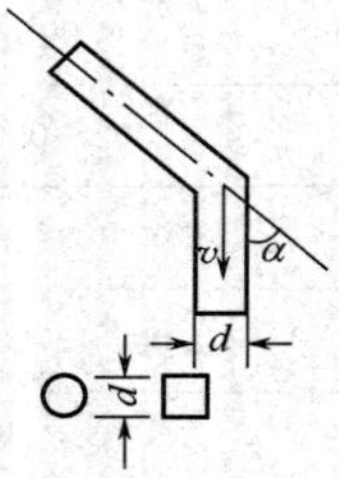	α	10°	20°	30°	40°	50°
	ξ	0.018	0.070	0.164	0.359	0.494
	α	60°	70°	80°	90°	100°
	ξ	0.654	0.818	1.145	1.471	1.800
	α	110°	120°	130°	150°	170°
	ξ	2.130	2.620	2.845	3.600	5.070
	如为圆形则需除以 1.22					
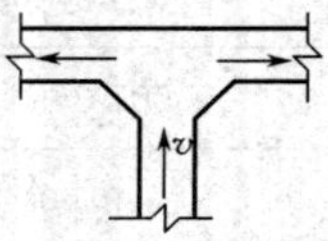	ξ=1.5					
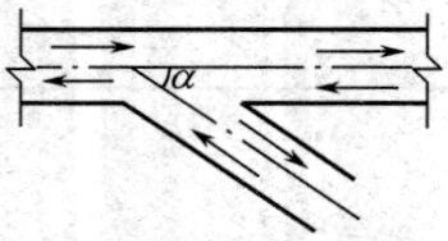	α=45°～6.0° ξ=1.5					
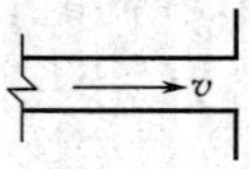	ξ=1.0					
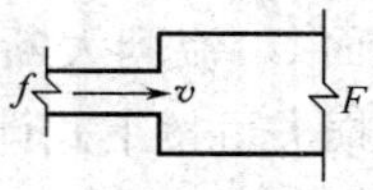	f/F 面积比	0.2	0.4	0.5	0.8	
	ξ	0.64	0.36	0.25	0.04	

断面变化地点	ξ
由洞口进入成洞	0.6
由成洞进入扩大断面及下导坑，扩大断面至上导坑	0.46
由上导坑进入漏斗机	0.77
由漏斗机进入导坑	2.00
导坑单道断面进入双道断面	1.70
导坑双道断面进入单道断面	1.00
由平导进入通风洞	0.50

(3)正面阻力($h_{正}$)

当通风面积受阻时，会在受阻区域出现过风断面减小后再增大这一现象，相应地会增加风流阻力，一般可用下式计算：

$$h_{正}=0.612\varphi\cdot\frac{S_m Q^2}{(S-S_m)^3} \tag{10-4-16}$$

式中　φ——正面阻力系数，当列车行走时，$\varphi=1.5$；斗车停放时 $\varphi=0.5$，斗车停放间距超过 1 m时则逐辆相加；

S_m——阻塞物最大迎风面积(m^2)。

其他符号同前。

4. 通风机的选择

通风机有轴流式和离心式两类。在隧道施工通风中主要采用轴流式通风机。选择时，按 $Q_{机}\geqslant 1.1Q_{供}$(1.1 是风量储备系数，$Q_{供}$ 则为前述计算结果)及 $h_{机}\geqslant P\sum h$(P 为漏风系数，$\sum h=\sum h_{摩}+\sum h_{局}+\sum h_{正}$)，在通风机性能表中选择风机。此外，根据具体情况，还可以选用具有吸尘、防爆和低噪声等特性的风机。

5. 风机及风管布置

设置通风机时，其安装基础要能充分承受机体重量和运行时产生的震动，或者水平架设到台架上。吸入口注意不要吸入液体和固体，而且要安装喇叭口以提高吸入、排出的效率。

放置在隧道内的风管，应设在不妨碍出渣运输作业、衬砌作业的空间处，同时要牢固地安装以免受到振动、冲击而发生移动、掉落。在衬砌模板台车附近，不要使风管急剧弯曲，以减少风压损失。风管一般均用夹具等安装在支撑构件上，若不使用支撑，只有喷混凝土和锚杆时，可在锚杆上装特殊夹具挂承力索，而后通过吊钩安装风管。风管的连接应密贴，以减少漏风，一般硬管用密封带或垫圈，软管则用紧固件连接。风管可挂设在隧道拱顶中央、隧道中部或靠边墙墙角等处，一般在拱顶中央处侵占管道空间最小。

二、防　　尘

在隧道施工中，由于钻眼、爆破、装渣、喷混凝土等原因，在洞内浮游着大量的粉尘，这些粉尘对施工人员的身体健康危害极大。特别是粒径小于 10 μm 的粉尘，极易被人吸入，或沉附于支气管中，或吸入肺泡，隧道施工人员常见的硅肺病就是因此而形成的，此病极难治愈，病情严重时会使肺功能完全丧失而死亡。因而，防尘工作是十分重要的。

目前，在隧道施工中采取的防尘措施是综合性的，就是湿式凿岩、机械通风、喷雾洒水和个人防护相结合，综合防尘。

1. 湿式凿岩

湿式凿岩，就是在钻眼过程中利用高压水湿润粉尘，使其成为岩浆流出炮眼，这就防止了岩粉的飞扬。根据现场测定，这种方法可降低粉尘量 80%。目前，我国生产并使用的各类风钻都有给水装置，使用方便。

对缺水、易冻害或岩石不适于湿式钻眼的地区，可采用干式凿岩孔口捕尘，其效果也较好。

2. 机械通风

施工通风可以稀释隧道内的有害气体浓度，给施工人员提供足够的新鲜空气，同时也是防尘的基本方法。因此，除爆破后需要通风外，还应保持通风的经常性，这对于消除装渣运输中产生的粉尘是十分必要的。

3. 喷雾洒水

喷雾一般是爆破时实施的，主要是防止在爆破中产生过大粉尘。喷雾器分两大类：一种是风水喷雾器，另一种是单一水力作用喷雾器。前者是利用高压风将流入喷雾器中的水吹散而形成雾粒，更适合于爆破作业时使用。后者则无须高压风，只需一定的水压即可喷雾，且这种喷雾器便于安装，使用方便，可安装于装渣机上，故适合于装渣作业时使用。

洒水是降低粉尘浓度的简单而有效的措施,即使在通风较好的情况下,洒水降尘仍然需要。因为单纯加强通风,还会吹干湿润的粉尘而重新飞扬。对渣堆洒水必须分层洒透,一般每吨岩石洒水的耗水量大致为10～20 L,如果岩石湿度较大,水量可适当减少。

4. 个人防护

对于防尘而言,个人防护主要是指佩戴防护口罩,在凿岩、喷混凝土等作业时还要佩戴防噪声的耳塞及防护眼镜等。

第五节 隧道工程施工组织

隧道工程在土建工程中有和地面工程不同的特点,其工程的绝大部分在地下有限空间内进行,处于复杂的工程地质和水文地质条件下,作业环境恶劣,空间狭小,工序多,相互干扰大。所以,正确地选择施工方法,合理安排施工工序,有效地利用机械和设备,细致地布置施工现场,充分利用施工空间,均衡地组织地下和地面的各项施工任务,把人力、设备和资金科学地组织起来,以有序的施工组织和科学的管理手段,最少的消耗取得最大的效益,就是隧道工程施工组织和管理的内容。

施工组织是施工工作的中心环节,也是指导现场施工必不可少的重要文件,其内容包括了施工准备、施工组织设计、施工方案、施工进度计划和施工平面图设计等。

一、施工准备

施工准备是整个工程建设的序幕和整个工程按预期开工的重要保证。施工准备一般是分阶段进行的,在开工前的准备工作比较集中,开工以后随着工程施工的进展,各种工序之前也都有相应的准备工作。因此施工准备工作又是经常性的,需要适应施工中经常变化的客观因素的影响。

隧道工程项目施工准备工作按其性质及内容包括技术准备、物质准备、劳动组织准备、施工现场准备和施工场外准备。

1. 技术准备

技术准备是施工准备最重要的内容。任何技术的差错或者隐患都可能危及人身安全和引起质量事故,造成巨大的损失。认真做好技术准备工作,是工程顺利进行的保证,具体有以下内容:

(1) 熟悉、审查施工图纸及有关设计资料。

① 了解设计意图,对工程性质,平、纵布置,结构形式都要认真研究掌握。

② 相关设计文件及说明是否符合国家有关的技术规范;设计图纸及说明是否完整,图中的尺寸是否准确,图纸之间是否有矛盾。

③ 对工程作业难易程度做出判断,明确工程的工期要求。

④ 工程使用的材料、配件、构件等采购供应是否有问题,能否满足设计要求。

(2) 调查工程所在地区自然条件(地形、地质、水文、气象等)的勘察资料和施工技术资料:

① 自然条件调查。地形情况调查包括地形地貌、河流、交通、工程区域附近建筑物的情况。地质调查包括地层构造、性质、围岩类别和抗震级别。水文地质调查包括附近河流流量、水质、最高洪水水位、枯水期水位,地下水的质量、含水层厚度、流向、流量、流速、最高及最低水位等。气象资料调查包括气温情况、季风情况、雨量、积雪、冻结深度、雨季及冬季的期限。地

下障碍物调查包括各种地下管线、地下防空洞、附近建筑基础、文物等。

② 技术经济条件调查。工地附近可能利用的场地，需要拆迁的建筑，可以租用的民房等。当地可利用的地方材料和供应量。交通运输能力及当地可能提供的交通运输工具，以及修建为施工服务的临时运输通道、桥涵、码头等可能性与条件。水、电、通信情况，当地可能支援的劳动力的数量及技术水平，以及医疗卫生、文化教育、消防治安等机构的供应和支持能力。

(3) 根据获得的工程控制测量的基准资料，进行复测和校核，确定工程的测量网。

(4) 在调查获得的新的资料基础上，确定施工方案，补充和修改施工设计。

(5) 编制施工图预算和施工预算。按照确定的施工方案和修改的施工图设计，根据有关的定额和标准，编制工程造价的经济文件。施工预算是按照施工图预算，根据施工组织设计和施工定额进行编制。

2. 物质准备

隧道工程施工的物质准备工作，主要包括现场的基本条件和所需要的建筑材料。

开工前必须准备的基本条件有：施工道路，施工所用的水、电、气、通信设施；施工现场的平整和布置；修建施工的临时用房(机械修理房、木材加工房、材料库房、炸药库房、生活用房、办公室、会计室、调度室等)；搭建工程用房(压缩空气房、配电房、水泥搅拌房、材料检测房等)。

物资准备主要有：建筑材料、构件加工设备、工程施工设备(施工机具和设备、运输车辆等)、安装设备等。

根据施工设计、施工预算和施工进度的计划，按各阶段施工需求量，计划组织货源和安排。

3. 劳动安排

(1) 工程项目的组织机构。根据工程项目的规模、结构特点和复杂程度，按照因事设职、因职选人、合理分工、密切合作相结合的原则，组建工程项目的组织机构。

(2) 工程项目的施工队伍。施工队伍的组建应根据该工程的劳动力需要量计划，考虑专业、工种的合理搭配，强化技术骨干的主导作用，技工、普工的比例要满足合理的劳动组织，符合流水施工组织方式的要求。

(3) 建立健全各项管理制度。建立、健全工地的各项管理制度，是工程顺利进行的保证。内容一般有：工程质量检查与验收制度、建筑材料(构件、配件、制品)的检查验收制度、技术责任制度、施工图纸学习与会审制度、技术交底制度、工地及班组经济核算制度、材料出入库制度、安全操作制度、劳动制度和机具使用保养制度等。

施工准备的各项工作相互关联，互为补充和配合。要保证施工准备工作的质量，加快速度，应加强与业主、设计单位和当地政府协调工作，健全施工准备工作的责任和检查制度，在施工全过程中，有组织、有计划地进行。

二、施工组织设计

(一)概　　述

施工组织设计是施工准备工作的最重要的环节，是指导现场施工全过程中各项活动的综合性技术文件。

隧道工程和地面工程的施工有很多不同之处，有其显著的特点，因此，施工组织设计必须遵循其特点来编制。隧道工程的特点主要表现在：地下作业环境差，地质条件多变，不确定因素多(如溶洞、塌方、断层、变形、岩爆等)；工作面狭小，各施工工序相互影响大，是一条形工程，工序循环周期性强，利于专业化流水作业；地下工程施工不受气候影响，施工安排相对稳定等。

因此在编制地下工程的施工组织设计时,要针对其特点来进行。

(二)施工组织设计的分类

施工组织设计按设计阶段、编制对象范围、使用时间、编制内容程度的不同,有以下分类:

1. 按设计阶段分类

施工组织设计的编制一般同设计阶段相配合。

(1)设计为2个阶段。施工组织设计分施工组织总设计(扩大初步施工组织设计)和单位工程施工组织设计2种。

(2)设计为3个阶段。施工组织设计分施工组织大纲(初步施工组织条件设计)、施工组织总设计和单位工程施工组织设计3种。

2. 按编制对象范围分类

按编制对象范围的不同可分为施工组织总设计、单位工程施工组织设计、分步分项工程施工组织设计3种。

(1)施工组织总设计。施工组织总设计是以隧道建筑群或一个长隧道项目为编制对象,用以指导整个隧道建筑群或长隧道项目施工全过程的各项施工活动的综合性文件。一般在初步或扩大初步设计被批准之后,由企业的总工程师领导下进行编制。

(2)单位工程施工组织设计。单位工程施工组织设计是以一个单位工程(一座隧道或长隧道的一端)为编制对象,指导其施工全过程的各项施工活动的综合性文件。一般在施工图设计完成后,在工程开工之前,由项目部的技术负责人领导下进行编制。

(3)分部分项工程施工组织设计。分部分项工程施工组织设计是以分部分项工程为编制对象,具体实施施工全过程的各项施工活动的综合性文件。一般是与单位工程施工组织设计的编制同时进行,并由单位工程的技术人员负责编制。

施工组织总设计是对整个建设项目的全局性战略部署,其内容和范围比较概括;单位工程施工组织设计是在施工组织总设计的控制下,以施工组织总设计和企业施工计划为依据编制的,针对具体的单位工程,把施工组织总设计的具体化;分部分项工程组织设计是以施工组织总设计、单位工程施工组织设计和企业施工为依据编制的,针对具体的分部分项工程,把单位工程施工组织设计进一步具体化,它是专业工程具体的组织施工设计。

3. 按编制内容程度分类

施工组织设计按编制内容程度可分为完整的施工组织设计和简单的施工组织设计两种。

(1)完整的施工组织设计。对于大规模、结构复杂、技术要求高,采用新结构、新技术、新材料和新工艺的隧道工程项目,必须编制内容详尽的完整施工组织设计。

(2)简单的施工组织设计。对于工程规模小、结构简单、技术要求和施工工艺不复杂的项目,可以编制仅包括施工方案、施工进度计划和施工总平面布置图等简单的施工组织设计。

(三)隧道工程施工组织设计的内容

1. 隧道工程施工组织总设计的主要内容

(1)编制的依据和原则;

(2)建设项目的工程概况(项目用途、工期、经费来源、自然条件、环境条件、勘探资料);

(3)施工计划及主要施工方法(正常施工、特殊施工);

(4)施工设备工作计划(任务划分、工序安排、劳动力组织、经济安排、临时设施);

(5)施工总进度和季(月)计划;

(6) 资源需要量计划(材料、水、电、气、设备、人员);

(7) 施工总平面图设计;

(8) 主要施工技术措施(包括采用新技术、新工艺);

(9) 质量、安全、节约的技术措施;

(10) 技术经济指标。

2. 施工组织设计主要图表

(1) 施工工序图、施工网络图、施工组织进度图;

(2) 工班劳动力的组织循环图及劳动力需求表;

(3) 年度材料需求计划表;

(4) 人员组织机构图;

(5) 施工场地布置详图;

(6) 给水、排水、电力、通信设计图;

(7) 通风设计图;

(8) 交通运输图;

(9) 弃渣平面图;

(10) 钻爆施工图。

(四)施工组织设计的编制

施工组织设计由中标的施工企业编制,编制的依据是合同书要求条款、设计文件、业主和施工会议确定的有关文件要求,对结构复杂、条件差、施工难度大或采用新工艺、新技术的项目,要进行专业性研究,通过专家审定,报业主审批后采用。

在编制过程中,要充分发挥各职能部门的作用,共同来编制施工组织设计。特别注意的是遵守合同条款的要求,保证工程质量和施工的安全;做到统筹计划、科学合理、经济实用。

三、施工方案

施工方案的选择是施工组织设计的核心,施工方案是指带有全局性的、关键的施工技术和施工措施组织的问题,其合理性将直接影响工程的施工效率、质量、工期和技术经济效果。

施工方案编制的依据一般有:施工图,施工现场勘察调查得到的资料和信息、施工验收规范、质量检查验收标准、安全操作规程、施工机械性能手册,新技术、新设备、新工艺的技术报告。要依靠施工组织设计人员的施工经验、技术素质及创造能力来完成。

(一)施工方案需研究的问题

1. 工程的施工顺序

工程施工顺序确定的依据是工期要求、隧道工程的特点、资源供应情况。确定工程施工顺序的一般要求为:施工工艺和施工组织可行、符合施工方法的技术要求、满足工程质量、安全、考虑工程所处地质和环境的影响等。

2. 选择主导施工方法和大型施工机械

根据隧道工程的特点、施工机械现有的技术水平和企业的技术力量,选择技术可靠和成熟的施工方法和经济合理的施工机械。

3. 工程施工工序的组织

工程施工工序的组织,是施工方案编制的重要内容,是影响施工方案优劣程度的基本因素,在确定施工工序时,一般根据工程特点、性质和施工条件,主要解决流水段的划分和流水施工工序的组织方式两方面的问题。

(二)施工方案的主要内容

隧道工程施工方案的主要内容一般包括:主导施工过程的施工方法、施工中所使用的大型机械设备、施工顺序、施工工序及作业组织、施工方案的技术经济评价等。

1. 施工方法

施工方法的选择应满足施工技术、工期、质量、成本和安全的要求,提高机械化施工的程度,充分发挥机械效率,减少繁重的人工操作。考虑先进、合理、可行、经济的因素,选择施工方法时,施工单位技术水平也是重要的内容。

一般来讲,隧道工程的总体施工方案,在工程的设计阶段就初步选定,因为施工方案不同,设计方案也随之变化,不拟定总的施工方案设计也就无法进行。在其初步设计阶段首先要根据当地的工程地质和水文地质条件、地形条件、施工力量和技术要求等,确定采用掘进机法施工,或者是钻爆法施工,这是首先要解决和确定的问题,总的方案确定后才能着手进行结构设计。

2. 施工机械的选择

施工方法的选择必然要涉及施工机械的选择,尤其是机械化施工作为实现建筑工业化的重要因素的情况下,施工机械的选择将成为施工方法选择的中心环节。

选择主导施工过程的施工机械,应根据工程的特点,决定其最适宜的机械类型。如土质地层和岩石地层施工选择的机械是不同的。

选择与正洞开挖和衬砌施工机械配套的各种辅助机械和运输机具,为了充分发挥主导施工机械的效益,在选择配套机械时,应使它们的生产能力相互协调一致,并且能够保证有效地利用主导施工机械。

应充分利用施工企业现有的机械,并在同一工地贯彻一机多用的原则,提高机械化和自动化程度,尽量减少手工操作。

3. 确定施工顺序

确定施工方案、编制施工进度计划时首先应该考虑选择合适的施工顺序,对于施工组织能否顺利进行,保证工程的进度、质量,都起到十分重要的作用。

一般要对开挖、支护、衬砌、防水等作业做出详细的施工顺序安排。

4. 施工方案的技术经济评价

提高施工的经济效益,降低成本和提高工程质量,在施工组织设计中对施工方案的技术经济分析评价是十分重要的。施工方案的技术经济分析一般是定性和定量分析,评价施工方案的优劣,从而选取技术先进可行、质量可靠、经济合理的最佳方案。

(1)定性分析。定性技术经济分析是对一般优缺点的分析和比较,例如:

① 施工操作的难易程度和安全可靠性;

② 为后续工程提供有利施工条件的可能性;

③ 在不同季节施工存在的困难;

④ 能否为现场文明施工创造有利条件。

(2)定量分析。定量的技术经济分析一般是计算出不同施工方案的工期指标、劳动生产率、工程质量指标、安全指标、降低成本率、主要工程工种机械化程度及三大材料节约指标等来进行比较。具体分析比较的内容有:

工期指标:工期是从施工准备工作开始至工程完毕所经历的时间。它反映工期要求和当地的生产力水平，应将该工程计划完成的工期与国家规定的工期或该地区建设同类型建筑物的平均工期进行比较。

劳动力生产率指标：劳动生产率标志着一个单位在单位时间内平均每人所完成的产品数量或价值的能力，反映一个单位的生产技术水平和管理水平，它分实物数量法和货币价值法两种表达形式。

① 实物数量法。

$$全员劳动生产率=\frac{折合全年自行完成建筑面积总数}{折合全年在职人员平均数} \quad (m^2/人年)$$

② 货币价值法。

$$全员劳动生产率=\frac{折合全年自行完成建筑投资总数}{折合全年在职人员平均数} \quad (元/人年)$$

③ 施工机械化程度。施工机械化程度是工程全部实物工程量中机械施工完成的比重。其程度的高低是衡量两种施工方法优劣的主要指标之一。

$$施工机械化程度=\frac{机械完成实物量}{全部实物量}\times 100\%$$

④ 降低成本率。降低成本率的高低可反映采用不同施工方案所产生的不同的经济效果。

$$降低成本额=预算成本-计划成本$$

$$降低成本率=\frac{降低成本额}{预算成本}\times 100\%$$

其中预算成本是指根据施工图纸价格计算的成本，计划成本是按采用的施工方案所确定的施工成本。

⑤ 主要材料节约指标。主要材料节约指标根据工程的不同而定，靠材料节约来实现。可分别计算主要材料的节约量、节约额和节约率。

$$节约量=技术组织措施节约量=\frac{节约量}{预算用量}\times 100\%$$

$$节约率=\frac{节约额}{预算金额}\times 100\%$$

$$节约额=预算用量-计划用量$$

⑥ 单位面积劳动消耗量。单位面积劳动消耗量是指完成单位合格产品所消耗的劳动力数量的多少。它从一个方面反映出施工企业的生产效率和管理水平，以及采用不同的施工方案对劳动量的需求。可由下式计算：

$$单位面积劳动消耗量=\frac{完成该工程的全部劳动工数}{该工程建筑面积} \quad (工日/m^2)$$

四、施工进度计划

施工进度计划是在确定了施工方法的基础上，对工程的施工顺序、各个项目的延续时间及项目之间的搭接关系、工程的开工时间、竣工时间及总工期等做出安排。在这个基础上设计和编制劳动力、材料供应、成品和半成品、机械需用量计划等。

(一)编制施工进度计划的程序

工程施工进度计划是依据施工总工期和目标计划、施工方案、施工预算、预算定额、施工定额、资源供应情况、工期的要求、合同约定等来进行设计的。目的是统筹全局，抓住关键，合理布置人力、财力和物力，并指导整个生产活动。施工进度计划的设计编制顺序如图 10-5-1 所示。

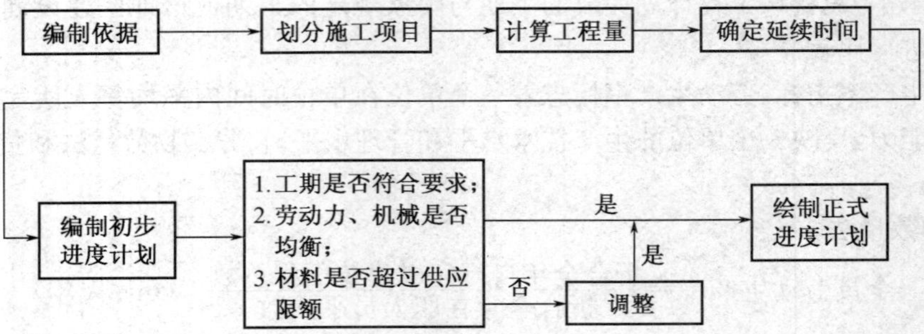

图 10-5-1 施工进度计划的设计编制顺序

(二)施工进度计划的表现形式

施工进度计划一般采用“进度图”(即施工进度图)的形式表示,施工进度图又有横道图法和网络图法等表现形式。各种表现形式有不同的用途。

1. 横道图

其常用的格式如图 10-5-2 所示。它是由两大部分组成:左面部分是以分部分项工程为主要内容的表格,包括了相应的工程量、定额和劳动量等计算依据;右面部分是图表,它是由左面表格中的有关数据经计算得到的。指示图表用横向线条形象地表现出分部分项工程的施工进度;线的长短表示施工期限;线的位置表示施工过程;线上的数字表示劳动力数量;线的不同符号表示作业队或施工段别。横道图表现了各施工阶段的工期和总工期,并综合反映了各分部分项工程相互间的关系。采用此图可以进行资源综合平衡调整。

序号	工程项目	单位	数量	定额	劳动量(工日)	工期 开始	工期 结束	每班平均人数	工作日(天)
1	准备工作				178			23	8
2	采砂石料	m^3	3 963	2.56	10 133			105	96
3	运输材料	t^3	595	0.12	2 490			24	104
4	洞外石方	m^3	1 638	0.49	803			50	16
5	下部导坑	m^3	2 640	1.61	4 259			40	108
6	上部导坑	m^3	1 553	1.59	2 474			24	106
7	扩大	m^3	3 330	1.62	5 729			54	106
8	挖底	m^3	3 804	1.61	6 138			58	106
9	浇边墙	m^3	847	3.17	2 681			25	106
10	浇拱圈	m^3	1 168	3.17	3 704			35	108
11	拱背填片石	m^3	338	1.31	112			5	96
12	压浆	m^3	439	2.77	1 214			13	96
13	浇水沟混凝土盖板	m^3	19.4	6.94	204			9	24
14	整修路拱	m^3	1 486	0.26	393			25	16
15	浇路面	m^3	1 486	0.28	414			25	16
16	砌洞门水沟	m^3	185	2.10	388			15	26
	总计				41 644				

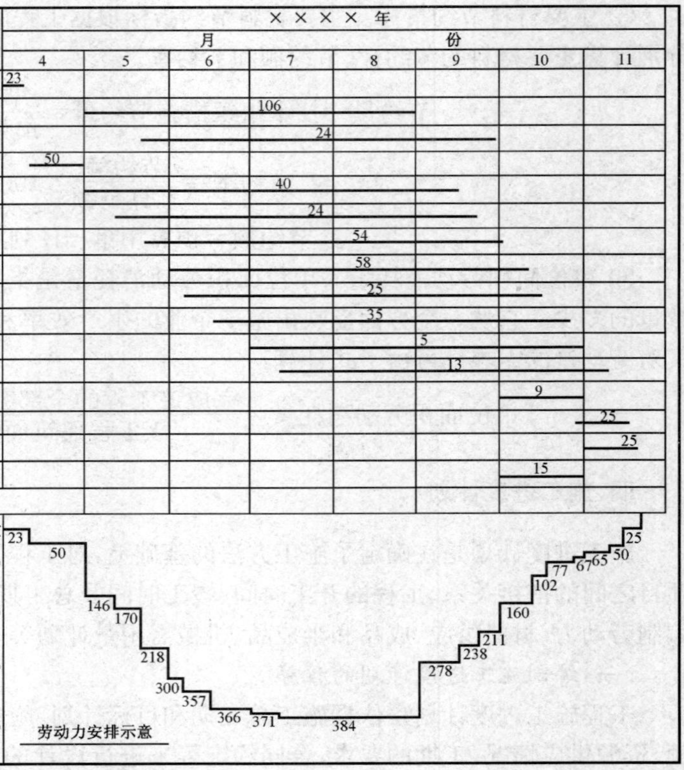

图 10-5-2 隧道工程施工进度图

横道图比较简单、直观、易懂，容易编制，但有以下缺点：①分项工程（或工序）的相互关系不明确；②施工日期和施工地点无法表示，只能用文字说明；③工程数量实际分布情况不具体；④仅反映出平均流水速度。它适用于绘制集中性工程进度图，材料供应计划图，或作为辅助性的图示附在说明书内来向施工单位下达任务。

2. 网络图

用网络图来表示施工进度的基本原理及计算已在有关课程中学过。图 10-5-3 是隧道施工一个作业循环的网络图表示形式，可用此图进行工序分析。从图中可以看出，在每一循环中，各项工作平行作业，要求有机配合。从图中我们可以主次清晰、一目了然地找出交接准备到放炮通风的关键线路，这样便于保证主要关键线路的人力物力供应。另一方面，对次要线上的工作也能掌握，不致因次要线上的工作未完成而影响关键线上的作业。整个循环过程有条不紊，完成各作业项目的时间准确，保证了循环作业顺利进行。从关键线路上得出的完成单循环作业时间，再考虑一些富余量，就可以推算施工进度。

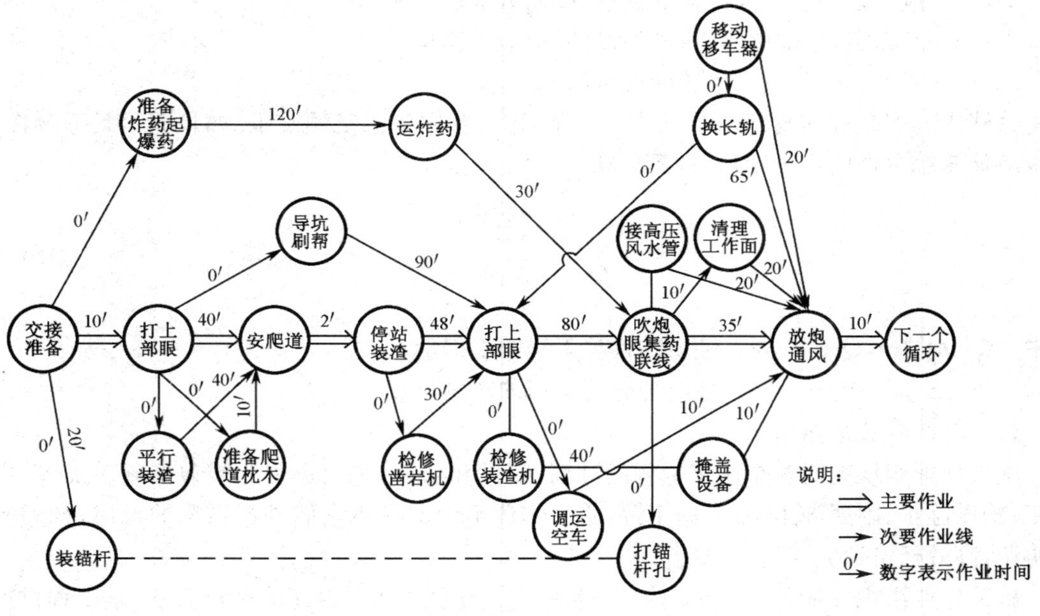

图 10-5-3　导坑掘进循环网络图

网络图和横道图比较，不但能反映施工进度，而且能清楚地反映出各个工序，各施工项目之间错综复杂的既相互关联又相互制约的生产和协作关系。不论是集中性工程还是线性工程，都可以用网络图表示工程进度，同时还可以通过计算机对施工计划进行优化。因此，这是一种比较先进的工程进度图的表示形式，应大力推广使用，缺点是不如垂直图直观。

（三）施工项目划分

施工项目是进度计划的基本组成单元。项目内容的多少、划分的粗细程度，应根据计划的需要来决定。一般来说，单位工程进度计划的项目应明确到分项工程或更具体，以满足指导施工作用的要求。提倡划分项目应按顺序列成表格，编排序号，检查是否遗漏或重复。凡是与工程对象施工直接有关的内容均应列入。非直接施工辅助项目和服务性项目则不必列入，还必须编制详细的实施性计划，不能以“控制”代替“实施”。

（四）计算工程量和项目延续时间

计算工程量是对划分的每一个项目进行必要的分解，一般套用施工预算的工程量或加工整理，也可以由编制者根据图纸并按施工方案自行计算。

项目的延续时间按正常情况确定。待设计出初步计划并经过计算再结合实际情况作必要的调整。按照实际施工条件来估算项目的持续时间是较为简便的一种办法,现在多采用这一种办法,具体计算方法有以下两种:

(1) 经验估计法。即根据过去的施工经验进行估算。这种方法多用于采用新工艺、新方法、新材料等而无定额可循的工程。在经验估计中,有时为了提高其准确度,往往采用"三时估计法",即先估计出该项目的最长、最短和最可能的3种持续时间,然后求出期望的延续时间作为该项目的延续时间。

(2) 定额计算法。其计算公式是

$$t=Q/RS=P/R \tag{10-5-1}$$

式中 t——项目持续的时间;

Q——项目的工程量,可用实物量单位表示;

R——拟配备的人力或机械的数量,以人数或台数表示;

S——产品定额,即单位工日或台班完成的工作量;

P——劳动量(工日)或机械台班量(台班)。

公式中的S应是本施工单位的实际水平,也可参照施工定额水平,如果项目是综合性的,它也应该是综合性的产品定额,计算公式为

$$S=\frac{\sum_{i=1}^{n}Q_i}{\frac{Q_1}{S_1}+\frac{Q_2}{S_2}+\cdots+\frac{Q_n}{S_n}} \tag{10-5-2}$$

式中 $Q_1,Q_2,\cdots,Q_n$——同一性质的各项工程的工程量;

$S_1,S_2,\cdots,S_n$——同一性质各分项工程的产量定额。

(五)施工作业的组织

施工作业组织是对整个施工进程的计划、安排和协调,施工进程一般包括施工准备、主体施工、辅助施工、附属施工、服务施工等,施工作业组织就是将它们进行系统的考虑,合理安排和协调,高效经济地完成施工目标。

施工作业组织一般包括3个内容:一是施工作业技术人员和工人的配置;二是工程材料和设备的配置;三是施工作业方式和施工工序的排序。只有将三者科学合理地搭配,才是优秀的施工作业组织。

以上内容中不同的施工队伍和工程对象不同,其组织方式也是不同的,具有共同点的是施工作业方式。

五、施工现场平面图设计

工程施工平面图是对拟建工程的施工现场的平面规划和空间布置。一般根据工程规模、特点和施工现场条件,按照一定设计规则,来解决施工期间的各种临时工程和服务设施等。

工程施工平面图的绘制比例一般为1:200～1:500。

(一)施工现场平面图的设计依据

1. 自然条件及技术经济资料

自然条件,如地形、水文、工程地质及气象资料等。

技术经济条件,如交通运输、水源、电源、物资资源、生活和生活基地状况等。

2. 设计资料

建筑平面图用于决定临时房屋和其他设施的位置，以及修建工地运输道路和解决给排水网站，洞外卸渣场地和通往卸渣场地的道路等。

根据一切已有和拟建的地上、地下管道位置和技术参数，决定原有管道的利用和拆除，以及新管线的敷设与其他工程关系。

建筑工程区域的竖向设计资料和土方平衡图，用以布置水、电管线，安排施工场地土方的挖填及确定弃土地点。

3. 施工组织设计资料

根据施工方案和施工进度计划决定各种施工机械的位置。

各类物资资源需用量计划及运输方式。

各类临时设施的性质、形式、面积和尺寸。

(二)施工现场平面图设计的原则

(1)平面布置要力求紧凑，尽可能减少施工用地，不占或少占农地。

(2)合理布置施工现场的运输道路，及各种材料堆放、加工场、仓库位置、各种机具的位置，尽量使各种材料的运输距离最短，避免场内二次运输。

(3)尽量减少临时设施的工程量，降低临时设施的费用。利用原有建筑物，或提前修建可供使用的永久性建筑物；采用活动式拆卸房屋或就地取材的廉价材料；临时道路沿自然标高修筑以减少土石方量，加工场的位置可选择在开拓费用较少之处等。

(4)方便工人的生产和生活，合理地规划行政管理和文化生活福利用房的相对位置。

(5)符合劳动保护、环境保护、技术安全和防火要求。

(三)施工现场平面图设计内容

(1)建筑平面上已建和拟建的一切房屋、构筑物及其他设施的位置和尺寸。

(2)拟建工程所需的工程机械与运输机械、搅拌机械等布置位置及其主要尺寸，工程机械的开行路线和方向。

(3)地形等高线，测量放线标桩的位置和卸渣的地点。

(4)为施工服务的一切设施的布置和面积。

(5)各种材料(包括水暖电卫材料)、半成品、构件及工业设备等的仓库和堆放场地。

(6)施工运输道路的布置，现场出入口位置等。

(7)临时给排水管线、供电线路、压缩空气等管道布置和通信线路等。

(8)一切安全及防火设施的位置。

(四)施工现场平面图设计

1. 施工平面图设计步骤

施工平面图设计的一般步骤是：决定大型机械行走线路(施工道路的布置)→布置材料和构件的堆放场→布置运输道路→布置各种临时设施→布置水电管网→布置安全消防设施。

2. 搅拌站、加工棚、仓库和材料堆场

(1)搅拌站的布置。隧道工程一般要设砂浆和混凝土搅拌站，搅拌机所采用的型号、规格、数量等在选择施工方法时确定。

(2)加工棚。木材、钢筋、水电等加工棚设置在建筑物四周稍远处，并有相应的材料及堆场。

(3)材料及堆场：

① 材料及堆场的面积计算。各种材料及堆场的堆放面积可由下式计算：

$$F=\frac{Q}{nqk} \tag{10-5-3}$$

式中 F——材料堆场或仓库所需的面积；

Q——某种材料现场总用量；

n——某种材料分批进场的次数；

q——某种材料每平方米的储存定额；

k——堆场、仓库的面积利用系数。

② 仓库的位置。现场仓库按其储存材料的性质和重要程度，可采用露天、半封闭式和封闭式堆放 3 种形式。

3. 运输道路

施工运输道路应按材料构件和工程运输的需求来布置，运输道路的布置原则和要求有：

主要道路应尽可能利用已有道路或规划的永久性道路的路基，根据建筑总平面图上的永久性道路位置，先修筑路基作为临时道路，工程结束后再修筑路面；最好是环形布置，并与场外道路相接，保证车辆行驶畅通；距离装卸区越近越好；满足机械施工的需要；考虑消防的要求，使道路靠近建筑物、木料场等易燃地方，以便车辆直接开到消火栓处；道路路面应高于施工现场地面标高 0.1～0.2 m，两旁应有排水沟，一般沟深与底宽均不小于 0.4 m，以便排除路面积水，保证运输。

4. 临时设施

施工现场的临时设施是为生产和生活服务的，临时设施分为生产性和生活性两种临时设施。由于是临时性的，因此要力求节省临时设施的费用。临时设施的一般布置原则是：生产性和生活性临时设施的布置应有所区分，以避免相互干扰；力求使用方便、有利施工、保证安全；尽可能采用活动式或就地取材设置；工人休息室应设在施工地点附近；办公室应靠近现场。

复习思考题

1. 简述隧道施工辅助作业的内容及其作用。
2. 简述高压风、高压水、施工通风和照明设计方法。
3. 简述隧道施工组织设计的内容。

第十一章 隧道运营及养护

第一节 铁路隧道运营通风

一、通风方式的选择和通风系统的布置

列车通过隧道时，会排出大量煤烟及有害气体，同时还会散发出许多热量。为此，长大隧道必须进行洞内通风，将有害气体及热量等排出洞外，并把新鲜空气引入洞内。

1.洞内空气的卫生标准

洞内空气的污染源头主要是机车排出的有害废气。蒸汽机车污染极为严重，但现已退出运行；内燃机车排放的废气中，也有 CO 及 NO_x（多种氮氧化合物），都对人体明显有害，卫生标准也据此而定。《铁路隧道设计规范》规定：列车通过隧道后 15 min 内，空气中 CO 浓度应在 30 mg/m^3 以下；氮氧化物（换算成 NO_2）浓度应在 10 mg/m^3 以下。

除此以外，洞内劳动、过往人员及列车留下的生活垃圾，也是一种重要的污染源，同样恶化环境，损害健康，需要治理。但由于形成情况复杂，又缺乏观测研究，目前尚难有明确的控制标准。《铁路隧道设计规范》仅比较笼统地规定：隧道内湿度应小于 80%，温度低于 28 ℃，臭氧浓度应小于 0.3 mg/m^3，含有 10%以下游离 SiO_2 的粉尘浓度应小于 10 mg/m^3。

电力机车牵引一般认为不产生污染，但近期研究认为，在高压电线周围产生的电磁场及人体感应电流，需加控制，其具体量化的衡量标准及测试、治理方法，都在研究中。

2.保护洞内环境的综合治理措施

根据我国几十年铁路隧道运营实践，可采取如下的技术管理措施：

(1)提高列车通过隧道的行驶速度。是指在隧道线路设计中，控制使用连续长大坡道，保证列车正常运行时具有较高速度，有了这样的速度，可不致在洞内用足马力，增大废气排量，而且快速通过，会形成较大的活塞风，促使洞内外换气。

(2)隧道内铺设混凝土宽枕道床或整体道床。是为了减少养护维修线路的工作量。据调查估计，一般情况下，整体道床比碎石道床可减少维修量 80%以上，从而减少维修人员进洞受侵害的时间，相应地也减少人们活动滋生的另一种污染。

(3)设置机械通风。隧道短，借助自然风流（尤其单面坡，两端洞口高差大）就可以满足换气的需要，长大隧道则不行。《铁路隧道设计规范》规定：内燃机车牵引时，长度在 2 km 以上，宜设置机械通风；电力机车牵引时，隧道长度在 8 km 以上，也宜设置机械通风。

(4)隧道内污染空气高峰浓度持续时间较长地段的避车洞，宜安装防烟门，并为隧道内工作人员配备防毒口罩。

3.运营通风

运营隧道的通风有自然通风和机械通风两种。自然通风是利用洞内的天然风流和列车运行所引起的活塞风来达到通风的目的。

机械通风是当自然通风不能满足要求时采用通风机械将洞内外气体进行交换，来达到通

风之目的。机械通风方式分为纵向式和横向式两类。当采用轴流风机时,可选用洞口风道式、斜井式、竖井式等;当采用射流风机时,可在纵向布置风机或在洞口同一断面集中布置风机,也可采用射流风机和轴流风机相结合的组合通风方式。

宜设置机械通风的情况:电力机车牵引、长度大于 20 km 的高速铁路隧道,长度大于 15 km 的货运专线和客货共线隧道,或其他有特殊要求的铁路隧道。

(1)纵向式通风

它是在通风机的作用下,使风流沿着隧道轴线方向流动的通风方式,这种通风方式又以通风形式的不同分为:

①洞口风道式通风。这种通风方式是把通风机设置在隧道低洞口端处,通风道与隧道连通。当列车尾一出洞口,立即开动通风机,把已被活塞风挤到出洞口段内的污浊空气排出洞外。与此同时,洞外新鲜空气由低洞口端随着风流带进隧道内,从而完成一次通风作业。

为防止通风机工作时,新鲜空气从高洞口吸进隧道造成空气短路,降低通风效果,需在高洞口设置一个用钢或钢木结构组成的框架式帘幕。帘幕用轨道电路与信号系统进行连锁,当列车驶向隧道时,帘幕自动提起,在列车过后即自动落下,图 11-1-1 所示为一座 3 km 隧道采用的洞口风道纵向式通风布置图。

由于帘幕的笨重及起落的可靠性较差,近年来多采用缩小风道口断面和减少吹入风流与隧道中线的夹角、提高吹入风速等办法来取代帘幕。

②喷嘴式通风。对于列车运行密度大,长度不太长的隧道,可采用环形喷嘴式通风形式,如图 11-1-2 所示。它是在隧道洞口处的衬砌上方,设计一个汇集新鲜空气的空气室,空气室的尽端在衬砌周边上做成环形喷嘴通向洞内。开动通风机,洞外新鲜空气被压送到空气室,当积聚到一定压力时,由喷嘴以高速和极小的交角喷进隧道内,形成稳定风流。洞口段可不做帘幕,新鲜空气不会从洞口溢出,反而会由于高速风流引起的负压,带进一些新鲜空气。但这种通风形式结构复杂,施工工艺要求高,维修不方便且能量损失大、效率低。

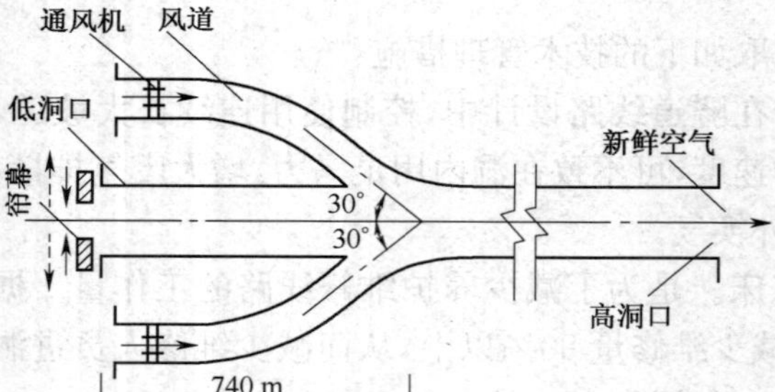

图 11-1-1　洞口风道纵向式通风

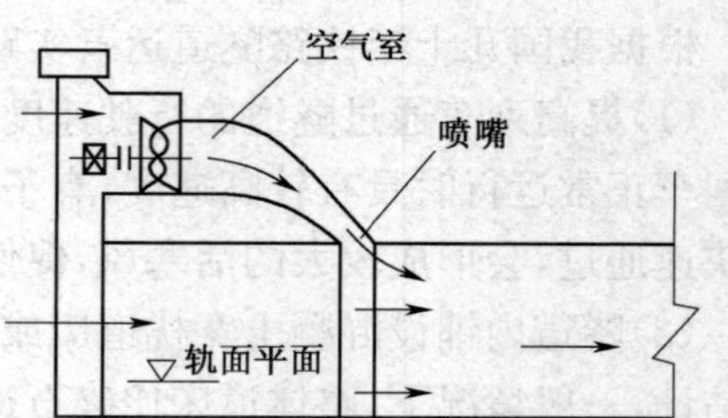

图 11-1-2　环形喷嘴通风

③竖井、斜井式通风。长大隧道纵剖面为人字坡时,污浊空气常积聚在坡顶。若在隧道施工中,为增加开挖工作面而设置竖井或斜井作为辅助坑道时,可利用这些辅助坑道作为通风道,把通风机置于竖井或斜井处,借助于通风机和竖井的换气作用,以达到通风之目的。图 11-1-3为竖井通风系统布置。

(2)横向式通风

这种通风方式的特点是:隧道内风流方向与隧道轴线方向成正交,如图 11-1-4 所示。它是隔隧道部分断面作为沿洞身轴线的通风渠,开动通风机,把新鲜空气先送入隧道底部的压入通风渠，再经出风口沿隧道全长范围内均匀吹入隧道内。而污浊空气，则经隧道顶部的吸出风渠吸出洞外。

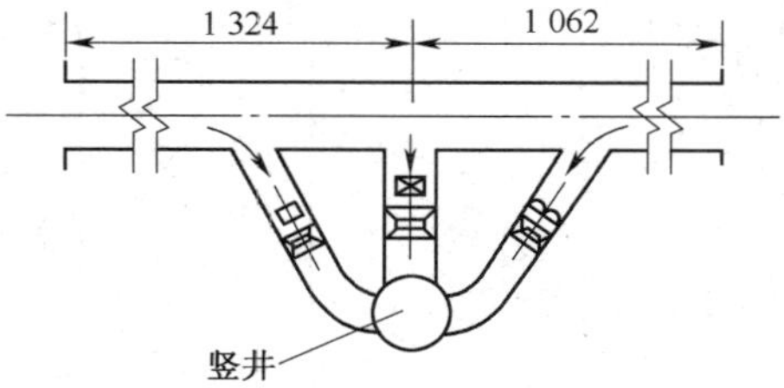

图 11-1-3　竖井通风系统（单位：cm）

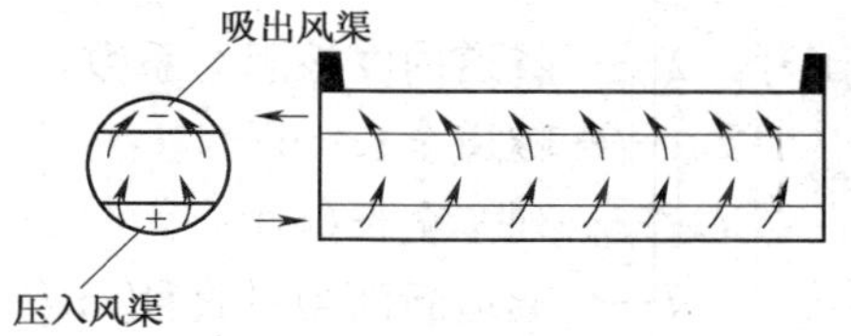

图 11-1-4　横向式通风

横向式通风系统，能将新鲜空气沿隧道全长范围内均匀吹入，而污浊空气就地直接被吸出，通风效果较好，在公路隧道中使用最适宜。隧道通风所需新鲜空气的风量和风压必须经过计算确定，根据计算确定的风量和风压，再选择合适的通风机。

二、通风量的计算

1. 隧道内的排烟规律

根据对隧道内排烟规律的不同认识，有着不同的通风量计算公式。因此，探讨更符合实际的排烟规律是必要的。

根据一些单位对采用洞口风道式机械通风的隧道多次观测试验，发现排烟过程如图 11-1-5 所示。列车在隧道内运行，如同活塞的作用一样，在隧道内将引起活塞风。当列车尾出洞时，隧道内的有害气体被活塞风引进的新鲜空气挤到隧道的一段长度上（如图中阴影部分）。这时候开动通风机，将此段上的有害气体吹出洞外，或将有害气体浓度降到允许浓度以下，关闭通风机，这次通风就算完毕。由此可见，隧道内的排烟是以新鲜空气挤压有害气体排出洞外的。但在新鲜空气与有害气体的接触段，由于断面内风速分布的不均匀，两者又互相紊流扩散，新鲜空气将有害气体浓度冲淡了。因此提出了“按挤压为主、考虑冲淡影响”的通风量计算。

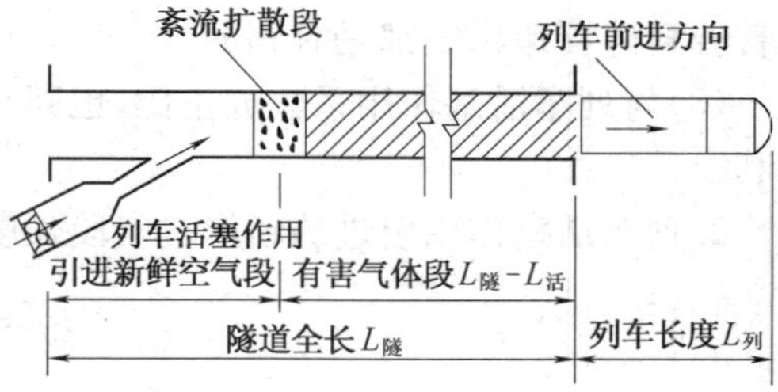

图 11-1-5　排烟过程示意

在过去一个时期，苏联地下铁道设计院推导的以“冲淡为主，考虑挤压作用”的计算公式，得到较广泛的采用。这种理论认为：在通风的每一瞬间，有害气体在隧道的全长上是均匀分布的。这显然不符合实际。因为，如图 11-1-5 所示，有害气体基本上集中在隧道的一端。因此，在通风过程中有害气体的排出，远较上述假定为快。也就是说，按“冲淡为主”算得的通风量较实际需要为大，实地量测也证明了这一点。

2. 活塞风速度（$v_{活}$）的计算

列车在隧道内运行时，如同活塞运动一样，会在隧道内产生顺着列车运行方向的风流，称为活塞风。

活塞风速度的大小，可按下面的经验公式计算：

$$v_{活}=\frac{v_{列}}{1+\sqrt{\frac{\xi_{隧}}{K}}}\quad (\mathrm{m/s}) \tag{11-1-1}$$

式中 $v_{列}$——列车在隧道内的运行速度(m/s);

$\xi_{隧}$——活塞风阻力系数,其值为

$$\xi_{隧}=1.5+\frac{\lambda(L_{隧}-L_{列})}{d} \tag{11-1-2}$$

其中 λ——隧道内摩擦阻力系数,

$L_{隧}$——隧道全长(m),

$L_{列}$——列车全长(m),

d——隧道断面当量直径(m);

K——活塞风作用系数,按下式计算:

$$K=\frac{86\times10^{-4}\times L_{列}}{(1-a)^2} \tag{11-1-3}$$

其中 a——列车平均截面积 $F_{列}$ 与隧道过风面积 $F_{隧}$ 之比值,即表示列车"遮断"隧道断面的程度,其值为

$$a=\frac{F_{列}}{F_{隧}} \tag{11-1-4}$$

由公式(11-1-1)可知,活塞风速度大小与下列因素有关:

(1)与列车速度成正比例。故提高列车在隧道内的行驶速度可得到较高的活塞风速。

(2)与隧道的总阻力系数成反比例。因此将隧道衬砌内表面做得光滑平顺些,用整体道床代替普通碎石道床等都是有利的。

(3)与列车活塞作用系数成正比,也即与"遮断"程度 a 值成正比。故单线隧道比双线隧道有利。

3. 列车活塞作用引进的新鲜空气段长度计算

$$l_{活}=\frac{v_{活}\ t_{列}}{i}\quad(\mathrm{m}) \tag{11-1-5}$$

式中 $v_{活}$——按式(11-1-1)算得的活塞风速(m/s);

$t_{列}$——列车在隧道内的运行时间(s);

i——考虑冲淡作用的系数(也叫换气系数),根据试验资料,建议 $i=1.10$,长大隧道还可适当减小。

4. 通风量的计算

需要由通风机供给的风速为

$$v_{需}=\frac{l_{需}}{t\times60}\quad(\mathrm{m/s}) \tag{11-1-6}$$

式中 $l_{需}$——需要由机械通风的隧道长度(m),显然:

$$l_{需}=L_{隧}-l_{活} \tag{11-1-7}$$

t——规定的通风时间,一般为 15 min。

$v_{需}$ 一般应小于 6 m/s。因为压头损失与速度的平方成正比,过大的风速会带来巨大的能量损失。同时太大的风速对洞内维修人员的健康不利。若算得的 $v_{需}$ 大于上面数值,就要重新考虑选择的通风方案是否合理。

$$Q_{需}=v_{需}\ F_{隧}\quad(\mathrm{m^3/s}) \tag{11-1-8}$$

式中 $Q_{需}$——需要由机械提供的风量。

三、通风阻力计算

为了最后选定通风设备，除了要知道需要的通风量 Q 外，还需求出将 Q 压入隧道所需要的风压。因为通风机产生的压头，应足以克服通风系数的全部阻力。这些阻力有：隧道及风道的摩擦阻力，各种局部阻力，克服自然风的阻力（当自然风与通风方向相反时）等。下面分别说明各种阻力的计算方法。

1. 摩擦阻力

在整个通风系统中，把断面不同的风道分成单独的管段，根据水力学原理用下式计算各段的摩擦阻力：

$$h_{摩}=\lambda \frac{l}{d} \cdot \frac{\gamma}{2g}v^2 \tag{11-1-9}$$

式中　$h_{摩}$——摩擦阻力（Pa）；

λ——摩擦系数（达西系数），由隧道或风道衬砌表面粗糙程度确定，其值可由设计手册查得；

γ——空气容重（N/m^3）；

l——通风道长度（m）；

d——隧道断面当量直径（m）；

g——重力加速度（m/s^2）；

v——计算管段内气流速度（m/s）。

2. 局部阻力

通风系统中的局部阻力是指风流在进口、出口、转弯、突然扩大、突然收缩等突变处遇到的阻力。其计算公式为

$$h_{局}=\xi \cdot \frac{\gamma}{2g} \cdot v^2 \tag{11-1-10}$$

式中　$h_{局}$——局部阻力（Pa）；

v——在产生局部阻力前后的空气流动平均速度（m/s）；

ξ——局部阻力系数，对于每一种不同形式的局部阻力，均可用试验方法求得该系数。此值可由设计手册查得。

其他符号同前。

3. 风道总阻力

若以 $h_{自}$ 代表自然风在通风系统中产生的阻力（方向与机械通风反向；若同向则不计入，这样增加了后备能力）。

整个通风系统的总阻力 $h_{总}$ 为

$$h_{总}=\sum h_{摩}+\sum h_{局}+h_{自} \tag{11-1-11}$$

第二节　公路隧道运营通风

一、交通量与交通流组成

1. 交通量

国际上使用的交通量取值法，是 PIARC 推荐的第 30 h 交通量。即统计全年 365 d 每天 24 h 共有 8 760 h 交通量，采用第 30 h 交通量作为依据，用来作为具体通风量计算的交通量，

这是个经验数据，全年当中交通量超过此值的仅 29 个，据此得出的计算数据已经足以满足需要。很明显，8 760 h 交通量是逐个测得的，因此只有在老路改建时才有可能获得这些数据。作为新路，便不可能获得这些资料。这时，为了进行通风量计算，只得采用年平均日交通的 16%作为通风量计算的小时交通量。

2. 交通流的组成

世界上的汽车种类数以百计，粗略地可按使用的燃油区分为汽油车和柴油车；按车辆的用途区分为卡车和轿车；按车辆的大小区分为大型车、小型车和摩托车等。从通风的角度看，确定汽油车和柴油车的比例十分重要，汽油车以排出 CO 的数量作为计算新风量的依据，而柴油车则以排烟量作为依据。另外，小汽车和摩托车的 CO 排放量与大型车的 CO 排放量按不同标准计算。

交通流的组成问题非常复杂，受多种因素的影响，不能按照某一模式套用。这是交通工程学要解决的问题，确定它需要做许多实际调查。对某一地区而言，又不是一成不变的。日本在 1958 年修建关门隧道时是按稀释 CO 浓度计算通风量的，后来柴油车比例上升到 26%，不得不按稀释烟雾浓度改建通风系统。我国上海黄浦江水底隧道，1975 年时柴油车通过比例为 9.9%，到 1980 年已增至 12%。

二、新风量计算

1. 按稀释 CO 计算新风量

稀释 CO 新风量：

$$Q_{CO}=K\cdot f_v\cdot f_i\cdot f_h\cdot\frac{q_{CO}\cdot N\cdot G\cdot L}{\delta_{CO}}\times10^6 \tag{11-2-1}$$

式中 q_{CO}——汽油车每 1 t·km 的 CO 产生量(m^3/t·km)，它是由车辆类型、车重、行驶速度、燃料种类、发动机性能和新旧程度以及驾驶员的技术水平等因素决定的(表 11-2-1)，我国在这方面的研究刚刚起步，尚无很成熟的成果，故很难给出具体的数据，一般在设计通风时，按下式计算 CO 排出量：

$$q_{CO}=0.315f-0.019 \tag{11-2-2}$$

其中 f——燃料消耗率(L/km)；

N——通过隧道的车辆最大小时交通量(辆/h)，取值按隧道的实际通行能力或隧道设计要求确定，当无可靠资料时，可取年平均日交通量的 15%作为计算值；

L——隧道长度(km)；

G——车重量(t/辆)，包括车重和载重，应根据不同车辆类型分别计算；

f_v,f_i,f_h——速度、坡度、海拔高度修正系数，系采用国家现有资料制定，其中 f_h 在海拔标高 400 m 以下取 $f_h=1.0$；

K——风量附加系数，一般取 $K=1.1\sim1.2$，主要是考虑车辆类型计算与实际情况会有出入，根据实际情况作出的风量附加；

δ_{CO}——CO 允许浓度($\times10^{-6}$)，按规定的标准计算。

表 11-2-1 CO 排出量

名称牌号	耗油(L/100 km)	CO(m^3/km)	总质量(t)	CO[m^3/(t·km)]	日本资料	上海资料
北京 BJ130	15	0.028 2	4.075	0.007		
跃进 NJ130	20	0.044	5.36	0.008 2		
交通 SH141	28	0.069 2	8.065	0.008 6	大车 0.012	0.009 1

续上表

名 称 牌 号	耗油(L/100 km)	CO(m^3/km)	总质量(t)	CO[m^3/(t·km)]	日本资料	上海资料
解放 CA10B	29	0.072 3	8.025	0.009	大车 0.012	0.009 1
北京 212	17	0.034 5	1.955	0.017 6		
跃进 NJ230	25	0.059 7	5.090	0.011 7		
解放 CA30A	42	0.113 3	10.30	0.011	大车 0.012	0.009 1
解放 CA340	29	0.072 3	7.87	0.009 2		0.009 1
红旗小客车	20	0.044	3.29	0.013	小车 0.017	
黄河 JN150	25	0.059 7	15.06	0.0396		
长征 XD160	40～50	0.107	21.30	0.005 0		
黄河 QD351	23.5	0.055	14.56	0.003 7		
北京 BT370 自卸	170	0.516	35.90	0.014 3		
二汽厂 EQ140 型	28	0.069 2	9.29	0.007 4	0.012	0.009 1
一汽厂 CA10 型	25.8	0.062	8.375	0.007 4	0.012	0.009 1
一汽厂 CA15 型	26.5					

2.按稀释烟尘计算新风量

稀释烟尘的新风量

$$Q_F = K \cdot f_1 \cdot f_h \cdot \frac{q_T \cdot G \cdot D \cdot L}{k} \tag{11-2-3}$$

式中　q_T——柴油车产烟量(m^3/t·h)，按 PIRC 推荐，由表中查出；

D——柴油车密度(辆/km)，计算公式如下：

$$D = M/v$$

其中　M——按第 30 h 交通量中柴油车所占百分比折算出的柴油车交通量，

v——隧道设计车速(km/h)；

G——柴油车质量(t)；

k——烟尘允许浓度(m^{-1})，按规定的标准取值。

其他符号意义与前相同。

三、通风方式的选择

隧道通风方式的种类很多，选择时最主要的是考虑隧道长度和交通条件，同时还要考虑气象、环境、地形以及地质等条件。在充分考虑各种因素后，选择既有效又经济的通风方式。

按车道空间的空气流动方式，通风大体上可以粗略地区分如下：

- 通风方式
  - 自然通风
  - 机械通风
    - 纵向式
      - 射流式
      - 风道式和喷嘴式
      - 竖井排风式
    - 半横向式
      - 送风式
      - 排风式
    - 全横向式
    - 混合式

水底隧道的通风要求比较高,从重要性和安全性上都希望采用可靠性高的全横向式通风方式,加之水底隧道采用圆形断面,尤为适宜。可以利用车道板下面的空间送风,利用顶棚以上的空间排风。其可靠性相当于两套半横向式通风。

城市隧道,一般交通量较多,交通流也不稳定。而全横向式通风及半横向式通风不受交通状况的影响,所以可以考虑这两种方式。如果在隧道内设置人行道和自行车道时,从安全和舒适的角度考虑,全横向通风最为理想。全横向通风的送风口通常设在两侧距车道面约 1 m 高的位置上,行人能最先呼吸到新鲜空气。另外,这种通风方式,沿隧道纵向几乎没有风流动,可以保证自行车的稳定和安全。

山岭隧道的通风方式要更多地考虑经济性,多半采用半横向式通风和纵向式通风。

车道空间因纵向通风或半横向通风而引起的沿隧道纵向流动的风速过大时,对车辆和行人均有影响,使人有不快感。万一发生火灾,烟火迅速蔓延,危及下风方向的车辆和行人。所以风速应当有一定的限制。日本规定,从安全和舒适性上要求,风速应限制在 12 m/s 以下,而 PIARC 推荐为 8 m/s。如果因隧道纵坡大或长度大,通风量很大时,风速可能超过风速限制,此时应考虑改变通风方式或进行分段通风。

交通条件是指交通方向、交通量、交通流组成、车速以及交通密度等。

单向交通时,车速越大,活塞作用越显著。例如车速为 50~60 km/h,大约可以有 6 m/s 的交通风(活塞风),这种情况以纵向式通风为宜。不过速度和交通量有密切关系,随着交通量的增大车速会降低,也会影响到活塞作用的效果。因为交通量大,往往容易发生交通阻滞,这时交通风处于不稳定状态,所以最好改用全横向式或半横向式通风。活塞作用相对较大,对向交通的隧道没有活塞作用。

良好的地质条件给开挖大断面隧道提供了可能性,此时可以把通风道修得足够大,使选择全横向或半横向式通风能够变成现实可行的方案。竖井和斜井在长大隧道各有特殊作用,它可以把隧道分割成小的通风区段。为了减少竖井和斜井的埋置深度,往往将其坑口设置在鞍部或低洼处,所以对地质条件要特别注意。

从运营通风的观点看,要求尽量节省费用,如果能获得全年稳定的自然风供通风使用,是最为理想的。不过,自然风往往是不稳定的,通风应当从最不利的气象因素去考虑。

对于通风方式的选择,应从不同方案的工程费、维持管理费上进行经济比较。这里,不应仅局限于成本比较,而是包括通风质量在内的综合性比较。

在选择通风方式时,首先需要确定隧道内所需通风量,然后讨论自然风和交通风能否满足需要,如果不能满足需要或者缺乏可靠性(自然风和交通风是否稳定),就应当采用机械通风。

四、通风阻力计算

纵向式通风是从一个洞口直接引进新鲜空气,由另一洞口把污染空气排出的方式,与自然通风的原理是相同的。此时,隧道内沿纵向流动的空气速度,可以认为从入口至出口都是匀速的。这种方式,空气污染浓度由入口向出口方向成直线增加。如果自然风从出口吹入隧道(单向交通)时,洞内浓度会增大。对向交通没有交通风,由自然风吹入隧道进行自然通风时,在下风方向空气污染浓度也会增加。既没有自然风也没有交通风时,为了使隧道有风速为 v_r 的空气流动,则需要进行机械通风,其所需风压可按下式计算:

$$H=\left(1+\xi+\lambda\frac{L}{D}\right)\frac{\rho}{2}v_{\mathrm{r}}^{2} \tag{11-2-4}$$

式中符号意义同前。

纵向通风有多种形式，射流式通风、风道式通风和集中排气式通风，根据交通方式不同又可以有不同的具体设计。

射流式通风是在车道空间上方直接吊设射流式通风机，用以升压进行通风的方式，见图11-2-1。通常根据需要，沿隧道纵向以适当的间隔吊设数组，每组为1至数个射流式风机，具有体积小、风量大的特点，其喷射口的风速能达到25～30 m/s。每台射流通风机产生的升压值 ΔP_{j} 可按下式概算：

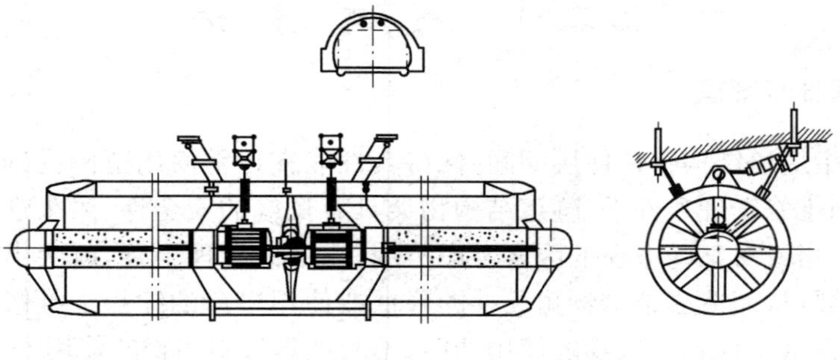

图 11-2-1　射流通风机的形状

$$\Delta P_{\mathrm{j}}=\rho v_{\mathrm{j}}^{2}\zeta(1-\Psi)\eta \tag{11-2-5}$$

式中　v_{j}——射流通风机的吹出风速(m/s)；

ζ——断面积比，计算式为

$$\zeta=\frac{A_{\mathrm{j}}}{A_{\mathrm{r}}}=\frac{\text{射流通风机出口面积}(\mathrm{m}^{2})}{\text{车道空间断面积}(\mathrm{m}^{2})}$$

Ψ——流速比，计算式为

$$\Psi=\frac{v_{\mathrm{r}}}{v_{\mathrm{j}}}=\frac{\text{隧道内风速}(\mathrm{m/s})}{\text{射流通风机吹出风速}(\mathrm{m/s})}$$

η——射流风机位置摩阻损失折减系数，可按表11-2-2取值。

由所需风压和每台射流通风机产生的升压值，可以求出射流风机的台数。

表 11-2-2　射流风机位置摩阻损失折减系数 η

Z/D	1.5	1.0	0.7	图示 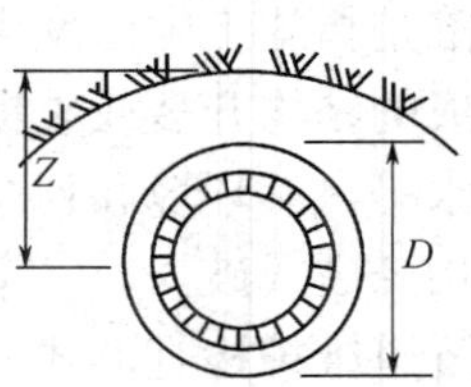
η	0.91	0.87	0.85	

对向交通时，上下行的交通量比值经常变化，但是，气流又具有一定的惯性，为了避免因交通量的变化需要频繁改变风向，应该有一定的备用系数，一般取为1.2。在台数计算过程中应四舍五入。另外，在单向交通时，为了抵抗自然风作用，只需要在计算上进行四舍五入。

射流通风机的安装位置，当然应当在限界以外，并且，喷出的气流对交通无不良影响。若为拱形顶棚时,由拱脚至拱顶均可吊设;平顶时应安装在墙顶角部。

射流通风机的安装间隔,要考虑到射流的能量和气流的搅动状况,使空气能充分混合。所以,沿纵向最外边一台距洞口可取 100 m 左右,内部间隔取 70 m 左右为宜,至少也要保持 40～50 m 的距离。

射流式通风,对向交通时一般适用于 1 000 m 以下的隧道,单向交通时,可达 2 000 m 左右。不过通常要根据所需通风量和车道风速限界允许的最大通风量检算。如果交通量小,即使隧道很长,仍可运用。

射流式通风设备费用少、经济,但噪声较大。

第三节 隧 道 养 护

一、隧道工程维修管理

维修管理是指隧道结构物在使用期间,保持其性能在正常使用范围内的技术行为。在合适的设计、施工和维修管理条件下,隧道结构物会具有良好的安全性、耐久性和使用寿命。但如果设计、施工不当或对某些潜在的因素考虑不周,或维修管理不善,就会出现结构劣化现象或加速劣化的发展,从而造成结构物耐久性的降低或使用寿命的缩短。维修管理的目的就是保证隧道良好的运营条件和结构物的使用功能,不断地延长结构物的使用寿命。

1. 维修管理要点

我国铁路、公路隧道的总里程已超过 3.8 万 km,不少隧道已有 30～50 年的历史,管好、用好这些隧道是维修管理的重要任务。维修管理的要点是"预防为主"、"早期发现"、"及时维护"和"对症下药"。

隧道维修管理应以预防为主,在隧道结构物劣化发生前应进行详细检查,采取必要措施防止结构物的劣化。隧道结构物发生变异(非正常变形、开裂等),一般都有前兆。早期发现这些前兆,并做出正确的判定,及时处理可能发生的变异,是进行隧道维修管理的基本前提。隧道结构物出现了变异,就要及时处理,因为在变异有发展趋势的情况下,在变异发生的初期阶段,只要采取一些简单的措施就可解决问题,若在发展过程中,就必须采取强有力的措施了。隧道结构物的变异,同样的外部形态可能形成的原因不同,应进行详细的调查,分析原因,对症处理。

2. 隧道结构物的维护检查

为了尽早发现隧道结构物的初始缺陷、劣化、损伤,应采用适当方法进行检查。这里的初始缺陷是指施工中已发生的结构开裂、施工缝和露筋等。损伤是指运输车辆、货物、灾害等外力造成的结构开裂或破损,是在短时间内发生的,其变异不随时间而发展。劣化是指在围岩、地下水等自然环境和列车振动、电力的迷流等运营环境变化及影响造成的,随时间变化而发展的结构开裂或破损。

隧道维护检查形式一般有日常检查、定期检查和详细检查。

日常检查是指隧道养护工作的日常巡查,以目视和打击声方法为主,主要检查隧道结构的开裂、剥落、渗漏水等现象。定期检查是指每年度(如铁道部门的秋季检查)开展的较为全面、深入的结构质量及病害情况检查,以目视、打击声、量测为主,必要时采用取样、化验等手段,全面检查隧道结构的开裂、损伤、渗漏水、钢筋出露及锈蚀、混凝土腐蚀等情况。详细检查是在日常检查或定期检查基础上,认为有必要对已发现的隧道结构质量问题或病害,进行详细检查,掌握其病害状态，分析病害产生的原因。

二、常见隧道结构病害维护方法

一般来说，隧道结构混凝土的劣化多为年久并与渗漏水有关，也与围岩蠕变、冻害、列车振动等外因有关。作为内因主要有混凝土水泥品种及用量，酸、碱性反应，碳化等，作为外因则是结构与围岩间不密贴、衬砌混凝土不密实、施工缝接触不良、地下水的作用等。

对隧道结构质量问题进行维护、维修，应在正确把握产生问题原因的基础上，根据问题的程度、范围，采取对应的技术上可行、经济上合理的处理措施。表 11-3-1 为常见隧道病害整治措施，可供参照。

表 11-3-1　常见隧道病害整治措施

衬砌材料	浇筑灌混凝土衬砌								混凝土砌块、砖、石衬砌								记事
拱或墙	拱				墙				拱				墙				
劣化范围	局部		大范围		局部		大范围		局部		大范围		局部		大范围		
劣化状况	落下物大小				劣化程度				劣化部位				劣化部位				
整治方法	小	大	小	大	小	大	小	大	接缝	主体	接缝	主体	接缝	主体	接缝	主体	
表面清扫	○	△	△	△	△	△	△	△	△	△	△	△	△	△	△	△	
凿　　除		○	○	○	△	○	○	○	△	○	○	△	△	△	○	△	
嵌　　缝									○		○		○		○		
护　　板		○	△	△	△				△	△	△	△					净空无富余空间时采用
金 属 网		○	△	△	△				△	△	△	△					净空无富余空间时采用
内衬 喷混凝土			○	○	○			○	○	○	○	○			○	○	净空不十分富余时采用
内衬 浇筑混凝土			○	○	○			○	○	○	○	○			○	○	需增强衬砌承载能力时
拱　　梁			△	△	△				△	△	△	△					需增强衬砌承载能力时
局部改建			○	○	○		○		○	○	○	○		○	○	○	劣化程度严重（厚度 1/2 以上）时
其他（改建等）					○						○	○			○	○	仅维修不足以处理时

注：(1)劣化范围。局部，原则上劣化范围不足 10 m^2；大范围，原则上劣化范围大于 10 m^2。
(2)劣化状况。落下物大小：大—砖尺寸或小于者；小—小于砖尺寸者。
(3)劣化程度：大—劣化深度大于 10 cm 者；小—劣化深度小于 10 cm 者。
(4)劣化部位：接缝—接缝材料劣化，主体健全；主体—主体劣化。
(5)○—适用；△—应急措施或与其他方法同时使用。

1. 局部修补

对隧道衬砌的局部初始缺陷、损伤及剥落等，应及时进行修补。

局部修补采用先进行表面清扫、表面部分凿除，再采用树脂砂浆或树脂水泥砂浆充填、涂抹恢复断面。

2. 嵌缝、注浆

对隧道衬砌常见的裂缝病害，判断当裂缝不再发展时，可采用环氧树脂等高强材料进行裂缝注浆，同时对裂缝表面用树脂水泥浆嵌缝涂抹填平。

3. 内衬补强

对隧道结构开裂、剥落、破损较为严重，病害区域面积较大时，视病害程度和隧道内净空富裕量大小，可采用补喷钢纤维混凝土、网喷混凝土等进行内衬补强，必要时可采用补强拱架和网喷混凝土进行内衬补强。

4. 渗漏水整治

隧道结构渗漏水按其状态可分为线状和面状，按漏水量可分为少量和多量。根据漏水程度、部位不同，采取不同的整治措施，表 11-3-2 中的隧道漏水整治措施可供参考。

表 11-3-2　隧道漏水参考整治措施

漏水状态		线状				面状				记事
漏水量		少量		多量		少量		多量		
净空富余 / 整治方法		有	无	有	无	有	无	有	无	
线状整治	导水管	○		○		△		△		适用于漏水沿衬砌施工缝线状渗漏的情况
	导水槽		○	○	○		○		○	有 V 形、U 形两种；V 形槽设在拱部时，要注意不使埋入材料剥离
	止水法	△	△							只适用于漏水量为滴水程度、漏水范围有限时
面状整治	喷射法					○		○		挂网锚喷及导水等同时采用
	涂膜法					△	△			适用于漏水轻微时
	防水板							○		
	防水膜					○		○		适用于内衬、改建时
背后压注法				○	○			○	○	地下水以隧道背后空洞为流路，直接向隧道内流入时
降低水位法				○	○			○	○	地下水位高，在列车、漏水反复荷载作用下，使土砂排出，隧道结构有问题时

注：(1)漏水状态。线状—漏水呈线状分布；面状—漏水呈面状分布时。

(2)漏水量。少量—渗透、滴水程度；多量—溢出、喷出状态。

(3)净空富余。有—对采取的对策有富余；无—对采取的对策无富余。

(4)○—适用；△—有条件适用。

三、隧底破损整治

隧底部分包括基底、铺底或仰拱。20 世纪 50 年代以前有些隧道未设铺底，个别隧道用三七灰土铺底，早期直墙式衬砌隧底设计为 10 cm 厚的低强度素混凝土铺底。

隧底破损是运营隧道中的多发病害和常见病害，表现为基底翻浆冒泥、下沉、上鼓，铺底或仰拱破损变形、腐蚀，使线路失去稳定，影响正常运营，严重时需要限速运行。有的隧道要长时间封锁线路、中断运行进行翻修。

病害成因主要有：隧道存在软弱层，排水不畅，软弱层被水浸泡，在车辆动载作用下基底翻浆冒泥，道床下沉破损；隧底存在膨胀性岩层，遇水膨胀隆起，或受两侧挤压底部上鼓，使道床变形破损；有侵蚀性地下水存在，仰拱遭腐蚀损坏等。

针对病害成因，整治措施归纳起来是首先要疏排隧底积水，消除导致隧底软化的外部条件。在隧底干燥的条件下，清除或加固隧底软弱层，保持隧底稳定，重铺隧底结构。

(1)当隧道内排水沟断面偏小，沟底设置偏高，隧道内排水能力不够时，多采用加深排水沟或新设双侧排水沟；对地下水丰富的长大隧道，仅靠侧沟不足以疏干隧底积水时，可增设排水综合服务导洞。

采用土工纤维布整治隧道翻浆冒泥，也有很多成功的例子。土工纤维布有阻隔功能，地下水可以通过土工纤维布进入基床变成清水排走，粉细颗粒土不能通过，保持道床清洁，从而维持线路稳定。

(2)加固隧底软弱层。可以选择的办法有更换铺底、压浆等。

(3)隧道仰拱或铺底在侵蚀地下水作用下遭受侵蚀破坏时，可用复合高分子水泥砂浆做仰拱防腐蚀层，待砂浆固结后在其表面喷涂一层阳离子沥青乳胶。

复习思考题

1. 简述隧道运营通风设计计算方法。
2. 按稀释烟雾浓度如何计算新风量？
3. 通风方式选择时应考虑的因素有哪些？
4. 简述常见隧道病害的维护方法。

第十二章 铁路隧道防灾救援

第一节　概　述

一、铁路隧道灾害种类

隧道运营灾害主要可分为脱轨翻车、隧道内火灾两类。脱轨翻车是列车由于各种原因在隧道内脱离轨道、发生翻车，脱轨的列车与隧道或地面发生剧烈碰撞造成人员、设施以及建筑物损坏的灾害事故。隧道火灾发生的原因较多，主要有运营列车隧道内着火、隧道电气设备故障起火、运营列车脱轨撞击起火以及人为纵火等，其中以运行列车着火引发隧道火灾概率最大。其主要特点有：火灾时会产生烟囱效应，火势发展迅猛；烟雾不易排除，隧道空间内能见度低；有害烟气积聚，致死率高；空间狭小，逃生救援困难；火灾造成的危害一般较严重，所造成的损失往往也是巨大的，中断行车的时间也很长。

有关资料表明，在这两类灾害事故中，以隧道内火灾发生的概率为最高，隧道内脱轨翻车次之。本章防灾救援主要针对以火灾为主的灾害。

二、隧道火灾灾害原因分析

我国铁路隧道长度与数量逐年增加，要减少隧道内灾害事故发生的可能性和事故发生后造成的危害，就必须采取更有效的安全措施。因此，掌握灾害事故的实际情况，对灾害发生的种类及其发生原因进行分析研究，是采取有效防范措施的重要前提。

1. 过去发生火灾灾害的分析

近几十年国内外发生在隧道中的火灾简况见表 12-1-1。

表 12-1-1　国内外隧道列车火灾事故一览表

序号	隧道名称	列车类型	火灾原因		时间	中断行车时间	伤(亡)人数
			人为原因	物的原因			
1	丰沙线 46 号隧道	0211 次货物列车	隧底清筛作业违章等	线路水平超限；脱轨后摩擦起火等	1976. 3. 23	54 h 34 min	无
2	宝成线 140 号隧道	1111 次货物列车	超速制动过猛	油罐破裂起火燃爆	1976. 10. 18	382 h 15 min	23(75)
3	陇海线十里山 2 号隧道	1818 次货物列车	人孔盖未盖紧	线路/鱼尾板与钢轨断裂；脱轨后撞击起火	1987. 8. 23	201 h 56 min	(2)
4	襄渝线梨子园隧道	0201 次货物列车	人孔盖大部分未盖紧	有油气团；接触网悬挂点绝缘子表面放电	1990. 7. 3	550 h 54 min	14(4)
5	京广复线大瑶山隧道	247 次旅客列车	17 号车旅客吸烟起火		1991. 7. 18	不详	20(12)

续上表

序号	隧道名称	列车类型	火灾原因		时间	中断行车时间	伤(亡)人数
			人为原因	物的原因			
6	青藏线18号隧道	084次货物列车	人孔盖未盖紧	线路变形;原油洒出;脱轨后撞击起火	1992.9.15	82 h 19 min	无
7	西延线蔺家川隧道	3161次货物列车	原油未做稳定处理	油气外溢;减速制动摩擦产生火灾	1993.6.12	579 h 17 min	10(8)
8	日本生驹山隧道	1452次旅客列车		主要阻器过热起火	1947.4.16	不详	73(28)
9	日本18号隧道	旅客列车		断路器故障;主变阻器过热起火	1956.3	不详	42(1)
10	日本奥白瀑布石北隧道	旅客列车		电动机起火	1961.1	不详	不详
11	日本北陆隧道	501次旅客列车		电器设备漏电	1972.11.6	21 h 32 min	715(30)
12	日本生驹山隧道	旅客列车		高压线断裂	1987.9.21	不详	48(1)
13	英国萨米特隧道	6M08次货物列车		有油气团;撞击起火	1984.12.20	不详	
14	美国赫德森河河底隧道	通勤车		主变阻器电流过大起火	1969.5	不详	8(1)
15	美国康贾斯隧道	货物列车		脱轨后撞击起火	1974.6.6	不详	不详
16	美国旧金山海湾海底隧道	117次旅客列车		电器短路产生强电弧	1979.1.17	7 h 24 min	17(1)

由表12-1-1可以看出,在国内的7起铁路隧道列车火灾事故中,6起为货物列车火灾(包括油罐车在内),一起为旅客列车火灾。火灾发生前大都发生脱轨、颠覆,有的引起爆炸事故。而国外的10起铁路隧道列车火灾中,有7起属于旅客列车火灾,3起为货物列车火灾。此外,可将表12-1-1中各种火灾原因统一归纳为5个因素:线路质量、隧道内电网线路问题、列车电器设备问题、人为因素和不明因素等。针对不同火灾事故原因发生的次数、各种原因所占事故比例和造成的人员伤亡以及火灾的发展趋势进行统计分析,在5种火灾原因中,由列车电器设备问题所引发的火灾所占的比例最大,且所造成的伤亡人数也最多,不明因素火灾所占比例最小,造成的损失也最少,其他三种原因则居于上述二者之间。

总体来讲,隧道内列车火灾事故的原因分为如下两种:

(1)运输管理因素,主要有制度不严、确认不及时及司机误操作。

(2)设备环境因素,主要有故障或破损、易燃货物、引燃源。

2. 铁路隧道内可能发生火灾原因分析

铁路隧道内的火灾可能出现在列车和隧道内运营维修设备两个方面。就运营维修设备自身而言,可能出现在设备老化后不能承受负荷而发生爆炸起火、电缆短路起火等,这些灾害都是局部发生的,没有扩散的介质,灾害的时间有限,一般不会造成人员伤亡,可能引起短时间的行车中断,通过更新设备即可恢复使用。

铁路隧道内火灾灾源主体是列车本身,而列车又分为高速动车组、机车牵引的快速客车和普速客车。无论任何速度的列车,火灾均有可能发生,其灾害原因集中在列车本身起火和列车与隧道内设备物理接触时产生的不良变化。实际上,造成火灾事故的原因是多种多样的,情况往往比较复杂,一般来说都不是一种简单的原因所造成的,而是由多种因素相互作用的结果。因此,隧道火灾的预防必须从多个方面入手,着力解决导致火灾事故的潜在隐患才能保证隧道行车运营的安全。

三、列车火灾预防设计的必要性

列车在隧道内发生火灾的处理和预防难度,主要表现为以下几个方面:

(1)着火列车停在隧道内时,乘客避难和救援困难。铁路隧道为长条形,空间狭小,火灾蔓延速度快,排烟困难,洞内可视性差,路面不平,且救援设备和人员难以接近着火点。

(2)列车在隧道内行车时,一旦着火,其火势比非隧道区段发展迅猛。

(3)隧道内火灾发生后,灭火、恢复整治时间长,间接损失远大于洞外火灾。

(4)固定灭火设备和排烟设备综合配置难度大。

(5)隧道内环境差,固定的火灾监控和自动化消防设施维护困难,很难保证火灾发生时能完好工作。

(6)隧道内火灾发生的概率小,且具有位置上的不确定性,在全线隧道上设置有效的全自动化监测和消防设施投入大、难度高。

(7)整个安全系统从发现、通报、判断确认、停车到启动消防及救援系统的时间较长。由于隧道内发生火灾的难以应对性,所以隧道工程防灾和救援、疏散设计是非常必要的。

第二节 防灾救援技术现状

一、国外特长隧道防灾救援技术现状

(一)日本东北新干线列车火灾对策

日本在修建新干线过程中,非常重视隧道列车火灾对策的研究。东北新干线继上越、北陆新干线之后,提出以下隧道列车火灾的对策:

(1)将明线小于 400 m 的相邻隧道设定为一个火灾对策分区,统一设置相应的火灾对策设施和设备。

(2)隧道内发生列车火灾时,如能在 15 min 以内驶出隧道,原则上应在洞外停车处理。

(3)万一列车火灾和列车故障同时发生,不得不在隧道内停车时,应考虑相应对策,确保安全。

以上述火灾对策的基本方针为指导,东北新干线将卷堀隧道群(包括 3 座隧道,长约 10.88 km)、岩手一户隧道群(包括 4 座隧道,长约 28.7 km)和金田隧道群(包括 4 座隧道,长约 21.2 km)作为单独的火灾对策分区处理,如图 12-2-1 所示。

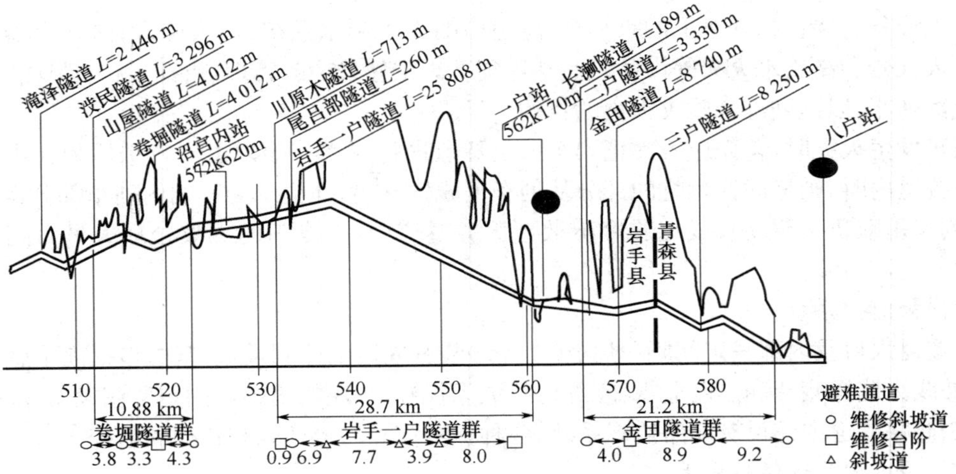

图 12-2-1　日本隧道群火灾对策分区

在火灾对策分区中，采取的火灾对策列于表 12-2-1。

表 12-2-1　东北新干线(盛冈—八户间)的火灾对策

情报联络设备	(1)综合指令所及无线联络设备； (2)设置沿线电话机
照明设备	(1)隧道内每隔 15 m 设置日光灯及一齐点灯开关； (2)一齐点灯的远程控制和指令所控制； (3)在沿线电话机、斜井、横洞等入口处设置照明灯
电气设备	(1)架空线、导线的耐热化； (2)在 7 km 以上的隧道内，设置远程控制的断路器(TDS)等的馈电所
通信电缆	通信电缆的低架设化和支撑夹具的不燃化
列车防护设备	在中央通道内设置列车防护开关
避难诱导设备	设置距离标志板
消火设备	(1)器材洞内设置消火器； (2)中央排水沟内每隔 100 m 设置利用隧道涌水的消火利用设备

(二)英法海峡隧道

在 49.4 km 长的英法海峡隧道防火救灾系统的设计中，也包括了预防、灭火和救援等方面的内容。预防措施主要包括列车车体材料防火性能的要求和安全运输管理制度两方面；灭火措施主要指在列车上和隧道内均配备有灭火设施，灭火设备主要包括列车上的灭火器、隧道内的灭火洒水系统、消火栓、泡沫灭火器及洞外设置的灭火器和消火栓系统等；救援方案主要是通过横通道与服务隧道相连，并在隧道内设多处渡线。

1. 预防及措施

预防措施对车体的材质防火性能、列车内灭火设施的配备、安全运输管理制度等方面提出具体要求。通过隧道的列车均采用特殊防火材料制造，即使在高温高热下，也不会立即着火燃烧、产生烟雾和毒气。

2. 灭火设备

灭火设备主要包括列车上的灭火器、隧道内的灭火洒水系统、消火栓、泡沫发生器及洞外设置的灭火器和高压水灭火等设备。此外还配备集维修、治安、管理、指挥、救灾消防为一体的救援疏散列车，以达到综合防灾灭火的目的。

列车发生火灾时，首先应考虑把列车拉出隧道进行灭火。如果由于特殊原因火灾列车必须停在隧道内时，则考虑让燃烧的部分从列车上脱钩分离，并把未受影响的列车部分送回地面(旅客列车由双机头驱动)；或把旅客疏散到服务隧道中，由专门的事故处理人员对列车进行灭火。

3. 报警监控系统

在隧道入口及内部一定间隔(平均 1.7 km)装有固定的监测设备，其中包括离子感烟探测器、紫外线火焰探测器和热度监视器(红外线成像仪)。每座隧道约设固定监测设备 30 处。此外，英法海峡隧道内还设有闭路监视系统，各种探测信号均送往列车长处和监控中心。

(三)西班牙瓜达腊马隧道

西班牙瓜达腊马隧道，是线间距为 30 m、长 28.227 km 的双洞单线隧道，该隧道的消防救援方案及措施也进行了全面充分的设计。它利用双洞单线的有利条件，在两座隧道之间每隔 250 m 用横通道相连，形成隧道间互救、联络的防灾救援格局，并在两座隧道中央的隔离墙内设置 500 m 的定点消防及救援系统。

此外，该隧道在灾情监测、探察和灾情预警方面的设计也非常全面，很有特点。其具体的防灾设施有温度探测器、烟雾探测器和有毒气体探测器，以及 TV 摄像监视系统、报警装置等，消防设施有专用消火栓等，从而使隧道灾害的预报监控防范措施更加完善、有效。

(四)其　　他

瑞士圣哥达和列奇堡山底隧道均为双洞单线隧道，其防灾救援设计的特点是在隧道内每隔 8～10 km 设有一处渡线，并在适当位置设置“定点”。

法国里昂—意大利都灵的铁路线，在穿越阿尔卑斯山区时修建了多座特长隧道，也同样采取了多种相应的防灾救援措施。

二、国内长大隧道防灾救援现状

由于国内铁路隧道的数量在不断增多，特别是特长隧道的增多使铁路的防灾和救援的设计(设置)日趋重要。结合我国国情，从实际出发，防灾和救援的设计基本按“以防为主，以消为辅，防消结合，立足自救”的原则进行。

(一)西康线秦岭铁路隧道

西康线秦岭铁路隧道是我国第一座双洞单线特长山岭隧道，其消防及救援方案的设计主要以防止旅客列车的火灾事故为目的。

由于该隧道为两座平行单线铁路隧道，长度为 18.456 km，线间距为 30 m，双洞间的横通道间距为 420 m，所以两隧道可作为互救的避难、救援通道。在隧道内设置两条专给消火栓供水的消防干管和运营消防通风系统，以及中继站、紧急电话、指示灯和简单的控制系统等，隧道内的消防设施采用阻燃材料，以避免灾害的蔓延和扩大。为确保灭火水源充足，在洞外设置专用抽水井、消防水池和通道，使该系统在处理灾害事故时能及时、有效地运作。

1. 隧道报警及监控

(1)洞外报警及监测

在秦岭特长隧道两端的青岔车站和营盘车站设红外轴温探测装置，以阻止火灾隐患列车或带火列车继续运行。在隧道进出口设置火灾警告信号，并通过无线电地面信号传入列车驾驶室，避免后续列车进入已发生火灾的隧道而造成次生灾害。做好经常性的机车车辆、洞内电气设备、轨道等的检修工作；制定阻止火灾隐患列车进入隧道的安全运输管理办法，尽量消除火灾隐患。

(2)洞内报警及引导标识

秦岭隧道火灾报警采用手动报警按钮。手动报警按钮设于横通道处，间距为 420 m。在横通道口、变配电洞室口部、紧急报警电话机箱室等处设置指示照明。在横通道内、变配电洞室内设应急照明。在隧道内，由进口至出口方向每隔 500 m 在边墙上涂设荧光涂料以显示距离，并在每个横通道口部标示里程及横通道序号，以便尽快判断疏散路线。

2. 消防设施

隧道发生火灾后，消防方案应包括列车拖离隧道时的洞外灭火措施和列车不能拖离隧道的紧急救援、乘客避难和消防设施。

(1)洞内消火栓灭火

秦岭隧道采用的消火栓灭火系统由洞外消防水池、洞内主水管、消火栓箱组成，消火栓箱间距为 60～70 m，箱内安装两支水枪，并配备尼龙衬胶水带。

在隧道出口设置产水量为 280 m^3/d 的消防水源井，井内安装潜水泵，水泵的启闭由液位自动控制系统控制。在隧道出口附近设置容量为 300 m^3 的消防蓄水池。

对隧道内发生火灾且能继续运行的列车，原则上尽量拉出洞外扑救，故在青岔、营盘车站最外侧股道设消火栓箱，拉出洞外的着火列车停在洞外两端车站最外侧到发线上灭火。消防水源及管路利用车站给水设备，消火栓是为防灾专门设置的，消火栓布置间距为 60 m，每站设 10 个。

秦岭特长隧道火灾排烟通风利用运营通风设备完成。为兼顾火灾排烟通风，风机选用可反转、耐温性能较高的机型。

(2)洞内列车灭火的设想

秦岭特长隧道综合防灾的重点为防止旅客列车的火灾，兼顾货物列车(主要是油罐列车)火灾。

列车灭火由隧道中设置的固定式消防设备、铁路火灾救援列车(待研制)、武器消防设备及矿山消防救护大队的设备相结合进行。列车一次着火按 4 节客车车厢同时燃烧、火灾持续 3 h 考虑。一座隧道内发生火灾时，另一座隧道运营状态正常，可作为人员疏散和救援隧道考虑。

(二)乌鞘岭隧道

乌鞘岭隧道位于兰(兰州)武(武威)段内打柴沟站与龙沟站之间，设计为长 20 050 m 的双洞单线隧道，从隧道进口至出口是 11‰的连续下坡，旅客列车设计最高行车速度为 160 km/h。

乌鞘岭隧道防灾救援以消防报警疏散为主进行设计。

1. 消防报警与疏散系统

旅客列车发生火灾，并被迫在隧道内停车时，首要任务是尽快将车厢内的旅客疏散到安全地点，疏散通道主要依靠隧道间的横通道。火灾报警采用区间通话及无线列调系统。旅客引导疏散工作由消防控制室通过紧急自动广播系统统一指挥，以便旅客安全、有序地快速转移。

(1)火灾报警系统。采用增设隧道内区间电话的方式构成，在紧急情况下实现隧道火灾报警。

(2)信号系统。发生事故时,通过设在洞口的信号机显示,防止后续列车进入事故隧道。

(3)红外监测系统。隧道两端车站各设红外线车辆温度监测系统,车体温度异常时声光报警,行车调度阻止超温列车进入隧道。

(4)疏散指示照明及标志照明系统:

①在洞内设置"定点疏散、救援站台",如图 12-2-2 所示。

②为有序疏散乘客,隧道内设置疏散指示灯。

③采用集中应急电源,隧道内设指示照明干线,指示灯具接于指示照明干线。

④隧道内紧急呼叫电话处指示灯、灯具接于隧道照明干线上,自带蓄电池。

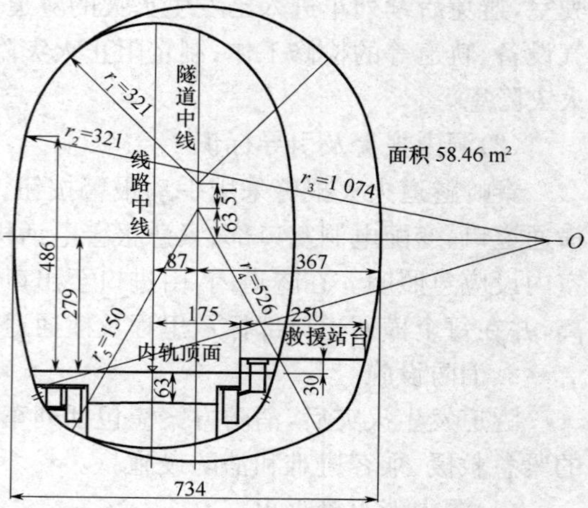

图 12-2-2 乌鞘岭隧道救援"定点"处隧道横断面(单位:cm)

2. 车站消防设备系统

(1)消防方案。当一般货车(不包括油罐车)在隧道内发生火灾时,应本着将着火列车拉出洞外最近的车站进行消防的原则。

隧道消防措施由相邻打柴沟、龙沟车站的消火栓系统及隧道进、出口的消防水池构成,并考虑在隧道内配置灭火器。

(2)系统方案选择。采用临时高压消防系统。

(3)隧道两端车站消防系统设计。隧道外消火栓系统进口设在打柴沟站,出口设在龙沟站,两个消防点均利用站内水源。

隧道进出口、大避车洞和部分小避车洞配置灭火器和防毒面具。

3. 隧道内"定点"消防系统

在乌鞘岭隧道中部地质条件较好地段设置"定点"消防,"定点"的长度按 500 m 设计;联络引导通道间距约 50 m 设一个,每个联络通道与左右线的平面关系如图 12-2-3 所示。为了确保失火列车准确停在"定点"部位,在全隧道内间隔一定距离设置"定点"位置指示牌,在"定点"前后 1 000 m 设置开始制动位置指示灯,在停车之前设置停车位置指示灯。在"定点"前后分界里程处设置指示灯,以利司机判断是前进还是后退。

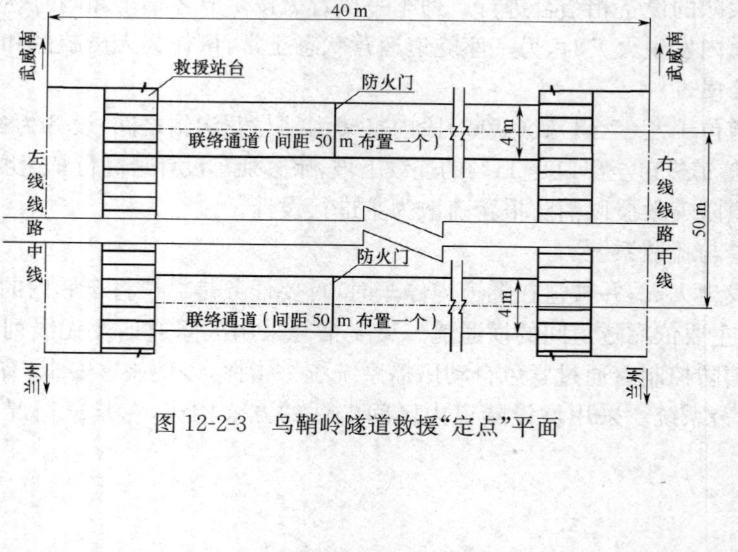

图 12-2-3 乌鞘岭隧道救援"定点"平面

为保证旅客安全下车，在“定点”处隧道边墙上设置站台。站台宽度为 2.5 m，比内轨顶面高 0.3 m，边缘距离线路中线约 1.75 m。

(1)给水及消防设施

隧道内“定点”消防处的水源来自隧道进口。

“定点”处固定灭火设备有灭火栓（为对付列车初期火灾，每个联络引导通道设一个灭火栓）和给水栓（为与其他消防设备配套，应在每个联络引导通道设一个给水栓）。

(2)通信

根据长隧道左、右线拟设的紧急疏散站台方案（站台长 500 m，每间隔 50 m 设一个横通道），在横通道内增设隧道内紧急呼叫电话，实现隧道灾害报警。

(3)电力

定点消防电力专业配套设置诱导照明和消防照明。诱导照明用于指示逃逸避难通道，消防照明主要为消防人员消防作业时使用，同时它也可为诱导照明增加亮度，确保旅客更安全地疏散避难。

(4)双向防火门

为防止火灾蔓延，联络横通道门设计为双向防火门。

(5)防灾通风

在火灾情况下，利用运营通风设备进行隧道通风排烟，当客、货车在隧道内发生火灾时，在隧道内临时停车，利用客、货车上的消防设备和洞内的消防设施进行灭火。为防止回流，根据秦岭隧道科研成果，要求运营通风风速大于临界风速 2.4 m/s，并使隧道内机械风速与自然风速或活塞风风速基本相等，方向相反。此时隧道内的空气基本处于不流动状态，火灾的氧气得不到补充，由于缺氧，火势得到控制，烟雾的扩散速度减慢，可以采用有效的方法和措施进行灭火。火灾扑灭后，再采用机械通风，对隧道进行全面的换气。

当油罐列车在隧道内发生火灾时，如不能及时扑灭，首先应采用及时封堵措施，从而使隧道内的火灾因缺氧而熄灭。火灾扑灭后，再用机械通风及时对隧道进行全面的换气。

防灾通风应符合下列要求：①隧道内紧急救援站应采取机械加压送风防烟措施；②紧急出口、避难所采取机械加压送风防烟措施；③双洞隧道之间和单洞隧道与平行导坑之间的横通道作为人员疏散通道时，横通道应具有防烟功能。

(三)云台山隧道

云台山隧道为两座间距为 30 m 的平行单线电气化铁路隧道，长度约为 8.2 km。由于隧道是通过地下煤系地层（长约 2 km），而煤层瓦斯含量高、浓度大，因此其消防设计既要防范列车可能会发生的灾害事故，同时还须防范因隧道内的瓦斯积聚可能带来的燃烧爆炸事故。

为此，防灾救援设施分为两部分：其一是将两座隧道通过 5 条横通道相连接，横通道作为互救避难、消防灭火的防灾通道，并设置相应的报警装置、通信系统、灭火设施等。其二是在煤层地层处的隧道顶部安装瓦斯检测传感器进行动态监测，当瓦斯超标时可及时报警，并能立即启动通风设备进行通风。即在距侯马一端煤层地段的两隧道处设斜井通风道，安装风机进行压入式强制通风，从而保证该隧道的正常、安全运营。

第三节　防灾救援设计

一、防灾救援设计基本原则

(1)针对铁路隧道的营运特点，消防设计应贯彻“以防为主，以消为辅，防消结合，立足自救”的消防工作方针,要充分体现“以人为本”的设计理念。

(2)要采取经济、可靠的防火措施和消防手段,做到安全可靠、经济合理,使用维修方便。

(3)当列车在隧道内发生火灾时,凡能继续运行时,均应遵循“先将列车拉出洞外再进行列车解体及火灾事故处理”的基本原则。但一旦列车失去动力不能运行或因隧道太长无法及时拉出洞外时,必须考虑在洞内实施快速疏散和消防救援。

(4)隧道内应设置贯通的救援通道和必要的紧急出口。

(5)总长大于 20 km 的特长隧道或隧道群的防灾救援方案应优先采用“定点”模式,“定点”附近应设置紧急出口。

(6)需要防灾救援设计的隧道内应设置必要的监控系统、防灾报警系统、消防灭火系统、防排烟系统等。

二、防灾及消防系统设计

防灾包括两层内容,即防止火灾的发生和控制灾害的发展。其中防止灾害发生是主体,是通过一系列运营维修管理程序的规范运行来保障的。消防是指正常规范运行中因某些特殊因素的出现而发生灾情时,为控制灾害扩大而采用的手段。

(一)隧道灾害防范系统

隧道灾害防范涉及隧道结构、轨道、行车、机车车辆、电力、接触网、通信、信号、环控及公共安全等多方面,属于跨越多领域的综合技术。

为了达到灾害防范,首先必须充分研究分析各种条件下的灾害发生因素,建立综合防灾管理体系,包含应急联动、防灾协调、专家决策咨询等系统,并针对潜在灾害的防治加速立法,建设防灾管理大型数据库,制定防范工作规范。

以防范工作为指导,设计、运营部门结合具体的隧道工程条件,对具体隧道的灾害防范工作贯穿到设计、建设及运营管理之中,保证隧道内正常运营处于可靠的防灾技术条件。

(二)隧道通信、消防系统

1. 应急通信系统

一旦在隧道内列车发生火灾,应尽快利用列车上的火灾报警按钮或设于隧道内的紧急报警电话将隧道内发生火灾的情报向消防控制中心(室)或相关管理部门报警,以便及时采取有效措施将其扑灭于萌芽状态或控制火势的扩大,获得使乘客及司乘人员安全疏散所必需的宝贵时间。隧道内应急通信采用无线或有线通信系统,一旦有紧急情况,司乘人员可随时与列车控制中心联系。

2. 消火栓系统

水是最廉价、可靠的灭火剂,消火栓系统无论是在公路隧道的消防设计还是在地铁消防设计中都获得了广泛的使用。铁路隧道的灭火系统应以消火栓系统为主,辅以干粉、泡沫系统(灭火器)对付初起的小型火灾。

3. 火灾时的防排烟系统

特长隧道作为一狭长的地下有限空间,一旦发生火灾,旅客车厢燃烧生成的有毒烟气将迅速蔓延扩散,除影响人的能见度而迟滞逃生机会外,还会使人因吸入有毒烟气而窒息死亡。在设置运营通风时,应充分考虑到火灾时防排烟的具体要求。

4. 防灾用电

防灾用电应按一级负荷及二回路供电考虑,并设置紧急发电设备。

（三）隧道消防设备监控系统

设备监控系统是指监控隧道内防灾设施工作状态的防灾控制中心。

1. 火灾报警控制器

火灾报警控制器接收火灾自动探测器传来的信号并加以确认（同时要以手动报警和紧急电话或是以两三个不同地址编码的火灾自动探测器同时报警的信号加以印证），以声信号、光信号进行报警。火灾报警控制器应有巡检功能和故障报警功能。

这种形式的报警控制系统由于隧道内特殊的环境状况及维护工作量大，很难在隧道中发挥较大作用，我国高速铁路隧道设计很少采用。

2. 通风排烟监控系统

在发生火灾时，监控风机的开启可改变风机的运行模式，斜、竖井（如果有的话）的开闭显示及反馈其工作、故障状态。在平时，能接收瓦斯探测器或有毒气体（如 CO）探测器反馈来的信息，经判断后开、闭风机并对相关设备进行实时监控。

3. 紧急供电监控

因火灾而引起供电停止后，为使有关的消防救援设施得以继续安全运行，消防控制中心（室）应能远距离遥控应急柴油发电机组及时起动投入工作，并对停电至应急供电时段不间断电源的工作情况给予显示。

4. 供水系统监控

主要用来监控消防水泵的工作状况（消防控制盘上）。

5. 防火分区或定点监控

如设有防火分区或定点，应能反映其工作情况，并接收其他有关反馈信息（如自动喷淋系统的报警阀、闸阀或水流指示器等），采取相应的措施。

6. 火灾事故广播

火灾发生后，开通（人工或自动）有线广播安抚人心，指导人员有秩序疏散。

7. 消防通信

采用直通电话与相关的单位或处所联系，了解有关情况及通报情况。

8. 其他

（1）监控应急照明与疏散诱导指示灯的工作情况。

（2）监控火灾报警系统与铁路列车调度指挥信号系统的连锁情况。

（3）通过消防设施模拟盘及大尺寸显示屏，可将有关监控装置的工作状态呈现在屏幕上，一目了然，便于控制人员操作。

三、隧道救援与安全疏散设计

（一）救援通道

隧道内应设置贯通的救援通道，单线隧道应单侧设置，双线隧道应双侧设置。救援通道宽 1.5 m、高 2.2 m。

（二）联络通道

对于双洞单线隧道，隧道间应设置联络通道，其间距可采用 350 m 左右，“定点”处应适当加密。

（三）紧急出口

长度大于 1 000 m 的隧道，有条件时宜设置紧急出口，大于 6 000 m 的隧道应考虑设置紧急出口。

紧急出口通道断面最小尺寸应符合下列规定:

(1)宽度不应小于 2.3 m,高度不应小于 2.5 m;

(2)纵向仰角不应大于 30°。

满足以上条件的施工辅助坑道可改造为紧急出口。紧急出口通道内应设置通风排烟系统、照明系统及其他相关设施。

在隧道紧急出口处设置能提供紧急车辆停车和容纳出逃人员的安全区,并有道路与外界公共道路(公路)连接。

在有条件的洞口应设置供救援车辆停放的停车场,如图 12-3-1 所示。

(四)疏散标识

救援通道每隔 200 m 应设图像、文字标记,指示两个方向分别到下一洞口或紧急出口的整百米数,并配备灯光显示方向,如图 12-3-2 所示。

图 12-3-1 德国某隧道洞口停车场概貌

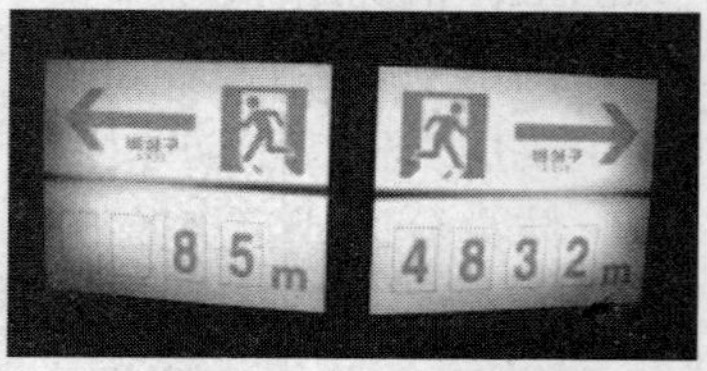

图 12-3-2 逃生路线标识牌

四、隧道消防方案设计

隧道洞内的消防方案目前有"消防分区"、"定点"和"随机停车"消防三种情况。

(一)消防分区消防

1. 划分消防分区

当隧道发生火灾时,若烟气流有一确定流向,则有利于火灾消防、救援和安全疏散工作的进行。根据近、远期列车行车速度、左右线的行车方向和隧道火灾烟气流扩散速度等条件,进行防火分区划分。

防火分区越多,需要做排烟通道的辅助坑道数量越多,相应的消防设施、设备也多,消防系统设计和控制难度也增大,消防设施的固定资本投入和维护费用也将增大。设置固定消防段的灭火效果最好,也很安全,但土建工程和消防设施费用均很高。

2. 消防分区消防方案

(1)加强辅助坑道中的排烟能力,尽量使隧道中着火时的烟气流在隧道断面 3 m 以上的空间流动,从而使救援疏散不被阻止。

(2)需要列车停止运行而在洞内实施消防时,宜采取如下措施:

①隧道内着火成灾,必须立即停车,组织旅客下车并向低端洞口方向行走,远离火场,有横通道时经过横通道向邻线疏散,等待救援。

②司乘人员组织义务消防人员，利用列车上的消防设备和隧道中设置的消火栓系统对着火列车实施灭火。

③等待消防救援列车进入洞内灭火和救援。

④着火列车等待消防列车从低端洞口进入隧道并接近着火列车实施灭火。该救援列车应装备较完善的灭火车（如水炮、泡沫炮、高倍数泡沫系统、干粉灭火系统等），还应有水和各种灭火材料的储备和进料接口、医务车、工具车和公务车等。

消防分区的特点是可充分利用隧道自身洞口高差和斜井的烟囱效应，将斜井的排烟能力设计成足够强或经试验决定，将隧道中大部地段的烟气流集中在隧道 3 m 以上的断面中流动，使隧道下部基本是新鲜空气，便于人员疏散。

（二）定点消防

考虑列车着火且能继续运行时，参照欧洲对初期着火列车“可以继续运行 20 km”（残余运行能力时间为 15～20 min 时，按事故情况下时速 80 km 考虑，列车通常可以运行 20 km）或参照日本“可继续运行 15 min”的规定，结合隧道长度、列车运行速度、地形、地质条件等，在特长隧道中部设置“定点”，特长隧道的“定点”间距宜为 20 km。定点范围内，应设置消火栓等消防设施。

两座平行的单线可在适当位置以加密横通道的方式实现定点消防，双线单洞隧道或单线单洞隧道必须在定点处设置斜井等人员疏散的通道。

列车在“定点”停车后，司乘人员都应先将乘客从联络通道安全疏散到另一隧道的救援通道或在联络通道内待避等待救援列车，然后利用消火栓系统进行灭火。如不能成功灭火，则应先撤离，等待训练有素的消防队员前来灭火。对于货物列车着火，由于司乘人员少、人单力弱，灭火是难以奏效的，他们也应先撤离，等待消防队员前来灭火。

（三）随机停车消防

如果列车着火且不能继续运行，则可能在隧道的任何一个地点停车。在两座平行的单线隧道内，列车停车后，司乘人员应先将乘客从联络通道安全疏散到另一隧道。如果是双线隧道，司乘人员应疏导旅客沿烟气反方向向救援通道疏散。

救援列车或消防列车宜面对人员疏散的方向进入隧道进行救援与消防。

复习思考题

1. 试简述防灾的目的及意义。

2. 试简述救援的主要方式及措施。

参 考 文 献

[1] 铁道部工程设计鉴定中心. 高速铁路隧道[M]. 北京：中国铁道出版社，2006.
[2] 冯卫星. 铁路隧道设计[M]. 成都：西南交通大学出版社，1998.
[3] 陈豪雄，殷杰. 隧道工程[M]. 北京：中国铁道出版社，1995.
[4] 于书翰，杜谟远. 隧道施工[M]. 北京：人民交通出版社，1999.
[5] 王毅才. 隧道工程[M]. 北京：人民交通出版社，2000.
[6] 黄成光. 公路隧道施工[M]. 北京：人民交通出版社，2002.
[7] 杨新安，吴德康. 铁路隧道[M]. 上海：同济大学出版社，2003.
[8] 周爱国. 隧道工程现场施工技术[M]. 北京：人民交通出版社，2004.
[9] 奥森道尔夫. 隧道建筑[M]. 韩布葛，韦国芙，译. 上海：上海科技出版社，1963.
[10] 奥罗克. 隧道衬砌设计指南[M]. 侯学渊，李桂花，译. 北京：中国铁道出版社，1987.
[11] 达维多夫. 地下结构的计算与设计[M]. 军事工程学院科学研究部，译. 北京：高等教育出版社，1957.
[12] 国家铁路局. 铁路隧道设计规范：TB 10003—2017[S]. 北京：中国铁道出版社，2017.
[13] 中国铁路总公司. 铁路隧道极限状态法设计暂行规范：Q/CR 9129—2015[S]. 北京：中国铁道出版社，2015.
[14] 中华人民共和国交通运输部. 公路隧道设计规范 第一册 土建工程：JTG 3370. 1—2018[S]. 北京：人民交通出版社股份有限公司，2019.
[15] 国家铁路局. 铁路隧道工程施工安全技术规程：TB 10304—2020[S]. 北京：中国铁道出版社有限公司，2020.
[16] 中华人民共和国交通运输部. 公路隧道施工技术规范：JTG/T 3660—2020[S]. 北京：人民交通出版社股份有限公司，2020.
[17] 国家市场质量监督总局，国家标准化管理委员会. 标准轨距铁路限界 第 2 部分：建筑限界：GB/T 146. 2—2020[S]. 北京：中国铁道出版社，2021.
[18] 易萍丽. 现代隧道设计与施工[M]. 北京：中国铁道出版社，1997.
[19] 王海亮. 铁路工程爆破[M]. 北京：中国铁道出版社，2002.
[20] 关宝树. 隧道工程设计要点集[M]. 北京：人民交通出版社，2003.
[21] 关宝树. 隧道工程施工要点集[M]. 北京：人民交通出版社，2003.
[22] 关宝树. 隧道工程维修要点集[M]. 北京：人民交通出版社，2004.
[23] 中华人民共和国铁道部. 铁路工程不良地质勘查规程：TB 10038—2012 [S]. 北京：中国铁道出版社，2012.
[24] 国家铁路局. 铁路工程地质勘察规范：TB 10012—2019[S]. 北京：中国铁道出版社有限公司，2019.
[25] 国家铁路局. 铁路瓦斯隧道技术规范：TB 10120—2019[S]. 北京：中国铁道出版社有限公司，2019.
[26] 中国铁路总公司. 铁路挤压性围岩隧道技术规范：Q/CR 9512—2019[S]. 北京：中国铁道出版社有限公司，2019.
[27] 中国铁路总公司. 铁路黄土隧道技术规范：Q/CR 9511—2014[S]. 北京：中国铁道出版社，2014.
[28] 铁道部第二勘测设计院. 铁路工程设计技术手册・隧道[M]. 北京：中国铁道出版社，1995.
[29] 铁道部第二工程局. 铁路工程施工技术手册・隧道[M]. 北京：中国铁道出版社，1995.
[30] 赵勇. 隧道设计理论与施工[M]. 北京：人民交通出版社股份有限公司，2018.